LORENZ SUMMERER

Abriss zu Lasten Dritter

Schriften zum Öffentlichen Recht

Band 1574

Abriss zu Lasten Dritter

Die Konsequenzen der sicherheitsrechtlichen Verpflichtung
eines zivilrechtlich Nichtberechtigten
am Beispiel der Abrissverfügung und die Notwendigkeit
einer sogenannten Duldungsverfügung

Von

Lorenz Summerer

Duncker & Humblot · Berlin

Der Fachbereich Rechtswissenschaft
der Friedrich-Alexander-Universität Erlangen-Nürnberg hat diese Arbeit
im Jahre 2025 als Dissertation angenommen.

Bibliografische Information der Deutschen Nationalbibliothek

Die Deutsche Nationalbibliothek verzeichnet diese Publikation in
der Deutschen Nationalbibliografie; detaillierte bibliografische Daten
sind im Internet über http://dnb.d-nb.de abrufbar.

D29

Satz: 3w+p GmbH, Rimpar
Druck: Beltz Grafische Betriebe GmbH, Bad Langensalza
Printed in Germany

ISSN 0582-0200
ISBN 978-3-428-19613-5 (Print)
ISBN 978-3-428-59613-3 (E-Book)
Gedruckt auf alterungsbeständigem (säurefreiem) Papier
entsprechend ISO 9706 ♾

Verlagsanschrift: Duncker & Humblot GmbH, Carl-Heinrich-Becker-Weg 9,
12165 Berlin, Germany | E-Mail: info@duncker-humblot.de
Internet: http://www.duncker-humblot.de

Meinem Vater

Vorwort

Die vorliegende Arbeit wurde im März 2025 vom Fachbereich Rechtswissenschaft der Friedrich-Alexander-Universität Erlangen-Nürnberg als Dissertation angenommen.

Mein besonderer Dank gilt Herrn Prof. Dr. Andreas Funke. Er ermutigte mich zur Promotion und machte deren Verwirklichung mit großer Unterstützung und viel Geduld möglich. Die Zeit als Mitarbeiter an seinem Lehrstuhl behalte ich in bester Erinnerung. Für die Erstellung des Zweitgutachtens bedanke ich mich sehr bei Herrn Prof. Dr. Jürgen Stamm.

Meinen Kollegen vom Polizeipräsidium Mittelfranken bin ich für deren besondere Rücksichtnahme während der berufsbegleitenden Fertigstellung meiner Dissertation sehr dankbar. Mein Dank gilt insbesondere Herrn Ltd. RD Amadeus Glasow.

Von ganzem Herzen danke ich meiner Mutter, meinen Geschwistern und meiner Verlobten. Sie haben mir während der Arbeit an der Dissertation – auch in herausfordernden Zeiten – immer großen Rückhalt und Orientierung gegeben. Vielen Dank!

Nürnberg, im Mai 2025 *Lorenz Summerer*

Inhaltsübersicht

Kapitel 1

Einführung 19

Kapitel 2

Die Verpflichtungskonstellation in der ersten Fallvariante: Der aus dem Eigentum (mit-)berechtigte Dritte 26

Inhaltsverzeichnis

Kapitel 3

Die Verpflichtungskonstellation in der zweiten Fallvariante: Der obligatorisch (und besitzrechtlich) berechtigte Dritte 226

Kapitel 1

Einführung

§ 1 Ausgangspunkt

Eine öffentlich-rechtliche Verfügung, die ihren Adressaten zu einer Maßnahme verpflichtet, zu deren Umsetzung seine zivilrechtlichen Befugnisse nicht ausreichen, scheint ein vertrautes Problem zu sein, zu dem es eine vermeintlich klare Lösung gibt. Als Lehrbuchfall zu diesem Dilemma gilt wohl die Verpflichtung eines zivilrechtlich Nichtberechtigten zum Abriss eines baufälligen Gebäudes. Die Problemkonstellation kann aber genauso bei der Verpflichtung zum Abriss eines Zaunes oder Gartengrills auftreten.[1] Die Rechtsprechung löst diesen Fall über die Annahme eines Vollstreckungshindernisses hinsichtlich des zivilrechtlich nichtberechtigten Regelungsadressaten, das durch den Erlass einer Duldungsverfügung gegenüber dem tatsächlich zivilrechtlich berechtigten Dritten ausgeräumt werden kann.[2] So führte das Bundesverwaltungsgericht bereits Anfang der 1970er Jahre aus, dass der Beseitigung entgegenstehende Rechte Dritter nicht die Rechtmäßigkeit der Abbruchverfügung, sondern allein ihre Durchsetzbarkeit berührten und ein solches Vollstreckungshindernis durch besagten Erlass einer Duldungsverfügung gegenüber dem Dritten ausgeräumt werden könne.[3] Diese Rechtsprechung wird in dieser Gestalt, trotz zwischenzeitlicher Veränderungen der Gesetzeslage[4], bis heute fortgeführt. Der

---

[1] Vgl. *H. v. Kalm*, DÖV 1996, 463 (464) m.w.N.

[2] BayVGH, Beschl. v. 12.03.2012, 1 CS 12.282; BeckRS 2012, 54360 (Rn. 13ff.); BayVGH, Beschl. v. 16.04.2007, 14 CS 07.275, BeckRS 2007, 29670; OVG Berlin, Beschl. v. 26.04.2005, 2 L 54/04 und 2 S 60/04, LKV 2005, 515; OVG Lüneburg, Beschl. v. 24.05.1994, 1 M 1066/94, NJW 1994, 3309; OVG Nordrhein-Westfalen, Urt. v. 05.01.1971, VII A 1258/68, juris; VG München, Beschl. v. 16.01.2012, M 1 S 11.6169, BeckRS 2012, 47262; diese Lösung wird auch jenseits des Falles der Baubeseitigung durch einen Nichtberechtigten angewandt, vgl. OVG Rheinland-Pfalz, Urt. v. 07.05.1991, 1 A 10297/89, juris.

[3] BVerwG, Urt. v. 28.04.1972, IV C 42.69, BeckRS 2016, 48414.

[4] Vgl. *M. Burgi/M. Ellenrieder*, BWVPr 1989, 33ff., die auf die Einführung des am 1. Januar 1977 in Kraft getretenen Verwaltungsverfahrensgesetz (VwVfG) vom 25.05.1976, BGBl I S. 1253, und insbesondere die Regelung des § 44 Abs. 2 Nr. 5 VwVfG (§ 40 Abs. 2 Nr. 5 VwVfG a.F.) verweisen, die für die rechtliche Lösung des angesprochenen Sachverhaltes tatsächlich eine erhebliche Bedeutung hat, wie im weiteren Verlauf noch gezeigt werden wird.

in der Rechtsprechung damit herrschenden Auffassung schließt sich auch ein großer Teil der Literatur an.[5]

Allerdings gibt es auch andere Lösungsansätze zu diesem Problem, die weiter entfernt gar nicht sein könnten. So wird auch vertreten, dass eine behördliche Verfügung, die einen Adressaten zum Abriss eines Gebäudes verpflichtet, der zur Umsetzung dieser Verpflichtung in die Rechtsposition eines Dritten eingreifen müsste, rechtswidrig ist und der Verfügung nicht nur ein Vollstreckungshindernis entgegensteht.[6] Unterschiedlich bewertet wird dabei wiederum, was aus dieser Rechtswidrigkeit der Abrissverfügung weiter folgt. So wird vertreten, dass diese Rechtswidrigkeit der Abrissverfügung auch sogleich zu deren Nichtigkeit und damit Unwirksamkeit führt.[7] Andere Stimmen folgern aus der Rechtswidrigkeit der Verfügung nicht zwingend deren Nichtigkeit, sondern gehen davon aus, dass die rechtswidrige Verfügung zwar wirksam ist, aber gerichtlich angegriffen werden kann.[8] Jedenfalls müsse zur Verhinderung dieser drohenden Rechtwidrigkeit der Abrissverfügung eine Duldungsverfügung an den Dritten erlassen werden.

Schließlich wird nach einer zunehmend populär werdenden Ansicht vertreten, dass von dem durch die Abrissverfügung in Anspruch Genommenen gar kein unzulässiger Eingriff in die Rechtsposition des Dritten verlangt würde. Denn durch die Responsivität des Zivilrechts gegenüber öffentlich-rechtlichen Regelungen komme es zu einer Auflösung der nur vermeintlichen Konfliktsituation zwischen der öffentlich-rechtlichen Verpflichtung des Adressaten der Abrissverfügung und den dieser Verpflichtung entgegenstehenden zivilrechtlichen Rechten des Dritten.[9] So würden die zivilrechtlichen Abwehrrechte und Ansprüche des Dritten gegen den Eingriff in seine Rechtsposition aufgrund der durch die Abrissverfügung im Zivilrecht erzeugten Folgewirkungen entfallen.[10] Damit sei die Abrissverfügung auch ohne den Erlass einer Duldungsverfügung gegenüber dem Dritten sowohl rechtmäßig wie auch vollstreckbar.

Mit der nachfolgenden Arbeit soll deshalb geklärt werden, welche rechtlichen Konsequenzen eine behördliche Verfügung nach sich zieht, die ihren Adressaten zum Abriss eines Gebäudes verpflichtet, wobei der Adressat zur Umsetzung dieser Verpflichtung in die Rechtsposition eines Dritten eingreifen müsste. Es soll also die

---

[5] Vgl. *H. v. Kalm*, DÖV 1996, 463 ff.; *J. Kühling*, BauR 1972, 264 ff.; Schwarzer/König/*T. Weber*, BayBO, Art. 54 Rn. 31; *W.-R. Schenke*, PolR, § 4 Rn. 353; *F. Stollmann/G. Beaucamp*, Öffentliches Baurecht, § 19 Rn. 44 f.

[6] Darunter auch ältere Rechtsprechung: Hessischer VGH, Urt. v. 13.12.1968, IV OE 108/67, juris.

[7] *B. Beckermann/C. Wenzel*, DVBl 2017, 1345 ff.; *M. Burgi/M. Ellenrieder*, BWVPr 1989, 33 ff.; *E. Forsthoff*, Lehrbuch des Verwaltungsrechts I, 11. Aufl. 1973, S. 248.

[8] OVG Hamburg, Urt. v. 27.09.1956, II 44/56, DVBl 57, 867.

[9] *F. Michl*, NVwZ 2014, 1206 ff.; BeckOK BauordnungsR Bayern/*G. Manssen*, BayBO Art. 76 Rn. 43.

[10] *F. Michl*, NVwZ 2014, 1206 ff.; BeckOK BauordnungsR Bayern/*G. Manssen*, BayBO Art. 76 Rn. 43.

Frage beantwortet werden, ob diese Abrissverfügung tatsächlich rechtswidrig ist und aus dieser Rechtswidrigkeit gar ihre Nichtigkeit folgt, oder ob dieser Abrissverfügung nur ein Vollstreckungshindernis entgegensteht. Darauf aufbauend soll die Frage geklärt werden, ob zur Verhinderung der Rechtswidrigkeit oder zur Überwindung eines Vollstreckungshindernisses tatsächlich der Erlass einer Duldungsverfügung an den Dritten notwendig oder ob die Abrissverfügung auch ohne den Erlass einer Duldungsverfügung rechtmäßig und vollstreckbar ist. Dabei werden die vorstehend angesprochenen Ansätze auf ihre dogmatische Tragfähigkeit untersucht und es wird gezeigt werden, dass im Ergebnis keiner der Ansätze gänzlich zu überzeugen vermag. Es handelt sich um eine Problemstellung, die ihren Ausgangspunkt im Baurecht hat, in der behördlichen Praxis wie auch der juristischen Ausbildung eine nicht unbedeutende Rolle spielt und an der Schnittstelle des Verwaltungsrechts zum Zivil- und Strafrecht angesiedelt ist.[11] Diese Problemstellung einer umfassenden rechtlichen Lösung zuzuführen, wird Ziel der vorliegenden Arbeit sein.

§ 2 Die Problemkonstellation(en)

Die erste Schwierigkeit im Zusammenhang mit der Bearbeitung dieses Themas besteht schon darin, dass die Sachverhaltskonstellation, also die Tatsachengrundlage, die der Bildung und anschließenden Beantwortung der Rechtsfragen zugrunde liegt, nicht immer gleich ausfällt. So werden für die rechtliche Würdigung notwendige Differenzierungen hinsichtlich des Sachverhalts nicht beachtet, was zu einer Verzerrung des auf unterschiedlichen Sachverhalten aufbauenden rechtlichen Diskurses führt.[12] Das wohl am häufigsten betrachtete Grundszenario spielt im Bauordnungsrecht und hat die Verpflichtung eines zivilrechtlich nicht (allein) berechtigten Adressaten mittels Verfügung durch die Bauordnungsbehörde zum Abriss eines Gebäudes zum Gegenstand, im weiteren Verlauf „Verpflichtungskonstellation" genannt. Die zugrundeliegende Problematik ist hierbei, dass der öffentlich-rechtlich in Anspruch genommene Adressat zu einer Handlung verpflichtet wird, zu der er zivilrechtlich nicht (allein) berechtigt ist, sondern dabei vielmehr einen Dritten in dessen Rechtsposition verletzt. Auf diese Konstellation sollen sich prinzipiell auch die folgenden rechtlichen Ausführungen beziehen.

Dieser Ausgangssachverhalt ist dabei aber einmal abzugrenzen von einer Sachverhaltskonstellation, in welcher der Handelnde gerade nicht zu seinem Vorgehen durch die Behörde verpflichtet worden ist, also, um beim genannten Beispiel zu

[11] *M. Burgi/M. Ellenrieder*, BWVPr 1989, 33 (34 f.).

[12] Vgl. etwa *J. Kühling*, BauR 1972, 264; *H. v. Kalm*, DÖV 1996, 463 ff.; die nicht zwischen den verschiedenen Rechtspositionen (aus einem Vertrag, dem Besitz oder dem Miteigentum) des Dritten, die der Umsetzung der Abrissverfügung entgegenstehen können, differenzieren; *B. Beckermann/C. Wenzel*, DVBl 2017, 1345 ff., stützen ihre Ausführungen ausschließlich auf Fallkonstellationen, in welchen der Umsetzung der Abrissverfügung die (Mit-) Eigentumsposition eines Dritten entgegensteht.

bleiben, vielmehr freiwillig ein (baufälliges) Gebäude beseitigt, ohne dazu zivilrechtlich berechtigt zu sein, und damit in die Rechte eines Dritten eingreift („freiwillige Handlung des Bürgers“).[13] Weiterhin gilt es, die betrachtete Ausgangskonstellation von dem Fall abzugrenzen, in dem die Behörde selbst Handlungen vornehmen möchte und den davon betroffenen Dritten zur Duldung verpflichtet. Die Behörde greift also unmittelbar in die privatrechtliche Position des Dritten ein („eigenständige Handlung der Behörde“). Beispiele hierfür geben die Durchsetzung einer Gewerbeuntersagung gegen einen Gewerbetreibenden mittels der Konfiszierung von Arbeitsmitteln, die im Eigentum eines Dritten stehen, der nun zur Duldung dieses Vorgehens verpflichtet werden soll,[14] oder die behördliche Verpflichtung eines Grundstückseigentümers, Gefahrerforschungsmaßnahmen nach dem Bodenschutz- und Altlastenrecht durch die Bodenschutzbehörde oder ein durch diese beauftragtes Spezialunternehmen auf seinem Grundstück zu dulden.[15] Letztlich ist bei der im Rahmen dieser Arbeit betrachteten Verpflichtungskonstellation stets davon auszugehen, dass die Rechtsposition des Dritten an dem abzureißenden Gebäude bereits zum Zeitpunkt des Erlasses der Abrissverfügung besteht und nicht erst nach deren Erlass begründet wird.[16]

Die im Folgenden eingehend untersuchte Verpflichtungskonstellation muss aber, will man eine saubere und umfassende rechtliche Bewertung vornehmen, weiter ausdifferenziert werden. Insbesondere hinsichtlich der von der Umsetzung der Abrissverfügung betroffenen Rechtspositionen des Dritten muss zwischen vertraglichen, besitz- und eigentumsrechtlichen Rechtspositionen unterschieden werden.[17] Da die verschiedenen, der Umsetzung der Abrissverfügung entgegenstehenden Rechtspositionen des Dritten für die Beantwortung der im Vorstehenden aufgeworfenen Rechtsfragen von entscheidender Bedeutung sein werden, soll im Folgenden einmal der Fall eines im (Mit-)Eigentum am abzureißenden Gebäude befindlichen, also daran aus dem Eigentum berechtigten Dritten, von dem am abzureißenden Gebäude obligatorisch und gegebenenfalls besitzrechtlich berechtigten Dritten abgegrenzt werden. Beide Fallvarianten werden im weiteren Verlauf jeweils nacheinander gesondert einer umfassenden rechtlichen Bewertung unterzogen.

---

[13] *F. Michl*, NVwZ 2014, 1206 (1209).

[14] So etwa VGH Mannheim, Beschl. v. 22.02.1991, 14 S 2966/90, NVwZ-RR 1991, 409 ff.

[15] So etwa *J. Sanden*, NuR 2015, 606 ff., der nicht konsequent abgrenzt, ob er seine Ausführungen auf eine „Verpflichtungskonstellation“ stützt oder auf einen Sachverhalt, bei dem die Behörde selbst Maßnahmen auf dem im Eigentum eines Dritten stehenden Grundstücks vornimmt.

[16] Zum Umgang mit Sachverhaltskonstellationen, in welchen die Rechtsposition des Dritten an dem abzureißenden Gebäude erst nach Erlass der Abrissverfügung begründet wird, Busse/Kraus/*A. Decker*, BayBO Art. 76 Rn. 420 m. w. N.

[17] So etwa *F. Michl*, NVwZ 2014, 1206 ff.; zur Differenzierung zwischen der Abrissverfügung entgegenstehenden dinglichen und obligatorischen Rechten des Dritten auch *M. Burgi/ M. Ellenrieder*, BWVPr 1989, 33 ff.

Eine weitere wichtige Unterscheidung auf Sachverhaltsebene ist dahingehend vorzunehmen, welche Behörde auf welchem Rechtsgebiet und zu welchem Zweck die Abrissverfügung erlässt. So besteht einerseits die Möglichkeit, dass eine Bauaufsichtsbehörde zur Beseitigung baurechtswidriger Zustände auf Grundlage besonderer baurechtlicher Eingriffsbefugnisse den Abriss eines Gebäudes anordnet. Andererseits ist es auch möglich, dass eine allgemeine Sicherheitsbehörde, gestützt auf die ihr zur Verfügung stehenden Ermächtigungsgrundlagen, eine Abrissverfügung zur Abwehr einer von dem abzureißenden Gebäude ausgehenden Gefahr für Leben und Gesundheit erlässt. Auch diese Differenzierung ist für die umfassende Beantwortung der aufgeworfenen Rechtsfragen bedeutsam und soll deshalb bei der Untersuchung der beiden vorgestellten Fallvarianten der „Verpflichtungskonstellation“, nämlich der Berechtigung des Dritten am abzureißenden Gebäude aus dem Eigentum einerseits, der obligatorischen und gegebenenfalls besitzrechtlichen Berechtigung des Dritten an den abzureißenden Gebäuden andererseits, jeweils berücksichtigt werden. So werden die beiden Fallvarianten jeweils ausgehend von einer Abrissverfügung einer Bauaufsichtsbehörde zur Beseitigung baurechtswidriger Zustände und einer Abrissverfügung einer allgemeinen Sicherheitsbehörde zur Abwehr einer Gefahr für Leben und Gesundheit erörtert.

Darüber hinausgehende Unterschiede auf Sachverhaltsebene, die sich auf die Bewertung der vorstehend aufgeworfenen Rechtsfragen auswirken können, beispielsweise die Frage, ob der komplette Abriss des Gebäudes oder nur dessen Teilrückbau angeordnet wurde, werden an der jeweils für die rechtlichen Erörterungen konkret relevanten Stelle angesprochen werden.

§ 3 Rechtliche Grundlagen

Zur Lösung der aufgeworfenen Rechtsfragen muss, abhängig von der jeweiligen Sachverhaltsvariante, sowohl auf Vorschriften des Zivil- und Strafrechts, allem voran aber des öffentlichen Rechts zurückgegriffen werden. Aus dem Bereich des öffentlichen Rechts wird neben dem allgemeinen Verwaltungs- das Sicherheitsrecht eine wichtige Rolle spielen. Darüber hinaus werden auch Vorschriften des Vollstreckungsrechts und der Verwaltungsgerichtsordnung relevant sein.

Hinsichtlich des allgemeinen Verwaltungsrechts, besonders des Verwaltungsverfahrensrechts, ist dabei zunächst zu beachten, dass landes- und bundesrechtliche Regelungen nebeneinander bestehen. Dem Bund steht bei einer Kompetenz zur Gesetzgebung im materiellrechtlichen Bereich sogleich als Annexkompetenz das Recht zu, Regelungen zum Verwaltungsverfahren zu erlassen, woraus sich die Existenz des VwVfG des Bundes begründet.[18] Die Kompetenz der Länder, jeweils

[18] Stelkens/Bonk/Sachs/*H. Schmitz*, VwVfG § 1 Rn. 32 ff.; Kopp/Ramsauer/*U. Ramsauer*, VwVfG Einführung I Rn. 18; Dreier/*G. Hermes*, Band 3, GG Art. 83 Rn. 20 ff.; hinsichtlich der Begründung a. A. beispielsweise Dürig/Herzog/Scholz/*F. Kirchhof*, GG Art. 84 Rn. 13, der

eigenes Verwaltungsverfahrensrecht zu setzen, ergibt sich wiederum aus Art. 84 Abs. 1 S. 1 GG.[19] Dabei ist zu beachten, dass die Regelungen der Landesverwaltungsverfahrensgesetze, jedenfalls hinsichtlich der für die weitere Untersuchung relevanten Vorschriften,[20] mit denen des VwVfG des Bundes weitestgehend identisch sind,[21] wenn in diesen Landesvorschriften nicht ohnehin sogleich die Anwendung des Bundesrechts angeordnet ist.[22] Sofern also im Folgenden auf bundesrechtliche Regelungen zum Verwaltungsverfahren bzw. dazu gefundene Erkenntnisse aus Rechtsprechung und Literatur abgestellt wird, sind die zu den bundesrechtlichen Vorschriften getroffenen Aussagen auch auf die gleichlautenden Regelungen der jeweiligen Länder übertragbar.[23] Sofern auf landesrechtliche Regelungen zum Verwaltungsverfahren abgestellt wird, etwa das BayVwVfG, sollen die dazu gewonnenen Erkenntnisse *pars pro toto* auch für die gleichlautenden verwaltungsverfahrensrechtlichen Regelungen des Bundes und der übrigen Länder gelten.

Zu den Vorschriften des Sicherheitsrechts, die durch die oben genannten Sachverhaltskonstellationen berührt werden, zählen grundsätzlich Vorschriften des Bauordnungsrechts sowie des allgemeinen Polizei- und Sicherheitsrechts. Sowohl das Bauordnungsrecht wie auch das allgemeine Polizei- und Sicherheitsrecht sind aber nach Art. 70 Abs. 1 GG den Gesetzgebern der jeweiligen Länder vorbehaltene Regelungsmaterien.[24] Anders als im Bereich des Verwaltungsverfahrensrechts un-

---

von einer konstitutiven Kompetenz unmittelbar aus Art. 84 Abs. 1 GG ausgeht; ähnlich auch *Sachs/C. Degenhart*, GG Art. 70 Rn. 40; BeckOK GG/*J. Suerbaum*, GG Art. 84 Rn. 16 ff.

[19] Für viele: BeckOK GG/*J. Suerbaum*, GG Art. 84 Rn. 15; Huber/Voßkuhle/*H.-H. Trute*, GG Art. 84 Rn. 18; Stelkens/Bonk/Sachs/*H. Schmitz*, VwVfG § 1 Rn. 32.

[20] Von herausragender Bedeutung wird im weiteren Verlauf der Untersuchung der Regelungsinhalt der Vorschrift des § 44 VwVfG sein, der in den Landesverwaltungsverfahrensgesetzen weitestgehend – zu den unwesentlichen Abweichungen Stelkens/Bonk/Sachs/*M. Sachs*, VwVfG § 44 Rn. 204 – identisch geregelt ist, vgl. § 44 LVwVfG (Baden-Württemberg); Art. 44 BayVwVfG (Bayern); § 44 BremVwVfG (Bremen); § 44 HmbVwVfG (Hamburg); § 44 HVwVfG (Hessen); § 44 VwVfG M-V (Mecklenburg-Vorpommern); § 44 VwVfG NRW (Nordrein-Westfalen); § 44 SVwVfG (Saarland); § 113 LVwG (Schleswig-Holstein); § 44 ThürVwVfG (Thüringen).

[21] Ausführlich, auch zu den historischen und gesetzgeberischen Hintergründen *S. Detterbeck*, Allgemeines Verwaltungsrecht, 21. Aufl. 2023, § 4 Rn. 164 ff.; *H. Maurer/C. Waldhoff*, Allgemeines Verwaltungsrecht, 21. Aufl. 2024, § 5 Rn. 17 ff.; Kopp/Ramsauer/*U. Ramsauer*, VwVfG Einführung I Rn. 9 ff.; Stelkens/Bonk/Sachs/*M. Sachs*, VwVfG Einleitung Rn. 48.

[22] In den Landesgesetzen wird sogleich auf die Vorschriften des VwVfG verwiesen in § 1 Abs. 1 BlnVwVfG (Berlin); § 1 Abs. 1 VwVfGBbg (Brandenburg); § 1 Abs. 1 NVwVfG (Niedersachsen); § 1 Abs. 1 LVwVfG (Reinland-Pfalz); § 1 S. 1 SächsVwVfZG (Sachsen); § 1 Abs. 1 VwVfG LSA (Sachsen-Anhalt).

[23] Zur Austauschbarkeit von bundes- und landesrechtlichen Vorschriften zum Verwaltungsverfahren *S. Detterbeck*, Allgemeines Verwaltungsrecht, 21. Aufl. 2023, § 4 Rn. 166.

[24] Dürig/Herzog/Scholz/*A. Uhle*, GG Art. 70 Rn. 88, 111; Dreier/*F. Wittreck*, Band 2, GG Art. 70 Rn. 15; *H. Maurer/K.-A. Schwarz*, Staatsrecht I, 7. Aufl. 2023, § 16 Rn. 47; Kritik an einer eindeutigen Zuordnung bestimmter Regelungsmaterien in den Bereich der Gesetzgebungskompetenz der Länder übt beispielsweise *Sachs/C. Degenhart*, GG Art. 70 Rn. 13 m. w. N.

terscheiden sich die Polizei- und Sicherheitsgesetze sowie die Bauordnungsgesetze der Länder jeweils deutlicher voneinander.[25] Um die Erörterung der betrachteten Rechtsfragen im Folgenden deshalb praktikabel zu gestalten, soll grundsätzlich, sofern ausschließlich landesrechtliche Regelungen maßgeblich sind, exemplarisch auf die Rechtslage im Freistaat Bayern abgestellt werden. Dabei soll auch vom Handeln bayerischer Behörden ausgegangen werden, weshalb im Hinblick auf die durch von ihnen durchgeführten Verwaltungsverfahren in der vorstehend beschriebenen Art und Weise *pars pro toto* auf die verwaltungsverfahrensrechtlichen Regelungen des BayVwVfG abgestellt werden wird.[26]

Hinsichtlich des Vollstreckungsrechts wird auf allgemeine Grundsätze abgestellt werden, wie sie sowohl den bundesrechtlichen als auch den allgemeinen und speziellen landesrechtlichen Regelungen zugrunde liegen, um, unabhängig von den Nuancen einzelner Sachverhaltsvarianten, allgemeingültige Aussagen treffen zu können.[27]

Sofern verwaltungsprozessuale, zivil- oder strafrechtliche Fragen eine Rolle bei der Lösung der aufgeworfenen Rechtsprobleme spielen, wird ohnehin das Bundesrecht entscheidend sein, sodass den gefundenen Ergebnissen eine entsprechend weitreichende Gültigkeit zukommt.[28]

Das beschriebene Vorgehen soll also letztlich durch einen Rückgriff auf Grundsätze und Parallelen des Landes- und Bundesrechtes möglichst allgemeingültige Ergebnisse hinsichtlich der aufgeworfenen Rechtsfragen liefern. Andererseits sollen rechtliche Einzelfragen, die ausschließlich von landesrechtlichen Regelungen abhängen, exemplarisch – anhand der Rechtslage im Freistaat Bayern – erörtert werden, um die Darstellungen nicht zu überfrachten. Dieses Vorgehen erscheint auch vor dem Hintergrund angebracht, dass bei der Lösung der zu betrachtenden Rechtsfragen die Regelungen des allgemeinen Verwaltungsrechtes – respektive des Verwaltungsverfahrensrechts – eine tragende Rolle spielen werden, die Vorschriften des speziellen Verwaltungsrechts hingegen nur zur Vervollständigung der rechtlichen Bewertung der untersuchten Sachverhaltskonstellationen mit in den Blick genommen werden.

---

[25] Zum Polizei- und Sicherheitsrecht Weber/*K. Weber*, Rechtswörterbuch, „Polizeirecht"; zum Bauordnungsrecht *H. Jäde*, NVwZ 2003, 668 ff.

[26] Zur Anwendbarkeit des BayVwVfG beim Handeln bayerischer Behörden *S. Detterbeck*, Allgemeines Verwaltungsrecht, 21. Aufl. 2023, § 4 Rn. 166.

[27] Siehe dazu Kapitel 2, § 1 A. III.

[28] Die Gesetzgebungskompetenz des Bundes hinsichtlich des bürgerlichen und des Strafrechts folgt aus Art. 74 Abs. 1 Nr. 1 GG.

Kapitel 2

Die Verpflichtungskonstellation in der ersten Fallvariante: Der aus dem Eigentum (mit-)berechtigte Dritte

Zunächst soll der Fall betrachtet werden, in welchem an dem abzureißenden Gebäude (Mit-)Eigentum eines Dritten besteht. Das Lehrbuchbeispiel für diese Konstellation ist dabei der zum Abriss des von ihm bewohnten Hauses verpflichtete Mieter, dem das Eigentumsrecht seines Vermieters entgegenwirkt. Eine weitere Fallkonstellation ist jene, in der nur einer oder ein Teil mehrerer Miteigentümer zum Abbruch eines Gebäudes verpflichtet wird und sich den Rechten der weiteren Miteigentümer gegenübergestellt sieht. Dabei ist aber auch ein Fall vorstellbar, in dem ein nicht zu dem oder den Eigentümer(n) in Rechtsbeziehung stehender Dritter zum Abriss verpflichtet wird. Sofern die Rechtsstellung des Verpflichteten für die Beantwortung der Rechtsfragen relevant werden könnte, wird darauf an der jeweiligen Stelle eingegangen werden.

Letztlich gilt es bei der Betrachtung der vorgestellten Konstellation folgende Fragen zu beantworten: Zunächst ist fraglich, was für Konsequenzen die dem in Anspruch genommenen Regelungsadressaten entgegenstehende Eigentumsposition des Dritten für die Abrissverfügung selbst hat. Daran anschließend und unmittelbar damit verwoben ist die Frage, ob zur Überwindung der gegebenenfalls eintretenden Rechtswidrigkeit – insbesondere mit der Folge der Nichtigkeit – oder Nichtvollstreckbarkeit dieser Abrissverfügung eine Duldungsverfügung gegenüber dem tatsächlich (mit-)berechtigten Dritten ergehen muss und welche Voraussetzungen an diese gegebenenfalls zu erlassende Duldungsverfügung zu stellen sind.

Es sind dabei aber sowohl mehrere rechtliche Blickwinkel wie auch Betrachtungsgegenstände zu unterscheiden. Primär soll geklärt werden, wie die dargestellte Situation ausgehend von der verwaltungsrechtlichen Rechtslage zu bewerten ist und welche Konsequenzen sich daraus für die Abrissverfügung ableiten lassen. Diese Folgen für die Abrissverfügung sowie die dargestellten Anschlussfragen zur Notwendigkeit einer Duldungsverfügung sollen prinzipiell auch im Fokus der Arbeit stehen. Es ist aber zu sehen, dass – neben manchen relevant werdenden strafrechtlichen Vorschriften – andererseits auch die zivilrechtliche Teilrechtsordnung Lösungsansätze bereithält, wie die betrachtete Kollisionssituation zu bewältigen ist, wobei hierdurch originär die Folgen für die privatrechtliche Rechtslage festgelegt werden. Da diese privatrechtlichen Konsequenzen aus der Konfliktsituation, aufgrund ihrer noch näher darzustellenden Wirkung auf die verwaltungsrechtliche Rechtslage, ebenfalls für die im besonderen Interesse der Untersuchungen liegenden

Folgen der Konfliktsituation für die Abrissverfügung von großer Bedeutung sein können, werden auch diese zivilrechtlichen Rechtsfolgen und insbesondere die daraus ableitbaren Konsequenzen für die zivilrechtliche Rechtsposition des Dritten von Interesse sein.

Um die angesprochenen Wechselwirkungen aber exakt nachvollziehen zu können, sind das Bewusstsein um diese Blickwinkel auf die betrachtete Konfliktsituation wie auch die Unterscheidung der Betrachtungsgegenstände notwendig. Nachfolgend werden als Gegenstand der Betrachtung zunächst die behördlich erlassene Abrissverfügung als solche und im Besonderen deren Inhalt, also die darin vom Adressaten geforderte Handlung, speziell hinsichtlich ihrer straf- und zivilrechtlichen Wirkungen, relevant sein. Damit verbunden sind letztlich die Rechte und Ansprüche des zivilrechtlich Drittberechtigten. Ausgangspunkt der Prüfung soll jeweils die Abrissverfügung gemessen an der verwaltungsrechtlichen Rechtslage sein, wobei es häufig zu einer inzidenten Prüfung der strafrechtlichen Relevanz und insbesondere der zivilrechtlichen Folgen der vom Adressaten verlangten Handlung kommen wird, deren Bewertung wiederum von den Rechten und Ansprüchen des Dritten abhängig ist. Neben der Abrissverfügung wird sodann noch die gegebenenfalls notwendige, an den Drittberechtigten zu richtende Duldungsverfügung untersucht werden.

§ 1 Konsequenzen für die Abrissverfügung aus der Kollision von öffentlich-rechtlicher Verpflichtung und zivilrechtlicher Nichtberechtigung

Wie einleitend angesprochen, werden hinsichtlich der Konsequenzen aus der dargestellten Kollisionssituation für die behördlich erlassene Abrissverfügung verschiedene Ansätze vertreten. So soll die Abrissverfügung einmal bereits rechtswidrig und sogleich unwirksam sein. Die Unwirksamkeit wird dabei aus der Nichtigkeit der Abrissverfügung hergeleitet. Möglich scheint es auch, deren Rechtswidrigkeit bei weiterhin bestehender Wirksamkeit und bloßer Anfechtbarkeit anzunehmen. Es wird auch vertreten, die Abrissverfügung sei trotz ihrer eigentlichen Rechtmäßigkeit aufgrund eines Vollstreckungshindernisses nur nicht vollstreckbar. Letztlich könnte die Abrissverfügung aber auch aufgrund einer bloß vermeintlichen Kollisionssituation doch wirksam, rechtmäßig und vollstreckbar sein.

Die zweite Frage, nach der Notwendigkeit einer Duldungsverfügung, hängt aber davon ab, welche der vorgestellten Konsequenzen sich aus der (vermeintlichen) Kollisionssituation für die Abrissverfügung tatsächlich ergeben. Sollte beispielsweise von keiner wirklichen Kollisionssituation auszugehen sein und die Abrissverfügung wirksam, rechtmäßig und vollstreckbar sein, ist es naheliegend, die Notwendigkeit einer Duldungsverfügung abzulehnen. Geht man andererseits von einer der drei genannten Konsequenzen für die Abrissverfügung aus, wird man eine Duldungsverfügung wohl grundsätzlich für nötig halten, auch wenn die Voraussetzungen

zungen und die Ausgestaltung einer solchen Duldungsverfügung unterschiedlich ausfallen könnten.

Es sind also zwei Fragenkomplexe zu unterscheiden und nacheinander zu beantworten. Einmal ist zu klären, welche Konsequenzen eine (vermeintliche) Kollisionssituation für die an den privatrechtlich Nichtberechtigten ergehende Grundverfügung mit sich bringt. Daran anschließend und davon abhängig sind die Fragen zu beantworten, ob eine Drittduldungsverfügung notwendig ist und unter welchen Voraussetzungen sie ergehen kann bzw. wie sie auszugestalten ist.

Nachfolgend soll deshalb zunächst die Frage beantwortet werden, welche Konsequenzen sich aus der genannten (vermeintlichen) Kollisionssituation für die an den zivilrechtlich Nichtberechtigten ergehende Abrissverfügung ergeben.

A. Allgemeine Abgrenzung und Darstellung der möglichen Konsequenzen

Um die genannten, möglicherweise hinsichtlich der Abrissverfügung eintretenden Konsequenzen untersuchen zu können, sollen diese zunächst ganz allgemein voneinander abgegrenzt und deren Voraussetzungen und Wirkungen betrachtet werden. In einem ersten Schritt wird die Unwirksamkeit bzw. Wirksamkeit eines Verwaltungsaktes sowie dessen Nichtigkeit erklärt werden. Danach soll die Wirksamkeit von der Rechtmäßigkeit eines Verwaltungsaktes unterscheiden und im Anschluss die Nichtvollstreckbarkeit eines Verwaltungsaktes in den Blick genommen werden.

I. Unwirksamkeit wegen Nichtigkeit

Um die Annahme der Rechtsfolge der Unwirksamkeit wegen Nichtigkeit besser nachvollziehen zu können, sollen zunächst die Begriffe der Wirksamkeit und der Nichtigkeit, insbesondere unter Abgrenzung bestimmter damit in Zusammenhang stehender weiterer Begriffe, geklärt und deren Verhältnis zueinander dargestellt werden.

1. Begriff der Wirksamkeit

Die Wirksamkeit von Verwaltungsakten ist grundsätzlich in § 43 VwVfG geregelt, wobei die Vorschrift selbst aber keine Definition des Begriffes liefert. Nach allgemeinen Grundsätzen versteht man unter der Wirksamkeit eines Verwaltungsaktes aber das Entfalten von – durch die Behörde erstrebter – Wirkung auf die Rechtslage, zum Beispiel in Form von Ge- oder Verboten, Rechtsgestaltungen oder

Rechtsfeststellungen.[1] Dieser Effekt wird auch unter den Begriff der rechtlichen Bindung eines Verwaltungsaktes gefasst.[2]

a) Bindungswirkung, Beachtlichkeit und Feststellungswirkung

Von der Bindungswirkung, also der Bindung an den Regelungsinhalt des Verwaltungsaktes, sind gemäß § 43 Abs. 1 S. 1 VwVfG persönlich diejenigen erfasst, für die der Verwaltungsakt bestimmt ist oder die von ihm betroffen sind und denen er gemäß § 41 VwVfG bekannt gegeben wurde.[3] Darüber hinaus ist auch die Behörde, die den Verwaltungsakt erlassen hat, an die im Verwaltungsakt getroffene Regelung gebunden.[4]

Die Besonderheit der Einwirkung eines Verwaltungsaktes auf die Rechtslage besteht aber darin, dass sie nicht nur die Bindung des durch den Verwaltungsakt Betroffenen und der erlassenden Behörde bewirkt, sondern auch von anderen Personen, Behörden, Rechtsträgern und Gerichten zu beachten ist.[5] Hierbei haben die Gerichte und sonstigen Rechtsträger die Tatsache, dass der Verwaltungsakt erlassen wurde, wie auch – ohne eigene Prüfung der Richtigkeit – die getroffene Regelung ihren Entscheidungen zugrunde zu legen.[6] Es steht ihnen lediglich zu, den Inhalt der Regelung durch eigene Auslegung festzustellen.[7] Häufig wird diese Rechtsfolge unter den Begriff der Tatbestandswirkung gefasst,[8] was aber unpräzise ist.[9] Die Tatbestandswirkung im engeren Sinne bezeichnet vielmehr die Notwendigkeit des Erlasses eines Verwaltungsaktes als Tatbestandsvoraussetzung für den Eintritt einer

[1] Exemplarisch Mann/Sennekamp/Uechtritz/*A. Leisner-Egensperger*, VwVfG § 43 Rn. 2; *J. Ziekow*, VwVfG § 43 Rn. 2; *H. Maurer/C. Waldhoff*, Allgemeines Verwaltungsrecht, 21. Aufl. 2024, § 10 Rn. 5.

[2] Mann/Sennekamp/Uechtritz/*A. Leisner-Egensperger*, VwVfG § 43 Rn. 2 f.; Kopp/Ramsauer/*U. Ramsauer*, VwVfG § 43 Rn. 32.

[3] *J. Ziekow*, VwVfG § 43 Rn. 3; BeckOK VwVfG/*F. Schemmer*, VwVfG § 43 Rn. 23; Stelkens/Bonk/Sachs/*M. Sachs*, VwVfG § 43 Rn. 90, der anstelle von Bindungswirkung von materieller Bestandskraft spricht.

[4] BVerwG, Urt. v. 23.04.1980, 8 C 82/79, BeckRS 1980, 30434747; BeckOK VwVfG/*F. Schemmer*, VwVfG § 43 Rn. 23; *J. Ziekow*, VwVfG § 43 Rn. 3.

[5] BGH, Urt. v. 04.02.2004, XII ZR 301/01 (OLG Naumburg), NVwZ 2004, 763; Stelkens/Bonk/Sachs/*M. Sachs*, VwVfG § 43 Rn. 142; Kopp/Ramsauer/*U. Ramsauer*, VwVfG § 43 Rn. 12, 39 ff.; umfassend zur Bindungswirkung des Verwaltungsaktes *D. Schroeder*, DÖV 2009, 217 ff.

[6] BGH, Urt. v. 04.02.2004, XII ZR 301/01 (OLG Naumburg), NVwZ 2004, 763; Kopp/Ramsauer/*U. Ramsauer*, VwVfG § 43 Rn. 41 m. w. N.; ausführlich *D. Schroeder*, DÖV 2009, 217 (224 ff.).

[7] BGH, Urt. v. 17.05.1984, III ZR 86/83 (Frankfurt), NJW 1985, 1335; Stelkens/Bonk/Sachs/*M. Sachs*, VwVfG § 43 Rn. 143.

[8] Vgl. etwa BGH, Urt. v. 04.02.2004, XII ZR 301/01 (OLG Naumburg), NVwZ 2004, 763; *H.-U. Erichsen/U. Knoke*, NVwZ 1983, 185 (189); *P. Kirchhof*, NJW 1985, 2977 (2982 f.); Kopp/Ramsauer/*U. Ramsauer*, VwVfG § 43 Rn. 39 ff.

[9] Stelkens/Bonk/Sachs/*M. Sachs*, VwVfG § 43 Rn. 140.

Rechtsfolge, so zum Beispiel das Vorliegen eines Bußgeldbescheides als Voraussetzung für das Eingreifen des Grundsatzes „ne bis in idem“ und den Ausschluss einer erneuten Bestrafung.[10] Vorzugswürdig erscheint es vielmehr, für die beschriebene Bindung von Rechtsträgern und Gerichten an die durch einen wirksamen Verwaltungsakt bewirkten Rechtsänderungen den Begriff der Beachtlichkeit heranzuziehen.[11]

Einen Sonderfall dieser Beachtlichkeit stellt die sogenannte Feststellungswirkung dar.[12] Darunter ist zu verstehen, dass auch die der Regelung eines Verwaltungsakts zugrunde liegenden rechtlichen Beurteilungen und tatsächlichen Feststellungen für andere Rechtsträger wie auch Gerichte bindend sind.[13] Diese Wirkung tritt aber nur bei besonderer gesetzlicher Bestimmung ein.[14]

b) Voraussetzung und Dauer der Wirksamkeit

Nach § 43 VwVfG ist für den Beginn der Wirksamkeit eines Verwaltungsaktes grundsätzlich Voraussetzung, dass der Verwaltungsakt demjenigen, den er binden soll, also dem dadurch Betroffenen, nach den Vorgaben des § 41 VwVfG bekanntgegeben wurde.[15] Dafür muss die für die Bekanntgabe zuständige Behörde in amtlicher Eigenschaft wissentlich und willentlich den Inhalt des Verwaltungsaktes dem davon Betroffenen mitteilen und der Verwaltungsakt diesem auch zugehen.[16] Ein – nicht nichtiger[17] – Verwaltungsakt bleibt dann gemäß § 43 Abs. 2 VwVfG wirksam, solange er nicht zurückgenommen, widerrufen, anderweitig aufgehoben oder durch Zeitablauf oder auf andere Weise erledigt ist.[18]

---

[10] Stelkens/Bonk/Sachs/*M. Sachs*, VwVfG § 43 Rn. 154, 156; *M. Randak*, JuS 1992, 33 (35); *D. Schroeder*, DÖV 2009, 217 (224 ff.).

[11] *M. Randak*, JuS 1992, 33 (37 ff.); Stelkens/Bonk/Sachs/*M. Sachs*, VwVfG § 43 Rn. 140 f. m. w. N. zu alternativen Begriffen.

[12] Vgl. insbesondere *D. Schroeder*, DÖV 2009, 217 (225).

[13] Stelkens/Bonk/Sachs/*M. Sachs*, VwVfG § 43 Rn. 160 m. w. N.; Kopp/Ramsauer/*U. Ramsauer*, VwVfG § 43 Rn. 48 ff.; *D. Schroeder*, DÖV 2009, 217 (225).

[14] BGH, Urt. v. 04.02.2004, XII ZR 301/01 (OLG Naumburg), NVwZ 2004, 763; Stelkens/Bonk/Sachs/*M. Sachs*, VwVfG § 43 Rn. 160 m. w. N.; Kopp/Ramsauer/*U. Ramsauer*, VwVfG § 43 Rn. 49 f.; *D. Schroeder*, DÖV 2009, 217 (225) verweist als Beispiel auf § 42 S. 1 AsylVerfG a. F., nunmehr § 42 S. 1 AsylG.

[15] Für viele: *J. Ziekow*, VwVfG § 43 Rn. 10; Mann/Sennekamp/Uechtritz/*A. Leisner-Egensperger*, VwVfG § 43 Rn. 45; *S. Detterbeck*, Allgemeines Verwaltungsrecht, 21. Aufl. 2023, § 10 Rn. 551.

[16] Für viele: *S. Detterbeck*, Allgemeines Verwaltungsrecht, 21. Aufl. 2023, § 10 Rn. 552; *H. Maurer/C. Waldhoff*, Allgemeines Verwaltungsrecht, 21. Aufl. 2024, § 9 Rn. 73 ff.; *G. Beaucamp*, JA 2016, 436 ff.

[17] Siehe Kapitel 2, § 1 A. I. 2.

[18] Weitere Ausführungen zur Dauer der Wirksamkeit finden sich beispielsweise bei Kopp/Ramsauer/*U. Ramsauer*, VwVfG § 43 Rn. 64 ff.; BeckOK VwVfG/*F. Schemmer*, VwVfG § 43 Rn. 45 ff.; Stelkens/Bonk/Sachs/*M. Sachs*, VwVfG § 43 Rn. 190 ff.

c) Unterscheidung von äußerer und innerer Wirksamkeit

Im Rahmen der Wirksamkeit ist zwischen der äußeren und inneren Wirksamkeit eines Verwaltungsaktes zu differenzieren. Äußere Wirksamkeit bezeichnet dabei die Bindung des durch den Verwaltungsakt Betroffenen, unabhängig davon, ob die inhaltliche Regelung des Verwaltungsaktes bereits Relevanz besitzt.[19] Unter innerer Wirksamkeit ist hingegen die Verbindlichkeit der im Verwaltungsakt ausgesprochen Regelung zu verstehen.[20] Regelmäßig wird die innere Wirksamkeit gleichzeitig mit der äußeren Wirksamkeit eintreten. Sie kann aber aufgrund von Nebenbestimmungen, etwa einer aufschiebenden Befristung oder Bedingung, zeitlich mit der äußeren Wirksamkeit auseinanderfallen.[21]

d) Unterscheidung von Wirksamkeit und Bestandskraft

Der Begriff der Wirksamkeit soll hier von dem in der Überschrift des zweiten Abschnittes des dritten Teils des VwVfG auftauchenden und nicht weiter definierten Begriff der Bestandskraft abgegrenzt werden. Ganz allgemein wird terminologisch zwischen formeller und materieller Bestandskraft unterschieden.[22]

Formelle Bestandskraft bedeutet dabei allgemein, dass der Verwaltungsakt durch den davon Betroffenen mit dafür vorgesehenen Rechtsbehelfen nicht mehr angegriffen und beseitigt werden kann, der Verwaltungsakt also unanfechtbar ist.[23] Hiervon ist die amtswegige Aufhebbarkeit eines Verwaltungsaktes zu unterscheiden, wie sie insbesondere in den Vorschriften der §§ 48 bis 51 VwVfG geregelt ist und die unabhängig vom Eintritt der formellen Bestandskraft eines Verwaltungsaktes dessen Aufhebung durch die Erlassbehörde ermöglicht.[24] Zu beachten ist allerdings, dass die

---

[19] BeckOK VwVfG/*F. Schemmer*, VwVfG § 43 Rn. 10; Huck/Müller/*M. Müller*, VwVfG § 43 Rn. 3; Kopp/Ramsauer/*U. Ramsauer*, VwVfG § 43 Rn. 15; kritisch Mann/Sennekamp/Uechtritz/*A. Leisner-Egensperger*, VwVfG § 43 Rn. 6 m. w. N., die den inhaltlich anders gefassten Begriff der formellen Wirksamkeit vertritt.

[20] Stelkens/Bonk/Sachs/*M. Sachs*, VwVfG § 43 Rn. 166; BeckOK VwVfG/*F. Schemmer*, VwVfG § 43 Rn. 11; Huck/Müller/*M. Müller*, VwVfG § 43 Rn. 5; anders Mann/Sennekamp/Uechtritz/*A. Leisner-Egensperger*, VwVfG § 43 Rn. 7, die den inhaltlich aber gleichen Begriff der materiellen Wirksamkeit vertritt.

[21] BVerwG, Urt. v. 21.06.1961, VIII C 398/59 (Bebenhausen), NJW 1962, 602; BeckOK VwVfG/*F. Schemmer*, VwVfG § 43 Rn. 11; Huck/Müller/*M. Müller*, VwVfG § 43 Rn. 5; Stelkens/Bonk/Sachs/*M. Sachs*, VwVfG § 43 Rn. 167 ff. m. w. N.

[22] Für viele: Stelkens/Bonk/Sachs/*M. Sachs*, VwVfG § 43 Rn. 7 m. V. auf daran geübter Kritik.

[23] Für viele: *D. Schroeder*, DÖV 2009, S. 217 (221); Kopp/Ramsauer/*U. Ramsauer*, VwVfG § 43 Rn. 51; BeckOK VwVfG/*F. Schemmer*, VwVfG § 43 Rn. 20.

[24] Stelkens/Bonk/Sachs/*M. Sachs*, VwVfG § 43 Rn. 31 ff.; Kopp/Ramsauer/*U. Ramsauer*, VwVfG § 43 Rn. 18; *D. Schroeder*, DÖV 2009, 217 (222); *A. Funke*, Falldenken im Verwaltungsrecht – Ein systematisches Studienbuch, 2020, S. 134 Rn. 232 ff., nimmt im Falle eines rechtswidrigen Verwaltungsaktes die Verpflichtung der erlassenden Behörde an, den Verwaltungsakt aufzuheben, wobei diese Verpflichtung für die Zeitspanne vor dem Eintritt der for-

Beschränkungen der amtswegigen Aufhebbarkeit, insbesondere durch eine Selbstbindung der erlassenden Behörde, teilweise auch mit unter den Begriff der Bestandskraft gefasst werden.[25]

Unter materieller Bestandskraft eines Verwaltungsaktes ist zu verstehen, dass ein Abweichen von der inhaltlichen Regelung des Verwaltungsaktes durch die erlassende Behörde und die am Verwaltungsverfahren im Sinne des § 13 VwVfG Beteiligten nicht mehr – im Rahmen eines Rechtsbehelfs – möglich ist.[26] Von der inhaltlichen Regelung kann nur noch nach Maßgabe besonderer gesetzlicher Bestimmungen, wie auch wiederum der §§ 48 bis 51 VwVfG, abgewichen werden.[27] Von diesem aus der materiellen Bestandskraft folgenden Abweichungsverbot sind dabei die teilweise bereits oben genannten, bestandskraftunabhängigen Abweichungsverbote im Zusammenhang mit Verwaltungsakten zu unterscheiden, wie Beachtlichkeit und Feststellungswirkung, aber auch die Selbstbindung der Verwaltung.[28]

Die materielle Bestandskraft hat den Eintritt der formellen Bestandskraft zur Voraussetzung.[29] Ganz grundsätzlich ist aber letztlich der Eintritt von Bestandskraft wiederum durch die Wirksamkeit des jeweiligen Verwaltungsaktes bedingt.[30] Es wird auch vertreten, die Bestandskraft eines Verwaltungsaktes als eine Form der Verstärkung oder Verfestigung von dessen Wirksamkeit zu betrachten.[31]

---

mellen Bestandskraft des Verwaltungsaktes auch durch den vom Verwaltungsakt Betroffenen durchgesetzt werden kann.

[25] *D. Merten*, NJW 1983, 1993 (1996).

[26] Für viele: Kopp/Ramsauer/*U. Ramsauer*, VwVfG § 43 Rn. 54; *J. Ziekow*, VwVfG § 43 Rn. 9; Mann/Sennekamp/Uechtritz/*A. Leisner-Egensperger*, VwVfG § 43 Rn. 21 ff.; auf den Umfang der materiellen Rechtskraft im Sinne einer sachlichen, persönlichen und zeitlichen Dimension soll hier nicht weiter eingegangen werden, vgl. hierzu aber etwa *D. Schroeder*, DÖV 2009, 217 (222 f.).

[27] Kopp/Ramsauer/*U. Ramsauer*, VwVfG § 43 Rn. 54; *J. Ziekow*, VwVfG § 43 Rn. 9; BeckOK VwVfG/*F. Schemmer*, VwVfG § 43 Rn. 22.

[28] Stelkens/Bonk/Sachs/*M. Sachs*, VwVfG § 43 Rn. 134 ff.; *D. Schroeder*, DÖV 2009, S. 217 ff.; *H. Maurer/C. Waldhoff*, Allgemeines Verwaltungsrecht, 21. Aufl. 2024, § 10 Rn. 20.

[29] Für viele: Kopp/Ramsauer/*U. Ramsauer*, VwVfG § 43 Rn. 54; BeckOK VwVfG/*F. Schemmer*, VwVfG § 43 Rn. 21; *D. Schroeder*, DÖV 2009, S. 217 (222).

[30] Mann/Sennekamp/Uechtritz/*A. Leisner-Egensperger*, VwVfG § 43 Rn. 9; Kopp/Ramsauer/*U. Ramsauer*, 19. Aufl. 2018, VwVfG § 43 Rn. 30a; *S. Detterbeck*, Allgemeines Verwaltungsrecht, 21. Aufl. 2023, § 10 Rn. 567.

[31] Mann/Sennekamp/Uechtritz/*A. Leisner-Egensperger*, VwVfG § 43 Rn. 16; *H. Maurer/C. Waldhoff*, Allgemeines Verwaltungsrecht, 21. Aufl. 2024, § 10 Rn. 18.

e) Unterscheidung von Wirksamkeit und rechtlicher Existenz

Bei genauer Betrachtung ist von der Wirksamkeit eines Verwaltungsaktes noch seine rechtliche Existenz zu unterscheiden.[32] Rechtlich existent wird ein Verwaltungsakt schon dann, wenn er erstmalig einem dadurch Betroffenen bekanntgegeben worden ist, unabhängig davon, ob er gegenüber den einzelnen Beteiligten Wirksamkeit erlangt hat.[33] Ab dem Zeitpunkt seiner rechtlichen Existenz, ist der Verwaltungsakt bereits durch alle rechtsanwendenden staatlichen Stellen grundsätzlich zu beachten[34] und kann mit Rechtbehelfen angegriffen werden.[35]

2. Begriff und Folge der Nichtigkeit eines Verwaltungsaktes

Wird die Unwirksamkeit der Abrissverfügung mangels Duldungsverfügung angenommen, so soll diese Unwirksamkeit aus der Nichtigkeit des Verwaltungsaktes folgen.[36] Deshalb sollen auch der Begriff der Nichtigkeit sowie die daraus resultierende Folge für den Verwaltungsakt dargestellt werden.[37] Zutreffenderweise ist ein nichtiger Verwaltungsakt allgemein nach § 43 Abs. 3 VwVfG unwirksam. Ein nichtiger ist dabei ein solcher Verwaltungsakt, der an einem besonders schwerwiegenden Rechtsfehler im Sinne des § 44 VwVfG leidet.[38] Unwirksamkeit des nichtigen Verwaltungsaktes bedeutet dabei, dass diesem eben keine Rechtswirkung zukommt, er also keine Rechtsbindungen erzeugt und keine für den Rechtsverkehr

---

[32] Stelkens/Bonk/Sachs/*M. Sachs*, VwVfG § 43 Rn. 164 f. m. w. N.; BeckOK VwVfG/*F. Schemmer*, VwVfG § 43 Rn. 6; ungenau etwa Huck/Müller/*M. Müller*, VwVfG § 43 Rn. 3; *J. Ziekow*, VwVfG § 43 Rn. 2; anderer Ansicht Mann/Sennekamp/Uechtritz/*A. Leisner-Egensperger*, VwVfG § 43 Rn. 6 m. w. N., die den in Kapitel 2, § 1 A. I. 1. c) genannten Begriff der äußeren Wirksamkeit ablehnt und stattdessen auf die formelle Wirksamkeit abstellt, die der Existenz des Verwaltungsaktes gleichstehen soll.

[33] BGH, Urt. v. 19. 06. 1998, V ZR 43–97 (Brandenburg), NJW 1998, 3055 f. m. w. N.; BeckOK VwVfG/*F. Schemmer*, VwVfG § 43 Rn. 6; Kopp/Ramsauer/*U. Ramsauer*, VwVfG § 43 Rn. 14.

[34] BGH, Urt. v. 19. 06. 1998, V ZR 43–97 (Brandenburg), NJW 1998, 3055 f. m. w. N.

[35] BVerwG, Beschl. v. 10. 02. 1994, 4 B 26/94 (München), NVwZ 1994, 896 f.; BeckOK VwVfG/*F. Schemmer*, VwVfG § 43 Rn. 6 m. w. N.; Kopp/Ramsauer/*U. Ramsauer*, VwVfG § 43 Rn. 14.

[36] Siehe dazu Kapitel 1, § 1.

[37] Eine umfassende Erörterung zur Bedeutung der Nichtigkeit eines Verwaltungsaktes und insbesondere deren Herleitung durch eine „mittelbare Wertungsübertragung" aus dem Zivilrecht findet sich bei *M. Frank*, Rechtsfragen der Nichtigkeit von Verwaltungsakten (§§ 43 Abs. 3, 44 VwVfG) – Neuerliche Durchleuchtung eines überkommenen Rechtsinstituts, 2014, S. 71 ff.

[38] BeckOK VwVfG/*F. Schemmer*, VwVfG § 44 Rn. 2; *H. Maurer*/*C. Waldhoff*, Allgemeines Verwaltungsrecht, 21. Aufl. 2024, § 10 Rn. 86; Huck/Müller/*M. Müller*, VwVfG § 44 Rn. 1.

beachtliche Regelung setzt.[39] Ein nichtiger Verwaltungsakt erfüllt zwar die Voraussetzungen des § 35 VwVfG und wird deshalb auch mit Bekanntgabe rechtlich existent, insbesondere in Abgrenzung zum Nicht-Verwaltungsakt.[40] Der Verwaltungsakt muss letztlich aber weder beachtet noch befolgt werden, ihm kommt also keine Beachtlichkeit im oben genannten Sinne sowie keine Tatbestands- oder Feststellungswirkung zu und er erwächst auch nicht in Bestandskraft.[41] Er entfaltet im Ergebnis weder innere noch äußere Wirksamkeit.[42]

II. Rechtswidrigkeit

1. Begriff und Folge

Unter dem Begriff der Rechtmäßigkeit des Verwaltungsaktes ist zu verstehen, dass der Verwaltungsakt alle Anforderungen erfüllt, die die Rechtsordnung an ihn stellt; Rechtswidrigkeit ist also umgekehrt gegeben, wenn der Verwaltungsakt in mindestens einem Belang nicht mit der Rechtsordnung in Einklang steht.[43] Für den Adressaten eines rechtswidrigen Verwaltungsaktes entsteht aus seiner durch den Verwaltungsakt verletzten Grundrechtsposition heraus ein ungeschriebener materieller Anspruch auf Aufhebung des rechtswidrigen Verwaltungsaktes gegenüber der Verwaltung.[44] Allgemein geregelt ist die amtswegige Aufhebung des rechtswidrigen

---

[39] *G. Beaucamp*, JA 2007, 704 ff.; *H. Maurer/C. Waldhoff*, Allgemeines Verwaltungsrecht, 21. Aufl. 2024, § 10 Rn. 91; *S. Detterbeck*, Allgemeines Verwaltungsrecht, 21. Aufl. 2023, § 10 Rn. 620.

[40] *M. Will/C. Rathgeber*, JuS 2012, 1057 ff.; Stelkens/Bonk/Sachs/*M. Sachs*, VwVfG § 43 Rn. 222; BeckOK VwVfG/*F. Schemmer*, VwVfG § 43 Rn. 57, § 44 Rn. 3; Kopp/Ramsauer/*U. Ramsauer*, VwVfG § 44 Rn. 2; a. A. OLG Oldenburg, Beschl. v. 28.01.1992, Ss 492/91, NVwZ 1992, 607; Sodan/Ziekow/*H. A. Wolff*, VwGO § 113 Rn. 24; der EuGH spricht von „inexistent", EuGH, Urt. v. 26.02.1987, Rs 15/85, NJW 1987, 3074 ff.

[41] *J. Ziekow*, VwVfG § 44 Rn. 1; *M. Will/C. Rathgeber*, JuS 2012, 1057 ff.; *H. Maurer/C. Waldhoff*, Allgemeines Verwaltungsrecht, 21. Aufl. 2024, § 10 Rn. 20; Mann/Sennekamp/Uechtritz/*A. Leisner-Egensperger*, VwVfG § 43 Rn. 72 ff., welche jedoch begrifflich von einer sogenannten „abgeschwächten Wirksamkeit" ausgeht.

[42] Kopp/Ramsauer/*U. Ramsauer*, VwVfG § 43 Rn. 97; BeckOK VwVfG/*F. Schemmer*, VwVfG § 44 Rn. 4; Huck/Müller/*M. Müller*, VwVfG § 43 Rn. 27; a. A. Stelkens/Bonk/Sachs/*M. Sachs*, VwVfG § 43 Rn. 222 m. w. N.; für gänzlich Überflüssig hält den Diskurs Mann/Sennekamp/Uechtritz/*A. Leisner-Egensperger*, VwVfG § 43 Rn. 72 ff.

[43] Weber/*T. Aichberger/K. Weber*, Rechtswörterbuch, „Verwaltungsakt" 5. a); *H. Maurer/C. Waldhoff*, Allgemeines Verwaltungsrecht, 21. Aufl. 2024, § 10 Rn. 3 f.; *S. Detterbeck*, Allgemeines Verwaltungsrecht, 21. Aufl. 2023, § 10 Rn. 569.

[44] Ausführlich *A. Funke*, Falldenken im Verwaltungsrecht – Ein systematisches Studienbuch, 2020, S. 132 Rn. 226, der darstellt, dass das betroffene Grundrecht des Adressaten einen negativen Status begründet, der durch den Erlass des Verwaltungsaktes verletzt wird und damit den ungeschriebenen Aufhebungsanspruch zur Konsequenz hat.

Verwaltungsaktes – wie bereits dargestellt – in § 48 VwVfG.[45] An diesen materiellen Aufhebungsanspruch knüpft dann § 113 Abs. 1 S. 1 VwGO einen prozessualen, gegen das Verwaltungsgericht gerichteten Anspruch auf Aufhebung des rechtswidrigen Verwaltungsaktes, der im Rahmen der Anfechtungsklage nach § 42 Abs. 1 Alt. 1 VwGO durchgesetzt werden kann.[46] Sofern die Erlassbehörde dem materiellen Aufhebungsanspruch des Adressaten nicht nachkommt und den rechtswidrigen Verwaltungsakt nicht selbst wieder zurücknimmt, ist Folge der Rechtswidrigkeit (grundsätzlich)[47], dass der Verwaltungsakt mit den durch das Verwaltungsprozessrecht vorgesehenen Rechtsbehelfen angegriffen und dann durch die Verwaltungsgerichte aufgehoben werden kann.[48]

2. Verhältnis von Rechtswidrigkeit und Wirksamkeit

Ganz allgemein gehört das Vorliegen der Rechtmäßigkeitsvoraussetzungen eines Verwaltungsaktes nicht zu dessen Wirksamkeitsvoraussetzungen.[49] Dies ergibt sich schon aus dem Umkehrschluss zu § 43 Abs. 3 VwVfG, der die Unwirksamkeit eines Verwaltungsaktes als Folge seiner Nichtigkeit festlegt.[50] Das heißt, ein Verwaltungsakt ist grundsätzlich – bis zu seiner Aufhebung – auch dann wirksam, wenn er rechtswidrig ist.[51] Dies stellt, im Unterschied zu allgemeinen Rechtsnormen und Verträgen, bei welchen regelmäßig die Rechtswidrigkeit auch die Unwirksamkeit nach sich zieht, eine Besonderheit des Verwaltungsaktes dar.[52] Die Rechtswidrigkeit eines Verwaltungsaktes hat aber dann Auswirkungen auf seine Wirksamkeit, wenn der Rechtsfehler derart schwerwiegend ist, dass er die Nichtigkeit des Verwal-

---

[45] *S. Detterbeck*, Allgemeines Verwaltungsrecht, 21. Aufl. 2023, § 10 Rn. 626; *H. Maurer/ C. Waldhoff*, Allgemeines Verwaltungsrecht, 21. Aufl. 2024, § 11 Rn. 4 ff.; Mann/Sennekamp/ Uechtritz/*J. Suerbaum*, VwVfG § 48 Rn. 1 ff.

[46] Vgl. *A. Funke*, Falldenken im Verwaltungsrecht – Ein systematisches Studienbuch, 2020, S. 132 Rn. 226, S. 136 Rn. 238 m. w. N.

[47] Anders verhielte es sich beispielsweise, wenn der Rechtsverstoß unerheblich im Sinne des § 46 VwVfG ist, vgl. *M. L. Fremuth*, JA 2012, 844 (849 f.); *J. Ziekow*, VwVfG § 46 Rn. 1; Huck/Müller/*M. Müller*, VwVfG § 46 Rn. 1; nach *A. Funke*, Falldenken im Verwaltungsrecht – Ein systematisches Studienbuch, 2020, S. 136 Rn. 238, ist der (materielle) Aufhebungsanspruch dann ausgeschlossen.

[48] *S. Detterbeck*, Allgemeines Verwaltungsrecht, 21. Aufl. 2023, § 10 Rn. 621 ff.; *H. Maurer/C. Waldhoff*, Allgemeines Verwaltungsrecht, 21. Aufl. 2024, § 10 Rn. 72 ff.

[49] BeckOK VwVfG/*F. v. Alemann/F. Scheffczyk*, VwVfG § 35 Rn. 87; Stelkens/Bonk/ Sachs/*M. Sachs*, VwVfG § 44 Rn. 1; *G. Beaucamp*, JA 2007, 704 ff.

[50] Stelkens/Bonk/Sachs/*M. Sachs*, VwVfG § 43 Rn. 222; Huck/Müller/*M. Müller*, VwVfG § 44 Rn. 1.

[51] *S. Detterbeck*, Allgemeines Verwaltungsrecht, 21. Aufl. 2023, § 10 Rn. 613, 621; *H. Maurer/C. Waldhoff*, Allgemeines Verwaltungsrecht, 21. Aufl. 2024, § 10 Rn. 72; Huck/ Müller/*M. Müller*, VwVfG § 44 Rn. 1.

[52] *H. Maurer/C. Waldhoff*, Allgemeines Verwaltungsrecht, 21. Aufl. 2024, § 10 Rn. 1, 6; a. A. *G. Beaucamp*, JA 2007, 704 ff., der Parallelen zwischen Verwaltungsakten und allgemeinen Rechtsnormen zieht, da beide bis zu ihrer Aufhebung befolgt werden sollen.

tungsaktes zur Konsequenz hat.[53] Die Nichtigkeit hat dann wiederum die Unwirksamkeit des Verwaltungsaktes nach § 43 Abs. 3 VwVfG zur Folge, sodass also durch die Nichtigkeit eines Verwaltungsaktes dessen Rechtswidrigkeit ausnahmsweise mit seiner Wirksamkeit verknüpft wird. Welche Rechtsfehler zur Nichtigkeit eines Verwaltungsaktes führen, ist (allgemein)[54] in § 44 Abs. 1 bis 3 VwVfG festgelegt.[55]

III. Nichtvollstreckbarkeit

1. Rechtliche Grundlagen der Zwangsvollstreckung

Wie bereits einleitend angekündigt, soll im Rahmen des Vollstreckungsrechts auf allgemeine Grundsätze abgestellt werden, um – unabhängig von einzelnen Sachverhaltsvarianten – möglichst allgemeingültige Aussagen treffen zu können. Für eine Darstellung der allgemeinen Voraussetzungen der Zwangsvollstreckung müssen aber zunächst die hier relevanten rechtlichen Vorgaben untersucht werden. Im Bereich der Zwangsvollstreckung von Verwaltungsakten kommen grundsätzlich bundesrechtliche Regelungen nach dem VwVG neben landesrechtlichen Regelungen wie beispielsweise dem BayVwZVG in Betracht.[56] Besonders im Bereich des Sicherheitsrechtes sind darüber hinaus möglicherweise noch spezielle Vollstreckungsvorschriften, etwa in Bayern nach Art. 70 ff. BayPAG, zu beachten.[57] Grundsätzlich müsste, wie es im weiteren Verlauf noch häufiger der Fall sein wird, je nach Sachverhaltsvariante zwischen den konkret einschlägigen Vollstreckungsbestimmungen differenziert werden.

Allen in Frage kommenden Sachverhaltsvarianten ist allerdings gemein, dass kein sogenannter Sofortvollzug der Behörden stattfinden soll, dass also zunächst eine Grundverfügung in Form eines Verwaltungsaktes (in Gestalt der Abrissverfügung) gegenüber dem zivilrechtlich Nichtberechtigten ergeht. Damit sind die speziellen Regelungen und Voraussetzungen für ein sogenanntes gekürztes Vollstreckungsverfahren für die weitere rechtliche Beurteilung irrelevant.[58] Weiterhin verlangt die

---

[53] *H. Maurer/C. Waldhoff*, Allgemeines Verwaltungsrecht, 21. Aufl. 2024, § 10 Rn. 72; Mann/Sennekamp/Uechtritz/*A. Leisner-Egensperger*, VwVfG § 44 Rn. 2; Huck/Müller/*M. Müller*, VwVfG § 44 Rn. 1.

[54] Der allgemeinen Regelung des § 44 VwVfG gehen spezialgesetzliche Nichtigkeitsregelungen vor, vgl. Huck/Müller/*M. Müller*, VwVfG § 44 Rn. 4; *G. Beaucamp*, JA 2007, 704 ff., jeweils mit Beispielen.

[55] Stelkens/Bonk/Sachs/*M. Sachs*, VwVfG § 44 Rn. 7; Huck/Müller/*M. Müller*, VwVfG § 44 Rn. 1, 3; Mann/Sennekamp/Uechtritz/*A. Leisner-Egensperger*, VwVfG § 44 Rn. 1.

[56] *H. Maurer/C. Waldhoff*, Allgemeines Verwaltungsrecht, 21. Aufl. 2024, § 20 Rn. 4.

[57] *S. Detterbeck*, Allgemeines Verwaltungsrecht, 21. Aufl. 2023, § 20 Rn. 1008.

[58] Anderenfalls wäre die Differenzierung zwischen einem gestreckten und einem gekürzten Vollstreckungsverfahren zu beachten, da die beiden Verfahren teilweise unterschiedliche Voraussetzungen haben, vgl. für das Polizei- und Sicherheitsrecht *T. Kingreen/R. Poscher*, Polizei- und Ordnungsrecht, 12. Aufl. 2022, § 24 Rn. 5 ff.; speziell für die Bundespolizei

den Grundverwaltungsakt erlassende Behörde vom Adressaten eine bestimmte Handlung – zu der er zivilrechtlich nicht berechtigt ist –, sodass im Vollstreckungsverfahren eben diese Handlung und keine Geldleistung vollstreckt werden soll. Auch die speziellen Regelungen zur Vollstreckung von Geldleistungen sind damit, unabhängig von den einzelnen Fallvarianten, für die weitere Betrachtung uninteressant.[59]

Die weitere, genaue Ausgestaltung der Sachverhaltsvarianten spielt im Übrigen keine Rolle, da sowohl das Bundesrecht, wie auch das hier exemplarisch herangezogene bayerische Landesrecht – ob in den allgemeinen Vorschriften des BayVwZVG oder den speziellen Vorschriften der Art. 70 ff. BayPAG – grundsätzlich die gleichen allgemeinen Anforderungen an die Vollstreckung von Verwaltungsakten stellt, die den Bürger zu einem bestimmten Verhalten verpflichten.

2. Allgemeine Vollstreckungsvoraussetzungen und -hindernisse

Voraussetzung für die Vollstreckung ist dabei sowohl nach § 6 VwVG wie auch Art. 19 BayVwZVG und Art. 70 Abs. 1 BayPAG zunächst, dass der Grundverwaltungsakt wirksam erlassen wurde.[60] Darüber hinaus muss der Verwaltungsakt ganz allgemein über einen vollstreckungsfähigen Inhalt verfügen, das heißt, dass mit dem Verwaltungsakt ein bestimmtes Handeln, Dulden oder Unterlassen gefordert wird.[61] Auch muss der Verwaltungsakt vollziehbar sein. Das bedeutet, er muss entweder unanfechtbar sein, sodass gegen ihn also keine förmlichen Rechtsbehelfe mehr eingelegt werden können, oder aber er ist sofort vollziehbar, sodass eingelegte Rechtsbehelfe keine aufschiebende Wirkung erzeugen.[62] Letztlich dürfte die Voll-

---

F. Albrecht/F. Braun, VR 2018, 73 ff. u. VR 2018, 109 ff.; allgemeiner dazu *H. Maurer/C. Waldhoff*, Allgemeines Verwaltungsrecht, 21. Aufl. 2024, § 20 Rn. 25 ff., der auch auf die Abgrenzungsproblematik des Sofortvollzugs von der unmittelbaren Ausführung hinweist; ausführlich Engelhardt/App/Schlatmann/*W. Mosbacher*, VwVG § 6 Rn. 22 ff.; BeckOK VwVfG/*A. Deusch/B. Burr*, VwVG § 6 Rn. 21 ff.

[59] Die Vollstreckung von behördlichen Geldforderungen ist regelmäßig eigens geregelt, wobei teilweise andere Anforderungen an das Vollstreckungsverfahren gestellt werden, vgl. BeckOK VwVfG/*A. Deusch/B. Burr*, VwVG § 1 Rn. 1 ff.; Engelhardt/App/Schlatmann/*T. Troidl*, VwVG § 1 Rn. 1 ff.; *E. Krüger*, VR 2015, 217 ff.

[60] *T. Kingreen/R. Poscher*, Polizei- und Ordnungsrecht, 12. Aufl. 2022, § 24 Rn. 29; zum VwVG BeckOK VwVfG/*A. Deusch/B. Burr*, VwVG § 6 Rn. 1, 20; zum BayVwZVG *F. Koehl*, DAR 2016, 669 (670); zum BayPAG BeckOK PolR Bayern/*W. Buggisch*, PAG Art. 70 Rn. 20.

[61] *T. Kingreen/R. Poscher*, Polizei- und Ordnungsrecht, 12. Aufl. 2022, § 24 Rn. 29; zum VwVG Engelhardt/App/Schlatmann/*W. Mosbacher*, VwVG § 6 Rn. 1; zum BayVwZVG *F. Koehl*, DAR 2016, 669 (670); zum BayPAG Schmidbauer/Steiner/*W. Schmidbauer*, PAG Art. 70 Rn. 5.

[62] *H. Sodan/J. Ziekow*, Grundkurs Öffentliches Recht, 10. Aufl. 2023, § 80 Rn. 2; zum VwVG Engelhardt/App/Schlatmann/*W. Mosbacher*, VwVG § 6 Rn. 3 ff.; zum BayVwZVG *F. Koehl*, DAR 2016, 669 (670); zum BayPAG Schmidbauer/Steiner/*W. Schmidbauer*, PAG Art. 70 Rn. 6 ff.

streckung der Grundverfügung auch nicht wegen eines Vollstreckungshindernisses ausgeschlossen sein. Ein solches läge beispielsweise dann vor, wenn vom Vollstreckungsschuldner etwas rechtlich oder tatsächlich Unmögliches verlangt würde.[63] Insbesondere das letztgenannte Vollstreckungshindernis könnte in der vorliegend betrachteten Konstellation zu einer Nichtvollstreckbarkeit der Grundverfügung führen, was es noch zu untersuchen gilt.

3. Verhältnis von Wirksamkeit und Rechtmäßigkeit zur Vollstreckbarkeit

Letztlich ist wiederum die Frage zu beantworten, in welchem Verhältnis die Vollstreckbarkeit eines Verwaltungsaktes zu seiner Wirksamkeit und Rechtmäßigkeit steht. Hierbei ist zunächst festzustellen, dass die Rechtmäßigkeit eines Verwaltungsaktes grundsätzlich keine Voraussetzung für dessen Vollstreckbarkeit darstellt.[64] Hingegen ist die Wirksamkeit eines Verwaltungsaktes, wie bereits erörtert, Voraussetzung für seine Vollstreckbarkeit. So könnte sich die Unwirksamkeit des Verwaltungsaktes wiederum aus dessen Nichtigkeit ergeben, die ihrerseits einen schwerwiegenden Rechtsfehler voraussetzen würde. So käme es im Falle eines die Nichtigkeit auslösenden, schwerwiegenden Rechtsfehlers hinsichtlich des Verwaltungsaktes über dessen daraus folgende Unwirksamkeit doch wiederum zu einer mittelbaren Verknüpfung von Rechtmäßigkeit und Vollstreckbarkeit.

Weitere Vollstreckungsvoraussetzungen und -hindernisse spielen im Rahmen der Zwangsvollstreckung im Übrigen nur dann eine Rolle, wenn der zu vollstreckende Verwaltungsakt überhaupt Wirksamkeit besitzt. Weitere Vollstreckungshindernisse gilt es also erst dann zu erörtern, wenn die Frage nach der Wirksamkeit der zu vollstreckenden Grundverfügung als Vollstreckungsvoraussetzung und, damit verknüpft, die Frage nach der Nichtigkeit des Verwaltungsaktes, die wiederum einen schwerwiegenden Rechtsverstoß zur Voraussetzung hat, geklärt ist. Insbesondere die Prüfung eines Vollstreckungshindernisses beim Verlangen von etwas rechtlich oder tatsächlich Unmöglichem verliert möglicherweise dadurch ihre Relevanz, als eine solche Verpflichtung bereits zu einem die Nichtigkeitsfolge des Verwaltungsaktes auslösenden, schwerwiegenden Rechtsverstoß führen könnte, sodass der zu vollstreckende Verwaltungsakt also aus dem gleichen Grund unwirksam ist und damit schon die Voraussetzungen seiner Vollstreckung entfielen.

---

[63] Fehling/Kastner/Störmer/*H.-D. Lemke*, VwVG § 15 Rn. 38 m. w. N.; *T. Kingreen/R. Poscher*, Polizei- und Ordnungsrecht, 12. Aufl. 2022, § 24 Rn. 34; *F. Koehl*, DAR 2016, 669 (670 f.).

[64] *T. Kingreen/R. Poscher*, Polizei- und Ordnungsrecht, 12. Aufl. 2022, § 24 Rn. 32 f.; BeckOK VwVfG/*A. Deusch/B. Burr*, VwVG § 6 Rn. 20.

B. Folgen für die weiteren Untersuchungen

Im vorliegend betrachteten Fall muss der Ausgangspunkt aller Untersuchungen der aus der Kollisionssituation folgenden Konsequenzen für die Abrissverfügung die Frage nach den Auswirkungen der Kollision von öffentlich-rechtlicher Verpflichtung und zivilrechtlicher Berechtigung auf die Rechtmäßigkeit des Verwaltungsaktes sein.

Wie bereits ausgeführt, stellt auch der Ansatz, der von der Unwirksamkeit der Abrissverfügung ausgeht, auf die aus der Kollisionssituation folgende Nichtigkeit der Verfügung als Ursache ihrer Unwirksamkeit ab. Die Frage nach der Bekanntgabe der Abrissverfügung entsprechend der Vorgaben des § 41 VwVfG als Wirksamkeitsvoraussetzung spielt dabei keine Rolle. Da es sich bei der Nichtigkeit aber lediglich um eine besondere Folge eines schwerwiegenden Rechtsverstoßes handelt, setzt dieser Ansatz, ebenso wie die die rechtswidrigkeitsbedingte Anfechtbarkeit der Abrissverfügung vertretende Meinung, letztlich die Rechtswidrigkeit der Abrissverfügung voraus. Um über die Nichtigkeit zur Unwirksamkeit eines Verwaltungsaktes zu kommen, muss zunächst geklärt werden, ob ein Rechtsverstoß vorliegt, um dann in einem weiteren Schritt festzustellen, ob an diesen Rechtsverstoß nach den Sondertatbeständen insbesondere des § 44 Abs. 1 bis 3 VwVfG die Nichtigkeit des Verwaltungsaktes geknüpft wird.

Auch bei der Prüfung der Wirksamkeit der Abrissverfügung als Vollstreckungsvoraussetzung wird wiederum die Frage nach einem (schwerwiegenden) Rechtsverstoß aufgeworfen, da die einen schwerwiegenden Rechtsverstoß voraussetzende Nichtigkeit des Verwaltungsaktes die mögliche Ursache seiner Unwirksamkeit darstellen könnte, sodass die Prüfung der Vollstreckungsvoraussetzungen insoweit mit der Prüfung der Nichtigkeit und damit der Rechtswidrigkeit parallel läuft.

Vor diesem Hintergrund soll im weiteren Verlauf also zunächst geprüft werden, inwieweit die Kollision von öffentlich-rechtlicher Verpflichtung und privatrechtlicher Berechtigung die Rechtmäßigkeit der Abrissverfügung berührt. Dazu wird die Rechtmäßigkeit der Abrissverfügung in einer allgemeinen Prüfung umfassenden untersucht werden. Erst bei der Feststellung eines durch die Kollisionssituation verursachten Rechtsverstoßes ist die damit verbundene Frage aufzuwerfen, ob es sich bei diesem Rechtsverstoß um eine derart schwerwiegende Rechtsverletzung handelt, dass daraus die Nichtigkeit und damit die Unwirksamkeit des Verwaltungsaktes folgt. Fragen der Vollstreckbarkeit der Abrissverfügung sollen erst im Anschluss an diese Rechtmäßigkeitsprüfung abschließend beantwortet werden.

§ 2 Prüfung der Konsequenzen für die Abrissverfügung – wegen der entgegenstehenden Eigentumsposition eines Dritten

A. Die Rechtmäßigkeitsvoraussetzungen der Abrissverfügung und die Folgen von deren Nichterfüllung

Die Rechtswidrigkeit der Abrissverfügung als Konsequenz aus der Kollision des Verfügungsinhaltes mit der entgegenstehenden Eigentumsposition eines Dritten wurde sowohl von Teilen der Rechtsprechung wie auch in der Literatur angenommen.[65] Wie bereits zu Beginn festgestellt, liegt die Rechtswidrigkeit einer staatlichen Handlung – speziell eines Verwaltungsaktes – vor, wenn diese nicht nach der Maßgabe des formellen und materiellen Rechts ergangen ist, was insbesondere Fehler bei der Rechtsauslegung und -anwendung umfasst.[66]

I. Mögliche Rechtsgrundlage(n) der Abrissverfügung

Bei der Prüfung der Rechtmäßigkeit einer Eingriffsmaßnahme – wie sie die Verpflichtung zum Abriss eines Gebäudes aufgrund ihrer rechts- und freiheitsverkürzenden Wirkung darstellt[67] – ist nach dem verfassungsrechtlich verankerten Grundsatz des „Vorbehalts des Gesetzes" zunächst nach deren Rechtsgrundlage zu fragen.[68] Im vorliegenden Fall kommt dabei eine solche Rechtsgrundlage entweder aus dem Bereich des (allgemeinen) Sicherheitsrechts oder des (speziellen) Bauordnungsrechts in Betracht. Da es sich beim Sicherheits- wie auch beim Bauordnungs- um Landesrecht handelt, soll die Frage nach einer geeigneten Rechtsgrundlage für die Abrissverfügung – entsprechend den obigen Ausführungen zu den rechtlichen Grundlagen dieser Arbeit[69] – exemplarisch für den Freistaat Bayern beantwortet werden.

So könnten als Rechtsgrundlage für den Erlass der Abrissverfügung in der vorliegend betrachteten Konstellation grundsätzlich vier Ermächtigungsnormen her-

---

[65] Hessischer VGH, Urt. v. 13.12.1968, IV OE 108/67, juris; OVG Hamburg, Ent. v. 27.09.1956, II 44/56, DVBl 57, 867; *B. Beckermann/C. Wenzel*, DVBl 2017, 1345 ff.; *M. Burgi/M. Ellenrieder*, BWVPr 1989, 33 ff.; *E. Forsthoff*, Lehrbuch des Verwaltungsrechts I, 11. Aufl. 1973, S. 248.

[66] Mann/Sennekamp/Uechtritz/*M. Uechtritz*, VwVfG § 42 Rn. 7; siehe auch die Ausführungen zur Rechtswidrigkeit in Kapitel 2, § 1 A. II.

[67] Für viele: *S. Detterbeck*, Allgemeines Verwaltungsrecht, 21. Aufl. 2023, § 1 Rn. 10; Weber/*K. Weber*, Rechtswörterbuch „Eingriffsverwaltung"; *H. Maurer/C. Waldhoff*, Allgemeines Verwaltungsrecht, 21. Aufl. 2024, § 6 Rn. 16.

[68] Für viele: BeckOK GG/*J. Rux*, GG Art. 20 Rn. 172 ff.; *Sachs/M. Sachs*, GG Art. 20 Rn. 113 ff.; Jarass/Pieroth/*H. D. Jarass*, GG Art. 20 Rn. 73 f.

[69] Siehe Kapitel 1, § 3.

angezogen werden. Aus dem Bereich des (allgemeinen) Sicherheitsrechts käme die Generalklausel des Art. 7 Abs. 2 LStVG in Frage, sofern der Abbruch des Bauwerkes zur Beseitigung einer Gefahr für Leben oder Gesundheit erfolgen soll.[70] Dem Bauordnungsrecht sind als mögliche Rechtsgrundlage hingegen Art. 54 Abs. 2 S. 2 BayBO,[71] Art. 54 Abs. 4 BayBO[72] sowie Art. 76 BayBO[73] zu entnehmen. Deshalb ist zunächst zu untersuchen, in welchem Verhältnis diese Ermächtigungsnormen zueinander stehen und unter welchen Voraussetzungen sie jeweils angewendet werden können.

1. Das Verhältnis der möglichen Eingriffsgrundlagen zueinander

Im Hinblick auf das Verhältnis der baurechtlichen Eingriffsbefugnisse zur sicherheitsrechtlichen Generalklausel ist zu beachten, dass Art. 7 Abs. 2 LStVG der Einschränkungen einer Subsidiaritätsklausel unterliegt.[74] So ermächtigt Art. 7 Abs. 2 LStVG zu einem Eingriff, soweit eine solche gesetzliche Ermächtigung nicht in den Vorschriften des LStVG oder in anderen Rechtsvorschriften enthalten ist, und regelt damit, dass eine behördliche Maßnahme nur dann auf die Generalbefugnisnorm des LStVG gestützt werden kann, soweit gesetzliche Ermächtigungen nicht bereits in Spezialbefugnisnormen des Landesstraf- und Verordnungsgesetzes oder in anderen Rechtsvorschriften enthalten sind.[75]

Vor diesem Hintergrund wird teilweise vertreten, dass die Befugnisnorm des Landesstraf- und Verordnungsgesetzes hinter die speziellen Regelungen der Bayerischen Bauordnung zurücktrete, da Maßnahmen nach dem Landesstraf- und Verordnungsgesetz im Hinblick auf der Bayerischen Bauordnung unterliegende Anlagen unzulässig seien.[76] Eine deutlich differenziertere und letztlich überzeugende

---

[70] VGH München, Beschl. v. 04.04.2016, 10 ZB 14.2380, BeckRS 2016, 45084; VG Regensburg, Urt. v. 23.09.2014, RN 4 K 13.1069, BeckRS 2014, 119663; VG Ansbach, Gerichtsbescheid v. 27.05.2021, AN 15 K 19.813, BeckRS 2021, 13607; allgemein zu den Tatbestandsvoraussetzungen BeckOK PolR Bayern/*T. Holzner*, LStVG Art. 7 Rn. 41 ff.; ähnlich sind z. B. § 14 Abs. 1 NwOBG oder § 5 Abs. 1 ThOBG.

[71] BeckOK BauordnungsR Bayern/*G. Manssen*, BayBO Art. 54 Rn. 13.

[72] BeckOK BauordnungsR Bayern/*G. Manssen*, BayBO Art. 54 Rn. 59; Busse/Kraus/*F. Dirnberger*, BayBO Art. 54 Rn. 173.

[73] Schwarzer/König/*H. König*, BayBO Art. 76 Rn. 2; Busse/Kraus/*A. Decker*, BayBO Art. 76 Rn. 7 ff.; BeckOK BauordnungsR Bayern/*G. Manssen*, BayBO Art. 76 Vorbem.; ähnlich ist z. B. § 82 BauO NRW.

[74] VGH München, Beschl. v. 04.04.2016, 10 ZB 14.2380, BeckRS 2016, 45084; VG Regensburg, Urt. v. 23.09.2014, RN 4 K 13.1069, BeckRS 2014, 119663.

[75] BeckOK PolR Bayern/*T. Holzner*, LStVG Art. 7 Rn. 19 ff.; Becker/Heckmann/Kempen/Manssen/*D. Heckmann*, Öffentliches Recht in Bayern, 3. Teil H. Rn. 491; Körner/Mehringer/Johannsen/Lerm/*P. Lerm*, LStVG Art. 7, 3.1.

[76] Vgl. mit Blick auf Art. 54 Abs. 4 BayBO VG Würzburg, Urt. v. 25.02.2021, W 5 K 20.1468, juris, wobei die Argumentation des VG Würzburg im Widerspruch zur Rechtsprechung des VGH München, Beschl. v. 04.04.2016, 10 ZB 14.2380, BeckRS 2016, 45084,

Gegenmeinung sieht in den Spezialregelungen der Bayerischen Bauordnung jedoch kein generelles Hindernis für eine Anwendbarkeit der genannten Generalbefugnisnorm des Landesstraf- und Verordnungsgesetzes.[77] Insbesondere steht einer Anwendung der sicherheitsrechtlichen Generalbefugnis nicht entgegen, dass der einer Maßnahme zugrundeliegende Sachverhalt sowohl dem Anwendungsbereich einer bauordnungsrechtlichen Eingriffsbefugnis wie auch der sicherheitsrechtlichen Generalbefugnisnorm unterfällt.[78] Ein Ausschluss von Art. 7 Abs. 2 LStVG zu Gunsten der bauordnungsrechtlichen Spezialvorschriften ist nur dann anzunehmen, wenn die von der Behörde angestrebte Maßnahme bereits durch die baurechtlichen Vorschriften abschließend geregelt ist, was wiederum durch Auslegung zu ermitteln ist.[79] Dabei ist auf das Ziel der Maßnahme abzustellen, mit der von Seiten der Behörde auf den Sachverhalt reagiert werden soll.[80] Wird eine Gefahrbeseitigungsmaßnahme vorrangig ergriffen, um dem Regelungszweck des bauordnungsrechtlichen Spezialgesetzes zu dienen, oder wird damit die Bekämpfung einer konkreten Gefahr für einen bestimmten Personenkreis bezweckt, die unabhängig von solchen speziellen Eigenschaften des Störers oder der störenden Sache ist, an die das Spezialgesetz wiederum anknüpft.[81] Nur im Falle einer Gefahrbeseitigungsmaßnahme, die vorrangig dem Regelungszweck des bauordnungsrechtlichen Spezialgesetzes dient, ist diese spezialgesetzliche Regelung auch abschließend, sodass sie die Anwendbarkeit von Art. 7 Abs. 2 LStVG ausschließen würde.

Der Zweck der bauordnungsrechtlichen Eingriffsbefugnisse ist dabei insbesondere im Lichte der Aufgaben zu sehen, die durch die Bauordnungsbehörden zu erfüllen sind.[82] Nach Art. 54 Abs. 2 S. 1 BayBO haben die Bauaufsichtsbehörden bei

---

steht; im Hinblick auf Art. 76 BayBO: BeckOK BauordnungsR Bayern/*G. Manssen*, BayBO Art. 76 Rn. 11; Busse/Kraus/*A. Decker*, BayBO Art. 76 Rn. 38.

[77] VGH München, Beschl. v. 04.04.2016, 10 ZB 14.2380, BeckRS 2016, 45084; VG Regensburg, Urt. v. 23.09.2014, RN 4 K 13.1069, BeckRS 2014, 119663 m.w.N.; VG Ansbach, Gerichtsbescheid v. 27.05.2021, AN 15 K 19.00813, juris; allgemein zur Möglichkeit, auch im Rahmen der Bauaufsicht auf die Generalbefugnis aus dem allgemeinen Sicherheitsrecht zurückzugreifen, *F. Stollmann/G. Beaucamp*, Öffentliches Baurecht, 13. Aufl. 2022, § 19 Rn. 2f.

[78] Vgl. VG Regensburg, Urt. v. 23.09.2014, RN 4 K 13.1069, BeckRS 2014, 119663 Rn. 32; es sei angemerkt, dass auch nur in einer solchen Konstellation der Konflikt, ob eine Eingriffsgrundlage die andere ausschließt, virulent wird.

[79] VG Regensburg, Urt. v. 23.09.2014, RN 4 K 13.1069, BeckRS 2014, 119663 m.w.N.; Körner/Mehringer/Johannsen/Lerm/*P. Lerm*, LStVG Art. 7, 3.1.

[80] VGH München, Beschl. v. 04.04.2016, 10 ZB 14.2380, BeckRS 2016, 45084 Rn. 6; VG Regensburg, Urt. v. 23.09.2014, RN 4 K 13.1069, BeckRS 2014, 119663 Rn. 34; VG Ansbach, Gerichtsbescheid v. 27.05.2021, AN 15 K 19.813, BeckRS 2021, 13607 Rn. 41.

[81] VGH München, Beschl. v. 04.04.2016, 10 ZB 14.2380, BeckRS 2016, 45084 Rn. 6; VG Regensburg, Urt. v. 23.09.2014, RN 4 K 13.1069, BeckRS 2014, 119663 Rn. 34; VG Ansbach, Gerichtsbescheid v. 27.05.2021, AN 15 K 19.813, BeckRS 2021, 13607 Rn. 41.

[82] VGH München, Beschl. v. 04.04.2016, 10 ZB 14.2380, BeckRS 2016, 45084 Rn. 6; VG Regensburg, Urt. v. 23.09.2014, RN 4 K 13.1069, BeckRS 2014, 119663 Rn. 32f.; allgemein zu den Aufgaben und zu den zu deren Erfüllung zur Verfügung stehenden Ermächtigungs-

der Errichtung, Änderung, Nutzungsänderung und Beseitigung sowie bei der Nutzung und Instandhaltung von Anlagen darüber zu wachen, dass die öffentlich-rechtlichen Vorschriften und die auf Grund dieser Vorschriften erlassenen Anordnungen eingehalten werden. Die Kernaufgabe der Bauaufsichtsbehörden besteht dabei im Vollzug des Baurechts.[83] Demgegenüber ergibt sich aus der Aufgabenzuweisung des Art. 6 LStVG, dass die allgemeinen Sicherheitsbehörden die öffentliche Sicherheit und Ordnung durch Abwehr von Gefahren und durch Unterbindung und Beseitigung von Störungen aufrechtzuerhalten haben.[84]

Die Beantwortung der Frage, welche Rechtsgrundlage für eine Abrissverfügung herangezogen werden kann, hängt also davon ab, ob die Maßnahme vorrangig dem Zweck der bauaufsichtlichen Eingriffsbefugnisse dient, der insbesondere im Schutz und der Durchsetzung baurechtsgemäßer Zustände baulicher Anlagen besteht,[85] oder ob es dabei um die Bekämpfung einer konkreten Gefahr geht, auch unabhängig von einer spezifischen Beziehung zu baurechtlichen Vorschriften.[86] Soll der Abbruch des Bauwerkes beispielsweise zur Beseitigung einer konkreten Gefahr für Leben oder Gesundheit eines bestimmten Personenkreises erfolgen, kann die Verfügung jedenfalls auch auf die sicherheitsrechtliche Generalklausel des Art. 7 Abs. 2 LStVG gestützt werden.[87] Für den Erlass solcher Maßnahmen sind die bauordnungsrechtlichen Ermächtigungsgrundlagen nicht abschließend. Für die Abrissverfügung, die zum Zweck der Beseitigung eines baurechtswidrigen Gebäudes erlassen werden soll, sind hingegen vorrangig die bauaufsichtlichen Eingriffsbefugnisse als Rechtsgrundlagen anzuwenden.[88] Hierfür sind die bauordnungsrechtlichen Ermächtigungsgrundlagen gegenüber der allgemeinen sicherheitsrechtlichen Generalklausel spezieller.

Mit Blick auf das Verhältnis der genannten bauordnungsrechtlichen Eingriffsgrundlagen zueinander ist zunächst zu sehen, dass die Generalbefugnis des Art. 54 Abs. 2 S. 2 BayBO gegenüber der spezielleren Regelung des Art. 76 BayBO sub-

---

grundlagen im Bauordnungsrecht *F. Stollmann/G. Beaucamp*, Öffentliches Baurecht, 13. Aufl. 2022, § 19 Rn. 1 ff.

[83] Schwarzer/König/*T. Weber*, BayBO Art. 54 Rn. 7; weitere Ausführungen zur Aufgabe der Bauaufsichtsbehörden folgen in Kapitel 2, § 2 A. II. 1.

[84] Zu den Aufgaben der allgemeinen Sicherheitsbehörden siehe Kapitel 2, § 2 A. II. 1.

[85] Insbesondere zu Art. 76 BayBO, Busse/Kraus/*A. Decker*, BayBO Art. 76 Rn. 7 ff. m. w. N.

[86] VGH München, Beschl. v. 04.04.2016, 10 ZB 14.2380, BeckRS 2016, 45084; VG Regensburg, Urt. v. 23.09.2014, RN 4 K 13.1069, BeckRS 2014, 119663; VG Ansbach, Gerichtsbescheid v. 27.05.2021, AN 15 K 19.00813, juris.

[87] VGH München, Beschl. v. 04.04.2016, 10 ZB 14.2380, BeckRS 2016, 45084; VG Regensburg, Urt. v. 23.09.2014, RN 4 K 13.1069, BeckRS 2014, 119663; VG Ansbach, Gerichtsbescheid v. 27.05.2021, AN 15 K 19.00813, juris; allgemein zu den Tatbestandsvoraussetzungen, BeckOK PolR Bayern/*T. Holzner*, LStVG Art. 7 Rn. 41 ff.

[88] Im Hinblick auf den diese Konstellation speziell regelnden Art. 76 BayBO Schwarzer/König/*T. Weber*, BayBO Art. 76 Rn. 2; Busse/Kraus/*A. Decker*, BayBO Art. 76 Rn. 7 ff.; BeckOK BauordnungsR Bayern/*G. Manssen*, BayBO Art. 76 Vorbemerkung.

sidiär ist.[89] Darüber hinaus stellt Art. 54 Abs. 4 BayBO im Verhältnis zu Art. 54 Abs. 2 S. 2 BayBO eine neben der Generalbefugnis stehende Ermächtigung für Maßnahmen gegen in ihrem Bestand geschützte bauliche Anlagen dar.[90] Für den beabsichtigten Erlass einer Abrissverfügung spielt Art. 54 Abs. 2 S. 2 BayBO deshalb grundsätzlich keine Rolle.[91]

Im weiteren Verlauf kommen deshalb für eine entsprechende Abrissverfügung nur Art. 76 BayBO und Art. 54 Abs. 4 BayBO als bauordnungsrechtliche Eingriffsgrundlagen in Betracht. Hierbei ist zu beachten, dass Art. 76 BayBO und Art. 54 Abs. 4 BayBO in ihrem Anwendungsbereich das Eingreifen der jeweils anderen Vorschrift grundsätzlich ausschließen würden.[92] So käme Art. 76 BayBO zur Anwendung, sofern Maßnahmen gegenüber einer im Widerspruch zu öffentlich-rechtlichen Vorschriften stehenden, keinen (formellen) Bestandsschutz genießenden Anlage ergriffen werden sollen.[93] Demgegenüber wäre auf Art. 54 Abs. 4 BayBO abzustellen, wenn eine Anwendung des Art. 76 BayBO wegen des für eine bauliche[94] Anlage wirkenden Bestandsschutzes nicht möglich ist, gleichzeitig aber durch deren Zustand eine erhebliche Gefahr für Leben und Gesundheit besteht.[95] Einen solchen Bestandsschutz kann insbesondere eine Baugenehmigung vermitteln und dabei bereits die Tatbestandsvoraussetzungen des Art. 76 BayBO ausschließen, was im weiteren Verlauf noch erörtert werden wird.[96] Art. 54 Abs. 4 BayBO sieht bei erheblichen Gefahren für Leben und Gesundheit aber wiederum eine explizite Durchbrechung des Bestandsschutzes von (Bau-)Genehmigungen vor.[97] Dies be-

---

[89] Busse/Kraus/*F. Dirnberger*, BayBO Art. 54 Rn. 26, 37 f.; BeckOK BauordnungsR Bayern/*G. Manssen*, BayBO Art. 54 Rn. 16.

[90] *A. Glaser/C. Weißenberger*, BayVBl 2008, 460 (465); Busse/Kraus/*F. Dirnberger*, BayBO Art. 54 Rn. 158; a. A. Schwarzer/König/*T. Weber*, BayBO Art. 54 Rn. 54, wonach Art. 54 Abs. 4 BayBO in seinem Anwendungsbereich Art. 54 Abs. 2 BayBO vorgeht.

[91] Vgl. für auf Art. 54 Abs. 2 S. 2 BayBO gestützte Verfügungen die Beispiele bei Schwarzer/König/*T. Weber*, BayBO Art. 54 Rn. 35; Busse/Kraus/*F. Dirnberger*, BayBO Art. 54 Rn. 52 ff.; BeckOK BauordnungsR Bayern/*G. Manssen*, BayBO Art. 54 Rn. 22 f.

[92] VGH München, Beschl. v. 14.03.2011, 2 CS 11.229, BeckRS 2011, 32845 Rn. 9; Busse/Kraus/*F. Dirnberger*, BayBO Art. 54 Rn. 159; a. A. BeckOK BauordnungsR Bayern/*G. Manssen*, BayBO Art. 54 Rn. 50 m. w. N.

[93] Siehe dazu Kapitel 2, § 2 A. III.

[94] *A. Glaser/C. Weißenberger*, BayVBl 2008, 460 (465), stellen zu Recht in Frage, ob die tatbestandliche Einschränkung des Art. 54 Abs. 4 BayBO auf bauliche Anlagen vom Gesetzgeber tatsächlich beabsichtigt war.

[95] VGH München, Beschl. v. 14.03.2011, 2 CS 11.229, BeckRS 2011, 32845 Rn. 9; Busse/Kraus/*F. Dirnberger*, BayBO Art. 54 Rn. 159.

[96] Siehe dazu Kapitel 2, § 2 A. III.

[97] VGH München, Beschl. v. 25.03.2019, 15 C 18.2324, BeckRS 2019, 5195 Rn. 28; *T. Schröer*, NJW 2010, 209 (210); Becker/Heckmann/Kempen/Manssen/*G. Manssen*, Öffentliches Recht in Bayern, 4. Teil D. Rn. 566 f.; BeckOK BauordnungsR Bayern/*G. Manssen*, BayBO Art. 54 Rn. 54; a. A. PdK Bayern BayBO/*H. Jäde*, BayBO Art. 54, 2.3.1, der davon ausgeht, dass durch Art. 54 Abs. 4 BayBO nur der materielle Bestandsschutz durchbrochen

gründet sich unter anderem durch die hohe Bedeutung der bedrohten Rechtsgüter sowie aus der Tatsache, dass in solchen Konstellationen die Aufhebung der Genehmigung regelmäßig ohnehin möglich sein wird, vor einem Einschreiten gegen diese Gefahren aber jedenfalls nicht erst noch durchgeführt werden soll.[98] Die Regelung stellt dabei eine zulässige Inhalts- und Schrankenbestimmung des Eigentums gemäß Art. 14 Abs. 1 S. 2 GG dar.[99]

Über diese dogmatische Gegenüberstellung der Ermächtigungsgrundlagen hinausgehend wird aber vertreten, dass es für eine Anwendung des Art. 54 Abs. 4 BayBO letztlich unerheblich sein soll, ob eine bauliche Anlage Bestandsschutz genießt.[100] Besteht ein solcher nicht, soll die Vorschrift jedenfalls entsprechend angewandt werden können.[101] Damit können auf Grundlage des Art. 54 Abs. 4 BayBO durch die Bauaufsichtsbehörden immer dann Maßnahmen im Hinblick auf eine bauliche Anlage ergriffen werden, wenn von dieser eine erhebliche Gefahr für Leben und Gesundheit ausgeht. Hingegen kommt Art. 76 BayBO – wie bereits dargestellt – zur Anwendung, wenn Maßnahmen gegenüber einer im Widerspruch zu öffentlich-rechtlichen Vorschriften stehenden, keinen (formellen) Bestandsschutz genießenden Anlage ergriffen werden sollen.

2. Folgen für die weiteren Untersuchungen

Damit ist die Beantwortung der Frage, welche Rechtsgrundlage für die Abrissverfügung herangezogen werden kann, von der im Einzelfall vorgefundenen Sachverhaltsvariante abhängig. Ausgehend davon, welche Behörde mit welcher Intention eine Maßnahme ergreifen möchte, kommt eine jeweils andere Rechtsgrundlage in Betracht. Möchte eine allgemeine Sicherheitsbehörde zur Aufrechterhaltung der öffentlichen Sicherheit und Ordnung durch Abwehr von Gefahren und durch Unterbindung und Beseitigung von Störungen handeln, besteht die Möglichkeit, auf die sicherheitsrechtliche Generalbefugnis nach Art. 7 Abs. 2 LStVG zurückzugreifen.

---

wird, eine formellen Bestandsschutz bewirkende Baugenehmigung jedoch vor etwaigen Maßnahmen aufgehoben werden müsste.

[98] Vgl. BeckOK BauordnungsR Bayern/*G. Manssen*, BayBO Art. 54 Rn. 54; ähnlich auch VGH München, Beschl. v. 25.03.2019, 15 C 18.2324, BeckRS 2019, 5195 Rn. 28.

[99] VGH München, Beschl. v. 25.03.2019, 15 C 18.2324, BeckRS 2019, 5195 Rn. 28; Busse/Kraus/*F. Dirnberger*, BayBO Art. 54 Rn. 155 f. m. w. N.; *T. Schröer*, NJW 2010, 209 (210).

[100] VGH München, Beschl. v. 25.03.2019, 15 C 18.2324, BeckRS 2019, 5195 Rn. 28; VGH München, Beschl. v. 18.09.2018, 15 CS 18.1563, BeckRS 2018, 23455 Rn. 20; BeckOK BauordnungsR Bayern/*G. Manssen*, BayBO Art. 54 Rn. 50; Schwarzer/König/*T. Weber*, BayBO Art. 54 Rn. 48.

[101] München, Beschl. v. 18.09.2018, 15 CS 18.1563, BeckRS 2018, 23455 Rn. 20; BeckOK BauordnungsR Bayern/*G. Manssen*, BayBO Art. 54 Rn. 50; Schwarzer/König/*T. Weber*, BayBO Art. 54 Rn. 48.

Geht es um eine Bauaufsichtsbehörde, die zum Schutz und zur Durchsetzung der Baurechtsordnung handelt, sind vorrangig die bauaufsichtlichen Eingriffsbefugnisse anzuwenden. Dabei kommen speziell Art. 76 BayBO und Art. 54 Abs. 4 BayBO für eine Abrissverfügung in Betracht. Art. 76 BayBO greift ein, wenn Maßnahmen gegenüber einer im Widerspruch zu öffentlich-rechtlichen Vorschriften stehenden, keinen (formellen) Bestandsschutz genießenden Anlage ergriffen werden sollen. Auf Art. 54 Abs. 4 BayBO kann insbesondere dann zurückgegriffen werden, wenn eine Anwendung des Art. 76 BayBO wegen des für eine bauliche Anlage wirkenden Bestandsschutzes nicht möglich ist, gleichzeitig aber durch deren Zustand eine erhebliche Gefahr für Leben und Gesundheit besteht.

Um diese Sachverhaltsvarianten gleichermaßen ausleuchten zu können, sollen im Folgenden die Anforderungen an die Rechtmäßigkeit der behördlichen Abrissverfügung sowohl ausgehend von Art. 7 Abs. 2 LStVG wie auch von Art. 76 BayBO als grundsätzlich in Betracht kommenden Rechtsgrundlagen dargestellt und geprüft werden. Sofern der für eine bauliche Anlage bestehende Bestandschutz eine Anwendung des Art. 76 BayBO ausschließt, soll auch auf die Regelung Art. 54 Abs. 4 BayBO eingegangen werden.

II. Formelle Rechtmäßigkeit

1. Zuständigkeit der (allgemeinen) Sicherheits- und der Bauaufsichtsbehörde

Aus der Aufgabenzuweisung des Art. 6 LStVG, wonach die Sicherheitsbehörden die öffentliche Sicherheit und Ordnung durch Abwehr von Gefahren und durch Unterbindung und Beseitigung von Störungen aufrechtzuerhalten haben, ergibt sich deren allgemeine sachliche Zuständigkeit zur Gefahrenabwehr.[102] Demgegenüber sind die Bauaufsichtsbehörden wiederum gemäß Art. 54 Abs. 2 BayBO dafür zuständig, bei der Errichtung, Änderung, Nutzungsänderung und Beseitigung sowie bei der Nutzung und Instandhaltung von Anlagen zu überwachen, dass die öffentlich-rechtlichen Vorschriften und die auf Grund dieser Vorschriften erlassenen Anordnungen eingehalten werden.[103] So stellt sich insbesondere bei einer Fallkonstellation, in der von einem baurechtswidrigen Gebäude auch akute Gefahren für Leben und Gesundheit ausgehen, die Frage, welche Behörde primär zuständig ist, auf die Sachlage zu reagieren und gegebenenfalls eine Abrissverfügung zu erlassen.

Hierbei ist zu sehen, dass sowohl Art. 6 LStVG gemäß Nr. 6.2 VollzBekLStVG, wonach die Artt. 6 bis 11 LStVG nur zur Anwendung kommen, wenn Aufgabe und Befugnis nicht durch besondere Rechtsvorschriften im dritten Teil des LStVG oder

[102] BeckOK PolR Bayern/*T. Holzner*, LStVG Art. 6 Rn. 4 ff.; Körner/Mehringer/Johannsen/Lerm/*P. Lerm*, LStVG Art. 6, 2.; *F. Koehl*, VR 2016, 95 (96).

[103] BeckOK BauordnungsR Bayern/*G. Manssen*, BayBO Art. 54 Rn. 13 ff.; Busse/Kraus/*F. Dirnberger*, BayBO Art. 54 Rn. 28 ff.; Schwarzer/König/*T. Weber*, BayBO Art. 54 Rn. 5 ff.

im besonderen Sicherheitsrecht geregelt sind,[104] wie auch Art. 54 Abs. 2 S. 1 BayBO ausweislich seines letzten Halbsatzes[105] unter dem Vorbehalt der Subsidiarität steht.[106] Unter Berücksichtigung der genannten Subsidiaritätsklauseln ist Art. 54 Abs. 2 S. 1 BayBO im Sinne von Nr. 6.2 VollzBekLStVG gegenüber Art. 6 LStVG insofern spezieller, als er den Bauaufsichtsbehörden die Aufgabe zuweist, zu überwachen, dass jede in den Anwendungsbereich der BayBO fallende Anlage die für sie maßgeblichen öffentlich-rechtlichen Vorschriften und die auf deren Grundlage ergangenen Anordnungen einhält,[107] sodass diese spezielle Aufgabe nicht den Sicherheitsbehörden zufiele. Umgekehrt geht der Aufgabenbereich der allgemeinen Sicherheitsbehörden nach Art. 6 LStVG zur Abwehr von Gefahren für die öffentliche Sicherheit und Ordnung und damit für die Unversehrtheit von Leben, Gesundheit, Ehre, Freiheit, Vermögen und der Rechtsordnung[108] aber weit über den Aufgabenbereich der Bauaufsichtsbehörden hinaus und umfasst dabei insbesondere den Schutz der Rechtsordnung. Demnach wäre also grundsätzlich auch für den Schutz der Baurechtsordnung der Aufgabenbereich der Sicherheitsbehörden eröffnet und deren Zuständigkeit gegeben, was wiederum nach dem Wortlaut des Art. 54 Abs. 2 S. 1 letzter Hs. BayBO zu einer Unzuständigkeit der Bauaufsichtsbehörden führen würde. Ausweislich der Vorgabe von Nr. 6.6 VollzBekLStVG soll jedoch die Vorschrift des Art. 6 LStVG die Zuständigkeiten von ebenfalls mit Sicherheitsaufgaben befassen Fachbehörden, wie den Bauaufsichtsbehörden, unberührt lassen. Auch besteht der Sinn und Zweck der Subsidiaritätsregelung des Art. 54 Abs. 2 S. 1 letzter Hs. BayBO gerade nicht darin, die Überwachung der Baurechtsordnung weg von den Bauaufsichtsbehörden hin zu den allgemeinen Sicherheitsbehörden zu ziehen. Vielmehr sollen dadurch Doppelprüfungen durch andere Fachbehörden vermieden und Zuständigkeiten bei einer Behörde konzentriert werden.[109] Demgegenüber macht die Subsidiaritätsregelung des Art. 54 Abs. 2 S. 1 letzter Hs. BayBO klar, dass der Aufgabenbereich der Bauaufsichtsbehörden nicht alle für die Anlage maßgeb-

---

[104] BeckOK PolR Bayern/*T. Holzner*, LStVG Art. 6 Rn. 1; Körner/Mehringer/Johannsen/Lerm/*P. Lerm*, LStVG Art. 6, 2.; *F. Koehl*, VR 2016, 95 (96).

[105] BeckOK BauordnungsR Bayern/*G. Manssen*, BayBO Art. 54 Rn. 15; Schwarzer/König/*T. Weber*, BayBO Art. 54 Rn. 6; Busse/Kraus/*F. Dirnberger*, BayBO Art. 54 Rn. 32.

[106] Ein Rückschluss von der Eingriffsbefugnis auf die Aufgabeneröffnung ist dabei insbesondere im Bauordnungsrecht, anders als gegebenenfalls im Polizeirecht, vgl. BeckOK PolR Bayern/*T. Holzner*, PAG Art. 2 Rn. 2, wegen der durch die Aufgabeneröffnung des Art. 54 Abs. 2 S. 1 BayBO gegenüber der Befugnisnorm des Art. 76 BayBO erfolgenden Einschränkung, vgl. Schwarzer/König/*T. Weber*, BayBO Art. 76 Rn. 10; Busse/Kraus/*F. Dirnberger*, BayBO Art. 54 Rn. 32, gerade nicht möglich.

[107] Vgl. zum Regelungsinhalt des Art. 54 Abs. 2 S. 1 BayBO Schwarzer/König/*T. Weber*, BayBO Art. 54 Rn. 5; Busse/Kraus/*F. Dirnberger*, BayBO Art. 54 Rn. 23; BeckOK BauordnungsR Bayern/*G. Manssen*, BayBO Art. 54 Rn. 13 f.

[108] *F. Koehl*, VR 2016, 95 (96); BeckOK PolR Bayern/*T. Holzner*, LStVG Art. 6 Rn. 4 ff.; Becker/Heckmann/Kempen/Manssen/*D. Heckmann*, Öffentliches Recht in Bayern, 3. Teil H. Rn. 478, C. Rn. 100 ff.

[109] Busse/Kraus/*F. Dirnberger*, BayBO Art. 54 Rn. 32 f.; BeckOK BauordnungsR Bayern/*G. Manssen*, BayBO Art. 54 Rn. 15; Schwarzer/König/*T. Weber*, BayBO Art. 54 Rn. 6 ff.

lichen öffentlich-rechtlichen Vorschriften umfasst, sondern dieser Aufgabenbereich im Ergebnis zwar grundsätzlich den Vollzug des Baurechts vollständig umfasst, aber auch auf diese Materien beschränkt ist.[110] Somit ließe sich zunächst wenig überraschend festhalten, dass im Verhältnis der allgemeinen Sicherheitsbehörden zu den Bauaufsichtsbehörden gemäß der Regelungen des Art. 6 LStVG i. V. m. Nr. 6.2 VollzBekLStVG und des Art. 54 Abs. 2 S. 1 letzter Hs. BayBO die Bauaufsichtsbehörden für den Vollzug des Baurechts zuständig sind und nicht die allgemeinen Sicherheitsbehörden. Letztere sind vielmehr nur insoweit zur Abwehr von Gefahren für die öffentliche Sicherheit und Ordnung zuständig, als es nicht um den Vollzug des Baurechts geht.

Losgelöst von den konkreten Zuständigkeitsregelungen in Art. 6 LStVG i. V. m. Nr. 6.2 VollzBekLStVG und des Art. 54 Abs. 2 S. 1 letzter Hs. BayBO gilt für das Verhältnis zwischen den allgemeinen Sicherheitsbehörden und den speziellen Sicherheitsbehörden, wie den Bauordnungsbehörden, das Prinzip der Spezialität.[111] Anders als bei der Abgrenzung der Zuständigkeiten von Sicherheitsbehörden und Polizei, bei der der Grundsatz der Subsidiarität zum Tragen kommt, indem die Polizei nur in Eilfällen eingreifen darf und sonst das erste Zugriffsrecht bei den Sicherheitsbehörden liegt – es also um das Verhältnis der Behörden zueinander geht –, kommt es beim Prinzip der Spezialität auf das Verhältnis von Gesetzen, respektive der sicherheitsrechtlichen Eingriffsgrundlagen, zueinander an.[112] Entsprechend dem Grundsatz, dass das allgemeine Gesetz dem besonderen weicht, verdrängt das besondere Sicherheitsrecht das allgemeine.[113] Enthält aber das besondere Sicherheitsrecht keine abschließenden oder abweichenden Regelungen, können die allgemeinen Sicherheitsbehörden auf das allgemeine Sicherheitsrecht zurückgreifen.[114] Das besondere Sicherheitsrecht hat, soweit es einschlägig ist, eine Sperrwirkung. Soweit es nicht einschlägig ist, hat das allgemeine Sicherheitsrecht eine Auffangwirkung.[115] Die Abgrenzung der Zuständigkeit der Sicherheitsbehörden ist zwar eine Frage der formellen Rechtmäßigkeit, in ihrer Beantwortung aber abhängig vom unter den Aspekten der Sperr- und Auffangwirkung zu ermittelnden Verhältnis der jeweils einschlägigen Eingriffsbefugnisse der in Betracht kommenden Behörden.[116] Wie bereits im Vorstehenden umfassend erörtert, ist es im Falle eines baurechtswidrigen, akute Gefahren für Leben und Gesundheit verursachenden Ge-

---

[110] Schwarzer/König/*T. Weber*, BayBO Art. 54 Rn. 6 f.

[111] *T. Kingreen/R. Poscher*, Polizei- und Ordnungsrecht, 12. Aufl. 2022, § 3 Rn. 14 ff.

[112] *T. Kingreen/R. Poscher*, Polizei- und Ordnungsrecht, 12. Aufl. 2022, § 3 Rn. 14 ff.

[113] *T. Kingreen/R. Poscher*, Polizei- und Ordnungsrecht, 12. Aufl. 2022, § 3 Rn. 14 ff.

[114] Sofern die speziellen Sicherheitsbehörden auf die Befugnisse des allgemeinen Sicherheitsrechts zurückgreifen möchten, müssen sie dies im Wege eines Amtshilfeersuchens bei den allgemeinen Sicherheitsbehörden bewirken, die allein Maßnahmen auf die Befugnisse des allgemeinen Sicherheitsrechts stützen können, vgl. BeckOK PolR Bayern/*T. Holzner*, LStVG Art. 6 Rn. 43.

[115] *T. Kingreen/R. Poscher*, Polizei- und Ordnungsrecht, 12. Aufl. 2022, § 3 Rn. 14 ff.

[116] *T. Kingreen/R. Poscher*, Polizei- und Ordnungsrecht, 12. Aufl. 2022, § 3 Rn. 14 ff.

bäudes möglich, eine behördliche Maßnahme sowohl auf Art. 7 Abs. 2 LStVG wie auch auf Art. 76 S. 2 und 54 Abs. 4 BayBO zu stützen. Demnach bestünde im Falle eines baurechtswidrigen, akute Gefahren für Leben und Gesundheit verursachenden Gebäudes sowohl eine Zuständigkeit der allgemeinen Sicherheits- wie auch der speziellen Bauaufsichtsbehörden.

Im Ergebnis wäre eine Sicherheitsbehörde beim Erlass einer Abrissverfügung unter Berufung auf die Eingriffsbefugnis des Art. 7 Abs. 2 LStVG zum Schutz von Leben oder Gesundheit also gemäß Art. 6 LStVG im Rahmen der Wahrnehmung eigener Aufgaben auch zuständig.[117] Insbesondere bestünde für die Wahrnehmung dieser Aufgabe keine speziell geregelte Zuständigkeit der Bauaufsichtsbehörden. Umgekehrt sind – sofern keine anderen Fachbehörden zuständig sind – die Bauaufsichtsbehörden gemäß Art. 54 Abs. 2 S. 1 BayBO für den Erlass einer Abrissverfügung zuständig, die unter Inanspruchnahme der Befugnisse aus Artt. 76 S. 2 und 54 Abs. 4 BayBO dem Vollzug des Baurechts dient.[118] Vor diesem Hintergrund ist es in Fallkonstellationen, in denen von einem baurechtswidrigen Gebäude akute Gefahren für Leben und Gesundheit ausgehen, möglich, dass sowohl der Aufgabenbereich der allgemeinen Sicherheitsbehörden nach Art. 6 LStVG als auch der Zuständigkeitsbereich der Bauaufsichtsbehörden nach Art. 54 Abs. 2 S. 1 BayBO eröffnet ist. Hierbei ist zu beachten, dass im Sicherheitsrecht durchaus Mehrfachzuständigkeiten mit Blick auf die Effektivität der Gefahrenabwehr bestehen und gegebenenfalls die Verständigung zwischen den nebeneinander zuständigen Behörden notwendig machen können.[119]

Liegt eine Sachverhaltskonstellation vor, bei der von einem baurechtswidrigen Gebäude nicht zugleich auch eine akute Gefahr für Leben und Gesundheit ausgeht, kommt als Grundlage für eine Abrissverfügung wiederum nur Art. 76 S. 2 BayBO in Betracht, sodass für den Erlass der Abrissverfügung gemäß Art. 54 Abs. 2 S. 1 BayBO allein die Bauaufsichtsbehörden zuständig sind.

[117] Im Ergebnis so angenommen durch VG Regensburg, Urt. v. 23.09.2014, RN 4 K 13.1069 in BeckRS 2014, 119663; VGH München, Beschl. v. 04.04.2016, 10 ZB 14.2380, BeckRS 2016, 45084; VG Ansbach, Gerichtsbescheid v. 27.05.2021, AN 15 K 19.00813, juris.

[118] Schwarzer/König/*T. Weber*, BayBO Art. 54 Rn. 7.

[119] Vgl. zur Mehrfachzuständigkeit von Sicherheitsbehörden BeckOK PolR Bayern/*T. Holzner*, LStVG Art. 6 Rn. 35 ff.; Becker/Heckmann/Kempen/Manssen/*D. Heckmann*, Öffentliches Recht in Bayern, 3. Teil H. Rn. 488.

2. Verfahren

a) Am Verwaltungsverfahren Beteiligte

Da an den Adressaten der Abrissverfügung im Sinne des Art. 13 Abs. 1 Nr. 2 BayVwVfG[120] durch die handelnde Behörde ein Verwaltungsakt gerichtet wird bzw. werden soll, ist dieser zweifelsfrei am Verwaltungsverfahren Beteiligter.[121]

Anders verhält sich die Situation hinsichtlich des Drittberechtigten. Dieser ist gerade nicht Adressat der Abrissverfügung und damit nicht am Verwaltungsverfahren Beteiligter im Sinne des Art. 13 Abs. 1 Nr. 2 BayVwVfG. Der Drittberechtigte könnte allenfalls gemäß Art. 13 Abs. 2 S. 2 BayVwVfG – nach einem entsprechenden Antrag[122] – notwendigerweise von der Behörde zum Verfahren hinzuzuziehen sein und damit gemäß Art. 13 Abs. 1 Nr. 4 BayVwVfG am Verwaltungsverfahren Beteiligter werden.[123] Hierbei ist jedoch schon problematisch, ob der Drittberechtigte überhaupt notwendigerweise von der Behörde zum Verwaltungsverfahren hinzugezogen werden muss. Dies wäre dann der Fall, wenn der Ausgang des Verfahrens rechtsgestaltende Wirkung für den Drittberechtigten hätte, also für diesen unmittelbar Rechte begründet, ändert oder aufhebt.[124]

Die mit Abschluss des Verwaltungsverfahrens erlassene Abrissverfügung wird jedoch regelmäßig gerade keine rechtsgestaltende Wirkung für den Drittberechtigten haben, da sie seine Rechtspositionen unberührt lässt. Wie weit die Wirkungen eines Verwaltungsaktes auf die Rechtslage gehen, hängt von dessen Regelungsinhalt ab. Der Regelungsinhalt eines Verwaltungsaktes wird wieder grundsätzlich durch seinen verfügenden Teil oder ‚Tenor' festgelegt, wobei die Begründung des Verwaltungsaktes zur Auslegung des ‚Tenors' herangezogen werden kann.[125] Die hier betrachtete Abrissverfügung wird regelmäßig in ihrem verfügenden Teil lediglich die behördliche Verpflichtung zum Abriss des Gebäudes enthalten und darüber hinaus gar keine

---

120 Die nachfolgenden Ausführungen gelten gleichermaßen für die im Wortlaut identischen Vorschriften des § 28 VwVfG und Art. 28 BayVwVfG sowie des § 13 VwVfG und Art. 13 BayVwVfG, vgl. *PdK Bayern BayVwVfG/H. Jäde*, BayVwVfG Art. 28, 1. u. BayVwVfG Art. 13, 1.; i. Ü. siehe Kapitel 1, § 3.

121 BeckOK VwVfG/*B. Gerstner-Heck*, VwVfG § 13 Rn. 10; Mann/Sennekamp/Uechtritz/*C. Sennekamp*, VwVfG § 13 Rn. 15; Schoch/Schneider/*M.-E. Geis*, VwVfG § 13 Rn. 17.

122 Die Behörde kann den Drittberechtigten gegebenenfalls auch von Amtswegen hinzuziehen, vgl. Stelkens/Bonk/Sachs/*H. Schmitz*, VwVfG § 13 Rn. 41; BeckOK VwVfG/*B. Gerstner-Heck*, VwVfG § 13 Rn. 20; *J. Ziekow*, VwVfG § 13 Rn. 15.

123 Stelkens/Bonk/Sachs/*H. Schmitz*, VwVfG § 13 Rn. 25; BeckOK VwVfG/*B. Gerstner-Heck*, VwVfG § 13 Rn. 12; Mann/Sennekamp/Uechtritz/*C. Sennekamp*, VwVfG § 13 Rn. 20 ff.

124 Kopp/Ramsauer/*U. Ramsauer*/*A. Schlatmann*, VwVfG § 13 Rn. 40; Stelkens/Bonk/Sachs/*H. Schmitz*, VwVfG § 13 Rn. 40; *J. Ziekow*, VwVfG § 13 Rn. 14.

125 BVerwG, Urt. v. 16.10.2013, 8 C 21/12 (VGH Mannheim), NVwZ 2014, 889; Kopp/Ramsauer/*U. Ramsauer*, VwVfG § 43 Rn. 36 ff.; Stelkens/Bonk/Sachs/*P. Stelkens*, VwVfG § 35 Rn. 76.

Aussage zur Rechtsposition des Drittberechtigten treffen.[126] Auch folgt aus der bloßen Abrissverfügung selbst keine Duldungspflicht des Drittberechtigten hinsichtlich der Abrisshandlung, wie später noch gezeigt werden wird.[127] Folglich kann die Abrissverfügung auch keine Wirkungen auf dessen Rechtsposition haben.

Dass die Erfüllung oder Umsetzung der Abrissverfügung wiederum (faktische) Auswirkungen auf den Drittberechtigten hätte, reicht hingegen nicht aus, um von einer Rechtsbeeinträchtigung und damit einer rechtsgestaltenden Wirkung der Abrissverfügung gegenüber dem Drittberechtigten auszugehen.[128] Damit wäre der Drittberechtigte schon nicht nach Art. 13 Abs. 2 S. 2 BayVwVfG notwendigerweise zum Verwaltungsverfahren hinzuzuziehen und damit nicht nach Art. 13 Abs. 1 Nr. 4 BayVwVfG am Verwaltungsverfahren beteiligt.[129]

Fraglich ist, ob eine einfache, im Ermessen der Behörde stehende Hinzuziehung des Drittberechtigten nach Art. 13 Abs. 1 Nr. 4 i. V. m. Abs. 2 S. 1 BayVwVfG möglich ist. Dafür müssten die rechtlichen Interessen des Drittberechtigten durch den Ausgang des Verwaltungsverfahrens, also die gegenüber dem Adressaten erlassene Abrissverfügung, berührt werden können.[130] Auch im Fall des Art. 13 Abs. 2 S. 1 BayVwVfG kommt es dabei allein auf den Regelungsinhalt der Abrissverfügung – also deren verfügenden Teil – an, der sich auf eine Rechtsposition des Drittberechtigten auswirken können müsste.[131] Dafür wäre ebenfalls mehr als eine nur mittelbare, faktische Beeinträchtigung des Drittberechtigten notwendig.[132] Als beeinträchtigte Rechtsposition des Drittberechtigten käme allem voran dessen Eigentum am abzureißenden Gebäude in Betracht.[133] Diese Eigentumsposition wird aber, wie bereits festgestellt, regelmäßig gerade nicht vom Regelungsgehalt der Abrissverfügung erfasst und damit auch nicht beeinträchtigt. Insbesondere wird der Eigentümer nicht zur Duldung der Abrisshandlungen verpflichtet. Somit scheidet grundsätzlich auch eine einfache Hinzuziehung des Drittberechtigten nach Art. 13 Abs. 1 Nr. 4 i. V. m. Abs. 2 S. 1 BayVwVfG beim bloßen Erlass der Abrissverfügung aus.

---

[126] *F. Michl*, NVwZ 2014, 1206 (1208) u. NuR 2015, 830 (831); Kopp/Ramsauer/*U. Ramsauer/A. Schlatmann*, VwVfG § 13 Rn. 42.

[127] Siehe in Kapitel 2, § 2 A. V. 2. c) aa) (3) (a) (bb).

[128] Kopp/Ramsauer/*U. Ramsauer/A. Schlatmann*, VwVfG § 13 Rn. 41; Schoch/Schneider/*M.-E. Geis*, VwVfG § 13 Rn. 30 Fn. 72.

[129] Busse/Kraus/*A. Decker*, BayBO Art. 76 Rn. 417.

[130] *K. Weilert*, DÖV 2022, 72 (76 f.); Schoch/Schneider/*M.-E. Geis*, VwVfG § 13 Rn. 28; *J. Ziekow*, VwVfG § 13 Rn. 11.

[131] Kopp/Ramsauer/*U. Ramsauer/A. Schlatmann*, VwVfG § 13 Rn. 36; Mann/Sennekamp/Uechtritz/*C. Sennekamp*, VwVfG § 13 Rn. 24.

[132] Kopp/Ramsauer/*U. Ramsauer/A. Schlatmann*, VwVfG § 13 Rn. 36 f.; Schoch/Schneider/*M.-E. Geis*, VwVfG § 13 Rn. 28.

[133] Stelkens/Bonk/Sachs/*H. Schmitz*, VwVfG § 13 Rn. 32.

b) *Pflicht zur Anhörung*

Sowohl im Falle einer auf Art. 76 BayBO[134] bzw. Art. 54 Abs. 4 BayBO[135] als auch im Falle einer auf Art. 7 Abs. 2 LStVG[136] gestützten Abrissverfügung besteht eine Anhörungspflicht gemäß Art. 28 Abs. 1 BayVwVfG. Demnach ist der Adressat der Abrissverfügung regelmäßig nach Art. 28 Abs. 1 BayVwVfG anzuhören, da dieser Beteiligter im Sinne des Art. 13 Abs. 1 Nr. 2 BayVwVfG ist und die Abrissverfügung einen für ihn belastenden Verwaltungsakt darstellt.[137] So wird dem Adressaten eine Handlungspflicht auferlegt, die seinen „Status quo" in einen „Status quo minus" verändert.[138]

Unabhängig von etwaigen dinglichen oder vertraglichen Rechten des Adressaten an dem abzureißenden Gebäude wird ihm durch die Abrissverfügung jedenfalls ein staatliches Handlungsgebot auferlegt, das ihn in seiner allgemeinen Handlungsfreiheit nach Art. 2 Abs. 1 GG einschränkt.[139] Sofern der Adressat der Abrissverfügung (Mit-)Eigentümer des abzureißenden Gebäudes sein sollte, wäre dieser durch die Verpflichtung zum Abriss des Gebäudes auch in seiner gemäß Art. 14 Abs. 1 GG verfassungsrechtlich geschützten Eigentumsposition betroffen.[140]

Sollte der Adressat der Abrissverfügung ein obligatorisches Recht an dem abzureißenden Gebäude inne haben, etwa als dessen Mieter, wäre zu beachten, dass neben dem zivilrechtlichen Eigentum nach § 903 BGB auch andere vermögenswerte Rechtspositionen, wie etwa privatrechtliche Ansprüche und Forderungen, vom Schutzbereich des verfassungsrechtlich geschützten Eigentums nach Art. 14 Abs. 1 GG erfasst werden.[141] Hierunter fällt beispielsweise auch der qua Mietvertrag berechtigte Besitz eines Mieters an einem Mietgegenstand.[142] Ein Eingriff in das Eigentum im Sinne des Art. 14 Abs. 1 GG liegt damit auch dann vor, wenn eine schutzfähige Position – etwa der qua Mietvertrag berechtigte Besitz an einem Gegenstand – entzogen oder die Nutzung, Verfügung oder Verwertung beschränkt

---

[134] Becker/Heckmann/Kempen/Manssen/*G. Manssen*, Öffentliches Recht in Bayern, 4. Teil D. Rn. 556.

[135] VG Bayreuth, Urt. v. 03.05.2012, B 2 K 11.779, BeckRS 2012, 51672.

[136] VG Ansbach, Gerichtsbescheid v. 27.05.2021, AN 15 K 19.00813, juris.

[137] Schoch/Schneider/*J.-P. Schneider*, VwVfG § 28 Rn. 21, 36; Mann/Sennekamp/Uechtritz/*R. Engel/M. Pfau*, VwVfG § 28 Rn. 31, 40; Stelkens/Bonk/Sachs/*D. Kallerhoff/T. Mayen*, VwVfG § 28 Rn. 30, 33.

[138] BVerwG, Urt. v. 14.10.1982, 3 C 46/81 (Münster), NJW 1983, 2044 (2045).

[139] Jarass/Pieroth/*H. Jarass*, GG Art. 2 Rn. 9; Dürig/Herzog/Scholz/*U. Di Fabio*, GG Art. 2 Abs. 1 Rn. 48; *Sachs/S. Rixen*, GG Art. 2 Rn. 87.

[140] BeckOK BauordnungsR Bayern/*G. Manssen*, BayBO Art. 76 Rn. 23; Busse/Kraus/*A. Decker*, BayBO Art. 76 Rn. 55.

[141] BVerfG, Beschl. v. 09.01.1991, 1 BvR 929/89, BVerfGE 83, 201; BeckOK GG/*P. Axer*, GG Art. 14 Rn. 48; Dürig/Herzog/Scholz/*H.-J. Papier/F. Shirvani*, GG Art. 14 Rn. 322.

[142] BVerfG, Beschl. v. 26.05.1993, 1 BvR 208/93, NJW 1993, 2035; Dreier/*S. Kempny*, Band 1, GG Art. 14 Rn. 34 f., 58; BeckOK GG/*P. Axer*, GG Art. 14 Rn. 49; a. A. Huber/Voßkuhle/*O. Depenheuer/J. Froese*, GG Art. 14 Rn. 157.

wird.[143] Ein solcher Eingriff kann dabei jenseits von Enteignungen sowie Inhalts- und Schrankenbestimmungen auch durch einen behördlich erlassenen Verwaltungsakt erfolgen.[144] Weiterhin ist zu sehen, dass der Besitz an einem Gegenstand im Sinne des § 858 Abs. 1 BGB durch dessen Zerstörung gestört bzw. beeinträchtig wird.[145] Somit stellt die behördliche Verpflichtung eines qua Mietvertrag berechtigten Besitzers des abzureißenden Gebäudes zur Zerstörung des Mietgegenstandes eine Beeinträchtigung von dessen durch Art. 14 Abs. 1 GG geschützten Rechtsposition am abzureißenden Gebäude dar.

Eine Pflicht der Behörde, den Drittberechtigten anzuhören, besteht hingegen nicht. Abgesehen davon, dass der Drittberechtigte schon nicht Beteiligter am Verwaltungsverfahren ist, käme der Abrissverfügung auch keine rechtsgestaltende Wirkung gegenüber dem Drittberechtigten zu, sodass diesem auch weder ein bestimmtes Tun, Dulden oder Unterlassen auferlegt, noch seine Rechtsstellung entzogen oder beeinträchtigt würde, weshalb die Abrissverfügung auch keinen in seine Rechtsstellung eingreifenden, für ihn belastenden Verwaltungsaktes darstellt.[146] Damit läge auch schon kein von Art. 28 Abs. 1 BayVwVfG vorausgesetzter, in die Rechte des Drittberechtigten eingreifender Verwaltungsakt vor, was eine Anhörungspflicht ausscheiden lässt.

Eine darüber hinaus noch in Betracht kommende Pflicht zur Anhörung des Drittberechtigten unter entsprechender Anwendung des Art. 28 Abs. 1 BayVwVfG[147] ist ebenfalls abzulehnen. Das in Vorbereitung des Erlasses der Abrissverfügung durchgeführte Verwaltungsverfahren wird tatsächlich mit einem Verwaltungsakt abgeschlossen, sodass Art. 28 Abs. 1 BayVwVfG direkt zur Anwendung kommt, nur eben keine Anhörungspflicht gegenüber dem Drittberechtigten vorgibt. Da der tatsächlich erlassene Verwaltungsakt gerade nicht in den Rechtskreis des Dritten eingreift, kann auch nicht davon ausgegangen werden, dass er – als Voraussetzung für eine entsprechende Anwendung des Art. 28 Abs. 1 BayVwVfG[148] – einem Verwaltungsakt vergleichbar unmittelbar dessen Rechtskreis verletzt.

---

[143] *G. Manssen*, Staatsrecht II, 19. Aufl. 2022, § 28 Rn. 760.

[144] *H. Sodan/J. Ziekow*, Grundkurs Öffentliches Recht, 10. Aufl. 2023, § 42 Rn. 23.

[145] AG Köln, Urt. v. 07.05.2020, 222 C 84/20, BeckRS 2020, 10820 Rn. 17 f.

[146] BVerwG, Urt. v. 14.10.1982, 3 C 46/81 (Münster), NJW 1983, 2044 (2045); Schoch/Schneider/*M. Knauff*, VwVfG § 35 Rn. 162; BeckOK VwVfG/*D. Herrmann*, VwVfG § 28 Rn. 12.

[147] *T. Sasse*, VR 2019, 197 (198); BeckOK VwVfG/*D. Herrmann*, VwVfG § 28 Rn. 5; Stelkens/Bonk/Sachs/*D. Kallerhoff/T. Mayen*, VwVfG § 28 Rn. 25.

[148] Stelkens/Bonk/Sachs/*D. Kallerhoff/T. Mayen*, VwVfG § 28 Rn. 25; BeckOK VwVfG/*D. Herrmann*, VwVfG § 28 Rn. 5; Kopp/Ramsauer/*U. Ramsauer*, VwVfG § 28 Rn. 4a.

III. Die Tatbestandsvoraussetzungen der Eingriffsgrundlagen

Voraussetzung für den Erlass einer Beseitigungsanordnung nach Art. 76 S. 1 BayBO ist, dass eine Anlage im Sinne des Art. 2 Abs. 1 S. 4 BayBO im Widerspruch zu öffentlich-rechtlichen Vorschriften errichtet oder geändert wird bzw. worden ist, und nicht auf andere Weise rechtmäßige Zustände hergestellt werden können.[149] Ohne auf die vielen Detailfragen bei der Prüfung der Tatbestandsvoraussetzungen näher eingehen zu wollen, greift die Eingriffsbefugnis des Art. 76 S. 1 BayBO insbesondere dann ein, wenn eine bauliche Anlage im Sinne des Art. 2 Abs. 1 S. 1 BayBO im Widerspruch zu den Vorgaben des Städtebaurechts und des materiellen Bauordnungsrechts steht.[150] Ein Verstoß liegt wiederum dann vor, wenn die bauliche Anlage nicht durch eine wirksame Baugenehmigung legalisiert ist und den baurechtlichen Vorgaben nicht entspricht, sie also keinen formellen Bestandsschutz genießt und materiell baurechtswidrig ist.[151] Hierbei ist jedoch zu beachten, dass die Legalisierungswirkung einer Baugenehmigung nur relevant ist, wenn sich das Prüfprogramm der die Baugenehmigung erlassenden Bauaufsichtsbehörde auch auf den entsprechenden materiell-rechtlichen Mangel der baulichen Anlage erstreckt, da die Reichweite der Legalisierungswirkung einer Baugenehmigung vom Umfang der ihr zugrunde liegenden Prüfung abhängt ist.[152] Letztlich darf auch nicht die Möglichkeit bestehen, bei genehmigungspflichtigen Anlagen durch die nachträgliche Erteilung der Genehmigung oder bei verfahrensfreien Anlagen durch weniger belastende Anordnungen als einer Beseitigungsanordnung, rechtmäßige Zustände herzustellen.[153]

Für den Fall, dass die Tatbestandsvoraussetzungen des Art. 76 S. 1 BayBO im Hinblick auf eine abzureißende bauliche Anlage aufgrund des dafür bestehenden, beispielsweise durch eine Baugenehmigung vermittelten formellen Bestandsschutzes nicht erfüllt sein sollten, kann unter Durchbrechung eben dieses Bestandsschutzes auf Art. 54 Abs. 4 BayBO zurückgegriffen werden.[154] Wie bereits dargestellt, ist dessen Tatbestand dann erfüllt, wenn erhebliche Gefahren für Leben oder

[149] Vgl. auch weiterführend zu den Tatbestandsvoraussetzungen des Art. 76 S. 1 BayBO Schwarzer/König/*T. Weber*, BayBO Art. 76 Rn. 2 ff.; Busse/Kraus/*A. Decker*, BayBO Art. 76 Rn. 39 ff., 76 ff.; BeckOK BauordnungsR Bayern/*G. Manssen*, BayBO Art. 76 Rn. 5 ff.

[150] Becker/Heckmann/Kempen/Manssen/*G. Manssen*, Öffentliches Recht in Bayern, 4. Teil D. Rn. 533.

[151] Busse/Kraus/*A. Decker*, BayBO Art. 76 Rn. 79, 149 ff.; Becker/Heckmann/Kempen/Manssen/*G. Manssen*, Öffentliches Recht in Bayern, 4. Teil D. Rn. 534 ff.; BeckOK BauordnungsR Bayern/*G. Manssen*, BayBO Art. 76 Rn. 15 ff.

[152] Becker/Heckmann/Kempen/Manssen/*G. Manssen*, Öffentliches Recht in Bayern, 4. Teil D. Rn. 536; BeckOK BauordnungsR Bayern/*G. Manssen*, BayBO Art. 76 Rn. 19; Busse/Kraus/*A. Decker*, BayBO Art. 76 Rn. 151.

[153] Busse/Kraus/*A. Decker*, BayBO Art. 76 Rn. 139 ff.; Becker/Heckmann/Kempen/Manssen/*G. Manssen*, Öffentliches Recht in Bayern, 4. Teil D. Rn. 537; *F. Stollmann/G. Beaucamp*, Öffentliches Baurecht, 13. Aufl. 2022, § 19 Rn. 28.

[154] Siehe Kapitel 2, § 2 A. I. u. vgl. *A. Glaser/C. Weißenberger*, BayVBl 2008, 460 (465).

Gesundheit bestehen.[155] Dazu muss für die genannten Rechtgüter eine erhebliche und schwerwiegende konkrete Gefahr bestehen. Eine konkrete Gefahr liegt bei einer Sachlage vor, die bei ungehindertem Ablauf des objektiv zu erwartenden Geschehens im Einzelfall mit hinreichender Wahrscheinlichkeit zu einem Schaden führt; die Anforderungen an die Wahrscheinlichkeit eines Schadenseintritts sind dabei umso geringer, je größer und folgenschwerer der zu erwartende Schaden ist.[156] Liegen diese Voraussetzungen vor, kann auf Art. 54 Abs. 4 BayBO auch eine entsprechende Abrissverfügung gestützt werden.[157]

Eine Maßnahme kann wiederum insbesondere auf Art. 7 Abs. 2 Nr. 3 LStVG gestützt werden, wenn eine konkrete Gefahr oder Störung für die Rechtsgüter Leben, Gesundheit, Freiheit von Menschen oder Sachwerte, deren Erhaltung im öffentlichen Interesse geboten erscheint, besteht.[158] Wie soeben dargestellt, liegt eine konkrete Gefahr dann vor, wenn eine Sachlage besteht, die nach allgemeiner Lebenserfahrung bei ungehindertem Verlauf des objektiv zu erwartenden Geschehens im Einzelfall mit hinreichender Wahrscheinlichkeit zu einer Verletzung der genannten Schutzgüter führt.[159] Eine Störung der Schutzgüter liegt wiederum dann vor, wenn sich die konkrete Gefahr bereits verwirklicht hat und eine Verletzung der Schutzgüter bzw. ein Schaden bereits eingetreten ist und noch andauert.[160]

Das Vorliegen der Tatbestandsvoraussetzungen könnte aber wiederum dadurch ausgeschlossen sein, dass auch im Falle einer auf die sicherheitsrechtliche Generalklausel gestützten Verfügung eine spezialgesetzliche Genehmigung, wie etwa eine Baugenehmigung, unter dem Aspekt der Legalisierungswirkung zu beachten ist.[161] So wird vertreten, dass mit einer bloßen, auf das allgemeine Sicherheitsrecht gestützten Ordnungsverfügung grundsätzlich nicht in den durch die Erteilung einer (Bau-)Genehmigung gegen nachträgliche Änderungen der Sach- und Rechtslage

---

[155] VGH München, Beschl. v. 16.03.2016, 9 CS 16.191, BeckRS 2016, 44413 Rn. 13; VGH München, Beschl. v. 16.12.2020, 9 CS 20.2415, BeckRS 2020, 36188 Rn. 21 f.; *A. Glaser/C. Weißenberger*, BayVBl 2008, 460 (465); Schwarzer/König/*T. Weber*, BayBO Art. 54 Rn. 50.

[156] VGH München, Beschl. v. 16.03.2016, 9 CS 16.191, BeckRS 2016, 44413 Rn. 13; VGH München, Beschl. v. 16.12.2020, 9 CS 20.2415, BeckRS 2020, 36188 Rn. 21 f.; BeckOK BauordnungsR Bayern/*G. Manssen*, BayBO Art. 54 Rn. 56.

[157] BeckOK BauordnungsR Bayern/*G. Manssen*, BayBO Art. 54 Rn. 59; Busse/Kraus/*F. Dirnberger*, BayBO Art. 54 Rn. 173.

[158] *F. Koehl*, VR 2016, 95 (95 f., 99); *T. Rappenglix*, JA 2019, 521 (527); BeckOK PolR Bayern/*T. Holzner*, LStVG Art. 7 Rn. 40 ff., 46, 33, PAG Art. 11 Rn. 20 ff.

[159] *T. Rappenglix*, JA 2019, 521 (527); Becker/Heckmann/Kempen/Manssen/*D. Heckmann*, Öffentliches Recht in Bayern, 3. Teil C. Rn. 116 ff.; BeckOK PolR Bayern/*T. Holzner*, PAG Art. 11 Rn. 20.

[160] *F. Koehl*, VR 2016, 95 (95 f., 99); BeckOK PolR Bayern/*T. Holzner*, PAG Art. 11 Rn. 22; Körner/Mehringer/Johannsen/Lerm/*P. Lerm*, LStVG Art. 7, 3.3.1, Art. 6, 2.3.

[161] Stelkens/Bonk/Sachs/*M. Sachs*, VwVfG § 43 Rn. 72 m. w. N.

geschützten Bestand eingegriffen werden könne.[162] Wie bereits dargestellt, geht von einer Baugenehmigung insoweit eine Legalisierungswirkung hinsichtlich des genehmigten Bauvorhabens aus als der Prüfungsumfang im Genehmigungsverfahren reicht.[163] Aus dieser Legalisierungswirkung der Baugenehmigung ergibt sich ein (formeller) Bestandsschutz, der auch nach der Errichtung einer genehmigten baulichen Anlage deren Erhalt und rechtlichen Bestand – im Umfang des der Genehmigung zugrundeliegenden Prüfprogrammes – gewährleistet.[164] Sofern von einer (Bau-)Genehmigung eine entsprechende Legalisierungswirkung ausgehe, sei deshalb die Möglichkeit einer Behörde zum Einschreiten auf Grundlage der sicherheitsrechtlichen Generalklausel beschränkt, da es sich bei einer entsprechend der Genehmigung errichteten oder genutzten (baulichen) Anlage um keine sicherheitsrechtliche Störung handele.[165]

Hierbei ist jedoch schon zu sehen, dass auch nach dieser Ansicht ein auf die sicherheitsrechtliche Generalklausel gestütztes Vorgehen bei Vorliegen unmittelbar drohender gemeinwohlwidriger Gefahren insbesondere für Leben und Gesundheit weiterhin möglich ist, weil die Verursachung derartiger Gefahren regelmäßig durch die Legalisierungswirkung einer Genehmigung rechtlich nicht gedeckt ist.[166] Insbesondere bei einer im vereinfachten Baugenehmigungsverfahren nach Art. 59 BayBO erlassenen Baugenehmigung, bei der die bauordnungsrechtliche Vorgabe zur Sicherheits- und Gefahrenvorsorge nach Art. 3 BayBO schon nicht mit zum Prüfprogramm gehört,[167] ist eine derartige Legalisierungswirkung grundsätzlich nicht anzunehmen. Darüber hinaus sieht, wie oben bereits dargestellt, Art. 54 Abs. 4 BayBO bei erheblichen Gefahren für Leben und Gesundheit – jedenfalls für das bauaufsichtliche Einschreiten – eine explizite Durchbrechung des Bestandsschutzes von (Bau-)Genehmigungen vor.[168] Ginge man davon aus, dass eine Baugenehmi-

---

[162] BGH, Urt. v. 03.02.2000, III ZR 296/98 (Koblenz), NVwZ 2000, 1206 m.w.N.; OVG Nordrhein-Westfalen, Urt. v. 19.09.1991, 11 A 1178/89, NVwZ-RR 1992, 531; VGH Mannheim, Beschl. v. 14.12.1989, 1 S 2719/89, NVwZ 1990, 781.

[163] *J. F. Lindner/V. Struzina*, JuS 2016, 226ff.; *J. F. Lindner*, JuS 2014, 118 (121); *F.-J. Peine*, JZ 1990, 201 (203).

[164] *J. F. Lindner*, DÖV 2014, 313 (316f.); Busse/Kraus/*A. Decker*, BayBO Art. 68 Rn. 68; BeckOK BauordnungsR Bayern/*G. Manssen*, BayBO Art. 54 Rn. 52.

[165] BVerwG, Urt. v. 02.12.1977, IV C 75/75 (Münster), NJW 1978, 1818 – Anmerkungen und Erläuterungen bei *F.-J. Peine*, JZ 1990, 201ff.; BGH, Urt. v. 03.02.2000, III ZR 296/98 (Koblenz), NVwZ 2000, 1206 m.w.N.

[166] BVerwG, Urt. v. 02.12.1977, IV C 75/75 (Münster), NJW 1978, 1818 m.w.N.; VGH Mannheim, Beschl. v. 04.03.1996, 10 S 2687/95, NVwZ-RR 1996, 387; Busse/Kraus/*F. Dirnberger*, BayBO Art. 54 Rn. 162, wonach eine Baugenehmigung ein Vorhaben grundsätzlich nur unter dem Vorbehalt legalisiert, dass nachträglich keine erheblichen Gefahren entstehen.

[167] Becker/Heckmann/Kempen/Manssen/*G. Manssen*, Öffentliches Recht in Bayern, 4. Teil D. Rn. 486; Busse/Kraus/*S. Wolf*, BayBO Art. 59 Rn. 14; BeckOK BauordnungsR Bayern/*M. Robl*, BayBO Art. 59 Vorbemerkung.

[168] VGH München, Beschl. v. 25.03.2019, 15 C 18.2324, BeckRS 2019, 5195 Rn. 28; *T. Schröer*, NJW 2010, 209 (210); Becker/Heckmann/Kempen/Manssen/*G. Manssen*, Öffent-

gung – wie im Falle des Art. 76 S. 1 BayBO – tatsächlich auch bei der sicherheitsrechtlichen Generalklausel zu einem Ausschluss der Tatbestandsvoraussetzungen führen würde, läge es entsprechend der obigen Ausführungen zu den Hintergründen des Art. 54 Abs. 4 BayBO[169] und im Hinblick auf die Notwendigkeit effektiver Gefahrenabwehr nahe, die Regelung des Art. 54 Abs. 4 BayBO auch bei Anwendung der sicherheitsrechtlichen Generalklausel heranzuziehen. So wird vertreten, dass die Voraussetzungen für die Durchbrechung des Bestandsschutzes baulicher Anlagen in Art. 54 Abs. 4 BayBO nur beispielhaft normiert sind und sich auch auf das Vorgehen gegen bestandsgeschützte bauliche Anlagen auf der Grundlage anderer Eingriffsermächtigungen übertragen lassen.[170] Deshalb wäre auch bei Zugrundelegung dieses Ansatzes in Fällen von Gebäuden, von denen eine Gefahr für Leben und Gesundheit anderer Menschen ausgeht, aus mehreren Gründen ein Einschreiten der Sicherheitsbehörden auf Grundlage der sicherheitsrechtlichen Generalklausel möglich. Sollte man also nicht schon zu dem Ergebnis kommen, dass die Verursachung gemeinwohlwidriger Gefahren, insbesondere für Leben und Gesundheit, durch die Legalisierungswirkung einer Genehmigung rechtlich nicht gedeckt ist, sondern tatsächlich von einem durch die Baugenehmigung vermittelten, das Vorliegen der Tatbestandsvoraussetzungen der sicherheitsrechtlichen Generalklausel ausschließenden (formellen) Bestandsschutz ausgehen, müsste diese Wirkung in einem solchen Fall jedenfalls unter Rückgriff auf Art. 54 Abs. 4 BayBO durchbrochen werden.[171]

Aber auch unabhängig von diesen Einschränkungen überzeugt der Ansatz – jedenfalls für die vorliegend betrachtete Konstellation – schon grundsätzlich nicht. Bei der baurechtlichen Eingriffsbefugnis nach Art. 76 S. 1 BayBO wird bereits auf der Tatbestandsebene insoweit auf eine rechtlich definierte Ausgangslage abgestellt, als sich unmittelbar aus der Rechtsordnung ergibt, was baurechtswidrig ist. Sofern eine Genehmigung sich dann auf die tatbestandlich relevante Rechtslage auswirken kann, ist sie auch entsprechend auf der Tatbestandsebene zu würdigen. Dies trifft aber auf den Tatbestand der sicherheitsrechtlichen Generalklausel nach Art. 7 Abs. 2 Nr. 3 LStVG gerade nicht zu, der eine tatsächliche sicherheitsrechtliche Gefahr oder Störung für die aufgezählten Rechtsgüter, etwa Leben und Gesundheit, also ein reines Faktum voraussetzt,[172] das unabhängig von rechtlichen Genehmigungen

---

liches Recht in Bayern, 4. Teil D. Rn. 566 f.; BeckOK BauordnungsR Bayern/*G. Manssen*, BayBO Art. 54 Rn. 54; a. A. PdK Bayern BayBO/*H. Jäde*, BayBO Art. 54, 2.3.1, der davon ausgeht, dass durch Art. 54 Abs. 4 BayBO nur der materielle Bestandsschutz durchbrochen wird, einen formellen Bestandsschutz bewirkende Baugenehmigung jedoch vor etwaigen Maßnahmen aufgehoben werden müsste.

[169] Siehe Kapitel 2, § 2 A. I.

[170] Vgl. BayVGH, Beschl. v. 09.02.2009, 8 CS 08.3321, juris, Rn. 20, im Hinblick auf Art. 18a Abs. 1 Satz 1 BayStrWG.

[171] Zum direkten Eingreifen des Art. 54 Abs. 4 BayBO in solchen Fällen Busse/Kraus/*F. Dirnberger*, BayBO Art. 54 Rn. 171 f. m. w. N.

[172] BeckOK PolR Bayern/*T. Holzner*, LStVG Art. 7 Rn. 40 ff.; *F. Koehl*, VR 2016, 95 (95 f., 99); *T. Rappenglix*, JA 2019, 521 (527).

vorliegt oder fehlt. Es wird also auf Tatbestandsebene gerade auf eine faktische und nicht rechtliche Ausgangslage abstellt. Erst bei der Frage, wodurch diese Gefahr oder Störung verursacht wurde, spielt dann die rechtliche Bewertung etwaiger dafür kausaler Handlungen oder Zustände eine entscheidende Rolle.[173] So könnte beispielsweise im Falle eines für sicherheitsrechtliche Gefahren tatsächlich kausalen Bauwerkes eine darauf bezogene Baugenehmigung den Sachzustand dergestalt legalisieren, dass die entstandenen sicherheitsrechtlichen Gefahren als nicht unmittelbar durch das Bauwerk verursacht gelten,[174] oder die sicherheitsrechtliche Verantwortlichkeit einer Person für eine Handlung ausscheiden, wenn sie lediglich ein ihr zustehendes Recht wahrnimmt, etwa weil ihr Verhalten förmlich genehmigt ist.[175] Dies ändert aber nichts am Vorliegen der Gefahr, sondern betrifft nur deren Verursachung. Deshalb sind die Folgen der Legalisierungswirkung einer Genehmigung im Hinblick auf das Einschreiten von Sicherheitsbehörden – jedenfalls auf Grundlage des Art. 7 Abs. 2 Nr. 3 LStVG[176] – gerade nicht bei der Prüfung der Tatbestandsvoraussetzungen, sondern erst bei der Frage nach der Verursachung einer Gefahr bzw. der Verantwortlichkeit dafür relevant und sollen deshalb richtigerweise bei der noch folgenden Untersuchung der für die eingetretene Gefahr verantwortlichen Störer thematisiert werden.[177]

Ob die Voraussetzungen der jeweiligen Rechtsgrundlagen vorliegen, hängt letztlich vom jeweils betrachteten Einzelfall ab und muss davon ausgehend geprüft werden. Grundsätzlich lässt sich jedoch sagen, dass für eine behördliche Verfügung, die die Beseitigung eines im Widerspruch zu den Vorgaben des Baurechts errichteten und – hinsichtlich des Rechtsverstoßes – nicht durch eine Baugenehmigung legalisierten Gebäudes anordnet, von der Eingriffsbefugnis des Art. 76 S. 1 BayBO gedeckt ist. Die Vorgabe des Art. 76 S. 1 BayBO, dass eine Abrissverfügung nur ergehen darf, wenn nicht auch auf andere Weise rechtmäßige Zustände geschaffen werden können, betrifft die Verhältnismäßigkeit der Maßnahme, die im weiteren

---

[173] *F.-J. Peine*, JZ 1990, 201 m. w. N.; *K. A. Pape*, NJW 1992, 2661 (2668); Lisken/Denninger/*M. Bäcker*, Handbuch des Polizeirechts, D. Rn. 160, 180.

[174] Vgl. losgelöst vom Beispielsfall BeckOK PolR Bayern/*J. F. Lindner*, PAG Art. 8 Rn. 15; *K. A. Pape*, NJW 1992, 2661 (2668); a. A. *M. Oerder*, NVwZ 1992, 1031 (1034 f., 1037) m. w. N.

[175] Insbesondere *W.-R. Schenke*, PolR, § 4 Rn. 315; Lisken/Denninger/*M. Bäcker*, Handbuch des Polizeirechts, D. Rn. 160.

[176] Für eine sicherheitsrechtliche Eingriffsgrundlage wie etwa Art. 7 Abs. 2 Nr. 1 LStVG, die auch bereits auf Tatbestandsebene auf eine insoweit rechtliche Ausgangslage abstellt, als sie die Gefahr einer rechtswidrigen Tat, die den Tatbestand eines Strafgesetzes oder einer Ordnungswidrigkeit bzw. einer verfassungsfeindlichen Handlung erfüllt, voraussetzt, vgl. zum Tatbestand Körner/Mehringer/Johannsen/Lerm/*P. Lerm*, LStVG Art. 7, 3.3, mag dies anders sein, was an dieser Stelle aber nicht weiterverfolgt werden soll.

[177] *F.-J. Peine*, JZ 1990, 201 (211) m. w. N.; *K. A. Pape*, NJW 1992, 2661 (2668); Lisken/Denninger/*M. Bäcker*, Handbuch des Polizeirechts, D. Rn. 160, 180.

Verlauf noch thematisiert werden wird.[178] Auch ist grundsätzlich die Anordnung eines teilweisen Rückbaus einer Anlage bzw. eines Gebäudes auf der Grundlage des Art. 76 S. 1 BayBO unter bestimmten Voraussetzungen möglich und unter dem Gesichtspunkt der Verhältnismäßigkeit gegebenenfalls sogar geboten, was ebenfalls im Rahmen der Verhältnismäßigkeitsprüfung aufgegriffen werden soll.[179]

Geht von einer Anlage oder einem Gebäude wiederum eine konkrete Gefahr für die Rechtsgüter Leben, Gesundheit, Freiheit von Menschen oder Sachwerte, deren Erhaltung im öffentlichen Interesse geboten erscheint, aus, liegen die Voraussetzungen des Art. 7 Abs. 2 Nr. 3 LStVG grundsätzlich vor, auf die dann die Verfügung des Abrisses der Anlage gestützt werden kann. Dies kann beispielsweise der Fall sein, wenn von einem baufälligen Gebäude die Gefahr ausgeht, dass durch einstürzende oder herabfallende Bauteile Menschen verletzten oder gar getötet werden.[180] Auch ist es denkbar, dass es durch die Baufälligkeit eines Gebäudes zu einer Störung eines daran vorbeiführenden, dem öffentlichen (Fußgänger-)Verkehr gewidmeten Weges, dessen Erhaltung im öffentlichen Interesse geboten ist, kommt, da dessen Nutzbarkeit durch das vom Gebäude ausgehende Gesundheitsrisiko für die Passanten eingeschränkt oder die Bausubstanz des Weges durch herabfallende Bauteile des Gebäudes beschädigt wird.[181]

IV. Adressatenwahl

1. Kreis der möglichen Adressaten – Störereigenschaft

a) Einschlägige Adressatenregelungen

Auch hinsichtlich der möglichen Adressaten der behördlich erlassenen Abrissverfügung sind Unterschiede dahingehend zu beachten, ob es sich um eine auf Art. 76 S. 1 BayBO bzw. Art. 54 Abs. 4 BayBO oder auf Art. 7 Abs. 2 Nr. 3 LStVG gestützte Maßnahme handelt. Im Falle einer auf die allgemeine sicherheitsrechtliche Generalklausel des Art. 7 Abs. 2 Nr. 3 LStVG gestützten Abrissverfügung gibt die Regelung des Art. 9 LStVG vor, wer als möglicher Adressat der Maßnahme in

---

[178] Schwarzer/König/*T. Weber*, BayBO Art. 76 Rn. 17; Busse/Kraus/*A. Decker*, BayBO Art. 76 Rn. 139; teilweise wird der Ausschluss anderer Möglichkeiten zur Herstellung rechtmäßiger Zustände auch zu den Tatbestandsvoraussetzungen des Art. 76 S. 1 BayBO gezählt, Becker/Heckmann/Kempen/Manssen/*G. Manssen*, Öffentliches Recht in Bayern, 4. Teil D. Rn. 537.

[179] VGH München, Urt. v. 29.09.2003, 1 B 01.2425, NVwZ-RR 2004, 238; Schwarzer/König/*T. Weber*, BayBO Art. 76 Rn. 18; Busse/Kraus/*A. Decker*, BayBO Art. 76 Rn. 248 ff., 252.

[180] VG Regensburg, Urt. v. 23.09.2014, RN 4 K 13.1069, BeckRS 2014, 119663.

[181] VG Regensburg, Urt. v. 23.09.2014, RN 4 K 13.1069, BeckRS 2014, 119663.

Betracht kommt.[182] Hinsichtlich der denkbaren Adressaten einer sicherheitsrechtlichen Verfügung unterscheidet Art. 9 LStVG zwischen einem Handlungsstörer nach Art. 9 Abs. 1 LStVG, einem Zustandsstörer nach Art. 9 Abs. 2 LStVG und einem Nichtstörer nach Art. 9 Abs. 3 LStVG.[183] Ein Handlungsstörer ist ganz allgemein eine Person, deren Verhalten oder Zustand eine sicherheitsrechtliche Gefahr verursacht hat.[184] Zustandsstörer ist eine Person, die die tatsächliche Gewalt über eine gefahrverursachende Sache ausübt oder eine Eigentümerstellung bzw. dingliche Verfügungsberechtigung daran hat.[185] Besonders zu beachten ist hierbei, dass die Rechtsbeziehung des Inhabers der tatsächlichen Gewalt zum jeweiligen gefahrverursachenden Gegenstand für die sicherheitsrechtliche Verantwortlichkeit irrelevant ist und sich insbesondere nicht das Rechtsinstitut des Besitzes mit dem Begriff der tatsächlichen Gewalt deckt.[186] Nichtstörer ist letztlich, wer weder Handlungs- noch Zustandsstörer ist, weshalb er auch nur unter engen Voraussetzungen in Ausnahmesituationen zum Adressaten einer Maßnahme gemacht werden kann, was später noch ausführlicher dargestellt werden wird.[187]

Im Falle einer auf Art. 76 S. 1 BayBO gestützten Abrissverfügung kommen als Adressat der Maßnahme hingegen primär die für den Bau des Gebäudes nach den Art. 49 ff. BayBO Verantwortlichen in Betracht.[188] Davon umfasst wären für das gesamte Baugeschehen der Bauherr gemäß Art. 50 BayBO und im Rahmen ihres jeweiligen Wirkungskreises auch der Entwurfsverfasser bzw. Fachplaner gemäß

---

[182] BeckOK PolR Bayern/*J. F. Lindner*, LStVG Art. 9 Rn. 21; Becker/Heckmann/Kempen/Manssen/*D. Heckmann*, Öffentliches Recht in Bayern, 3. Teil H. Rn. 492; *F. Koehl*, VR 2016, 95 (99).

[183] BeckOK PolR Bayern/*J. F. Lindner*, LStVG Art. 9 Rn. 29 ff., 33 ff., 39 ff.; Becker/Heckmann/Kempen/Manssen/*D. Heckmann*, Öffentliches Recht in Bayern, 3. Teil H. Rn. 492; *F. Koehl*, VR 2016, 95 (99 f.).

[184] BeckOK PolR Bayern/*J. F. Lindner*, LStVG Art. 9 Rn. 29; Körner/Mehringer/Johannsen/Lerm/*R. Mehringer*/*J. Johannsen*, LStVG Art. 9, 1.; Becker/Heckmann/Kempen/Manssen/*D. Heckmann*, Öffentliches Recht in Bayern, 3. Teil H. Rn. 492, C. Rn. 168 ff.

[185] BeckOK PolR Bayern/*J. F. Lindner*, LStVG Art. 9 Rn. 33; Körner/Mehringer/Johannsen/Lerm/*R. Mehringer*/*J. Johannsen*, LStVG Art. 9, 1.; Becker/Heckmann/Kempen/Manssen/*D. Heckmann*, Öffentliches Recht in Bayern, 3. Teil H. Rn. 492, C. Rn. 175 ff.

[186] BeckOK PolR Bayern/*J. F. Lindner*, LStVG Art. 9 Rn. 33 f., PAG Art. 8 Rn. 17 ff.; Schmidbauer/Steiner/*U. Steiner*, PAG Art. 8 Rn. 3. Zum Besitz als Rechtsinstitut vgl. Schulze/*H. Schulte-Nölke*, Vorbemerkung zu §§ 854–872 Rn. 1 ff. Zum unmittelbaren Besitz, der auch tatsächliche Gewalt über den Gegenstand voraussetzt, vgl. MüKoBGB Band 8/*F. L. Schäfer*, BGB § 868 Rn. 9 f.

[187] BeckOK PolR Bayern/*J. F. Lindner*, LStVG Art. 9 Rn. 39 ff., PAG Art. 10 Rn. 1 ff.; Becker/Heckmann/Kempen/Manssen/*D. Heckmann*, Öffentliches Recht in Bayern, 3. Teil H. Rn. 492, C. Rn. 195 ff.; Körner/Mehringer/Johannsen/Lerm/*R. Mehringer*/*J. Johannsen*, LStVG Art. 9, 8.1.

[188] Schwarzer/König/*T. Weber*, BayBO Art. 54 Rn. 25, BayBO Art. 76 Rn. 1; BeckOK BauordnungsR Bayern/*F. Michl*, BayBO Art. 49 Rn. 1 ff.; Busse/Kraus/*A. Decker*, BayBO Art. 76 Rn. 152.

Art. 51 Abs. 1 und 2 BayBO und der Bauunternehmer gemäß Art. 52 BayBO.[189] Darüber hinaus greifen aber auch im Falle einer auf Art. 76 S. 1 BayBO gestützten bauordnungsrechtlichen Abrissverfügung die allgemeinen sicherheitsrechtlichen Adressatenbestimmungen des Art. 9 LStVG.[190] Sofern die speziellen bauordnungsrechtlichen Regelungen in sachlicher und personeller Hinsicht eingreifen, gehen sie den allgemeinen sicherheitsrechtlichen Adressatenregelung vor.[191] Besondere Relevanz besitzen die speziellen bauordnungsrechtlichen Regelungen jedoch nur bei einem im Bau befindlichen Gebäude, da die Verantwortlichkeit der am Bau Beteiligten auch zeitlich auf ihren Verantwortungskreis beschränkt ist, sodass nach der Fertigstellung des Vorhabens allein die allgemeinen Regelungen zur Anwendung kommen.[192] Des Weiteren können Verhaltens- oder Zustandsstörer, die nicht von den Regelungen der Art. 49 ff. BayBO erfasst werden, beispielsweise ein Eigentümer, der nicht zugleich Bauherr ist, grundsätzlich nach Art. 9 LStVG in Anspruch genommen werden.[193] Auch bei einer auf Art. 54 Abs. 4 BayBO gestützten Abrissverfügung sind vorrangig die Regelungen der Art. 49 ff. BayBO zur Bestimmung möglicher Adressaten anwendbar.[194] Darüber hinaus ergibt sich auch bei einer auf Art. 54 Abs. 4 BayBO gestützten Abrissverfügung aus den allgemeinen sicherheitsrechtlichen Adressatenregelungen des Art. 9 LStVG, an welche Adressaten die Maßnahme gerichtet werden kann.[195]

---

[189] BeckOK BauordnungsR Bayern/*G. Manssen*, BayBO Art. 76 Rn. 40; Busse/Kraus/*A. Decker*, BayBO Art. 76 Rn. 152 m. w. N.; BeckOK BauordnungsR Bayern/*F. Michl*, BayBO Art. 49 Rn. 10 ff.

[190] VGH München, Beschl. v. 28.05.2001, 1 ZB 01.664, BeckRS 2001, 28524; BeckOK BauordnungsR Bayern/*G. Manssen*, BayBO Art. 76 Rn. 40; Busse/Kraus/*A. Decker*, BayBO Art. 76 Rn. 152 m. w. N. Im Anwendungsbereich bauordnungsrechtlicher Spezialvorschriften mancher Länder soll sich die Bestimmung der Störereigenschaft und damit auch die Bestimmung der Polizeipflichtigkeit vorrangig nach diesen und nicht nach den allgemeinen Adressatenregelungen des Sicherheitsrechts richten, vgl. BeckOK BauordnungsR NRW/*C. Gohde*, BauO NRW 2018 § 52 Rn. 4; BeckOK BauordnungsR Hessen/*C. Mayer*, HBO § 55 Rn. 4.

[191] BeckOK BauordnungsR Bayern/*F. Michl*, BayBO Art. 49 Rn. 2.

[192] Schwarzer/König/*T. Weber*, BayBO Art. 76 Rn. 1, Art. 54 Rn. 25, Art. 49 Rn. 8; BeckOK BauordnungsR Bayern/*F. Michl*, BayBO Art. 49 Rn. 12.

[193] BeckOK BauordnungsR Bayern/*F. Michl*, BayBO Art. 49 Rn. 2; Busse/Kraus/*W. Würfel*, BayBO Art. 49 Rn. 13 m. w. N.

[194] VGH München, Beschl. v. 01.12.2021, 15 ZB 21.1596, BeckRS 2021, 41336, Rn. 27; Schwarzer/König/*T. Weber*, BayBO Art. 49 Rn. 6, Art. 54 Rn. 25; BeckOK BauordnungsR Bayern/*F. Michl*, BayBO Art. 49 Rn. 13; BeckOK BauordnungsR Bayern/*G. Manssen*, BayBO Art. 54 vor Rn. 1, Art. 76 Rn. 40; a. A. womöglich Busse/Kraus/*F. Dirnberger*, BayBO Art. 54 Rn. 178, der zur Bestimmung der Adressaten einer auf Art. 54 Abs. 4 BayBO gestützten Maßnahme sogleich die allgemeinen Adressatenregelungen nach Art. 9 LStVG heranzieht.

[195] VGH München, Beschl. v. 01.12.2021, 15 ZB 21.1596, BeckRS 2021, 41336, Rn. 27; Schwarzer/König/*T. Weber*, BayBO Art. 54 Rn. 25; BeckOK BauordnungsR Bayern/*F. Michl*, BayBO Art. 49 Rn. 13.

b) Anwendung auf den vorliegenden Fall

aa) Allgemein-sicherheitsrechtliche Abrissverfügung

(1) Handlungsstörer

Wendet man die vorstehenden Erkenntnisse auf die jeweiligen Fallkonstellationen an, kommt bei einer auf Art. 7 Abs. 2 Nr. 3 LStVG gestützten Abrissverfügung als Verhaltensstörer nach Art. 9 Abs. 1 LStVG jene Person in Betracht, die den gefahrträchtigen Zustand des abzureißenden Gebäudes verursacht hat. Fraglich ist dabei wiederum, wer beispielsweise bei der Errichtung oder dem Umbau eines durch die Baumaßnahme sicherheitsrechtliche Gefahren verursachenden Bauwerkes, der zu sicherheitsrechtlichen Gefahren führenden Beschädigung eines Bauwerkes oder dem Unterlassen von notwendigen Instandhaltungsmaßnahmen, die zur Baufälligkeit eines Bauwerkes führen, die jeweils von den Bauwerken ausgehende Gefahr im Sinne des Art. 9 Abs. 1 LStVG konkret verursacht hat.

(a) Nach vielfach vertretener Meinung ist im Sinne der Theorie der „unmittelbaren Verursachung" zur Feststellung eines Handlungsstörers darauf abzustellen, wer die konkrete Gefahr unmittelbar verursacht, also die letzte Ursache für die Gefahr gesetzt und damit einen zuvor noch gefahrlosen Zustand zu einer Gefahr hat werden lassen.[196] Denn bei der Frage nach der Verursachung einer Gefahr im Sinne der Äquivalenztheorie alles als ursächlich zu betrachten, was nicht hinweggedacht werden kann, ohne dass die Gefahr entfiele, würde den Kreis der Verursacher uferlos werden lassen.[197] Eine Verengung dieses Ansatzes unter Gesichtspunkten der im Zivilrecht zur Anwendung kommenden Adäquanztheorie, also dem Ausschluss solcher Handlungsfolgen, die nach allgemeiner Lebenserfahrung nicht zu erwarten sind, ist für das Sicherheitsrecht unpassend. Das Gefahrenabwehrrecht muss einerseits auch auf atypische und unvorhersehbare Sachverhalte mit inadäquaten Folgen schneller und effektiv reagieren; andererseits kann nicht jede vorhersehbare Folge zu einer sicherheitsrechtlichen Verantwortlichkeit führen.[198] Auch allein auf die Rechtswidrigkeit oder Sozialadäquanz des Verhaltens kann bei der Ermittlung seiner Ursächlichkeit für eine Gefahrenentstehung nicht abgestellt werden, will man die Abwehr der Gefahr im Sinne eines effektiven Sicherheitsrechts gewährleisten.

---

[196] BeckOK PolR Bayern/*J. F. Lindner*, PAG Art. 7 Rn. 25; Schmidbauer/Steiner/*U. Steiner*, PAG Art. 7 Rn. 9; *W.-R. Schenke*, PolR, § 4 Rn. 313.

[197] *W.-R. Schenke*, PolR, § 4 Rn. 313; BeckOK PolR Bayern/*J. F. Lindner*, PAG Art. 7 Rn. 23; *M. Wehr*, Examens-Repetitorium Polizeirecht: Allgemeines Gefahrenabwehrrecht, 5. Aufl. 2023, § 4 Rn. 172.

[198] *W.-R. Schenke*, PolR, § 4 Rn. 313; BeckOK PolR Bayern/*J. F. Lindner*, PAG Art. 7 Rn. 23; mit Kritik an der Begründung aber dem gleichen Ergebnis *M. Wehr*, Examens-Repetitorium Polizeirecht: Allgemeines Gefahrenabwehrrecht, 5. Aufl. 2023, § 4 Rn. 173; *T. Kingreen/R. Poscher*, Polizei- und Ordnungsrecht, 12. Aufl. 2022, § 9 Rn. 12 weist darauf hin, dass zur Bestimmung der sicherheitsrechtlichen Verursachung die Conditio-sine-qua-non-Formel auch nicht über die Kriterien der Effektivität und Verhältnismäßigkeit sinnvoll eingegrenzt werden kann.

Denn auch rechtmäßiges oder sozialadäquates Verhalten vermag im Einzelfall zu einer sicherheitsrechtlichen Störung führen.[199] Darüber hinaus gibt Nr. 9.2 der VollzBekLStVG vor, dass die Rechtswidrigkeit einer Handlung gerade keine zwingende Voraussetzung für die sicherheitsrechtliche Verantwortlichkeit eines Handlungsstörers im Sinne des Art. 9 Abs. 1 LStVG ist.

Letztlich ist aber auch die für das Gefahrenabwehrrecht präferierte Theorie der „unmittelbaren Verursachung" problembehaftet, sofern sie nicht die in der Rechtsordnung verankerte Verteilung von Rechten und Pflichten Einzelner hinreichend erfasst und anderweitige normative Wertungen in die Bestimmung der Verantwortlichkeit einbezieht.[200] Deshalb muss auch bei Anwendung dieser Theorie die wertende Zurechnung von Gefahren berücksichtigt werden, sodass beispielsweise nicht nur die zeitlich letzte Gefahrenursache sicherheitsrechtlich relevant ist.[201] Vielmehr ist der Terminus „unmittelbar" als Wertungsbegriff zu verstehen, der durch Zurechnungskriterien ausgefüllt werden muss.[202] Eine unmittelbare Verursachung soll deshalb dann anzunehmen sein, wenn zwischen dem Verhalten einer Person und einem Gefahrenzustand ein hinreichend enger Wirkungs- und Verantwortungszusammenhang besteht.[203] Dabei ist beispielsweise neben der stets zu einer sicherheitsrechtlichen Verursachung einer Gefahr führenden Rechtswidrigkeit einer Handlung auch zu beachten, dass es bei der Ausübung einer durch die Rechtsordnung eingeräumten Erlaubnis gerade zu keiner sicherheitsrechtlichen Gefahrverursachung kommt.[204] Als Beispiel wird hier vielfach auf einen dem Mieter ordnungsgemäß kündigenden Wohnungseigentümer verwiesen, der für die möglicherweise eintretende Obdachlosigkeit des gekündigten Mieters nicht im sicherheitsrechtlichen

---

[199] BeckOK PolR Bayern/*J. F. Lindner*, PAG Art. 7 Rn. 24; *W.-R. Schenke*, PolR, § 4 Rn. 315; Lisken/Denninger/*M. Bäcker*, Handbuch des Polizeirechts, D. Rn. 155, 158, 161; wohl a. A. *R. Poscher/B. Rusteberg*, JuS 2011, 1082 ff.

[200] *M. Wehr*, Examens-Repetitorium Polizeirecht: Allgemeines Gefahrenabwehrrecht, 5. Aufl. 2023, § 4 Rn. 181; grundsätzlich auch VGH München, Beschl. v. 15.05.2018, 22 CS 18.566, NVwZ-RR 2019, 10 (12 f.); *T. Vießmann*, NVwZ 2021, 15 (16 f.); *F.-J. Peine*, JZ 1990, 201 (211); hingegen kritisch Schmidbauer/Steiner/*U. Steiner*, PAG Art. 7 Rn. 9.

[201] *M. Wehr*, Examens-Repetitorium Polizeirecht: Allgemeines Gefahrenabwehrrecht, 5. Aufl. 2023, § 4 Rn. 181; *W.-R. Schenke*, PolR, § 4 Rn. 315; *T. Kingreen/R. Poscher*, Polizei- und Ordnungsrecht, 12. Aufl. 2022, § 9 Rn. 17.

[202] *M. Wehr*, Examens-Repetitorium Polizeirecht: Allgemeines Gefahrenabwehrrecht, 5. Aufl. 2023, § 4 Rn. 178; *W.-R. Schenke*, PolR, § 4 Rn. 315; BeckOK PolR Bayern/*J. F. Lindner*, PAG Art. 7 Rn. 25.

[203] *M. Wehr*, Examens-Repetitorium Polizeirecht: Allgemeines Gefahrenabwehrrecht, 5. Aufl. 2023, § 4 Rn. 178; *T. Kingreen/R. Poscher*, Polizei- und Ordnungsrecht, 12. Aufl. 2022, § 9 Rn. 17; in der Aufarbeitung sehr präzise und überzeugend ist Lisken/Denninger/*M. Bäcker*, Handbuch des Polizeirechts, D. Rn. 146, der darlegt, dass sich die Verantwortlichkeit des Störers eigentlich auf den durch die Gefahr verursachten oder drohenden Schaden bezieht.

[204] Lisken/Denninger/*M. Bäcker*, Handbuch des Polizeirechts, D. Rn. 149, 160; BeckOK PolR Bayern/*J. F. Lindner*, PAG Art. 7 Rn. 26; *W.-R. Schenke*, PolR, § 4 Rn. 315.

Sinne verantwortlich sein kann.[205] Für den Fall eines nicht gegen Rechtspflichten verstoßenden, aber auch nicht explizit erlaubten Verhaltens ist die Feststellung der sicherheitsrechtlichen Verantwortlichkeit anhand eines pauschal gültigen Kriteriums hingegen nicht möglich.[206] Vielmehr sind die Kriterien für die Zurechnung von schädlichen Folgen nicht bereits für sich genommen rechtswidriger Handlungen wiederum anderen Rechtsnormen außerhalb des Polizei- und Ordnungsrechts zu entnehmen.[207]

(b) Geht von einem neu errichteten oder baulich veränderten Gebäude eine sicherheitsrechtliche Gefahr für Leben, Gesundheit oder Sachwerte, deren Erhaltung im öffentlichen Interesse geboten erscheint, in der oben bereits beschriebenen Art und Weise aus, da durch die Baumaßnahmen beispielsweise die Standsicherheit des Gebäudes beeinträchtigt wird, fußt diese Gefahr zugleich auf einer Pflichtverletzung. So besteht nach Art. 10 S. 1 BayBO die Pflicht, die Standsicherheit eines Gebäudes zu gewährleisten.[208] Diese Pflicht besteht nach Art. 10 S. 2 BayBO nicht nur nach der Fertigstellung eines Gebäudes, sondern auch bei dessen Errichtung oder Änderung, also während der Bauphase.[209] Die aus Art. 10 S. 1 und 2 BayBO folgende Pflicht gibt dabei vor, dass das Gebäude im Ganzen wie auch in seinen einzelnen Teilen allen voraussichtlich von außen einwirkenden oder in ihm auftretenden Kräften standhalten muss.[210] Die Verletzung dieser Pflicht führt für den zu ihrer Einhaltung Verpflichteten sogleich zur Zurechnung der aus der Pflichtverletzung resultierenden Gefahren, sofern die Abwendung dieser Gefahren vom Schutzzweck der verletzten Pflicht erfasst ist.[211] Die Pflicht zur Gewährleistung der Standsicherheit eines Gebäudes nach Art. 10 S. 1 und 2 BayBO dient gerade dem Schutz vor Gefahren die durch ein nicht standsicheres Gebäude für die Gesundheit und das Leben von deren Nutzern, für Nachbarn und die Allgemeinheit, aber auch für Sachwerte, wie das

---

[205] Lisken/Denninger/*M. Bäcker*, Handbuch des Polizeirechts, D. Rn. 160; *M. Wehr*, Examens-Repetitorium Polizeirecht: Allgemeines Gefahrenabwehrrecht, 5. Aufl. 2023, § 4 Rn. 180; *W.-R. Schenke*, PolR, § 4 Rn. 315.

[206] Ausführlich dazu Lisken/Denninger/*M. Bäcker*, Handbuch des Polizeirechts, D. Rn. 162, der hier auch auf *T. Kingreen/R. Poscher*, Polizei- und Ordnungsrecht, 12. Aufl. 2022, § 9 Rn. 21 verweist.

[207] Lisken/Denninger/*M. Bäcker*, Handbuch des Polizeirechts, D. Rn. 162 f.; *T. Kingreen/R. Poscher*, Polizei- und Ordnungsrecht, 12. Aufl. 2022, § 9 Rn. 21.

[208] VGH München, Beschl. v. 06.11.2020, 15 C 20.2229, BeckRS 2020, 30385 Rn. 36; BeckOK BauordnungsR Bayern/*T. Voigt*, BayBO Art. 10 Rn. 10 ff.; PdK Bayern BayBO/*H. Jäde*, BayBO Art. 10, 2.

[209] Schwarzer/König/*C. Schiebel*, BayBO Art. 10 Rn. 13; BeckOK BauordnungsR Bayern/*T. Voigt*, BayBO Art. 10 Rn. 16; Busse/Kraus/*J. Nolte/J. Thum*, BayBO Art. 10 Rn. 6.

[210] Schwarzer/König/*C. Schiebel*, BayBO Art. 10 Rn. 1; mit ausführlicherer Darstellung BeckOK BauordnungsR Bayern/*T. Voigt*, BayBO Art. 10 Rn. 11 ff.; Busse/Kraus/*J. Nolte/J. Thum*, BayBO Art. 10 Rn. 3 ff.

[211] Lisken/Denninger/*M. Bäcker*, Handbuch des Polizeirechts, D. Rn. 158; *M. Wehr*, Examens-Repetitorium Polizeirecht: Allgemeines Gefahrenabwehrrecht, 5. Aufl. 2023, § 4 Rn. 179, 174.

Gebäude selbst, ausgehen.[212] Verantwortlich für die Einhaltung dieser Pflicht sind während der Bauphase[213] die oben bereits angeführten, nach den Art. 49 ff. BayBO am Bau Beteiligten, also der Bauherr nach Art. 50 BayBO, der Entwurfsverfasser bzw. Fachplaner nach Art. 51 Abs. 1 und 2 BayBO und der Bauunternehmer nach Art. 52 BayBO.[214] Somit kommen während der Errichtung oder baulichen Veränderung eines (dadurch) in der Standsicherheit beeinträchtigten Gebäudes, dessen Abriss wegen der davon ausgehenden Gefahren für Leben, Gesundheit oder im öffentlichen Interesse zu erhaltender Sachwerte gemäß Art. 7 Abs. 2 Nr. 3 LStVG angeordnet werden soll, als im Sinne des Art. 9 Abs. 1 LStVG durch Ihr Verhalten verantwortliche Adressaten der Abrissverfügung die nach Art. 49 ff. BayBO am Bau Beteiligten in Betracht.

Die am Bau Beteiligten könnten aber möglicherweise dann nicht als Handlungsstörer herangezogen werden, wenn das die sicherheitsrechtliche Gefahr auslösende Bauverhalten die Wahrnehmung einer durch die Rechtsordnung eingeräumten Erlaubnis darstellt. Wie bereits ausgeführt, scheidet eine Verantwortlichkeit als Verhaltensstörer dann aus, wenn der Handelnde lediglich ein ihm zustehendes Recht wahrnimmt, beispielsweise weil sein Verhalten förmlich genehmigt ist.[215] Wie weit das eingeräumte Recht und damit der Ausschluss der Verantwortlichkeit reicht, ist dabei durch Auslegung der jeweiligen Regelung zu ermitteln.[216] Bei Baumaßnahmen kommt eine solche förmliche Genehmigung des Verhaltens in der Form einer Baugenehmigung in Betracht. Die Baugenehmigung im Sinne des Art. 68 BayBO stellt dabei eine „beschränkte öffentlich-rechtliche Unbedenklichkeitsbescheinigung“[217] dar, die neben der Gestattung des Bauvorhabens durch die Aufhebung des aus Art. 55 Abs. 1 BayBO folgenden präventiven Bauverbotes[218] auch die Feststellung enthält, dass das Bauvorhaben nicht im Widerspruch zu im bauaufsichtlichen Verfahren zu prüfenden öffentlich-rechtlichen Vorschriften steht.[219] Selbst wenn die Bauaufsichtsbehörde bei der Genehmigung des Bauvorhabens dann

---

[212] VG Augsburg, Urt. v. 07.05.2015, Au 5 K 14.1423, BeckRS 2015, 46468 Rn. 39; Busse/Kraus/*J. Nolte*/*J. Thum*, BayBO Art. 10 Rn. 1; BeckOK BauordnungsR Bayern/*T. Voigt*, BayBO Art. 10 Rn. 1, 6.

[213] Nach der Bauphase kommt eine Verhaltensverantwortlichkeit durch Unterlassen notwendiger Instandhaltungsarbeiten zur Aufrechterhaltung der Standsicherheit des Gebäudes in Betracht, worauf im weiteren Verlauf noch eingegangen werden wird.

[214] VG Ansbach, Beschl. v. 16.09.2011, AN 18 S 11.01254, juris (Rn. 40); BeckOK BauordnungsR Bayern/*T. Voigt*, BayBO Art. 10 Rn. 5.

[215] Siehe oben Kapitel 2, § 2 A. III. u. vgl. insbesondere *W.-R. Schenke*, PolR, § 4 Rn. 315; Lisken/Denninger/*M. Bäcker*, Handbuch des Polizeirechts, D. Rn. 160.

[216] Lisken/Denninger/*M. Bäcker*, Handbuch des Polizeirechts, D. Rn. 160.

[217] BeckOK BauordnungsR Bayern/*J. Greim-Diroll*, BayBO Art. 68 Rn. 1.

[218] BeckOK BauordnungsR Bayern/*M. Robl*, BayBO Art. 55 Rn. 1; Busse/Kraus/*A. Decker*, BayBO Art. 68 Rn. 36; Schwarzer/König/*H.-D. Laser*, BayBO Art. 68 Rn. 7.

[219] BeckOK BauordnungsR Bayern/*J. Greim-Diroll*, BayBO Art. 68 Rn. 1, 4 f.; Busse/Kraus/*A. Decker*, BayBO Art. 68 Rn. 26; Schwarzer/König/*H.-D. Laser*, BayBO Art. 68 Rn. 6.

zu Unrecht von der Vereinbarkeit des Bauvorhabens mit den geprüften Vorschriften ausgeht, legalisiert die Baugenehmigung deren Verletzung, da die Vereinbarkeit des Bauvorhabens mit den Vorschriften des bauaufsichtlichen Prüfprogrammes während der Wirksamkeit der Baugenehmigung nicht mehr in Frage gestellt werden kann.[220] Diese Feststellungswirkung der Baugenehmigung geht aber eben nur so weit, wie das der Erteilung der Baugenehmigung zugrundeliegende Prüfprogramm nach Artt. 59 und 60 BayBO reicht.[221]

Dabei ist zu sehen, dass im Rahmen des vereinfachten Baugenehmigungsverfahrens nach Art. 59 BayBO die Standsicherheit eines Gebäudes im Sinne des Art. 10 BayBO nicht mit zum Prüfprogramm gehört.[222] Lediglich im Rahmen des Baugenehmigungsverfahrens nach Art. 60 BayBO, das bei Sonderbauten im Sinne des Art. 2 Abs. 4 BayBO durchzuführen ist, wird die Standsicherheit des Gebäudes in bestimmten Konstellationen mit vom Prüfumfang erfasst.[223] Nach Art. 60 S. 1 Nr. 2 BayBO zählen die Anforderungen der BayBO und der aufgrund der BayBO erlassenen Vorschriften zum Prüfprogramm dieses Baugenehmigungsverfahrens, wovon grundsätzlich auch die Vorgaben hinsichtlich der Standsicherheit nach Art. 10 BayBO mit umfasst wären.

Jedoch wird das umfassende Prüfprogramm nach Art. 60 S. 1 Nr. 2 BayBO durch Art. 60 S. 2 i. V. m. Artt. 62 bis 62b BayBO teilweise eingeschränkt.[224] So gibt Art. 62 Abs. 1 S. 1 Hs. 1 BayBO vor, dass bei genehmigungspflichtigen Vorhaben unter anderem die Einhaltung der Anforderungen an die Standsicherheit nach Art. 10 BayBO nach Maßgabe einer auf Grundlage des Art. 80 Abs. 4 BayBO erlassenen Verordnung nachzuweisen ist (bautechnische Nachweise). Dabei ergibt sich wiederum aus Artt. 62 Abs. 2 und Abs. 3, 62a BayBO, welche Personen bzw. Institutionen die erforderlichen bautechnischen Nachweise zu erstellen haben.[225] Schließlich regelt Art. 62a Abs. 2 S. 2 BayBO für den Bereich der Standsicherheit, dass aber nur für bestimme bauliche Anlagen auch tatsächlich eine Prüfung dieses Standsicherheitsnachweises durch die Bauaufsichtsbehörden vorgesehen ist und

---

[220] Becker/Heckmann/Kempen/Manssen/*G. Manssen*, Öffentliches Recht in Bayern, 4. Teil D. Rn. 492 f.; *F. Stollmann/G. Beaucamp*, Öffentliches Baurecht, 13. Aufl. 2022, § 18 Rn. 50.

[221] BeckOK BauordnungsR Bayern/*J. Greim-Diroll*, BayBO Art. 68 Rn. 5; Busse/Kraus/*A. Decker*, BayBO Art. 68 Rn. 27; Becker/Heckmann/Kempen/Manssen/*G. Manssen*, Öffentliches Recht in Bayern, 4. Teil D. Rn. 494 f.

[222] VG Regensburg, Urt. v. 24. 11. 2020, RN 6 K 20.92, BeckRS 2020, 50652, Rn. 44; VG München, Urt. v. 14. 11. 2017, M 1 K 16.3688, BeckRS 2017, 143729, Rn. 30; Busse/Kraus/*S. Wolf*, BayBO Art. 59 Rn. 14, 82 ff.

[223] BeckOK BauordnungsR Bayern/*M. Robl*, BayBO Art. 60 Rn. 8; Busse/Kraus/*A. Lechner/J. Busse*, BayBO Art. 60 Rn. 10, 12.

[224] BeckOK BauordnungsR Bayern/*M. Robl*, BayBO Art. 60 Rn. 8; Busse/Kraus/*A. Lechner/J. Busse*, BayBO Art. 60 Rn. 12; PdK Bayern BayBO/*H. Jäde*, BayBO Art. 60, 2.2.

[225] BeckOK BauordnungsR Bayern/*M. Robl*, BayBO Art. 60 Rn. 8; Busse/Kraus/*A. Lechner/J. Busse*, BayBO Art. 60 Rn. 12.

gemäß Art. 62a Abs. 2 S. 4 BayBO im Übrigen keine Überprüfung der Standsicherheitsnachweise durch die Bauaufsichtsbehörden stattfindet.[226]

Damit wird die Überprüfung der Standsicherheit eines Gebäudes gemäß Art. 10 BayBO durch die Bauaufsichtsbehörden im Rahmen eines Baugenehmigungsverfahrens nur für Sonderbauten im Sinne des Art. 62a Abs. 2 S. 2 BayBO und damit nur in speziellen Ausnahmefällen geleistet. Dies wiederum führt dazu, dass auch die Feststellungswirkung einer gegebenenfalls erlassenen Baugenehmigung nur hinsichtlich dieser bestimmten Sonderbauten die Erfüllung der Anforderungen an die Standsicherheit des genehmigten Gebäudes mit umfasst. Damit führt nur die Feststellungswirkung einer solchen Baugenehmigung – auch bei einer tatsächlichen Nichtvereinbarkeit des Bauvorhabens mit den geprüften Anforderungen an die Standsicherheit – zu einer Legalisierung von Baumaßnahmen, die die Vorgaben an die Standsicherheit des Bauvorhabens verletzen.

Betrachtet man also wiederum den Fall der Errichtung oder baulichen Veränderung eines (dadurch) in der Standsicherheit beeinträchtigten Gebäudes, kann es sich nur in Ausnahmesituationen – bei Vorliegen bestimmter Sonderbauten – so verhalten, dass eine für das Bauvorhaben erteilte Baugenehmigung zur Legalisierung eines Verstoßes gegen die Anforderungen an die Standsicherheit des Gebäudes nach Art. 10 BayBO führt. Damit würden die während der Bauphase für das Bauvorhaben verantwortlichen, nach Art. 49 ff. BayBO am Bau Beteiligten auch nur in dieser Konstellation bei einem Verstoß gegen Art. 10 BayBO auf Grundlage einer förmlichen Genehmigung und damit in Wahrnehmung ihnen zustehender Rechte handeln, sodass nur in eine solche Ausnahmekonstellation ihre Handlungsstörereigenschaft entfallen würde.

Dies gilt darüber hinaus auch nur unter der Einschränkung, dass durch den (hergestellten) Gebäudezustand gerade keine erheblichen Gefahren für Leben und Gesundheit, insbesondere im Sinne des Art. 54 Abs. 4 BayBO, verursacht werden. Anderenfalls würde die – ohnehin nur in wenigen Ausnahmefällen – durch die Baugenehmigung vermittelte Legalisierungswirkung wiederum unter Rückgriff auf Art. 54 Abs. 4 BayBO eingeschränkt bzw. durchbrochen werden, was oben bereits ausführlich dargestellt wurde.[227] Beachtet man, dass bereits der Tatbestand des Art. 7 Abs. 2 Nr. 3 LStVG als Rechtsgrundlage der auf das allgemeine Sicherheitsrecht gestützten Abrissverfügung ohnehin eine Gefahr für Leben, Gesundheit, die Freiheit von Menschen oder Sachwerte, deren Erhaltung im öffentlichen Interesse geboten erscheint, voraussetzt, ist für das Eingreifen einer möglichen Legalisierungswirkung der Baugenehmigung nur wenig Raum. So könnte diese Legalisierungswirkung

---

[226] BeckOK BauordnungsR Bayern/*M. Robl*, BayBO Art. 60 Rn. 8; Busse/Kraus/*A. Lechner/J. Busse*, BayBO Art. 60 Rn. 12; Schwarzer/König/*C. Schiebel*, BayBO Art. 62a Rn. 6 ff. i. V. m. Gesetzentwurf der Staatsregierung zur Änderung der Bayerischen Bauordnung und weiterer Rechtsvorschriften vom 06. 04. 2018, Drucksache 17/21574 des Bayerischen Landtages, S. 18, zu Nr. 20 (Art. 62 bis 62b).

[227] Siehe oben Kapitel 2, § 2 A. III.

lediglich dann zum Tragen kommen, sofern zwar eine die Tatbestandsvoraussetzungen des Art. 7 Abs. 2 Nr. 3 LStVG erfüllende Gefahr für Leben, Gesundheit, die Freiheit von Menschen oder Sachwerte, deren Erhaltung im öffentlichen Interesse geboten erscheint, vorliegt, diese Gefahr aber nicht zugleich eine erhebliche Gefahr für Leben und Gesundheit im Sinne des Art. 54 Abs. 4 BayBO darstellt. Sofern man die Ansicht vertritt, dass losgelöst von der Regelung des Art. 54 Abs. 4 BayBO, ganz allgemein die Verursachung unmittelbar drohender gemeinwohlwidriger Gefahren durch die Legalisierungswirkung einer Genehmigung rechtlich nicht gedeckt ist,[228] käme man beim Vorliegen der Tatbestandsvoraussetzungen des Art. 7 Abs. 2 Nr. 3 LStVG beispielsweise aufgrund des Zustandes eines Gebäudes regelmäßig zu keiner diesen Gebäudezustand legalisierenden Wirkung einer etwaigen Baugenehmigung.

Für den Fall, dass das Handeln der nach Art. 49 ff. BayBO am Bau Beteiligten bei einem Verstoß gegen Art. 10 BayBO tatsächlich aufgrund einer Baugenehmigung legalisiert sein sollte, bleibt dann nur noch die Möglichkeit, diese als Nichtstörer im Sinne des Art. 9 Abs. 3 LStVG in Anspruch zu nehmen.[229]

(c) Wird ein Bauwerk in rechtswidriger Weise, beispielsweise durch eine Sachbeschädigung nach § 303 StGB oder eine Brandstiftung nach den §§ 306 ff. StGB dergestalt geschädigt, dass von ihm eine Gefahr im Sinne des Art. 7 Abs. 2 Nr. 3 LStVG ausgeht, ist der Schädiger bzw. Brandstifter regelmäßig Handlungsstörer im Sinne des Art. 9 Abs. 1 LStVG. Dabei ist zu beachten, dass für die Handlungsstöreigenschaft nach Art. 9 Abs. 1 LStVG das Verschulden des Handelnden irrelevant ist, wie sich bereits aus Nr. 9.2 der VollzBekLStVG im Hinblick auf die Regelung des Art. 9 Abs. 1 LStVG ergibt. Es ist auch unerheblich, ob es sich bei der rechtswidrigen Handlung um eine Vorsatz- oder Fahrlässigkeitstat handelt.[230] Deshalb ist auch im Falle einer fahrlässigen Brandstiftung nach § 306d StGB eine sicherheitsrechtliche Verantwortlichkeit des Täters für den durch seine Handlung verursachten Gefahrenzustand gegeben.

Allerdings ist zu sehen, dass die fahrlässige Beschädigung von Sachen nur in Sonderfällen, unter anderem der Fall der fahrlässigen Brandstiftung nach § 306d StGB, überhaupt strafbar ist.[231] Liegt kein solcher Sondertatbestand vor, ist eine fahrlässig verursachte Sachbeschädigung strafrechtlich nicht relevant. Dies führt aber nicht dazu, dass eine sicherheitsrechtliche Gefahrenlage, die auf einer fahrlässigen Sachbeschädigung an einem Gebäude fußt, dem Schädiger nicht sicherheitsrechtlich zurechenbar wäre. Wie bereits ausgeführt, ist bei der wertenden Zurechnung von Gefahren die Rechtsordnung außerhalb des Polizei- und Ordnungs-

---

[228] Siehe oben Kapitel 2, § 2 A. III. u. vgl. insbesondere BVerwG, Urt. v. 02.12.1977, IV C 75/75 (Münster), NJW 1978, 1818.

[229] BeckOK PolR Bayern/*J. F. Lindner*, PAG Art. 7 Rn. 26.1; Lisken/Denninger/*M. Bäcker*, Handbuch des Polizeirechts, D. Rn. 160; *T. Kingreen/R. Poscher*, Polizei- und Ordnungsrecht, 12. Aufl. 2022, § 9 Rn. 20.

[230] BeckOK PolR Bayern/*J. F. Lindner*, LStVG Art. 9 Rn. 29, PAG Art. 7 Rn. 20.

[231] *M. Ladiges*, JuS 2018, 657 (661).

rechts einzubeziehen.[232] Dabei sind unerwünschte Handlungsfolgen dem Handelnden insbesondere dann sicherheitsrechtlich zuzurechnen, wenn eine Rechtsnorm den Handelnden zur Kompensation für diese Handlungsfolgen oder zu deren Beseitigung verpflichtet.[233] Im Falle einer fahrlässigen Sachbeschädigung folgt eine solche Folgenbeseitigungs- bzw. Kompensationspflicht etwa aus § 823 Abs. 1 BGB. Demnach hat auch derjenige, der das Eigentum eines anderen an einem Gebäude fahrlässig schädigt, dem Eigentümer den daraus entstehenden Schaden zu ersetzen.[234] Im Ergebnis führt also sowohl die vorsätzliche, wie auch die fahrlässige Schädigung eines Gebäudes, die eine aus dem veränderten Gebäudezustand resultierende, sicherheitsrechtliche Gefahrenlage nach sich zieht, zu einer sicherheitsrechtlichen Verantwortlichkeit des Schädigers für diese Gefahrenlage.

(d) Letztlich kann Handlungsstörer im Sinne des Art. 9 Abs. 1 LStVG auch sein, wer eine Handlung vornehmen müsste, diese aber unterlässt und dadurch eine Gefahr hervorruft.[235] Gerade im Falle eines einsturzgefährdeten Gebäudes, bei dem auch an eine Zustandsstörerhaftung zu denken ist,[236] muss beachtet werden, dass sich diese Handlungspflicht gerade nicht allein daraus ergeben darf, dass eine die Zustandsverantwortlichkeit auslösende, vom Gebäude ausgehende Gefahr nicht beseitig wird, da andernfalls die gesetzlich vorgegebene Trennung von Zustands- und Handlungsverantwortlichkeit verwischt würde.[237] Es besteht vielmehr die Möglichkeit, dass eine Person neben ihrer Zustandsstörereigenschaft auch Handlungsstörer ist, da sie beispielsweise durch die Verletzung einer ihr obliegenden Verkehrssicherungspflicht eine Gefahr verursacht hat, die von ihrem Gebäude ausgeht.[238] Die entsprechende Handlungspflicht kann sich dabei sowohl aus öffentlich-rechtlichen, straf- wie auch zivilrechtlichen Vorschriften ergeben.[239] Bei einem einsturzgefährdeten

---

[232] Lisken/Denninger/*M. Bäcker*, Handbuch des Polizeirechts, D. Rn. 162 f.; *T. Kingreen/ R. Poscher*, Polizei- und Ordnungsrecht, 12. Aufl. 2022, § 9 Rn. 21.

[233] Lisken/Denninger/*M. Bäcker*, Handbuch des Polizeirechts, D. Rn. 162.

[234] Für viele: Jauernig/*C. Kern*, BGB § 823 Rn. 7, 57, 62.

[235] BeckOK PolR Bayern/*J. F. Lindner*, LStVG Art. 9 Rn. 29, PAG Art. 7 Rn. 29 ff.; *T. Kingreen/R. Poscher*, Polizei- und Ordnungsrecht, 12. Aufl. 2022, § 9 Rn. 6; Schmidbauer/ Steiner/*U. Steiner*, PAG Art. 7 Rn. 7.

[236] Siehe Kapitel 2, § 2 A. IV. 1. b) aa) (3).

[237] BeckOK PolR Bayern/*J. F. Lindner*, PAG Art. 7 Rn. 30.1.

[238] VGH München, Beschl. v. 26.09.1995, 21 B 95.1527, BeckRS 1995, 09836; VGH München, Beschl. v. 04.03.1997, 24 CS 96.3366, juris; BeckOK PolR Bayern/*J. F. Lindner*, PAG Art. 7 Rn. 30.1; Schmidbauer/Steiner/*U. Steiner*, PAG Art. 7 Rn. 1; Lisken/Denninger/ *K. Graulich*, Handbuch des Polizeirechts, E. Rn. 112; es wird in diesen Konstellationen von „Doppelstörern" gesprochen.

[239] *W.-R. Schenke*, PolR, § 4 Rn. 311; *T. Kingreen/R. Poscher*, Polizei- und Ordnungsrecht, 12. Aufl. 2022, § 9 Rn. 6; BeckOK PolR Bayern/*J. F. Lindner*, PAG Art. 7 Rn. 30; Becker/ Heckmann/Kempen/Manssen/*D. Heckmann*, Öffentliches Recht in Bayern, 3. Teil C. Rn. 172, worin insbesondere die sicherheitsrechtliche Relevanz der zivilrechtlichen Verkehrssicherungspflichten hervorgehoben wird, da diese gerade nicht dem Schutz bestimmter privater Rechte, sondern vielmehr der Abwehr von Gefahren für einen unbekannten Personenkreis

Gebäude könnte deshalb etwa die für den Grundstückseigentümer bzw. -besitzer aus § 823 Abs. 1 BGB und § 836 Abs. 1 BGB folgende Verkehrssicherungspflicht verletzt worden sein, wodurch der Handlungspflichtige dann zum Verursacher der vom einsturzgefährdeten Gebäude ausgehenden Gefahr werden würde, mithin also zum Handlungsstörer. Bei der Vorschrift des § 823 Abs. 1 BGB wird eine allgemeine Verkehrssicherungspflicht mit den sogleich noch zu behandelnden Voraussetzungen verortet, die sich unter anderem auch auf Grundstücke und Gebäude bezieht.[240] Demgegenüber regelt die Vorschrift des § 836 Abs. 1 BGB einen Sonderfall dieser allgemeinen Verkehrssicherungspflicht im Hinblick auf spezifische Gebäudegefahren, insbesondere durch Stabilitäts- und Konstruktionsmängel.[241] Da diese sich aus §§ 823 Abs. 1 und 836 Abs. 1 BGB ergebenden Verpflichtungen nebeneinander stehen, sollen sie nachfolgend bezogen auf die Standsicherheit von Gebäude getrennt voneinander betrachtet werden.[242]

In ihrer ursprünglichen Bedeutung besteht eine Verkehrssicherungspflicht im Sinne des § 823 Abs. 1 BGB für denjenigen, der eine von ihm zu verantwortende Gefahrenquelle dem Verkehr für andere eröffnet und deshalb dafür Sorge tragen muss, dass dadurch niemand zu Schaden kommt.[243] In Fortsetzung dieses aus reichsgerichtlicher Rechtsprechung stammenden Institutes wird heute eine allgemeine Verkehrssicherungspflicht dergestalt angenommen, dass derjenige, der in seinem Verantwortungsbereich eine Gefahrenlage für Dritte schafft oder andauern lässt, Rücksicht auf diese Gefährdung zu nehmen hat und deshalb verpflichtet ist, die Vorkehrungen zu treffen, die erforderlich und ihm zumutbar sind, um die Schädigung Dritter möglichst zu vermeiden.[244] Bezogen auf eine gegenständliche Gefahrenquelle ist deshalb der Sachhalter verpflichtet, unter billiger Rücksichtnahme auf die Interessen anderer Schädigungen zu verhüten, die durch den Gegenstand verursacht werden könnten.[245] Die rechtlich gebotene Verkehrssicherung umfasst dabei diejenigen Maßnahmen, die ein umsichtiger und verständiger, in vernünftigen Grenzen vorsichtiger Mensch für notwendig und ausreichend hält, um andere vor Schäden zu

---

dienen; a. A. OVG Nordrhein-Westfalen, Beschl. v. 09.02.1979, IV A 1251/77, NJW 1979, 2266.

240 Staudinger/*J. Hager*, Buch 2 (§§ 823 E–I, 824, 825 BGB), BGB § 823 E Rn. 190 ff.; BeckOK BGB/*C. Förster*, BGB § 823 Rn. 450 ff.; Herberger/Martinek/Rüßmann/Weth/Würdinger/*J. Lange/K. Hansen*, § 823 Abs. 1 BGB Rn. 87 ff.

241 BeckOK BGB/*G. Spindler/C. Förster*, BGB § 836 Rn. 1; MüKoBGB Band 7/*G. Wagner*, BGB § 836 Rn. 2; Geigel Haftpflichtprozess/*F. Bernau*, Kap. 19 Rn. 2.

242 OLG Stuttgart, Urt. v. 28.04.2009, 6 U 56/08, NJW-RR 2010, 451; OLG Saarbrücken, Urt. v. 09.05.2006, 4 U 175/05, NJW-RR 2006, 1255; MüKoBGB Band 7/*G. Wagner*, BGB § 836 Rn. 35.

243 RG, Urt. v. 23.02.1903, VI 349/02, RGZ 54, 53, 57 ff.; BeckOK BGB/*C. Förster*, BGB § 823 Rn. 293; Schulze/*A. Staudinger*, BGB § 823 Rn. 60.

244 BGH, Urt. v. 19.01.2021, VI ZR 194/18, NJW 2021, 1090; BeckOK BGB/*C. Förster*, BGB § 823 Rn. 294; Grüneberg/*H. Sprau*, BGB § 823 Rn. 46.

245 BGH, Urt. v. 21.01.1958, VI ZR 306/56 (Nürnberg), NJW 1958, 627; MüKoBGB Band 7/*G. Wagner*, BGB § 823 Rn. 509; BeckOK BGB/*C. Förster*, BGB § 823 Rn. 450.

bewahren.[246] Hierzu hat der Verpflichtete gegebenenfalls entsprechende Sicherungsmaßnahmen zu ergreifen, was unter anderem davon abhängt, wie groß eine drohende Gefahr ist, gemessen an der Wahrscheinlichkeit eines Schadenseintritts, der Bedeutung der bedrohten Rechtsgüter und dem zu erwartenden Ausmaß des drohenden Schadens.[247] Ob und in welchem Umfang Sicherungsmaßnahmen vorgenommen werden müssen, ist dabei letztlich vom jeweiligen Einzelfall abhängig.[248] Darüber hinaus kommt es zur Bestimmung etwaiger Sicherungspflichten speziell in Konstellationen, in denen es um die Einsturzgefahr von Gebäuden geht, häufig zu einem unmittelbaren Rückgriff auf die Vorgaben der Spezialvorschrift des § 836 BGB, auf die nachfolgend auch noch eingegangen wird.[249] Sofern aber die Standfestigkeit eines Gebäudes oder die feste Verbauung von dessen Bestandteilen wegen seiner Nutzung und Lage maßgeblich für die Sicherheit von Leben und Gesundheit anderer Menschen sowie die Unversehrtheit von Sachwerten – beispielsweise die umliegende Bebauung – ist, obliegt es dem Verkehrssicherungspflichtigen bereits unmittelbar nach den zu § 823 Abs. 1 BGB entwickelten Grundsätzen der allgemeinen Verkehrssicherungspflicht, entsprechende Maßnahmen zur Aufrechterhaltung oder Absicherung der Standfestigkeit des Gebäudes bzw. der festen Verbauung von dessen Bestandteilen vorzunehmen, um die sonst drohende Verletzung besonders bedeutender Rechtsgüter oder die Verursachung von enormen Sachschäden zu verhindern.[250] Hierzu gehören beispielsweise das Abtragen einsturzgefährdeter Gebäudeteile, die zusätzliche Stabilisierung loser Gebäudebestandteile und allem voran die regelmäßige Überprüfung des Gebäudes hinsichtlich seiner Schadhaftigkeit bzw. Standsicherheit.[251]

---

[246] BGH, Urt. v. 02.10.2012, VI ZR 311/11 (OLG Saarbrücken), NJW 2013, 48 m.w.N.; MüKoBGB Band 7/*G. Wagner*, BGB § 823 Rn. 527; Geigel Haftpflichtprozess/*W. Wellner*, Kap. 14 Rn. 28.

[247] OLG Stuttgart, Urt. v. 05.08.1998, 4 U 73/97, BeckRS 2003, 5834 Rn. 36; weiterführend *C. Förster*, JA 2017, 721 (722), u. JA 2019, 1 ff. sowie BeckOK BGB/*C. Förster*, BGB § 823 Rn. 311; Staudinger/*J. Hager*, Buch 2 (§§ 823 E–I, 824, 825 BGB), BGB § 823 E Rn. E 27; Herberger/Martinek/Rüßmann/Weth/Würdinger/*J. Lange*/*K. Hansen*, § 823 Abs. 1 BGB Rn. 87 ff.

[248] OLG Köln, Urt. v. 05.02.2004, 12 U 112/03, BeckRS 2009, 19472; Geigel Haftpflichtprozess/*W. Wellner*, Kap. 14 Rn. 108; Herberger/Martinek/Rüßmann/Weth/Würdinger/*J. Lange*/*K. Hansen*, § 823 Abs. 1 BGB Rn. 87 ff.

[249] Beispielhaft OLG Frankfurt, Urt. v. 23.10.1947, 1 U 142/47, NJW 1947/48, 426; LG Koblenz, Urt. v. 02.12.2016, 3 O 404/14, BeckRS 2016, 125364; im Falle von Baugerüsten weist der BGH, Urt. v. 04.03.1997, VI ZR 51/96, KG, VersR 1997, 835 und BGH, Urt. v. 27.04.1999, VI ZR 174/98, VersR 1999, 1424 sogar explizit auf die vorrangige Anwendung des § 836 BGB hin.

[250] BGH, Urt. v. 11.02.1969, VI ZR 233/67 (Hamburg), VersR 1969, 517; BGH, Urt. v. 13.03.1952, III ZR 212/51KG28.04.1951, BeckRS 1952, 31206040; OLG Saarbrücken, Urt. v. 09.05.2006, 4 U 175/05, NJW-RR 2006, 1255; OLG Frankfurt, Urt. v. 23.10.1947, 1 U 142/47, NJW 1947/48, 426; Staudinger/*J. Hager*, Buch 2 (§§ 823 E–I, 824, 825 BGB), BGB § 823 E Rn. 213.

[251] BGH, Urt. v. 11.02.1969, VI ZR 233/67 (Hamburg), VersR 1969, 517; BGH, Urt. v. 13.03.1952, III ZR 212/51KG28.04.1951, BeckRS 1952, 31206040; OLG Saarbrücken, Urt.

Diese Sicherungspflicht obliegt dabei demjenigen, der die Herrschaft über den Gefahrenbereich ausübt, also die Bestimmungsgewalt über den Zutritt zum Gefahrenbereich innehat, was im Falle eines bebauten Grundstücks auf denjenigen zutrifft, der die Bestimmungsgewalt über den Zutritt zum gefahrverursachenden Grundstück bzw. Gebäude innehat.[252] Dies wird häufig der Eigentümer sein, der dann Sorge dafür tragen muss, dass niemand durch von seinem Grundstück oder von dem darauf errichteten Gebäude ausgehende Gefahren Schaden nimmt.[253] Hierbei ist allerdings zu sehen, dass gerade nicht das Eigentum das maßgebliche Kriterium für die Verkehrssicherungspflichtigkeit ist, sondern vielmehr an die Sachherrschaft angeknüpft wird.[254] Dies erklärt sich dadurch, dass der Sicherungspflichtige überhaupt die tatsächliche und rechtliche Möglichkeit zur Gefahrensteuerung haben muss, was nicht ohne Weiteres auf den Eigentümer, sondern vielmehr auf denjenigen zutrifft, der die tatsächliche Verfügungsgewalt über die Sache innehat.[255] Somit kann die Verkehrssicherungspflicht für ein Grundstück oder Gebäude also neben dem Eigentümer grundsätzlich auch beispielsweise dessen Mieter oder Pächter treffen.[256] Dies gilt insbesondere für Maßnahmen, die innerhalb der Mieträume vorzunehmen sind und die üblicherweise auch von den Mietern vorgenommen werden, da der Vermieter bzw. Eigentümer für vermietete Grundstücke und Räume nur in engen Grenzen ein Betretungsrecht bzw. eine damit verbundene Überprüfungsmöglichkeit hat.[257] Insbesondere wenn jemand ein Grundstück bzw. Gebäude im Ganzen mietet, hat dieser auch regelmäßig die darauf bezogenen Verkehrssicherungspflichten zu erfüllen.[258] Letztlich ist es vom jeweiligen Einzelfall und auch von den Regelungen

v. 09.05.2006, 4 U 175/05, NJW-RR 2006, 1255; Staudinger/*J. Hager*, Buch 2 (§§ 823 E–I, 824, 825 BGB), BGB § 823 E Rn. 213.

[252] BGH, Urt. v. 22.10.1974, VI ZR 142/73; OLG Düsseldorf vom 15.05.1973, BeckRS 1974, 30373399; BeckOK BGB/*C. Förster*, BGB § 823 Rn. 450.

[253] BeckOK BGB/*C. Förster*, BGB § 823 Rn. 450; Grüneberg/*H. Sprau*, BGB § 823 Rn. 48; MüKoBGB Band 7/*G. Wagner*, BGB § 823 Rn. 508, 768 ff.

[254] Grüneberg/*H. Sprau*, BGB § 823 Rn. 48; *C. Förster*, JA 2017, 721 ff.

[255] BGH, Urt. v. 22.10.1974, VI ZR 142/73; OLG Düsseldorf vom 15.05.1973, BeckRS 1974, 30373399; MüKoBGB Band 7/*G. Wagner*, BGB § 823 Rn. 573; *C. Förster*, JA 2017, 721 ff.

[256] BGH, Urt. v. 22.10.1974, VI ZR 142/73; OLG Düsseldorf vom 15.05.1973, BeckRS 1974, 30373399; BeckOK BGB/*C. Förster*, BGB § 823 Rn. 450; Grüneberg/*H. Sprau*, BGB § 823 Rn. 48.

[257] *M. J. Schmid*, VersR 2009, 906 ff. m.w.N.; daneben trifft einen Mieter oder Pächter auch die Verantwortlichkeit für das die Verkehrssicherheit eines Gebäudes beeinträchtigende eigene Handeln, OLG Koblenz, Urt. v. 25.02.1992, 3 U 1208/91, NJW-RR 1992, 797; MüKoBGB Band 7/*G. Wagner*, BGB § 823 Rn. 769; das Handeln eines Mieters oder Pächters, das die Verkehrssicherheit eines Gebäudes durch eine Beeinträchtigung von dessen Standsicherheit stört, wird aber regelmäßig mit einer bedeutenden Veränderung der Bausubstanz einhergehen und damit in sicherheitsrechtlicher Hinsicht bereits wie ein Sabotageakt oder eine Umbaumaßnahme zu behandeln sein.

[258] BGH, Urt. v. 22.10.1974, VI ZR 142/73; OLG Düsseldorf vom 15.05.1973, BeckRS 1974, 30373399; BGH, Urt. v. 28.04.1952, III ZR 118/51 (Celle), NJW 1952, 1050; *M. J. Schmid*, VersR 2009, 906 ff.; Hannemann/Wiegner/*M. Groll*, § 18 Rn. 27.

und Absprachen der Mietparteien abhängig, ob und in welchem Umfang einem Mieter Verkehrssicherungspflichten belasten.[259] Sofern eine eigene Verkehrssicherungspflicht von Mietern oder Pächtern vorliegt, bleibt daneben aber trotzdem regelmäßig die Verkehrssicherungspflicht des Eigentümers – speziell im Hinblick auf die vom Gebäude bzw. Grundstück ausgehenden Gefahren[260] – bestehen, die sich jedoch gegebenenfalls zu einer Kontroll- und Überwachungspflicht verengt.[261] Der Eigentümer muss auch gegebenenfalls gegen den Mieter oder Pächter vorgehen, wenn es dieser unterlässt, eine Gefahrenlage zu beseitigen.[262]

Speziell im Falle eines baufälligen Gebäudes sind neben der Regelung des § 823 Abs. 1 BGB aber insbesondere die Vorgaben des § 836 Abs. 1 und 3 BGB zu berücksichtigen. Aus dem Wortlaut des § 836 Abs. 1 BGB ergibt sich die Haftung des Eigenbesitzers eines bebauten Grundstückes für die Tötung, Gesundheitsschädigung oder Sachbeschädigung, welche durch den Einsturz des fehlerhaft errichteten oder mangelhaft unterhaltenen Gebäudes bzw. durch die Ablösung von Teilen desselben verursacht wird. Die Vorschrift regelt dabei, wie bereits erwähnt, einen Sonderfall der aus § 823 Abs. 1 BGB folgenden allgemeinen Verkehrssicherungspflicht und besitzt insbesondere durch die in ihr enthaltene Beweislastumkehr zu Gunsten des Geschädigten im Hinblick auf das Verschulden des Grundstücksbesitzers ihre besondere Relevanz.[263] Daneben gibt sie eine Unterhaltungspflicht des Grundstückbesitzers bezüglich des auf dem Grundstück befindlichen Gebäudes vor.[264] Diese Unterhaltungspflicht verlangt die regelmäßige Überprüfung des baulichen und technischen Zustandes des Gebäudes hinsichtlich aller Gefahren, mit denen nach allgemeiner Lebenserfahrung zu rechnen ist, sowie die Beseitigung von sicherheitsrelevanten Gebäudemängeln.[265] Die Intensität und Häufigkeit der Untersuchungspflicht richtet sich dabei nach den Umständen des Einzelfalls, insbesondere nach der Lage und Nutzung des Gebäudes, der Schadensanfälligkeit seiner Konstruktion und gegebenenfalls vorhandenen Vorschäden.[266] Darüber hinaus spielen gerade im Bereich der baulichen Sicherheit von Gebäuden Vorschriften des tech-

---

[259] Hannemann/Wiegner/*M. Groll*, § 18 Rn. 24 ff.; MüKoBGB Band 7/*G. Wagner*, BGB § 823 Rn. 769.

[260] BGH, Urt. v. 04. 10. 1988, VI ZR 7/88, BeckRS 2008, 16940; BGH, Urt. v. 02. 10. 1984, VI ZR 125/83 (Koblenz), VersR 1984, 1190; Grüneberg/*H. Sprau*, BGB § 823 Rn. 48; Staudinger/*J. Hager*, Buch 2 (§§ 823 E–I, 824, 825 BGB), BGB § 823 E Rn. 57.

[261] *H. R. Horst*, MDR 2000, 1161 ff.; MüKoBGB Band 7/*G. Wagner*, BGB § 823 Rn. 769.

[262] BGH, Urt. v. 28. 04. 1952, III ZR 118/51 (Celle), NJW 1952, 1050.

[263] Erman/*R. Wilhelmi*, BGB § 836 Rn. 1; MüKoBGB Band 7/*G. Wagner*, BGB § 836 Rn. 2; Herberger/Martinek/Rüßmann/Weth/Würdinger/*K. Moritz*, § 836 BGB Rn. 1 ff.

[264] BGH, Urt. v. 18. 06. 1968, VI ZR 153/67, juris; Staudinger/*F. Bernau*, Buch 2 (§§ 830–838 BGB), BGB § 836 Rn. 3; BeckOK BGB/*G. Spindler*/*C. Förster*, BGB § 836 Rn. 12.

[265] Grüneberg/*H. Sprau*, BGB § 836 Rn. 8 f., 14; MüKoBGB Band 7/*G. Wagner*, BGB § 836 Rn. 13; BeckOK BGB/*G. Spindler*/*C. Förster*, BGB § 836 Rn. 12.

[266] OLG Köln, Urt. v. 05. 02. 2004, Az.: 12 U 112/03, VersR 2005, 512; Grüneberg/*H. Sprau*, BGB § 836 Rn. 14.

nischen Sicherheitsrechts und private Industriestandards, beispielsweise DIN-Normen, eine große Rolle.[267]

Diese Unterhaltungspflicht wird dabei dem Eigenbesitzer auferlegt, was seinen Ursprung in der historischen Rechtslage zur Entstehungszeit des Bürgerlichen Gesetzbuches hat und sich unter anderem damit begründet, dass der Eigenbesitzer in der besten Lage zu sein scheint, die Einhaltung der Sicherungspflichten zu gewährleisten.[268] Darüber hinaus zieht der Eigenbesitzer, also derjenige, der eine Sache im Sinne des § 872 BGB als eigene besitzt,[269] wobei jedoch der mittelbare Besitz, beispielsweise als Vermieter oder Verpächter, ausreicht,[270] regelmäßig den Nutzen aus der Haltung der Sache, weshalb er auch die Kosten entsprechender Sicherheitsmaßnahmen tragen soll.[271] Da wiederum Mieter und Pächter – sofern sie den Vermieter bzw. Verpächter als Eigentümer anerkennen – nur Fremdbesitzer sind, die die Sache für einen anderen, respektive den Vermieter oder Verpächter bzw. Eigentümer, besitzen,[272] scheidet deren Verantwortlichkeit für Sicherungsmaßnahmen nach den speziellen Vorgaben des § 836 BGB grundsätzlich aus.[273] Etwas anderes gilt nur, sofern sie die Verpflichtung zur Unterhaltung des Mietobjekts übernommen haben und deshalb gemäß § 838 BGB wie Eigenbesitzer nach § 836 BGB dafür verantwortlich sind.[274] Eine derartige Übernahme muss dabei nicht durch Vertrag erfolgen, sondern es genügt dafür die faktische Übernahme der Verantwortung für das Gebäude und die Obhut für seinen ordnungsgemäßen baulichen Zustand mit dem auch nur konkludenten Einverständnis des primär Sicherungspflichtigen, also respektive des Eigenbesitzers.[275]

---

[267] MüKoBGB Band 7/*G. Wagner*, BGB § 823 Rn. 774; *C. Förster*, JA 2017, 721 (727); BeckOK BGB/*C. Förster*, BGB § 823 Rn. 345.

[268] Staudinger/*F. Bernau*, Buch 2 (§§ 830–838 BGB), BGB § 836 Rn. 70 ff. m. w. N.; MüKoBGB Band 7/*G. Wagner*, BGB § 823 Rn. 509, § 836 Rn. 28.

[269] *M. Wellenhofer*, Sachenrecht, 38. Aufl. 2023, § 4 Rn. 17; *W. Lüke*, Sachenrecht, 4. Aufl. 2018, § 2 Rn. 75; *J. F. Baur/R. Stürner*, Sachenrecht, 18. Aufl. 2009, § 7 Rn. 89.

[270] MüKoBGB Band 7/*G. Wagner*, BGB § 836 Rn. 31; Staudinger/*F. Bernau*, Buch 2 (§§ 830–838 BGB), BGB § 836 Rn. 78; Erman/*R. Wilhelmi*, BGB § 836 Rn. 8.

[271] MüKoBGB Band 7/*G. Wagner*, BGB § 836 Rn. 28; Erman/*R. Wilhelmi*, BGB § 823 Rn. 79a.

[272] *M. Wellenhofer*, Sachenrecht, 38. Aufl. 2023, § 4 Rn. 17; *J. F. Baur/R. Stürner*, Sachenrecht, 18. Aufl. 2009, § 7 Rn. 89 f.; Schulze/*H. Schulte-Nölke*, BGB § 872 Rn. 1.

[273] BGH, Urt. v. 19.06.1990, VI ZR 197/89, juris; Staudinger/*F. Bernau*, Buch 2 (§§ 830–838 BGB), BGB § 836 Rn. 79 m. w. N.; MüKoBGB Band 7/*G. Wagner*, BGB § 836 Rn. 31.

[274] BGH, Urt. v. 19.06.1990, VI ZR 197/89 (Hamm), NJW-RR 1990, 1423; MüKoBGB Band 7/*G. Wagner*, BGB § 836 Rn. 31, § 838 Rn. 6; Staudinger/*F. Bernau*, Buch 2 (§§ 830–838 BGB), BGB § 836 Rn. 100, § 838 Rn. 9.

[275] Staudinger/*F. Bernau*, Buch 2 (§§ 830–838 BGB), BGB § 838 Rn. 4; MüKoBGB Band 7/*G. Wagner*, BGB § 838 Rn. 5; BeckOK BGB/*G. Spindler/C. Förster*, BGB § 838 Rn. 3; umstritten, a. A. Herberger/Martinek/Rüßmann/Weth/Würdinger/*K. Moritz*, § 838 BGB Rn. 3.

Es lässt sich also festhalten, dass derjenige, der die Sachherrschaft über ein bebautes Grundstück ausübt, nach den Vorgaben des § 823 Abs. 1 BGB grundsätzlich dafür Sorge tragen muss, dass niemand durch Gefahren Schaden nimmt, die von dem auf dem Grundstück errichteten Gebäude ausgehen. Dafür hat er die zur Absicherung des Gebäudes notwendigen Maßnahmen zu treffen, was im Falle eines in der Standsicherheit beeinträchtigten Gebäudes beispielsweise das Abtragen einsturzgefährdeter Gebäudeteile, die zusätzliche Stabilisierung loser Gebäudebestandteile und die regelmäßige Überprüfung des Gebäudes hinsichtlich seiner Schadhaftigkeit bzw. Standsicherheit umfasst. Diese Sicherungspflicht wird häufig den die Sachherrschaft über das Grundstück bzw. Gebäude ausübenden Eigentümer treffen, kann aber abhängig vom Einzelfall, insbesondere wenn ein Grundstück bzw. Gebäude in Gänze an eine andere Person vermietet oder verpachtet ist, neben dem Eigentümer auch dem Mieter oder Pächter treffen.

Darüber hinaus ist speziell im Falle eines baufälligen Gebäudes noch die Sonderregelung des § 836 Abs. 1, 3 BGB besonders relevant. Diese gibt einem Grundstücksbesitzer für das auf seinem Grundstück befindliche Gebäude eine Unterhaltungspflicht vor, welche die regelmäßige Überprüfung des baulichen und technischen Zustandes des Gebäudes hinsichtlich aller nach allgemeiner Lebenserfahrung zu erwartenden Gefahren sowie die Beseitigung von sicherheitsrelevanten Gebäudemängeln verlangt. Diese Verpflichtung obliegt dabei grundsätzlich dem Eigenbesitzer des Grundstücks, was regelmäßig sein Eigentümer sein wird. Mieter oder Pächter wiederum sind im Einzelfall dann wie Eigenbesitzer nach § 836 BGB für die entsprechende Unterhaltung des Gebäudes verantwortlich, wenn sie die Verpflichtung dazu gemäß § 838 BGB übernommen haben.

Damit bestehen abhängig von der jeweiligen Fallkonstellation die vorstehend beschriebenen Handlungspflichten in Form von Sicherungspflichten sowohl für Eigentümer als auch Mieter bzw. Pächter von Gebäuden und halten sie dazu an, Gefahren zu verhindern, die von der Beschaffenheit ihres Gebäudes ausgehen können. Sofern diese zivilrechtlichen Verkehrssicherungspflichten nicht beachtet werden und sich deshalb eine Beeinträchtigung der Standsicherheit eines Gebäudes entwickelt oder es gar zu dessen Baufälligkeit kommt, dadurch wiederum wegen der Nutzung oder Lage des Gebäudes Gefahren für die Sicherheit von Leben und Gesundheit anderer Menschen sowie die Unversehrtheit von Sachwerten – wie beispielsweise die daran vorbei führenden öffentlichen Straßen –, deren Erhaltung im öffentlichen Interesse geboten erscheint, entstehen, liegt damit auch eine sicherheitsrechtliche Gefahr im Sinne des Art. 7 Abs. 2 Nr. 3 LStVG vor. Für die Entstehung dieser sicherheitsrechtlichen Gefahr sind dann diejenigen verantwortlich, die ihren Verkehrssicherungs- bzw. Handlungspflichten nicht nachgekommen sind, und deshalb – durch ihr Unterlassen trotz Handlungspflicht – Handlungsstörer nach Art. 9 Abs. 1 LStVG darstellen.

(2) Zwischenergebnis

Im Falle einer auf Art. 7 Abs. 2 Nr. 3 LStVG gestützten Abrissverfügung hinsichtlich eines in der Standsicherheit beeinträchtigten Gebäudes kommen, abhängig von der jeweiligen Sachverhaltslage, neben dem (Allein-)Eigentümer des Gebäudes auch etliche andere Personen in Frage, die den gefahrträchtigen Zustand des Gebäudes verursacht haben und damit als Verhaltensstörer nach Art. 9 Abs. 1 LStVG gelten. Diese Verhaltensstörer könnten wiederum als potenzielle Adressaten der Abrissverfügung in Betracht kommen, obwohl sie nicht als Alleineigentümer über das abzureißende Gebäude verfügungsberechtigt sind.

So ist bei der Errichtung oder beim Umbau eines dadurch in der Standsicherheit beeinträchtigten Gebäudes an die nach den Art. 49 ff. BayBO am Bau Beteiligten, also den Bauherren, den Entwurfsverfasser bzw. Fachplaner und den Bauunternehmer als im Sinne des Art. 9 Abs. 1 LStVG durch Ihr Verhalten verantwortliche Adressaten der Abrissverfügung zu denken. Diese sind während der Bauphase verantwortlich für die Einhaltung der Pflicht zur Gewährleistung der Standsicherheit eines Gebäudes nach Art. 10 S. 1 und 2 BayBO, die gerade dem Schutz vor Gefahren durch ein nicht standsicheres Gebäude für die Gesundheit und das Leben von Menschen wie auch für Sachwerte dient. Geht von einem neu errichteten oder baulich veränderten Gebäude aufgrund mangelnder Standsicherheit eine solche Gefahr aus, ist sie durch die Verletzung dieser Pflicht und damit sicherheitsrechtlich durch die am Bau Beteiligten verursacht.

Nur im Falle von bestimmten Sonderbauten, bei denen die Vorgaben hinsichtlich der Standsicherheit nach Art. 10 BayBO vom Prüfprogramm des Baugenehmigungsverfahrens mit umfasst sind, ist es denkbar, dass eine für das Bauvorhaben erteilte Baugenehmigung zur Legalisierung des Verstoßes gegen die Anforderungen an die Standsicherheit des Gebäudes nach Art. 10 BayBO führt, sodass die für das Bauvorhaben verantwortlichen, nach Art. 49 ff. BayBO am Bau Beteiligten auf der Grundlage einer förmlichen Genehmigung und damit in Wahrnehmung ihnen zustehender Rechte handeln würden, was dann deren Handlungsstörereigenschaft ausschließen würde. Geht man jedoch davon aus, dass die Legalisierungswirkung einer Baugenehmigung nicht die Verursachung unmittelbar drohender gemeinwohlwidriger Gefahren, insbesondere keine erheblichen Gefahren für Leben und Gesundheit im Sinne des Art. 54 Abs. 4 BayBO, deckt, käme es beim Vorliegen der Tatbestandsvoraussetzungen des Art. 7 Abs. 2 Nr. 3 LStVG aufgrund des Zustandes eines Gebäudes – im Ergebnis – regelmäßig zu keiner diesen Gebäudezustand legalisierenden Wirkung einer etwaigen Baugenehmigung.

Als weitere Verhaltensstörer nach Art. 9 Abs. 1 LStVG und damit mögliche Adressaten der Abrissverfügung kommen auch die Verursacher von straf- oder deliktsrechtlich relevanten Schädigungen am abzureißenden Gebäude in Betracht, sofern die Schädigung für die Entstehung der vom Gebäude ausgehenden Gefahr im Sinne des Art. 7 Abs. 2 Nr. 3 LStVG ursächlich ist. Dabei führt sowohl die vorsätzliche, wie auch die fahrlässige Schädigung eines Gebäudes, die eine aus dem veränderten Gebäudezustand resultierende, sicherheitsrechtliche Gefahrenlage nach sich zieht, zu einer sicherheitsrechtlichen Verantwortlichkeit der Schädiger für diese Gefahrenlage.

Letztlich besteht noch die soeben dargestellte Möglichkeit, dass abhängig von der jeweiligen Fallkonstellation sowohl Eigentümer als auch Mieter oder Pächter von Gebäuden, die ihnen nach § 823 Abs. 1 BGB bzw. § 836 Abs. 1 BGB obliegenden Verkehrssicherungspflichten in Form von Sicherungsmaßnahmen hinsichtlich eines in der Standsicherheit beeinträchtigten Gebäudes durch Untätigkeit verletzt haben, wodurch eine sicherheitsrechtliche Gefahr im Sinne des Art. 7 Abs. 2 Nr. 3 LStVG entstanden ist. Diese Eigentümer, Mieter oder Pächter sind dann durch ihr Unterlassen trotz Handlungsverpflichtung auch Handlungsstörer nach Art. 9 Abs. 1 LStVG und kommen als potentielle Adressaten der auf das einsturzgefährdete Gebäude bezogenen Abrissverfügung in Frage.

(3) Zustandsstörer

Wie bereits ausgeführt, kommen neben den dargestellten möglichen Handlungsstörern gegebenenfalls auch Zustandsstörer nach Art. 9 Abs. 2 LStVG als potenzielle Adressaten der sicherheitsrechtlichen Verfügung in Betracht.

Zustandsstörer ist dabei eine Person, die die tatsächliche Gewalt über eine gefahrverursachende Sache ausübt oder eine Eigentümerstellung bzw. dingliche Verfügungsberechtigung daran hat.[276] Übertragen auf den Fall eines in seiner Standsicherheit beeinträchtigten oder baufälligen Gebäudes, von dem eine sicherheitsrechtlich relevante Gefahr ausgeht, sind der Inhaber der tatsächlichen Gewalt über das Gebäude sowie ggf. dessen Eigentümer bzw. dinglich Verfügungsberechtigter Zustandsstörer im Sinne des Art. 9 Abs. 2 LStVG.

Inhaber der tatsächlichen Gewalt ist derjenige, der die tatsächliche Sachherrschaft über die gefährliche oder störende Sache besitzt, wobei die Sachherrschaft voraussetzt, dass die zwischen Person und Sache bestehende Beziehung eine gewisse Dauer bzw. Festigkeit aufweist, der Sachherr Zugang zu der Sache hat und auf sie tatsächlich einwirken kann.[277] Dabei ist es irrelevant, ob der Inhaber der Sachherrschaft zugleich der Eigentümer der Sache ist, sonst ein dingliches oder vertragliches Recht daran besitzt oder überhaupt keine Rechtsposition an der Sache hat.[278] Im Falle

---

[276] BeckOK PolR Bayern/*J. F. Lindner*, LStVG Art. 9 Rn. 33; Körner/Mehringer/Johannsen/Lerm/*R. Mehringer*/*J. Johannsen*, Art. 9 LStVG, 1.; Becker/Heckmann/Kempen/Manssen/*D. Heckmann*, Öffentliches Recht in Bayern, 3. Teil H. Rn. 492, C. Rn. 175 ff.

[277] BeckOK PolR Bayern/*J. F. Lindner*, LStVG Art. 9 Rn. 33, PAG Art. 8 Rn. 17; Lisken/Denninger/*K. Graulich*, Handbuch des Polizeirechts, E. Rn. 216; Becker/Heckmann/Kempen/Manssen/*D. Heckmann*, Öffentliches Recht in Bayern, 3. Teil H. Rn. 492, C. Rn. 178.

[278] BeckOK PolR Bayern/*J. F. Lindner*, LStVG Art. 9 Rn. 33, PAG Art. 8 Rn. 17.1 f.; Schmidbauer/Steiner/*U. Steiner*, PAG Art. 8 Rn. 3; Becker/Heckmann/Kempen/Manssen/*D. Heckmann*, Öffentliches Recht in Bayern, 3. Teil H. Rn. 492, C. Rn. 178.

eines Gebäudes kommen deshalb neben dem Eigentümer auch der Mieter oder Pächter, aber auch Hausbesetzer als Inhaber der Sachherrschaft in Betracht.[279]

Daneben ist gemäß Art. 9 Abs. 2 S. 2 LStVG der Eigentümer des Gebäudes bzw. der darüber dinglich Verfügungsberechtigte stets Zustandsstörer, auch ohne die tatsächliche Sachherrschaft über das Gebäude zu besitzen, sofern nicht der Inhaber der tatsächlichen Gewalt diese gegen den Willen des Eigentümers oder sonst dinglich Verfügungsberechtigten ausübt.[280]

Somit lässt sich festhalten, dass als Störer auch im Rahmen der Zustandsverantwortlichkeit neben dem Eigentümer bzw. dinglich Verfügungsberechtigten die über ein zum Gegenstand einer sicherheitsrechtlichen Abrissverfügung gemachtes marodes Gebäude nicht verfügungsberechtigten Mieter, Pächter oder gar Hausbesetzer gelten können, sofern sie die tatsächliche Sachherrschaft über das Gebäude ausüben und somit wiederum als potentielle Adressaten der entsprechenden Abrissverfügung grundsätzlich in Frage kommen. Dabei sei nochmals erwähnt, dass sowohl der Eigentümer als auch die tatsächlichen Sachherrschaftsinhaber nach den oben vorgestellten Kriterien Handlungs- und unter den soeben beschriebenen Voraussetzungen Zustandsstörer, mithin also Doppelstörer sein können.[281]

Letztlich ist aber noch zu sehen, dass eine Zustandsverantwortlichkeit dann ausscheidet, wenn und soweit die Rechtsordnung den Zustand einer Sache legalisiert.[282] Es kann dabei auch ein schadensträchtiger Sachzustand durch gesetzliche Regelungen oder darauf basierenden Genehmigungen erlaubt sein.[283] So könnte im Falle eines für sicherheitsrechtliche Gefahren tatsächlich kausalen Bauwerkes beispielsweise eine darauf bezogene Baugenehmigung den Sachzustand dergestalt legalisieren, dass die entstandenen sicherheitsrechtlichen Gefahren als nicht unmittelbar durch das Bauwerk verursacht gelten.[284] Wie weit eine solche Erlaubnis reicht,

---

[279] BeckOK PolR Bayern/*J. F. Lindner*, LStVG Art. 9 Rn. 33, PAG Art. 8 Rn. 17.1 f.

[280] BeckOK PolR Bayern/*J. F. Lindner*, LStVG Art. 9 Rn. 33 ff.; PAG Art. 8 Rn. 18 ff., wobei zu beachten ist, dass der Kreis der Zustandsstörer nach Art. 9 Abs. 2 LStVG enger ist als nach Art. 8 Abs. 2 PAG, da nach der polizeirechtlichen Regelung nicht nur dinglich, sondern allgemein „andere Berechtigte" Zustandsstörer sein können; Körner/Mehringer/Johannsen/Lerm/*R. Mehringer/J. Johannsen*, Art. 9 LStVG, 7.2; Lisken/Denninger/*K. Graulich*, Handbuch des Polizeirechts, E. Rn. 214, 217.

[281] VGH München, Beschl. v. 26.09.1995, 21 B 95.1527, BeckRS 1995, 09836; VGH München, Beschl. v. 04.03.1997, 24 CS 96.3366, juris; BeckOK PolR Bayern/*J. F. Lindner*, PAG Art. 7 Rn. 30.1; Schmidbauer/Steiner/*U. Steiner*, PAG Art. 7 Rn. 1; Lisken/Denninger/*K. Graulich*, Handbuch des Polizeirechts, E. Rn. 112.

[282] Lisken/Denninger/*M. Bäcker*, Handbuch des Polizeirechts, D. Rn. 180; BeckOK PolR Bayern/*J. F. Lindner*, PAG Art. 8 Rn. 15; Körner/Mehringer/Johannsen/Lerm/*R. Mehringer/J. Johannsen*, Art. 9 LStVG, 9.4.

[283] Lisken/Denninger/*M. Bäcker*, Handbuch des Polizeirechts, D. Rn. 180; *K. A. Pape*, NJW 1992, 2661 (2668); *R. Breuer*, NVwZ 1987, 751 (755 f.).

[284] Vgl. losgelöst vom Beispielsfall BeckOK PolR Bayern/*J. F. Lindner*, PAG Art. 8 Rn. 15; *K. A. Pape*, NJW 1992, 2661 (2668); a. A. hinsichtlich der Folgen einer legalisierenden Genehmigung *M. Oerder*, NVwZ 1992, 1031 (1034 f., 1037) m. w. N.

lässt sich allerdings nicht allgemein sagen, sondern hängt insbesondere vom Regelungsgehalt der im Einzelfall erlassenen Genehmigung ab.[285] Dabei kann die Legalisierungswirkung einer Genehmigung nur so weit gehen, wie die Genehmigung nach ihrem Gegenstand, Umfang und Inhalt reicht, wobei sie nur diejenigen Gefahren mit umfassen kann, die zum Zeitpunkt der Erteilung auch objektiv erkennbar waren.[286]

Im Falle einer Baugenehmigung ist dabei wieder deren Regelungsgehalt abhängig vom Prüfumfang zu sehen. Ergibt sich die vom Gebäude ausgehende Gefahr aus dessen mangelnder Standsicherheit im Widerspruch zu den Vorgaben des Art. 10 BayBO, ist maßgebend, ob die Standsicherheit des Gebäudes vom Prüfumfang des Baugenehmigungsverfahrens umfasst wurde und das Gebäude deshalb auch unter diesem Aspekt durch die Baugenehmigung legalisiert ist. Wie oben bereits ausführlich dargestellt, wird die Überprüfung der Standsicherheit eines Gebäudes gemäß Art. 10 BayBO durch die Bauaufsichtsbehörden im Rahmen eines Baugenehmigungsverfahrens nur für Sonderbauten im Sinne des Art. 62a Abs. 2 S. 2 BayBO und damit nur in speziellen Ausnahmefällen durchgeführt. Im Übrigen gehört die Standsicherheit des Gebäudes gerade nicht zum Prüfumfang des Baugenehmigungsverfahren und wird deshalb auch nicht vom Regelungsinhalt der Baugenehmigung umfasst. Damit kann ein auf der Grundlage einer solchen Baugenehmigung errichtetes Bauwerk auch nicht als unter dem Aspekt der Standsicherheit im Einklang mit der Rechtsordnung stehend angesehen werden, sodass eine durch mangelnde Standsicherheit des Gebäudes eingetretene sicherheitsrechtliche Gefahr auch tatsächlich als durch den Sachzustand des Gebäudes im Sinne des Art. 9 Abs. 2 LStVG verursacht gilt.

Sollte es sich bei dem in der Standsicherheit beeinträchtigten Gebäude um einen solchen Sonderbau handeln, der auf der Grundlage einer Baugenehmigung errichtet wurde, deren Regelungsgehalt auch die Standsicherheit im Sinne des Art. 10 BayBO umfasst, kann es wiederum grundsätzlich zu der dargestellten Legalisierungswirkung hinsichtlich des einsturzgefährdeten Gebäudes kommen. Dies wäre allerdings dann wiederum nicht der Fall, wenn sich durch den Gefahrenzustand ein Risiko verwirklicht hat, das zum Zeitpunkt des Genehmigungserlasses – nach dem entsprechenden Stand von Wissenschaft und Technik – objektiv nicht absehbar war und damit rechtlich überhaupt nicht erfasst werden konnte.[287] Geht man darüber hinaus davon aus, dass die Legalisierungswirkung einer Baugenehmigung nicht die Verursachung unmittelbar drohender gemeinwohlwidriger Gefahren, wie insbesondere erheblicher Gefahren für Leben und Gesundheit im Sinne des Art. 54 Abs. 4 BayBO,

---

[285] *K. A. Pape*, NJW 1992, 2661 (2668); *R. Breuer*, NVwZ 1987, 751 (755 f.); Lisken/Denninger/*M. Bäcker*, Handbuch des Polizeirechts, D. Rn. 180.

[286] *K. A. Pape*, NJW 1992, 2661 (2668); Körner/Mehringer/Johannsen/Lerm/*R. Mehringer/J. Johannsen*, Art. 9 LStVG, 9.4; *T. Kingreen/R. Poscher*, Polizei- und Ordnungsrecht, 12. Aufl. 2022, § 9 Rn. 66.

[287] Vgl. insbesondere *T. Kingreen/R. Poscher*, Polizei- und Ordnungsrecht, 12. Aufl. 2022, § 9 Rn. 66 m. w. N.

deckt, käme es beim Vorliegen der Tatbestandsvoraussetzungen des Art. 7 Abs. 2 Nr. 3 LStVG aufgrund des Zustandes eines Gebäudes – im Ergebnis – regelmäßig zu keiner diesen Gebäudezustand legalisierenden Wirkung einer etwaigen Baugenehmigung.

Sofern man dennoch eine von der Genehmigung ausgehende Legalisierungswirkung in Bezug auf die vom Sachzustandes des Gebäudes hervorgerufene sicherheitsrechtliche Gefahr annimmt, könnte diese Wirkung dann noch durch die Aufhebung oder eine sonstige Erledigung der Genehmigung entfallen.[288] Solange diese Legalisierungswirkung jedoch anhalten würde, könnte der Inhaber der tatsächlichen Gewalt über das Gebäude bzw. dessen Eigentümer oder der darüber dinglich Verfügungsberechtigte nicht als Zustandsstörer sondern allenfalls als Nichtstörer herangezogen werden.[289]

bb) Bauordnungsrechtliche Abrissverfügung

(1) Verantwortlichkeit der am Bau Beteiligten

Die spezielle bauordnungsrechtliche Vorschrift des Art. 49 BayBO gibt vor, dass bei der Errichtung, Änderung, Nutzungsänderung und Beseitigung von Anlagen im Sinne des Art. 2 Abs. 1 BayBO die am Bau Beteiligten für die Einhaltung der öffentlich-rechtlichen Vorschriften verantwortlich sind. Wie bereits dargestellt, handelt es sich bei den am Bau Beteiligten um den Bauherrn gemäß Art. 50 BayBO, den Entwurfsverfasser bzw. Fachplaner gemäß Art. 51 Abs. 1 und 2 BayBO und den Bauunternehmer gemäß Art. 52 BayBO.[290] Deren Verantwortlichkeit nach Art. 49 BayBO beginnt mit der tatsächlichen Übernahme ihrer Rolle am Bau und endet mit der endgültigen Fertigstellung der Baumaßnahme.[291] Den Bauherren trifft dabei eine umfassende Verantwortlichkeit für die Baumaßnahme, wohingegen sich die Verantwortlichkeit der übrigen am Bau Beteiligten auf ihren Wirkungskreis beschränkt.[292] Im Rahmen dieser Verantwortlichkeit für die Baumaßnahme können die am Bau Beteiligten von den Bauaufsichtsbehörden als Adressaten bauaufsichtlicher Maßnahmen herangezogen werden.[293] Diese speziellen bauordnungsrechtlichen Regelungen gehen dabei, sofern sie in sachlicher und personeller Hinsicht eingreifen,

[288] BeckOK PolR Bayern/*J. F. Lindner*, PAG Art. 8 Rn. 15; *W.-R. Schenke*, PolR, § 4 Rn. 345.

[289] BeckOK PolR Bayern/*J. F. Lindner*, PAG Art. 8 Rn. 15; *F.-J. Peine*, JZ 1990, 201 (211).

[290] BeckOK BauordnungsR Bayern/*F. Michl*, BayBO Art. 49 Rn. 10; Busse/Kraus/*W. Würfel*, BayBO Art. 49 Rn. 5.

[291] BeckOK BauordnungsR Bayern/*F. Michl*, BayBO Art. 49 Rn. 11 f.; Schwarzer/König/*T. Weber*, BayBO Art. 49 Rn. 4, 7; speziell zum Bauherrn Busse/Kraus/*W. Würfel*, BayBO Art. 50 Rn. 19.

[292] BeckOK BauordnungsR Bayern/*F. Michl*, BayBO Art. 49 Rn. 15; Busse/Kraus/*W. Würfel*, BayBO Art. 49 Rn. 17 f.; PdK Bayern BayBO/*H. Jäde*, BayBO Art. 49, 2.

[293] Schwarzer/König/*T. Weber*, BayBO Art. 49 Rn. 6; Busse/Kraus/*W. Würfel*, BayBO Art. 49 Rn. 10; BeckOK BauordnungsR Bayern/*F. Michl*, BayBO Art. 49 Rn. 13.

den allgemeinen sicherheitsrechtlichen Adressatenregelungen vor; nur Verhaltens- oder Zustandsstörer, die nicht von den Regelungen der Art. 49 ff. BayBO erfasst werden, können weiterhin nach Art. 9 LStVG in Anspruch genommen werden.[294]

Kommt es also durch eine von Art. 49 BayBO erfasste bauliche Maßnahme an einem Gebäude zu einer baurechtswidrigen bzw. mit erheblichen Gefahren für Leben und Gesundheit verbundenen Sachlage, auf die durch den Erlass einer Abrissverfügung gemäß Art. 76 S. 1 BayBO bzw. Art. 54 Abs. 4 BayBO reagiert werden soll, so wäre diese Abrissverfügung durch die Bauaufsichtsbehörden primär an die am Bau Beteiligten zu adressieren. Mit Blick auf Art. 54 Abs. 4 BayBO sei erwähnt, dass beim Vorliegen seiner Tatbestandsvoraussetzungen, unabhängig von etwaigen bestehenden Baugenehmigungen, deren Legalisierungswirkung auf Grund von Art. 54 Abs. 4 BayBO ohnehin durchbrochen wird, jedenfalls zugleich von einer Art. 3 S. 1 BayBO verletzenden und damit öffentlich-rechtlichen Vorschriften im Sinne des Art. 49 BayBO widersprechenden Sachlage auszugehen ist.[295]

Hinsichtlich der als mögliche Adressaten der Abrissverfügung in Betracht kommenden am Bau Beteiligten ist jedoch wiederum zu beachten, dass insbesondere für die Bauherreneigenschaft die privatrechtliche Berechtigung des Bauherrn am Baugrundstück irrelevant ist.[296] Vielmehr gilt als Bauherr im Sinne des Art. 50 BayBO, wer auf seine Verantwortung eine Anlage vorbereitet oder ausführt bzw. vorbereiten oder ausführen lässt.[297] Das können beispielsweise auch Mieter, Pächter oder Bauträger sein.[298] Der Entwurfsverfasser im Sinne des Art. 51 Abs. 1 BayBO ist wiederum, wer die technischen Unterlagen für die Vorbereitung eines Bauvorhabens anfertigt oder unter seiner Verantwortung anfertigen lässt.[299] Unter einem Unternehmer im Sinne des Art. 52 BayBO ist ein Gewerbetreibender zu verstehen, der mit der selbstständigen Ausführung von Bauarbeiten betraut ist.[300] Damit stellen die am Bau Beteiligten wiederum solche potentiellen Adressaten einer Abrissverfügung dar,

---

[294] VG Ansbach, Urt. v. 26.03.2014, AN 9 K 13.00760, BeckRS 2014, 52004; BeckOK BauordnungsR Bayern/*F. Michl*, BayBO Art. 49 Rn. 2; Busse/Kraus/*W. Würfel*, BayBO Art. 49 Rn. 13.

[295] Vgl. weiterführend zu Art. 3 BayBO Schwarzer/König/*H.-D. Laser*, BayBO Art. 3 Rn. 1 ff.

[296] VGH München, Beschl. v. 02.02.2021, 9 ZB 19.877, BeckRS 2021, 2854, Rn. 10; BeckOK BauordnungsR Bayern/*F. Michl*, BayBO Art. 50 Rn. 6; Busse/Kraus/*W. Würfel*, BayBO Art. 50 Rn. 9.

[297] BeckOK BauordnungsR Bayern/*F. Michl*, BayBO Art. 50 Rn. 4; Busse/Kraus/*W. Würfel*, BayBO Art. 50 Rn. 7; Schwarzer/König/*T. Weber*, BayBO Art. 50 Rn. 3.

[298] BeckOK BauordnungsR Bayern/*F. Michl*, BayBO Art. 50 Rn. 6 m. w. N.; Busse/Kraus/*W. Würfel*, BayBO Art. 50 Rn. 9.

[299] BeckOK BauordnungsR Bayern/*F. Michl*, BayBO Art. 51 Rn. 6 f.; Busse/Kraus/*F. Shirvani*, BayBO Art. 51 Rn. 16 f.

[300] Busse/Kraus/*W. Würfel*, BayBO Art. 52 Rn. 12; umstritten ist, ob es sich um einen Gewerbetreibenden handeln muss, BeckOK BauordnungsR Bayern/*F. Michl*, BayBO Art. 52 Rn. 5.

die gegebenenfalls zur Vornahme der Abrisshandlung zivilrechtlich gar nicht berechtigt sind.

(2) Handlungsstörer

(a) Fraglich ist, wer als nicht von den Art. 49 ff. BayBO erfasster Handlungsstörer noch in Betracht kommt und damit weiterhin nach den Vorgaben des Art. 9 Abs. 1 LStVG in Anspruch genommen werden könnte. Zunächst ist wiederum an einen Schädiger im Sinne der §§ 303, 306 ff. StGB zu denken, der ein Gebäude durch sein strafrechtlich relevantes Handeln beschädigt oder zerstört. Hierbei ist jedoch zu beachten, dass auch die zielgerichtete Beschädigung oder Zerstörung eines Gebäudes unter Verstoß gegen Strafgesetze durchaus dessen Abbruch oder bauliche Veränderung im Sinne des Bauordnungsrechts darstellt,[301] was wiederum den Anwendungsbereich der Art. 49 ff. BayBO eröffnet. Im Einzelfall dürfte jedoch fraglich sein, ob der Täter einer Sachbeschädigung, der gegebenenfalls nicht möchte, dass ihm seine Tathandlung zugeordnet werden kann, tatsächlich unter die Definition des Bauherrn fällt, der nach außen erkennbar die Verantwortung für eine Baumaßnahme übernimmt.[302]

Zu keiner Anwendung der Art. 49 ff. BayBO kommt es jedenfalls bei einer nicht zielgerichteten Beschädigung oder Zerstörung eines Gebäudes, beispielsweise bei einer fahrlässigen Brandstiftung im Sinne des § 306d StGB oder einer fahrlässigen deliktischen Schädigung nach § 823 Abs. 1 BGB, da es sich hierbei um keine Abbruch- oder Veränderungsmaßnahme im Sinne des Bauordnungsrechts handelt.[303] Mangels Anwendbarkeit der Art. 49 ff. BayBO käme es in diesen Fällen dann, wie vorstehend dargestellt, zu einem Eingreifen des Art. 9 Abs. 1 LStVG. Bei der Anwendung des Art. 9 Abs. 1 LStVG zur Bestimmung der Adressaten einer bauaufsichtlichen Verfügung ist wiederum zu ermitteln, wer für den baurechtswidrigen bzw. erhebliche Gefahren für Leben und Gesundheit verursachenden Zustand des Gebäudes unmittelbar verantwortlich ist.[304] Nach der oben vorgestellten Theorie der unmittelbaren Verursachung ist das regelmäßig derjenige, der die letzte Ursache für den baurechtswidrigen bzw. erheblichen Gefahren für Leben und Gesundheit verursachenden Zustand gesetzt und damit einen zuvor noch baurechtskonformen bzw. gefahrlosen zu einem baurechtswidrigen bzw. gefahrträchtigen Zustand hat werden lassen. Beruht der baurechtswidrige bzw. gefahrträchtige Zustand eines Gebäudes auf einer Veränderung der Gebäudesubstanz, so ist der baurechtswidrige bzw. gefahrträchtige Gebäudezustand grundsätzlich durch die Handlung unmittelbar verursacht, die die Veränderung der Gebäudesubstanz bewirkt hat. Wie ebenfalls bereits ausgeführt, sind allerdings bei der Bestimmung der sicherheitsrechtlichen Verant-

---

[301] VG Karlsruhe, Urt. v. 26.08.2020, 1 K 6126/19, BeckRS 2020, 27114, Rn. 30.

[302] Zur Definition des Bauherrn BeckOK BauordnungsR Bayern/*F. Michl*, BayBO Art. 50 Rn. 5.

[303] OVG Rheinland-Pfalz, Urt. v. 19.05.2010, 8 A 11378/09, juris, Rn. 41 f.

[304] VG Ansbach, Urt. v. 14.11.2018, AN 9 K 17.2667, BeckRS 2018, 33469, Rn. 65 f.

wortlichkeit für einen baurechtswidrigen bzw. gefahrträchtigen Zustand neben der rein kausalen Zuordnung im Rahmen einer wertenden Betrachtung noch anderweitige, der Rechtsordnung zu entnehmende Zurechnungskriterien zu berücksichtigen. So ist etwa einzubeziehen, ob eine tatsächlich kausale Handlung erlaubt oder verboten oder ein Zustand anderweitig rechtlich zurechenbar ist.

Führt eine fahrlässige Brandstiftung zu einer solchen Veränderung eines Bauwerks, dass es den baurechtlichen Vorgaben nicht mehr entspricht bzw. davon eine erhebliche Gefahr für Leben und Gesundheit ausgeht, so ist sein baurechtswidriger bzw. gefahrträchtiger Zustand im Sinne des Art. 9 Abs. 1 LStVG durch die fahrlässige Handlung des Brandstifters verursacht; bei wertender Betrachtung ist die Handlung des Brandstifters dabei auch nicht nur nicht erlaubt, sondern vielmehr strafrechtswidrig.[305] Kommt es zu einer solchen fahrlässigen deliktischen Schädigung eines Bauwerks, dass der Zustand des Bauwerks nicht mehr den baurechtlichen Vorgaben entspricht bzw. davon eine erhebliche Gefahr für Leben und Gesundheit ausgeht, ist auch dieser baurechtswidrige bzw. gefahrträchtige Zustand im Sinne des Art. 9 Abs. 1 LStVG durch den Schädiger verursacht. Wie bereits ausgeführt, ist eine unerwünschte Handlungsfolge dem Handelnden insbesondere dann sicherheitsrechtlich zuzurechnen, wenn ihn eine Rechtsnorm zur Kompensation für diese Handlungsfolge oder zu deren Beseitigung verpflichtet. Im Falle einer fahrlässigen Sachbeschädigung folgt eine solche Folgenbeseitigungs- bzw. Kompensationspflicht etwa aus § 823 Abs. 1 BGB.[306]

(b) Weiterhin kommt auch hinsichtlich eines baurechtswidrigen bzw. gefahrträchtigen Gebäudezustandes eine Handlungsverantwortlichkeit durch Unterlassen gemäß Art. 9 Abs. 1 LStVG in Betracht, die grundsätzlich den Grundstücks- bzw. Gebäudeeigentümer trifft und insbesondere dann relevant wird, wenn der baurechtswidrige bzw. gefahrträchtige Gebäudezustand durch ein Ereignis verursacht wurde, das niemand aktiv herbeigeführt hat.[307] Wie bereits ausführlich dargestellt, wäre für eine Handlungsverantwortlichkeit durch Unterlassen jedoch die Verletzung einer Handlungspflicht notwendig, die zur Entstehung des baurechtswidrigen bzw. eine erhebliche Gefahr für Leben und Gesundheit verursachenden Zustands geführt hat. Hier käme beispielsweise wiederum eine Sicherungspflicht des Grundstücks- bzw. Gebäudeeigentümers in Betracht, deren Verletzung den Eintritt des baurechtswidrigen bzw. gefahrträchtige Gebäudezustandes möglich gemacht hat.[308] Besteht der baurechtswidrige bzw. gefahrträchtige Zustand beispielsweise darin, dass eine bauliche Anlagen oder die dem Verkehr dienenden nicht überbauten Flächen eines bebauten Grundstücks entgegen der Vorgabe des Art. 14 Abs. 1 BayBO – aufgrund eines nicht aktiv herbeigeführten Ereignisses – nicht verkehrssicher sind, so müsste für eine Handlungsverantwortung des Gebäudeeigentümers

---

[305] Siehe Kapitel 2, § 2 A. IV. 1. b) aa) (1).

[306] Siehe Kapitel 2, § 2 A. IV. 1. b) aa) (1).

[307] Schwarzer/König/*T. Weber*, BayBO Art. 54 Rn. 28.

[308] Schwarzer/König/*T. Weber*, BayBO Art. 54 Rn. 28.

durch Unterlassen eine entsprechende Pflicht zur Erhaltung der Verkehrssicherheit vorgelegen haben. Hierbei ist auch zu beachten, dass für die Frage nach der verkehrssicheren Benutzbarkeit eines Gebäudes im Sinne des Art. 14 Abs. 1 BayBO kein Bestandsschutz gilt, da die Vorschrift nicht nur auf den Zeitpunkt einer etwaigen für das Gebäude erteilten Genehmigung abstellt, sondern vielmehr eine sich ständig revolvierende Regelung enthält, die unter dem Aspekt der Verkehrssicherheit fortlaufend Anforderungen an das Gebäude stellt.[309]

Eine Pflicht zur Erhaltung der Verkehrssicherheit kann sich dabei neben der bereits vorgestellten Verkehrssicherungspflicht aus § 823 Abs. 1 BGB mit Blick auf das Bauordnungsrecht direkt aus der Vorschrift des Art. 14 Abs. 1 BayBO ergeben.[310] Die Vorschrift des Art. 14 Abs. 1 BayBO gestaltet die in § 823 Abs. 1 BGB verankerte, bereits ausführlich dargestellte zivilrechtliche Verkehrssicherungspflicht in Bezug auf bauliche Anlagen als selbstständig daneben stehende öffentlich-rechtliche Pflicht aus.[311] Diese allgemeine öffentlich-rechtliche Verkehrssicherungspflicht greift dabei den in § 823 Abs. 1 BGB niedergelegten Grundsatz auf, dass derjenige, der durch eine bauliche Anlage bzw. deren Benutzung für andere Gefahrenquellen schafft, auch die zur Abwehr dieser Gefahren notwendigen Vorkehrungen treffen muss.[312] Art. 14 Abs. 1 BayBO begründet unter anderem die Pflicht, bauliche Anlagen und die dem Verkehr dienenden nicht überbauten Flächen bebauter Grundstücke so instand zu halten, dass sie ihrem Zweck entsprechend verkehrssicher sind und gefahrlos benutzt werden können.[313] Diese Pflicht trifft nach der Bauphase regelmäßig den Gebäude- bzw. Grundstückseigentümer, während der Bauphase übertragen die Art. 49 ff. BayBO die entsprechende Verantwortung auf die am Bau Beteiligten.[314]

Ob darüber hinaus auch eine Handlungsverantwortlichkeit eines Mieters bzw. Pächters für den baurechtswidrigen bzw. gefahrträchtigen Zustand eines Gebäudes besteht, ist fraglich und gegebenenfalls vom jeweiligen Einzelfall abhängig. So ist grundsätzlich zu beachten, dass im Rahmen des Mietverhältnisses der Vermieter – also respektive der Eigentümer – dafür verantwortlich ist, dass die öffentlich-rechtlichen Anforderungen an die Mietsache, also beispielsweise das vermietete Gebäude, eingehalten werden, sodass umgekehrt gerade keine solche Verpflichtung des Mieters bzw. Pächters aus dem Vertragsverhältnis folgt.[315] Folgt der baurechtswidrige bzw. gefahrträchtige Zustand eines Gebäudes aber aus der Nichter-

---

[309] *S. Heene*, DS 2014, 240 ff.

[310] OLG Hamm, Urt. v. 09.04.2021, 7 U 76/19, BeckRS 2021, 9623.

[311] Busse/Kraus/*J. Nolte/M. Robl*, BayBO Art. 14 Rn. 4; PdK Bayern BayBO/*H. Jäde*, BayBO Art. 14, 1.; BeckOK BauordnungsR Bayern/*T. Voigt*, BayBO Art. 14 Rn. 1.

[312] BeckOK BauordnungsR Bayern/*T. Voigt*, BayBO Art. 14 Rn. 1; Busse/Kraus/*J. Nolte/M. Robl*, BayBO Art. 14 Rn. 4.

[313] Schwarzer/König/*C. Schiebel*, BayBO Art. 14 Rn. 1; Busse/Kraus/*J. Nolte/M. Robl*, BayBO Art. 14 Rn. 4; BeckOK BauordnungsR Bayern/*T. Voigt*, BayBO Art. 14 Rn. 8.

[314] Schwarzer/König/*C. Schiebel*, BayBO Art. 14 Rn. 1.

[315] *P. Günter*, NZM 2016, 569 ff. m. w. N. u. siehe Kapitel 3, § 1 A. IV. 2. b) bb) (2) (a) (aa).

füllung einer dem Mieter bzw. Pächter selbst obliegenden Handlungspflicht, ist durchaus auch dessen eigene Handlungsverantwortlichkeit dafür denkbar. Besteht der baurechtswidrige bzw. gefahrträchtige Zustand eines Gebäudes beispielsweise darin, dass das Gebäude entgegen der Vorgabe des Art. 14 Abs. 1 BayBO – aufgrund eines nicht aktiv herbeigeführten Ereignisses – nicht verkehrssicher ist, so könnte dieser baurechtswidrige bzw. gefahrträchtige Zustand auch durch ein Unterlassen des Mieters bzw. Pächters herbeigeführt worden sein. Wie bereits ausführlich dargestellt, kann den Mieter bzw. Pächter eines Gebäudes bzw. Grundstücks eine Verkehrssicherungspflicht nach § 823 Abs. 1 BGB oder §§ 836, 838 BGB treffen, sodass er bei einer Nichtbeachtung dieser Handlungspflicht für den dadurch entstehenden gefahrenträchtigen Zustand des Gebäudes bzw. Grundstücks im Sinne des Art. 9 Abs. 1 LStVG verantwortlich ist. Besteht nun der baurechtswidrige Zustand des Gebäudes im Sinne des Art. 76 S. 1 BayBO gerade in diesem Gefahrenzustand, oder kommt es durch die Nichtbeachtung der dem Mieter bzw. Pächter auferlegten Verkehrssicherungspflicht zu einem erheblichen Gefahrenzustand für Leben und Gesundheit im Sinne des Art. 54 Abs. 4 BayBO, muss der Mieter bzw. Pächter auch als Verursacher des baurechtswidrigen Zustandes im Sinne Art. 76 S. 1 BayBO bzw. gefahrträchtigen Zustandes im Sinne des Art. 54 Abs. 4 BayBO gelten. So kann die baurechtswidrige Gefahrensituation entsprechend der bereits eingehend vorgestellten Theorie der unmittelbaren Verursachung durch anderweitige (zivil-)rechtliche Wertungen dem Mieter oder Pächter zugerechnet werden, auch wenn die aus den §§ 823 Abs. 1 und 836 BGB folgenden zivilrechtlichen Verkehrssicherungspflichten originär dem Schutz vor Schäden insbesondere an Leben, Gesundheit und Sachwerten und nicht dem Schutz der Baurechtsordnung dienen.

(3) Zustandsstörer

Neben den vorgestellten möglichen Handlungsverantwortlichen für den baurechtswidrigen bzw. gefahrträchtigen Zustand eines Gebäudes kommen wiederum auch Zustandsverantwortliche in Betracht. Wie bereits ausgeführt, gilt als Zustandsstörer eine Person, welche die tatsächliche Gewalt über eine gefahrverursachende Sache ausübt oder eine Eigentümerstellung bzw. dingliche Verfügungsberechtigung daran hat.[316] Übertragen auf den Fall eines baurechtswidrigen bzw. erhebliche Gefahren für Leben und Gesundheit verursachenden Gebäudes sind wiederum der Inhaber der tatsächlichen Gewalt über das Gebäude – was neben dem Eigentümer auch der Mieter oder Pächter, aber auch ein Hausbesetzer sein kann – sowie ggf. dessen Eigentümer bzw. dinglich Verfügungsberechtigter – auch ohne selbst die tatsächliche Sachherrschaft über das Gebäude innezuhaben, sofern der Inhaber der tatsächlichen Gewalt sie nicht gegen den Willen des Eigentümers oder sonst dinglich Verfügungsberechtigten ausübt – Zustandsstörer im Sinne des Art. 9 Abs. 2 LStVG.

---

[316] BeckOK PolR Bayern/*J. F. Lindner*, LStVG Art. 9 Rn. 33; Körner/Mehringer/Johannsen/Lerm/*R. Mehringer*/*J. Johannsen*, Art. 9 LStVG, 1.; Becker/Heckmann/Kempen/Manssen/*D. Heckmann*, Öffentliches Recht in Bayern, 3. Teil H. Rn. 492, C. Rn. 175 ff.

Anders als bei einer auf Art. 7 Abs. 2 Nr. 3 LStVG gestützten Abrissverfügung spielt die Frage nach einer den Gebäudezustand legalisierenden Baugenehmigung bei einer auf Grundlage des Art. 76 S. 1 BayBO bzw. Art. 54 Abs. 4 BayBO erlassenen Abrissverfügung im Rahmen der Feststellung der Zustandsverantwortlichkeit keine Rolle. Wie bereits ausführlich dargestellt, ist die Frage nach dem baurechtsgemäßen bzw. -widrigen Gebäudezustand bereits bei der Prüfung der Tatbestandsvoraussetzungen des Art. 76 S. 1 BayBO zu klären. Nur im Falle eines baurechtswidrigen und damit nicht durch eine Baugenehmigung legalisierten Gebäudezustandes kann überhaupt eine Maßnahme auf Art. 76 S. 1 BayBO gestützt werden.[317] Im Ergebnis gilt das gleiche bei einer auf Art. 54 Abs. 4 BayBO gestützten Verfügung. Auch bei dieser kommen die Regelungen zur Zustandsverantwortlichkeit zur Anwendung, ohne dass die Legalisierungswirkung einer Baugenehmigung für den Gebäudezustand zu beachten wäre.[318] Denn sobald eine den Tatbestand des Art. 54 Abs. 4 BayBO erfüllende erhebliche Gefahr für Leben und Gesundheit besteht, kommt es – wie bereits festgestellt – zur Durchbrechung bzw. Einschränkung der durch eine Baugenehmigung vermittelten Legalisierungswirkung. In der Folge kann sich der für den Zustand Verantwortliche grundsätzlich nicht darauf stützen, dass der Gebäudezustand durch die in ihrer Wirkung entsprechend eingeschränkte Baugenehmigung legalisiert wäre bzw. die tatbestandliche Gefahr als nicht unmittelbar durch das Bauwerk verursacht gelten würde.

Im Hinblick auf das Verhältnisses der bauordnungsrechtlichen Zustandsstörerhaftung unter entsprechender Anwendung des Art. 9 Abs. 2 LStVG zu der Verantwortlichkeit der am Bau Beteiligten nach den speziellen bauordnungsrechtlichen Regelungen der Art. 49 ff. BayBO ist zu sehen, dass auch während der Bauphase Zustandsverantwortliche nach Art. 9 Abs. 2 LStVG vorhanden sein können, jedenfalls sofern sie nicht vom Anwendungsbereich der Art. 49 ff. BayBO erfasst werden.[319] Dies trifft etwa auf den Eigentümer eines aktuell bebauten Grundstücks bzw. eines im Bau befindlichen Gebäudes zu, der nicht selbst Bauherr ist.[320] Teilweise wird auch davon ausgegangen, dass die Zustandsverantwortlichkeit gänzlich unabhängig von einem Eingreifen der Art. 49 ff. BayBO besteht.[321] Jedenfalls nach dem Ende der Bauphase kommt es dann zu einer uneingeschränkten Anwendung des Art. 9 Abs. 2 LStVG.[322]

---

317 Siehe Kapitel 2, § 2 A. III. u. vgl. insbesondere Busse/Kraus/*A. Decker*, BayBO Art. 68 Rn. 68.

318 Busse/Kraus/*F. Dirnberger*, BayBO Art. 54 Rn. 178.

319 BeckOK BauordnungsR Bayern/*F. Michl*, BayBO Art. 49 Rn. 2.

320 BeckOK BauordnungsR Bayern/*F. Michl*, BayBO Art. 49 Rn. 2; Busse/Kraus/*W. Würfel*, BayBO Art. 49 Rn. 13.

321 VGH München, Beschl. v. 28.05.2001, 1 ZB 01.664, BeckRS 2001, 28524; OVG Lüneburg, Beschl. v. 17.07.2014, 1 ME 84/14, BeckRS 2014, 53937 Rn. 7; Lisken/Denninger/*K. Graulich*, Handbuch des Polizeirechts, E. Rn. 112; Schwarzer/König/*T. Weber*, BayBO Art. 49 Rn. 8; Busse/Kraus/*F. Dirnberger*, BayBO Art. 54 Rn. 110 m. w. N.

322 Schwarzer/König/*T. Weber*, BayBO Art. 49 Rn. 8.

cc) Inanspruchnahme eines Nichtstörers

Unabhängig davon, ob es sich um eine auf die sicherheitsrechtliche Generalklausel oder die bauordnungsrechtlichen Spezialbefugnisnormen gestützte Verfügung handelt, kommt – zumindest theoretisch – als potenzieller Adressat der Abrissverfügung auch ein sogenannter Nichtstörer nach Art. 9 Abs. 3 LStVG in Betracht. Nichtstörer ist dabei derjenige, der weder Handlungs- noch Zustandsstörer ist.[323] Damit ein Nichtstörer jedoch in rechtmäßiger Weise nach Art. 9 Abs. 3 LStVG in Anspruch genommen werden kann, darf keine Möglichkeit bestehen, vorrangig einen Handlungs- oder Zustandsstörer, also einen sicherheitsrechtlich Verantwortlichen, zu verpflichten, bzw. dass die Gefahrbeseitigung durch die Sicherheitsbehörde selbst durchgeführt wird.[324] Weiterhin muss für die rechtmäßige Inanspruchnahme eines Nichtstörers eine erhebliche Gefahr unmittelbar bevorstehen oder eine erhebliche Störung zu beseitigen sein. Eine erhebliche Gefahr liegt vor, wenn Art, Intensität oder Breitenwirkung der Rechtsgutsverletzung das Interesse des Nichtstörers, unbehelligt zu belieben, erheblich überwiegt, was bei einer Gefahr für Leben, Gesundheit oder bedeutende Sachwerte anzunehmen ist; weiterhin müsste der Schadenseintritt an diesen Rechtsgütern unmittelbar bevorstehen oder bereits eingetreten sein, andernfalls wäre die Inanspruchnahme rechtswidrig.[325]

Ob die Voraussetzungen der Inanspruchnahme eines Nichtstörers als Adressat einer Abrissverfügung vorliegen, ist vom Einzelfall abhängig. Einerseits wird der Eigentümer, und damit vorrangig heranzuziehende Zustandsstörer, regelmäßig feststell- und heranziehbar sein, da dieser üblicherweise durch einen Blick ins Grundbuch ermittelt werden kann.[326] Sofern die Abrissverfügung lediglich wegen der Baurechtswidrigkeit des Gebäudes erlassen wird, ist es von der Art des Rechtsverstoßes abhängig, ob die einschränkenden Voraussetzungen des Art. 9 Abs. 3 LStVG, also beispielsweise das Vorliegen einer unmittelbar bevorstehenden erheblichen Gefahr, vorliegen.[327] Andererseits ist im Falle eines baufälligen Gebäudes, von dem eine akute, also unmittelbar bevorstehende Gefahr beispielsweise für das Leben oder die Gesundheit von Nachbarn und Passanten ausgeht, nicht ausgeschlossen, dass niemand die unmittelbare Gewalt über das Gebäude ausübt, der Eigentümer nicht ermittel- oder greifbar ist und die Sicherheitsbehörde selbst die Beseitigung nicht vornehmen kann. Sofern eine solche – wohl eher seltene – Kon-

---

[323] Busse/Kraus/*A. Decker*, BayBO Art. 76 Rn. 176; BeckOK PolR Bayern/*J. F. Lindner*, LStVG Art. 9 Rn. 39 ff., PAG Art. 10 Rn. 13 ff.

[324] BeckOK PolR Bayern/*J. F. Lindner*, LStVG Art. 9 Rn. 43; Körner/Mehringer/Johannsen/Lerm/*R. Mehringer/J. Johannsen*, Art. 9 LStVG, 8.1.

[325] BeckOK PolR Bayern/*J. F. Lindner*, LStVG Art. 9 Rn. 42, PAG Art. 10 Rn. 17 ff. m. w. N.; Schmidbauer/Steiner/*W. Schmidbauer*, PAG Art. 10 Rn. 9 ff.; Körner/Mehringer/Johannsen/Lerm/*R. Mehringer/J. Johannsen*, Art. 9 LStVG 8.2.

[326] BeckOK BauordnungsR Bayern/*G. Manssen*, BayBO Art. 76 Rn. 40; Schwarzer/König/*T. Weber*, BayBO Art. 54 Rn. 25 f.; anders *J. Kühling*, BauR 1972, 264 ff., der auf Unsicherheiten beispielsweise durch Erbfolge hinweist.

[327] Busse/Kraus/*A. Decker*, BayBO Art. 76 Rn. 176.

stellation gegeben ist, wäre auch die Heranziehung eines Nichtstörers nach Art. 9 Abs. 3 LStVG als Adressat einer auf ein fremdes Gebäude bezogenen Abrissverfügung denkbar.

c) Zwischenergebnis

Damit lässt sich festhalten, dass viele verschiedene Adressaten sowohl für eine auf die allgemeine sicherheitsrechtliche Generalklausel des Art. 7 Abs. 2 Nr. 3 LStVG als auch für eine auf die bauordnungsrechtliche Spezialbefugnis des Art. 76 S. 1 BayBO bzw. Art. 54 Abs. 4 BayBO gestützte Abrissverfügung in Betracht kommen.

So kann eine auf die allgemeine sicherheitsrechtliche Generalklausel gestützte Abrissverfügung je nach Fallkonstellationen an den (Allein-)Eigentümer des Gebäudes, aber auch an die nach den Art. 49 ff. BayBO am Bau Beteiligten, also den Bauherren, den Entwurfsverfasser bzw. Fachplaner und den Bauunternehmer oder aber einen straf- oder deliktsrechtlich verantwortlichen Schädiger sowie den Mieter bzw. Pächter eines Gebäudes gerichtet werden, da diese allesamt Verhaltensstörer nach Art. 9 Abs. 1 LStVG sein können. Darüber hinaus kommen als Zustandsstörer gemäß Art. 9 Abs. 2 LStVG und damit ebenfalls als potentielle Adressaten einer auf Art. 7 Abs. 2 Nr. 3 LStVG gestützten Abrissverfügung neben dem Eigentümer bzw. dinglich Verfügungsberechtigten auch ein Mieter, Pächter oder gar Hausbesetzer in Betracht, sofern er jeweils die tatsächliche Sachherrschaft über das abzureißende Gebäude ausübt.

Eine auf den bauordnungsrechtlichen Spezialbefugnissen beruhende Abrissverfügung kann wiederum bei der Errichtung, Änderung, Nutzungsänderung und Beseitigung von Anlagen im Sinne des Art. 2 Abs. 1 BayBO vorrangig an die nach den Art. 49 ff. BayBO am Bau Beteiligten, also den Bauherren, den Entwurfsverfasser bzw. Fachplaner und den Bauunternehmer adressiert werden. Darüber hinaus kommt als Handlungsstörer ein straf- oder deliktsrechtlich verantwortlicher Schädiger – jedenfalls sofern er fahrlässig gehandelt hat – sowie im Rahmen einer Handlungsverantwortlichkeit durch Unterlassen der Gebäude- bzw. Grundstückseigentümer und der Mieter oder Pächter des Grundstücks bzw. Gebäudes in Betracht. Als Zustandsstörer gemäß Art. 9 Abs. 2 LStVG und damit ebenfalls als potentieller Adressat einer auf Art. 76 S. 1 BayBO bzw. Art. 54 Abs. 4 BayBO gestützten Abrissverfügung kommt wiederum neben dem Eigentümer bzw. dinglich Verfügungsberechtigten auch ein Mieter, Pächter oder gar Hausbesetzer in Frage, sofern er jeweils die tatsächliche Sachherrschaft über das abzureißende Gebäude ausübt.

Abgesehen davon kann beim Vorliegen der entsprechenden Voraussetzungen des Art. 9 Abs. 3 LStVG gegebenenfalls auch ein Nichtstörer in Anspruch genommen werden.

Als entscheidende Erkenntnis ist dem Vorstehenden dabei insbesondere zu entnehmen, dass es sich bei den meisten der möglichen Verfügungsadressaten gerade um keine allein über das abzureißende Gebäude Verfügungsberechtigten handelt.

Sofern die Behörde dann einen solchen, über das Gebäude nicht Verfügungsberechtigten zum Adressaten der Abrissverfügung macht, ist zu fragen, ob sie gegebenenfalls im Rahmen der Adressatenauswahl einen Fehler gemacht hat.

2. Die Auswahlentscheidung zwischen mehreren möglichen Adressaten

Liegen die Voraussetzungen für die Inanspruchnahme mehrerer sicherheitsrechtlich verantwortlicher Störer vor, ist fraglich, welche Kriterien im Rahmen einer behördlichen Auswahlentscheidung für die Inanspruchnahme des einen vor dem anderen Störer gelten und welche Konsequenzen daraus für die Verfügung erwachsen. Teilweise wird vertreten, es gebe eine prinzipielle Vorrangregel dergestalt, dass ein Doppelstörer, also ein Handlungs- wie auch Zustandsstörer vor einem Handlungsstörer und Letzterer wiederum vor einem Zustandsstörer in Anspruch zu nehmen sei.[328] Es wird damit argumentiert, die Verpflichtung des Handlungsstörers zur Wiedergutmachung der von ihm geschaffenen Situation wiege schwerer als die Verpflichtung des Zustandsstörers, die nur auf seiner Sachherrschaft fußt; am schwersten würden gleich zwei Haftungsgründe wiegen, wie es beim Doppelstörer der Fall ist.[329] Die Gegenmeinung weist darauf hin, dass das Gesetz selbst aber nur zwei andere Vorrangregelungen vorsieht.[330] So wird in Art. 9 Abs. 2 S. 2 Hs. 2 LStVG bestimmt, dass ein Eigentümer, bzw. dinglich Berechtigter als Zustandsstörer, nicht neben einem über die tatsächliche Gewalt Verfügenden in Anspruch genommen werden darf, sofern der Letztere die tatsächliche Gewalt über die Sache entgegen dem Willen des Eigentümers bzw. dinglich Berechtigten ausübt. Eine weitere Vorrangregelung, die bereits vorstehend erläutert wurde, findet sich in Bezug auf den Nichtstörer. Abgesehen von diesen wenigen Regelungen zu Vorrangbestimmungen gibt das Gesetz keine Anhaltspunkte für eine Hierarchie unter den Verantwortlichen. So lässt sich mit der Gegenansicht gut vertreten, dass es im Übrigen alleine auf Zweckmäßigkeitserwägungen der Sicherheitsbehörde bei der Entscheidung, welcher Störer in Anspruch genommen werden soll, ankommen könne, und kein (grundsätzlicher) Vorrang des Handlungs- vor dem Zustandsstörer besteht.[331] Aber selbst wenn man von einem derartigen Vorrang ausgehen sollte, ließe

---

[328] Vgl. insbesondere zur vorrangigen Inanspruchnahme des Handlungs- vor dem Zustandsstörer VGH München, Urt. v. 22.04.1992, 2 B 90.1348, NJW 1993, 81; OVG Rheinland-Pfalz, Urt. v. 25.01.1990, 1 A 77/87, BeckRS 1990, 2706, Rn. 18; BeckOK BauordnungsR Bayern/*G. Manssen*, BayBO Art. 76 Rn. 40f. m.w.N.

[329] VGH München, Beschl. v. 28.05.2001, 1 ZB 01.664, BeckRS 2001, 28524 m.w.N.; Schwarzer/König/*T. Weber*, BayBO Art. 54 Rn. 27; eine umfassende Darstellung des Streites findet sich bei Busse/Kraus/*A. Decker*, BayBO Art. 76 Rn. 177 ff. m.w.N.

[330] BeckOK PolR Bayern/*J. F. Lindner*, LStVG Art. 9 Rn. 33f., PAG Art. 8 Rn. 28ff.; kritisch auch Körner/Mehringer/Johannsen/Lerm/*R. Mehringer/J. Johannsen*, Art. 9 LStVG, 2.

[331] BeckOK PolR Bayern/*J. F. Lindner*, LStVG Art. 9 Rn. 33f., PAG Art. 8 Rn. 28ff.; *H. Sodan/J. Ziekow*, Grundkurs Öffentliches Recht, 10. Aufl. 2023, § 79 Rn. 12; Körner/Mehringer/Johannsen/Lerm/*R. Mehringer/J. Johannsen*, Art. 9 LStVG, 2.

sich die Rangfolge jedenfalls auch durch Zweckmäßigkeitserwägungen überwinden; das Anliegen des Sicherheitsrechtes ist die best- und schnellstmögliche Gefahrenbeseitigung, was auch bei der Auswahl der Verfügungsadressaten durchschlägt.[332] Die priorisierte Inanspruchnahme des Handlungs- vor dem Zustandsstörer würde dann allenfalls bei der im pflichtgemäßen Ermessen der handelnden Behörde liegenden Auswahlentscheidung als ein Abwägungsaspekt zum Tragen kommen.[333]

Bei der behördlichen Auswahlentscheidung kommt es nach dem Leitgedanken der effektiven grundrechtsgemäßen Gefahrenabwehr letztlich insbesondere auf die folgenden zwei Aspekte an: Nach dem Gebot der Effektivität ist einerseits entscheidend, wer die Gefahr am wirkungsvollsten, also am schnellsten, verlässlichsten und gründlichsten, abwehren kann; nach dem Gebot der Grundrechtsmäßigkeit ist andererseits von Bedeutung, wen die Inanspruchnahme zur Gefahrenabwehr am wenigsten beeinträchtigt – es ist also insbesondere die Verhältnismäßigkeit der Auswahlentscheidung relevant.[334] Im Rahmen der Verhältnismäßigkeitsprüfung spielen dann auch die Sach- und Ortsnähe des Störers zur Gefahrenquelle, zivilrechtliche Beziehungen zwischen den Beteiligten und das Maß des jeweiligen Verschuldens eine Rolle.[335] Letztlich kommt es auf die konkreten Umstände des jeweiligen Einzelfalles an.[336]

Ausgehend von diesen Erwägungen ist es aber in vielen Fällen und grundsätzlich auch in der vorliegend untersuchten Fallkonstellation denkbar, dass gerade nicht die Wahl des an einem abzureißenden Gebäude (allein) dinglich berechtigten Eigentümers den Geboten der Zweck- und Verhältnismäßigkeit am ehesten gerecht wird. Vielmehr kann dies auch auf die Wahl der ebenfalls als Adressaten in Betracht kommenden, beispielsweise nach den Art. 49 ff. BayBO am Bau Beteiligten, also den Bauherren, den Entwurfsverfasser bzw. Fachplaner und den Bauunternehmer, einen straf- oder deliktsrechtlich verantwortlichen Schädiger oder den Mieter bzw.

---

[332] VGH München, Beschl. v. 28.05.2001, 1 ZB 01.664, BeckRS 2001, 28524 m.w.N.; Schwarzer/König/*T. Weber*, BayBO Art. 54 Rn. 27; Busse/Kraus/*A. Decker*, BayBO Art. 76 Rn. 177 ff. m.w.N.

[333] *F. Koehl*, VR 2016, 95 (100); BeckOK PolR Bayern/*J. F. Lindner*, LStVG Art. 9 Rn. 33 f., PAG Art. 8 Rn. 28 ff.; Körner/Mehringer/Johannsen/Lerm/*R. Mehringer/J. Johannsen*, Art. 9 LStVG, 2.

[334] *B. J. Hartmann*, JuS 2008, 593, 595; Becker/Heckmann/Kempen/Manssen/*D. Heckmann*, Öffentliches Recht in Bayern, 3. Teil C. Rn. 193 f.; mit Blick auf das Polizeirecht hebt Lisken/Denninger/*M. Bäcker*, Handbuch des Polizeirechts, D. Rn. 206 ff., die besondere Bedeutung des Aspekts der effektiven Gefahrenabwehr hervor.

[335] Becker/Heckmann/Kempen/Manssen/*D. Heckmann*, Öffentliches Recht in Bayern, 3. Teil C. Rn. 193 f.; a.A. BeckOK PolR Bayern/*J. F. Lindner*, PAG Art. 8 Rn. 29, wonach diesen Aspekten neben dem Primat der effektiven Gefahrenabwehr eine untergeordnete Nebenrolle zukommen soll; *H. Sodan/J. Ziekow*, Grundkurs Öffentliches Recht, 10. Aufl. 2023, § 79 Rn. 12 geht davon aus, dass solche Faktoren erst dann Berücksichtigung finden können, wenn mehrere Störer eine Gefahr gleichermaßen gut beseitigen können.

[336] Busse/Kraus/*A. Decker*, BayBO Art. 76 Rn. 179 m.w.N.; Lisken/Denninger/*M. Bäcker*, Handbuch des Polizeirechts, D. Rn. 209.

Pächter eines Gebäudes zutreffen. So kann es beispielsweise zur Beseitigung baurechtswidrig errichteter baulicher Anlagen zweck- und verhältnismäßig sein, den Bauherren vor dem Grundstückseigentümer in Anspruch zu nehmen.[337]

Damit der durch die behördliche Verpflichtung in Anspruch Genommene aber überhaupt rechtmäßiger Weise in den Kreis der möglichen Adressaten einer Maßnahme fallen könnte, müsste ihm gegenüber diese Maßnahme allgemein in rechtmäßiger und insbesondere verhältnismäßiger Weise ergehen können.[338] Nur wenn mehreren Adressaten gegenüber jeweils für sich genommen verhältnismäßige Maßnahmen ergehen könnten, muss eine wiederum verhältnismäßige Auswahlentscheidung getroffen werden, welcher Adressat letztlich in Anspruch zu nehmen ist.[339] Damit kommt es also zunächst auf die Verhältnismäßigkeit der an den nicht (allein) berechtigten Verfügungsadressaten ergangenen Verfügung als solcher an. Nur wenn die Maßnahme als solche gegenüber dem Verfügungsadressaten hätte ergehen dürfen, ist die Frage nach dessen verhältnismäßiger Auswahl überhaupt noch relevant.[340]

V. Verhältnismäßigkeit der Maßnahme

1. Allgemeine Anforderungen an die Verhältnismäßigkeit der Abrissverfügung

Sowohl eine auf Art. 76 S. 1 BayBO bzw. Art. 54 Abs. 4 BayBO[341] als auch eine auf Art. 7 Abs. 2 Nr. 3 LStVG[342] gestützte Abrissverfügung muss dem Prinzip der Verhältnismäßigkeit entsprechen. Dies ergibt sich bereits aus dem Rechtsstaats-

---

[337] Vgl. für diese Konstellation bezüglich der gesamtschuldnerischen Pflicht zur Störungsbeseitigung von Handlungs- und Zustandsstörer und dem behördlichen Auswahlermessen nach dem Prinzip der Effektivität der Gefahrenabwehr VGH München, Urt. v. 22.04. 1992, 2 B 90.1348, NJW 1993, 81 f.

[338] *T. Kingreen/R. Poscher*, in: Pieroth/Schlink/Kniesel, Polizei- und Ordnungsrecht, 9. Aufl. 2016, § 9 Rn. 89.

[339] *T. Kingreen/R. Poscher*, in: Pieroth/Schlink/Kniesel, Polizei- und Ordnungsrecht, 9. Aufl. 2016, § 9 Rn. 89.

[340] Lisken/Denninger/*M. Bäcker*, Handbuch des Polizeirechts, D. Rn. 206 ff., bezieht bereits Aspekte der Verhältnismäßigkeit der Maßnahme, die vom konkreten Maßnahmenadressaten abhängen können, in die Prüfung der Auswahlentscheidung mit ein; so umfasst bei ihm die Überprüfung der Auswahlentscheidung auch die rechtliche Leistungsfähigkeit des potenziellen Adressaten, also die subjektive rechtliche (Un-)Möglichkeit der Umsetzung der Maßnahme (als eine Komponente ihrer Verhältnismäßigkeit); m. E. ist der Prüfungspunkt der subjektiven rechtlichen (Un-)Möglichkeit der Umsetzung der Maßnahme schon aus Gründen der Übersichtlichkeit besser bei der sogleich erfolgenden Prüfung der Verhältnismäßigkeit der Maßnahme unter dem allgemeinen Prüfungspunkt der (Un-)Möglichkeit der Maßnahme zu verorten.

[341] *F. Stollmann/G. Beaucamp*, Öffentliches Baurecht, 13. Aufl. 2022, § 19 Rn. 33.

[342] *T. Kingreen/R. Poscher*, Polizei- und Ordnungsrecht, 12. Aufl. 2022, § 10 Rn. 1, 15.

prinzip gemäß Art. 20 Abs. 3 GG,[343] aus den Anforderungen an eine ordnungsgemäße Ermessensausübung gemäß § 40 VwVfG[344] und auch aus sicherheitsrechtlichen Spezialvorschriften wie Art. 54 Abs. 2 S. 2 BayBO[345] oder Art. 8 LStVG[346]. Die Verfügung muss also in jedem Fall ein legitimes Ziel verfolgen, zur Erreichung oder zumindest Förderung dieses Ziels geeignet sein, es darf im Sinne der Erforderlichkeit kein ebenso wirksames, aber die von der Maßnahme Betroffenen weniger belastendes Mittel zur Verfügung stehen und die mit der Maßnahme einhergehende Beeinträchtigung darf nicht zum damit erzielten Zweck außer Verhältnis stehen.[347]

Im Falle von bauaufsichtlichem Einschreiten ergibt sich bereits aus Art. 54 Abs. 2 S. 2 BayBO, dass die handelnde Behörde nur die zur Wahrnehmung ihrer Aufgaben erforderlichen Maßnahmen ergreifen darf, was eine direkte gesetzliche Verankerung der behördlichen Bindung an den Grundsatz der Verhältnismäßigkeit darstellt.[348] Bei einer auf Art. 76 S. 1 BayBO gestützten Abrissverfügung gibt, wie oben angesprochen, auch der Wortlaut des Art. 76 S. 1 BayBO vor, dass eine Abrissverfügung nur ergehen darf, sofern keine andere Möglichkeit besteht, rechtmäßige Zustände herzustellen.[349] Auch diese Regelung verweist damit explizit auf die behördliche Bindung an den Grundsatz der Verhältnismäßigkeit und greift dabei insbesondere den bereits genannten Aspekt der Erforderlichkeit auf, da gerade kein milderes Mittel ersichtlich sein darf, um rechtmäßige Zustände zu schaffen. Damit kann der Abriss eines Gebäudes beispielsweise nur dann angeordnet werden, wenn nicht unter Nutzung der Befugnis aus Art. 76 S. 3 BayBO von der Behörde die Stellung eines Bauantrages gefordert werden kann und die verlässliche Aussicht besteht, dass die Legalisierung des Gebäudes durch die Stattgabe des Bauantrages erfolgen würde.[350] Auch darf nicht die Anordnung einer Nutzungsuntersagung ausreichen, um rechtmäßige Zustände herzustellen.[351] Sofern für die Herstellung rechtmäßiger Zustände Abrissmaßnahmen erforderlich sind, muss wiederum beachtet werden, dass das Verlangen einer vollständigen Beseitigung unverhältnismäßig wäre, wenn auch ein

---

[343] BVerfG, Beschl. v. 15.12.1965, 1 BvR 513/65, BVerfGE 19, 342; *M. Klatt/M. Meister*, JuS 2014, 193 ff.; Dürig/Herzog/Scholz/*B. Grzeszick*, GG Art. 20 VII. Rn. 110 m.w.N.

[344] BeckOK VwVfG/*M. Aschke*, VwVfG § 40 Rn. 55 m.w.N.

[345] Busse/Kraus/*F. Dirnberger*, BayBO Art. 54 Rn. 61 m.w.N.

[346] Körner/Mehringer/Johannsen/Lerm/*P. Lerm*, Art. 8 LStVG, 1.

[347] *L. O. Michaelis*, JA 2021, 573 ff.

[348] Busse/Kraus/*F. Dirnberger*, BayBO Art. 54 Rn. 56; Schwarzer/König/*T. Weber*, BayBO Art. 54 Rn. 16, 34; BeckOK BauordnungsR Bayern/*G. Manssen*, BayBO Art. 54 Rn. 22, Art. 76 Rn. 46 ff.

[349] Siehe Kapitel 2, § 2 A. III.

[350] VGH München, Beschl. v. 05.12.2019, 9 ZB 18.1263, BeckRS 2019, 32505; BeckOK BauordnungsR Bayern/*G. Manssen*, BayBO Art. 76 Rn. 47; Schwarzer/König/*T. Weber*, BayBO Art. 76 Rn. 5, 17.

[351] Schwarzer/König/*T. Weber*, BayBO Art. 76 Rn. 17; Busse/Kraus/*A. Decker*, BayBO Art. 76 Rn. 242; BeckOK BauordnungsR Bayern/*G. Manssen*, BayBO Art. 76 Rn. 48.

teilweiser Abbruch ausreichen würde.[352] Ein solcher Teilabriss kommt aber nur dann in Betracht, wenn die betroffene Anlage bautechnisch teilbar und eine Teilung mit der vom Bauherrn bestimmten Funktion vereinbar ist, sodass nach dem Teilabriss eine funktionsgemäß nutzbare Anlage übrigbleibt.[353]

Sofern durch eine allgemeine Sicherheitsbehörde auf Grundlage des Art. 7 Abs. 2 LStVG eine entsprechende Abrissverfügung erlassen werden soll, erklärt Art. 8 LStVG nochmals explizit, dass die Behörde dabei an den Grundsatz der Verhältnismäßigkeit gebunden ist.[354] So darf nach Art. 8 Abs. 1 LStVG nur die mögliche und geeignete Maßnahme ergriffen werden, die den Einzelnen und die Allgemeinheit am wenigsten beeinträchtigt; es darf im Sinne des Verhältnismäßigkeitsgrundsatzes also von den zur Erreichung eines legitimen Zwecks geeigneten Maßnahmen nur diejenige gewählt werden, die bei hinreichender Effizienz zur geringsten Beeinträchtigung führt.[355] Art. 8 Abs. 2 LStVG gibt darüber hinaus vor, dass ein durch die Maßnahme zu erwartender Schaden nicht erkennbar außer Verhältnis zu dem beabsichtigten Erfolg stehen darf, sodass im Sinne des Verhältnismäßigkeitsgrundsatzes die Angemessenheit der Maßnahme zu prüfen ist.[356]

2. Ungeeignetheit einer gegenüber einem zivilrechtlich Nichtberechtigten erlassenen Abrissverfügung

Im vorliegend betrachteten Fall einer Abrissverfügung, die gegenüber einem zivilrechtlich zur Umsetzung der geforderten Handlung nicht (allein) berechtigten Adressaten ergehen soll, ist im Rahmen der Prüfung der Verhältnismäßigkeit der behördlichen Maßnahme insbesondere der Prüfungspunkt der Geeignetheit problematisch. Denn vom Adressaten einer Maßnahme etwas diesem rechtlich Unmögliches abzuverlangen, ist als ungeeignet im Sinne des Verhältnismäßigkeitsprinzips anzusehen.[357] Um geeignet zu sein, muss der Zweck einer Maßnahme durch diese zwar nicht gänzlich erreicht werden. Vielmehr reicht es aus, wenn die Maß-

---

[352] Schwarzer/König/*T. Weber*, BayBO Art. 76 Rn. 18; *F. Stollmann/G. Beaucamp*, Öffentliches Baurecht, 13. Aufl. 2022, § 19 Rn. 33.

[353] VGH München, Urt. v. 29.09.2003, 1 B 01.2425, NVwZ-RR 2004, 238; Busse/Kraus/*A. Decker*, BayBO Art. 76 Rn. 249; Schwarzer/König/*T. Weber*, BayBO Art. 76 Rn. 18.

[354] BeckOK PolR Bayern/*M. Goldhammer*, LStVG Art. 8 Rn. 1; Körner/Mehringer/Johannsen/Lerm/*P. Lerm*, LStVG Art. 8, 1.

[355] BeckOK PolR Bayern/*M. Goldhammer*, LStVG Art. 8 Rn. 32 ff., 47 ff.; Körner/Mehringer/Johannsen/Lerm/*P. Lerm*, LStVG Art. 8, 2.

[356] BeckOK PolR Bayern/*M. Goldhammer*, LStVG Art. 8 Rn. 55 ff.; Körner/Mehringer/Johannsen/Lerm/*P. Lerm*, LStVG Art. 8, 3.; *L. O. Michaelis*, JA 2021, 573 (577).

[357] BVerwG, Urt. v. 21.07.2010, 6 C 22/09, BVerwGE 137, 275–318; Becker/Heckmann/Kempen/Manssen/*D. Heckmann*, Öffentliches Recht in Bayern, 3. Teil C. Rn. 154 f., H. Rn. 492; *M. Wallerath*, Allgemeines Verwaltungsrecht, 6. Aufl. 2009, § 7 Rn. 27.

nahme den Zweck fördert.[358] Allerdings ist die Maßnahme als ungeeignet anzusehen, wenn eine Förderung des Zwecks ausgeschlossen ist, was wiederum dann der Fall ist, wenn die Maßnahme dem Adressaten unmöglich ist. Dies gilt grundsätzlich sowohl in tatsächlicher wie auch in rechtlicher Hinsicht.[359] So gibt zum Beispiel die Bekanntmachung zum Vollzug des Landesstraf- und Verordnungsgesetzes des Bayerischen Staatsministeriums des Innern vom 8. August 1986, Az. IC2–2105–1/16, zuletzt geändert mit Bekanntmachung vom 5. Juni 2021 (BayMBl. Nr. 456, Nr. 476) (VollzBekLStVG), unter Punkt 8.1.1 vor, dass unter den von Art. 8 Abs. 1 LStVG genannten „möglichen" Maßnahmen solche zu verstehen sind, denen keine rechtlichen Schranken entgegenstehen und die nach Sachlage tatsächlich ausführbar sind. Unter Punkt 8.1.2 der VollzBekLStVG wird erklärt, dass Maßnahmen dann wiederum „geeignet" im Sinne des Art. 8 Abs. 1 LStVG sind, wenn sie nicht nur rechtlich und tatsächlich möglich sind, sondern der mit ihnen angestrebte Zweck auch ganz oder wenigstens teilweise erreicht werden kann.

Vor diesem Hintergrund stellt sich die Frage, inwieweit dem im vorliegend betrachteten Fall zivilrechtlich nicht (allein) berechtigten Adressaten die von ihm verlangte Handlung unmöglich ist. Insbesondere erscheint es denkbar, dass dem behördlich in Anspruch Genommenen die von ihm verlangte Handlung aufgrund des der Handlung entgegenstehenden (Mit-)Eigentums des Drittberechtigten (rechtlich) unmöglich ist. Zur Beantwortung dieser Frage und der Untersuchung der damit verbundenen Probleme ist deshalb im Nachfolgenden zu klären, (a)) was unter „Unmöglichkeit" im Sinne des Verwaltungsrechts (aa)) ganz allgemein zu verstehen ist und (bb)) ob der vorliegend betrachtete Fall darunter zu fassen ist. Daran anschließend soll sogleich untersucht werden, (b)) was aus dieser Unmöglichkeit (aa)) im Allgemeinen und (bb)) – gegebenenfalls – im vorliegenden Fall folgt.

a) Das Vorliegen von „Unmöglichkeit"

Bei der Bestimmung dessen, was im Sinne des Verwaltungsrechtes als unmöglich anzusehen ist muss zunächst beachtet werden, dass das materielle Verwaltungsrecht keine gesetzlichen Vorgaben zur Unmöglichkeit enthält. Zur Feststellung des verwaltungsrechtlichen Unmöglichkeitsbegriffes muss deshalb auf die durch Rechtsprechung und Literatur entwickelten Definitionen zurückgegriffen und auf das Verwaltungsverfahrensrecht – dabei insbesondere § 44 VwVfG – abgestellt werden, um die darin enthaltenen gesetzlich vorgegebenen Implikationen hinsichtlich der Unmöglichkeit im Verwaltungsrecht als Anknüpfungspunkt heranzuziehen.

---

[358] VGH München, Beschl. v. 18.02.1999, 24 CS 98.3198, NVwZ 2000, 454; BeckOK VwVfG/*M. Aschke*, VwVfG § 40 Rn. 55; *M. Klatt/M. Meister*, JuS 2014, 193 (195).

[359] BVerwG, Urt. v. 21.07.2010 – 6 C 22/09, BVerwGE 137, 275–318; Becker/Heckmann/Kempen/Manssen/*D. Heckmann*, Öffentliches Recht in Bayern, 3. Teil C. Rn. 154f., H. Rn. 492.

aa) Die Definition des Unmöglichen im Verwaltungsrecht

Sofern in der wissenschaftlichen Literatur und Rechtsprechung zum Verwaltungsrecht überhaupt der Begriff der Unmöglichkeit näher ausdifferenziert dargestellt wird, kommt es häufig zu der bereits angesprochenen Unterscheidung zwischen tatsächlicher und rechtlicher Unmöglichkeit.[360] Eine verwaltungsrechtliche Maßnahme ist demnach tatsächlich unmöglich, wenn sie aufgrund faktischer Gegebenheiten nach dem Stand der Wissenschaft und Technik nicht ausgeführt werden kann.[361] Daneben wird die rechtliche Unmöglichkeit zur Ausführung einer Maßnahme gestellt, die dann vorliegt, wenn der Verfügungsadressat die von ihm verlangte Handlung aus rechtlichen Gründen nicht ausführen darf, etwa weil sie strafrechtlich verboten ist oder der Verfügungsadressat zu deren Vornahme privatrechtlich nicht berechtigt ist.[362] Darüber hinaus wird noch zwischen subjektiver und objektiver Unmöglichkeit unterschieden, ob also nur der konkrete Adressat einer Verfügung die von ihm verlangte Maßnahme nicht ausführen kann, ein anderer aber grundsätzlich schon (subjektive Unmöglichkeit), oder ob die Maßnahme von niemandem ausgeführt werden kann (objektive Unmöglichkeit).[363] Diese Definitionen und Unterscheidungen schlagen sich lediglich in den in § 44 VwVfG enthaltenen Regelungen und Implikationen gesetzlich nieder; deshalb wird bei der Darstellung der Unmöglichkeit im Verwaltungsrecht häufig auf diese Vorschrift Bezug genommen und zugleich noch auf die sich aus der Norm des § 44 VwVfG ergebenden Konsequenzen für eine etwas im Sinne des Verwaltungsrechts Unmögliches verlangende Verfügung eingegangen.[364] So enthält § 44 Abs. 2 Nr. 4 VwVfG eine Aussage zu dem, was vorstehend als tatsächliche objektive Unmöglichkeit bezeichnet wurde, indem er regelt, dass ein Verwaltungsakt nichtig ist, den aus tatsächlichen Gründen niemand ausführen kann. § 44 Abs. 2 Nr. 5 VwVfG regelt einen Sonderfall der dargestellten rechtlichen Unmöglichkeit im Sinne der verwaltungsrechtlichen Literatur und

---

[360] VG Minden, Urt. v. 18.12.2020, 9 K 2950/19, juris; *T. Sauerland*, Allgemeines Verwaltungsrecht, 3. Aufl. 2022, § 13 Rn. 7 ff.; *T. Siegel*, Allgemeines Verwaltungsrecht, 14. Aufl. 2022, § 13 Rn. 537 ff.; *D. Benrath*, in: Eisentraut, Verwaltungsrecht in der Klausur, 2020, § 2 Rn. 779; *H. Maurer/C. Waldhoff*, Allgemeines Verwaltungsrecht, 21. Aufl. 2024, § 10 Rn. 53; Mann/Sennekamp/Uechtritz/*A. Leisner-Egensperger*, VwVfG § 44 Rn. 35 ff.

[361] OVG Nordrhein-Westfalen, Beschl. v. 17.12.2020, 5 A 2300/19, NZV 2022, 190 (193); *T. Sauerland*, Allgemeines Verwaltungsrecht, 3. Aufl. 2022, § 13 Rn. 7 ff.; Kopp/Ramsauer/*U. Ramsauer*, VwVfG § 44 Rn. 39.

[362] *T. Sauerland*, Allgemeines Verwaltungsrecht, 3. Aufl. 2022, § 13 Rn. 7 ff.; Kopp/Ramsauer/*U. Ramsauer*, VwVfG § 44 Rn. 40.

[363] Hessischer VGH, Beschl. v. 24.11.1999, 8 UZ 993/99, juris; VG München, Beschl. v. 08.02.2012, M 2 S 12.463, BeckRS 2012, 49722; *T. Sauerland*, Allgemeines Verwaltungsrecht, 3. Aufl. 2022, § 13 Rn. 7 ff.; *D. Benrath*, in: Eisentraut, Verwaltungsrecht in der Klausur, 2020, § 2 Rn. 779; *H. Maurer/C. Waldhoff*, Allgemeines Verwaltungsrecht, 21. Aufl. 2024, § 10 Rn. 53.

[364] *T. Sauerland*, Allgemeines Verwaltungsrecht, 3. Aufl. 2022, § 13 Rn. 7 ff.; *H. Maurer/C. Waldhoff*, Allgemeines Verwaltungsrecht, 21. Aufl. 2024, § 10 Rn. 53 f.

Rechtsprechung,[365] indem dort vorgegeben wird, dass ein Verwaltungsakt nichtig ist, der die Begehung einer rechtswidrigen Tat verlangt, die einen Straf- oder Bußgeldtatbestand verwirklicht. Allerdings enthalten diese Regelungen des § 44 VwVfG gerade keine eigene originäre Definition von Unmöglichkeit, sondern greifen nur einzelne Formen eines in der verwaltungsrechtlichen Literatur und Rechtsprechung bereits vorausgesetzten Unmöglichkeitsbegriffs auf, der die vorstehenden Unterscheidungen zwischen tatsächlicher und rechtlicher, subjektiver und objektiver Unmöglichkeit kennt. Eine darüber hinaus gehende Begründung oder gar dogmatische Herleitung, aus der sich eine für das Verwaltungsrecht gültige Definition und Ausdifferenzierung des Unmöglichkeitsbegriffes ergibt, unterbleibt in der verwaltungsrechtlichen Literatur und Rechtsprechung aber regelmäßig. Nachfolgend sollen deshalb zwei wissenschaftliche Abhandlungen eingehender vorgestellt werden, die eine Herleitungen des Begriffs der Unmöglichkeit im Verwaltungsrecht enthalten.

(1) Der Rückgriff auf die Definition im Zivilrecht und deren verwaltungsspezifische Modifikation durch Carlludwig Franck

Bereits lange vor dem Inkrafttreten des VwVfG am 1. Januar 1977[366] und damit der Einführung des § 44 VwVfG hat Carlludwig Franck im Jahr 1926 eine von dieser Vorschrift naturgemäß unabhängige Untersuchung der Unmöglichkeit im Verwaltungsrecht vorgelegt und dabei für die Herleitung des Unmöglichkeitsbegriffs im Verwaltungsrecht auf das Privatrecht zurückgegriffen.[367] So zog er die bereits im bürgerlichen Recht bekannten Unterscheidungen zwischen der ursprünglich vorliegenden und der nachträglich eintretenden Unmöglichkeit, der in den Umständen begründeten (objektiven) und der in der Person des Pflichtigen liegenden (subjektiven) Unmöglichkeit, sowie der tatsächlichen und rechtlichen Unmöglichkeit heran.[368] Auch wenn Francks Werk von der Regelungslage im Jahr 1926 ausgeht, haben die von ihm genannten Unterscheidungen im Zivilrecht bis heute Gültigkeit. Gesetzlicher Anknüpfungspunkt für die Untersuchung des Unmöglichkeitsbegriffes im Zivilrecht war bereits für Franck § 275 BGB in der im Jahre 1926 gültigen Fassung;[369] und auch heute noch ist § 275 BGB – in seiner aktuellen Fassung – Anknüpfungspunkt für die Untersuchung des Unmöglichkeitsbegriffes im Zivilrecht.

(a) Der Unmöglichkeitsbegriff im Zivilrecht

Bei der im Zivilrecht nach wie vor gültigen Unterscheidung zwischen anfänglicher und nachträglicher Unmöglichkeit ist danach zu differenzieren, ob das zur Unmöglichkeit führende Leistungshindernis bereits beim Entstehen des Schuld-

---

[365] Kopp/Ramsauer/*U. Ramsauer*, VwVfG § 44 Rn. 40.

[366] Vgl. Verwaltungsverfahrensgesetz (VwVfG) vom 25.05.1976, BGBl I S. 1253.

[367] *C. Franck*, Die Unmöglichkeit im Verwaltungsrecht, 1926, S. 2 ff.

[368] *C. Franck*, Die Unmöglichkeit im Verwaltungsrecht, 1926, S. 2 ff.

[369] *C. Franck*, Die Unmöglichkeit im Verwaltungsrecht, 1926, S. 2 ff.

verhältnisses vorlag oder erst danach eingetreten ist.[370] Neben § 275 BGB als Ausgangsnorm sind insbesondere § 311a BGB spezielle Regelungen zu den Rechtsfolgen bei der anfänglichen Unmöglichkeit einer Leistungserbringung zu entnehmen.[371]

Objektive Unmöglichkeit liegt vor, wenn die Leistung für jedermann unmöglich ist, die Leistung also niemand erbringen kann, beispielsweise weil der Leistungsgegenstand nicht mehr existiert oder die Leistung aus anderen Gründen naturwissenschaftlich nicht erbracht werden kann.[372] Demgegenüber liegt subjektive Unmöglichkeit oder auch Unvermögen vor, wenn die Leistung lediglich dem Schuldner unmöglich ist, ein Dritter sie aber erbringen kann.[373]

Es wird im Zivilrecht auch weiterhin zwischen tatsächlicher und rechtlicher Unmöglichkeit einer geschuldeten Leistung unterschieden.[374] Dabei ist von tatsächlicher – physikalischer – Unmöglichkeit auszugehen, wenn eine geschuldete Leistung nach den Naturgesetzen nicht erbracht werden kann, etwa wenn eine geschuldete Sache zerstört wurde oder eine geschuldete Werkleistung technisch nicht realisierbar ist.[375] Aber auch Fälle einer sogenannten „Zweckverfehlung" sollen in die Kategorie der tatsächlichen Unmöglichkeit fallen.[376] Diese liegen dann vor, wenn eine Leistung zwar physisch noch erbracht werden könnte, aber sinnlos geworden ist, weil etwa der geschuldete oder bezweckte Erfolg bereits anderweitig eingetreten ist – hier wird von sogenannter „Zweckerreichung" gesprochen – oder dieser Erfolg nicht mehr eintreten kann; hier wird von sogenanntem „Zweckfortfall" gesprochen.[377] Dies kann beispielsweise der Fall sein, wenn ein Patient vor der medizinischen Behandlung durch einen Arzt wieder gesundet (Zweckerreichung) oder vor der Behandlung stirbt (Zweckfortfall).

---

[370] *H. Brox/W.-D. Walker*, Allgemeines Schuldrecht, 47. Aufl. 2023, § 22 Rn. 11 f.; *S. Lorenz*, JuS 2022, 394 (395); *H.-J. Musielak/W. Hau*, Grundkurs BGB, 18. Aufl. 2023, § 6 Rn. 511.

[371] Schulze/*M. Fries*, BGB § 311a Rn. 1; Herberger/Martinek/Rüßmann/Weth/Würdinger/*D. Seichter*, § 311a BGB Rn. 1; *H. Brox/W.-D. Walker*, Allgemeines Schuldrecht, 47. Aufl. 2023, § 22 Rn. 11, 64 ff.

[372] *H. Brox/W.-D. Walker*, Allgemeines Schuldrecht, 47. Aufl. 2023, § 22 Rn. 4 ff.; *S. Lorenz*, JuS 2022, 394 (395); *H.-J. Musielak/W. Hau*, Grundkurs BGB, 18. Aufl. 2023, § 6 Rn. 511, 514.

[373] *H. Brox/W.-D. Walker*, Allgemeines Schuldrecht, 47. Aufl. 2023, § 22 Rn. 7; *S. Lorenz*, JuS 2022, 394 (395); *H.-J. Musielak/W. Hau*, Grundkurs BGB, 18. Aufl. 2023, § 6 Rn. 511.

[374] *S. Lorenz*, JuS 2022, 394 ff.; *H.-J. Musielak/W. Hau*, Grundkurs BGB, 18. Aufl. 2023, § 6 Rn. 512; Schulze/*R. Schulze*, BGB § 275 Rn. 10 ff.

[375] *S. Lorenz*, JuS 2022, 394; Schulze/*R. Schulze*, BGB § 275 Rn. 10; BeckOK BGB/*S. Lorenz*, BGB § 275 Rn. 22.

[376] *S. Lorenz*, JuS 2022, 394 f.; Schulze/*R. Schulze*, BGB § 275 Rn. 10; Grüneberg/*C. Grüneberg*, BGB § 275 Rn. 18 f., der die Bezeichnung „Zweckstörung" verwendet.

[377] *S. Lorenz*, JuS 2022, 394 f.; Schulze/*R. Schulze*, BGB § 275 Rn. 10; BeckOK BGB/*S. Lorenz*, BGB § 275 Rn. 44.

Rechtliche Unmöglichkeit liegt wiederum dann vor, wenn einem Schuldner die Leistungserbringung aus rechtlichen Gründen unmöglich oder verboten ist, also der geschuldete Erfolg aus Rechtsgründen nicht herbeigeführt werden kann oder nicht herbeigeführt werden darf.[378]

Bei der rechtlichen Unmöglichkeit sind somit zwei Fallgruppen zu unterscheiden, wobei zu der ersten Fallgruppe, in der der geschuldete Erfolg rechtlich nicht herbeigeführt werden kann, insbesondere zwei typische Fallkonstellationen gezählt werden: entweder ist die Leistung unmöglich, weil der angestrebte rechtliche Erfolg bereits eingetreten ist, also beispielsweise der Käufer einer Sache bereits deren Eigentümer ist, oder die Rechtsordnung den angestrebten Erfolg nicht anerkennt, wie bei der Veräußerung eines Reisepasses, der dem Verkehr entzogen ist.[379] Zu dieser ersten Fallgruppe gehören aber auch Konstellationen, in denen die Rechtsmacht[380] des Schuldners zur Vornahme der von ihm geschuldeten Leistung endgültig nicht ausreicht, beispielsweise wenn er nicht das Eigentum an einer von ihm zu übereignenden Sache innehat und ausgeschlossen ist, dass er das Eigentum daran zur Erfüllung seiner Leistungspflicht wird erlangen können.[381] Umgekehrt liegt keine rechtliche Unmöglichkeit im Sinne des § 275 Abs. 1 BGB vor, wenn zwar der Schuldner eine Leistung mangels ausreichender eigener Rechtsmacht nicht erfüllen kann, ihm die Erfüllung aber durch die – nicht ausgeschlossene – Mitwirkung eines Dritten möglich bleibt.[382] Ist die Rechtsmacht des Schuldners zur Erfüllung seiner Leistungspflicht endgültig nicht ausreichend, wobei ein (nicht zur Mitwirkung bereiter) Dritter durchaus in der Lage wäre, die Leistung zu erfüllen, liegt hinsichtlich des Schuldners entsprechend der bereits vorgestellten Unterscheidung subjektive rechtliche Unmöglichkeit bzw. rechtliches Unvermögen[383] vor.[384]

---

[378] MüKoBGB Band 2/*W. Ernst*, BGB § 275 Rn. 48 ff.; *S. Lorenz*, JuS 2022, 394 (395); Schulze/*R. Schulze*, BGB § 275 Rn. 12.

[379] MüKoBGB Band 2/*W. Ernst*, BGB § 275 Rn. 49; BeckOK BGB/*S. Lorenz*, BGB § 275 Rn. 25 ff.; Herberger/Martinek/Rüßmann/Weth/Würdinger/*D. Seichter*, § 275 BGB Rn. 32.

[380] Es ist zu beachten, dass der vielbedeutende Begriff der „Rechtsmacht" hier in einem spezifisch (zivil-)rechtlichen Sinne gebraucht wird; es soll darunter die durch das objektive Recht eingeräumte Möglichkeit, seine Interessen im Rahmen der durch die Rechtsordnung zur Verfügung gestellten Möglichkeiten zu verfolgen und umzusetzen, verstanden werden, vgl. *J. Plate*, Das gesamte examensrelevante Zivilrecht, 3. Aufl. 2006, S. 51.

[381] Herberger/Martinek/Rüßmann/Weth/Würdinger/*D. Seichter*, § 275 BGB Rn. 31; Staudinger/*G. Caspers*, Buch 2 (§§ 255–304 BGB), BGB § 275 Rn. 45; Erman/*D. Ulber*, BGB § 275 Rn. 41.

[382] Staudinger/*G. Caspers*, Buch 2 (§§ 255–304 BGB), BGB § 275 Rn. 71 f.; Grüneberg/*C. Grüneberg*, BGB § 275 Rn. 23; Erman/*D. Ulber*, BGB § 275 Rn. 41 ff.

[383] Zur Verwendung des Begriffs vgl. Grüneberg/*C. Grüneberg*, BGB § 275 Rn. 23; kritisch jedoch MüKoBGB Band 2/*W. Ernst*, BGB § 275 Rn. 63; hier soll dieser Begriff schon aus Gründen der Übersichtlichkeit verwendet werden.

[384] Schulze/*R. Schulze*, BGB § 275 Rn. 15; Staudinger/*G. Caspers*, Buch 2 (§§ 255–304 BGB), BGB § 275 Rn. 64 ff., 71; BeckOK BGB/*S. Lorenz*, BGB § 275 Rn. 47.

Die zweite Fallgruppe der rechtlichen Unmöglichkeit im Zivilrecht bilden Konstellationen, in denen der Schuldner bei der Erfüllung einer Verpflichtung gegen ein gesetzliches Verbot verstoßen würde.[385] So können der Leistung beispielsweise behördliche Ein- und Ausfuhrverbote, Produktions- und Gewerbeverbote, Arbeitsverbote, die Beschlagnahme des Vertragsgegenstandes oder strafgesetzliche Verbote entgegenstehen.[386] Besonders zu beachten ist dabei die sich in dieser Fallgruppe der rechtlichen Unmöglichkeit potentiell ergebende spezielle Rechtsfolge. So kann es nach den Vorgaben des § 134 BGB zur Nichtigkeit des die Leistungspflicht begründenden Rechtsgeschäftes kommen.[387] Diese Rechtsfolge steht im Kontrast zu den rechtlichen Konsequenzen, die bei den übrigen Formen der Unmöglichkeit nach § 275 Abs. 1 BGB bzw. § 311a BGB grundsätzlich eintreten. Prinzipiell kommt es im Falle der Unmöglichkeit nach den §§ 275 Abs. 1, 311a BGB zur Befreiung von der unmöglich erfüllbaren Leistungsverpflichtung, wohingegen die Wirksamkeit des zugrundeliegenden Verpflichtungsgeschäftes davon nicht unmittelbar betroffen ist.[388] Aufgrund des weiterhin bestehenden Schuldverhältnisses können dann anderweitige Verpflichtungen des Schuldners bestehen, etwa zur Herausgabe eines Surrogates nach § 285 BGB oder zum Schadensersatz nach §§ 280, 283, 311a BGB,[389] aber auch des Gläubigers, etwa zur Erbringung der Gegenleistung nach § 326 Abs. 2 BGB[390]. Aus einem nach § 134 BGB nichtigen Rechtsgeschäft können hingegen (grundsätzlich) von Anfang an keine (damit beabsichtigten) Rechtswirkungen hervorgehen.[391] In der Regelung des § 134 BGB kommt zum Ausdruck, dass die Vertragsfreiheit im Zivilrecht nur in den Grenzen der Rechtsordnung existieren kann, sodass einem Rechtsgeschäft, das gegen ein gesetzliches Verbot verstößt,

---

[385] Staudinger/*G. Caspers*, Buch 2 (§§ 255–304 BGB), BGB § 275 Rn. 40; MüKoBGB Band 2/*W. Ernst*, BGB § 275 Rn. 50; Herberger/Martinek/Rüßmann/Weth/Würdinger/*D. Seichter*, § 275 BGB Rn. 32; eine umfassende Erörterung zum Verhältnis von rechtlicher Unmöglichkeit und gesetzlichen Verboten im Zivilrecht findet sich bei *S. Jäpel*, Rechtliche Unmöglichkeit und gesetzliches Verbot, 2014, S. 57 ff.

[386] Staudinger/*G. Caspers*, Buch 2 (§§ 255–304 BGB), BGB § 275 Rn. 41 ff.; MüKoBGB Band 2/*W. Ernst*, BGB § 275 Rn. 50; Schulze/*R. Schulze*, BGB § 275 Rn. 12.

[387] Staudinger/*G. Caspers*, Buch 2 (§§ 255–304 BGB), BGB § 275 Rn. 44, 68; BeckOK BGB/*S. Lorenz*, BGB § 275 Rn. 32; MüKoBGB Band 2/*W. Ernst*, BGB § 275 Rn. 50, auch mit Beispielen aus dieser Fallgruppe, bei welchen es nicht zur Rechtsfolge des § 134 BGB kommen soll.

[388] BeckOK BGB/*S. Lorenz*, BGB § 275 Rn. 65; Schulze/*R. Schulze*, BGB § 275 Rn. 24; speziell zu § 275 Abs. 1 BGB Erman/*D. Ulber*, BGB § 275 Rn. 85; speziell zu § 311a BGB BeckOK BGB/*M. Gehrlein*, BGB § 311a Rn. 4.

[389] Jauernig/*A. Stadler*, BGB § 275 Rn. 31; Herberger/Martinek/Rüßmann/Weth/Würdinger/*D. Seichter*, § 275 BGB Rn. 77; Erman/*D. Ulber*, BGB § 275 Rn. 85.

[390] Schulze/*M. Fries*/*R. Schulze*, BGB § 326 Rn. 8; BeckOK BGB/*H. Schmidt*, BGB § 326 Rn. 3; Herberger/Martinek/Rüßmann/Weth/Würdinger/*R. M. Beckmann*, § 326 BGB Rn. 19 ff.

[391] *H. Köhler*, BGB Allgemeiner Teil, 47. Aufl. 2023, § 15 Rn. 2.

bereits (grundsätzlich) die Wirksamkeit zu versagen ist.[392] Die Regelung dient damit der Einheit und Widerspruchsfreiheit der Rechtsordnung.[393]

Voraussetzung für die von § 134 BGB vorgegebene Nichtigkeitsfolge ist der Verstoß eines Rechtsgeschäftes gegen ein gesetzliches Verbot. Unter Rechtsgeschäften im Sinne dieser zivilrechtlichen Vorschrift sind dabei insbesondere Verträge, aber auch einseitige Rechtsgeschäfte, wie Testamente oder Kündigungen, sowie privatrechtliche Beschlüsse, beispielsweise von Gesellschaftern einer GmbH, zu verstehen.[394] Auf öffentlich-rechtliche Verträge findet die Vorschrift gemäß § 59 Abs. 1 VwVfG entsprechende Anwendung.[395] Das Verbot eines solchen Rechtsgeschäftes muss sich wiederum aus einem Gesetz ergeben, wobei es sich bei Gesetzen im Sinne des § 134 BGB um Gesetze im formellen Sinne, Verordnungen, Satzungen und Gewohnheitsrecht handeln kann.[396] Ein solches Gesetz enthält ein Verbot im Sinne des § 134 BGB, wenn es die Vornahme eines nach seiner allgemeinen Natur grundsätzlich rechtlich möglichen Rechtsgeschäfts, wegen dessen Inhalts bzw. des mit ihm bezweckten Erfolgs oder auf Grund besonderer Umstände im Hinblick auf die Vornahme des Rechtsgeschäftes, untersagt.[397] Dabei ist nicht erforderlich, dass das Verbot in der jeweiligen Rechtsnorm ausdrücklich ausgesprochen wird, sondern es ist ausreichend, wenn sich das Verbot aus dem Sinn und Zweck des Gesetzes ergibt;[398] dies ist im Zweifel durch Auslegung der Vorschrift zu ermitteln.[399]

Der Verstoß eines Rechtsgeschäftes gegen ein gesetzliches Verbot im Sinne des § 134 BGB ist insbesondere dann gegeben, wenn der Inhalt des Rechtsgeschäftes verbotswidrig ist, etwa weil die zur Erfüllung einer vertraglichen Pflicht unmittelbar notwendige Handlung gegen ein Strafgesetz verstoßen würde.[400] So ist der Vertrag

---

[392] Erman/*A. Arnold*, BGB § 134 Rn. 1; Schulze/*H. Dörner*, BGB § 134 Rn. 1.

[393] Staudinger/*P. S. Fischinger/S. Hengstberger*, Buch 1 (§§ 134–138 BGB u. ProstG), BGB § 134 Rn. 1; *A. Stadler*, Allgemeiner Teil des BGB, 21. Aufl. 2022, § 26 Rn. 2.

[394] BeckOK BGB/*H. Wendtland*, BGB § 134 Rn. 3; MüKoBGB Band 1/*C. Armbrüster*, BGB § 134 Rn. 34; Erman/*A. Arnold*, BGB § 134 Rn. 7.

[395] Schoch/Schneider/*F. Brosius-Gersdorf*, VwVfG § 59 Rn. 85; Mann/Sennekamp/Uechtritz/*T. Mann*, VwVfG § 59 Rn. 43; Stelkens/Bonk/Sachs/*T. Siegel*, VwVfG § 59 Rn. 9.

[396] BGH, Urt. v. 28.04.2015, XI ZR 378/13, NJW 2015, 2248 (2255); Erman/*A. Arnold*, BGB § 134 Rn. 8; Staudinger/*P. S. Fischinger/S. Hengstberger*, Buch 1 (§§ 134–138 BGB u. ProstG), BGB § 134 Rn. 32 ff.

[397] OLG Koblenz, Urt. v. 29.12.2020, 3 U 383/20, BeckRS 2020, 37663 Rn. 28; BeckOK BGB/*H. Wendtland*, BGB § 134 Rn. 9; Staudinger/*P. S. Fischinger/S. Hengstberger*, Buch 1 (§§ 134–138 BGB u. ProstG), BGB § 134 Rn. 49.

[398] BGH, Urt. v. 19.12.1968, VII ZR 83, 84/66 (Hamburg), NJW 1969, 750 (751 f.); BeckOK BGB/*H. Wendtland*, BGB § 134 Rn. 9; Staudinger/*P. S. Fischinger/S. Hengstberger*, Buch 1 (§§ 134–138 BGB u. ProstG), BGB § 134 Rn. 49.

[399] BeckOK BGB/*H. Wendtland*, BGB § 134 Rn. 9; Staudinger/*P. S. Fischinger/S. Hengstberger*, Buch 1 (§§ 134–138 BGB u. ProstG), BGB § 134 Rn. 49; *H. Köhler*, BGB Allgemeiner Teil, 47. Aufl. 2023, § 13 Rn. 12.

[400] Staudinger/*P. S. Fischinger/S. Hengstberger*, Buch 1 (§§ 134–138 BGB u. ProstG), BGB § 134 Rn. 3 ff. m. w. N.

über einen Schwangerschaftsabbruch beispielsweise dann verbotswidrig und nichtig, wenn der Abbruch der Schwangerschaft, also die vertragsgegenständliche Handlung, strafbar ist.[401] Für einen Verstoß gegen ein Verbotsgesetz ist grundsätzlich ausreichend, dass das Rechtsgeschäft dessen objektiven Tatbestand erfüllt.[402] Umstritten ist, ob bei Verstößen gegen Strafgesetze im Hinblick auf die Anwendung des § 134 BGB Besonderheiten gelten. So wird vertreten, dass bei Verstößen gegen Strafgesetze regelmäßig auch deren subjektiver Tatbestand erfüllt sein muss, sofern sich nicht aus dem Schutzzweck der strafgesetzlichen Norm ergibt, dass für eine Anwendung der Strafrechtsnorm im Rahmen des § 134 BGB ausnahmsweise die Erfüllung nur des objektiven Straftatbestands ausreicht.[403] Nach der vorzugswürdigen Gegenansicht ist dieses Regel-Ausnahme-Prinzip aber gerade umzukehren, sodass auch bei Strafgesetzen die bloße Erfüllung des objektiven Tatbestandes für die Anwendung des § 134 BGB regelmäßig ausreichend ist und nur in Ausnahmefällen zusätzlich der subjektive Tatbestand des Strafgesetzes mit erfüllt sein muss.[404] Grund dafür ist, dass sich bei Straf- wie auch bei Ordnungswidrigkeitstatbeständen das gesetzliche Verbot im Sinne des § 134 BGB häufig bereits aus dem objektiven Tatbestand ergibt und die Verwirklichung des subjektiven Tatbestandes nur für die spezielle Sanktion des Verbotsgesetzes, also die Strafe oder Geldbuße, erforderlich ist.[405]

Neben diesen Untergliederungen sind im Zivilrecht aber noch weitere, besondere Formen der Unmöglichkeit bekannt. So ist auch die nur teilweise oder die nur vorübergehende Unmöglichkeit einer Leistung denkbar. Teilweise unmöglich ist eine Leistung dann, wenn sie tatsächlich oder rechtlich teilbar ist, was sich im Zivilrecht aus dem Parteiwillen und der Verkehrsauffassung ergibt, und ein Teil der Leistung aus tatsächlichen oder rechtlichen Gründen nicht erbracht werden kann.[406] Vorübergehend unmöglich ist eine Leistung beispielsweise dann, wenn ihr zum aktuellen Zeitpunkt ein unüberwindbares tatsächliches oder rechtliches Hindernis entgegensteht, das jedoch nach einem gewissen Zeitablauf (möglicherweise) über-

---

[401] AG Bad Oeynhausen, Urt. v. 13.11.1997, 18 C 40–97, NJW 1998, 1799; MüKoBGB Band 1/*C. Armbrüster*, BGB § 134 Rn. 70 m. w. N.

[402] BGH, Urt. v. 25.03.1993, IX ZR 192/92 (Bamberg), NJW 1993, 1638 (1640); BeckOK BGB/*H. Wendtland*, BGB § 134 Rn. 18; Schulze/*H. Dörner*, BGB § 134 Rn. 6.

[403] BeckOK BGB/*H. Wendtland*, BGB § 134 Rn. 18; Erman/*A. Arnold*, BGB § 134 Rn. 14; MüKoBGB Band 1/*C. Armbrüster*, BGB § 134 Rn. 190; bei dem Schutz höchstpersönlicher Rechtsgüter dienenden Strafgesetzen soll beispielsweise die Erfüllung des objektiven Tatbestandes ausreichen, vgl. BGH, Urt. v. 11.12.1991, VIII ZR 4/91 (Frankfurt), NJW 1992, 737 (740).

[404] Staudinger/*P. S. Fischinger/S. Hengstberger*, Buch 1 (§§ 134–138 BGB u. ProstG), BGB § 134 Rn. 76 ff. m. w. N.

[405] Staudinger/*P. S. Fischinger/S. Hengstberger*, Buch 1 (§§ 134–138 BGB u. ProstG), BGB § 134 Rn. 78.

[406] *H. Brox/W.-D. Walker*, Allgemeines Schuldrecht, 47. Aufl. 2023, § 22 Rn. 13 f.; *S. Lorenz*, JuS 2022, 394 (395 f.); *H.-J. Musielak/W. Hau*, Grundkurs BGB, 18. Aufl. 2023, § 6 Rn. 513, 532.

wunden werden kann; die vorübergehende Unmöglichkeit einer Leistungserbringung führt regelmäßig nicht zu den vom BGB vorgesehenen Unmöglichkeitsfolgen.[407]

Letztlich kennt das Zivilrecht noch die mit der Unmöglichkeit eng verknüpfte Kategorie der Unzumutbarkeit. Hierbei ist die dem Schuldner obliegende Leistung zwar nicht aus tatsächlichen oder rechtlichen Gründen unmöglich, allerdings in einem solchen Maße erschwert, dass sie dem Schuldner nicht mehr zugemutet werden kann.[408] Es wird dabei entsprechend der Vorgaben aus § 275 BGB nach einer wirtschaftlichen Leistungserschwerung (§ 275 Abs. 2 BGB) und einer persönlichen Leistungserschwerung (§ 275 Abs. 3 BGB) unterschieden.[409] Dabei muss nach § 275 Abs. 2 BGB der Aufwand des Schuldners zur Erfüllung seiner Leistungspflicht, wovon sowohl Aufwendungen in Geld als auch Tätigkeiten und ähnliche persönliche Anstrengungen umfasst sind, in einem groben Missverhältnis zum Leistungsinteresse des Gläubigers stehen.[410] Im Rahmen der dafür notwendigen Abwägung zu berücksichtigen sind insbesondere der Inhalt des Schuldverhältnisses, die Gebote von Treu und Glauben und die Frage, ob der Schuldner das Leistungshindernis zu vertreten hat.[411] Bei einer beispielsweise im Rahmen eines Dienst-, Arbeits- oder Werkvertrags persönlich zu erbringenden Leistung, kann dem Schuldner nach § 275 Abs. 3 BGB die Leistungserbringung auch aufgrund persönlicher Umstände oder Interessen unzumutbar sein.[412] Dabei ist wiederum eine Abwägung zwischen den persönlichen Umständen des Schuldners, die der Leistung entgegenstehen, und dem Leistungsinteresse des Gläubigers vorzunehmen.[413] Eine nach § 275 Abs. 2 und 3 BGB unzumutbar Leistung führt jedoch, anders als eine nach § 275 Abs. 1 BGB unmögliche Leistung, nicht zum automatischen Ausschluss der Leistungspflicht,

---

[407] *S. Lorenz*, JuS 2022, 394 (396); BeckOK BGB/*S. Lorenz*, BGB § 275 Rn. 39 ff.; Schulze/*R. Schulze*, BGB § 275 Rn. 7, sieht hierin keinen Fall von „Unmöglichkeit".

[408] *S. Lorenz*, JuS 2022, 394 (396 ff.).

[409] *D. Medicus/S. Lorenz*, Schuldrecht I Allgemeiner Teil, 22. Auflage 2021, § 34 Rn. 17 f.

[410] Schulze/*R. Schulze*, BGB § 275 Rn. 21; Herberger/Martinek/Rüßmann/Weth/Würdinger/*D. Seichter*, § 275 BGB Rn. 62 f.; Staudinger/*G. Caspers*, Buch 2 (§§ 255–304 BGB), BGB § 275 Rn. 101.

[411] MüKoBGB Band 2/*W. Ernst*, BGB § 275 Rn. 82; *H. Brox/W.-D. Walker*, Allgemeines Schuldrecht, 47. Aufl. 2023, § 22 Rn. 19; Herberger/Martinek/Rüßmann/Weth/Würdinger/*D. Seichter*, § 275 BGB Rn. 65.

[412] *H. Brox/W.-D. Walker*, Allgemeines Schuldrecht, 47. Aufl. 2023, § 22 Rn. 22; Schulze/*R. Schulze*, BGB § 275 Rn. 23.

[413] Schulze/*R. Schulze*, BGB § 275 Rn. 23; Erman/*D. Ulber*, BGB § 275 Rn. 83; im Hinblick auf diese Abwägung ist dabei u. a. umstritten, ob – im Unterschied zur Abwägung nach § 275 Abs. 2 BGB – das Vertretenmüssen des Leistungshindernisses durch den Schuldner relevant ist; von der Unerheblichkeit des Vertretenmüssens für die Abwägung gehen etwa Schulze/*R. Schulze*, BGB § 275 Rn. 23, u. Jauernig/*A. Stadler*, BGB § 275 Rn. 30, aus. MüKoBGB Band 2/*W. Ernst*, BGB § 275 Rn. 132 nimmt an, dass zu Gunsten des Schuldners durchaus mit in die Abwägung eingestellt werden kann, dass er das Leistungshindernis nicht zu vertreten hat; mit in die Abwägung einzustellen ist das Vertretenmüssen nach BeckOK BGB/*S. Lorenz*, BGB § 275 Rn. 64.

sondern begründet ein Leistungsverweigerungsrecht des unzumutbar belasteten Schuldners.[414]

(b) Die verwaltungsrechtsspezifische Begriffsdifferenzierung zwischen dem Unmöglichen und dem Undenkbaren

Franck wiederum untersucht im weiteren Verlauf seiner Arbeit insbesondere, ob auch die im Zivilrecht – nach wie vor[415] – aus den verschiedenen Formen der Unmöglichkeit resultierende Rechtsfolge, nämlich die Befreiung von der Leistungspflicht, auf das Verwaltungsrecht übertragen werden kann. Dabei kommt er zu dem Ergebnis, dass die Eigenarten des Verwaltungsrechts im Vergleich zum Zivilrecht einer solchen Übertragung entgegenstehen würden.

Im Zivilrecht kommt es demnach entweder zu einem automatischen Entfall der Leistungspflicht, sobald diese unmöglich wird, oder die Pflicht wird schon gar nicht existent, sofern sie von vornherein unmöglich ist.[416] Dies begründe sich durch das den zivilrechtlichen Regelungen zugrundeliegende Prinzip der Billigkeit, wonach es einerseits sinnlos erscheine, den Verpflichteten an einer unmöglichen Leistung festzuhalten, aber andererseits auch die Interessen des Gläubigers an der (nunmehr) unmöglichen Leistung durch Ersatzansprüche gewahrt bleiben würden.[417] Im Privatrecht komme es dabei weniger darauf an, dass ein Gläubiger eine ihm geschuldete Leistung auf alle Fälle erhält, als vielmehr darauf, dass weder Gläubiger noch Schuldner durch den Eintritt der Unmöglichkeit zu Gunsten des anderen übervorteilt werden.[418] Diese auf die im Zivilrecht vorgefundene Interessenlage passenden Folgen der Unmöglichkeit würden sich aber nicht auf das Verwaltungsrecht übertragen lassen.

Im Verwaltungsrecht gehe es nicht um den Ausgleich von Interessen der an einem Schuldverhältnis beteiligten Parteien, sondern um die Wahrnehmung staatlicher Aufgaben im Allgemeininteresse.[419] Zwar stünde es auch für das Verwaltungsrecht außer Zweifel, dass eine etwas Unmögliches verlangende öffentlich-rechtliche Verpflichtung keine Rechtsbeständigkeit haben könne.[420] Jedoch sei damit nicht gesagt, dass die öffentlich-rechtliche Verpflichtung entsprechend der Regelungen im Zivilrecht sogleich unwirksam wird, bzw. es von vornherein ist.[421] Vielmehr argumentiert Franck, dass insbesondere ein zu einer unmöglichen Leistung verpflich-

[414] *D. Medicus/S. Lorenz*, Schuldrecht I Allgemeiner Teil, 22. Auflage 2021, § 34 Rn. 17 f.; Staudinger/*G. Caspers*, Buch 2 (§§ 255–304 BGB), BGB § 275 Rn. 88.

[415] Vgl. zur aktuellen Regelungslage *S. Lorenz*, JuS 2022, 394 (397).

[416] *C. Franck*, Die Unmöglichkeit im Verwaltungsrecht, 1926, S. 5 ff.; zur aktuellen Regelungslage *S. Lorenz*, JuS 2022, 394 (397).

[417] *C. Franck*, Die Unmöglichkeit im Verwaltungsrecht, 1926, S. 7 f.

[418] *C. Franck*, Die Unmöglichkeit im Verwaltungsrecht, 1926, S. 5 ff.

[419] *C. Franck*, Die Unmöglichkeit im Verwaltungsrecht, 1926, S. 8 ff.

[420] *C. Franck*, Die Unmöglichkeit im Verwaltungsrecht, 1926, S. 4, 12 ff.

[421] *C. Franck*, Die Unmöglichkeit im Verwaltungsrecht, 1926, S. 12 ff.

tender Verwaltungsakt zunächst nur rechtswidrig sei, aber weiterhin wirksam bleibe und erst durch eine behördliche oder gerichtliche Aufhebung seine Wirksamkeit verliere.[422] Nur in Ausnahmefällen komme es zur Nichtigkeit und damit zur unmittelbaren Unwirksamkeit.[423] Dies sei insbesondere deshalb die einzige für das Verwaltungsrecht taugliche Vorgehensweise, weil es nicht tragbar sei, dass der einzelne Bürger selbst darüber entscheide, ob er einer Pflicht genüge oder nicht.[424] Vielmehr sei er gehalten, sich durch das Beschreiten des Rechtswegs von der Bindung an eine ihm Unmögliches abverlangende Verpflichtung zu befreien.[425]

Vor diesem Hintergrund führt Franck eine weitere verwaltungsrechtsspezifische Begriffsdifferenzierung zwischen dem Unmöglichen und dem sogenannten Undenkbaren ein.[426] Demnach ist bei der Betrachtung eines auf eine unmögliche Leistung gerichteten Verwaltungsaktes danach zu unterscheiden, ob einerseits die Behörde an den Verfügungsadressaten eine Verpflichtung richtet, die niemals und unter keinen Umständen Inhalt eines Verwaltungsaktes sein kann, die außerhalb der allgemeinen Zuständigkeit der Verwaltung liegt und deren Erlass deshalb undenkbar ist (Undenkbarkeit) und einer solchen Verpflichtung, die an sich im allgemeinen Zuständigkeitsbereich der Verwaltung liegt und deren Durchführung jedoch lediglich wegen der Umstände des konkreten Falls nicht möglich ist (Unmöglichkeit). Undenkbar sind dabei insbesondere solche Verfügungen, bei welchen es bereits an den allgemeinen Voraussetzungen für deren Erlass mangelt, also beispielsweise keine Rechtsgrundlage dafür vorhanden ist. Derartige Verfügungen sind stets nichtig und entfalten damit keine Bindungswirkung. Unmöglich sind hingegen Verfügungen, die in ihrer konkreten Durchführung nicht möglich sind, aber in abstrakter Form durchaus erlassen werden könnten. Diese Verfügungen sind jedoch regelmäßig gerade nicht nichtig, sondern rechtswidrig und können im Rahmen einer gerichtlichen Überprüfung aufgehoben werden. Diese begriffliche Differenzierung macht dabei nicht nur eine Abgrenzung von nach Ansicht Francks sich wesentlich unterscheidenden Sachlagen greifbar, sondern erleichtert letztlich die Zuordnung der unterschiedlichen, nach Franck im Verwaltungsrecht denkbaren Folgen einer Unmögliches verlangenden Verfügung – Angreifbarkeit und Nichtigkeit – zu den so bereits begrifflich gegeneinander abgegrenzten Sachlagen.

Im Rahmen der Beschreibung der rechtlichen Unmöglichkeit führt Franck noch eine weitere begriffliche Differenzierung ein, indem er zwischen dem Verlangen von etwas unmittelbar und etwas mittelbar Rechtswidrigem unterscheidet.[427] Etwas

---

[422] *C. Franck*, Die Unmöglichkeit im Verwaltungsrecht, 1926, S. 42, 47 f., 55 ff.

[423] *C. Franck*, Die Unmöglichkeit im Verwaltungsrecht, 1926, S. 55 ff., einen Beispielsfall böte der anderweitige Eintritt der Erfüllung der Verpflichtung – ohne Zutun des Verpflichteten, vgl. dort S. 41.

[424] *C. Franck*, Die Unmöglichkeit im Verwaltungsrecht, 1926, S. 41 f., 47 f., 55 ff.

[425] *C. Franck*, Die Unmöglichkeit im Verwaltungsrecht, 1926, S. 41 f., 47 f., 55 ff.

[426] *C. Franck*, Die Unmöglichkeit im Verwaltungsrecht, 1926, S. 18 ff.

[427] *C. Franck*, Die Unmöglichkeit im Verwaltungsrecht, 1926, S. 42 f.

unmittelbar Rechtswidriges würde verlangt, wenn bereits die behördliche Verfügung eine vom Verfügungsadressaten auszuführende Handlung beschreibt, die eine rechtswidrige Tat darstellt. Hierbei sei unerheblich, ob die verlangte Handlung privat- oder strafrechtlichen Vorschriften zuwiderläuft.[428] Eine solche Verfügung soll als undenkbar gelten und demnach nichtig sein.[429] Etwas mittelbar Rechtswidriges würde verlangt werden, wenn zwar nicht bereits die behördliche Verfügung eine vom Verfügungsadressaten verlangte Handlung beschreibt, die rechtswidrig ist, aber beispielsweise der vom Verfügungsadressaten verlangte Erfolg im konkreten Fall faktisch nur durch eine rechtswidrige Handlung herbeigeführt werden kann. Die Fälle, in welchen lediglich etwas mittelbar Rechtswidriges verlangt würde, sollen nicht die Nichtigkeit der entsprechenden Verfügung zur Folge haben.

(2) Die Untersuchung der Verwendung des Unmöglichkeitsbegriffs in der verwaltungsrechtlichen Lehre und Rechtspraxis durch Günter Erbel

Auch Günter Erbel stellt in seiner im Jahr 1972 und damit noch vor der Einführung des Verwaltungsverfahrensgesetzes veröffentlichten Untersuchung zur Unmöglichkeit im Verwaltungsrecht dar, dass insbesondere der in das Verwaltungsrecht Eingang gefundene Begriff der rechtlichen Unmöglichkeit seinen Ursprung in der Privatrechtswissenschaft hat,[430] die auch im Verwaltungsrecht relevante Unterscheidung zwischen objektiver Unmöglichkeit und subjektiver Unmöglichkeit (auch Unvermögen) aus dem Zivilrecht bekannt ist,[431] und die im Privatrecht zu findende Differenzierung zwischen ursprünglicher und nachträglicher Unmöglichkeit auch auf das Verwaltungsrecht übertragen werden kann.[432] Bei der Darstellung der Unterscheidung von dauernder und vorübergehender Unmöglichkeit im Verwaltungsrecht verweist er ebenfalls auf das Zivilrecht.[433] Auch erklärt er, dass im Verwaltungsrecht, wie im Privatrecht, eine Abgrenzung zwischen einer „zu vertretenden" und einer „nicht zu vertretenden" Herbeiführung der Unmöglichkeit vorgenommen werden kann.[434]

Darüber hinaus erörtert Erbel aber – auch wenn er die aus dem Zivilrecht bekannten dogmatischen Unterscheidungen hinsichtlich des Begriffs der Unmöglichkeit aufgreift – in einer umfangreichen Darstellung den Begriff der (rechtlichen) Unmöglichkeit insbesondere im Hinblick auf das Verwaltungsrecht. Dabei nutzt er auch, unter Berücksichtigung der besonderen Rechtslage im Verwaltungsrecht, sich von den zivilrechtlichen Begriffen unterscheidende Bezeichnungen und Abgrenzungen.

---

[428] *C. Franck*, Die Unmöglichkeit im Verwaltungsrecht, 1926, S. 18.

[429] *C. Franck*, Die Unmöglichkeit im Verwaltungsrecht, 1926, S. 18.

[430] *G. Erbel*, Die Unmöglichkeit von Verwaltungsakten, 1972, S. 17.

[431] *G. Erbel*, Die Unmöglichkeit von Verwaltungsakten, 1972, S. 41 f.

[432] *G. Erbel*, Die Unmöglichkeit von Verwaltungsakten, 1972, S. 49 f.

[433] *G. Erbel*, Die Unmöglichkeit von Verwaltungsakten, 1972, S. 56 ff.

[434] *G. Erbel*, Die Unmöglichkeit von Verwaltungsakten, 1972, S. 61 f.

Erbel beginnt dabei mit einer einführenden Darstellung und Abgrenzung der in der Verwaltungspraxis bis zum Untersuchungszeitpunkt vorgefundenen Definitionen des Begriffs der Unmöglichkeit und erörtert insbesondere den rechtstheoretischen und verwaltungsdogmatischen Sinn des Begriffs der „rechtlichen Unmöglichkeit" als einer eigenständigen Kategorie von Fehlern eines Verwaltungsaktes.[435] Dabei stellt er dar, dass der Begriff der rechtlichen Unmöglichkeit als Bezeichnung für eine eigenständige Kategorie von Fehlern eines Verwaltungsaktes nur Sinn ergebe, wenn er sich auf die „absolute Rechtswidrigkeit" des Verwaltungsaktes beziehe. Anderenfalls sei die rechtliche Unmöglichkeit nicht von anderen, zur Rechtswidrigkeit von Verwaltungsakten führenden Fehlerarten sinnvoll unterscheidbar. Absolut rechtswidrig sollen, in Abgrenzung zur „relativen Rechtswidrigkeit", solche Verwaltungsakte sein, die unter keinen vorstellbaren Lebensumständen zulässig sein können oder – etwa weil sie aufgrund des Untergangs der Sache, auf die sie sich beziehen – ihren Regelungszweck zwangsläufig verfehlen.

Mit dem erklärten Ziel, nicht die „richtige" Definition des Begriffs der Unmöglichkeit diskutieren zu wollen, sondern zu untersuchen, was in der Lehre und Rechtspraxis unter diesem Begriff behandelt wird, breitet Erbel die seiner Arbeit zugrunde gelegte Definition und Untergliederung des Begriffs der Unmöglichkeit im Verwaltungsrecht aus. Dabei hält er es für zweckmäßig, zunächst sowohl die Fälle der „tatsächlichen Unmöglichkeit" wie auch die der „rechtlichen Unmöglichkeit im engeren Sinne" unter den Oberbegriff der „rechtlichen Unmöglichkeit im weiteren Sinne" zu fassen, da auch ein aus tatsächlichen Gründen unmöglicher Verwaltungsakt letztlich aus „rechtlichen" oder „rechtslogischen" Gründen unmöglich sei.[436]

Bei der Erörterung dessen, was unter „tatsächlicher Unmöglichkeit" zu verstehen ist, unterscheidet Erbel zunächst zwischen „tatsächlich unausführbaren", „tatsächlich empfängerlosen" und „sachgegenstandslosen" Verwaltungsakten.[437] Tatsächlich unausführbare Verwaltungsakte seien dabei solche, die eine Handlung oder Leistung verlangen, die entweder niemand – dann läge objektive Unmöglichkeit vor – oder nicht der im Einzelfall betroffene Adressat – dann läge subjektive Unmöglichkeit oder „Unvermögen" vor – tatsächlich vornehmen oder erbringen kann. Diese „tatsächliche Unausführbarkeit" könne dabei auf verschiedenen Umständen beruhen, etwa einer „Überforderung" der menschlichen Kräfte oder der wirtschaftlich-finanziellen oder technischen Möglichkeiten. Auch könne die „tatsächliche Unausführbarkeit" daraus folgen, dass der Adressat einer Verfügung auf eine Person oder Sache einwirken soll, die nicht erreichbar oder nicht (mehr) existent ist. Insbesondere der letztgenannte Fall, in dem der Adressat einer Verfügung auf eine nicht erreichbare oder nicht (mehr) existente Person oder Sache einwirken soll, ist von den Fällen zu unterscheiden, in denen der Verwaltungsakt an einen selbst nicht (mehr)

---

[435] *G. Erbel*, Die Unmöglichkeit von Verwaltungsakten, 1972, S. 13 ff.

[436] *G. Erbel*, Die Unmöglichkeit von Verwaltungsakten, 1972, S. 21.

[437] *G. Erbel*, Die Unmöglichkeit von Verwaltungsakten, 1972, S. 21 f.

existierenden Adressaten gerichtet ist – was Erbel als „tatsächlich empfängerlosen" Verwaltungsakt bezeichnet – oder der Verwaltungsakt sich direkt auf eine nicht (mehr) existierende Sache bezieht, was Erbel unter die Bezeichnung „sachgegenstandsloser" Verwaltungsakt fasst.

Unter die „rechtliche Unmöglichkeit im engeren Sinne" fasst Erbel ausdrücklich nur die Verwaltungsakte, die nach ihrem „materiellen Inhalt" auf eine rechtlich unmögliche Regelung zielen.[438] Nicht erfasst von der „rechtlichen Unmöglichkeit" sollen bloße Zuständigkeits-, Verfahrens- oder Formfehler sein, die lediglich eine „äußere Rechtswidrigkeit" von Verwaltungsakten zur Folge hätten. Bei der Erörterung dessen, was unter „rechtlicher Unmöglichkeit im engeren Sinne" zu verstehen ist, unterscheidet Erbel wiederum zwischen „rechtlich unausführbaren" und „unmittelbar rechtlich unmöglichen" Verwaltungsakten.

Unter der „rechtlichen Unausführbarkeit" eines Verwaltungsakts sei dabei zu verstehen, dass seinem Adressaten etwas abverlangt oder erlaubt wird, was dieser rechtlich unmöglich ausführen kann.[439] Abhängig von der Art der rechtlichen Schranken bzw. Hindernisse, die der Ausführungshandlung entgegenstehen, unterscheidet Erbel zwischen „privatrechtlich unausführbaren", „öffentlich-rechtlich unausführbaren" und „sozialethisch unausführbaren" Verwaltungsakten.

Im Falle von „privatrechtlich unausführbaren" Verwaltungsakten würden die privatrechtlichen Befugnisse des Verfügungsadressaten nicht zur Ausführung des von ihm Verlangten ausreichen, weil ihn beispielsweise vertragliche Abmachungen mit Dritten binden oder dingliche Rechte Dritter eine Sperrwirkung erzeugen.

„Öffentlich-rechtlich unausführbare" Verwaltungsakte seien wiederum solche, die deren Adressat wegen zwingender öffentlich-rechtlicher Beschränkungen seiner Handlungsfreiheit nicht ausführen darf, wobei Erbel nochmals zwischen solchen Verwaltungsakten differenziert, die auf strafbare Handlungen gerichtet und denjenigen, die aufgrund „sonstigen öffentlichen Rechts unausführbar" sind. Dabei seien mit Verwaltungsakten, die auf strafbare Handlungen gerichtet sind, solche Verfügungen gemeint, die ihrem Adressaten eine Handlung abverlangen oder vermeintlich erlauben, die gegen ein Strafgesetz verstößt, was abzugrenzen sei von Verwaltungsakten, die schon selbst unmittelbar mit Strafgesetzen kollidieren. In die Kategorie der aufgrund von „sonstigem öffentlichen Recht unausführbaren" Verwaltungsakte würden vor allem solche Fälle gehören, in denen der Adressat einer Verfügung eine ihm gegenüber angeordnete Maßnahme nicht ausführen darf, weil die dafür notwendige Genehmigung einer anderen Behörde von dieser anderen Behörde nicht erteilt wird.

„Sozialethisch unausführbar" soll nach dem Verständnis von Erbel ein Verwaltungsakt sein, dessen Ausführung dem Adressaten nicht bereits wegen privat- oder öffentlich-rechtlicher Spezialvorschriften unmöglich ist, sondern weil er mit der

---

[438] *G. Erbel*, Die Unmöglichkeit von Verwaltungsakten, 1972, S. 23 ff.

[439] *G. Erbel*, Die Unmöglichkeit von Verwaltungsakten, 1972, S. 24 ff.

Ausführung gegen allgemeine sozialethische Normen verstoße, auf die das Recht mit sogenannten „Generalklauseln", wie etwa durch § 138 BGB mit dem „*sittenwidrigen* Rechtsgeschäft" oder durch § 242 BGB mit der „Leistung nach *Treu und Glauben*", Bezug nimmt. Als heute insbesondere mit Verweis auf das Prostituiertenschutzgesetz[440] nicht mehr aktuelles Beispiel führt Erbel die behördliche „Konzessionierung" eines Bordellbetriebes an.

Erbels Aufteilung entsprechend stellen die zweite Gruppe von „im engeren Sinne rechtlich unmöglichen" Verwaltungsakten die sogenannten „unmittelbar rechtlich unmöglichen" Verwaltungsakte dar.[441] Im Gegensatz zu den soeben dargestellten „rechtlich unausführbaren" Verwaltungsakten, bei welchen dem Adressaten etwas ihm rechtlich Unmögliches abverlangt oder „erlaubt" würde – welche also nur mittelbar auf etwas rechtlich Unmögliches abzielen würden – sei bei den „unmittelbar rechtlich unmöglichen" Verwaltungsakten bereits deren „inhaltlicher Ausspruch als solcher" „rechtlich unmöglich". Hinsichtlich dieser „unmittelbar rechtlich unmöglichen" Verwaltungsakte unterscheidet Erbel wiederum zwischen „normativ unmöglichen" und „rechtslogisch unmöglichen" Verwaltungsakten.

Unter einem „normativ unmöglichen" sei dabei ein Verwaltungsakt zu verstehen, dessen inhaltliche Regelung unmittelbar gegen zwingende Verbotsvorschriften verstößt, die diese inhaltliche Regelung als ausdrücklich oder sinngemäß rechtlich unmöglich ausschließen würden. Erbel differenziert hinsichtlich dieser Verwaltungsakte zwischen „unmittelbar strafrechtswidrigen", „sonstigen öffentlich-rechtlich-verbotswidrigen" und „sozialethisch unmöglichen" Verwaltungsakten.

Dabei sollen „unmittelbar strafrechtswidrig" die Verwaltungsakte sein, deren materieller Inhalt als solcher den Strafgesetzen zuwiderlaufe. Dies sei beispielsweise bei einem Verwaltungsakt der Fall, dessen Erlass die Begehung eines Amtsdeliktes durch den handelnden Beamten darstelle.

In die Kategorie der „sonstigen öffentlich-rechtlich-verbotswidrigen" Verwaltungsakte könnten nach Erbels Untergliederung wiederum Verwaltungsakte fallen, die entweder gegen „ausdrückliche spezialgesetzliche Verbote", „sinngemäße spezialgesetzliche Verbote" oder „aus übergeordneten Rechtsgrundsätzen abgeleitete Verbote" verstoßen. „Ausdrückliche spezialgesetzliche Verbote", also Vorgaben, die schon nach ihrem eindeutigen klaren Wortlaut oder Anwendungsbereich bestimmte Regelungen ausschließen, könnten sich als „absolute verfassungsrechtliche Verbote" bereits aus dem Grundgesetz – beispielsweise Art. 1 Abs. 1 GG – oder auch aus einfachen Gesetzen – wie dem Verbot, einen „Entmündigten" zu einem Beamten zu ernennen[442] – ergeben. „Sinngemäße spezialgesetzliche Verbote" seien gegen einen

[440] Vgl. insbesondere § 12 ProstSchG zur „Erlaubnispflicht" für das „Prostitutionsgewerbe"; zur Inaktualität dieses Beispiels vgl. auch *M. Wormit*, JuS 2017, 641 (642); *W. Höfling*, JuS 2017, 617 (622 f.).

[441] *G. Erbel*, Die Unmöglichkeit von Verwaltungsakten, 1972, S. 26 ff.

[442] Das Beispiel ist veraltet und bezieht sich auf § 8 Abs. 2 Nr. 2 BRRG, der bereits mit Wirkung vom 01.04.2009 durch Gesetz vom 17.06.2008 (BGBl I S. 1010) aufgehoben

Verwaltungsakt gerichtete, zwingende öffentlich-rechtliche Verbote, die zwar nicht unmittelbar aus einer spezialgesetzlichen Vorschrift ablesbar seien, sich aber durch die Auslegung einer solchen Verbotsvorschrift oder eines Gesamtkomplexes solcher Vorschriften ergäben. Als Beispiel führt Erbel die abschließend aufgezählten Gründe für die Entlassung eines Beamten auf Lebenszeit an, aus deren Umkehrschluss sich ein Verbot der Entlassung des Beamten auf Lebenszeit aus anderen Gründen ergäbe. Als „aus übergeordneten Rechtsgrundsätzen abgeleitete Verbote" eines Verwaltungsaktes, deren Verletzung die „unmittelbare rechtliche Unmöglichkeit des Verwaltungsaktes" zur Folge hätten, kämen das „Verbot der Durchkreuzung anderer Hoheitsakte" und das „Verbot von Übergriffen in andere hoheitliche Funktionsbereiche" in Betracht. So ergäbe sich einmal aus rechtsstaatlichen und staatsorganisatorischen Grundsätzen ein Verbot für alle Verwaltungsbehörden, durch einen Verwaltungsakt eine Regelung zu treffen, welche unbefugterweise die Zweckerfüllung von bereits erlassenen, anderen Hoheitsakten durchkreuzen oder vereiteln würde. Darüber hinaus könne ein Verstoß gegen das aus den „Ressortverfassungen" von Bund und Ländern hergeleitete Verbot einer Behörde, in den hoheitlichen Funktionsbereich eines anderen Hoheitsträgers regelnd einzugreifen, ebenfalls unter dem Gesichtspunkt der „rechtlichen Unmöglichkeit" gesehen werden.

Als eine dritte Kategorie von „normativ unmöglichen" Verwaltungsakten führt Erbel die sogenannten „sozialethisch unmöglichen" Verwaltungsakte an, die selbst einen unmittelbaren Verstoß gegen zwingende Verbotsnormen der Sozialethik darstellen oder enthalten würden. Erbel beschreibt dabei aber zugleich die fehlende Praxisrelevanz dieser Kategorie.

Wie bereits erwähnt, differenziert Erbel hinsichtlich der „unmittelbar rechtlich unmöglichen" Verwaltungsakte zwischen den soeben dargestellten „normativ unmöglichen" Verwaltungsakten und den sogenannten „rechtslogisch unmöglichen" Verwaltungsakten. Unter „rechtslogisch unmöglichen" Verwaltungsakten sind dabei solche Verwaltungsakte zu verstehen, die nicht wegen eines Verstoßes gegen Rechtsnormen unmöglich sind, sondern weil sie rechtslogisch ihren Zweck unmöglich erfüllen können. Dabei unterscheidet Erbel zwischen sogenannten „rechtslogisch-gegenstandslosen" Verwaltungsakten und „rechtslogisch-sinnlosen" Verwaltungsakten. „Rechtslogisch-gegenstandslos" seien Verwaltungsakte dann, wenn der rechtliche Gegenstand, auf den sich ihre Regelung bezieht, fehle. Der nicht existierende rechtliche Gegenstand könne dabei ein anderer Hoheitsakt, zum Beispiel ein bereits erloschener Verwaltungsakt, der nun widerrufen werden soll, oder ein privatrechtliches Rechtsgeschäft sein, wie ein nichtiger Kaufvertrag, der nun behördlich genehmigt werden soll. „Rechtslogisch sinnlose" seien wiederum Verwaltungsakte, deren inhaltlicher Ausspruch keinen klaren, auch nicht durch Auslegung klärbaren Sinn ergebe und die deshalb rechtslogisch nicht als Regelung gelten

---

wurde; als aktuelles Beispiel könnte man auf § 11 Abs. 1 Nr. 3 lit. c BeamtStG und den Verlust der Amtsfähigkeit als Nebenfolge einer strafgerichtlichen Verurteilung in den Fällen des § 45 Abs. 1 oder Abs. 2 StGB abstellen.

könnten. Darunter würden Verwaltungsakte mit völlig unverständlichem, selbstwidersprüchlichem oder absolut unbestimmtem Inhalt fallen, wie beispielsweise eine defekte Verkehrsampel, die zugleich „Rot" und „Grün" zeige.

Abschließend greift Erbel noch den Begriff der „Unzumutbarkeit" auf.[443] „Unzumutbar" soll die durch einen Verwaltungsakt verlangte Handlung oder Leistung für den Adressaten sein, wenn sie für ihn zwar im logisch-naturwissenschaftlichen Sinne möglich, aber aufgrund von mit der Erfüllung verbundenen Schwierigkeiten, Risiken oder Opfern „unzumutbar" ist. Diese „Unzumutbarkeit" stelle dabei eine aus rechtlichen, bzw. rechtsethischen Gründen zugunsten des Belasteten fingierte „Unmöglichkeit", also eine „Unmöglichkeit" kraft juristischer Wertung, dar, wobei jedoch „Unzumutbarkeit" qualitativ stets etwas anderes als „Unmöglichkeit" sei. Bei „unzumutbaren" Verwaltungsakten ließe sich zwischen vier Arten der „Unzumutbarkeit" unterscheiden: der „wirtschaftlich-finanziellen Unzumutbarkeit", der „Unzumutbarkeit wegen Gefährdung von Leib und Leben", der „Unzumutbarkeit wegen Überbeanspruchung des sonstigen persönlichen Leistungsvermögens" oder der „sittlichen Unzumutbarkeit".

bb) Unmöglichkeit im vorliegend untersuchten Fall

Vor diesem theoretischen Hintergrund bleibt nun zu klären, ob im vorliegend betrachteten Fall Unmöglichkeit im Sinne des Verwaltungsrechtes vorliegt, wenn der vom Adressaten einer Abrissverfügung verlangten Handlung die (Mit-)Eigentumsposition eines Drittberechtigten entgegensteht.

(1) Folgt man dabei dem Beispiel Francks und legt die zivilrechtlichen Definitionen und Unterscheidungen zur Unmöglichkeit zugrunde, ist nach dessen Ausführungen zunächst zu beachten, dass der von ihm aus dem Zivilrecht übernommene Unmöglichkeitsbegriff (nur) die Unmöglichkeit im Hinblick auf die Erfüllung einer (Leistungs-)Pflicht erfasst.[444] Die Übertragung dieses Verständnisses von Unmöglichkeit auf einen Verwaltungsakt setze deshalb voraus, dass aus dem Verwaltungsakt in irgendeiner Form eine Pflicht hervorgeht.[445] Besonders relevant seien dabei Verwaltungsakte, die dem „Untertanen" ein bestimmtes Verhalten zur Pflicht machten, etwa der „Polizeibefehl".[446] Demnach eignet sich der im Zivilrecht vorgefundene Unmöglichkeitsbegriff grundsätzlich für eine Anwendung auf die im vorliegend betrachteten Fall an einen Bürger gerichtete Abrissverfügung, die ihren Adressaten zur Vornahme von Abrisshandlungen verpflichtet. Bei der Anwendung des zivilrechtlichen Unmöglichkeitsbegriffes auf diesen im Verwaltungsrecht spielenden Fall, entspricht jedoch dem privatrechtlichen Schuldverhältnis, das im Zivilrecht die Grundlage für die Leistungspflicht des Schuldners darstellt, der die

---

[443] *G. Erbel*, Die Unmöglichkeit von Verwaltungsakten, 1972, S. 36 f.

[444] *C. Franck*, Die Unmöglichkeit im Verwaltungsrecht, 1926, S. 15.

[445] *C. Franck*, Die Unmöglichkeit im Verwaltungsrecht, 1926, S. 15.

[446] *C. Franck*, Die Unmöglichkeit im Verwaltungsrecht, 1926, S. 18.

Handlungspflicht des Verfügungsadressaten begründende Verwaltungsakt; Äquivalent für die dem zivilrechtlichen Schuldverhältnis entspringende Leistungspflicht ist wiederum die aus dem Verwaltungsakt bzw. der Abrissverfügung folgende Handlungspflicht.

Bei der Untersuchung der vorliegend betrachteten Fallkonstellation anhand der aus dem Zivilrecht übernommenen Begriffsbestimmungen und Differenzierungen lässt sich zunächst feststellen, dass der durch den Verwaltungsakt verlangten Handlung keine tatsächliche, physikalische Unmöglichkeit entgegensteht. So ist es dem Verfügungsadressaten regelmäßig, jedenfalls unter Zuhilfenahme entsprechender (professioneller) personeller und maschineller Unterstützung, etwa durch ein Abbruchunternehmen, naturgesetzlich und technisch möglich, die von ihm verlangte Abrisshandlung an einem Gebäude vorzunehmen, auch wenn er nicht dessen (Allein-)Eigentümer ist.

Es ist vielmehr von der rechtlichen Unmöglichkeit der dem Verfügungsadressaten abverlangten Handlung auszugehen. Das ist entsprechend der aus dem Zivilrecht bekannten Definition der rechtlichen Unmöglichkeit dann der Fall, wenn die vom Verfügungsadressaten verlangte Handlung aus rechtlichen Gründen unmöglich oder verboten ist, also der dem Verfügungsadressaten abverlangte Handlungserfolg aus Rechtsgründen nicht herbeigeführt werden kann oder darf. Abhängig von der Fallgestaltung ist vorliegend davon auszugehen, dass der Verfügungsadressat die ihm abverlangte Handlung aus Rechtsgründen weder ausführen kann noch darf, sodass rechtliche Unmöglichkeit sogar im Sinne beider im Zivilrecht unterschiedener Fallgruppen vorliegt.

Zu der ersten Fallgruppe gehören, wie bereits vorgestellt, Konstellationen, in denen die Rechtsmacht des Verpflichteten zur Vornahme der von ihm verlangten Handlung endgültig nicht ausreicht. Darunter ist grundsätzlich auch eine Situation zu fassen, in der die Befugnisse eines Eigentümers für die Vornahme einer Maßnahme notwendig sind, der Verpflichtete darüber aber nicht verfügt. Zum Abriss eines Gebäudes ist gemäß § 903 S. 1 BGB grundsätzlich nur der Eigentümer berechtigt,[447] sodass die Rechtsmacht desjenigen Verfügungsadressaten, der nicht das (Allein-) Eigentum an einem abzureißenden Gebäude innehat, nicht zur Umsetzung der von ihm verlangten Handlung ausreicht. Sofern der (allein) berechtigte (Mit-)Eigentümer dem Verfügungsadressaten nicht die Umsetzung des von ihm Verlangten erlaubt, ist dem Verfügungsadressaten die Vornahme der von ihm verlangten Handlung rechtlich unmöglich. Da der (nicht zur Mitwirkung bereite) (Allein-)Eigentümer jedoch wiederum zur Vornahme der vom nicht (allein) berechtigten Verfügungsadressaten verlangten Handlung rechtlich im Stande wäre, liegt hinsichtlich des Verfügungsadressaten entsprechend der vorgestellten zivilrechtlichen Definition lediglich subjektive rechtliche Unmöglichkeit bzw. rechtliches Unvermögen vor.

[447] Exemplarisch Schulze/*A. Staudinger*, BGB § 903 Rn. 1.

Darüber hinaus würde der Verfügungsadressat – entsprechend der zweiten Fallgruppe der rechtlichen Unmöglichkeit im Zivilrecht – mit der Erfüllung des von ihm Verlangten gegen ein gesetzliches Verbot verstoßen. Im Falle der Abrissverfügung erfüllt die geforderte Handlung den objektiven Tatbestand einer Sachbeschädigung nach § 303 StGB. Der Adressat der Verfügung wird sogar zur Zerstörung einer Sache verpflichtet, da das Gebäude als solches nach dem Abriss nicht mehr verwendet werden kann.[448] Die Sache ist auch fremd im Sinne des § 303 StGB, selbst wenn der Adressat Miteigentümer des abzureißenden Gebäudes sein sollte, da sie auch im Miteigentum eines Dritten steht.[449] Beim Abriss eines Gebäudes greift obendrein der Qualifikationstatbestand des § 305 StGB.[450] Ein Verstoß gegen das Strafgesetz wäre nur dann nicht gegeben, wenn für die Abrisshandlung ein Rechtfertigungsgrund vorliegen würde.[451]

Überträgt man die zivilrechtlichen Wertungen im Zusammenhang mit § 134 BGB auf den Verwaltungsakt, ist es für das Vorliegen von rechtlicher Unmöglichkeit ausreichend, wenn das durch den Verwaltungsakt geforderte Verhalten gegen ein Verbotsgesetz verstößt – es muss nicht der Verwaltungsakt selbst gegen ein Verbot verstoßen.[452] Darüber hinaus reicht es im Hinblick auf die durch den Verwaltungsakt geforderte Handlung regelmäßig aus, wenn lediglich der objektive Tatbestand eines Verbots- bzw. Strafgesetzes durch die Handlung erfüllt würde.[453] Die vom Adressaten der Abrissverfügung verlangte Handlung ist ihm also auch unter dem Aspekt der Verpflichtung zu einem Verstoß gegen ein Verbotsgesetz rechtlich unmöglich, jedenfalls sofern das grundsätzlich strafrechtswidrige Verhalten nicht gerechtfertigt werden kann, worauf im weiteren Verlauf noch eingegangen werden wird.[454]

Wendet man darauf aufbauend noch die von Franck angeführten, verwaltungsspezifischen Differenzierungen auf den vorliegend betrachteten Fall an, so liegt hier ein solcher, auf eine unmögliche Leistung gerichteter Verwaltungsakt vor, der eine Verpflichtung enthält, die niemals und unter keinen Umständen Inhalt eines Verwaltungsaktes sein kann, sodass der Erlass des Verwaltungsaktes im Sinne Francks *undenkbar* ist. Denn der Verwaltungsakt enthält eine Verpflichtung, die vom

---

[448] RG, Urt. v. 09. 02. 1883, 164/83, RGSt 8, 33–34; MüKoStGB Band 6/*B. Wieck-Noodt*, StGB § 303 Rn. 37.

[449] RG, Urt. v. 25. 09. 1885, 1813/85, RGSt 12, 376–379; MüKoStGB Band 6/*B. Wieck-Noodt*, StGB § 303 Rn. 15.

[450] Kindhäuser/Neumann/Paeffgen/Saliger/*W. Kargl*, StGB § 305 Rn. 4; *T. Fischer*, StGB § 305 Rn. 3; Schönke/Schröder/*B. Hecker*, StGB § 305 Rn. 3.

[451] Zur Wirkung von Rechtfertigungsgründen vgl. Weber/*R. Werner*, Rechtswörterbuch „Rechtswidrigkeit"; zum Vorliegen etwaiger Rechtfertigungsgründe siehe Kapitel 2, § 2 A. V. 2. c) aa) (3) (a) (bb).

[452] Dies entspricht auch den Wertungen des § 44 Abs. 2 Nr. 5 VwVfG, siehe Kapitel 2, § 2 A. V. 2. c) aa) (3) (a).

[453] Dies entspricht auch den Wertungen des § 44 Abs. 2 Nr. 5 VwVfG, siehe Kapitel 2, § 2 A. V. 2. c) aa) (3) (a).

[454] Siehe dazu Kapitel 2, § 2 A. V. 2. c) aa) (3) (a) (bb).

Adressaten nach der Begriffsdefinition von Franck etwas *unmittelbar Rechtswidriges* verlangt, indem die vom Verfügungsadressaten auszuführende Handlung einen Straftatbestand erfüllt. Als zum vorliegend betrachteten Fall ähnlich gelagertes Beispiel führt Franck einen Sachverhalt an, bei dem der Verfügungsadressat verpflichtet wird, Balken in die Mauer seines Nachbarn einzufügen, und damit eine Sachbeschädigung zu begehen.[455] In der Konsequenz wäre damit nach Francks Darstellungen von der Nichtigkeit der vorliegend betrachteten, *undenkbaren* Abrissverfügung auszugehen, worauf im Folgenden noch weiter eingegangen werden wird.

(2) Wie bereits dargestellt, kann neben der direkten Verwendung der zivilrechtlichen Definitionen und Unterscheidungen zur Unmöglichkeit auch auf spezielle verwaltungsrechtliche Begriffsbestimmungen, wie sie etwa von Erbel erörtert wurden, zurückgegriffen werden, um die Frage zu klären, ob Unmöglichkeit im Sinne des Verwaltungsrechtes vorliegt, wenn der vom Adressaten einer Abrissverfügung verlangten Handlung die (Mit-)Eigentumsposition eines Drittberechtigten entgegensteht. Legt man Erbels Begriffsbestimmungen bei der Beantwortung dieser Frage zugrunde, hat dabei dessen Feststellung besondere Relevanz, dass die primär in der Sphäre des Adressaten begründete „Unmöglichkeit" eines Verwaltungsaktes bzw. die „Unmöglichkeit" der durch den Verwaltungsakt verlangten Handlung oder Leistung – in Abgrenzung zur einer in der Sphäre der Behörde begründeten Unmöglichkeit des Verwaltungsakts – nur in Fällen der *„tatsächlichen Unausführbarkeit"* oder *„rechtlichen Unausführbarkeit"* im Sinne der vorstehenden, von Erbel vorgenommenen Begriffsbestimmungen vorliegt.[456] Für die in dieser Arbeit betrachtete Konstellation der behördlichen Inanspruchnahme eines zivilrechtlich nicht berechtigten Adressaten spielen somit die anderen von Erbel differenzierten Formen der Unmöglichkeit, also – entsprechend der vorstehenden Begriffsbestimmungen – die *„tatsächliche Unmöglichkeit"* und die *„rechtliche Unmöglichkeit"* eines Verwaltungsaktes, die bereits unmittelbar die behördlichen Handlungsmöglichkeiten betreffen, keine Rolle.

Im hier verhandelten Fall liegt dabei wiederum keine *„tatsächliche Unausführbarkeit"* im Sinne Erbels vor, da dem Adressaten der Abrissverfügung regelmäßig keine Handlung oder Leistung abverlangt wird, die aus tatsächlichen Gründen nicht vorgenommen werden könnte, also eine „Überforderung" der menschlichen Kräfte oder der wirtschaftlich-finanziellen oder technischen Möglichkeiten darstellen würde. Vielmehr kann eine *„rechtliche Unausführbarkeit"* im Sinne Erbels festgestellt werden, da dem Adressaten der Abrissverfügung etwas abverlangt wird, was dieser rechtlich unmöglich ausführen kann. Entsprechend der rechtlichen Hindernisse, die der Ausführungshandlung entgegenstehen, liegt im hier behandelten Fall sowohl ein *„privatrechtlich unausführbarer"* wie auch *„öffentlich-rechtlich unausführbarer"* Verwaltungsakt vor. So reichen im Sinne der *„privatrechtlichen Un-*

---

[455] *C. Franck*, Die Unmöglichkeit im Verwaltungsrecht, 1926, S. 43.

[456] *G. Erbel*, Die Unmöglichkeit von Verwaltungsakten, 1972, S. 37 ff.

ausführbarkeit" die zivilrechtlichen Befugnisse des Verfügungsadressaten nicht zur Ausführung des von ihm Verlangten aus, wie soeben bereits erörtert wurde. Darüber hinaus wird dem Verfügungsadressaten zugleich im Sinne eines *„öffentlich-rechtlich unausführbaren*" Verwaltungsaktes die Vornahme einer Handlung abverlangt, die gegen ein Strafgesetz verstößt, wie ebenfalls bereits festgestellt wurde.

Auch Erbel unterscheidet, wie bereits dargestellt, zwischen objektiver und subjektiver (rechtlicher) Unmöglichkeit (der durch einen Verwaltungsakt verlangten Ausführungshandlung), wobei er von *„objektiv rechtlich unausführbaren*" und *„subjektiv rechtlich unausführbaren*" Verwaltungsakten spricht.[457] Ein *„objektiv rechtlich unausführbarer*" Verwaltungsakt liegt dabei dann vor, wenn dieser eine Handlung verlangt, bei deren Ausführung nicht nur der tatsächliche, sondern auch jeder andere potentielle Verfügungsadressat die Grenzen seiner subjektiven Rechtsmacht bzw. die rechtlichen Grenzen seiner Handlungsfreiheit überschreiten würde. *„Subjektiv rechtlich unausführbar*" soll hingegen ein solcher Verwaltungsakt sein, der eine Handlung fordert, die zwar nicht der konkrete Adressat, aber eine andere Person rechtmäßigerweise ausführen könnte. Subsumiert man den vorliegend betrachteten Fall unter diese Begriffsbestimmungen, stellt die Abrissverfügung einen *„subjektiv rechtlich unausführbaren*" Verwaltungsakt dar. So kann – wie bereits festgestellt – zwar der am abzureißenden Gebäude nicht (allein) berechtigte Adressat der Abrissverfügung die ihm abverlangte Handlung nicht rechtmäßigerweise ausführen; jedoch wäre es dem berechtigten (Allein-)Eigentümer wiederum durchaus möglich, die durch die Abrissverfügung verlangte Handlung in rechtmäßiger Weise auszuführen. Als Beispiel für einen *„subjektiv rechtlich unausführbaren*" Verwaltungsakt, der der vorliegend betrachteten Abrissverfügung ähnlich ist, führt Erbel eine polizeiliche Verfügung an, die an den rechtlich nur begrenzt berechtigten Inhaber der tatsächlichen Gewalt über eine Sache gerichtet ist und von diesem rechtliche Schritte zur Herstellung des polizeimäßigen Sachstandes verlangt, die jenseits seiner rechtlichen Befugnisse liegen, jedoch vom Eigentümer der Sache, kraft dessen umfassender rechtlicher Befugnisse, durchgeführt werden könnten.

Ob letztlich aber tatsächlich *„subjektiv rechtliche Unausführbarkeit*" anzunehmen ist, sofern die zivilrechtlichen Befugnisse des Verfügungsadressaten für die Umsetzung des von ihm durch die Abrissverfügung Verlangten allgemein nicht ausreichen oder er mit der Abrisshandlung grundsätzlich einen Straftatbestand verwirklichen würde, ist vom Einzelfall und insbesondere davon abhängig, inwieweit der berechtigte (Allein-)Eigentümer zur Mitwirkung bereit ist oder anderweitige Rechtfertigungsgründe für das Handeln des Verfügungsadressaten vorliegen. Erbel verweist hierzu in einer umfangreichen Aufzählung auf vielfältige Rechtsprechung zu verschiedenen Rechtsschranken, die der rechtlichen Ausführbarkeit von Verwaltungsakten – unter Umständen – entgegenstehen könnten, wobei er unter anderem zwischen Schranken aus dem Miteigentum Dritter, dem Alleineigentum

---

[457] *G. Erbel*, Die Unmöglichkeit von Verwaltungsakten, 1972, S. 49.

Dritter oder gesetzlichen Schranken, wie etwa Strafgesetzen, unterscheidet.[458] Bei den von Erbel aufgezählten Urteilen kommen die Gerichte abhängig von der jeweiligen konkreten Sachverhaltskonstellation im Hinblick auf die Frage, ob rechtliche Unausführbarkeit vorliegt, zu entsprechend unterschiedlichen Ergebnissen. Auf diese Aspekte wird im weiteren Verlauf noch eingegangen werden.

Erbels Erörterungen zur rechtlichen Unmöglichkeit enthalten auch Ausführungen zur Frage, welche rechtlichen Konsequenzen mit einem etwas rechtlich Unmögliches verlangenden Verwaltungsakt verbunden sind. Er geht dabei, wie auch schon Franck, bei der Forderung einer strafrechtswidrigen Handlung von der Nichtigkeit des Verwaltungsaktes aus.[459] Der Mangel an zivilrechtlichen Befugnissen zur Ausführung der durch einen Verwaltungsakt geforderten Handlung soll hingegen nicht zur Nichtigkeit des Verwaltungsaktes führen.[460] Auf die rechtlichen Konsequenzen der rechtlichen Unmöglichkeit im Verwaltungsrecht wird sogleich noch näher eingegangen werden.

b) Zwischenergebnis

Zunächst lässt sich aber festhalten, dass in dem durch diese Arbeit untersuchten Fall das Vorliegen von (subjektiver) rechtlicher Unmöglichkeit grundsätzlich in Betracht kommt, wenn der vom Adressaten einer Abrissverfügung verlangten Handlung die (Mit-)Eigentumsposition eines Drittberechtigten entgegensteht. Dies ist dabei sowohl beim Heranziehen des zivilrechtlichen Unmöglichkeitsbegriffes nach dem Vorbild Francks als auch bei der Zugrundelegung des speziellen verwaltungsrechtlichen Unmöglichkeitsbegriffs nach Erbel der Fall, wenngleich die jeweils verwendeten Begrifflichkeiten im Detail voneinander abweichen können. So reichen zum einen die zivilrechtlichen Befugnisse des Verfügungsadressaten im Allgemeinen nicht zur Ausführung des von ihm Verlangten aus. Zum anderen wird dem Verfügungsadressaten grundsätzlich die Vornahme einer Handlung abverlangt, die gegen ein Strafgesetz verstößt. Ob im jeweiligen Einzelfall tatsächlich (subjektive) rechtliche Unmöglichkeit vorliegt, hängt wiederum davon ab, inwieweit der berechtigte (Allein-)Eigentümer gegenüber dem Verfügungsadressaten zur Mitwirkung bereit ist oder anderweitige Rechtfertigungsgründe für das Handeln des Verfügungsadressaten vorliegen. Auf diese Aspekte wurde noch nicht im Detail eingegangen. Dies soll erst im weiteren Verlauf geschehen, da bei der Erörterung bestimmter Rechtfertigungsgründe für das Handeln des Verfügungsadressaten die konkreten Rechtsfolgen der rechtlichen Unmöglichkeit – also insbesondere die Frage, ob die rechtliche Unmöglichkeit einer durch einen Verwaltungsakt verlangten Handlung nur zur aus der Rechtswidrigkeit resultierenden Anfechtbarkeit des Verwaltungsaktes oder zu dessen Nichtigkeit führen würde – einbezogen werden

---

[458] *G. Erbel*, Die Unmöglichkeit von Verwaltungsakten, 1972, S. 70.

[459] *G. Erbel*, Die Unmöglichkeit von Verwaltungsakten, 1972, S. 129 f.

[460] *G. Erbel*, Die Unmöglichkeit von Verwaltungsakten, 1972, S. 133 f.

müssen. Deshalb muss zunächst geklärt werden, welche verwaltungsrechtlichen Konsequenzen aus der rechtlichen Unmöglichkeit der durch den Verwaltungsakt verlangten Handlung eigentlich folgen würden und wie sich diese Konsequenzen auf mögliche Rechtfertigungsgründe für das Handeln des Verfügungsadressaten auswirken. Sodann kann erst untersucht werden, welche Rechtfertigungsgründe tatsächlich zu einem Ausschluss der rechtlichen Unmöglichkeit der behördlich angeordneten Handlung führen würden.

c) Verwaltungsrechtliche Konsequenzen der Unmöglichkeit

Wie bereits festgestellt, ist ein Verwaltungsakt im Sinne des Verhältnismäßigkeitsprinzips als ungeeignet anzusehen, wenn er seinem Adressaten eine – diesem – rechtlich unmöglich umsetzbare Handlungspflicht auferlegt. Denn eine dem Adressaten des Verwaltungsaktes abverlangte, diesem jedoch rechtlich unmögliche Handlung ist nicht geeignet, den Zweck des Verwaltungsaktes zu fördern. Damit verstößt ein solcher Verwaltungsakt gegen das Verhältnismäßigkeitsprinzip und ist rechtswidrig. Fraglich ist dabei jedoch, was wiederum aus der Rechtswidrigkeit des Verwaltungsaktes folgt. Wie ebenfalls bereits dargestellt, hat die Rechtswidrigkeit des Verwaltungsaktes grundsätzlich einen Anspruch des Adressaten gegen die Erlassbehörde zur Folge, den rechtswidrigen Verwaltungsakt zurückzunehmen; wenn die Erlassbehörde diesem materiellen Aufhebungsanspruch nicht nachkommt, kann der Verwaltungsakt mit den durch das Verwaltungsprozessrecht vorgesehenen Rechtsbehelfen angegriffen und durch die Verwaltungsgerichte aufgehoben werden. Sofern jedoch der Rechtsfehler eines Verwaltungsaktes besonders schwerwiegend ist, kann dies die Nichtigkeit des Verwaltungsaktes zur Konsequenz haben, was sich allgemein aus den Vorgaben des § 44 Abs. 1 bis 3 VwVfG ergibt.

Wie bereits angesprochen, käme man sowohl mit den Annahmen Francks wie auch Erbels zur Nichtigkeit der im vorliegenden Fall betrachteten Abrissverfügung. Dabei ist jedoch zu sehen, dass Franck wie auch Erbel ihre Untersuchungen noch vor Entstehung des VwVfG, namentlich des § 44 VwVfG, vorgelegt haben und damit diese nunmehr geltenden gesetzlichen Vorgaben nicht berücksichtigen konnten, sodass deren Ergebnisse für diese Untersuchung nur bedingt von Nutzen sind. Deshalb soll im Folgenden anhand der Vorgaben des § 44 VwVfG erörtert werden, ob im vorliegend untersuchten Fall ein derart schwerwiegender Rechtsfehler vorliegt, dass er zur Nichtigkeit der Abrissverfügung führen würde oder es lediglich bei der rechtswidrigkeitsbedingten Angreifbarkeit des Verwaltungsaktes bleibt. Dazu sollen zunächst (A) die allgemeinen Voraussetzungen der für den vorliegend untersuchten Fall in Betracht kommenden Nichtigkeitstatbestände des § 44 VwVfG betrachtet werden und (B) in einem zweiten Schritt deren Erfüllung durch die Abrissverfügung geprüft werden.

aa) Die Voraussetzungen für den Eintritt der Nichtigkeitsfolge

Die Voraussetzungen der Nichtigkeit von Verwaltungsakten werden (insbesondere)[461] in den ersten drei Absätzen des § 44 VwVfG geregelt, wobei Abs. 2 der Vorschrift eine abschließende Aufzählung von sogenannten absoluten Nichtigkeitsgründen enthält.[462] In § 44 Abs. 1 VwVfG ist eine zu den in Abs. 2 der Vorschrift aufgezählten absoluten Nichtigkeitsgründen subsidiäre[463] Generalklausel geregelt, die wiederum vorgibt, dass ein Verwaltungsakt nichtig ist, soweit er an einem besonders schwerwiegenden Fehler leidet und dies bei verständiger Würdigung aller in Betracht kommenden Umstände offensichtlich ist.[464] § 44 Abs. 3 VwVfG enthält schließlich einen Katalog von zwar die Rechtswidrigkeit des Verwaltungsaktes begründenden Umständen, die jedoch gerade nicht zu dessen Nichtigkeit führen.[465]

(1) Absolute Nichtigkeitsgründe nach § 44 Abs. 2 VwVfG

Beginnt man bei der Untersuchung eines etwas Unmögliches verlangenden, grundsätzlich rechtswidrigen Verwaltungsaktes im Hinblick auf die aus der Rechtswidrigkeit möglicherweise folgende Nichtigkeit mit der Betrachtung der in § 44 Abs. 2 VwVfG abschließend aufgezählten absoluten Nichtigkeitsgründe, sind dabei insbesondere die in § 44 Abs. 2 Nr. 4 und Nr. 5 VwVfG aufgeführten Gründe besonders relevant. Aus § 44 Abs. 2 Nr. 4 VwVfG ergibt sich, dass ein Verwaltungsakt nichtig ist, den aus tatsächlichen Gründen niemand ausführen kann.[466] Die Nr. 4 des § 44 Abs. 2 VwVfG regelt damit den Eintritt der Nichtigkeitsfolge bei einem objektiv, aus tatsächlichen Gründen unmöglich ausführbaren Verwaltungsakt.[467] Die rechtliche Unmöglichkeit eines Verwaltungsaktes wird von dieser Vorschrift nicht erfasst.[468] § 44 Abs. 2 Nr. 5 VwVfG gibt vor, dass ein Verwaltungsakt

---

[461] Daneben bestehende spezialgesetzliche Nichtigkeitsregelungen, wie etwa § 13 BBG, gehen dabei § 44 VwVfG vor, vgl. Huck/Müller/*M. Müller*, VwVfG § 44 Rn. 4, mit weiteren Beispielen.

[462] Kopp/Ramsauer/*U. Ramsauer*, VwVfG § 44 Rn. 1, 31; *J. Ziekow*, VwVfG § 44 Rn. 3; Huck/Müller/*M. Müller*, VwVfG § 44 Rn. 1, 3.

[463] A. A. Stelkens/Bonk/Sachs/*M. Sachs*, VwVfG § 44 Rn. 99 m. w. N.; Mann/Sennekamp/Uechtritz/*A. Leisner-Egensperger*, VwVfG § 44 Rn. 30; die davon ausgehen, dass die Abs. 1 und 2 des § 44 VwVfG jeweils voneinander unabhängige Nichtigkeitsgründe enthalten, wobei lediglich die Prüfung der Voraussetzungen des Abs. 1 obsolet wird, sofern die Voraussetzungen des Abs. 2 bereits vorliegen.

[464] Kopp/Ramsauer/*U. Ramsauer*, VwVfG § 44 Rn. 7 f.; BeckOK VwVfG/*F. Schemmer*, VwVfG § 44 Rn. 11; Pautsch/Hoffmann/*A. Pautsch*, VwVfG § 44 Rn. 4, 7.

[465] BeckOK VwVfG/*F. Schemmer*, VwVfG § 44 Rn. 61; *S. Detterbeck*, Allgemeines Verwaltungsrecht, 21. Aufl. 2023, § 10 Rn. 615; Huck/Müller/*M. Müller*, VwVfG § 44 Rn. 19.

[466] Pautsch/Hoffmann/*A. Pautsch*, VwVfG § 44 Rn. 11; *J. Ziekow*, VwVfG § 44 Rn. 14; Huck/Müller/*M. Müller*, VwVfG § 44 Rn. 16.

[467] Stelkens/Bonk/Sachs/*M. Sachs*, VwVfG § 44 Rn. 144; Kopp/Ramsauer/*U. Ramsauer*, VwVfG § 44 Rn. 39; Schoch/Schneider/*M. Goldhammer*, VwVfG § 44 Rn. 78.

[468] Pautsch/Hoffmann/*A. Pautsch*, VwVfG § 44 Rn. 11; *J. Ziekow*, VwVfG § 44 Rn. 14; Huck/Müller/*M. Müller*, VwVfG § 44 Rn. 16.

nichtig ist, der die Begehung einer rechtswidrigen Tat verlangt, die einen Straf- oder Bußgeldtatbestand verwirklicht.[469] Aus der Nr. 5 des § 44 Abs. 2 VwVfG ergibt sich damit die Nichtigkeit eines Verwaltungsaktes, der seinen Adressaten zu einer Handlung verpflichtet, die einen Verstoß gegen ein Straf- oder Ordnungswidrigkeitengesetz darstellen würde.[470] Die Vorschrift regelt damit zumindest einen speziellen Fall der rechtlichen Unmöglichkeit eines Verwaltungsaktes im Sinne der obenstehenden Definitionen. Da im Hinblick auf die vorliegend betrachtete Abrissverfügung aber gerade regelmäßig keine tatsächliche Unmöglichkeit, sondern (allenfalls) rechtliche Unmöglichkeit im Raum steht, ist für die weiteren Untersuchungen aus dem Katalog der absoluten Nichtigkeitsgründe insbesondere § 44 Abs. 2 Nr. 5 VwVfG von Relevanz.

(2) Die Generalklausel nach § 44 Abs. 1 VwVfG

Da die Vorschrift des § 44 Abs. 2 Nr. 5 VwVfG aber nur einen speziellen Fall der rechtlichen Unmöglichkeit eines Verwaltungsaktes erfasst, ist der Blick auch auf die Generalklausel des § 44 Abs. 1 VwVfG zu richten. Dabei ist zu untersuchen, ob die Nichtigkeit eines Verwaltungsaktes, der etwas rechtlich Unmögliches verlangt, wobei sich die rechtliche Unmöglichkeit aber nicht aus der Verpflichtung zu einem Verstoß gegen ein Straf- oder Ordnungswidrigkeitengesetz ergibt, aus den Vorgaben des § 44 Abs. 1 VwVfG folgt. So wird vielfach vertreten, dass sich die Nichtigkeit einer etwas rechtlich Unmögliches verlangenden Verfügung aus § 44 Abs. 1 VwVfG ergeben kann.[471] Fraglich ist aber, wann dies der Fall ist.

Ein Verwaltungsakt ist nach § 44 Abs. 1 VwVfG nichtig, soweit er an einem besonders schwerwiegenden Fehler leidet und dies bei verständiger Würdigung aller in Betracht kommenden Umstände offensichtlich ist.[472] Mit dieser Legaldefinition übernimmt das Gesetz die schon vor Erlass des VwVfG herrschende Evidenztheorie.[473] Dabei wird das Prinzip der Rechtssicherheit, das den vorläufigen und nach

---

[469] Schoch/Schneider/*M. Goldhammer*, VwVfG § 44 Rn. 81; Stelkens/Bonk/Sachs/*M. Sachs*, VwVfG § 44 Rn. 150; *J. Ziekow*, VwVfG § 44 Rn. 15.

[470] Mann/Sennekamp/Uechtritz/*A. Leisner-Egensperger*, VwVfG § 44 Rn. 39; BeckOK VwVfG/*F. Schemmer*, VwVfG § 44 Rn. 55; Kopp/Ramsauer/*U. Ramsauer*, VwVfG § 44 Rn. 43 f.

[471] Stelkens/Bonk/Sachs/*M. Sachs*, VwVfG § 44 Rn. 146, 151; Pautsch/Hoffmann/*A. Pautsch*, VwVfG § 44 Rn. 11; *J. Ziekow*, VwVfG § 44 Rn. 14; Huck/Müller/*M. Müller*, VwVfG § 44 Rn. 16 f.; BeckOK VwVfG/*F. Schemmer*, VwVfG § 44 Rn. 52; Mann/Sennekamp/Uechtritz/*A. Leisner-Egensperger*, VwVfG § 44 Rn. 38 f.; *C. Labrenz*, NVwZ 2010, 22 (25), der stets von der Nichtigkeit eines etwas rechtlich Unmögliches verlangenden Verwaltungsaktes ausgeht.

[472] *H. Maurer/C. Waldhoff*, Allgemeines Verwaltungsrecht, 21. Aufl. 2024, § 10 Rn. 86; *S. Detterbeck*, Allgemeines Verwaltungsrecht, 21. Aufl. 2023, § 10 Rn. 616; *J. Ziekow*, VwVfG § 44 Rn. 4.

[473] Stelkens/Bonk/Sachs/*M. Sachs*, VwVfG § 44 Rn. 102; *H. Maurer/C. Waldhoff*, Allgemeines Verwaltungsrecht, 21. Aufl. 2024, § 10 Rn. 86; Schoch/Schneider/*M. Goldhammer*,

Ablauf der Anfechtungsfrist endgültigen Bestand des Verwaltungsakts trotz möglicher Rechtsfehler rechtfertigt, zu Gunsten des Prinzips der materiellen Gerechtigkeit verdrängt, wenn ein Verwaltungsakt an einem offensichtlichen und zudem noch schwerwiegenden Fehler leidet.[474]

(a) Ein besonders schwerwiegender Fehler

Ein besonders schwerwiegender Fehler liegt dann vor, wenn ein Verwaltungsakt mit der Rechtsordnung unter keinen Umständen vereinbar ist.[475] Dies ist der Fall, wenn der Verwaltungsakt in einem so krassen Widerspruch zu tragenden Verfassungsprinzipien oder zur Rechtsordnung und den ihr zugrunde liegenden Wertvorstellungen der Rechtsgemeinschaft steht, dass seine Existenz und die von ihm ausgelösten Rechtwirkungen unerträglich sind.[476] Die an eine ordnungsgemäße Verwaltung zu stellenden Anforderungen müssten in einem so erheblichen Maße verletzt sein, dass schlechterdings von niemandem erwartet werden kann, den Verwaltungsakt als verbindlich anzuerkennen.[477] Diese Definitionen sind jedoch derart allgemein gehalten, dass sie durch Einzelbegründungen näher konkretisiert werden müssen.[478]

(aa) Anhaltspunkte in § 44 Abs. 2 VwVfG

Anhaltpunkte für die Beurteilung, ob ein besonders schwerwiegender Fehler nach dem § 44 Abs. 1 VwVfG vorliegt, liefern dabei die Abs. 2 und 3 des § 44 VwVfG; so ist ein besonders schwerwiegender Fehler insbesondere dann anzunehmen, wenn ein Sachverhalt einem der in § 44 Abs. 2 VwVfG aufgezählten absoluten Nichtigkeitsgründe ähnlich ist.[479] Bei der Beurteilung der Frage, ob eine Verfügung, die von ihrem Adressaten etwas rechtlich Unmögliches verlangt, nach § 44 Abs. 1 VwVfG nichtig ist, wären wiederum die zwei bereits erwähnten, in § 44 Abs. 2 Nr. 4 und Nr. 5 VwVfG geregelten absoluten Nichtigkeitsgründe in den Blick zu nehmen, denen der Fall der rechtlichen Unmöglichkeit des behördlich verlangten Verhaltens ähnlich sein könnte. So wäre im Hinblick auf den allgemeinen Rechtsgrundsatz

---

VwVfG § 44 Rn. 39; zur vor der Einführung des § 44 VwVfG vertretenen Evidenztheorie vgl. *G. Erbel*, Die Unmöglichkeit von Verwaltungsakten, 1972, S. 96 ff.

474 *H. Maurer/C. Waldhoff*, Allgemeines Verwaltungsrecht, 21. Aufl. 2024, § 10 Rn. 86.

475 BVerwG, Urt. v. 11.02.1966, VII CB 149.64; VG Köln v. 21.08.1964 – 5 K 1096/64, BeckRS 1966, 31320234; *G. Beaucamp*, JA 2007, 704 (706); *J. Ziekow*, VwVfG § 44 Rn. 5.

476 BVerwG, Urt. v. 17.10.1997, 8 C 1/96 (Mannheim), NVwZ 1998, 1061; *M. Will/ C. Rathgeber*, JuS 2012, 1057 (1060); Huck/Müller/*M. Müller*, VwVfG § 44 Rn. 6.

477 BVerwG, Urt. v. 09.09.2014, 1 C 10.14, BeckRS 2014, 56980, Rn. 16; Stelkens/Bonk/ Sachs/*M. Sachs*, VwVfG § 44 Rn. 104; Schoch/Schneider/*M. Goldhammer*, VwVfG § 44 Rn. 44.

478 Mann/Sennekamp/Uechtritz/*A. Leisner-Egensperger*, VwVfG § 44 Rn. 10.

479 Kopp/Ramsauer/*U. Ramsauer*, VwVfG § 44 Rn. 9; *D. Kugele*, VwVfG § 44 Rn. 4; Huck/Müller/*M. Müller*, VwVfG § 44 Rn. 7; a.A. BeckOK VwVfG/*F. Schemmer*, VwVfG § 44 Rn. 54 ff.

impossibilium nulla obligatio est[480] an eine prinzipielle Ähnlichkeit der rechtlichen Unmöglichkeit mit der in § 44 Abs. 2 Nr. 4 VwVfG geregelten tatsächlichen Unmöglichkeit zu denken, die für die Annahme eines Nichtigkeitsgrundes nach § 44 Abs. 1 VwVfG spräche.[481] Als weiteres Argument für die Annahme eines allgemeinen Nichtigkeitsgrundes nach § 44 Abs. 1 VwVfG bei Vorliegen von rechtlicher Unmöglichkeit könnte die Regelung des § 44 Abs. 2 Nr. 5 VwVfG angeführt werden, die für den speziellen Fall einer Verpflichtung des Verfügungsadressaten zum Verstoß gegen spezifische Verbotsgesetzte die Nichtigkeit der behördlichen Verpflichtung explizit anordnet. Es sind also zwei Anknüpfungspunkte in der Vorschrift des § 44 Abs. 2 VwVfG zu finden, die etwas der rechtlichen Unmöglichkeit des behördlich Verlangten ähnlich Gelagertes regeln und damit die Nichtigkeit der etwas rechtlich Unmögliches verlangenden Verfügung nach § 44 Abs. 1 VwVfG nahelegen könnten.

Dabei ist jedoch zu sehen, dass sich insbesondere aus dem Umkehrschluss zur Regelung des § 44 Abs. 2 Nr. 5 VwVfG auch ableiten ließe, dass nur die Verpflichtung zu einem Verstoß gegen Strafgesetze oder zur Begehung von Ordnungswidrigkeiten zur Nichtigkeit der Verfügung führen soll, die Verpflichtung zum Verstoß gegen sonstige Rechtspflichten aber gerade nicht.[482] Dem ließe sich wiederum entgegenhalten, dass das *argumentum e contrario* nur dann verfängt, wenn eine Vorschrift den Anschein macht, etwas abschließend regeln zu wollen, sodass nur für das explizit von der Norm Erfasste die darin festgelegte Rechtsfolge eintreten soll, darüber hinaus jedoch gerade nicht.[483] Davon kann in Bezug auf § 44 Abs. 2 Nr. 5 VwVfG grundsätzlich nicht ausgegangen werden, da dieser im Verhältnis zu § 44 Abs. 1 VwVfG keine abschließende Regelung zum Eintritt der Nichtigkeitsfolge im Falle von rechtlicher Unmöglichkeit bei Verwaltungsakten enthält; dafür spricht auch die unten genannte Gesetzesbegründung zu § 44 Abs. 2 Nr. 5 VwVfG (§ 40 Abs. 2 Nr. 5 VwVfG a. F.), wonach bei sonstigen – also nicht Straf- oder Ordnungswidrigkeitengesetze verletzenden – schwerwiegenden Verstößen gegen das geltende Recht, das Vorliegen der Voraussetzungen des § 44 Abs. 1 VwVfG (§ 40 Abs. 1 VwVfG a. F.) zu prüfen sei.[484] Im Ergebnis helfen die Anknüpfungspunkte in der Regelung des § 44 Abs. 2 VwVfG bei der Beantwortung der Frage, ob sich die Nichtigkeit einer etwas rechtlich Unmögliches verlangenden Verfügung aus der Generalklausel des § 44 Abs. 1 VwVfG ergibt, nur bedingt weiter.

---

[480] Dig. 50.17.185; *F. Michl*, NVwZ 2014, 1206.

[481] *D. Kugele*, VwVfG § 44 Rn. 4; a. A. BeckOK VwVfG/*F. Schemmer*, VwVfG § 44 Rn. 54 ff.

[482] BeckOK VwVfG/*F. Schemmer*, VwVfG § 44 Rn. 54 ff.

[483] *P. J. Tettinger/T. Mann*, Einführung in die juristische Arbeitstechnik, 5. Aufl. 2015, 3. Teil Rn. 278.

[484] Vgl. BT-Drs. 7/910, 64; siehe Kapitel 2, § 2 A. V. 2. c) aa) (2) (a) (cc).

(bb) Erkenntnisgewinn aus dem Zivilrecht

Einen weiteren Erkenntnisgewinn könnte aber wiederum ein Blick ins Zivilrecht bringen. So ist bereits die Bedeutung der Nichtigkeit im Verwaltungsrecht dem Zivilrecht entlehnt[485] und der im Verwaltungsrecht zur Anwendung kommende Begriff der Unmöglichkeit mit all seinen Untergliederungen stammt (jedenfalls ursprünglich) ebenfalls aus dem Zivilrecht. Vor diesem Hintergrund könnten möglicherweise auch die schon im Privatrecht erarbeiteten Differenzierungen zu den Rechtsfolgen im Falle des Vorliegens von Unmöglichkeit für das Verwaltungsrecht fruchtbar gemacht werden.

Wie bereits angesprochen, können im Zivilrecht im Hinblick auf die Unmöglichkeit der Erfüllung eines Rechtsgeschäftes zwei verschiedene Rechtsfolgen eintreten. Prinzipiell kommt es im Falle der Unmöglichkeit nach den §§ 275 Abs. 1, 311a BGB zur Befreiung von der unmöglich erfüllbaren Leistungsverpflichtung, während die Wirksamkeit des zugrundeliegenden Verpflichtungsgeschäftes davon nicht unmittelbar betroffen ist.[486] Aufgrund des weiterhin bestehenden Schuldverhältnisses können dann anderweitige Verpflichtungen des Schuldners, etwa zur Herausgabe eines Surrogates nach § 285 BGB oder zum Schadensersatz nach §§ 280, 283, 311a BGB,[487] aber auch des Gläubigers, etwa zur Erbringung der Gegenleistung nach § 326 Abs. 2 BGB,[488] bestehen. In bestimmten Sonderfällen, dann nämlich, wenn ein Rechtsgeschäft gegen ein gesetzliches Verbot verstößt, kommt es zur speziellen Rechtsfolge des § 134 BGB. Das Rechtsgeschäft ist nichtig und kann (grundsätzlich) von Anfang an keine (damit beabsichtigten) Rechtswirkungen hervorbringen.

Es drängt sich der Gedanke auf, diese aus dem Zivilrecht bekannte Unterscheidung im Hinblick auf die Rechtsfolgen bei Vorliegen von (rechtlicher) Unmöglichkeit auch auf das Verwaltungsrecht zu übertragen. Dann wäre entsprechend der Wertung des § 134 BGB auch nach § 44 Abs. 1 VwVfG stets von der Nichtigkeit der behördlichen Verfügung auszugehen, wenn sich die rechtliche Unmöglichkeit zur Ausführung einer behördlich angeordneten Handlungspflicht aus einer Kollision mit einem Verbotsgesetz ergibt. In allen anderen Fällen der rechtlichen Unmöglichkeit

---

[485] Eine umfassende Erörterung zur Bedeutung der Nichtigkeit eines Verwaltungsaktes und insbesondere deren Herleitung durch eine „mittelbare Wertungsübertragung“ aus dem Zivilrecht findet sich bei *M. Frank*, Rechtsfragen der Nichtigkeit von Verwaltungsakten (§§ 43 Abs. 3, 44 VwVfG) – Neuerliche Durchleuchtung eines überkommenen Rechtsinstituts, 2014, S. 71 ff.

[486] BeckOK BGB/*S. Lorenz*, BGB § 275 Rn. 65; Schulze/*R. Schulze*, BGB § 275 Rn. 24; speziell zu § 275 Abs. 1 BGB Erman/*D. Ulber*, BGB § 275 Rn. 85; speziell zu § 311a BGB BeckOK BGB/*M. Gehrlein*, BGB § 311a Rn. 4.

[487] Jauernig/*A. Stadler*, BGB § 275 Rn. 31; Herberger/Martinek/Rüßmann/Weth/Würdinger/*D. Seichter*, § 275 BGB Rn. 77; Erman/*D. Ulber*, BGB § 275 Rn. 85.

[488] Schulze/*M. Fries*, BGB § 326 Rn. 8; BeckOK BGB/*H. Schmidt*, BGB § 326 Rn. 3; Herberger/Martinek/Rüßmann/Weth/Würdinger/*R. M. Beckmann*, § 326 BGB Rn. 19 ff.

würde es demgegenüber gerade nicht zur Nichtigkeit der behördlichen Verfügung nach § 44 Abs. 1 VwVfG kommen.

Bereits vor der Einführung des VwVfG argumentierte Franck gegen eine solche Übertragung der zivilrechtlichen Unmöglichkeitsfolgen auf das Verwaltungsrecht. Wie dargestellt, kommt er zu dem Ergebnis, dass die Eigenarten des Verwaltungsrechts im Vergleich zum Zivilrecht einer solchen Übertragung entgegenstünden. Der im Zivilrecht vorgesehene automatische Entfall der Leistungspflicht begründe sich durch das den zivilrechtlichen Regelungen zugrundeliegende Prinzip der Billigkeit, wonach es einerseits sinnlos erscheine, den Verpflichteten an einer unmöglichen Leistung festzuhalten, aber andererseits auch die Interessen des Gläubigers an der (nunmehr) unmöglichen Leistung durch Ersatzansprüche gewahrt bleiben würden.[489] Im Privatrecht komme es dabei weniger darauf an, dass ein Gläubiger eine ihm geschuldete Leistung auf alle Fälle erhält, als vielmehr darauf, dass weder Gläubiger noch Schuldner durch den Eintritt der Unmöglichkeit zu Gunsten des anderen übervorteilt werden.[490] Im Verwaltungsrecht gehe es demgegenüber nicht um den Ausgleich von Interessen der an einem Schuldverhältnis beteiligten Parteien, sondern um die Wahrnehmung staatlicher Aufgaben im Allgemeininteresse.[491] Zwar stünde es auch für das Verwaltungsrecht außer Zweifel, dass eine etwas Unmögliches verlangende öffentlich-rechtliche Verpflichtung keine Rechtsbeständigkeit haben könne.[492] Jedoch sei ein zu einer unmöglichen Leistung verpflichtender Verwaltungsakt zunächst nur rechtswidrig und bleibe weiterhin wirksam. Erst durch eine behördliche oder gerichtliche Aufhebung verliere er seine Wirksamkeit, weil es nicht tragbar sei, dass der einzelne Bürger selbst darüber entscheide, ob er einer Pflicht nachkomme oder nicht.[493] Nur in Ausnahmefällen käme es zur Nichtigkeit und damit zur unmittelbaren Unwirksamkeit.[494] Dieser Argumentation ließe sich mit Blick auf die Regelung des § 134 BGB aber entgegenhalten, dass die Vorschrift des § 134 BGB, wie oben bereits ausgeführt wurde, eine Beschränkung der zivilrechtlichen Vertragsfreiheit enthält. Diese Regelung zielt also nicht auf einen Interessenausgleich zwischen Vertragsparteien beim Unmöglichsein oder -werden der vertragsgegenständlichen Leistungspflicht. Vielmehr dient die Regelung der Einheit und Widerspruchsfreiheit der Rechtsordnung.[495] Diese Wertungen des § 134 BGB ließen

---

[489] *C. Franck*, Die Unmöglichkeit im Verwaltungsrecht, 1926, S. 7 f.

[490] *C. Franck*, Die Unmöglichkeit im Verwaltungsrecht, 1926, S. 5 ff.

[491] *C. Franck*, Die Unmöglichkeit im Verwaltungsrecht, 1926, S. 8 ff.

[492] *C. Franck*, Die Unmöglichkeit im Verwaltungsrecht, 1926, S. 4, 12 ff.

[493] *C. Franck*, Die Unmöglichkeit im Verwaltungsrecht, 1926, S. 41 f., 47 f., 55 ff.

[494] *C. Franck*, Die Unmöglichkeit im Verwaltungsrecht, 1926, S. 55 ff., den Beispielsfall bietet der anderweitige Eintritt der Erfüllung der Verpflichtung ohne Zutun des Verpflichteten, vgl. dort S. 41.

[495] Staudinger/*P. S. Fischinger*/*S. Hengstberger*, Buch 1 (§§ 134–138 BGB u. ProstG), BGB § 134 Rn. 1; *A. Stadler*, Allgemeiner Teil des BGB, 21. Aufl. 2022, § 26 Rn. 2.

sich durchaus mit der Eigenart des Verwaltungsrechts und insbesondere dem Gedanken der Widerspruchsfreiheit staatlichen Handelns[496] in Einklang bringen.

Die Beantwortung der Frage, ob und wann eine Übertragung zivilrechtlicher Vorschriften und Wertungen auf das allgemeine Verwaltungsrecht und insbesondere auf die Regelungsmaterie des § 44 VwVfG möglich ist, bedarf jedoch einer weitergehenden Erörterung. Für die Klärung dieser Frage sind dabei die Untersuchungen von Martin Frank zur Übernahme des zivilrechtlichen Nichtigkeitsbegriffes in das Verwaltungsrecht von großem Nutzen.[497] Frank führt zunächst unter Verweis auf Heinrich de Wall[498] aus, dass die Vorschriften des Privatrechts grundsätzlich nur für sich beanspruchen, privatrechtliche Rechtsverhältnisse zu regeln.[499] Dennoch solle eine Übertragung von zivilrechtlichen Vorschriften und Wertungen auf das Verwaltungsrecht im Rahmen eines Ergänzungsverhältnisses zwischen den beiden Teildisziplinen des Zivil- und des Öffentlichen Rechts möglich sein.[500] Umstritten sei dabei allerdings, wie diese Übertragung dogmatisch begründet werden könne. Dazu stellt Frank zunächst die seines Erachtens beiden wesentlichen, sich gegenüberstehenden literarischen Ansichten vor.[501] Unter erneutem Verweis auf de Wall führt Frank aus, dass sich diese Ansichten jeweils mit dem generellen Bedürfnis erklären lassen würden, „*die Vorschriften des dogmatisch sehr viel besser und vollständiger ausgeführten Privatrechts in juristisch gesicherter Weise für das im Einzelfall nur lückenhaft geregelte Verwaltungsrecht fruchtbar zu machen, ohne zugleich dessen Anspruch auf Eigenständigkeit und Gleichwertigkeit ernsthaft zu gefährden*“.[502]

Nach der ersten von Frank dargestellten Ansicht ist von sogenannten allgemeinen Rechtsgrundsätzen auszugehen, die zwar – zufällig – im Bürgerlichen Gesetzbuch normiert und konkretisiert wurden, aber unabhängig davon als „Allgemeiner Teil des

[496] *M. Wallerath*, Allgemeines Verwaltungsrecht, 6. Aufl. 2009, § 7 Rn. 27; i. Ü. dient etwa auch die Regelung des § 44 Abs. 2 Nr. 5 VwVfG der Gewährleistung einer einheitlichen Rechtsordnung, vgl. *M. Will/C. Rathgeber*, JuS 2012, 1057 (1060).

[497] *M. Frank*, Rechtsfragen der Nichtigkeit von Verwaltungsakten (§§ 43 Abs. 3, 44 VwVfG) – Neuerliche Durchleuchtung eines überkommenen Rechtsinstituts, 2014, S. 47 ff.

[498] *H. de Wall*, Die Anwendbarkeit privatrechtlicher Rechtsvorschriften im Verwaltungsrecht, 1999, erörtert umfangreich die historischen Voraussetzungen, die methodischen Grundlagen und die verfassungsrechtlichen Schranken der Übertragung privatrechtlicher Vorschriften ins Verwaltungsrecht.

[499] *M. Frank*, Rechtsfragen der Nichtigkeit von Verwaltungsakten (§§ 43 Abs. 3, 44 VwVfG) – Neuerliche Durchleuchtung eines überkommenen Rechtsinstituts, 2014, S. 52; *H. de Wall*, Die Anwendbarkeit privatrechtlicher Rechtsvorschriften im Verwaltungsrecht, 1999, S. 53.

[500] *M. Frank*, Rechtsfragen der Nichtigkeit von Verwaltungsakten (§§ 43 Abs. 3, 44 VwVfG) – Neuerliche Durchleuchtung eines überkommenen Rechtsinstituts, 2014, S. 52 f.

[501] *M. Frank*, Rechtsfragen der Nichtigkeit von Verwaltungsakten (§§ 43 Abs. 3, 44 VwVfG) – Neuerliche Durchleuchtung eines überkommenen Rechtsinstituts, 2014, S. 54 ff.

[502] *M. Frank*, Rechtsfragen der Nichtigkeit von Verwaltungsakten (§§ 43 Abs. 3, 44 VwVfG) – Neuerliche Durchleuchtung eines überkommenen Rechtsinstituts, 2014, S. 55; *H. de Wall*, Die Anwendbarkeit privatrechtlicher Rechtsvorschriften im Verwaltungsrecht, 1999, S. 53 f.

Rechts" auch allen anderen Rechtsbereichen vorgegeben seien.[503] Dem gegenüber werde durch eine Gegenansicht vertreten, dass bestimmte privatrechtliche Vorschriften nur im Wege der Analogie in das Öffentliche Recht übertragen werden könnten.[504] Dafür müsse dann wiederum geklärt werden, ob die jeweilige privatrechtliche Rechtsfigur auf die in Frage stehende verwaltungsrechtliche Rechtsbeziehung überhaupt angewendet werden kann und ob die allgemeinen Voraussetzungen eines Analogieschlusses erfüllt sind. Bei der Entscheidung zwischen diesen beiden Ansichten gehe es nach Franks Auffassung darum, ob man das Privatrecht und die darin festgeschriebenen Wertungen als einen „Allgemeinen Teil des Rechts" auch im Verhältnis zum Verwaltungsrecht anerkennen und damit zum allgemeinen Teil des Allgemeinen Verwaltungsrechts erklären, oder unter den bekannten Voraussetzungen eine Analogie zu privatrechtlichen Vorschriften bilden will.[505]

Frank lehnt im Rahmen eines Streitentscheides zwischen den von ihm als wesentlich bewerteten literarischen Ansichten den methodischen Ansatz, das Zivilrecht als „Allgemeinen Teil des Rechts", auch des Öffentlichen Rechts, zu sehen, entschieden ab.[506] Als – an dieser Stelle überzeugendes – Argument verweist Frank dabei unter anderem auf die bereits von Franck dargestellten tiefgreifenden strukturellen Unterschiede zwischen dem Zivil- und dem Öffentlichen Recht, die es nicht zuließen, das Zivilrecht (generell) als allgemeinen Teil des Verwaltungsrechts zu verstehen.[507] So werden durch Frank beispielsweise erneut die unterschiedlichen Handlungsprinzipien und Interessenlagen im Zivilrecht und im Öffentlichen Recht gegenübergestellt; es wird auf das (grundsätzlich) das Privatrecht kennzeichnende Gleichordnungsverhältnis der Vertragsparteien im Unterschied zum (grundsätzlich) das Öffentliche Recht prägende Über- bzw. Unterordnungsverhältnis der Rechtssubjekte hingewiesen.[508]

Dieser Hinweis auf die grundlegenden Unterschiede zwischen dem Privat- und dem Verwaltungsrecht stehe aber einem Analogieschluss in einem konkreten Einzelfall nicht entgegen, da ein solcher Schluss von den grundsätzlichen Überlegungen, aus dem Zivilrecht einen allgemeinen Teil des Verwaltungsrechts machen zu wollen,

[503] *M. Frank*, Rechtsfragen der Nichtigkeit von Verwaltungsakten (§§ 43 Abs. 3, 44 VwVfG) – Neuerliche Durchleuchtung eines überkommenen Rechtsinstituts, 2014, S. 55.

[504] *M. Frank*, Rechtsfragen der Nichtigkeit von Verwaltungsakten (§§ 43 Abs. 3, 44 VwVfG) – Neuerliche Durchleuchtung eines überkommenen Rechtsinstituts, 2014, S. 55 f.

[505] *M. Frank*, Rechtsfragen der Nichtigkeit von Verwaltungsakten (§§ 43 Abs. 3, 44 VwVfG) – Neuerliche Durchleuchtung eines überkommenen Rechtsinstituts, 2014, S. 56 f.

[506] *M. Frank*, Rechtsfragen der Nichtigkeit von Verwaltungsakten (§§ 43 Abs. 3, 44 VwVfG) – Neuerliche Durchleuchtung eines überkommenen Rechtsinstituts, 2014, S. 58 ff.

[507] *M. Frank*, Rechtsfragen der Nichtigkeit von Verwaltungsakten (§§ 43 Abs. 3, 44 VwVfG) – Neuerliche Durchleuchtung eines überkommenen Rechtsinstituts, 2014, S. 59.

[508] Vgl. weiterführend *M. Frank*, Rechtsfragen der Nichtigkeit von Verwaltungsakten (§§ 43 Abs. 3, 44 VwVfG) – Neuerliche Durchleuchtung eines überkommenen Rechtsinstituts, 2014, S. 59 f.

deutlich zu unterscheiden sei.[509] Eine umfangreiche Begründung für die analoge Anwendbarkeit privatrechtlicher Vorschriften im Öffentlichen Recht findet sich wiederum bei de Wall.[510] Mit Blick auf den vorliegend untersuchten Fall scheidet eine analoge Anwendung des § 134 BGB auf eine den Verstoß gegen ein Verbotsgesetz fordernde und damit etwas rechtlich Unmögliches verlangende behördliche Verfügung aber ohnehin deshalb aus, weil es bereits an der für eine Analogie notwendigen unbeabsichtigten Regelungslücke[511] fehlt. Vielmehr gibt es für einen Unmögliches verlangenden Verwaltungsakt umfassende verwaltungsrechtliche Sonderregelungen, die keinen Raum und Bedarf für die analoge Anwendung der zivilrechtlichen Regelung des § 134 BGB lassen.[512] Wie bereits umfassend dargestellt, macht für den Fall der objektiven Unmöglichkeit § 44 Abs. 2 Nr. 4 VwVfG, für bestimmte Fälle der rechtlichen Unmöglichkeit § 44 Abs. 2 Nr. 5 VwVfG Vorgaben; sofern die Tatbestandsvoraussetzungen dieser Vorschriften nicht vorliegen, kann die Nichtigkeit eines etwas Unmögliches verlangenden Verwaltungsaktes aus § 44 Abs. 1 VwVfG folgen oder der Verwaltungsakt kann rechtswidrig und damit anfechtbar sein.[513]

Letztlich verbleibt noch die Möglichkeit, entsprechend einer von Frank für die Übernahme des zivilrechtlichen Nichtigkeitsbegriffes in das Verwaltungsrecht vollzogenen „mittelbaren Wertungsübertragung“, privatrechtliche Wertungen, die unmittelbar über die Regelungen der §§ 59 Abs. 1, 62 S. 2 VwVfG für den öffentlich-rechtlichen Vertrag gelten, auch mittelbar auf den Verwaltungsakt zu übertragen.[514] Frank erörtert zur Begründung seines methodischen Ansatzes umfassend die Vergleichbarkeit des Verwaltungsaktes und des öffentlich-rechtlichen Vertrages im Hinblick auf ihre (Nichtigkeits-)Fehlerfolgen und kommt dabei zu dem Ergebnis, dass der Verwaltungsakt und der öffentlich-rechtliche Vertrag hinsichtlich ihrer Nichtigkeitsfehlerfolgen soweit miteinander vergleichbar sind, dass eine „mittelbare Übertragung“ des privatrechtlichen Nichtigkeitsbegriffes, der über § 59 Abs. 1 VwVfG auf den öffentlich-rechtlichen Vertrag entsprechend Anwendung findet, auf den Verwaltungsakt erfolgen könne.[515] Fraglich ist jedoch, ob dieser Ansatz auch für

---

[509] *M. Frank*, Rechtsfragen der Nichtigkeit von Verwaltungsakten (§§ 43 Abs. 3, 44 VwVfG) – Neuerliche Durchleuchtung eines überkommenen Rechtsinstituts, 2014, S. 65 f.

[510] *H. de Wall*, Die Anwendbarkeit privatrechtlicher Rechtsvorschriften im Verwaltungsrecht, 1999, S. 81 f.; allgemein zum Analogieschluss im Verwaltungsrecht vgl. Stelkens/Bonk/Sachs/*M. Sachs*, VwVfG § 44 Rn. 54 m. w. N.

[511] Für viele: *P. J. Tettinger/T. Mann*, Einführung in die juristische Arbeitstechnik, 5. Aufl. 2015, 3. Teil Rn. 274.

[512] *H. de Wall*, Die Anwendbarkeit privatrechtlicher Rechtsvorschriften im Verwaltungsrecht, 1999, S. 385.

[513] *H. de Wall*, Die Anwendbarkeit privatrechtlicher Rechtsvorschriften im Verwaltungsrecht, 1999, S. 385.

[514] *M. Frank*, Rechtsfragen der Nichtigkeit von Verwaltungsakten (§§ 43 Abs. 3, 44 VwVfG) – Neuerliche Durchleuchtung eines überkommenen Rechtsinstituts, 2014, S. 71 ff.

[515] *M. Frank*, Rechtsfragen der Nichtigkeit von Verwaltungsakten (§§ 43 Abs. 3, 44 VwVfG) – Neuerliche Durchleuchtung eines überkommenen Rechtsinstituts, 2014, S. 78 f.

eine Übertragung der Wertungen des § 134 BGB, der wiederum über § 59 Abs. 1 VwVfG für den öffentlich-rechtlichen Vertrag entsprechend Geltung hat,[516] auf die Regelung des § 44 VwVfG zur Anwendung kommen kann. Denn es muss hierbei beachtet werden, dass – anders als bei der sowohl in § 134 BGB wie auch § 59 VwVfG und § 44 VwVfG vorgesehenen Nichtigkeitsfolge – die Vorschrift des § 44 VwVfG eine nach dem Willen des Gesetzgebers bewusst in ihren Voraussetzungen von § 134 BGB abweichende Spezialregelung für die Nichtigkeit von Verwaltungsakten enthält.

(cc) Die Gesetzesbegründung

So kann als schlagendes Argument gegen eine – auch mittelbare – Übertragung der Wertungen des § 134 BGB auf den Verwaltungsakt im Rahmen des § 44 Abs. 1 VwVfG die Gesetzesbegründung zu § 44 Abs. 2 Nr. 5 VwVfG (§ 40 Abs. 2 Nr. 5 VwVfG a. F.) angeführt werden.[517] Darin machte der Gesetzgeber deutlich, dass „*aus dem Bereich der Verstöße gegen ein Gesetzesverbot*"[518] im Sinne des § 134 BGB in die Regelung des § 44 Abs. 2 Nr. 5 VwVfG (§ 40 Abs. 2 Nr. 5 VwVfG a. F.) explizit nur solche Verwaltungsakte einbezogen wurden, welche die Begehung rechtswidriger Taten verlangen, die einen Straf- oder Bußgeldtatbestand verwirklichen.[519] Diese Abweichung von § 134 BGB sei gemäß der Ausführungen in der Gesetzesbegründung deshalb gerechtfertigt, da der Verwaltungsakt als hoheitliche Maßnahme die Vermutung der Gültigkeit für sich habe und der Bürger grundsätzlich auf den Verwaltungsakt vertrauen können soll. Etwas anderes könne dabei nur für das Strafrecht gelten, das auf dem allgemeinen Sittengesetz beruhend eine sogenannte Parallelwertung in den Laiensphäre ermögliche. Diese durch den Gesetzgeber vorgenommene Grenzziehung zwischen der Gültigkeit und der Nichtigkeit eines Verwaltungsaktes, bei der lediglich auf straf- bzw. bußgeldbewehrte Verbote abgestellt wird, könne auch durch den Bürger in der „Laiensphäre" nachvollzogen werden.[520] Zugleich verweist aber – wie bereits erwähnt – auch die Gesetzesbegründung zu § 44 Abs. 2 Nr. 5 VwVfG (§ 40 Abs. 2 Nr. 5 VwVfG a. F.) darauf, dass bei sonstigen schwerwiegenden Verstößen gegen das geltende Recht das Vorliegen der Voraussetzungen des § 44 Abs. 1 VwVfG (§ 40 Abs. 1 VwVfG a. F.) zu prüfen sei.[521]

---

[516] BeckOK VwVfG/*F. Spieth*, VwVfG § 59 Rn. 10ff.; Stelkens/Bonk/Sachs/*T. Siegel*, VwVfG § 59 Rn. 9ff.; Mann/Sennekamp/Uechtritz/*T. Mann*, VwVfG § 59 Rn. 43ff.; jeweils mit weiterführenden Hinweisen zu den Besonderheiten bei der Anwendung des § 134 BGB auf den öffentlich-rechtlichen Vertrag, wie etwa der Notwendigkeit eines „qualifizierten Rechtsverstoßes" als Voraussetzung für den Eintritt der Nichtigkeitsfolge.

[517] Schoch/Schneider/*M. Goldhammer*, VwVfG § 44 Rn. 81.

[518] BT-Drs. 7/910, 64.

[519] Vgl. BT-Drs. 7/910, 64.

[520] Schoch/Schneider/*M. Goldhammer*, VwVfG § 44 Rn. 81.

[521] So gehen etwa Stelkens/Bonk/Sachs/*M. Sachs*, VwVfG § 44 Rn. 151; Mann/Sennekamp/Uechtritz/*A. Leisner-Egensperger*, VwVfG § 44 Rn. 39; davon aus, dass Verwaltungs-

(dd) Einzelfallbetrachtung

Anhand der vorstehend erörterten Ansätze lässt sich keine klare dogmatische Abgrenzung dahingehend vornehmen, wann eine rechtlich Unmögliches verlangende Verfügung an einem derart schwerwiegenden Rechtsfehler im Sinne des § 44 Abs. 1 VwVfG leidet, dass daraus deren Nichtigkeit folgen würde. Vielmehr ist diese Frage abhängig vom jeweiligen Einzelfall zu beantworten. In der Literatur und Rechtsprechung finden sich zahlreiche Beispiele, die hierbei als Orientierung dienen können,[522] auch wenn die Autoren und Spruchkörper häufig für ihre Bewertungen ungeeignete Musterfälle heranziehen. So wird vertreten, dass Anordnungen, die ein Verpflichteter mangels ausreichender Verfügungsmacht nicht erfüllen kann, grundsätzlich nicht nichtig seien, da in diesen Fällen die erforderliche Berechtigung nachträglich noch geschaffen werden könne, etwa durch den Erlass einer Duldungsverfügung.[523] Dies sei beispielsweise bei der Abbruchverfügung gegenüber dem Eigentümer eines vermieteten Gebäudes der Fall, dem zwar die Rechte der Mieter gegenüberstünden, die aber überwindbar seien.[524] Anders soll es wiederum sein, wenn eine Leistung durch einen Verpflichteten aus rechtlichen Gründen unter keinen Umständen bewirkt werden kann, da sich in diesem Fall die rechtliche Unmöglichkeit gleich der tatsächlichen Unmöglichkeit, wie sie in § 44 Abs. 2 Nr. 4 VwVfG geregelt ist, auswirke.[525] Nichtig soll auch ein Verwaltungsakt sein, dessen angestrebte Regelung schlechthin nicht erreicht werden kann,[526] wie etwa die Ein-

---

akte, die gegen ein gesetzliches Verbot i. S. d. § 134 BGB verstoßen oder ein so verbotenes Verhalten gebieten, auch nach § 44 Abs. 1 VwVfG nichtig sein können, ohne jedoch ein Beispiel, eine Begründung oder einen Nachweis anzubieten; ähnlich, jedoch ohne Bezug auf § 134 BGB zu nehmen, Kopp/Ramsauer/*U. Ramsauer*, VwVfG § 44 Rn. 46 m. w. N.

[522] *M. Will/C. Rathgeber*, JuS 2012, 1057 (1061).

[523] Vgl. OVG Hamburg, Urt. v. 01. 12. 1992, Bf VI 29/91, NVwZ-RR 1993, 602 f., u. *H. v. Kalm*, DÖV 1996, 463, die für den Fall, dass ein rechtliches Hindernis mittels Duldungsverfügung überwunden werden könnte, grundsätzlich noch nicht einmal von der Rechtswidrigkeit der Verfügung ausgehen – was im Ergebnis falsch ist, wie die vorliegenden Untersuchungen zeigen; Kopp/Ramsauer/*U. Ramsauer*, VwVfG § 44 Rn. 42a, der fälschlicherweise als Beispiel die Verpflichtung eines Miteigentümers zum Abriss eines Hauses ohne Zustimmung der übrigen Miteigentümer anführt, welche (grundsätzlich) unter § 44 Abs. 2 Nr. 5 VwVfG fällt und deshalb gerade nichtig ist; *G. Erbel*, Die Unmöglichkeit von Verwaltungsakten, 1972, S. 133 f.; *J. Sanden*, NuR 2015, 606 (607); PdK VwVfG/*B. Meermagen*, VwVfG § 44 3. Nr. 4; BeckOK VwVfG/*F. Schemmer*, VwVfG § 44 Rn. 53, gehen davon aus, dass nur subjektive rechtliche Unmöglichkeit für die Nichtigkeitsfolge des § 44 Abs. 1 VwVfG grundsätzlich nicht ausreicht.

[524] PdK VwVfG/*B. Meermagen*, VwVfG § 44 3. Nr. 4; a. A. noch vor der Einführung des § 44 VwVfG BayVGH, Urt. v. 21. 11. 1960, Nr. 2 V 57, VerwRspr 1961, 283, 286 f., der davon ausging, dass die Entfernung eines Mieters aus dessen Wohnung durch den Wohnungseigentümer aus polizeilichen Gründen rechtlich unmöglich und damit nichtig sei.

[525] Kopp/Ramsauer/*U. Ramsauer*, VwVfG § 44 Rn. 40, dessen Beispiele schlecht gewählt sind, da hierbei vom Adressaten der Maßnahme regelmäßig keine Handlung gefordert wird (Einbürgerung eines Staatsbürgers, beamtenrechtliche Maßnahme gegen Nichtbeamten).

[526] Stelkens/Bonk/Sachs/*M. Sachs*, VwVfG § 44 Rn. 115, 146; BeckOK VwVfG/*F. Schemmer*, VwVfG § 44 Rn. 37.

bürgerung eines Staatsbürgers[527] oder die Versetzung eines Nichtbeamten in den Ruhestand[528].

(b) Offensichtlichkeit des Fehlers

Damit ein Verwaltungsakt nach § 44 Abs. 1 VwVfG nichtig ist, muss der schwerwiegende Fehler, an dem er leidet, aber auch offensichtlich sein. Bezugspunkt der Offensichtlichkeit ist dabei sowohl der Fehler als solcher, wie auch dessen besonders schweres Gewicht.[529] Offensichtlich ist die schwere Fehlerhaftigkeit eines Verwaltungsaktes dann, wenn sie für einen unvoreingenommenen, mit den in Betracht kommenden Umständen vertrauten, verständigen Beobachter ohne Weiteres ersichtlich ist.[530] Die schwerwiegende Fehlerhaftigkeit muss dem Verwaltungsakt gewissermaßen ‚*auf die Stirn geschrieben sein*' und sich dem verständigen Beobachter geradezu aufdrängen.[531] Hinsichtlich des Erkenntnisvermögens des verständigen Beobachters ist weder von dem jeweils konkret Betroffenen noch von einer juristisch geschulten Person auszugehen, sondern auf einen aufmerksamen und verständigen Durchschnittsbetrachter abzustellen.[532] Die Offensichtlichkeit fehlt wiederum insbesondere dann, wenn das Vorliegen eines Fehlers oder dessen besondere Schwere erst später, beispielsweise nach einer Rechtsprechungsänderung ersichtlich wird,[533] oder so lange dazu – in der Judikatur – unterschiedliche Auffassungen bestehen.[534] Letztlich kommt es auch für die Offensichtlichkeit eines Fehlers auf den Einzelfall an.[535]

[527] BayVGH, Urt. v. 21.11.1960, Nr. 2 V 57, VerwRspr 1961, 283, 286 f.

[528] BGH, Urt. v. 21.06.1951, III ZR 56/50 (Oberlandesgericht Oldenburg), VerwRspr 1952, 332, 333; BVerwG, Urt. v. 07.10.1964, VI C 59.63, BeckRS 1964, 30423990.

[529] Stelkens/Bonk/Sachs/*M. Sachs*, VwVfG § 44 Rn. 123; Schoch/Schneider/*M. Goldhammer*, VwVfG § 44 Rn. 64; BeckOK VwVfG/*F. Schemmer*, VwVfG § 44 Rn. 14.

[530] OVG Lüneburg, Urt. v. 14.11.1996, 3 L 5961/94, BeckRS 2005, 21658; *G. Beaucamp*, JA 2007, 704 (706); BeckOK VwVfG/*F. Schemmer*, VwVfG § 44 Rn. 17.

[531] OVG Lüneburg, Urt. v. 14.11.1996, 3 L 5961/94, BeckRS 2005, 21658; *M. Will/C. Rathgeber*, JuS 2012, 1057 (1060); Schoch/Schneider/*M. Goldhammer*, VwVfG § 44 Rn. 64.

[532] *M. Will/C. Rathgeber*, JuS 2012, 1057 (1060 f.); *J. Ziekow*, VwVfG § 44 Rn. 6; *H. Maurer/C. Waldhoff*, Allgemeines Verwaltungsrecht, 21. Aufl. 2024, § 10 Rn. 90.

[533] OVG Nordrhein-Westfalen, Urt. v. 19.03.1993, 22 A 2523/92, BeckRS 1993, 10028, Rn. 12.

[534] Stelkens/Bonk/Sachs/*M. Sachs*, VwVfG § 44 Rn. 125.

[535] Stelkens/Bonk/Sachs/*M. Sachs*, VwVfG § 44 Rn. 125; fundierte Kritik an dem schwer anwendbaren Kriterium der „Offensichtlichkeit" üben etwa *W. G. Leisner*, DÖV 2007, 669 ff.; Mann/Sennekamp/Uechtritz/*A. Leisner-Egensperger*, VwVfG § 44 Rn. 23 f. m. w. N.

(3) Die Erfüllung der Voraussetzungen des § 44 VwVfG im vorliegend untersuchten Fall

Vor dem Hintergrund der vorangegangenen Ausführungen sollen nun die Voraussetzungen und Folgen der Regelungen des § 44 VwVfG im Hinblick auf den vorliegend betrachteten Fall geprüft werden. Im Rahmen der Prüfung dieser speziellen Vorgaben wird inzident festgestellt werden, ob vom Adressaten der Abrissverfügung im vorliegend betrachteten Fall tatsächlich etwas im Sinne des Verwaltungsrechts Unmögliches abverlangt wird. Die Verknüpfung dieser beiden Prüfungen erklärt sich dadurch, dass, wie ausgeführt, bestimmte Rechtfertigungsgründe für das Handeln des Verfügungsadressaten davon abhängig sind, welche Konsequenzen aus der rechtlichen Unmöglichkeit des vom Verfügungsadressaten Verlangten für die behördliche Abrissverfügung folgen. Wie bereits festgestellt, führt die rechtliche Unmöglichkeit der vom Verfügungsadressaten verlangten Abrisshandlung wegen eines Verstoßes gegen das Verhältnismäßigkeitsprinzip grundsätzlich zur Rechtswidrigkeit der Verpflichtung. Fraglich ist aber, ob dieser Rechtsverstoß auch so schwer wiegt, dass er die Nichtigkeit der Grundverfügung zur Folge hätte. Auf den vorliegenden Fall anwendbar sind dabei zunächst die Spezialregelung des § 44 Abs. 2 Nr. 5 VwVfG, wie auch die allgemeine Bestimmung des § 44 Abs. 1 VwVfG in Verbindung mit § 44 Abs. 2 Nr. 4 und Nr. 5 VwVfG.

(a) Nichtigkeit nach § 44 Abs. 2 Nr. 5 VwVfG

(aa) Tatbestandsvoraussetzungen

Aus § 44 Abs. 2 Nr. 5 VwVfG folgt die Nichtigkeit eines Verwaltungsaktes, der den Verstoß gegen ein Strafgesetz verlangt.[536] Ein bloßes Dulden ist dabei nicht genug, es muss explizit eine Handlung gefordert werden, die ein Strafgesetz verletzt.[537] Durch die Abrissverfügung wird eine direkte Verpflichtung im Sinne der Vorschrift erteilt. Weiterhin ist ausreichend, dass die geforderte Handlung tatbestandsmäßig und rechtswidrig wäre. Ob darüber hinaus Verschulden vorliegen würde, ist schon dem Wortlaut des § 44 Abs. 2 Nr. 5 VwVfG nach irrelevant.[538] Auch

---

[536] Der Wortlaut von § 44 Abs. 2 Nr. 5 VwVfG und Art. 44 Abs. 2 Nr. 5 BayVwVfG ist dabei identisch.

[537] *D. Kugele*, VwVfG § 44 Rn. 10, hält entgegen der sonst überwiegend vertretenen Meinung – vgl. für viele: Pautsch/Hoffmann/*A. Pautsch*, VwVfG § 44 Rn. 12 – auch schon ein (offensichtlich rechtswidriges) Gestatten für ein Verlangen im Sinne der Vorschrift.

[538] BeckOK VwVfG/*F. Schemmer*, VwVfG § 44 Rn. 54 ff.; so auch Huck/Müller/*M. Müller*, VwVfG § 44 Rn. 17; *M. Will/C. Rathgeber*, JuS 2012, 1057. Exkurs: Vgl. zu den Konsequenzen für den Schuldvorwurf aus der staatlichen Verpflichtung zur Straftat Schönke/Schröder/*A. Eser/D. Sternberg-Lieben*, StGB § 212 Rn. 8 m. w. N. sowie exemplarisch BGH, Urt. v. 15. 02. 1995, 2 StR 513/94 (LG Gera), NStZ 1995, 286, wonach einen auf (militärischen) Befehl Handelnden eine Schuld nur treffe, wenn er erkennt, dass es sich um eine rechtswidrige Tat handelt oder dies nach den ihm bekannten Umständen offensichtlich ist. Der Strafrechtsverstoß sei nur offensichtlich, wenn er jenseits aller Zweifel auf der Hand liege; eine Prüfungspflicht obliege dem Soldaten dabei nicht.

das Vorliegen des subjektiven Tatbestandes ist nicht erforderlich, der Verpflichtete muss nicht wissentlich und willentlich gegen das Strafgesetz verstoßen.[539] Es ist allein die objektiv vom Adressaten verlangte Handlung hinsichtlich Tatbestandsmäßigkeit und Rechtswidrigkeit zu betrachten. Im Falle der Abrissverfügung erfüllt die geforderte Handlung den objektiven Tatbestand einer Sachbeschädigung nach § 303 StGB. Der Adressat der Verfügung wird sogar zur Zerstörung einer Sache verpflichtet, da das Gebäude als solches nach dem Abriss nichtmehr verwendet werden kann.[540] Die Sache ist auch fremd im Sinne des § 303 StGB, selbst wenn der Adressat Miteigentümer des abzureißenden Gebäudes sein sollte, da sie auch im Miteigentum eines Dritten steht.[541] Beim Abriss eines Gebäudes greift darüber hinaus sogar der Qualifikationstatbestand des § 305 StGB.[542] Der Tatbestand des § 44 Abs. 2 Nr. 5 VwVfG ist dann aber nicht erfüllt, wenn die verlangte Tat nicht rechtswidrig ist.[543]

(bb) Rechtfertigungsmöglichkeiten

(α) Einverständnis des Dritten

Die Rechtswidrigkeit der Handlung ist dann ausgeschlossen, wenn der Eigentümer der Sache mit der Zerstörung oder Beschädigung einverstanden ist.[544] Bei einem Verstoß gegen ein Strafgesetz, beispielsweise die Sachbeschädigung nach § 303 BGB, kann nur ein Einverständnis des Berechtigten vor oder bei Begehung der Tat, also respektive der Tathandlung, die strafrechtliche Relevanz entfallen lassen. Die spätere Erteilung einer Erlaubnis ist dafür bedeutungslos.[545] Wenn also ein zur Zerstörung verpflichteter Besitzer oder Miteigentümer vor der Zerstörung des Gebäudes über die ausdrückliche Einwilligung des (weiteren) (Mit-)Eigentümers verfügt, handelt er strafrechtlich gerechtfertigt. Ist die vom Adressaten der Abrissverfügung verlangte Zerstörung des Gebäudes mit Blick auf das Miteigentum des Dritten strafrechtlich gerechtfertigt, führt dies auch zum Entfall der Tatbestands-

---

[539] Obermayer/Funke-Kaiser/*P. Baumeister*, VwVfG § 44 Rn. 43; Mann/Sennekamp/Uechtritz/*A. Leisner-Egensperger*, VwVfG § 44 Rn. 39; *D. Kugele*, VwVfG § 44 Rn. 10.

[540] RG, Urt. v. 09.02.1883, 164/83, RGSt 8, 33–34; MüKoStGB Band 6/*B. Wieck-Noodt*, StGB § 303 Rn. 37.

[541] RG, Urt. v. 25.09.1885, 1813/85, RGSt 12, 376–379; MüKoStGB Band 6/*B. Wieck-Noodt*, StGB § 303 Rn. 15.

[542] Kindhäuser/Neumann/Paeffgen/Saliger/*W. Kargl*, StGB § 305 Rn. 4; *T. Fischer*, StGB § 305 Rn. 3; Schönke/Schröder/*B. Hecker*, StGB § 305 Rn. 3.

[543] Kopp/Ramsauer/*U. Ramsauer*, VwVfG § 44 Rn. 43.

[544] *T. Fischer*, StGB § 303 Rn. 16 m. w. N. auch zum Streitstand, ob die Einwilligung nur die Rechtswidrigkeit oder schon die Tatbestandsmäßigkeit des § 303 StGB entfallen lässt; für den Entfall der Tatbestandsmäßigkeit vgl. Kindhäuser/Neumann/Paeffgen/Saliger/*W. Kargl*, StGB § 303 Rn. 44 ff.; für den Entfall der Rechtswidrigkeit vgl. BeckOK StGB/*M. Weidemann*, StGB § 303 Rn. 27.

[545] Vgl. *S. M. Beckert*, JA 2013, 507 (509), die auch weitergehende Ausführungen zum Begriff des Einverständnisses, insbesondere in Abgrenzung zur Einwilligung, macht.

voraussetzungen des § 44 Abs. 2 Nr. 5 VwVfG, da dann keine strafrechtlich relevante Tat vom Adressaten des Verwaltungsaktes verlangt würde.[546] Fraglich ist allerdings, zu welchem Zeitpunkt die Einwilligung im Verhältnis zum Erlasszeitpunkt der Abrissverfügung vorliegen muss. Überzeugend ist dabei, dass sie bereits vor Erlass der Abrissverfügung vorgelegen haben muss; andernfalls wäre die verlangte Handlung bei Erlass der Abrissverfügung ja noch strafrechtlich relevant[547] und die Verpflichtung damit gemäß § 44 Abs. 2 Nr. 5 VwVfG nichtig. Diese Nichtigkeit kann dann auch im Nachhinein nicht mehr geheilt werden.[548]

(β) Rechtfertigung des Verhaltens durch den zum Abriss verpflichtenden Verwaltungsakt

(αα) Keine Legalisierungswirkung des Verwaltungsaktes – Zirkelschluss von der Bindungswirkung zur Wirksamkeit

Es wird vertreten, dass der Abrissverfügung selbst eine Legalisierungswirkung bezüglich der durch sie verlangten Handlung zukommen könne, sodass die Handlung ihre Rechtswidrigkeit und damit ihre strafrechtliche Relevanz im Sinne des § 44 Abs. 2 Nr. 5 VwVfG verlieren würde.[549] Wann diese Legalisierungswirkung eintreten soll und wie sie zu begründen ist, wird im Hinblick auf die Verpflichtung zur Begehung einer Straftat bzw. Ordnungswidrigkeit jedoch nicht einheitlich dargestellt.[550] Die Legalisierungswirkung[551] von Verwaltungsakten wird grundsätzlich im Zusammenhang mit Genehmigungen im Verhältnis zum Sicherheitsrecht angenommen, mit der Bestandskraft von Verwaltungsakten in Verbindung gebracht und

---

[546] *B. Beckermann/C. Wenzel*, DVBl 2017, 1345 ff.

[547] Vgl. zur Notwendigkeit des Vorliegens der Einwilligung vor oder während der Tatbegehung *S. M. Beckert*, JA 2013, 507.

[548] Vgl. *M. Burgi/M. Ellenrieder*, BWVPr 1989, 33 (34 f.); a. A. sind *B. Beckermann/C. Wenzel*, DVBl 2017, 1345 (1347), die grundsätzlich von einer nachträglichen Heilbarkeit der Nichtigkeitsfolge ausgehen, weshalb konsequenterweise auch eine nach Erlass der Abrissverfügung erteilte Einwilligung des Drittberechtigten in die Ausführung der Abrissmaßnahme zur Heilung der Nichtigkeitsfolge hinsichtlich der Abrissverfügung ausreichen würde; vgl. auch die ausführliche Diskussion zur Parallelproblematik, zu welchem Zeitpunkt eine Duldungsverfügung erlassen werden muss und ob eine Duldungsverfügung nachträglich die Nichtigkeitsfolge hinsichtlich der Abrissverfügung heilen kann, siehe Kapitel 2, § 3 B. IV.

[549] Vgl. VGH Kassel, Ent. v. 12.08.2003, 3 TG 2116/03, BeckRS 2005, 26659; Kopp/Ramsauer/*U. Ramsauer*, VwVfG § 44 Rn. 43; BeckOK VwVfG/*F. Schemmer*, VwVfG § 44 Rn. 54 ff.; der hinsichtlich der Legalisierungswirkung auf BGH, Urt. v. 03.02.2000, III ZR 296/98 (Koblenz), NVwZ 2000, 1206 verweist.

[550] Kopp/Ramsauer/*U. Ramsauer*, VwVfG § 44 Rn. 43.

[551] Zur Kritik am Begriff vgl. *F.-J. Peine*, JZ 1990, 201 ff., der den Begriff der „Legalisierungswirkung" unter den der „Tatbestandswirkung" fassen möchte und dabei wohl den Begriff „Tatbestandswirkung" wiederum mit dem der „Bindungswirkung" gleichsetzt; eine differenzierte und ausführliche Darstellung dieser Begriffe findet sich hingegen bei Stelkens/Bonk/Sachs/*M. Sachs*, VwVfG § 43 Rn. 140, 149, 154.

unter anderem mit dem Vertrauensschutz der Genehmigungsadressaten begründet.[552] So soll verhindert werden, dass ein genehmigtes Verhalten – bei einer Änderung der Genehmigungsumstände – sicherheitsrechtliche Tatbestände auslöst. Ein einmal zugelassenes Verhalten soll erlaubt bleiben, solange und soweit der die Genehmigung enthaltende Verwaltungsakt wirksam ist, also nicht widerrufen, zurückgenommen oder anderweitig aufgehoben worden ist;[553] dies soll auch dann gelten, wenn das in der Genehmigung zugelassene Verhalten nicht mehr der (veränderten) Rechtslage entspricht und damit gegebenenfalls den Tatbestand einer Ordnungswidrigkeit erfüllen würde, die ein sicherheitsrechtliches Einschreiten, respektive ein Unterbinden der Tätigkeiten auslösen würde.[554]

Bei genauerer Betrachtung folgt die Legalisierungswirkung aber bereits aus der Bindungswirkung von Verwaltungsakten, also deren „Beachtlichkeit" als wirksame Rechtsakte im Rechtsverkehr – grundsätzlich auch unabhängig von deren Rechtmäßigkeit.[555] Die Bindungswirkung ergibt sich schlicht aus dem Prinzip der Gesetzmäßigkeit der Verwaltung, die die durch den Verwaltungsakt neu geschaffene Rechtslage als Bestandteil der Rechtsordnung zu beachten hat.[556] Begrifflich abzugrenzen ist die Bindungswirkung von der Tatbestandswirkung im engeren Sinne. Diese beschreibt die Notwendigkeit des Erlasses eines Verwaltungsaktes als Tatbestandsvoraussetzung für den Eintritt einer Rechtsfolge.[557] Voraussetzung der Bindungswirkung, und damit auch der Legalisierungswirkung, ist zwar grundsätzlich nicht die Rechtmäßigkeit des Verwaltungsaktes, jedoch seine Wirksamkeit.[558] Umgekehrt kann ein nichtiger, also unwirksamer Verwaltungsakt keine Bindungswirkung entfalten. Es käme also zu einem Zirkelschluss, wenn man das Nichtvorliegen der Tatbestandsvoraussetzungen des § 44 Abs. 2 Nr. 5 VwVfG mit der Wirksamkeit des den Nichtigkeitstatbestand auslösenden Verwaltungsakts begründen würde. Der Gesetzgeber hat durch die Vorschrift des § 44 Abs. 2 Nr. 5 VwVfG gerade vorgegeben, dass ein Verwaltungsakt mit entsprechendem Inhalt unwirksam sein und damit gerade keine Bindungswirkung entfalten soll; anderenfalls würde die

---

[552] Vgl. BGH, Urt. v. 03.02.2000, III ZR 296/98, NVwZ 2000, 1206; *J. Eisele*, NJW 2014, 1417, der explizit von dieser Wirkung im Zusammenhang mit Straf- und Ordnungswidrigkeiten genehmigenden Verwaltungsakten spricht; BeckOK VwVfG/*F. Schemmer*, VwVfG § 43 Rn. 21 ff. m.w.N.

[553] *J. Eisele*, NJW 2014, 1417.

[554] Es ist zu beachten, dass eine Genehmigung gerade nicht unter den Tatbestand des § 44 Abs. 2 Nr. 5 VwVfG fällt, da durch diese gerade keine Straftat verlangt wird und sich damit die Nichtigkeitsproblematik nicht stellt, vgl. BeckOK VwVfG/*F. Schemmer*, VwVfG § 44 Rn. 54 ff.; Obermayer/Funke-Kaiser/*P. Baumeister*, VwVfG § 44 Rn. 43.

[555] Vgl. insbesondere Stelkens/Bonk/Sachs/*M. Sachs*, VwVfG § 43 Rn. 141; siehe Kapitel 2, § 1 A. I. 1. a).

[556] *M. Randak*, JuS 1992, 33 (37).

[557] Siehe Kapitel 2, § 1 A. I. 1. a) u. vgl. insbesondere Stelkens/Bonk/Sachs/*M. Sachs*, VwVfG § 43 Rn. 154, 156; *M. Randak*, JuS 1992, 33 (35).

[558] *J. Eisele*, NJW 2014, 1417; Stelkens/Bonk/Sachs/*M. Sachs*, VwVfG § 43 Rn. 142; Gassner/Seith/*K. Gassner*, Einl. Rn. 16.

Regelung des § 44 Abs. 2 Nr. 5 VwVfG in ihrem Anwendungsbereich gänzlich ausgehebelt.[559] Die seine Wirksamkeit voraussetzende Bindungswirkung des betrachteten Verwaltungsaktes kann nicht seine Unwirksamkeit ausschließen.[560]

(ββ) Kein ausreichender Regelungsinhalt des Verwaltungsaktes

Selbst wenn man außer Acht ließe, dass der Verwaltungsakt schon unwirksam ist und demnach grundsätzlich keine Legalisierungs- bzw. Bindungswirkung entfalten kann, wäre auch zu sehen, dass die Bindungswirkung des Verwaltungsakts ohnehin durch seinen Regelungsinhalt bestimmt und begrenzt ist.[561] Damit kann eine etwaige Legalisierungswirkung eines Verwaltungsakts nur soweit gehen, wie dessen Regelungsinhalt reicht. Der Regelungsinhalt eines Verwaltungsaktes wird wiederum grundsätzlich durch seinen verfügenden Teil oder „Tenor" festgelegt, wobei die Begründung des Verwaltungsaktes zur Auslegung des „Tenors" herangezogen werden kann.[562] Die hier betrachtete Abrissverfügung wird regelmäßig in ihrem verfügenden Teil lediglich die behördliche Verpflichtung zum Abriss des Gebäudes enthalten und darüber hinaus gar keine Aussage zum Rechtsverhältnis zwischen dem Adressaten und einem etwaigen Drittberechtigten treffen.[563] Folglich kann die Abrissverfügung aus sich heraus, selbst wenn sie wirksam wäre, schon keine Wirkungen auf das Rechtsverhältnis zwischen dem Verfügungsadressaten und dem Drittberechtigten entfalten und damit auch keinen Eingriff in die Rechtsposition des Drittberechtigten rechtfertigen. Darüber hinaus ist auch keine besondere gesetzliche Anordnung ersichtlich, die der Abrissverfügung privatrechtliche Gestaltungswirkung zukommen ließe und damit zu einer Rechtfertigung von Eingriffen in die Rechtsposition Dritter führen würde, wie es etwa im Zusammenhang mit bestimmten behördlichen Genehmigungen, beispielsweise im Immissionsschutzrecht nach § 14 S. 1 BImSchG der Fall ist.[564]

(γγ) Zivil- und strafrechtliche Folgewirkungen des Verwaltungsaktes – keine Auflösung der Pflichtenkollision ipso iure

Auch ein weiterer Ansatz, der bereits eine Kollision der behördlich auferlegten Verpflichtung des Verfügungsadressaten mit den Rechtspositionen des Dritten aufzulösen versucht, ist im Ergebnis abzulehnen. Nach diesem Ansatz ist ebenfalls davon auszugehen, dass, wie soeben dargestellt, nicht der Verwaltungsakt selbst eine

---

[559] *M. Burgi/M. Ellenrieder*, BWVPr 1989, 33 ff.

[560] *B. Beckermann/C. Wenzel*, DVBl 2017, 1345 ff.

[561] Kopp/Ramsauer/*U. Ramsauer*, VwVfG § 43 Rn. 36 ff.; Mann/Sennekamp/Uechtritz/*A. Leisner-Egensperger*, VwVfG § 43 Rn. 5; *J. Ziekow*, VwVfG § 43 Rn. 3.

[562] Vgl. BVerwG, Urt. v. 16.10.2013, 8 C 21/12 (VGH Mannheim), NVwZ 2014, 889; Kopp/Ramsauer/*U. Ramsauer*, VwVfG § 43 Rn. 36 ff.; Stelkens/Bonk/Sachs/*U. Stelkens*, VwVfG § 35 Rn. 76.

[563] *F. Michl*, NVwZ 2014, 1206 (1208) u. NuR 2015, 830 (831).

[564] MüKoBGB Band 7/*G. Wagner*, BGB § 823 Rn. 79 ff., 560 m. w. N.; weiterführend auch Stelkens/Bonk/Sachs/*M. Sachs*, VwVfG § 43 Rn. 152 m. w. N.

Regelung enthält, die das Rechtsverhältnis des Verfügungsadressaten zum Drittberechtigten bestimmt und damit einen Eingriff des Adressaten in die Rechtsposition des Dritten ermöglicht. Vielmehr sei anzunehmen, dass sich der Konflikt zwischen der aus der Abrissverfügung entspringenden Pflicht ihres Adressaten mit der Rechtsposition des Dritten bereits durch die Folgewirkungen des Verwaltungsaktes qua Gesetz auflöse.

- Folgewirkungen im Zivilrecht

So erörtert etwa Michl die Folgen der Kollision der aus der Abrissverfügung entspringenden behördlichen Verpflichtung mit den privatrechtlichen Positionen des Dritten.[565] Er führt dabei vor, dass einzelne zivilrechtliche Ansprüche des Drittberechtigten gegenüber dem in seine Rechtsposition eingreifenden Verfügungsadressaten ausgeschlossen seien, da der Verfügungsadressat zu seiner Handlung behördlich verpflichtet ist. So bestünde beispielsweise der gesetzliche Abwehranspruch des dinglich berechtigten Dritten gegenüber dem behördlich Verpflichteten nach § 1004 Abs. 1 S. 2 BGB schon deshalb nicht, weil dem Verfügungsadressaten die von § 1004 Abs. 1 BGB vorausgesetzte Störereigenschaft fehle. Diese Störereigenschaft sei nämlich dann ausgeschlossen, wenn dem Handelnden jegliche Entschlussfreiheit fehle, wie es bei einer behördlichen Verpflichtung zu einer Handlung der Fall sei.[566] Darüber hinaus sei der Anspruch aber auch schon wegen der rechtlichen Unmöglichkeit seiner Erfüllung nach § 275 BGB ausgeschlossen. Die obligatorischen Ansprüche des dinglich Berechtigten, etwa gegenüber seinem zum Abriss verpflichteten Mieter, bestünden ebenfalls nicht. So habe der Vermieter zwar nach § 541 BGB einen vertraglichen Abwehranspruch gegen die Beseitigung der Mietsache durch den Mieter, da die Beseitigung einen vertragswidrigen Gebrauch der Mietsache darstellen würde. Jedoch sei dem Mieter die Erfüllung dieses Anspruchs nach § 275 Abs. 1 BGB rechtlich unmöglich, da die Erfüllung des Anspruchs seiner öffentlich-rechtlichen Pflicht zuwiderlaufe, sodass dieser vertragliche Anspruch ebenfalls ausgeschlossen sei. Deshalb kommt Michl letztlich zu dem Ergebnis, dass eine Kollisionssituation zwischen der behördlichen Pflicht des Verfügungsadressaten und den zivilrechtlichen Rechtspositionen des Dritten gar nicht bestünde.[567]

---

[565] *F. Michl*, NVwZ 2014, 1206 (1207 f.) u. NuR 2015, 830 ff.; diesem folgt auch BeckOK BauordnungsR Bayern/*G. Manssen*, BayBO Art. 76 Rn. 43; a. A. ist *J. Sanden*, NuR 2015, 606 (607), der Michls Ansatz als mit erheblichen Unsicherheiten behaftet ansieht.

[566] Anders jedoch OLG Koblenz, Urt. v. 11.01.2000, 1 U 1545/98, BeckRS 2000, 30089916 m. w. N.

[567] *F. Michl*, NVwZ 2014, 1206 (1208) u. NuR 2015, 830 ff.; diesem folgt auch BeckOK BauordnungsR Bayern/*G. Manssen*, BayBO Art. 76 Rn. 43; a. A. ist *J. Sanden*, NuR 2015, 606 (607) mit Kritik an Michl (Fn. 565).

- Folgewirkungen im Strafrecht

Auch wenn bereits fraglich ist, ob Michls Ansatz tatsächlich zu einer Auflösung der Kollisionssituation auf zivilrechtlicher Ebene führt, was an späterer Stelle noch eingehend erörtert werden wird[568], ließe sich der von ihm ausgeführte Gedankengang – was in der vorliegend betrachteten Fallkonstellation noch mehr an Relevanz besitzt – prinzipiell auch auf die Beantwortung der Frage übertragen, ob der behördlich Verpflichtete bei der Ausführung der von ihm verlangten Handlung tatsächlich in strafrechtlich relevanter Weise in die Rechtsposition des Drittberechtigten eingreift. Denn es wäre auch hier denkbar, dass hinsichtlich der – womöglich – vermeintlichen Kollision von öffentlich-rechtlicher Handlungspflicht und strafrechtlichem Verbot von Seiten des Strafrechts bereits eine Lösung bereitsteht. So sind im Strafrecht verwaltungsrechtliche Regelungen allgemein als Rechtfertigungsgründe anerkannt.[569]

Eine verwaltungsrechtliche Maßnahme, die strafrechtlich relevantes Verhalten zu rechtfertigen vermag, wäre beispielsweise eine behördliche Genehmigung bzw. Erlaubnis.[570] So kann die Verwaltung eine Erlaubnis zu einem bestimmten, strafrechtlich relevanten Verhalten erteilen. Voraussetzung dafür wäre, dass das durch die Straftat verletzte Rechtsgut der öffentlichen Gewalt auch zur Verfügung steht.[571] Da – wie bereits festgestellt – die betrachtete Abrissverfügung aber schon von ihrem Regelungsgehalt her gar keine Aussage hinsichtlich des Verhältnisses des Verfügungsadressaten zum Eigentum des Drittberechtigten trifft und damit gerade keine derartige Erlaubnis enthält, kommt diese Rechtfertigungsmöglichkeit von vornherein nicht in Betracht.

Ein besonders diskutierter Fall der Rechtfertigung für eine tatbestandliche Straftat ist darüber hinaus das Handeln auf Befehl oder dienstliche Weisung. So soll das straftatbestandliche Handeln des Empfängers eines Befehls bzw. einer dienstlichen Weisung im Rahmen eines staatlichen Über- und Unterordnungsverhältnisses unter bestimmten Voraussetzungen gerechtfertigt sein. Dies ist jedenfalls dann der Fall, wenn der Befehl oder die Weisung in rechtmäßiger Weise ergangen und damit für den Empfänger verbindlich ist.[572] Umgekehrt eignet sich ein rechtswidriger und nicht verbindlicher Befehl bzw. eine solche Weisung nicht für die Rechtfertigung einer

---

[568] Siehe Kapitel 2, § 2 A. V. 2. c) aa) (3) (a) (bb) (β) (γγ) u. Kapitel 3, § 1 A. IV. 2. b) bb) (3) (b).

[569] Stelkens/Bonk/Sachs/*M. Sachs*, VwVfG § 43 Rn. 149; Baumann/Weber/Mitsch/Eisele/*W. Mitsch*, § 14 Rn. 34.

[570] MüKoStGB Band 1/*H. Schlehofer*, StGB Vorbemerkung zu § 32 Rn. 232 ff.; *T. Fischer*, StGB vor § 32 Rn. 5; *K. Kühl*, Strafrecht Allgemeiner Teil, 8. Aufl. 2017, § 9 Rn. 119 ff.

[571] *T. Fischer*, StGB vor § 32 Rn. 5; *K. Kühl*, Strafrecht Allgemeiner Teil, 8. Aufl. 2017, § 9 Rn. 134 ff.; MüKoStGB Band 1/*H. Schlehofer*, StGB Vorbemerkung zu § 32 Rn. 233.

[572] MüKoStGB Band 9/*K. Dau*, WStG § 2 Rn. 41; Schönke/Schröder/*D. Sternberg-Lieben*, StGB Vorbemerkungen zu den §§ 32 ff. Rn. 87 f.; *T. Fischer*, StGB vor § 32 Rn. 8, 16.

straftatbestandlichen Handlung.[573] Im Falle einer rechtswidrigen, aber doch verbindlichen Vorgabe des Vorgesetzten ist die Wirkung auf die Rechtswidrigkeit im Sinne des Strafrechts umstritten. Hierbei ist zu sehen, dass ein auf ein strafrechtswidriges Verhalten gerichteter Befehl grundsätzlich gemäß § 22 Abs. 1 S. 1 WStG, § 11 Abs. 2 S. 1 SG nicht verbindlich ist und damit das Verhalten seines Adressaten schon deshalb nicht rechtfertigen könnte.[574] Anders kann es sich jedoch bei einer Weisung im Beamtenverhältnis verhalten, sofern beispielsweise die Regelungen des § 63 Abs. 2 S. 3, Abs. 3 BBG zur Anwendung kommen; danach muss ein Beamter trotz der von ihm dagegen erhobenen Bedenken den Vorgaben einer Weisung Folge leisten, wenn die Weisung etwa von einem Vorgesetzten bestätigt wird und nicht das dem Beamten aufgetragene Verhalten strafbar und die Strafbarkeit für ihn erkennbar ist.[575] Sollte eine rechtswidrige aber dennoch verbindliche Weisung einer Amtshandlung zugrunde liegen, wird teilweise von einer Rechtfertigung der Handlung des Weisungsempfängers ausgegangen, während die Gegenansicht nur das Eingreifen eines Schuldausschließungsgrundes annimmt.[576]

Für die Annahme eines Entschuldigungsgrundes wird angeführt, dass dem von der weisungsgemäßen Tat Betroffenen bei einer Rechtfertigung der Tathandlung schon das Notwehrrecht genommen würde, er sich also gegen die Tathandlung nicht nach § 32 StGB zur Wehr setzen dürfte.[577] Noch gewichtiger ist aber, dass der Staat im Außenverhältnis durch seine Amtswalter in die grundrechtlich geschützte Sphäre eines Bürgers nach dem Grundsatz des Vorbehalts des Gesetzes nur eingreifen darf, wenn hierfür eine gesetzliche Grundlage besteht. Die einem Amtsträger von seinem Vorgesetzten erteilte, im Innenverhältnis gegebenenfalls verbindliche, dienstliche Weisung stellt jedoch keine solche gesetzliche Eingriffsgrundlage dar.[578] Gegen die Annahme eines Entschuldigungsgrundes und für die Annahme eines Rechtfertigungsgrundes zugunsten des Weisungsempfängers wird angeführt, dass die Handlung des Weisungsempfängers, sofern er durch die Rechtsordnung dazu verpflichtet

[573] MüKoStGB Band 9/*K. Dau*, WStG § 2 Rn. 42; Schönke/Schröder/*D. Sternberg-Lieben*, StGB Vorbemerkungen zu den §§ 32 ff. Rn. 87 f.; aus dem Umkehrschluss auch bei *K. Kühl*, Strafrecht Allgemeiner Teil, 8. Aufl. 2017, § 9 Rn. 118a ff.

[574] Kindhäuser/Neumann/Paeffgen/Saliger/*H.-U. Paeffgen*/*B. Zabel*, StGB Vorbemerkungen zu §§ 32–35 Rn. 192; Leipold/Tsambikakis/Zöller/*P. Hauck*, StGB Vorbemerkung zu § 32 Rn. 25.

[575] *K. Kühl*, Strafrecht Allgemeiner Teil, 8. Aufl. 2017, § 9 Rn. 118c; Schönke/Schröder/*D. Sternberg-Lieben*, StGB Vorbemerkungen zu den §§ 32 ff. Rn. 87 ff.

[576] Vgl. für die Annahme eines Rechtfertigungsgrundes Schönke/Schröder/*D. Sternberg-Lieben*, StGB Vorbemerkungen zu den §§ 32 ff. Rn. 89 m. w. N.; *K. Kühl*, Strafrecht Allgemeiner Teil, 8. Aufl. 2017, § 9 Rn. 118a ff.; MüKoStGB Band 1/*H. Schlehofer*, StGB Vorbemerkung zu § 32 Rn. 131; von einem bloßen Entschuldigungsgrund gehen hingegen MüKoStGB Band 9/*K. Dau*, WStG § 2 Rn. 43; Kindhäuser/Neumann/Paeffgen/Saliger/*H.-U. Paeffgen*/*B. Zabel*, StGB Vorbemerkungen zu §§ 32–35 Rn. 188a, 192; *T. Fischer*, StGB vor § 32 Rn. 8, 16; aus.

[577] *K. Kühl*, Strafrecht Allgemeiner Teil, 8. Aufl. 2017, § 9 Rn. 118d.

[578] Kindhäuser/Neumann/Paeffgen/Saliger/*H.-U. Paeffgen*/*B. Zabel*, StGB Vorbemerkungen zu §§ 32–35 Rn. 192.

ist, ihrerseits nicht gegen die Rechtsordnung verstoßen und damit auch nicht strafrechtlich missbilligt sein könne.[579] Dabei sei zu beachten, dass die Rechtswidrigkeit im Strafrecht relativ und auch eine gespaltene Rechtswidrigkeitsbeurteilung, wie etwa bei einer mittelbaren Täterschaft durch ein rechtmäßig handelndes Werkzeug, möglich sei; so bliebe das von dem Weisungsgeber zu verantwortende staatliche Handeln im Außenrechtsverhältnis rechtswidrig. Strafrechtlich gerechtfertigt sei es nur in der Person des Ausführenden auf Grund seiner im Innenrechtsverhältnis bestehenden Befolgungspflicht.[580]

Welchem der beiden Ansätze im Ergebnis der Vorzug zu gewähren ist, kann letztlich dahinstehen. So ist zunächst bereits fraglich, ob die Situation eines aufgrund einer Weisung handelnden Beamten überhaupt mit der Situation eines mittels Verwaltungsakt verpflichteten Bürgers, dem insbesondere die Möglichkeit einer umfassenden verwaltungsgerichtlichen Überprüfung der im auferlegten Handlungspflicht möglich ist, vergleichbar ist. Aber selbst wenn man davon ausginge, dass die Situation des Adressaten der Abrissverfügung im vorliegend betrachteten Fall mit der eines weisungsgebundenen Beamten vergleichbar sein sollte und man darüber hinaus der Verpflichtung durch einen wirksamen Verwaltungsakt nicht nur eine strafrechtlich entschuldigende, sondern eine strafrechtlich rechtfertigende Wirkung zuspräche, käme es jedenfalls im vorliegend betrachteten Fall zu keiner strafrechtlichen Rechtfertigung der vom Adressaten der Abrissverfügung verlangten Handlung.

- Zugrundelegung falscher Prämissen – Zirkelschluss

Denn die Ausführungen und Überlegungen zur Rechtfertigung der vom Verfügungsadressaten verlangten Abrisshandlung durch den Verwaltungsakt selbst fußen stets auf der Prämisse, dass dieser Verwaltungsakt bereits wirksam ist, ihm also Rechtswirkungen zukommen und er von der Rechtsordnung als gültig angesehen werden muss. Dies ist aber gerade nicht der Fall, sofern der Tatbestand des § 44 Abs. 2 Nr. 5 VwVfG erfüllt ist. Ob dies der Fall ist, muss also zuvor geklärt werden. Welche Folgen es im Zivil- oder Strafrecht hätte, wenn der Verwaltungsakt bereits rechtswirksam erlassen worden wäre, hilft bei der Beantwortung der Frage, ob der Verwaltungsakt nach den Vorgaben des Verwaltungsrechts überhaupt wirksam werden kann, aber nicht weiter. Hier käme es wiederum zu dem oben bereits dargestellten Zirkelschluss.[581] Es kann also im Ergebnis nicht über die Folgewirkungen des wirksamen Verwaltungsaktes der Tatbestand für dessen Nichtigkeitsgrund ausgehebelt werden, da anderenfalls die verwaltungsrechtlichen Vorgaben ad ab-

---

[579] *K. Kühl*, Strafrecht Allgemeiner Teil, 8. Aufl. 2017, § 9 Rn. 118d; MüKoStGB Band 1/ *H. Schlehofer*, StGB Vorbemerkung zu § 32 Rn. 131.

[580] Schönke/Schröder/*D. Sternberg-Lieben*, StGB Vorbemerkungen zu den §§ 32 ff. Rn. 89 m. w. N.; zu einem gespaltenen strafrechtlichen und verwaltungsrechtlichen Rechtmäßigkeitsbegriff vgl. auch BGH, Urt. v. 09.06.2015, 1 StR 606/14 (LG Stuttgart), NStZ 2015, 574; *H. Ostendorf*, JZ 1981, 165 ff.

[581] Vgl. insbesondere *B. Beckermann/C. Wenzel*, DVBl 2017, 1345 ff.

surdum geführt würden. Es muss nach wie vor zunächst die Frage geklärt werden, ob der Verwaltungsakt nach den Vorgaben des § 44 VwVfG Wirksamkeit erlangen kann. Zur Beantwortung dieser Frage kann nicht seine Wirksamkeit als Prämisse vorausgesetzt werden. Vielmehr muss der Verwaltungsakt im Verhältnis zu einer Rechtslage untersucht werden, auf die er noch keine Wirkung hat.

(δδ) Keine Begründung von Ausnahmen zur Nichtigkeitsfolge über den bloßen Zweck des Verwaltungsaktes

Letztlich wird teilweise auch die Ansicht vertreten, die Nichtigkeitsfolge des Verwaltungsaktes nach § 44 Abs. 2 Nr. 5 VwVfG trete dann nicht ein, wenn mit dem Verwaltungsakt ein mit der Rechtsordnung in Einklang stehender Zustand hergestellt werden soll, da ein solcher Verwaltungsakt eine Legalisierungswirkung für die von ihm verlangte Handlung in sich trage.[582] Diese Ansicht ist schon vor dem Hintergrund des dargestellten Zirkelschlusses abzulehnen, der sich aus der Annahme einer rechtfertigenden Wirkung eines die Tatbestandsvoraussetzungen des § 44 Abs. 2 Nr. 5 VwVfG erfüllenden Verwaltungsaktes ergibt. Darüber hinaus entbehrt es aber bereits jeglicher dogmatischen Begründung, aus dem Zweck des Verwaltungsaktes allgemein einen der Rechtsordnung entsprechenden Zustand herstellen zu wollen, den Eintritt einer Legalisierungswirkung des Verwaltungsaktes zu folgern und damit diesen Zweck als letztlich maßgebliches Kriterium für den Ausschluss der Nichtigkeit nach § 44 Abs. 2 Nr. 5 VwVfG heranzuziehen. Unabhängig davon, ob der mit dem Verwaltungsakt verfolgte Zweck durch die Rechtsordnung erlaubt, erwünscht oder sogar gefordert ist, darf dieser Zweck des Verwaltungsaktes – und das ist ja genau der Inhalt der gesetzlichen Regelung des § 44 Abs. 2 Nr. 5 VwVfG – eben nicht mittels einer Verpflichtung zu einer Straftat verfolgt werden; es muss von der Verwaltung vielmehr ein anderer Weg gegangen werden, um das entsprechend anvisierte Ziel zu erreichen.

Dieser Ansatz erweckt darüber hinaus auch den Eindruck, dass eigentlich der Erlass des Verwaltungsaktes gerechtfertigt werden müsste, was durch die Verfolgung eines mit der Rechtsordnung in Einklang stehenden Ziels erfolgen könne.[583] Deshalb soll klarstellend nochmals betont werden, dass Betrachtungsgegenstand des § 44 Abs. 2 Nr. 5 VwVfG die durch den Verwaltungsakt verlangte Handlung ist, also im Fall der Abrissverfügung die Abrisshandlung durch den Verpflichteten.[584] Anders gewendet steht danach also die Frage im Raum, ob die durch den Verwaltungsakt auferlegte Handlung eine Straftat darstellt und nicht der Erlass des Verwaltungsakts als solcher.[585] Die verlangte Handlung muss (strafrechtlich) gerechtfertigt sein, nicht

---

[582] Vgl. VGH Kassel, Ent. v. 12.08.2003, 3 TG 2116/03, BeckRS 2005, 26659, oder auch BeckOK VwVfG/*F. Schemmer*, VwVfG § 44 Rn. 57.

[583] So etwa im Falle des VGH Kassel, Ent. v. 12.08.2003, 3 TG 2116/03, BeckRS 2005, 26659, oder auch BeckOK VwVfG/*F. Schemmer*, VwVfG § 44 Rn. 57.

[584] Kopp/Ramsauer/*U. Ramsauer*, VwVfG § 44 Rn. 43.

[585] Kopp/Ramsauer/*U. Ramsauer*, VwVfG § 44 Rn. 44.

der Erlass des Verwaltungsaktes.[586] Für die Begründung von Ausnahmen zur Nichtigkeitsfolge nach § 44 Abs. 2 Nr. 5 VwVfG muss also die Frage nach der strafrechtlichen Rechtfertigung der durch die Abrissverfügung verlangten Handlung in den Blick genommen werden, was im Folgenden der Fall sein wird.

(γ) Gesetzliche Rechtfertigungsgründe

Liegt somit für den Inhalt des Verwaltungsaktes, also die darin grundsätzlich angeordnete Straftat, ein Rechtfertigungsgrund vor, der neben dem Verwaltungsakt als solchem besteht, kann diese Straftat gerechtfertigt sein; dies hätte zur Folge, dass der Verwaltungsakt als solcher gerade nicht unter den Tatbestand des § 44 Abs. 2 Nr. 5 VwVfG fällt, damit dann auch Bindungswirkung entfalten kann. Es muss somit im jeweiligen Einzelfall nach Rechtfertigungsgründen für die durch den Verwaltungsakt angeordnete Straftat gesucht werden.[587] Speziell im Falle einer gegenüber einem zivilrechtlich nicht (Allein-)Berechtigten erlassenen Abrissverfügung, die zu einer tatbestandsmäßigen Sachbeschädigung nach § 303 StGB verpflichtet, würden als gesetzliche Rechtfertigungsgründe der Notstand nach § 228 BGB sowie der gesetzliche Notstand gemäß § 34 StGB in Betracht kommen. Ob auch der übergesetzliche Notstand als Rechtfertigungsgrund wirken kann, ist fraglich, da seine Rechtsfolge regelmäßig in einem Schuldausschluss gesehen wird, was aber umstritten ist.[588] Die Diskussion über eine Sperrwirkung des einen Rechtfertigungsgrundes gegenüber dem anderen, um – innerhalb eines Rechtsgebietes – Wertungswidersprüche zu vermeiden, kann hier dahinstehen, da man mit beiden Instituten zum gleichen Ergebnis kommen wird.[589]

Nachdem es für das Vorliegen der Tatbestandsvoraussetzungen des § 44 Abs. 2 Nr. 5 VwVfG ausreicht, wenn die objektiven Tatbestandsmerkmale einer Straftat vorliegen und die die Strafbarkeit begründenden subjektiven Tatbestandsmerkmale irrelevant sind, kann es konsequenterweise für die Frage der Rechtfertigung der Tat im Sinne des § 44 Abs. 2 Nr. 5 VwVfG auch nur auf das Vorliegen der objektiven

---

[586] Exkurs: Die Rechtfertigung von Verwaltungshandlungen durch dem Strafrecht entlehnte Rechtfertigungsgründe, wie etwa § 34 StGB, ist nur bei Verwaltungshandlungen möglich, die auch im Übrigen den Vorschriften des öffentlichen Rechts entsprechen, vgl. Schönke/Schröder/*W. Perron*, StGB § 34 Rn. 7 m.w.N.; bei einem Verstoß gegen § 44 VwVfG lässt sich also der Verwaltungsakt auch nicht über Rechtfertigungsgründe des Strafrechts legitimieren.

[587] Kopp/Ramsauer/*U. Ramsauer*, VwVfG § 44 Rn. 43; Knack/Henneke/*E. Peuker*, § 44 Rn. 42.

[588] Vgl. Kopp/Ramsauer/*U. Ramsauer*, VwVfG § 44 Rn. 43, der den übergesetzlichen Notstand als möglichen Rechtfertigungsgrund annimmt.

[589] Für die Annahme eines Vorrangs der zivilrechtlichen Rechtfertigungsgründe bei der Beeinträchtigung von Eigentum vgl. MüKoBGB Band 1/*H. Grothe*, BGB § 228 Rn. 2 m.w.N.; anderer Ansicht etwa Kindhäuser/Neumann/Paeffgen/Saliger/*U. Neumann*, StGB § 34 Rn. 121 ff.; *C. Fahl*, JA 2017, 674 (675) m.w.N.

Tatbestandsmerkmale der Rechtfertigungsgründe ankommen.[590] Wenn man die zivilrechtlichen Rechtfertigungsgründe betrachtet, lässt sich ohnehin die Notwendigkeit subjektiver Rechtfertigungselemente mit guten Argumenten ablehnen.[591] Und auch im Falle der strafrechtlichen Rechtfertigungsgründe führt der Mangel lediglich der subjektiveren Merkmale des Rechtfertigungstatbestandes weiterhin zum Entfall der Rechtswidrigkeit der vollendeten Tat und es bleibt nur eine Versuchsstrafbarkeit.[592] Diese letztgenannte Deliktsform kann aber von § 44 Abs. 2 Nr. 5 VwVfG nicht umfasst sein, der ja gerade die subjektiven Elemente der Strafbarkeit unbeachtet lässt.

(αα) Rechtfertigung aus gesetzlichem Notstand gemäß § 34 StGB

Von der Anwendbarkeit des § 34 StGB auf das Handeln des Adressaten der Abrissverfügung ist auszugehen; insbesondere handelt dieser nicht hoheitlich, sondern nur aufgrund einer hoheitlichen Verpflichtung, sodass der Streit, ob § 34 StGB eine taugliche Grundlage für hoheitliches Handeln sein kann, dahinstehen kann.[593] Zu prüfen bleibt aber, wann die vom Adressaten der Abrissverfügung verlangte Handlung die Tatbestandsvoraussetzungen des § 34 StGB erfüllen würde. Damit die durch die Abrissverfügung verlangte tatbestandsmäßige Straftat also im Sinne des § 34 StGB gerechtfertigt sein kann, müsste sie zur Abwehr einer gegenwärtigen Gefahr für ein Erhaltungsgut im Sinne des § 34 StGB begangen werden und im Rahmen einer Interessenabwägung der Schutz des Erhaltungsgutes im Vergleich zum Schutz des Eingriffsgutes als höherrangig einzustufen sein.[594]

- Schutz der „Einhaltung der Baurechtsordnung“

Die durch den Verwaltungsakt verlangte Handlung müsste dafür also zunächst dem Schutz eines Erhaltungsgutes dienen; dabei könnte man auf den Gedanken kommen, dass der unbefugte Abriss eines allerdings baurechtswidrigen Gebäudes dem Schutz der „Einhaltung der Baurechtsordnung“ dient.

1. Es ist zu beachten, dass gemäß § 34 StGB grundsätzlich jedes Rechtsgut „Erhaltungsgut“ sein kann, was schon dem Wortlaut der Norm zu entnehmen ist.[595]

---

[590] Siehe dazu oben die Ausführungen zu den Voraussetzungen des Tatbestandsmerkmales „Straftat“ im Sinne des § 44 Abs. 2 Nr. 5 VwVfG in Kapitel 2, § 2 A. V. 2. c) aa) (3) (a) (aa).

[591] Vgl. dazu *J. Braun*, NJW 1998, 941 ff.; MüKoBGB Band 1/*H. Grothe*, BGB § 227 Rn. 18 m. w. N.

[592] *R. Rengier*, Strafrecht Allgemeiner Teil, 15. Aufl. 2023, § 17 Rn. 18; im vorliegend betrachteten Fall wäre nach § 305 Abs. 2 StGB sogar eine Versuchsstrafbarkeit denkbar.

[593] Vgl. zum Streit über die Anwendbarkeit des § 34 StGB auf hoheitliches Handeln ausführlich MüKoStGB Band 1/*V. Erb*, StGB § 34 Rn. 49 ff. m. w. N.; Schönke/Schröder/*W. Perron*, StGB § 34 Rn. 7.

[594] MüKoStGB Band 1/*V. Erb*, StGB § 34 Rn. 63 ff., 103 ff. und 130; Schönke/Schröder/*W. Perron*, StGB § 34 Rn. 8 ff., 22 ff.

[595] Lackner/Kühl/Heger/*M. Heger*, StGB § 34 Rn. 4; § 34 StGB enthält eine offene Aufzählung von Rechtsgütern und schließt mit „oder ein anderes Rechtsgut“.

Rechtsgut im Sinne des § 34 StGB ist dabei sehr weit zu verstehen und es scheint möglich, darunter jedes legitime Interesse zu fassen, das durch die Rechtsordnung geschützt wird.[596] Insbesondere werden auch Allgemeinrechtsgüter von § 34 StGB erfasst, wie die Verkehrssicherheit[597], die Volksgesundheit[598] oder auch das staatliche Strafverfolgungsinteresse[599]; beim Schutz derartiger Rechtsgüter wird auch von der sogenannten „Staatsnotstandshilfe“ gesprochen.[600] So wäre es auch denkbar, die „Einhaltung der Baurechtsordnung“, als durch die Rechtsordnung geschütztes legitimes Interesse, in Form eines Allgemeinrechtsgutes unter den Anwendungsbereich des § 34 StGB zu fassen. Allerdings wird einschränkend vertreten, dass § 34 StGB grundsätzlich auf den Schutz von Individualrechtsgütern ausgerichtet ist, was sich der Aufzählung der in der Norm als Beispiele genannten Rechtsgüter entnehmen lassen soll und dazu führt, dass Allgemeinrechtsgüter nur dann als Schutzgut in Betracht kommen, wenn sie zumindest mittelbar dahinterstehende Individualrechtsgüter schützen.[601] Im Falle der Verkehrssicherheit ist es durchaus naheliegend, in deren Verteidigung auch den Schutz von Leib, Leben und Eigentum der Verkehrsteilnehmer zu sehen;[602] im Falle der Baurechtsordnung ist dies weit schwieriger. So dienen etliche Vorschriften des Bauordnungsrechts auch dem Schutz von Leben, Gesundheit und Eigentum einzelner. Zu denken wäre an Regelungen zum Brandschutz – wie beispielsweise Art. 12 BayBO – die auch konkret die Möglichkeit der Rettung von Menschen vor Brandgefahren gewährleisten sollen.[603] Regelungen zur Standsicherheit von Gebäuden – wie beispielsweise Art. 10 BayBO – dienen auch dem Schutz von nachbarlichem Eigentum an Grund und Gebäuden, vor Schädigungen durch instabile Bauwerke.[604] Allerdings steht das bei vielen Vorschriften des Bauplanungsrechts, die häufig lediglich städtebaulichen Zielen im Allgemeininteresse dienen, deutlich in Frage. Nur ganz vereinzelt werden Individualinteressen geschützt.[605] Gegebenenfalls wäre im Falle der Baurechtsordnung

---

[596] Dazu durchaus kritisch Kindhäuser/Neumann/Paeffgen/Saliger/*U. Neumann*, StGB § 34 Rn. 24.

[597] OLG Frankfurt a. M., Urt. v. 28.08.1995, 3 Ss 116/95, NStZ-RR 1996, 136; OLG Koblenz, Urt. v. 25.07.1963, (2) Ss 248/63, NJW 1963, 1991.

[598] BGH, Urt. v. 05.07.1988, 1 StR 212/88 (LG Heilbronn), NStZ 1988, 558.

[599] Schönke/Schröder/*W. Perron*, StGB § 34 Rn. 11.

[600] MüKoStGB Band 1/*V. Erb*, StGB § 34 Rn. 72 f., mit vielen weiteren Beispielen und Gegenansichten; Kindhäuser/Neumann/Paeffgen/Saliger/*U. Neumann*, StGB § 34 Rn. 22; Lackner/Kühl/Heger/*M. Heger*, StGB § 34 Rn. 4.

[601] Kindhäuser/Neumann/Paeffgen/Saliger/*U. Neumann*, StGB § 34 Rn. 22; für den Fall des Notstandes nach § 228 BGB wird dies so gesehen, vgl. insbesondere BGH, Urt. v. 15.04. 1975, VI ZR 93/73 (OLG Karlsruhe), GRUR 1975, 502 sowie noch folgende Ausführungen zu § 228 BGB in Kapitel 2, § 2 A. V. 2. c) aa) (3) (a) (bb) (γ) (ββ).

[602] Kindhäuser/Neumann/Paeffgen/Saliger/*U. Neumann*, StGB § 34 Rn. 22.

[603] BeckOK BauordnungsR Bayern/*T. Voigt*, BayBO Art. 12 Rn. 13 f.

[604] BayObLG, Urt. v. 15.11.1999, 1Z RR 187/98, NJW-RR 2000, 608; BeckOK BauordnungsR Bayern/*T. Voigt*, BayBO Art. 10 Rn. 6, 23.

[605] *N. Wolf*, NVwZ 2013, 247 ff.; *M. Böhm*, JA 2013, 81 ff.

eine Differenzierung dahingehend vorzunehmen, dass nur solche Regelungskomplexe als schützenswertes Allgemeinrechtsgut zu betrachten sind, die auch dem Schutz von Individualrechtsgütern dienen; andere wiederum nicht.

2. Fraglich ist weiterhin, ob durch das baurechtswidrig errichtete Gebäude, dass durch den Adressaten der Abrissverfügung beseitigt werden soll, überhaupt eine gegenwärtige Gefahr für das Erhaltungsgut „Einhaltung der Baurechtsordnung" vorliegen würde. Dabei kann insbesondere nicht auf den sicherheitsrechtlichen Gefahrbegriff, wie er beispielsweise dem Art. 7 Abs. 2 LStVG zugrunde liegt, abgestellt werde; nach diesem löst nicht nur das unmittelbare Bevorstehen einer Verletzung des zu schützenden Rechtsgutes eine Gefahr aus, sondern auch und gerade die eingetretene und anhaltende Verletzung, also der vorliegende „Schaden" im Sinne dieses Begriffes.[606] Der strafrechtliche Gefahrbegriff des Notstandes nach § 34 StGB ist von seinem Inhalt und der dahinterstehenden Intention gerade anders als der sicherheitsrechtliche Gefahrbegriff ausgestaltet.[607] Es geht im Rahmen des Notstandes nach § 34 StGB darum, die Verletzung eines Rechtsgutes zu verhindern und es gar nicht erst zu einem „Schaden" am Rechtsgut kommen zu lassen.[608] Ein einmal eingetretener Schaden, der durch eine abgeschlossene Verletzungshandlung an dem Erhaltungsgut verursacht worden ist, soll gerade nicht mit den Mitteln des Notstandes wieder beseitigt werden. Vielmehr soll dann bei Verletzung von Individualrechtsgütern mit Mitteln des Zivilrechtes und bei Verletzung von Allgemeinrechtsgütern konsequenterweise mit (wirksamen) Mitteln des Verwaltungsrechts der geschaffene rechtswidrige Zustand wieder beseitigt werden.[609] Somit ist ein hergestellter und abgeschlossener baurechtswidriger Zustand, also respektive ein fertiggestelltes baurechtswidriges Gebäude, gerade keine Gefahr für das Erhaltungsgut „Einhaltung der Baurechtsordnung" im Sinne des § 34 StGB, die durch eine als Notstand gerechtfertigte tatbestandsmäßige Straftat beseitigt werden kann.

3. Selbst wenn man aber zu dem Ergebnis käme, dass beispielsweise durch das noch im Bau befindliche baurechtswidrige Gebäude tatsächlich eine Gefahr im Sinne des § 34 StGB für das Schutzgut „Einhaltung der Baurechtsordnung" bestünde, müsste die Abwehrhandlung angemessen im Sinne des § 34 StGB sein; insbesondere müsste das Interesse am Schutz des Erhaltungsgutes größer sein als das Interesse am Schutz des Eingriffsgutes.[610]

---

[606] VGH München, Beschl. v. 07.12.2009, 10 ZB 09.1354, BeckRS 2010, 47507; BeckOK PolR Bayern/*J. F. Lindner*, PAG Art. 10 Rn. 18.

[607] *F. Zieschang*, Goltdammer's Archiv für Strafrecht, 2006, 1 (7).

[608] *F. Zieschang*, JA 2007, 679 ff. u. Goltdammer's Archiv für Strafrecht, 2006, 1 (7); Kindhäuser/Neumann/Paeffgen/Saliger/*U. Neumann*, StGB § 34 Rn. 39 ff.; Schönke/Schröder/*W. Perron*, StGB § 34 Rn. 17; MüKoStGB Band 1/*V. Erb*, StGB § 34 Rn. 74 ff.; Lackner/Kühl/Heger/*M. Heger*, StGB § 34 Rn. 2.

[609] MüKoStGB Band 1/*V. Erb*, StGB § 34 Rn. 238 ff.

[610] MüKoStGB Band 1/*V. Erb*, StGB § 34 Rn. 104; Kindhäuser/Neumann/Paeffgen/Saliger/*U. Neumann*, StGB § 34 Rn. 58 ff.

Erstens dürfte also unter dem Aspekt der Erforderlichkeit im Rahmen der Angemessenheitsprüfung zur Abwendung dieser Gefahr kein milderes gleich geeignetes Mittel zur Verfügung stehen. Demnach ist aber die tatbestandslose Handlung stets der tatbestandsmäßigen vorzuziehen, wenn erstere möglich ist;[611] die Verhinderung der Herbeiführung eines baurechtswidrigen Zustandes wird in vielen Fällen auch durch rechtmäßige Handlungen herbeiführbar sein. Insbesondere ist zu beachten, dass der ‚Täter' grundsätzlich angehalten ist, Hilfe hinzuzuziehen.[612] So sollte vorrangig zu einer Abwehrmaßnahme nach § 34 StGB staatliche Hilfe zur Beseitigung der Notstandslage in Anspruch genommen werden, sofern diese rechtzeitig initiiert und ausgeführt werden kann.[613] In der vorliegenden Konstellation besteht eine Besonderheit darin, dass die Abwehrmaßnahme des Handelnden bereits auf einer staatlichen Verpflichtungsmaßnahme fußt. Es ist also davon auszugehen, dass nach Einschätzung der zuständigen Sicherheitsbehörde eine Gefahrbeseitigung ohnehin durch den behördlich in Anspruch Genommenen für zweckmäßig erachtet wird und auch durch diesen erfolgen soll. Konsequenterweise kann im betrachteten Fall die Erforderlichkeit der Abwehrmaßnahme nicht allgemein von noch rechtzeitigem staatlichem Einschreiten abhängen. Vielmehr muss relevant sein, ob vor Ausführung der Abwehrmaßnahme noch die Möglichkeit besteht, in Form eines weiteren, rechtmäßigen und legitimierenden staatlichen Aktes der Handlung des Verfügungsadressaten die strafrechtliche Relevanz zu nehmen, sodass ein Rückgriff auf § 34 StGB nichtmehr nötig ist. In der betrachteten Konstellation ist also insbesondere fraglich, ob gegenüber dem drittberechtigten (Mit-)Eigentümer noch rechtzeitig eine die Eingriffshandlung legitimierende Maßnahme erfolgen kann – wie etwa der Erlass einer Duldungsverfügung – oder ob zur Abwehr eines durch das abzureißende Gebäude verursachten Schadens ein sofortiges Tätigwerden des behördlich in Anspruch Genommenen erforderlich ist. Im Zusammenhang mit einem bloßen Verstoß gegen baurechtliche Vorgaben wird wohl kaum ein Fall denkbar sein, in dem die Situation derart brisant ist, dass der drohende Eintritt oder die bevorstehende Verfestigung der baurechtswidrigen Lage es ausschließen, auf noch rechtzeitige legitimierende staatliche Maßnahmen zu warten.

Zweitens müsste das Interesse am Erhalt der Baurechtsordnung durch den Adressaten der Abrissverfügung, der zur Umsetzung des von ihm Verlangten nicht berechtigt ist, größer sein als das Interesse am Schutz des Eigentums des Drittberechtigten vor dem rechtswidrigen Eingriff des Verfügungsadressaten. Letztlich wird man aber bei Abwägung der Interessen hinsichtlich des Erhaltungs- und des Eingriffsgutes kaum zu einem die Straftat rechtfertigenden Ergebnis kommen. Im Rahmen der Interessenabwägung muss das Interesse am Erhalt des Schutzgutes das

---

[611] MüKoStGB Band 1/*V. Erb*, StGB § 34 Rn. 116 f.; *T. Fischer*, StGB § 34 Rn. 9 f.

[612] MüKoStGB Band 1/*V. Erb*, StGB § 34 Rn. 115; *T. Fischer*, StGB § 34 Rn. 9 f.; Lackner/Kühl/Heger/*M. Heger*, StGB § 34 Rn. 3.

[613] Für viele: *J. Wessels/W. Beulke/H. Satzger*, Strafrecht Allgemeiner Teil, 53. Aufl. 2023, § 9 Rn. 459; MüKoStGB Band 1/*V. Erb*, StGB § 34 Rn. 115; *T. Fischer*, StGB § 34 Rn. 9a; a. A. *C. Pelz*, NStZ, 1995, 305 (309).

Interesse am Eingriffsgut wesentlich überwiegen. Wesentlich bedeutet in diesem Zusammenhang, dass das Übergewicht des Interesses am Erhaltungsgut eindeutig und ohne Zweifel sein muss.[614] Speziell bei der Gegenüberstellung von Individualrechtsgütern wie dem Eigentum und Allgemeinrechtsgütern wie der „Einhaltung der Baurechtsordnung“ soll aber gerade grundsätzlich von keinem derartigen Überwiegen der Allgemeinrechtsgüter ausgegangen werden. Hintergrund ist, dass sich Private nicht zu Garanten der öffentlichen Sicherheit und Ordnung aufschwingen und losgelöst vom Individualbezug die Rechtsordnung unter Beeinträchtigung von Rechtsgütern anderer verteidigen sollen. Es ist dabei zu beachten, dass auch schon die Verteidigung privater Rechtsgüter grundsätzlich nur vermittelt durch staatliche Institution geschehen soll, beispielsweise durch das Beschreiten des Zivilrechtsweges. Nur ausnahmsweise dürfen privater Rechtsgüte durch Privatpersonen gewaltsam und unter Verletzung von Rechtsgütern anderer verteidigt werden. Dies gilt erst recht für die Verteidigung von Allgemeinrechtsgütern, deren Schutz schon grundsätzlich nicht und erst gar nicht durch Eingriffe in Rechte Dritter dem einzelnen Bürger obliegt. Es ist der allgemeine Vorrang staatlicher Abhilfemaßnahmen zu beachten.[615]

Im Rahmen der Abwägung müssen also strengste Maßstäbe angesetzt werden und es kann nur in absoluten Ausnahmefällen ein Überwiegen des Schutzinteresses hinsichtlich des Allgemeingutes angenommen werden. Dies gilt auch hinsichtlich des Schutzes der „Einhaltung der Baurechtsordnung“ als Allgemeingut.

- Schutz eines Individualrechtsgutes, wie Gesundheit oder Leben

Anders ist der Fall gelagert, wenn die Abrisshandlung zur Verhütung einer Gefahr für ein Individualrechtsgut erfolgt, wie beispielsweise Gesundheit oder Leben. Dies wäre denkbar bei Vorliegen eines baufälligen Gebäudes.[616]

Die Individualrechtsgüter Leben und Gesundheit stellen zweifellos ein taugliches Erhaltungsgut nach § 34 StGB dar, sie werden explizit im Normtext als solche genannt. Weiterhin wäre die Gefahr, die von einem baufälligen Haus gegebenenfalls für dessen Bewohner, für Nachbarn oder für Passanten ausgeht auch gegenwärtig, im Sinne des § 34 StGB.[617] Von einem derartigen baufälligen Haus ginge eine sogenannte Dauergefahr aus; eine solche liegt bei einer permanenten Gefährdung vor, bei der sich der voraussichtliche Zeitpunkt ihrer Realisierung in einem Schaden nicht

[614] Lackner/Kühl/Heger/*M. Heger*, StGB § 34 Rn. 6; Kindhäuser/Neumann/Paeffgen/Saliger/*U. Neumann*, StGB § 34 Rn. 21, 67, 125.

[615] OLG Koblenz, Urt. v. 25.07.1963, (2) Ss 248/63, NJW 1963, 1991; MüKoStGB Band 1/*V. Erb*, StGB § 34 Rn. 72 f.; Schönke/Schröder/*W. Perron*, StGB § 34 Rn. 10; grundsätzliche Kritik am Einbezug von Allgemeinrechtsgütern mit weiteren Verweisen findet sich bei Kindhäuser/Neumann/Paeffgen/Saliger/*U. Neumann*, StGB § 34 Rn. 25, 30 ff.

[616] RG, Ent. v. 23.01.1925, I 959/24, RGSt 59, 69 (70 f.); für weitere Gesundheitsgefahren, die von einem Gebäude ausgehen können, vgl. *Bub/Treier/H.-J. Kraemer/D. Ehlert/B. Schindler*, Kap. III Rn. 3148.

[617] RG, Ent. v. 23.01.1925, I 959/24, RGSt 59, 69 (70 f.).

bestimmen lässt, sondern ein Schaden vielmehr jederzeit eintreten kann.[618] Im Rahmen der Abwägung zwischen dem Interesse am Erhalt des Schutzgutes und dem Interesse am Eingriffsgut ist die jeweilige Bedeutung des Schutz- und des Eingriffsgutes in die Interessenabwägung einzustellen, auch wenn die „Wertigkeit" der Rechtsgüter nicht allein maßgeblich für die Entscheidung sein darf, da keine bloße Rechtsgüterabwägung stattfinden soll.[619] Bei der Betrachtung der „Wertigkeit" von höchstpersönlichen Rechtsgütern, wie Leben und Gesundheit einerseits, und materiellen Rechtsgütern, wie Eigentum andererseits, besitzen erstere grundsätzlich eine deutlich größere Bedeutung.[620] Im Falle eines baufälligen, Gefahren für Gesundheit und Leben verursachenden Gebäudes wird regelmäßig die Interessenabwägung zugunsten des Interesses am Erhalt der Schutzgüter ausfallen.

Hinsichtlich der Abwehrhandlung selbst gilt, dass diese die Beseitigung der Gefahr jedenfalls fördern muss und nicht über das hinausgehen darf, was für die Abwehr notwendig ist. Dabei darf zwischen mehreren Mitteln dasjenige gewählt werden, das sicheren Erfolg verspricht.[621] In der vorliegenden Konstellation muss berücksichtigt werden, dass sich der handelnde Verfügungsadressat bei der Wahl der von ihm zu ergreifenden Mittel im Zweifelsfall durch die ihm gegenüber ergangene Abrissverfügung gebunden fühlt. Die handelnde Sicherheitsbehörde ist aber auch unabhängig von der jeweils einschlägigen Rechtsgrundlage bei der Ausgestaltung der erlassenen Verfügung an die Grundsätze ordnungsgemäßer Ermessensausübung und insbesondere an den Grundsatz der Verhältnismäßigkeit gebunden.[622] Das heißt, die durch eine behördliche Verfügung geforderte Handlung muss ebenfalls geeignet und erforderlich im Sinne des Verhältnismäßigkeitsprinzips sein. Die Handlung muss demnach geeignet sein, das jeweilige Ziel der Maßnahme zu fördern und es darf

---

[618] RG, Ent. v. 26.04.1932, I 1341/21, RGSt 66, 222 (225); BGH, Urt. v. 21.02.1989, 5 StR 586/88 (LG Hamburg), NJW 1989, 1289; BGH, Urt. v. 16.06.1959, 1 StR 191/59 (LG Memmingen), NJW 1959, 1595; Kindhäuser/Neumann/Paeffgen/Saliger/*U. Neumann*, StGB § 34 Rn. 56; MüKoStGB Band 1/*V. Erb*, StGB § 34 Rn. 97; Schönke/Schröder/*W. Perron*, StGB § 34 Rn. 17.

[619] Kindhäuser/Neumann/Paeffgen/Saliger/*U. Neumann*, StGB § 34 Rn. 65.

[620] OLG Hamm, Urt. v. 29.08.2000, 9 U 20/00, NJW-RR 2001, 237; MüKoStGB Band 1/*V. Erb*, StGB § 34 Rn. 139; Lackner/Kühl/Heger/*M. Heger*, StGB § 34 Rn. 7 f.; Jauernig/*H.-P. Mansel*, BGB § 228 Rn. 2.

[621] Für viele: BGH, Urt. v. 25.03.1952, 1 StR 172/51, BGHSt 2, 242–246; *T. Fischer*, StGB § 34 Rn. 9 f.; Schönke/Schröder/*W. Perron*, StGB § 34 Rn. 19 ff.

[622] Dies lässt sich bereits aus dem Rechtsstaatsprinzip gemäß Art. 20 Abs. 3 GG (vgl. BVerfG, Beschl. v. 15.12.1965, 1 BvR 513/65, BVerfGE 19, 342; *M. Klatt/M. Meister*, JuS 2014, 193 ff.; Dürig/Herzog/Scholz/*B. Grzeszick*, GG Art. 20 VII. Rn. 110 m.w.N.) als Bestandteil der ordnungsgemäßen Ermessensausübung gemäß § 40 VwVfG (vgl. BeckOK VwVfG/*M. Aschke*, VwVfG § 40 Rn. 55 m.w.N.) und auch aus sicherheitsrechtlichen Spezialvorschriften wie Art. 54 Abs. 2 S. 2 BayBO (vgl. Busse/Kraus/*F. Dirnberger*, BayBO Art. 54 Rn. 61 m.w.N.) oder Art. 8 LStVG (vgl. Körner/Mehringer/Johannsen/Lerm/*P. Lerm*, LStVG Art. 8, 1.) ableiten.

kein gleich geeignetes milderes Mittel zur Verfügung stehen.[623] Wird die Sicherheitsbehörde also beim Erlass der Abrissverfügung mit dem Ziel der Abwehr von durch ein baufälliges Gebäude verursachten Lebens- und Gesundheitsgefahren tätig, so muss auch sie den Adressaten der Verfügung zu einer Handlung verpflichten, die die vom Gebäude ausgehenden Lebens- und Gesundheitsgefahren in geeigneter und erforderlicher Weise beseitigt. Letztlich wird also der Verfügungsadressat bei der Umsetzung der an ihn ergangenen, diesen Anforderungen entsprechenden Verfügung in geeigneter und erforderlicher Weise zur Beseitigung der Lebens- und Gesundheitsgefahren vorgehen und sich sein Handeln regelmäßig im Rahmen des § 34 StGB halten. Umgekehrt würde eine Abrissverfügung, die den Verfügungsadressaten zu einer Handlung verpflichtet, die die Anforderungen des Verhältnismäßigkeitsprinzips und damit die Voraussetzungen des § 34 StGB nicht erfüllt, dazu führen, dass die dem Adressaten abverlangte Handlung gerade nicht durch einen gesetzlichen Notstand gerechtfertigt wäre und die Handlung damit möglicherweise strafrechtlich relevant bliebe, sodass die Abrissverfügung gegebenenfalls den Tatbestand des § 44 Abs. 2 Nr. 5 VwVfG erfüllen würde und damit letztlich rechtswidrig und nichtig wäre.

Der Sonderfall, dass eine Abwehrmaßnahme nach § 34 StGB nur dann erforderlich ist, wenn die Gefahr nicht auch durch Flucht abgewendet werden kann,[624] wird in einer Situation, in der es nicht um den ausschließlichen Schutz des Adressaten der Abrissverfügung vor den vom Gebäude ausgehenden Gefahren geht, regelmäßig nicht in Betracht kommen. Eine Flucht des behördlich Verpflichteten wäre nicht einmal geeignet, die vom Gebäude ausgehende Gefahr auch für die weiteren dadurch Gefährdeten abzuwenden. Weiterhin sollte, wie bereits dargestellt, prinzipiell vorrangig zu einer Abwehrmaßnahme nach § 34 StGB staatliche Hilfe zur Beseitigung der Notstandslage in Anspruch genommen werden, sofern diese rechtzeitig initiiert und ausgeführt werden kann.[625] In der vorliegenden Konstellation ist aber die Erforderlichkeit der Abwehrmaßnahme nicht allgemein von noch rechtzeitigem staatlichem Einschreiten abhängig, da die Abwehrmaßnahme des Handelnden bereits auf einer staatlichen Verpflichtungsmaßnahme beruht. Wie oben festgestellt, muss vielmehr relevant sein, ob vor Ausführung der Abwehrmaßnahme noch die Möglichkeit besteht, in Form eines weiteren rechtmäßigen und legitimierenden staatlichen Aktes, etwa einer Duldungsverfügung, der Handlung des Verfügungsadressaten die strafrechtliche Relevanz zu nehmen. In der betrachteten Konstellation

[623] Für viele: *V. Götz/M.-E. Geis*, Allgemeines Polizei- und Ordnungsrecht, 17. Aufl. 2022, § 16 Rn. 11, 21 ff.; *M. Thiel*, Polizei- und Ordnungsrecht, 5. Aufl. 2023, § 8 Rn. 181 ff.; *T. Kingreen/R. Poscher*, Polizei- und Ordnungsrecht, 12. Aufl. 2022, § 10 Rn. 15 f., 17 ff., 25 ff.

[624] Für viele: Schönke/Schröder/*W. Perron*, StGB § 34 Rn. 20; MüKoStGB Band 1/*V. Erb*, StGB § 34 Rn. 115; Lackner/Kühl/Heger/*M. Heger*, StGB § 34 Rn. 3.

[625] Für viele: *J. Wessels/W. Beulke/H. Satzger*, Strafrecht Allgemeiner Teil, 53. Aufl. 2023, § 9 Rn. 458 f.; MüKoStGB Band 1/*V. Erb*, StGB § 34 Rn. 115; *T. Fischer*, StGB § 34 Rn. 9a; a. A. *C. Pelz*, NStZ, 1995, 305 (309).

ist also insbesondere fraglich, ob dem drittberechtigten (Mit-)Eigentümer gegenüber noch rechtzeitig eine die Eingriffshandlung legitimierende Maßnahme ergehen kann oder ob zur Abwehr eines durch das abzureißende Gebäude verursachten Schadens an Leben oder Gesundheit Dritter ein sofortiges Tätigwerden des behördlich in Anspruch Genommenen erforderlich ist. Eine für die Gefahrenabwehr nicht hinnehmbare Verzögerung durch den Erlass einer Duldungsverfügung gegenüber dem Drittberechtigten könnte sich etwa daraus ergeben, dass die Eigentumsrechte des Dritten an dem abzureißenden Gebäude unklar sind und durch die Behörde erst durch zeitintensive Recherchen oder Verfahren ermittelt werden müssten. Ebenfalls denkbar wäre, dass die Bekanntgabe einer Duldungsverfügung gegenüber dem Drittberechtigten nicht rechtzeitig vor der zur effektiven Gefahrenabwehr sofort notwendigen Umsetzung der ohne zeitliche Verzögerung bekannt gegebenen Abrissverfügung erfolgen könnte. Nur in derartigen Fällen kann die Behörde auf den Erlass weiterer legitimierender Verfügungen verzichten und der Adressat der Abrissverfügung auch ohne deren Erlass auf Grundlage des § 34 StGB in die Rechtsposition des Drittberechtigten eingreifen.

Wenn also von dem durch die Abrissverfügung betroffenen Gebäude eine Gefahr für ein Individualrechtsgut ausgeht, kann eine Abrisshandlung des Verpflichteten durchaus gemäß § 34 StGB gerechtfertigt und damit nicht strafrechtlich relevant im Sinne des Tatbestands von § 44 Abs. 2 Nr. 5 VwVfG sein. Dies ist allerdings stets im konkreten Einzelfall zu bewerten und vom jeweiligen Zustand des Gebäudes, der Brisanz der davon ausgehenden Gefahrenlage und der Möglichkeit der Sicherheitsbehörden abhängig, rechtzeitig zur effektiven Gefahrenabwehr eine Duldungsverfügung gegenüber dem Drittberechtigten zu erlassen. Auf die Baurechtswidrigkeit indessen kann für eine strafrechtliche Rechtfertigung – wenn überhaupt – nur in absoluten Ausnahmefällen abgestellt werden.

(ββ) Rechtfertigung aus Notstand gemäß § 228 BGB

Speziell für den Fall des Abrisses eines Gebäudes durch einen Nichtberechtigten käme weiterhin eine Rechtfertigung der Tat gemäß § 228 BGB in Betracht. Auch hier ist wiederum sowohl eine Handlung zum Schutz der „Einhaltung der Baurechtsordnung" wie auch zur Verteidigung eines Individualrechtsgutes denkbar.

- Schutz der „Einhaltung der Baurechtsordnung"

Hinsichtlich des Schutzes der „Einhaltung der Baurechtsordnung" ist zu berücksichtigen, dass § 228 BGB – im Gegensatz zu § 34 StGB – gerade keine Allgemeingüter schützen soll.[626] Dies lässt sich vor allem damit begründen, dass § 228 BGB keine umfassende Interessenabwägung, wie sie nach den Vorgaben des § 34 StGB durchzuführen ist, vorsieht. Vielmehr muss die Abwehrhandlung lediglich

[626] BGH, Urt. v. 15.04.1975, VI ZR 93/73 (OLG Karlsruhe), GRUR 1975, 502; Jauernig/*H.-P. Mansel*, BGB § 228 Rn. 2, § 227 Rn. 3; a.A. BeckOK BGB/*J. Dennhardt*, BGB § 228 Rn. 4, der unter Verweis auf Schönke/Schröder/*W. Perron*, StGB § 34 Rn. 10f. eine Parallele zu § 34 StGB ziehen möchte.

objektiv geboten sein, das heißt, der durch sie verursachte Schaden am Eingriffsgut darf nicht unverhältnismäßig viel größer sein als der dem Schutzgut drohende.[627] Damit fehlt ein Korrektiv, dass das ausufernde Einschreiten einzelner zum Schutze der öffentlichen Ordnung verhindern und nur auf Einzelfälle beschränken kann.[628]

Darüber hinaus kann auch durch § 228 BGB nur eine solche Handlung gerechtfertigt sein, die eine Verletzung des Schutzgutes noch zu verhindern vermag.[629] Soll eine bereits eingetretene und abgeschlossene Schädigung wieder aus der Welt geschafft werden, muss dies über entsprechende andere, dafür vorgesehene Rechtsinstitute erreicht werden.[630] Wenn das fertiggestellte Gebäude also gegen die Baurechtsordnung verstößt, verletzt es diese gegebenenfalls, verursacht aber keine Gefahr einer bevorstehenden Verletzung im Sinne des § 228 BGB.

- Schutz eines Individualrechtsgutes

Anders verhält es sich bei einer Handlung, die dem Schutz von Individualrechtsgütern dienen soll. Zu denken wäre wiederum an ein baufälliges Gebäude, von dem ein Gesundheitsrisiko für Bewohner, Nachbarn oder Passanten ausgeht.[631] Individualrechtsgüter, wie Leben, Gesundheit oder Eigentum kommen dabei problemlos als Erhaltungsgüter nach § 228 BGB in Betracht.[632] Das Risiko, das von einem baufälligen Gebäude gegebenenfalls für Bewohner, Nachbarn oder Passanten ausgeht, könnte auch eine drohende Gefahr im Sinne der Vorschrift darstellen. Hierfür reicht aus, dass der Eintritt eines Schadens wahrscheinlich ist; unmittelbar bevorstehen muss er nicht.[633] Weiterhin ist die im Vergleich zu § 34 StGB besondere Voraussetzung des § 228 BGB zu beachten, dass die gerechtfertigte Schädigungshandlung nur gegen den das Schutzgut wiederum selbst zu verletzen drohenden Gegenstand gerichtet werden darf.[634] Dass § 228 BGB letztlich eingreift, müsste das Risiko für die Individualschutzgüter vom Gebäude selbst ausgehen, das also zugleich den Gefährdungs- und Eingriffsgegenstand darstellt. Anderenfalls wäre auf § 904 BGB abzustellen, der auch einen Eingriff in das Eigentum an Sachen zulässt, von

---

[627] Schulze/*H. Dörner*, BGB § 228 Rn. 3; MüKoBGB Band 1/*H. Grothe*, BGB § 228 Rn. 1; Jauernig/*H.-P. Mansel*, BGB § 228 Rn. 2; eine andere Ansicht fordert einen grundsätzlichen Gleichlauf der Rechtfertigungsgründe, vgl. Kindhäuser/Neumann/Paeffgen/Saliger/*U. Neumann*, StGB § 34 Rn. 121 ff.; *C. Fahl*, JA 2017, 674 (675) m. w. N.

[628] Vgl. hinsichtlich der Korrektivfunktion der Interessenabwägung im Rahmen des § 34 StGB MüKoStGB Band 1/*V. Erb*, StGB § 34 Rn. 72 f. u. die Ausführungen zu § 34 StGB in Kapitel 2, § 2 A. V. 2. c) aa) (3) (a) (bb) (γ) (αα).

[629] *F. Zieschang*, Goltdammer's Archiv für Strafrecht, 2006, 1 (2).

[630] Vgl. dazu die Ausführungen im Zusammenhang mit § 34 StGB in Kapitel 2, § 2 A. V. 2. c) aa) (3) (a) (bb) (γ) (αα).

[631] RG, Ent. v. 23.01.1925, I 959/24, RGSt 59, 69 (70 f.).

[632] BGH, Urt. v. 15.04.1975, VI ZR 93/73 (OLG Karlsruhe), GRUR 1975, 502; Jauernig/*H.-P. Mansel*, BGB § 228 Rn. 2, § 227 Rn. 3; BeckOK BGB/*J. Dennhardt*, BGB § 228 Rn. 4.

[633] *F. Zieschang*, Goltdammer's Archiv für Strafrecht, 2006, 1 (2); MüKoBGB Band 1/*H. Grothe*, BGB § 228 Rn. 7.

[634] MüKoBGB Band 1/*H. Grothe*, BGB § 228 Rn. 8.

denen selbst keine Gefahr ausgeht.[635] Bei der Prüfung, ob der eintretende Schaden am Eingriffsgut unverhältnismäßig viel größer ist, als der dem Schutzgut drohende, ist wiederum zu berücksichtigen, dass den Rechtsgütern Leben und Gesundheit grundsätzlich ein sehr viel höherer Stellenwert einzuräumen ist als materiellen Rechtsgütern.[636] Sofern also eine Gefahr für ein Rechtsgut wie Leben und Gesundheit von dem zu beseitigenden Gegenstand selbst ausgeht, ist ein Eingreifen des Rechtfertigungsgrundes nach § 228 BGB grundsätzlich möglich.

Hinsichtlich der Notstandshandlung gibt § 228 S. 1 BGB vor, dass diese in einer Beschädigung oder Zerstörung der Sache bestehen sowie geeignet und erforderlich sein muss.[637] Im Falle eines Gebäudeabrisses müsste diese Zerstörungsmaßnahme also wiederum die Abwendung der durch das Gebäude ausgehenden Lebens- oder Gesundheitsgefahr fördern und es dürfte kein weniger schädliches Mittel zur Verfügung stehen, das eine ebenso sichere Gefahrenabwehr ermöglichte. Der Adressat der sicherheitsrechtlichen Verfügung wird sich, wie bereits festgestellt, bei der Wahl der ihm zur Verfügung stehenden Abwehrmaßnahmen regelmäßig an die behördlichen Vorgaben gebunden fühlen. Die Behörde wiederum müsste bei der Ausgestaltung der vom Adressaten verlangten Maßnahme selbst ebenfalls die Grundsätze der Verhältnismäßigkeit beachten, also eine zur Zweckerreichung geeignete und erforderliche Handlung vom Adressaten der Abrissverfügung fordern.[638] Besteht der Zweck der behördlichen Verpflichtung im Schutz von Individualrechtsgütern, wie Leben und Gesundheit, dann wird die behördlich geforderte Handlung regelmäßig auch den grundsätzlichen Anforderungen des § 228 S. 1 BGB an eine diese Rechtsgüter schützende Notstandhandlung gerecht werden, sodass die Befolgung der behördlichen Handlungsvorgaben durch den Adressaten der Abrissverfügung einer Anwendung des § 228 S. 1 BGB prinzipiell nicht entgegensteht. Umgekehrt wäre die Abrissverfügung, wie bereits oben festgestellt, nach § 44 Abs. 2 Nr. 5 VwVfG gegebenenfalls rechtswidrig und nichtig, wenn sie von ihrem Adressaten eine Handlung verlangen würde, die nicht nach § 228 BGB gerechtfertigt und damit möglicherweise weiterhin strafrechtliche relevant wäre.[639]

Eine prinzipiell vorrangige Flucht des Adressaten vor der Gefahrenlage wäre,[640] wie bereits festgestellt, jedenfalls bei durch die Gefahr bedrohten Dritten schon nicht

---

[635] BeckOK BGB/*J. Fritzsche*, BGB § 904 Rn. 1; MüKoBGB Band 8/*B. Brückner*, BGB § 904 Rn. 1; Grüneberg/*S. Herrler*, BGB § 904 Rn. 5.

[636] OLG Hamm, Urt. v. 29.08.2000, 9 U 20/00, NJW-RR 2001, 237; Jauernig/*H.-P. Mansel*, BGB § 228 Rn. 2; Grüneberg/*J. Ellenberger*, BGB § 228 Rn. 8; MüKoBGB Band 1/*H. Grothe*, BGB § 228 Rn. 10.

[637] Für viele: Staudinger/*T. Repgen*, Buch 1 (§§ 164–240 BGB), BGB § 228 Rn. 24; Erman/*E. Wagner*, BGB § 228 Rn. 5 f.; Schulze/*H. Dörner*, BGB § 228 Rn. 3.

[638] Siehe Kapitel 2, § 2 A. V. 1.

[639] Siehe Kapitel 2, § 2 A. V. 2. c) aa) (3) (a).

[640] Für viele: Grüneberg/*J. Ellenberger*, BGB § 228 Rn. 7; Staudinger/*T. Repgen*, Buch 1 (§§ 164–240 BGB), BGB § 228 Rn. 24; MüKoBGB Band 1/*H. Grothe*, BGB § 228 Rn. 9.

zur Gefahrenabwehr geeignet.[641] Ob die Möglichkeit zum Erlass einer weiteren staatlichen Hilfsmaßnahme besteht, die gegenüber einer nach § 228 BGB gerechtfertigten Abwehrhandlung ebenso vorrangiger ist, hängt davon ab, ob beim Warten auf die weitere staatliche Maßnahme ein Schadenseintritt noch rechtzeitig verhindert werden kann oder ob die Gefahrenlage derart akut ist, dass ein unmittelbares Einschreiten des Verfügungsadressaten zur Abwehr notwendig erscheint.[642] Wie festgestellt, kann es im vorliegenden Fall, in dem die betrachtete Handlung ohnehin durch eine staatliche Maßnahme initiiert wurde, nur auf den rechtzeitigen Erlass einer weiteren, legitimierenden staatlichen Maßnahme in Form einer Duldungsverfügung gegenüber dem Drittberechtigten ankommen. Ob also der Handlung des Verfügungsadressaten noch rechtzeitig durch eine derartige behördliche Maßnahme die Rechtswidrigkeit genommen werden kann, ist wiederum einzelfallabhängig und ergibt sich in der betrachteten Konstellation aus dem Zustand des abzureißenden Gebäudes und der damit einhergehenden Brisanz der Gefahrenlage für die Gefährdeten. Eine für die Gefahrenabwehr nicht hinnehmbare Verzögerung durch den Erlass einer Duldungsverfügung gegenüber dem Drittberechtigten könnte sich dabei wiederum daraus ergeben, dass die Eigentumsrechte des Dritten an dem abzureißenden Gebäude unklar sind und durch die Behörde erst durch zeitintensive Recherchen oder Verfahren ermittelt werden müssten. Ebenfalls denkbar wäre, dass die Bekanntgabe einer Duldungsverfügung gegenüber dem Drittberechtigten nicht rechtzeitig vor der zur effektiven Gefahrenabwehr sofort notwendigen Umsetzung der ohne zeitliche Verzögerung bekannt gegebenen Abrissverfügung erfolgen könnte. Nur in derartigen Fällen kann die Behörde auf den Erlass weiterer legitimierender Verfügungen verzichten und der Adressat der Abrissverfügung auch ohne deren Erlass auf Grundlage des § 228 BGB in die Rechtsposition des Drittberechtigten eingreifen.

(γγ) Rechtfertigung aus Notstand gemäß § 904 BGB

In Abgrenzung zu § 228 BGB greift der Rechtfertigungsgrund des § 904 BGB dann ein, wenn eine Einwirkung auf eine Sache vorgenommen wird, von der selbst keine Gefahr ausgeht, deren Beeinträchtigung aber zur Abwehr einer anderweitig entstandenen Gefahr notwendig ist.[643] Auf die betrachtete Fallkonstellation übertragen, müsste damit zunächst weiterhin ein Sachverhalt vorliegen, bei dem von einem Gebäude eine Gefahr für Leib oder Leben ausgeht oder das gegen die Baurechtsordnung verstößt. Dieses Gebäude soll wiederum aufgrund der Abrissverfügung rückgebaut werden und damit die Lebens- und Gesundheitsgefahr oder der baurechtswidrige Zustand beseitigt werden. Darüber hinaus ist es dann aber zur Abwehr dieser Gefahr noch notwendig, auf einen weiteren Gegenstand, beispielsweise ein Nachbargebäude, einzuwirken. Der praktisch wohl bedeutsamste Fall

---

[641] Siehe Kapitel 2, § 2 A. V. 2. c) aa) (3) (a) (bb) (γ) (αα).

[642] *J. Neuner*, Allgemeiner Teil des Bürgerlichen Rechts, 13. Aufl. 2023, § 21 Rn. 41, 47; Erman/*E. Wagner*, BGB § 228 Rn. 5 f., § 227 Rn. 5.

[643] Prütting/Wegen/Weinreich/*R. Lemke*, BGB § 904 Rn. 1 ff.

dieser Art dürfte der Abriss einer Doppelhaushälfte oder eines Reihenhauses sein. Verfügen die aneinandergebauten Gebäude an ihrer Kontaktstelle nicht über zwei eigenständige Außenwände, sondern teilen sich vielmehr eine Zwischenwand für beide Häuser, ist es mitunter nur schwer möglich, eines der beiden Gebäude abzureißen, ohne die Zwischenwand freizulegen, diese zu beschädigen und die Bausubstanz des Nachbargebäudes dem Risiko schädlicher Umwelteinwirkungen, beispielsweise eindringendem Wasser, auszusetzen.[644] Man könnte also auf den Gedanken kommen, dass eine derartige Schädigung des Nachbargebäudes ihrerseits einer Rechtfertigung bedürfe, beispielsweise aus § 904 BGB.

Hier ist allerdings zu sehen, dass gerade für diesen Fall zivilrechtliche Sonderregelungen bestehen. Eine derartige Nachbarwand, auch halbseitige Giebelwand genannt, gilt als Grenzanlage im Sinne des § 921 BGB.[645] Grundsätzlich haben beide Nachbarn an dieser Grenzanlage, unabhängig vom tatsächlichen Eigentumsanteil an ihr, ein Recht auf die Nutzung der gesamten Anlage gegenüber dem jeweils anderen Nachbarn.[646] Überwiegend wird vertreten, die Nachbarn erwürben bei einem beidseitigen Gebäudeanbau an die Wand jeweils sogar Miteigentum an der ganzen Wand.[647] Nach dem Wortlaut des § 922 S. 3 BGB wäre jedenfalls der (Mit-)Eigentümer, der sein an die Mauer grenzendes Gebäude unter Beeinträchtigung der Nachbarwand abreißen möchte, dazu nur mit der Erlaubnis des anderen Nachbarn ermächtigt. Allerdings wird diese Regelung in der Rechtsprechung teleologisch so ausgelegt, dass ein Grundstückseigentümer in der betrachteten Konstellation grundsätzlich zum Abriss seines Gebäudes unabhängig von einer Erlaubnis des angrenzenden Nachbarn nach § 903 BGB ermächtigt bleibt, sofern er die Interessen an der Weiternutzung der Zwischenwand durch entsprechende Absicherungsmaßnahmen sicherstellt, beispielsweise durch das Anbringen von Außenisolierung an der Nachbarwand.[648] Lediglich bei Verletzung dieser Sorgfaltspflichten durch den sein Gebäude abreißenden Grundstückseigentümer und dadurch eintretende Schäden am Eigentum des Nachbarn erwachsen Letzterem daraus neben einem eher theoretischen Abwehranspruch aus § 1004 Abs. 1 S. 1 BGB gegebenenfalls Entschädigungsansprüche aus § 906 Abs. 2 S. 2 BGB oder, bei Verschulden oder weiterge-

[644] OLG Koblenz, Urt. v. 11.01.2000, 1 U 1545/98, BeckRS 2000, 30089916; OLG Düsseldorf, Urt. v. 19.02.1999, 22 U 154–98, NJW-RR 1999, 1468; OLG Frankfurt a.M., Urt. v. 06.09.2004, 16 U 211/03, NJOZ 2004, 4476; BGH, Urt. v. 28.11.1980, V ZR 148/79 (Bremen), NJW 1981, 866.

[645] MüKoBGB Band 8/*B. Brückner*, BGB § 921 Rn. 5, § 922 Rn. 2; Prütting/Wegen/Weinreich/*R. Lemke*, BGB § 921 Rn. 10ff.

[646] MüKoBGB Band 8/*B. Brückner*, BGB § 922 Rn. 3; BeckOK BGB/*J. Fritzsche*, BGB § 922 Rn. 11 f.

[647] Prütting/Wegen/Weinreich/*R. Lemke*, BGB § 921 Rn. 13; BeckOK BGB/*J. Fritzsche*, BGB § 921 Rn. 23; Grüneberg/*S. Herrler*, BGB § 921 Rn. 9 m.w.N.; anderer Ansicht wohl MüKoBGB Band 8/*B. Brückner*, BGB § 921 Rn. 5, 25.

[648] OLG Frankfurt a.M., Urt. v. 06.09.2004 – 16 U 211/03, NJOZ 2004, 4476; BGH, Urt. v. 28.11.1980, V ZR 148/79 (Bremen), NJW 1981, 866; BeckOK BGB/*J. Fritzsche*, BGB § 922 Rn. 11 m.w.N.

hender Beeinträchtigung des nachbarlichen Eigentums, sogar Schadensersatzansprüche nach § 823 Abs. 1 BGB bzw. §§ 823 Abs. 2, 1004, 922 S. 3, 249 Abs. 1 BGB.[649]

Wie bereits erwähnt, führt Franck ein zum vorliegend betrachteten Fall einer Abrissverfügung, die ihren Adressaten zur Beseitigung eines im (Mit-)Eigentum eines anderen stehenden Gebäudes verpflichtet, ähnlich gelagertes Beispiel an, bei dem der Verfügungsadressat verpflichtet wird, Balken in die Mauer seines Nachbarn einzufügen und damit eine Sachbeschädigung zu begehen.[650] In dem von Franck angeführte Sachverhalt wäre eine Anwendung des § 904 BGB denkbar. Allerdings geht Franck in seinem Beispiel gerade nicht von einer Abrissverfügung aus, wie sie der vorliegend betrachteten Fallkonstellation zugrunde liegt. In Ermangelung weiterer Szenarien, in denen der Abriss eines gefahrverursachenden Gebäudes die Schädigung eines weiteren Gegenstandes zur Gefahrenabwehr voraussetzt, soll nachfolgend grundsätzlich davon ausgegangen werden, dass die durch die Abrissverfügung auferlegte Handlung sich ausschließlich gegen den die Gefahr verursachenden Gegenstand, also respektive das die Gefahr verursachende Gebäude, richtet.

(δ) Rechtfertigung durch eine Duldungspflicht des Dritten

Ein Eigentümer ist grundsätzlich nach § 903 S. 2 BGB zum Ausschluss jeglicher Beeinträchtigungen seines Eigentums berechtigt und es steht ihm demgemäß ein aus § 1004 Abs. 1 BGB entspringender Abwehranspruch gegenüber jedwedem Eingriff in sein Eigentum zu. Dieser Anspruch fällt nur dann weg, wenn eine Duldungspflicht des Eigentümers gemäß § 1004 Abs. 2 BGB besteht, was dann der Fall sein soll, wenn der Eingriff nicht rechtswidrig ist.[651] Eine solche Duldungspflicht kann sich auch aus öffentlich-rechtlichen Vorschriften ergeben.[652] Im vorliegenden Fall besteht die Möglichkeit, das eine öffentlich rechtliche, gesetzliche Duldungspflicht des drittberechtigten Eigentümers aus seiner materiellen Polizeipflicht folgt, was vereinzelt vertreten wird,[653] und nachfolgend untersucht werden soll.

---

[649] OLG Koblenz, Urt. v. 11.01.2000, 1 U 1545/98, BeckRS 2000, 30089916; OLG Düsseldorf, Urt. v. 19.02.1999, 22 U 154–98, NJW-RR 1999, 1468; OLG Köln, Urt. v. 19.06.1996, 5 U 210/95, NJW-RR 1996, 1104; MüKoBGB Band 8/*B. Brückner*, BGB § 922 Rn. 8; zum Umfang des Entschädigungsanspruchs BGH, Urt. v. 11.06.1999, V ZR 377–98 (Schleswig), NJW 1999, 2896; BGH, Urt. v. 04.07.1997, V ZR 48/96 (Oldenburg), NJW-RR 1997, 1374.

[650] *C. Franck*, Die Unmöglichkeit im Verwaltungsrecht, 1926, S. 43.

[651] Grüneberg/*S. Herrler*, BGB § 903 Rn. 6, § 1004 Rn. 34 f.; Schulze/*H. Schulte-Nölke*, BGB § 1004 Rn. 6; MüKoBGB Band 8/*T. Raff*, BGB § 1004 Rn. 199.

[652] Grüneberg/*S. Herrler*, BGB § 1004 Rn. 38 f.

[653] *M. Griesbeck*, Die materielle Polizeipflichtigkeit des Zustandsstörers und die Kostentragungspflicht nach unmittelbarer Ausführung und Ersatzvornahme, 1991, S. 89 Fn. 63.

(αα) Die materielle Polizeipflicht

Als materielle Polizeipflicht bezeichnet man die gesetzesunmittelbare Pflicht zur Gefahrenabwehr, die einem Störer im Sinne der Vorschriften des Sicherheitsrechts – beispielsweise der Art. 9 BayLStVG oder Art. 7 f. BayPAG – obliegt.[654] Das heißt, es soll für einen derartigen Störer bereits vor dem Erlass einer ihn konkret in Anspruch nehmenden behördlichen Verfügung, eine Pflicht bestehen, einen Gefahrenzustand zu beseitigen.

- Grundlage und Umfang der materiellen Polizeipflicht

Ihren Ursprung hat die materielle Polizeipflicht im Verfassungsrecht. So soll sich unmittelbar aus der Verfassung eine Grundpflicht[655] der Bürger ergeben, zur Gefahrenbeseitigung beizutragen.[656] Innere Sicherheit sei eine der grundlegendsten Bedingungen einer staatlichen Ordnung und essenziell für alle weiteren Funktionen des Staates, es obliege damit auch dem Bürger, diese zu fördern.[657] Diese Grundpflicht des Bürgers im Dienste des Allgemeinwohls korrespondiert dabei mit der in den Art. 73 Abs. 1 Nr. 9a, 10 und 12, Art. 24 Abs. 2 GG festgeschriebenen Staatsaufgabe der Gefahrenabwehr und lässt sich als unablässige Bedingung für einen die Menschenwürde schützenden, funktionstüchtigen Sozialstaat aus dem Grundsatz des Art. 1 Abs. 1 S. 1 GG und dem Prinzip des Art. 20 Abs. 1 GG herleiten.[658] Aus den Verfassungsprinzipien der effektiven Gefahrenabwehr, der möglichst geringen Freiheitsbeeinträchtigung und der gerechten Lastenverteilung lasse sich darüber hinaus eingrenzen, wie eine derartige Pflicht gegenüber dem einzelnen Bürger

---

[654] BGH, Urt. v. 11.06.1981, III ZR 39/80 (Düsseldorf), NJW 1981, 2457; *M. Griesbeck*, Die materielle Polizeipflichtigkeit des Zustandsstörers und die Kostentragungspflicht nach unmittelbarer Ausführung und Ersatzvornahme, 1991, S. 88 f.; *T. Finkenauer*, NJW 1995, 432 ff.

[655] Zur Frage der Existenz von verfassungsrechtlichen Grundpflichten vgl. *A. Nitschke*, Die materielle Polizeipflicht im Sinne einer Gefahrenabwehrpflicht als verfassungsrechtliche Grundpflicht, 2014, S. 67 ff. m. w. N.; *M. Griesbeck*, Die materielle Polizeipflichtigkeit des Zustandsstörers und die Kostentragungspflicht nach unmittelbarer Ausführung und Ersatzvornahme, 1991, S. 96 f.; *O. Luchterhand*, Grundpflichten als Verfassungsproblem in Deutschland – Geschichtliche Entwicklung und Grundpflichten unter dem Grundgesetz, 1988, S. 49 ff.; *A. Hencke*, Die Grundpflichten in den Landesverfassungen unter dem Grundgesetz, 1989, S. 3 ff.

[656] *M. Griesbeck*, Die materielle Polizeipflichtigkeit des Zustandsstörers und die Kostentragungspflicht nach unmittelbarer Ausführung und Ersatzvornahme, 1991, S. 94 ff.; ausführlich hergeleitet bei *A. Nitschke*, Die materielle Polizeipflicht im Sinne einer Gefahrenabwehrpflicht als verfassungsrechtliche Grundpflicht, 2014, S. 67 ff., 115 m. w. N.

[657] *M. Griesbeck*, Die materielle Polizeipflichtigkeit des Zustandsstörers und die Kostentragungspflicht nach unmittelbarer Ausführung und Ersatzvornahme, 1991, S. 94 ff.; *A. Nitschke*, Die materielle Polizeipflicht im Sinne einer Gefahrenabwehrpflicht als verfassungsrechtliche Grundpflicht, 2014, S. 101 ff.

[658] *M. Griesbeck*, Die materielle Polizeipflichtigkeit des Zustandsstörers und die Kostentragungspflicht nach unmittelbarer Ausführung und Ersatzvornahme, 1991, S. 94 ff.; *A. Nitschke*, Die materielle Polizeipflicht im Sinne einer Gefahrenabwehrpflicht als verfassungsrechtliche Grundpflicht, 2014, S. 107 ff.

grundsätzlich ausgestaltet sein muss.[659] Die diesen Prinzipien entsprechende, einfachgesetzliche Festschreibung der materiellen Polizeipflicht soll sich dabei in den sicherheitsrechtlichen Generalklauseln und Adressatenvorschriften finden.[660] Durch die materielle Polizeipflicht gebunden ist dabei, wer als Störer im Sinne der sicherheitsrechtlichen Adressatenregelungen anzusehen ist, also für den Eintritt einer sicherheitsrechtlichen Gefahr verantwortlich ist.[661] Das ist letztlich auch der Grund dafür, warum entsprechend dieser Vorschriften, die Handlungs- und Zustandsstörer überhaupt vorrangig vor sogenannten Nichtstörern in Anspruch zu nehmen und ihnen explizit benannte Maßnahmen aufzuerlegen sind. Durch die behördliche Aufforderung wird lediglich ihre abstrakt ohnehin schon bestehende Beseitigungspflicht deklaratorisch aktualisiert und durch die Verfügung inhaltlich konkretisiert.[662] Darin liegt letztlich auch der Unterschied bei der Inanspruchnahme eines Störers und eines Nichtstörers; der Störer ist schon vor seiner Verpflichtung durch den sicherheitsrechtlichen Verwaltungsakt zur Abwehr der eingetretenen Gefahr durch die materielle Polizeipflicht gebunden, wohingegen die Pflicht des Nichtstörers seiner Inanspruchnahme durch die Verwaltungsbehörden originär und konstitutiv entspringt.[663]

Wie weit diese abstrakte, der Verwaltungshandlung vorausgehende Pflicht reichen soll, wird unterschiedlich gesehen. So wird vertreten, es solle sich bereits aus dem Gesetz eine allgemeine Bürgerpflicht ergeben, erst gar keinen Gefahrenzustand

---

[659] *J. F. Lindner*, Die verfassungsrechtliche Dimension der allgemeinen polizeirechtlichen Adressatenpflicht, 1996, S. 128.

[660] *A. Nitschke*, Die materielle Polizeipflicht im Sinne einer Gefahrenabwehrpflicht als verfassungsrechtliche Grundpflicht, 2014, S. 66; *M. Griesbeck*, Die materielle Polizeipflichtigkeit des Zustandsstörers und die Kostentragungspflicht nach unmittelbarer Ausführung und Ersatzvornahme, 1991, S. 84; *J. Martensen*, DVBl 1996, 286 f.; *J. F. Lindner*, Die verfassungsrechtliche Dimension der allgemeinen polizeirechtlichen Adressatenpflicht, 1996, S. 175.

[661] *W.-R. Schenke*, PolR, § 4 Rn. 299 f.; *A. Pewestorf/S. Söllner/O. Tölle*, Polizei- und Ordnungsrecht, 3. Aufl. 2022, § 14 Rn. 1 ff.; *A. Nitschke*, Die materielle Polizeipflicht im Sinne einer Gefahrenabwehrpflicht als verfassungsrechtliche Grundpflicht, 2014, S. 162 m. w. N.; *M. Griesbeck*, Die materielle Polizeipflichtigkeit des Zustandsstörers und die Kostentragungspflicht nach unmittelbarer Ausführung und Ersatzvornahme, 1991, S. 91 f.; *T. Finkenauer*, NJW 1995, 432 ff.

[662] *M. Griesbeck*, Die materielle Polizeipflichtigkeit des Zustandsstörers und die Kostentragungspflicht nach unmittelbarer Ausführung und Ersatzvornahme, 1991, S. 30 f.; *T. Finkenauer*, NJW 1995, 432 ff.; nach a. A. folgt die vorrangige Inanspruchnahme eines Störers lediglich daraus, dass seiner Risikosphäre die eingetretene Gefahr entspringt, es bedarf für seine Gefahrbeseitigungspflicht aber noch einer Verfügung, vgl. *C. Gusy*, Polizei- und Ordnungsrecht, 11. Aufl. 2023, § 5 Rn. 327 ff.; Gegenargumente liefert *J. F. Lindner*, Die verfassungsrechtliche Dimension der allgemeinen polizeirechtlichen Adressatenpflicht, 1996, S. 19 ff.

[663] *M. Griesbeck*, Die materielle Polizeipflichtigkeit des Zustandsstörers und die Kostentragungspflicht nach unmittelbarer Ausführung und Ersatzvornahme, 1991, S. 91 f.; *T. Finkenauer*, NJW 1995, 432 ff.

entstehen zu lassen.[664] Diese Ansicht ist aber abzulehnen, da, wenn man dem Gesetz eine derartige Pflicht entnehmen möchte, auch dessen Tatbestandsvoraussetzungen erfüllt sein müssten; die Vorschriften über die sicherheitsrechtliche Inanspruchnahme setzen stets den Eintritt einer konkreten Gefahr voraus.[665] Auch besteht der Zweck des Sicherheitsrechts gerade in der Gefahrenabwehr und nicht in der prophylaktischen Unterbindung jeglichen gefahrgeneigten Verhaltens. Dies würde auch dem verfassungsrechtlichen Verständnis eines freiheitlichen Rechtsstaates widersprechen.[666] Geht man von einer materiellen Polizeipflicht aus, soll diese also nicht schon eine Gefahrvermeidungspflicht darstellen. Vielmehr soll sie eine Pflicht zur Mitwirkung bei der Abwehr einer bereits eingetretenen Gefahr begründen.[667] Die materielle Polizeipflicht entsteht also bereits vor Erlass des sicherheitsrechtlichen Verwaltungsaktes, nicht jedoch vor Eintritt der Gefahr. Die materielle Polizeipflicht muss damit als die Pflicht eines Störers verstanden werden, sein Verhalten oder den Zustand seiner Sache nach dem Auftreten einer Gefahr gefahrenfrei einzurichten.[668] Diese Pflicht zur Gefahrenabwehr soll dabei, auch im Falle von mehreren Störern, nicht nur pro rata nach Verursachungsbeiträgen, sondern vollumfänglich und unbeschränkt für jeden Einzelnen bestehen, um eine effektive Gefahrenabwehr zu gewährleisten.[669]

- Sicherheitsrechtliche Begründung der materiellen Polizeipflicht

Die Existenz einer derartigen Pflicht ist aber nicht unbestritten. Nach anderer Ansicht entspringt dem Gesetz nicht unmittelbar eine Gefahrenabwehrpflicht, sondern es bedarf vielmehr einer die Pflicht konstituierenden Verfügung.[670] Diese

---

[664] Lisken/Denninger/*E. Denninger*, Handbuch des Polizeirechts, 6. Aufl. 2018, D. Rn. 71; BeckOK PolR BW/*C. Trurnit*, PolG § 6 Rn. 4; *W.-R. Schenke*, PolR, § 4 Rn. 299; *Berner/Köhler/Käß*, Art. 7 Rn. 7.

[665] *M. Griesbeck*, Die materielle Polizeipflichtigkeit des Zustandsstörers und die Kostentragungspflicht nach unmittelbarer Ausführung und Ersatzvornahme, 1991, S. 83 f.; *J. Martensen*, DVBl 1996, 286 f.

[666] *M. Griesbeck*, Die materielle Polizeipflichtigkeit des Zustandsstörers und die Kostentragungspflicht nach unmittelbarer Ausführung und Ersatzvornahme, 1991, S. 84 ff.; *J. Martensen*, DVBl 1996, 286 f.; *J. F. Lindner*, Die verfassungsrechtliche Dimension der allgemeinen polizeirechtlichen Adressatenpflicht, 1996, S. 23.

[667] BVerwG, Urt. v. 16.03.2006, 7 C 3/05 (VGH Mannheim), NVwZ 2006, 928; *J. Martensen*, DVBl 1996, 286 f.; dagegen *Berner/Köhler/Käß*, Art. 7 Rn. 7.

[668] In Anlehnung an *M. Griesbeck*, Die materielle Polizeipflichtigkeit des Zustandsstörers und die Kostentragungspflicht nach unmittelbarer Ausführung und Ersatzvornahme, 1991, S. 89.

[669] *A. Nitschke*, Die materielle Polizeipflicht im Sinne einer Gefahrenabwehrpflicht als verfassungsrechtliche Grundpflicht, 2014, S. 205 ff.

[670] Vgl. beispielsweise *T. Kingreen/R. Poscher*, Polizei- und Ordnungsrecht, 12. Aufl. 2022, § 9 Rn. 4; *H.-J. Papier*, NVwZ 1986, 256 ff.; *D. Kugelmann*, Polizei- und Ordnungsrecht, 2. Aufl. 2012, 8. Kapitel Rn. 5; kritisch auch *M. Thiel*, Polizei- und Ordnungsrecht, 5. Aufl. 2023, § 8 Rn. 89, 121 ff.; eine ausführliche Darstellung zum Streitstand m. w. N. bei *A. Nitschke*, Die materielle Polizeipflicht im Sinne einer Gefahrenabwehrpflicht als verfassungsrechtliche Grundpflicht, 2014, S. 49 ff.; *M. Griesbeck*, Die materielle Polizeipflichtig-

Gegenansicht verkennt aber schon die Differenzierung zwischen einer vor einem Gefahreneintritt konstruierten Wohlverhaltenspflicht, die zutreffender Weise abzulehnen ist, und einer nach dem Gefahreintritt bestehenden Gefahrbeseitigungspflicht.[671] Weiterhin ist es unzutreffend, dass es durch die Annahme einer materiellen Polizeipflicht zu keiner Erweiterung des Pflichtenkreises der Störer kommen würde und deren Annahme damit obsolet wäre.[672] Es trifft zwar zu, dass eine sicherheitsrechtliche Gefahr auch bei einem Verstoß gegen die Rechtsordnung anzunehmen ist, was schon eine Rechtsvorschrift voraussetzt, die, unabhängig von der materiellen Polizeipflicht, der Gefahrverursachung – also dem Rechtsverstoß – entgegensteht.[673] Hier ist allerdings zu sehen, dass das Verbot, gegen eine Rechtsnorm zu verstoßen, nicht mit der Pflicht, den durch den Verstoß verursachen Zustand wieder rückgängig zu machen, gleichgesetzt werden kann. Auch können, neben der „Rechtsordnung", andere Rechtsgüter gefährdet sein, beispielsweise gemäß Art. 7 Abs. 2 Nr. 3 BayLStVG Leben, Gesundheit, Freiheit oder Eigentum, deren Bedrohung unabhängig von einem Rechtsverstoß möglich ist.[674] Letztlich ist aber als Argument schlagend, dass die Notwendigkeit besteht, eine effektive Gefahrenabwehr im Staat sicherzustellen, um, wie bereits oben genannt, überhaupt die Bedingungen zu schaffen, unter denen alle weiteren Staatsaufgaben erfüllt werden können. Dabei ist zu berücksichtigen, dass der Staat selbst gar nicht in der Lage ist, alle sicherheitsrechtlichen Störungen ohne Zutun der Bürger zu beseitigen.[675] Die Annahme einer materiellen Polizeipflicht ist damit für die Gewährleistung hinreichender innerer Sicherheit schlechterdings notwendig.

- Kostenrechtliche Folgen bei Annahme einer materiellen Polizeipflicht

Für die Annahme einer materiellen Polizeipflicht spricht weiterhin die Möglichkeit, bei einer Störermehrheit die Kosten der Gefahrbeseitigung unter diesen für die Gefahr verantwortlichen Störern zu verteilen.[676] Die materielle Polizeipflicht würde die Voraussetzungen einer Gesamtschuld nach § 421 BGB schaffen und den Störern damit untereinander einen Ausgleichsanspruch nach § 426 Abs. 1 S. 1 BGB einräumen. Eine derartige Gesamtschuldnerstellung der Störer auf Kostenebene wird insbesondere von der Rechtsprechung abgelehnt.[677] Dem Vorliegen der Gesamt-

---

keit des Zustandsstörers und die Kostentragungspflicht nach unmittelbarer Ausführung und Ersatzvornahme, 1991, S. 82 ff.; *J. Martensen*, DVBl 1996, 286 ff.

[671] Mit weiteren Gegenargumenten *A. Nitschke*, Die materielle Polizeipflicht im Sinne einer Gefahrenabwehrpflicht als verfassungsrechtliche Grundpflicht, 2014, S. 58 f.

[672] *W.-R. Schenke*, PolR, § 4 Rn. 299.

[673] So etwa *T. Kingreen/R. Poscher*, Polizei- und Ordnungsrecht, 12. Aufl. 2022, § 9 Rn. 4.

[674] *W.-R. Schenke*, PolR, § 4 Rn. 299.

[675] *A. Nitschke*, Die materielle Polizeipflicht im Sinne einer Gefahrenabwehrpflicht als verfassungsrechtliche Grundpflicht, 2014, S. 101; *J. Martensen*, DVBl 1996, 286 ff.

[676] *W.-R. Schenke*, PolR, § 4 Rn. 299; kritisch *D. Kugelmann*, Polizei- und Ordnungsrecht, 2. Aufl. 2012, 8. Kapitel Rn. 80.

[677] BGH, Urt. v. 10.07.2014, III ZR 441/13, NJW 2014, 2730; BGH, Urt. v. 11.06.1981, III ZR 39/80 (Düsseldorf), NJW 1981, 2457; BGH, Urt. v. 18.02.2010, III ZR 295/09 (OLG

schuld nach §§ 421, 426 Abs. 1 BGB soll dabei entgegenstehen, dass es der Behörde gerade nicht freistehe, nach Belieben den einen oder den anderen Störer in Anspruch zu nehmen, was für eine Gesamtschuld charakteristisch wäre.[678] Vielmehr sei die Behörde bei der Auswahl der Störer durch die Grundsätze ordnungsgemäßer Ermessensausübung, das Übermaßverbot und den Grundsatz der Verhältnismäßigkeit gebunden.[679] Darüber hinaus gebe es keinen Ansatzpunkt im Gesetz, der einen derartigen Ausgleich zwischen den Störern vorsehe.[680] Allerdings verkennt diese Ansicht, dass es gerade keine Tatbestandvoraussetzung der Gesamtschuld im Sinne des § 421 S. 1 BGB ist, dass der Gläubiger nach Belieben den einen oder den anderen Schuldner in Anspruch nehmen kann, sondern es sich vielmehr um deren Rechtsfolge handelt.[681] Voraussetzung für die Annahme einer Gesamtschuld ist lediglich, dass mehrere Schuldner eine Leistung jeweils in Gänze schulden, der Gläubiger sie aber nur einmal verlangen kann. Diese Tatbestandsmerkmale liegen – jedenfalls sofern man von einer materiellen Polizeipflicht ausgeht – grundsätzlich auch bei einer Störermehrheit vor, da jeder Störer, bei Eintritt einer Gefahr, deren gänzliche Beseitigung und auch die damit einhergehenden Kosten schuldet.[682]

Dogmatisch lässt sich das für die Kostenebene als Folge der Annahme einer Konnexität zwischen der Gefahrbeseitigungspflicht auf der Primärebene und der kostenrechtlichen Haftung auf der „Sekundärebene"[683] herleiten.[684] Dieser Ansatz

---

Jena), NVwZ 2010, 789; BGH, Urt. v. 02.04.2004, V ZR 267/03 (OLG Oldenburg), NVwZ 2004, 1267; BGH, Urt. v. 26.09.2006, VI ZR 166/05 (OLG Zweibrücken), NJW 2006, 3628 m.w.N.; so auch *H.-J. Papier*, NVwZ 1986, 256 ff.

[678] BGH, Urt. v. 11.06.1981, III ZR 39/80 (Düsseldorf), NJW 1981, 2457; BGH, Urt. v. 26.09.2006, VI ZR 166/05 (OLG Zweibrücken), NJW 2006, 3628 m.w.N.; *H.-J. Papier*, NVwZ 1986, 256 ff.; zur Argumentation des BGH vgl. *F. Schoch*, Jura 2012, 685 (691); *J. Lennartz*, NVwZ 2018, 1429.

[679] BGH, Urt. v. 11.06.1981, III ZR 39/80 (Düsseldorf), NJW 1981, 2457; zur Argumentation des BGH vgl. *F. Schoch*, Jura 2012, 685 (691); *J. Lennartz*, NVwZ 2018, 1429 ff.

[680] BGH, Urt. v. 10.07.2014, III ZR 441/13, NJW 2014, 2730; BGH, Urt. v. 11.06.1981, III ZR 39/80 (Düsseldorf), NJW 1981, 2457; BGH, Urt. v. 18.02.2010, III ZR 295/09 (OLG Jena), NVwZ 2010, 789; *F. Schoch*, Jura 2012, 685 (691).

[681] *A. Nitschke*, Die materielle Polizeipflicht im Sinne einer Gefahrenabwehrpflicht als verfassungsrechtliche Grundpflicht, 2014, S. 268 ff.; *T. Finkenauer*, NJW 1995, 432 ff.; BeckOK BGB/*M. Gehrlein*, BGB § 421 Rn. 2 f., 11; MüKoBGB Band 3/*S. Heinemeyer*, BGB § 421 Rn. 3, 73; Schulze/*R. Schulze*, BGB § 421 Rn. 2, 5; fälschlicherweise verkennen dies auch *M. Thiel*, Polizei- und Ordnungsrecht, 5. Aufl. 2023, § 8 Rn. 169; *J. Lennartz*, NVwZ 2018, 1429 ff.; die deshalb von einer analogen Anwendung der §§ 421, 426 BGB ausgehen.

[682] VGH München, Urt. v. 17.10.1988, 21 B 88.00770, NVwZ-RR 1989, 298; *A. Nitschke*, Die materielle Polizeipflicht im Sinne einer Gefahrenabwehrpflicht als verfassungsrechtliche Grundpflicht, 2014, S. 207 ff.; Schmidt-Aßmann/Schoch/*F. Schoch*, Besonderes Verwaltungsrecht, 14. Aufl. 2008, 2. Kap. Rn. 292 ff.; BeckOK PolR Bayern/*J. Unterreitmeier*, PAG Art. 93 Rn. 65 ff.; Lisken/Denninger/*E. Buchberger*, Handbuch des Polizeirechts, L. Rn. 119.

[683] Der Begriff wird in Rechtsprechung und Literatur unterschiedlich verwendet; so bezeichnet er einmal die Vollstreckungsebene – dann wird von der Kostenebene als Tertiärebene gesprochen – teilweise aber auch direkt die Kostenebene; an dieser Stelle soll damit die Kostenebene gemeint sein.

geht bei der Kostentragungspflicht von einem Annex zur Beseitigungspflicht aus und bezieht sich überwiegend auf den Wortlaut der sicherheitsrechtlichen Kostenerstattungsnormen, die – wie beispielsweise Art. 87 PAG, gegebenenfalls in Verbindung mit Art. 11 Abs. 1 S. 1 LStVG – nur einen Entschädigungsanspruch von Nichtstörern vorsehen. Im Umkehrschluss tragen Störer die Kostenlast von Gefahrbeseitigungsmaßnahmen selbst.[685] Da für jeden Störer auf Primärebene bereits von Gesetzeswegen die Pflicht zur Beseitigung besteht, ist damit konsequenterweise sogleich das Tragen der dabei entstehenden finanziellen Lasten gefordert.[686] Umstritten ist, ob von dieser umfassenden Kostentragungspflicht Ausnahmen zu machen sind. So soll davon in Konstellationen sogenannter Opferfälle abzuweichen sein, in denen die verfassungsrechtlichen Grenzen der Zustandsstörereigenschaft durch das Zusammentreffen einer Gefahr – verursacht durch Naturereignisse oder Dritte, nicht den Zustandsstörer selbst – mit unzumutbaren Beseitigungskosten – wobei die Beseitigungskosten und der Gegenstandswert ins Verhältnis zu setzen sind – überschritten werden.[687] Selbst wenn in einem derartigen Szenario von einer begrenzten Kostenlast des Zustandsstörers auszugehen ist, soll dieser Sonderfall hier unbeachtet bleiben, sodass also prinzipiell ein Kostenerstattungsanspruch gegen alle Störer gleichermaßen gegeben wäre, und damit die Tatbestandsvoraussetzungen des § 421 S. 1 BGB vorliegen würden. Dass die Rechtsfolge des § 421 S. 1 BGB in der speziellen verwaltungsrechtlichen Konstellation modifiziert ist, ändert daran nichts.

---

[684] Vgl. unter Verwendung dieses Begriffes *W.-R. Schenke*, PolR, § 4 Rn. 347; abgelehnt wird eine Konnexität von *M. Griesbeck*, Die materielle Polizeipflichtigkeit des Zustandsstörers und die Kostentragungspflicht nach unmittelbarer Ausführung und Ersatzvornahme, 1991, S. 122; *H. Jochum*, NVwZ 2003, 526 ff.

[685] BeckOK PolR Bayern/*J. Unterreitmeier*, PAG Art. 87 Rn. 37 ff.; *W.-R. Schenke*, PolR, § 13 Rn. 739; *A. Nitschke*, Die materielle Polizeipflicht im Sinne einer Gefahrenabwehrpflicht als verfassungsrechtliche Grundpflicht, 2014, S. 227 m. w. N.; dargestellt auch bei *M. Griesbeck*, Die materielle Polizeipflichtigkeit des Zustandsstörers und die Kostentragungspflicht nach unmittelbarer Ausführung und Ersatzvornahme, 1991, S. 40 m. w. N., der den Ansatz aber ablehnt; kritisch auch *H. Jochum*, NVwZ 2003, 526 ff.; *D. Kugelmann*, Polizei- und Ordnungsrecht, 2. Aufl. 2012, 11. Kapitel Rn. 68 ff.

[686] Eine ausführliche dogmatische Herleitung dieses Ergebnisses findet sich bei *A. Nitschke*, Die materielle Polizeipflicht im Sinne einer Gefahrenabwehrpflicht als verfassungsrechtliche Grundpflicht, 2014, S. 207 ff. m. w. N.; einen grundlegend anderen Ansatz verfolgt hingegen *M. Griesbeck*, Die materielle Polizeipflichtigkeit des Zustandsstörers und die Kostentragungspflicht nach unmittelbarer Ausführung und Ersatzvornahme, 1991, S. 145, 104 ff. m. w. N., der eine einzelfallabhängige Aufbürdung der Kostenlast fordert, wie auch *H. Jochum*, NVwZ 2003, 526 ff., die über die erweiterte Anwendung der Figur des „Nicht-so-Störers" geht.

[687] BVerfG, Beschl. v. 16. 02. 2000, 1 BvR 242/91, NJW 2000, 2573; *H. Jochum*, NVwZ 2003, 526 ff.; *A. Nitschke*, Die materielle Polizeipflicht im Sinne einer Gefahrenabwehrpflicht als verfassungsrechtliche Grundpflicht, 2014, 258 ff.; Schwarzer/König/*T. Weber*, BayBO, Art. 54 Rn. 29; *D. Kugelmann*, Polizei- und Ordnungsrecht, 2. Aufl. 2012, 8. Kapitel Rn. 5; *M. Griesbeck*, Die materielle Polizeipflichtigkeit des Zustandsstörers und die Kostentragungspflicht nach unmittelbarer Ausführung und Ersatzvornahme, 1991, S. 43 ff. m. w. N.; a. A. *W.-R. Schenke*, PolR, § 4 Rn. 347.

Geht man von einer gesetzlichen, aus der materiellen Polizeipflicht erwachsenden Kostentragungspflicht aller Störer aus, wird die Folge einer gesamtschuldnerischen Haftung in Bayern dann nach Art. 2 Abs. 4 BayKG gesetzlich angeordnet.[688] Aber auch unabhängig von dieser gesetzlichen Anordnung drängt sich die Anwendung der Regeln über die Gesamtschuld auf. Da die grundsätzliche Kostentragungspflicht auf „Sekundärebene“ qua Gesetz vor Erlass einer Verfügung allen Störern gleichermaßen obläge, wäre es im Ergebnis unbillig, sie nach der Inanspruchnahme eines Störers durch die Sicherheitsbehörden final nur beim Adressaten der Verpflichtung zu belassen. Vielmehr würde ein Ausgleich zwischen den Stören dem Prinzip gerechter Lastenverteilung entsprechen, wie es in Art. 3 GG niedergelegt ist.[689] Andererseits werde durch einen Ausgleich zwischen den Störern weder die effektive Gefahrenabwehr auf Primärebne, noch die Kostendeckung des Staats auf Kostenebene berührt; der Staat kann dem in Anspruch genommenen Störer als (Mit-) Verursacher der Gefahr ja ohnehin – wenn diesem nicht durch die Befolgung der Verpflichtungsmaßnahme schon die faktische Kostanlast verbleibt – die Tragung der durch staatliche (Vollstreckungs-)Maßnahmen entstandenen, gesamten Kosten mittels Bescheid abverlangen.[690] Im Ergebnis spricht also auch nichts dagegen, zu einem internen Ausgleich zwischen den Störern zu kommen, der den Verursachungsbeitrag der Störer zum Gefahreneintritt berücksichtigt und für den die Regelungen der Gesamtschuld einen geeigneten Rahmen bieten würden.[691] Damit scheint es letztlich überzeugend, für den Fall einer Störermehrheit, in dem sowohl der durch die Verfügung in Anspruch Genommene als auch der drittberechtigte Eigentümer Störer im sicherheitsrechtlichen Sinne sind, deren Verhältnis zueinander durch Anwendung der Regeln über die Gesamtschuld zu ordnen und durch die Annahme einer materiellen Polizeipflicht die Voraussetzungen für diese Gesamtschuld zu schaffen.

---

[688] BeckOK PolR Bayern/*J. Unterreitmeier*, PAG Art. 93 Rn. 65 ff.; *Berner/Köhler/Käß*, Art. 76 Rn. 14, 17.

[689] *J. Lennartz*, NVwZ 2018, 1429 ff.; *A. Nitschke*, Die materielle Polizeipflicht im Sinne einer Gefahrenabwehrpflicht als verfassungsrechtliche Grundpflicht, 2014, S. 248 f. m. w. N.; *W.-R. Schenke*, PolR, § 4 Rn. 361; *M. Griesbeck*, Die materielle Polizeipflichtigkeit des Zustandsstörers und die Kostentragungspflicht nach unmittelbarer Ausführung und Ersatzvornahme, 1991, S. 145; Lisken/Denninger/*E. Buchberger*, Handbuch des Polizeirechts, L. Rn. 113; *Berner/Köhler/Käß*, Art. 76 Rn. 23; zustimmend, aber dogmatisch inkonsistent *D. Kugelmann*, Polizei- und Ordnungsrecht, 2. Aufl. 2012, 8. Kapitel Rn. 80.

[690] *A. Nitschke*, Die materielle Polizeipflicht im Sinne einer Gefahrenabwehrpflicht als verfassungsrechtliche Grundpflicht, 2014, S. 248 f. m. w. N.; *J. Lennartz*, NVwZ 2018, 1429 ff.; *M. Thiel*, Polizei- und Ordnungsrecht, 5. Aufl. 2023, § 8 Rn. 169.

[691] *A. Nitschke*, Die materielle Polizeipflicht im Sinne einer Gefahrenabwehrpflicht als verfassungsrechtliche Grundpflicht, 2014, S. 207 ff., S. 268 ff.; *T. Finkenauer*, NJW 1995, 432 ff.; *W.-R. Schenke*, PolR, § 4 Rn. 361; kritisch *H. Jochum*, NVwZ 2003, 526 ff., die es für unbillig hält, die Geltendmachung des Regressanspruches dem Störer selbst aufzubürden, und vielmehr eine Erleichterung der Kostenlast durch den Staat selbst fordert.

(ββ) Duldungspflicht aus der materiellen Polizeipflicht

Aus dieser gesetzesunmittelbaren Pflicht des Störers soll nun zugleich die Pflicht folgen, auch die Störungsbeseitigung durch Dritte und den damit gegebenenfalls verbundenen Eingriff in die eigene Rechtsposition, beispielsweise das Eigentum, zu dulden. Ohne jeden dogmatischen Anknüpfungspunkt wird diese Duldungspflicht schlicht aus dem Primat der effektiven Gefahrenbeseitigung gefolgert.[692] Der Störer sei zur Gefahrenabwehr aufgrund seiner materiellen Polizeipflicht dergestalt angehalten, auch die Gefahrbeseitigung durch Dritte zu dulden, da die fremde Beseitigung ebenfalls zum gewünschten Erfolg der Gefahrenabwehr beitrage.

Dieses Ergebnis kann nicht überzeugen. Zunächst ist zu sehen, dass die sicherheitsrechtliche Gefahr, die von einem Gegenstand ausgeht, nichts an den daran bestehenden Eigentumsverhältnissen und auch nichts an den Ausschlussbefugnissen des Eigentümers gegenüber Dritten ändert.[693] Weiterhin lässt der Ansatz völlig unberücksichtigt, dass es in vielen Gefahrensituationen etliche Möglichkeiten gibt, einer Gefahr zu begegnen. Die Entscheidung darüber, welcher Weg zur Abwehr einer Gefahr gegangen werden soll, muss vielmehr dem qua Gesetz verpflichteten Störer zustehen, solange die ihm auf erliegende Pflicht noch nicht mittels einer sicherheitsrechtlichen Verfügung konkretisiert worden ist.[694] Dieser ist dem ihm zustehenden Eingriffsgut am nächsten und kann die geeignete Maßnahme wählen, die ihm die geringsten Kosten oder Nachteile bereitet.[695] Das entspräche – geht man einen Schritt weiter – auch dem verfassungsrechtlich erwarteten Verhalten der Sicherheitsbehörden beim Vorgehen gegen Gefahren. So ist auch die Sicherheitsbehörde angehalten, den Störer – wenn sie ihn denn konkret zu einer bestimmten Maßnahme verpflichtet – zunächst mit der eigenständigen Erledigung der auferlegten, konkreten Verpflichtung zu betrauen und nicht sogleich durch Maßnahmen des Sofortvollzuges vollendete Tatsachen zu schaffen.[696] Zunächst soll der Störer mittels eines Verwaltungsaktes verpflichtet werden, die Gefahr selbst zu beseitigen. Dies gibt ihm die Möglichkeit, gegen diese Verpflichtung – grundsätzlich noch vor deren endgültiger Umsetzung – durch Beschreiten des Rechtsweges vorzugehen und trägt der verfassungsrechtlichen Garantie des effektiven Rechtsschutzes Rechnung. Darüber hinaus gebietet es – selbst bei einer Konkretisierung der materiellen Polizeipflicht des Störers durch die sicherheitsrechtliche Verfügung – der Grundsatz der Verhältnismäßigkeit, dem Verantwortlichen selbst die Organisation der Umsetzung des Geforderten zu überlassen. Lediglich in derart gelagerten Fällen, in denen die Verpflichtung des Störers nicht möglich oder ungeeignet erscheint, soll die Ver-

[692] *M. Griesbeck*, Die materielle Polizeipflichtigkeit des Zustandsstörers und die Kostentragungspflicht nach unmittelbarer Ausführung und Ersatzvornahme, 1991, S. 89 Fn. 63.

[693] *F. Michl*, NVwZ 2014, 1206 (1208) Fn. 29.

[694] *J. Martensen*, DVBl 1996, 286 ff.; *M. Griesbeck*, Die materielle Polizeipflichtigkeit des Zustandsstörers und die Kostentragungspflicht nach unmittelbarer Ausführung und Ersatzvornahme, 1991, S. 84 m. w. N.

[695] *J. Martensen*, DVBl 1996, 286 ff.

[696] *K.-H. Kästner*, JuS 1994, 361 m. w. N.

waltung selbst handeln und die Gefahr beseitigen. Im Übrigen soll es dem Störer freistehen, die Gefahrenlage durch den für ihn kostengünstigsten und mit möglichst geringen Nachteilen verbundenen Weg zu bereinigen.[697] Dann kann es aber, wenn die Gefahrbeseitigungspflicht des Störers durch die Verwaltung noch nicht einmal konkretisiert worden ist, erst recht nicht sein, dass jeder beliebige Dritte, in jeder Situation, um diese fremde Pflicht zu erfüllen, die seiner Meinung nach richtige Maßnahme treffen und in den Rechtskreis des Adressaten eingreifen darf.

Im Zivilrecht gibt es darüber hinaus mit der Geschäftsführung ohne Auftrag (GoA) ein eigenes Rechtsinstitut, um genau diesen Fall der Übernahme von fremden Pflichten durch einen Dritten zu regulieren und die sich gegenüberstehenden Interessen in Ausgleich zu bringen. So soll fremdnützige Hilfeleistung einerseits ermöglicht werden, andererseits der Geschäftsherr vor überschießenden Eingriffen in seine Selbstbestimmung bewahrt werden.[698] Es erscheint deshalb, in Ermangelung eigener verwaltungsrechtlicher Vorschriften, sinnvoll, den aufgezeigten Konflikt durch die Anwendung der zivilrechtlichen Regelungen aufzulösen.[699] Das Institut der Geschäftsführung ohne Auftrag soll die willkürliche Einmischung eines Dritten zur Erfüllung von ihm nicht selbst auf erliegenden Pflichten nur in bestimmten Fällen zulassen. Nur eine berechtigte Geschäftsführung ohne Auftrag führt zu einer Duldungspflicht des Geschäftsherrn hinsichtlich der Geschäftsübernahme und schließt deren Rechtswidrigkeit aus; andernfalls ist die Einmischung des Dritten, bei einer Verletzung von Rechtsgütern des Geschäftsherren, rechtswidrig.[700] In der vorliegenden Konstellation könnte sich eine Duldungspflicht aus eben einer solchen berechtigten Geschäftsführung ohne Auftrag ergeben, bei welcher der Adressat der sicherheitsrechtlichen Verfügung als Geschäftsführer gegenüber dem drittberechtigten Eigentümer als Geschäftsherren agiert. Insbesondere könnte eine Geschäftsführung ohne Auftrag im Sinne der §§ 677, 679 Alt. 1, 683 S. 2 BGB, zur Wahrnehmung einer im öffentlichen Interesse bestehenden Pflicht des Dritten, durch den Verfügungsadressaten vorliegen.[701]

---

[697] *K.-H. Kästner*, JuS 1994, 361 m.w.N.

[698] Erman/*T. W. Dornis*, BGB Vor § 677 Rn. 2.

[699] *A. Nitschke*, Die materielle Polizeipflicht im Sinne einer Gefahrenabwehrpflicht als verfassungsrechtliche Grundpflicht, 2014, S. 270 ff.

[700] MüKoBGB Band 6/*F. L. Schäfer*, BGB § 679 Rn. 18.

[701] BGH, Urt. v. 15.12.1954, II ZR 277/53 (Köln), NJW 1955, 257; *W.-R. Schenke*, Geschäftsführung ohne Auftrag zum Zwecke der Gefahrenabwehr, in: Planung – Steuerung – Kontrolle, Festschrift für Richard Bartlsperger zum 70. Geburtstag, 2006, S. 529 (570); *A. Nitschke*, Die materielle Polizeipflicht im Sinne einer Gefahrenabwehrpflicht als verfassungsrechtliche Grundpflicht, 2014, S. 270 ff.; Staudinger/*C. Thole*, Buch 3 (§§ 985–1011 BGB), BGB § 1004 Rn. 489; *S. Strunden*, Altlasten – Ansprüche des Grundstückseigentümers im Spannungsfeld zwischen öffentlichem und zivilem Recht, 1991, S. 300 f.; kritisch hingegen *J. Lennartz*, NVwZ 2018, 1429 ff.

(γγ) Geschäftsführung ohne Auftrag zur Erfüllung der materiellen Polizeipflicht

Ob eine Duldungspflicht aufgrund einer Geschäftsführung ohne Auftrag im Sinne der §§ 677, 679 Alt. 1, 683 S. 2 BGB bestehen kann, hängt davon ab, ob die Vorschriften über die Geschäftsführung ohne Auftrag anwendbar sind und deren einzelne Voraussetzungen sowohl prinzipiell bei einer sicherheitsrechtlichen Verpflichtung, wie auch in der betrachteten Fallkonstellation eines mittels Abrissverfügung in Anspruch genommenen, zivilrechtlich Nichtberechtigten, dem die Eigentumsposition eines Dritten gegenübersteht, vorliegen können. Dabei wird teilweise relevant werden, ob der Geschäftsführer selbst zum Kreise der sicherheitsrechtlichen Störer gehört oder als Nichtstörer in Anspruch genommen worden ist, bzw. ob der Geschäftsherr selbst zum Kreise der sicherheitsrechtlichen Störer gehört oder als Unbeteiligter von der Geschäftsführung betroffen ist; danach wird im Folgenden an gegebener Stelle jeweils differenziert werden.

- Anwendbarkeit der GoA Regelungen

Die Vorschriften über die Geschäftsführung ohne Auftrag sind prinzipiell problemlos anwendbar, wenn ein privater Dritter die einem anderen Privaten obliegende Pflicht erfüllt, selbst wenn diese Pflicht öffentlich-rechtlicher Natur sein sollte.[702] Insbesondere bedarf es auch keiner entsprechenden Anwendung der Regelungen, etwa in Form einer (umstrittenen) öffentlich-rechtlichen Geschäftsführung ohne Auftrag, da sowohl Geschäftsführer wie Geschäftsherr Privatpersonen sind und diese keine hoheitlichen Aufgaben wahrnehmen.[703]

1. Zur Beantwortung der Frage nach der Anwendbarkeit wird hingegen vor allem relevant, ob das Verhältnis mehrere Störer zueinander nicht durch eine Gesamtschuldnerschaft gemäß der §§ 421, 426 Abs. 1 S. 1 BGB geprägt ist und die Regelungen zur Gesamtschuld nicht in Konkurrenz zum Institut der Geschäftsführung ohne Auftrag gemäß der §§ 677, 683, 670 BGB stehen, sodass deren Anwendbarkeit auf diese Konstellation dadurch möglicherweise ausgeschlossen wäre.[704] Sollte also sowohl der durch die Verfügung in Anspruch Genommene als auch der drittberechtigte Eigentümer Störer und damit polizeipflichtig sein, ist es möglich, dass deren Verhältnis zueinander durch die ihnen auferlegte Gesamtschuld geprägt wäre,

---

[702] *W.-R. Schenke*, Geschäftsführung ohne Auftrag zum Zwecke der Gefahrenabwehr, in: Planung – Steuerung – Kontrolle, Festschrift für Richard Bartlsperger zum 70. Geburtstag, 2006, S. 529 (570); Stelkens/Bonk/Sachs/*T. Siegel*, VwVfG § 54 Rn. 45 f.; Prütting/Wegen/Weinreich/*O. Fehrenbacher*, BGB § 677 Rn. 26; *F. Schoch*, Jura 1994, 241 (247).

[703] MüKoBGB Band 6/*F. L. Schäfer*, BGB § 677 Rn. 111 f., 118; BeckOK BGB/*M. Gehrlein*, BGB § 677 Rn. 24; Schoch/Schneider/*D. Ehlers*/*J.-P. Schneider*, VwGO § 40 Rn. 461; Kritik an der „öffentlich-rechtlichen Geschäftsführung ohne Auftrag" findet sich bei Sodan/Ziekow/*H. Sodan*, VwGO § 40 Rn. 449 f.; *F. Schoch*, Jura 1994, 241 ff.

[704] *A. Nitschke*, Die materielle Polizeipflicht im Sinne einer Gefahrenabwehrpflicht als verfassungsrechtliche Grundpflicht, 2014, S. 272; zum Ausgleichanspruch im Rahmen der Gesamtschuld vgl. für viele: MüKoBGB Band 3/*S. Heinemeyer*, BGB § 426 Rn. 3 f. m. w. N.; zur Konkurrenz von Geschäftsführung ohne Auftrag zur Gesamtschuld vgl. ablehnend Grüneberg/*C. Grüneberg*, BGB § 426 Rn. 1; Grüneberg/*B. Retzlaff*, BGB Einf. v. § 677 Rn. 8/9.

sodass es zu keiner Anwendbarkeit der Regelungen über die Geschäftsführung ohne Auftrag kommen könnte. Wie dargestellt, sind die aus der materiellen Polizeipflicht entspringende Beseitigungspflicht und die Pflicht zur Kostentragung – ob für die dem Verfügungsadressaten bei Pflichterfüllung entstandenen oder per behördlichem Bescheid auferlegten Kosten – miteinander verbunden. Der Tatbestand der Gesamtschuld im Sinne des § 421 S. 1 BGB liegt für die aus der materiellen Polizeipflicht entspringende Beseitigungspflicht auf Primärebene gleichermaßen wie für die Pflicht zur Kostentragung auf Kostenebene vor.[705] Dies ist eine Konsequenz aus der materiellen Polizeipflicht, die alle sicherheitsrechtlichen Störer gleichermaßen zur Gefahrbeseitigung anhält und der Behörde – auch wenn sie bei der Auswahl durch die Vorschriften zum Ermessen gebunden ist – die Inanspruchnahme sämtlicher Störer möglich macht.

Fraglich ist aber, ob die Erfüllung des Tatbestandes der Gesamtschuld tatsächlich die Anwendbarkeit der Vorschriften zur Geschäftsführung ohne Auftrag nach den §§ 677 ff. BGB ausschließt.[706] Die Mechanismen der Geschäftsführung ohne Auftrag greifen nur dann, wenn zwischen dem Geschäftsführer und dem Geschäftsherrn gerade kein Auftrag oder eine sonstige Berechtigung zur Vornahme der Geschäftshandlung besteht.[707] Es darf also zwischen den Parteien kein vertragliches oder gesetzliches Rechtsverhältnis bestehen, das die Erfüllung der fremden Pflicht regelt. Ein derartiges gesetzliches Rechtsverhältnis könnte nun in der Gesamtschuld gesehen werden, die dem Geschäftsführer – bzw. einem Gesamtschuldner – gegebenenfalls Regressansprüche gegen den Geschäftsherrn bzw. einen anderen Gesamtschuldner einräumt.[708] Hierbei muss aber gesehen werden, dass von einer die Anwendung der Regeln über die Geschäftsführung ohne Auftrag ausschließenden Festlegung des Rechtsverhältnisses zwischen dem Geschäftsführer und dem Geschäftsherrn nur dann ausgegangen werden kann, wenn diese Festlegung des Rechtsverhältnisses die Beziehung zwischen dem Geschäftsführer und dem Geschäftsherrn abschließend ausgestaltet.[709] Hiervon ist gerade im Falle eines bloßen Regressanspruchs nach den Grundsätzen der Gesamtschuld nach § 426 Abs. 1 S. 1 BGB nicht auszugehen. Schon nach dem expliziten Wortlaut der Norm des § 426 Abs. 1 S. 1 Hs. 2 BGB kommt sie nur zur Anwendung, „soweit nicht ein anderes bestimmt ist". Diese Formulierung macht deutlich, dass die Regeressregelungen der

---

[705] Siehe Kapitel 2, § 2 A. V. 2. c) aa) (3) (a) (bb) (δ) (αα).

[706] So bei *A. Nitschke*, Die materielle Polizeipflicht im Sinne einer Gefahrenabwehrpflicht als verfassungsrechtliche Grundpflicht, 2014, S. 272 m. w. N.; unter dem Aspekt von Regressansprüchen auch Erman/*T. W. Dornis*, BGB Vor § 677 Rn. 49; *W.-R. Schenke*, Geschäftsführung ohne Auftrag zum Zwecke der Gefahrenabwehr, in: Planung – Steuerung – Kontrolle, Festschrift für Richard Bartlsperger zum 70. Geburtstag, 2006, S. 529 (570).

[707] Für viele: Schulze/*M. Fries*, BGB § 677 Rn. 7 f.; Grüneberg/*B. Retzlaff*, BGB § 677 Rn. 11; Prütting/Wegen/Weinreich/*O. Fehrenbacher*, BGB § 677 Rn. 17.

[708] Erman/*T. W. Dornis*, BGB Vor § 677 Rn. 46, 49.

[709] Grüneberg/*B. Retzlaff*, BGB Einf. v. § 677 Rn. 8/9, § 677 Rn. 7a; Grüneberg/*C. Grüneberg*, BGB § 426 Rn. 1, 9.

Gesamtschuld das Rechtsverhältnis der Gesamtschuldner gerade nicht abschließend regeln sollen.[710] Außerdem ist zu beachten, dass eine Konkurrenz von Geschäftsführung ohne Auftrag und Gesamtschuld ohnehin nur auf der Ebene etwaiger Ersatzansprüche bestehen kann.[711] Die Vorschriften der Geschäftsführung ohne Auftrag bezüglich der Legitimation der Geschäftsübernahme finden kein Äquivalent in den Regelungen zur Gesamtschuld und können entsprechend auch nicht in Konflikt geraten. Damit bleibt auch neben dem Vorliegen einer Gesamtschuld Platz für die Anwendung der Vorschriften über die Geschäftsführung ohne Auftrag, jedenfalls hinsichtlich der Legitimation der Geschäftsübernahme durch den Geschäftsführer. Auch bei der Gefahrbeseitigung durch einen sicherheitsrechtlich in Anspruch genommenen Störer, dem die Rechtsposition eines weiteren Störers gegenübersteht, können die Regelungen über die Geschäftsführung ohne Auftrag angewendet werden.

2. Sollte der behördlich in Anspruch Genommene beispielsweise der Mieter des drittberechtigten Eigentümers sein, so wäre es denkbar, dass deren Verhältnis zueinander durch die mietvertraglichen Regelungen bestimmt ist und daneben eine Anwendung der Regelungen über die Geschäftsführung ohne Auftrag ausscheiden muss. Hier ist aber zu sehen, dass nicht jede vertragliche Beziehung zwischen Geschäftsführer und Geschäftsherrn die Anwendung der Regelungen über die Geschäftsführung ohne Auftrag ausschließt. Vielmehr müsste für die in Frage stehende Geschäftsbesorgung eine spezielle vertragliche Regelung bestehen.[712] Im vorliegenden Fall verhält es sich aber so, dass die sicherheitsrechtliche, gesetzliche Beseitigungspflicht des Geschäftsherrn – also des drittberechtigten Gebäudeeigentümers – grundsätzlich unabhängig von seinen mietvertraglichen Pflichten besteht. Weiterhin ist es der Fall, dass sich auch nicht per se eine vertragliche Pflicht zur Erhaltung der Mietsache in einem öffentlich-rechtlichen Normen entsprechenden Zustand aus dem Mietvertrag, insbesondere § 535 Abs. 1 S. 2 BGB, ergibt, die gegebenenfalls zu Gewährleistungs-, Aufwendungs- und Schadensersatzansprüchen nach den Vorgaben des Mietrechts führen würde, entsprechend der §§ 536, 536a BGB.[713] Die durch den Mietvertrag regelmäßig geschuldete Pflicht des Vermieters besteht darin, die Sache in einem den bestimmungsgemäßen Gebrauch ermögli-

---

[710] BGH, Urt. v. 06.10.2009, VI ZR 24/09 (OLG Braunschweig), NJW-RR 2010, 831; Grüneberg/*B. Retzlaff*, BGB Einf. v. § 677 Rn. 8/9, § 677 Rn. 7a; Grüneberg/*C. Grüneberg*, BGB § 426 Rn. 1, 9; eingeschränkt BGH, Urt. v. 04.07.1963, VII ZR 41/62 (Düsseldorf), NJW 1963, 2067; BGH, Urt. v. 07.04.1970, VI ZR 217/68, BeckRS 1970 30393747.

[711] *W.-R. Schenke*, Geschäftsführung ohne Auftrag zum Zwecke der Gefahrenabwehr, in: Planung – Steuerung – Kontrolle, Festschrift für Richard Bartlsperger zum 70. Geburtstag, 2006, S. 529 (570).

[712] MüKoBGB Band 6/*F. L. Schäfer*, BGB § 677 Rn. 97 ff.; Staudinger/*A. Bergmann*, Buch 2 (§§ 677–704 BGB), Vorbem. zu §§ 677 ff. Rn. 188.

[713] BeckOK BGB/*K. Zehelein*, BGB § 535 Rn. 344, 354 m.w.N.; grundsätzlich auch nach *P. Günter*, NZM 2016, 569 ff. m.w.N.; Erman/*K. Lützenkirchen*/*M. Selk*, BGB § 535 Rn. 34.

chenden Zustand zu erhalten.[714] Nur insofern diesem vertragsgemäßen Gebrauch öffentlich-rechtliche Normen oder Verpflichtungen entgegenstehen – die wiederum auch an den im Verantwortungsbereich des Vermieters liegenden Zustand des Vertragsgegenstandes selbst anknüpfen müssen und nicht aus dem Verhalten des Mieters resultieren dürfen – erfüllt der Vermieter die ihm nach § 535 Abs. 1 S. 2 BGB obliegende Pflicht nicht.[715] Ob darüber hinaus öffentlich rechtliche Vorgaben eingehalten werden oder nicht, ist für die Erfüllung der Vermieterpflichten irrelevant.[716]

Es ist also einzelfallabhängig, ob der Gebrauch des durch die Abrissverfügung betroffenen, (mit-)vermieteten Gebäudes für die im Mietvertrag vereinbarte Mietgegenstandsnutzung relevant ist oder nicht. Bleibt man bei dem Beispiel eines vom Mieter vertragsgemäß als eigene Unterkunft genutzten Wohnhauses, wird man regelmäßig zu einer Vertragspflichtverletzung durch den öffentlich-rechtlichen Normen widersprechenden Zustand des Wohnhauses kommen. Insbesondere führt die Abrissverfügung, als Folge dieses öffentlich-rechtlichen Normen widersprechenden Zustandes, regelmäßig zu Gewährleistungs- oder vielmehr Schadensersatzansprüchen des Mieters nach §§ 536, 536a BGB. Die besondere Anspruchsvoraussetzung, dass es durch den bezeichneten Verstoß gegen öffentlich-rechtliche Vorgaben zu einer konkreten und tatsächlichen Beeinträchtigung des vertragsgemäßen Gebrauchs des Mietgegenstandes kommen muss, wird durch die Abrissverfügung in sogar schwerwiegender Weise erzeugt.[717] Es sind aber auch Fälle denkbar, in denen der Bestand oder Nichtbestand eines Gebäudes für die vertragsgemäße Nutzung eines – möglicherweise viele Gebäude umfassenden – Mietobjektes gänzlich unerheblich ist. In diesem Fall ist es konsequenterweise auch irrelevant, ob dieses Bauwerk öffentlich-rechtlichen Normen widerspricht und deren Vollzug gegebenenfalls zur Unbrauchbarmachung des Gebäudes führt.

Ist die Gewährleistung der Einhaltung von für die Mietobjektsnutzung relevanten öffentlich-rechtlichen Normen allerdings Teil des Mietvertrages nach § 535 Abs. 1 S. 2 BGB und führt ein Verstoß zum Eingreifen der besonderen mietvertraglichen Gewährleistungsrechte, kommt es zu einem Ausschluss der Anwendbarkeit der

---

[714] Für viele: Dauner-Lieb/Langen/*F. Klein-Blenkers*, BGB § 535 Rn. 109; Schulze/*A. Scheuch*, BGB § 535 Rn. 8.

[715] BeckOK BGB/*K. Zehelein*, BGB § 535 Rn. 344 m. w. N.; Erman/*K. Lützenkirchen*/*M. Selk*, BGB § 535 Rn. 34; insbesondere zur Abgrenzung der Verantwortlichkeit des Mieters und Vermieters für öffentlich-rechtliche Gebrauchsbeschränkungen oder -hindernisse *P. Günter*, NZM 2016, 569 ff. m. w. N.; Blank/Börstinghaus/Siegmund/*A. Siegmund*, BGB § 536 Rn. 25 ff.; so im Grundsatz auch die Rechtsprechung des LG Potsdam, Urt. v. 27.02.2015, 13 S 46/14, NJOZ 2015, 1563 m. w. N.

[716] BeckOK BGB/*K. Zehelein*, BGB § 535 Rn. 354 m. w. N.; wohl auch nach *P. Günter*, NZM 2016, 569 ff. m. w. N.; Erman/*K. Lützenkirchen*/*M. Selk*, BGB § 535 Rn. 34; teilweise unpräzise an dieser Stelle LG Potsdam, Urt. v. 27.02.2015, 13 S 46/14, NJOZ 2015, 1563 m. w. N.; undifferenziert MüKoBGB Band 5/*M. Häublein*, BGB § 535 Rn. 125.

[717] BGH, Urt. v. 11.02.1958, VIII ZR 12/57 (Celle), NJW 1958, 785; LG Potsdam, Urt. v. 27.02.2015, 13 S 46/14, NJOZ 2015, 1563 m. w. N.; *P. Günter*, NZM 2016, 569; Schulze/*A. Scheuch*, BGB § 536 Rn. 11; MüKoBGB Band 5/*M. Häublein*, BGB § 536 Rn. 25.

GoA-Regelungen.[718] Das Regelungsregime der gesetzlichen mietvertraglichen Gewährleistungsansprüche ist grundsätzlich abschließend und lässt keinen Raum mehr für die Anwendung der §§ 539, 677 ff. BGB, um keine Umgehung der weiteren gesetzlichen Voraussetzungen der mietvertraglichen Gewährleistungsansprüche zu ermöglichen.[719] Der Mieter ist zur Beseitigung dieses mietvertraglichen Mangels dann eben nur unter jenen Voraussetzungen des mietrechtlichen Selbstvornahmerechts nach § 536a Abs. 2 BGB berechtigt.[720] Weiterhin in Betracht kommt eine Anwendung der Regelungen über die Geschäftsführung ohne Auftrag also grundsätzlich nur in den Konstellationen einer behördlichen Verpflichtung gegenüber einem unbeteiligten Dritten, einem Miteigentümer oder einem solchen Mieter, dessen vertragliche Rechte am abzureißenden Gebäude nicht den Bestand oder die Nutzung des abzureißenden Gebäudes mit umfassen.

- Voraussetzungen der Geschäftsführung ohne Auftrag

1. Zunächst müsste der durch die Behörde in Anspruch Genommene ein (objektiv) fremdes Geschäft im Sinne der GoA-Vorschriften vornehmen. Ein solches liegt vor, wenn der Geschäftsführer eine Geschäftsbesorgung[721] – also eine tatsächliche Handlung oder auch ein Rechtsgeschäft – erledigt, die die Rechtsordnung einem anderen Rechts-, Interessen- oder Sorgenkreis als dem des Handelnden zuordnet, sei es nach dem Inhalt, der Natur oder dem äußeren Erscheinungsbild.[722] Gegen ein fremdes Geschäft in diesem Sinne spricht in der betrachteten Ausgangskonstellation, dass der durch die sicherheitsrechtliche Verfügung in Anspruch Genommene – konsequenterweise unabhängig davon ob als Störer oder als Nichtstörer[723] – seine eigene, ihm gesetzlich – oder qua behördlicher Verfügung – obliegende Pflicht erfüllt und damit ein eigenes und gerade kein fremdes Geschäft wahrnimmt.[724] Dieser Ansatz lässt aber fälschlicherweise unbeachtet, dass, wie bereits oben festgestellt, ab

---

[718] BGH, Urt. v. 16.01.2008, VIII ZR 222/06 (LG Bochum), NJW 2008, 1216; Staudinger/*A. Bergmann*, Buch 2 (§§ 677–704 BGB), Vorbem. zu §§ 677 ff. Rn. 188; Grüneberg/*B. Retzlaff*, BGB Einf. v. § 677, Rn. 8/9; Erman/*T. W. Dornis*, BGB § 677 Rn. 48.

[719] Staudinger/*A. Bergmann*, Buch 2 (§§ 677–704 BGB), Vorbem. zu §§ 677 ff. Rn. 187 f.; insbesondere geht beim Vorliegen eines Mangels die Regelung des § 536a BGB dem Rechtsgrundverweis auf die Vorschriften der GoA nach § 539 Abs. 1 BGB vor, vgl. Schmidt-Futterer/*N. Eisenschmid*, BGB § 536a Rn. 167 m. w. N.; Erman/*T. W. Dornis*, BGB § 677 Rn. 48.

[720] BGH, Urt. v. 16.01.2008, VIII ZR 222/06 (LG Bochum), NZM 2008, 279; *P. Günter*, NZM 2016, 569; Schmidt-Futterer/*N. Eisenschmid*, BGB § 536a Rn. 133, 167 m. w. N.

[721] Für viele: BeckOK BGB/*M. Gehrlein*, BGB § 677 Rn. 10; MüKoBGB Band 6/*F. L. Schäfer*, BGB § 677 Rn. 39 f.; Schulze/*M. Fries*, BGB § 677 Rn. 2.

[722] Für viele: Grüneberg/*B. Retzlaff*, BGB § 677 Rn. 4; *A. Nitschke*, Die materielle Polizeipflicht im Sinne einer Gefahrenabwehrpflicht als verfassungsrechtliche Grundpflicht, 2014, S. 275; Jauernig/*H.-P. Mansel*, BGB § 677 Rn. 3; *T. Kupfer*/*J. Weiß*, JA 2018, 894 ff.

[723] *A. Nitschke*, Die materielle Polizeipflicht im Sinne einer Gefahrenabwehrpflicht als verfassungsrechtliche Grundpflicht, 2014, S. 279.

[724] *T. Kingreen*/*R. Poscher*, Polizei- und Ordnungsrecht, 12. Aufl. 2022, § 25 Rn. 19; *W.-R. Schenke*, PolR, § 4 Rn. 363; *J. Lennartz*, NVwZ 2018, 1429 ff.

dem Eintritt einer sicherheitsrechtlichen Gefahr jeder verantwortliche Störer auf Grund seiner qua Gesetz bestehenden materiellen Polizeipflicht zur Beseitigung dieser Störungslage verpflichtet ist. Damit fällt die Abwehr einer Gefahr gleichermaßen in den Rechts- und Interessenkreis aller Störer.[725] Dies wiederum ebnet den Weg, für die Annahme eines sogenannten „auch-fremden" Geschäftes, das von der Rechtsprechung, wie auch von großen Teilen der Literatur, anerkannt ist. Danach reicht es für die Annahme eines objektiv fremden Geschäfts aus, wenn der Geschäftsführer sowohl ein fremdes und sogleich ein eigenes Geschäft ausführt, wobei sogar unschädlich ist, wenn der Geschäftsführer vornehmlich eigene Belange wahrnimmt, solange er dabei auch Angelegenheiten des Geschäftsherrn erfüllt.[726] Damit stellt also die Abwehr einer Gefahr durch den dazu behördlich in Anspruch genommenen Adressaten eine objektiv fremde Geschäftsführung für einen anderen, aus dessen materieller Polizeipflicht (ebenfalls) beseitigungspflichtigen Störer dar.[727] Anders wäre die Situation nur, wenn der Drittberechtigte kein Störer ist; dies scheint aber, wie oben bereits dargestellt, kaum vorstellbar, da der Eigentümer einer gefahrverursachenden Sache stets Zustandsstörer ist und regelmäßig die Sache zerstört werden wird, von der auch die sicherheitsrechtliche Gefahr ausgeht.

In der betrachteten Konstellation kommen grundsätzlich zwei Anknüpfungspunkte für eine aus der materiellen Polizeipflicht des drittberechtigten Eigentümers – als Geschäftsherrn – entspringende Pflicht in Betracht, die vom sicherheitsrechtlichen Verfügungsadressaten – als Geschäftsführer – wahrgenommen wird. Hier ist wieder zu differenzieren, zwischen einerseits einem zu beseitigenden Gebäude, von dem eine Gefahr für ein Individualrechtsgut, wie Leben oder Gesundheit ausgeht, weil es beispielsweise baufällig ist und andererseits einem Gebäude, das nur im Widerspruch zu baurechtlichen Normen steht.

Geht man von einer materiellen Polizeipflicht im oben dargestellten Sinne aus, dann entsteht im erstgenannten Fall für den Eigentümer des baufälligen Gebäudes, als Zustandsstörer, mit dem Zeitpunkt des Eintritts einer vom Gebäude ausgehenden Gefahr für Leben oder Gesundheit die gesetzesunmittelbare Pflicht, den Zustand des Gebäudes so zu verändern, dass die davon ausgehende Gefahr beseitigt wird. Diese Pflicht lässt sich unmittelbar aus den sicherheitsrechtlichen Generalklauseln in

[725] *A. Nitschke*, Die materielle Polizeipflicht im Sinne einer Gefahrenabwehrpflicht als verfassungsrechtliche Grundpflicht, 2014, S. 276f.

[726] BGH, Urt. v. 20.06.1963, VII ZR 263/61 (Frankfurt), NJW 1963, 1825; BGH, Urt. v. 15.12.1954, II ZR 277/53 (Köln), NJW 1955, 257; BGH, Urt. v. 08.03.1990, III ZR 81/88 (Frankfurt), NJW 1990, 2058; Jauernig/*H.-P. Mansel*, BGB § 677 Rn. 3 m.w.N.; MüKoBGB Band 6/*F. L. Schäfer*, BGB § 677 Rn. 47; Schulze/*M. Fries*, BGB § 677 Rn. 3 m.w.N.; Grüneberg/*B. Retzlaff*, BGB § 677 Rn. 6; Prütting/Wegen/Weinreich/*O. Fehrenbacher*, BGB § 677 Rn. 14; Kritik durch *B. Schmidt*, JuS 2004, 862ff.

[727] *A. Nitschke*, Die materielle Polizeipflicht im Sinne einer Gefahrenabwehrpflicht als verfassungsrechtliche Grundpflicht, 2014, S. 276f.; *W.-R. Schenke*, Geschäftsführung ohne Auftrag zum Zwecke der Gefahrenabwehr, in: Planung – Steuerung – Kontrolle, Festschrift für Richard Bartlsperger zum 70. Geburtstag, 2006, S. 529 (570); im Ansatz auch BGH, Urt. v. 15.12.1954, II ZR 277/53 (Köln), NJW 1955, 257.

Verbindung mit den jeweiligen Adressatenregelungen herleiten,[728] also für den Freistaat Bayern beispielsweise aus Art. 7 Abs. 2 Nr. 3 LStVG in Verbindung mit Art. 9 Abs. 1, 2 LStVG, auf welche die Sicherheitsbehörde auch ihre Maßnahme zur Abwehr einer derartigen Gefahr stützen könnte.[729]

Eine vergleichbare, unmittelbar aus dem Gesetz folgende Pflicht des Eigentümers lässt sich auch herleiten hinsichtlich der Beseitigung eines durch das Gebäude erzeugten baurechtswidrigen Zustandes. Hierbei ist zu sehen, dass sich eine Pflicht zur Beseitigung eines baurechtswidrigen Zustandes schon für die rechtserheblich am Bau des Gebäudes Beteiligten – bei Anwendung der Regelungen des Freistaates Bayern – aus den Vorschriften der Art. 49 ff. BayBO ergibt. Diese Regelungen sind ebenfalls dem Sicherheitsrecht zuzuordnen und verbürgen eine gesetzesunmittelbare Pflicht der dort genannten Verantwortlichen, wie dem Bauherren, dem Entwurfsverfasser oder dem Bauunternehmer, dafür Sorge zu tragen, dass die öffentlichrechtlichen Vorschriften beim Bau von Gebäuden eingehalten werden, wie sich schon dem Wortlaut der Norm entnehmen lässt.[730] Neben diesen baurechtlichen Spezialvorschriften gelten – und nach Beendigung der Bauarbeiten sogar ausschließlich – aber weiterhin auch die allgemeinen sicherheitsrechtlichen Bestimmungen der Art. 9 Abs. 1, 2 LStVG und Artt. 7, 8 PAG, die in Verbindung mit Art. 54 Abs. 2 S. 1, 2 BayBO eine sicherheitsrechtliche Verantwortlichkeit des Grundstückseigentümers als Zustandsstörer normieren, für den baurechtskonformen Zustand seines Gebäudes zu sorgen.[731] Überträgt man die Grundsätze zur materiellen Polizeipflicht vom allgemeinen Sicherheitsrecht auf die speziellen sicherheitsrechtlichen Vorschriften des Baurechts, so erwächst aus dieser Verantwortlichkeit des Eigentümers eine gesetzesunmittelbare Pflicht, auch schon vor einer Inanspruchnahme durch die Sicherheitsbehörden den eingetretenen baurechtswidrigen Zustand seines Gebäudes zu beseitigen.[732]

---

[728] Vgl. exemplarisch *J. Martensen*, DVBl 1996, 286 f.; *A. Nitschke*, Die materielle Polizeipflicht im Sinne einer Gefahrenabwehrpflicht als verfassungsrechtliche Grundpflicht, 2014, S. 66; siehe Kapitel 2, § 2 A. V. 3. c) aa) (3) (a) (bb) (δ) (αα).

[729] VGH München, Beschl. v. 04.04.2016, 10 ZB 14.2380, BeckRS 2016, 45084.

[730] PdK Bayern BayBO/*H. Jäde*, BayBO Art. 49, 2.; BeckOK BauordnungsR Bayern/*W. Spannowsky*, BayBO Grundlagen des Bauordnungsrechts in Deutschland Rn. 43 ff. m. w. N.; BeckOK BauordnungsR Bayern/*F. Michl*, BayBO Art. 49 Rn. 1 ff.; Busse/Kraus/*W. Würfel*, BayBO Art. 49 Rn. 17 ff.; ganz allgemein dazu *V. Götz/M.-E. Geis*, Allgemeines Polizei- und Ordnungsrecht, 17. Aufl. 2022, § 23 Rn. 22; für andere Länder vgl. exemplarisch BeckOK BauordnungsR Hessen/*C. Mayer*, HBO § 55 Rn. 4; BeckOK BauordnungsR NRW/*C. Gohde*, BauO NRW 2018 § 52 Rn. 4; BeckOK BauordnungsR BW/*A. Hofmeister/C. Mayer*, BWLBO § 41 Rn. 7 f.

[731] Busse/Kraus/*W. Würfel*, BayBO Art. 49 Rn. 21; BeckOK BauordnungsR Bayern/*G. Manssen*, BayBO Art. 54 Rn. 27.

[732] Zur Übertragbarkeit vgl. VGH Mannheim, Urt. v. 21.09.1983, 3 S 1628/83, ESVGH 34, 67; BeckOK BauordnungsR Bayern/*W. Spannowsky*, BayBO Grundlagen des Bauordnungsrechts in Deutschland Rn. 43 ff.; BeckOK BauordnungsR Hessen/*C. Mayer*, HBO § 55 Rn. 4; BeckOK BauordnungsR NRW/*C. Gohde*, BauO NRW 2018, § 52 Rn. 4; BeckOK BauordnungsR BW/*A. Hofmeister/C. Mayer*, BWLBO § 41 Rn. 7 f.

Die beiden genannten Fälle sind grundsätzlich zu unterscheiden und werden, wenn sie zu verschiedenen Rechtsfolgen führen, im Folgenden jeweils getrennt betrachtet werden. In beiden Szenarien führt aber der Adressat der sicherheitsrechtlichen Verfügung bei Erfüllung der ihm behördlich aufgetragenen Pflicht sogleich ein jedenfalls auch-fremdes Geschäft, da er die aus der materiellen Polizeipflicht des drittberechtigten Eigentümers erwachsende Pflicht zur Gefahrabwehr bzw. zur Beseitigung des baurechtswidrigen Zustandes miterfüllt. Ein Auftrag zu dieser Handlung wird, wie es für das Vorliegen einer berechtigten Geschäftsführung ohne Auftrag notwendig ist,[733] durch den drittberechtigten Eigentümer und (Mit-) Störer regelmäßig nicht erteilt worden sein.[734] Andernfalls könnte man im Zweifel schon von einer Einwilligung des Eigentümers ausgehen und eine Legitimation der Eingriffshandlung durch eine berechtigte Geschäftsführung ohne Auftrag wäre ohnehin obsolet.

2. Weiterhin müsste es dem Geschäftsführer bei der Ausführung der Geschäftsbesorgung bewusst sein, dass er neben seiner eigenen Pflicht auch die Angelegenheit eines anderen erledigt. Fehlt ihm umgekehrt die Kenntnis von der Fremdheit des Geschäfts, liegt keine Geschäftsführung ohne Auftrag vor, was sich bereits aus § 687 Abs. 1 BGB ergibt.[735] Hierzu werden gegensätzliche Vermutungen aufgestellt. So soll es einmal im Regelfall näherliegen, dass ein in Anspruch genommener Störer einzig und alleine die ihm obliegende Pflicht erfüllen möchte, da er von den übrigen Störern regelmäßig nichts wisse bzw. wissen könne.[736] Umgekehrt soll der Verfügungsadressat gerade nicht davon ausgehen, der allein Verantwortliche und damit zur Gefahrbeseitigung Verpflichtete zu sein, sondern vielmehr annehmen, dass noch weitere Störer neben ihm vorhanden sind, deren Angelegenheit er mit bereinigt.[737] Entgegen aller Vermutungsregeln scheint es überzeugend, dass diese Frage letztlich einzelfallabhängig anhand des konkret betrachteten Sachverhalts zu klären ist und nicht allgemeingültig beantwortet werden kann.[738] Im konkreten Fall einer be-

---

[733] Für viele: Schulze/*M. Fries*, BGB § 677 Rn. 7 f.; Grüneberg/*B. Retzlaff*, BGB § 677 Rn. 11; Prütting/Wegen/Weinreich/*O. Fehrenbacher*, BGB § 677 Rn. 17.

[734] Ebenso *A. Nitschke*, Die materielle Polizeipflicht im Sinne einer Gefahrenabwehrpflicht als verfassungsrechtliche Grundpflicht, 2014, S. 281.

[735] Für viele: Grüneberg/*B. Retzlaff*, BGB § 677 Rn. 10; Schulze/*M. Fries*, BGB § 687 Rn. 1; Erman/*T. W. Dornis*, BGB § 687 Rn. 2 f.

[736] *A. Nitschke*, Die materielle Polizeipflicht im Sinne einer Gefahrenabwehrpflicht als verfassungsrechtliche Grundpflicht, 2014, S. 278; dieser verweist beispielsweise auf OLG Düsseldorf, Urt. v. 13.07.1989, 18 U 42/89, NVwZ 1989, 993.

[737] *S. Strunden*, Altlasten – Ansprüche des Grundstückseigentümers im Spannungsfeld zwischen öffentlichem und zivilem Recht, 1991, S. 303; *A. Nitschke*, Die materielle Polizeipflicht im Sinne einer Gefahrenabwehrpflicht als verfassungsrechtliche Grundpflicht, 2014, S. 278 m.w.N.; *T. Kupfer/J. Weiß*, JA 2018, 894 ff. gehen davon aus, dass die im Nachfolgenden dargestellten Vermutungsregelungen zum Fremdgeschäftsführungswillen auch für die Kenntnis der Fremdheit des Geschäftes greifen.

[738] *A. Nitschke*, Die materielle Polizeipflicht im Sinne einer Gefahrenabwehrpflicht als verfassungsrechtliche Grundpflicht, 2014, S. 278; im Einzelfall angenommen durch BGH, Urt. v. 15.12.1954, II ZR 277/53 (Köln), NJW 1955, 257.

hördlichen Verfügung zum Abriss eines Gebäudes, die an einen gänzlich Unbeteiligten, den (berechtigten) Besitzer des Gebäudes, beispielsweise dessen Mieter, oder einen Miteigentümer gerichtet ist, liegt es aber nahe, dass der Verfügungsadressat davon ausgeht, auch eine Angelegenheit für den drittberechtigten (Mit-)Eigentümer zu erledigen, dessen Existenz und Verantwortung sowohl einem Unbeteiligten, einem Mieter, wie auch dem in Anspruch genommenen Miteigentümer regelmäßig bewusst sein sollte.

3. Um die Voraussetzungen einer Geschäftsführung ohne Auftrag zu erfüllen, müsste der Geschäftsführer ferner mit Fremdgeschäftsführungswillen, also dem Willen, nicht nur ein eigenes, sondern auch ein fremdes Geschäft zu erledigen, gehandelt haben.[739] Vor allem die Rechtsprechung geht bisher ungebrochen davon aus, dass bei Erfüllung eines fremden Geschäftes durch den Geschäftsführer dessen Fremdgeschäftsführungswille stets zu vermuten ist; dies gilt auch für ein sogenanntes auch-fremdes Geschäft.[740] Diese Herangehensweise stößt schon im Grundsatz auf reichlich Kritik, gerade in Konstellationen eines auch-fremden Geschäfts, wenn also der Geschäftsführer mit der Erfüllung der Geschäftsbesorgung sogleich im eigenen Interesse handelt.[741] In derartigen Konstellationen sei nicht stets davon auszugehen, dass der Geschäftsherr auch im Interesse des Geschäftsführers handeln will, sondern vielmehr sei – ganz im Gegenteil – davon auszugehen, dass der Geschäftsführer ausschließlich die Erfüllung seiner eigenen Angelegenheiten im Sinn hat. Dieser Ansatz knüpft vor allem beim sogenannten pflichtgebundenen Geschäftsführer an, der zur Vornahme der im Interessenkreis des Geschäftsherrn liegenden Handlung bereits anderweitig verpflichtet ist.

Klar abgelehnt wird die Annahme des Fremdgeschäftsführungswillens in den Fällen eines pflichtgebundenen Geschäftsführers, in denen seine Verpflichtung zur vorgenommenen Handlung aus einer umfassenden vertraglichen Vereinbarung mit einem Dritten herrührt. In derartigen Konstellationen sei es – sogar nach der in der Rechtsprechung vertretenen Ansicht – unbillig, dem Geschäftsführer einen Ausgleichsanspruch gegenüber dem Geschäftsherrn zuzusprechen, vor allem wenn ein finanzieller Ausgleich für die vorgenommene Handlung mit dem Dritten bereits

---

[739] Erman/*T. W. Dornis*, BGB § 677 Rn. 8 ff.; *D. Medicus/S. Lorenz*, Schuldrecht II Besonderer Teil, 18. Aufl. 2018, § 60 Rn. 4.

[740] Vgl. exemplarisch BGH, Urt. v. 20.06.1963, VII ZR 263/61 (Frankfurt), NJW 1963, 1825; BGH, Urt. v. 23.02.1978, VII ZR 11/76 (Bamberg), NJW 1978, 1375; BGH, Urt. v. 18.09.1986, III ZR 227/84 (Düsseldorf), NJW 1987, 187; BGH, Urt. v. 21.10.1999, III ZR 319/98 (KG), NJW 2000, 422; BGH, Urt. v. 23.09.1999, III ZR 322/98 (Hamburg), NJW 2000, 72; BSG, Urt. v. 02.03.2000, B 7 AL 36/99 R (Saarland), NJW-RR 2001, 1282; BGH, Urt. v. 21.10.2003, X ZR 66/01 (OLG Brandenburg), NJW-RR 2004, 81; BGH, Urt. v. 17.11. 2011, III ZR 53/11 (LG Flensburg), NJW 2012, 1648; BGH, Beschl. v. 02.11.2013, AnwZ (Brfg) 10/13, NJW-RR 2014, 439; Jauernig/*H.-P. Mansel*, BGB § 677 Rn. 4 m. w. N.

[741] Grüneberg/*B. Retzlaff*, BGB § 677 Rn. 7; *C. Thole*, NJW 2010, 1243 ff.; *B. Schmidt*, JuS 2004, 862 ff.; *F. C. Hey*, JuS 2009, 400 ff.

vertraglich festgelegt worden ist.[742] Diese Argumentation greift aber im Falle einer behördlichen Inanspruchnahme von nur einem von mehreren Störern nicht. Wie oben dargestellt, ist es von Zweckmäßigkeitserwägungen abhängig, welcher Störer bei einer Störermehrheit Adressat der sicherheitsrechtlichen Verfügung wird. Der in Anspruch Genommene selbst hat hierauf letztlich, anders als beim Vertragsschluss, keinen Einfluss. Auch erwirbt der durch die Verfügung in Anspruch Genommene keinen Erstattungsanspruch hinsichtlich seiner Aufwendungen. Vielmehr wird er im Zweifelsfall von der Behörde noch allein zur Tragung etwaiger Kosten verpflichtet, obwohl die weiteren Störer gesetzlich ebenfalls zur Tragung der Kostenlast verpflichtet wären, wie oben bereits festgestellt. Damit ist es in dieser Konstellation, ganz im Gegenteil, gerade billig und geboten, dem in Anspruch genommenen Störer einen Regressanspruch auch aus einer Geschäftsführung ohne Auftrag zuzusprechen und dafür die Vermutung eines Fremdgeschäftsführungswillens greifen zu lassen.[743]

Weiterhin wird vertreten, dass gerade die Wahrnehmung von öffentlich-rechtlichen Aufgaben ausschließlich zu deren Erfüllung geschieht.[744] Dies sei dadurch begründet, dass ein öffentlich-rechtliche Aufgaben Wahrnehmender sich dabei nicht dem Willen eines etwaigen Geschäftsherrn unterordnen würde. Dies soll insbesondere für die Erfüllung solcher Aufgaben durch Hoheitsträger gelten, denn Hoheitsträger könnten die Duldung der zur Wahrnehmung von öffentlich-rechtlichen Aufgaben ergriffenen Maßnahme ohnehin gegenüber dem Geschäftsherren mit hoheitlichen Mitteln erzwingen.[745] In der betrachteten Konstellation ist aber gerade kein Hoheitsträger Akteur. Vielmehr wird nur ein Privater hoheitlich gebunden. Weiterhin kann sich diese Privatperson, trotz der behördlichen Verpflichtung, gerade nicht über den Willen des Geschäftsherrn hinwegsetzen, dem die Abwehrrechte eines Eigentümers weiterhin zustehen. Die sicherheitsrechtliche Verfügung kann, wie dargestellt, in der betrachteten Konstellation einer Verletzung des Eigentums auch nicht ihre Rechtswidrigkeit nehmen. Der Wille des Geschäftsherrn bleibt also nach wie vor für den Verfügungsadressaten relevant. Ganz im Gegenteil, es kann der Adressat der Abrissverfügung seiner behördlicherseits auferlegten Verpflichtung nur bei einer Überwindung des entgegenstehenden Willens des Geschäftsherrn überhaupt Folge leisten. Diese notwendige Überwindung des entgegenstehenden Willens

---

[742] Vgl. exemplarisch BGH, Urt. v. 21.06.2012, III ZR 275/11 (LG Gießen), NVwZ-RR 2012, 707; BGH, Urt. v. 28.06.2011, VI ZR 184/10 (LG Siegen), NVwZ-RR 2011, 925; BGH, Urt. v. 15.04.2004, VII ZR 212/03 (OLG Dresden), NJW-RR 2004, 956; MüKoBGB Band 6/*F. L. Schäfer*, BGB § 677 Rn. 127 f.; *D. Medicus/S. Lorenz*, Schuldrecht II Besonderer Teil, 18. Aufl. 2018, § 60 Rn. 14; noch weitergehend *H. Brox/W.-D. Walker*, Besonderes Schuldrecht, 47. Aufl. 2023, § 36 Rn. 13; BeckOK BGB/*M. Gehrlein*, BGB § 677 Rn. 16.

[743] *A. Nitschke*, Die materielle Polizeipflicht im Sinne einer Gefahrenabwehrpflicht als verfassungsrechtliche Grundpflicht, 2014, S. 279; kritisch hingegen *J. Lennartz*, NVwZ 2018, 1429 ff.; MüKoBGB Band 6/*F. L. Schäfer*, BGB § 677 Rn. 147.

[744] *C. Thole*, NJW 2010, 1243 ff.; *F. Schoch*, Jura 1994, 241 (248); *J. Lennartz*, NVwZ 2018, 1429 ff.

[745] *A. Pesch*, Jura 1995, 361 ff.; *C. Thole*, NJW 2010, 1243 ff.; *F. Schoch*, Jura 1994, 241 (248).

des Geschäftsherrn wäre durch die Legitimationswirkung der Geschäftsführung ohne Auftrag gerade möglich, was letztlich die Vermutung für einen Fremdgeschäftsführungswillen eher zu stützen vermag. Im Falle eines behördlich verpflichteten Geschäftsführers spricht also weder die Unbilligkeit eines (weiteren) Kostenerstattungsanspruchs noch die Unerheblichkeit des geschäftsherrlichen Willens gegen die Annahme eines Fremdgeschäftsführungswillens, sondern vielmehr für dessen Vermutung.

4. Letztlich müsste die Geschäftsbesorgung noch im Interesse und – bzw. oder – mit dem Willen des Geschäftsherrn erfolgen, um den Tatbestand einer berechtigten Geschäftsführung ohne Auftrag zu erfüllen.[746] Wenn der tatsächliche Wille des Geschäftsherrn seinem objektiven Interesse widerspricht, setzt sich stets der Wille durch und das objektive Interesse wird unbeachtlich.[747] Soll aber, wie in der vorliegenden Konstellation, der gegebenenfalls entgegenstehende Wille des Geschäftsherrn hinsichtlich der vorgenommenen Geschäftsbesorgung nach § 679 BGB unbeachtlich sein, da die Geschäftsbesorgung im öffentlichen Interesse erfolgt, so habe nach einer umstrittenen Ansicht die Vornahme der Geschäftsbesorgung zumindest im objektiven Interesse des Geschäftsherrn liegen.[748] Die Wahrnehmung der gesetzesunmittelbaren sicherheitsrechtlichen Verpflichtung des Geschäftsherrn zur Gefahrbeseitigung bzw. Herstellung baurechtskonformer Zustände und Tragung der damit verbundenen Kosten durch den Geschäftsführer liegt regelmäßig im objektiven Interesse des Ersteren; dieser wird jedenfalls von seiner Pflicht zur Gefahrbeseitigung bzw. Herstellung baurechtskonformer Zustände frei und läuft auch nicht Gefahr, zur vollumfänglichen Kostentragung herangezogen zu werden.[749]

Überzeugend scheint es aber, im Anwendungsbereich des § 679 BGB auf das Erfordernis einer Geschäftsführung im Interesse des Geschäftsherrn gänzlich zu verzichten.[750] In diesem Fall findet nämlich gerade keine Geschäftsführung im Interesse des Geschäftsherrn statt, auch wenn dadurch sogleich dem Interesse des Geschäftsherrn gedient sein kann. Nach § 679 BGB soll der Wille des Geschäftsherrn

---

[746] Für viele: Prütting/Wegen/Weinreich/*O. Fehrenbacher*, BGB § 683 Rn. 2; Erman/*T. W. Dornis*, BGB § 683 Rn. 3 ff.; Schulze/*M. Fries*, BGB § 683 Rn. 2.

[747] MüKoBGB Band 6/*F. L. Schäfer*, BGB § 677 Rn. 149; *D. Medicus/S. Lorenz*, Schuldrecht II Besonderer Teil, 18. Aufl. 2018, § 60 Rn. 22; Grüneberg/*B. Retzlaff*, BGB § 683 Rn. 5.

[748] BGH, Urt. v. 15.12.1954, II ZR 277/53 (Köln), NJW 1955, 257; BeckOK BGB/*M. Gehrlein*, BGB § 679 Rn. 1; *H. Brox/W.-D. Walker*, Besonderes Schuldrecht, 47. Aufl. 2023, § 36 Rn. 29.

[749] BGH, Urt. v. 15.12.1954, II ZR 277/53 (Köln), NJW 1955, 257; *S. Strunden*, Altlasten – Ansprüche des Grundstückseigentümers im Spannungsfeld zwischen öffentlichem und zivilem Recht, 1991, S. 308; soll bei Erfüllung der Voraussetzungen des § 679 BGB im Ergebnis in der Regel ohnehin vorliegen bzw. irrelevant sein, MüKoBGB Band 6/*F. L. Schäfer*, BGB § 679 Rn. 19; Grüneberg/*B. Retzlaff*, BGB § 679 Rn. 1; *A. Nitschke*, Die materielle Polizeipflicht im Sinne einer Gefahrenabwehrpflicht als verfassungsrechtliche Grundpflicht, 2014, S. 281 ff.

[750] Staudinger/*A. Bergmann*, Buch 2 (§§ 677–704 BGB), BGB § 679 Rn. 2, 4 m. w. N.

der Ausführung der jeweiligen Handlung ja gerade nicht entgegenstehen, weil ein übergeordnetes, anderes Interesse an der Ausführung der Handlung besteht. Im Falle des § 679 Alt. 2 BGB ist es der Unterhaltsberechtigte, gegenüber dem der Geschäftsherr verpflichtet ist und in dessen Interesse der Geschäftsführer – im Zweifel auch gegen die Interessen des Geschäftsherrn – handelt.[751] Im Falle des § 679 Alt. 1 BGB ist es die Allgemeinheit, in deren Interesse die Geschäftsbesorgung erfolgt, weshalb wiederum der Wille des Geschäftsherrn übergangen werden kann.[752] Liegt also ein Fall des § 679 BGB vor, ist allein das Interesse des durch die Geschäftsführung begünstigten Dritten bzw. der Allgemeinheit relevant. Bezogen auf den Geschäftsherrn ist weder dessen Wille noch sein Interesse hinsichtlich der Geschäftsbesorgung notwendig. Das Interesse des Geschäftsherrn kommt allenfalls im Rahmen einer Verhältnismäßigkeitsprüfung zum Tragen, die der Klärung der Frage nach einem gesteigerten öffentlichen Interesse an der Pflichterfüllung und nach der konkreten Ausgestaltung der Geschäftsbesorgung dient, was im Nachfolgenden noch erörtert werden wird.

a) Der möglicherweise einer durch den Geschäftsführer vorgenommenen Geschäftsbesorgung entgegenstehende Wille des Geschäftsherrn ist letztlich also irrelevant, wenn der Fall einer Geschäftsführung zur Erfüllung einer Pflicht im öffentlichen Interesse gegeben ist und die Voraussetzungen des § 679 BGB vorliegen. Zunächst setzt die Regelung des § 679 BGB die nicht rechtzeitige Erfüllung der dem Geschäftsherrn obliegenden Verpflichtung voraus. Nicht rechtzeitig ist die Erfüllung wiederum, wenn der Geschäftsherr seiner Pflicht trotz Fälligkeit nicht nachkommt.[753] Fällig ist eine Pflicht, wenn ihre Erfüllung – im Zivilrecht durch den Gläubiger – verlangt werden kann.[754] Überträgt man diese Erkenntnis auf den drittberechtigten Eigentümer, handelt dieser nach Fälligkeit nicht, wenn er seiner Pflicht zur Gefahrbeseitigung bzw. Herstellung baurechtskonformer Zustände nach Eintritt der sicherheitsrechtlichen Störung nicht nachkommt.[755] Denn die aus der materiellen Polizeipflicht abgeleitete Handlungspflicht zur Gefahrenabwehr bzw. Herstellung baurechtskonformer Zustände beseht, wie bereits dargestellt, unmittelbar vom Zeitpunkt des Störungseintritts an.[756] Kommt der Geschäftsherr ab diesem Zeitpunkt seiner Handlungspflicht nicht nach, handelt er also nicht rechtzeitig im Sinne des § 679 BGB.

[751] Staudinger/*A. Bergmann*, Buch 2 (§§ 677–704 BGB), BGB § 679 Rn. 2, 4 m.w.N.

[752] Staudinger/*A. Bergmann*, Buch 2 (§§ 677–704 BGB), BGB § 679 Rn. 2, 4 m.w.N.

[753] Für viele: BGH, Urt. v. 15.12.1977, III ZR 159/75 (Hamm), NJW 1978, 1258; MüKoBGB Band 6/*F. L. Schäfer*, BGB § 679 Rn. 6; BeckOK BGB/*M. Gehrlein*, BGB § 679 Rn. 2.

[754] Für viele: Jauernig/*A. Stadler*, BGB § 271 Rn. 1; BeckOK BGB/*S. Lorenz*, BGB § 271 Rn. 2; Schulze/*R. Schulze*, BGB § 271 Rn. 2.

[755] *A. Nitschke*, Die materielle Polizeipflicht im Sinne einer Gefahrenabwehrpflicht als verfassungsrechtliche Grundpflicht, 2014, S. 282.

[756] Siehe Kapitel 2, § 2 A. V. 2. c) aa) (3) (a) (bb) (δ) (αα).

b) Letztlich muss nach § 679 Alt. 1 BGB die Erfüllung der Pflicht des Geschäftsherrn im öffentlichen Interesse liegen. Was die Grundlage der geschäftsherrlichen Pflicht anbelangt, kann sie öffentlich-rechtlicher wie auch zivilrechtlicher Natur sein und sich insbesondere auch direkt aus dem Gesetz ergeben.[757] Die bloße öffentlich-rechtliche Natur der Verpflichtung ist für die Erfüllung des Tatbestandes des § 679 Alt. 1 BGB weder Voraussetzung noch ausreichend, sonst könnte jede öffentlich-rechtliche Verpflichtung des Geschäftsherrn gegen seinen Willen von einem Dritten durchgesetzt werden.[758] Es muss also nicht an der dem Geschäftsherrn obliegenden Pflicht selbst, sondern vielmehr an deren Erfüllung ein konkretes, gesteigertes öffentliches Interesse bestehen. Dieses Interesse muss sich einmal auf die rechtzeitige Aufgabenerfüllung, wie auch auf die Erfüllung der Aufgabe gerade durch den Geschäftsführer beziehen.[759]

Hinsichtlich der Ausführung der Verpflichtung gerade durch den Geschäftsführer ist zu sehen, dass bei einer sicherheitsrechtlichen Störungsbeseitigungspflicht die selbstständige Wahrnehmung dieser Pflicht durch einen Privaten im Rahmen einer Geschäftsführung ohne Auftrag gerade nur dann im öffentlichen Interesse liegt, wenn die Konkretisierung der Pflicht durch die Sicherheitsbehörden nicht mehr nötig oder möglich ist, bzw. diese selbst die Gefahr nicht mehr beseitigen (lassen) kann. Anderenfalls könnte jeder private Dritte das der Sicherheitsbehörde eingeräumte Ermessen, wie mit der Störungssituation umzugehen ist, unterminieren.[760] Hierbei ist aber fraglich, ob dieses Problem nicht nur bei einem Nichtstörers als Geschäftsführer besteht, da ein Störer – neben der Behörde – zur Handlung ohnehin aufgrund seiner materiellen Polizeipflicht qua Gesetz berufen wäre und bei Erfüllung dieser Pflicht, wie oben bereits festgestellt, bis zum Erlass einer behördlichen Verfügung über die konkrete Ausgestaltung frei entscheiden könnte.[761] Unabhängig davon, ob es sich beim Geschäftsführer um einen Störer oder einen Nichtstörer handelt, würde sich dieses Problem in der vorliegenden Konstellation aber schon deshalb nicht mehr ergeben, da die Behörde selbst den Handelnden mit der Gefahrbeseitigung betraut und damit zum Ausdruck gebracht hat, dass sie eine effektive Störungsbeseitigung

---

[757] Für viele: Prütting/Wegen/Weinreich/*O. Fehrenbacher*, BGB § 679 Rn. 3; Jauernig/*H.-P. Mansel*, BGB § 679 Rn. 2; Erman/*T. W. Dornis*, BGB § 679 Rn. 4.

[758] MüKoBGB Band 6/*F. L. Schäfer*, BGB § 679 Rn. 8 m. w. N.

[759] Für viele: Staudinger/*A. Bergmann*, Buch 2 (§§ 677–704 BGB), BGB § 679 Rn. 18; MüKoBGB Band 6/*F. L. Schäfer*, BGB § 679 Rn. 8; BeckOK BGB/*M. Gehrlein*, BGB § 679 Rn. 4.

[760] LG Berlin, Urt. v. 15.07.2004, 9 O 126/04, NJW-RR 2005, 63; BSG, Urt. v. 02.03. 2000, B 7 AL 36/99 R (Saarland), NJW-RR 2001, 1282; BGH, Urt. v. 15.12.1977, III ZR 159/75 (Hamm), NJW 1978, 1258; BGH, Urt. v. 02.04.1998, III ZR 251/96, BGHZ 138, 281–291; BeckOK BGB/*M. Gehrlein*, BGB § 679 Rn. 4; Grüneberg/*B. Retzlaff*, BGB § 679 Rn. 3; Erman/*T. W. Dornis*, BGB § 679 Rn. 4.

[761] Siehe Kapitel 2, § 2 A. V. 2. c) aa) (3) (a) (bb) (δ) (ββ).

durch diesen für am zweckmäßigsten erachtet; diese Vorauswahl soll dann einer Anwendung der Regelung des § 679 Alt. 1 BGB auch nicht im Wege stehen.[762]

Entscheidend ist in der betrachteten Konstellation vielmehr, ob an der Erfüllung der Störungsbeseitigungspflicht des Geschäftsherrn ein gesteigertes öffentliches Interesse besteht. Dies wird regelmäßig für Fälle angenommen, in denen die Pflichterfüllung für den Schutz von Leben, Gesundheit oder wichtigen Sachgütern vor konkret und unmittelbar bestehenden Gefahren notwendig erscheint.[763] Damit ist es naheliegend, ein derart gesteigertes öffentliches Interesse anzunehmen, wenn beispielsweise durch ein einsturzgefährdetes Gebäude das Leben und die Gesundheit von Menschen bedroht sind. Dient die Geschäftsführung ohne Auftrag also der Erfüllung einer sich aus der materiellen Polizeipflicht ergebenden Gefahrenabwehrpflicht des Geschäftsherrn zur Beseitigung von Lebens- und Gesundheitsgefahren nach Art. 7 Abs. 2 Nr. 3 LStVG in Verbindung mit Art. 9 Abs. 1, 2 LStVG, wären die Voraussetzungen des § 679 BGB grundsätzlich erfüllt.[764]

Anders ist die Situation jedoch, wenn es um die Pflicht des Geschäftsherrn nach Art. 54 Abs. 2 S. 1, 2 BayBO in Verbindung mit Art. 9 Abs. 1, 2 LStVG geht, den baurechtswidrigen Zustand des in seinem (Mit-)Eigentum stehenden Gebäudes zu beseitigen. Es herrscht Uneinigkeit, wie der Begriff des gesteigerten öffentlichen Interesses im Sinne des § 679 Alt. 1 BGB letztlich auszulegen ist. Wie soeben dargestellt, wird jedenfalls angenommen, dass der Schutz wichtiger Individualrechtsgüter – vergleichbar mit den Schutzgütern allgemeiner sicherheitsrechtlicher Vorschriften, beispielsweise solcher nach Art. 7 Abs. 2 Nr. 3 LStVG – vor akuten Gefahrenlagen im öffentlichen Interesse nach § 679 BGB liegt. Die Störungslage durch ein lediglich baurechtswidriges Gebäude wäre mit einer derartigen Gefahrenlage aber nicht vergleichbar. Wenn man ein differenzierteres Verständnis vom Begriff des gesteigerten öffentlichen Interesses zugrunde legt und darunter nicht nur

---

[762] BGH, Urt. v. 15. 12. 1954, II ZR 277/53 (Köln), NJW 1955, 257; BGH, Urt. v. 08. 03. 1990, III ZR 81/88 (Frankfurt), NJW 1990, 2058; ähnliches gilt, wenn die Behörde bewusst nicht einschreitet und nur eine mögliche Gefahrbeseitigungsmaßnahme denkbar ist, vgl. BGH, Urt. v. 15. 12. 1977, III ZR 159/75 (Hamm), NJW 1978, 1258.

[763] Vgl. exemplarisch BGH, Urt. v. 15. 12. 1954, II ZR 277/53 (Köln), NJW 1955, 257; BGH, Urt. v. 08. 03. 1990, III ZR 81/88 (Frankfurt), NJW 1990, 2058; BGH, Ent. v. 07. 11. 1960, VII ZR 82/59, BGHZ 33, 251–259; Erman/*T. W. Dornis*, BGB § 679 Rn. 4 m. w. N.; Grüneberg/*B. Retzlaff*, BGB § 679 Rn. 3 m. w. N.; Prütting/Wegen/Weinreich/*O. Fehrenbacher*, BGB § 679 Rn. 4; BeckOK BGB/*M. Gehrlein*, BGB § 679 Rn. 4; Schulze/*M. Fries*, BGB § 679 Rn. 2; Jauernig/*H.-P. Mansel*, BGB § 679 Rn. 2; grundsätzlich kritisch, aber zustimmend Staudinger/*A. Bergmann*, Buch 2 (§§ 677–704 BGB), BGB § 679 Rn. 22; MüKoBGB Band 6/*F. L. Schäfer*, BGB § 679 Rn. 11 ff.; zu beachten ist aber, dass, wenn ein gewisser Mindeststandard an gesundheitlicher Versorgung gesichert ist, für die Gewährleistung einer gesundheitlichen Idealversorgung schon kein gesteigertes öffentliches Interesse mehr besteht, vgl. LG Nürnberg-Fürth, Urt. v. 30. 11. 2017, 2 O 2893/17, NJW-RR 2018, 477.

[764] So auch *A. Nitschke*, Die materielle Polizeipflicht im Sinne einer Gefahrenabwehrpflicht als verfassungsrechtliche Grundpflicht, 2014, S. 282 m. w. N.; BeckOK BGB/*M. Gehrlein*, BGB § 679 BGB Rn. 4; so auch Staudinger/*A. Bergmann*, Buch 2 (§§ 677–704 BGB), BGB § 679 Rn. 22; MüKoBGB Band 6/*F. L. Schäfer*, BGB § 679 Rn. 11.

Falltypen – wie die Beseitigung einer Störungssituation, die allgemeinen sicherheitsrechtlichen Gefahrenlage vergleichbar ist – fasst, müsste eine einzelfallbezogene Abwägung stattfinden.[765] Dabei dürfte der Eingriff in die Willensfreiheit des Geschäftsherrn, mit allen zu erwartenden (Kosten-)Nachteilen, angesichts der zu erfüllenden Rechtspflicht nicht unverhältnismäßig sein.[766] Es ist zwar grundsätzlich vorstellbar, den Abriss eines Gebäudes – als sehr großem Vermögenswert – für angemessen zu erachten, um eine Beseitigungspflicht wegen der bloßen (möglichen) Baurechtswidrigkeit des entsprechenden Gebäudes zu erfüllen.[767] Allerdings erscheint es im Anwendungsbereich des § 679 Alt. 1 BGB dennoch unverhältnismäßig, einen derartigen Eingriff im Wege einer Geschäftsführung ohne Auftrag durch jeden beliebigen Dritten vornehmen zu lassen. So wird die nach § 679 Alt. 1 BGB nicht sofortige Erfüllung dieser Pflicht regelmäßig zu keiner weiteren und unumkehrbaren Verletzung von (öffentlichen) Belangen führen. Umgekehrt geht die Herbeiführung vollendeter, möglicherweise rechtswidriger Tatsachen, mit einem erheblichen Risiko für den Geschäftsherrn einher. Letztlich wird also bei einer durch den Geschäftsführer wahrgenommenen Störungsbeseitigungspflicht des Geschäftsherrn hinsichtlich eines bloß baurechtswidrigen Gebäudes regelmäßig eine Überwindung des der Geschäftsbesorgung entgegenstehenden Willens des Geschäftsherrn nach § 679 Alt. 1 BGB nicht möglich sein. Damit könnte in der Konsequenz eine solche Geschäftsbesorgung regelmäßig nicht durch eine berechtigte Geschäftsführung ohne Auftrag nach §§ 677, 679 Alt. 1, 683 S. 2 BGB legitimiert werden. In der betrachteten Fallkonstellation kann im Rahmen einer berechtigten Geschäftsführung ohne Auftrag entgegen dem Willen des drittberechtigten Eigentümers als Geschäftsherrn nur eine Beseitigungspflicht wahrgenommen werden, die aus einer durch das Gebäude verursachten Gefahr für Leben oder Gesundheit von Menschen gemäß der Art. 7 Abs. 2 Nr. 3 LStVG in Verbindung mit Art. 9 Abs. 1, 2 LStVG herrührt.

- Pflichtgemäße Ausführung der Geschäftsführung ohne Auftrag

Ist der Wille des Geschäftsherrn hinsichtlich der Geschäftsübernahme nach § 679 Alt. 1 BGB irrelevant, wie es bei der Wahrnehmung der dem drittberechtigten Eigentümers als Geschäftsherrn obliegenden Pflicht zur Beseitigung einer durch dessen Gebäude verursachten Gefahr für Leben oder Gesundheit von Menschen, die aus der in Art. 7 Abs. 2 Nr. 3 LStVG in Verbindung mit Art. 9 Abs. 1, 2 LStVG normierten materiellen Polizeipflichtigkeit des drittberechtigten Eigentümers herrührt, der Fall ist, müsste die nunmehr prinzipiell rechtmäßige Übernahme der Geschäftsbesorgung durch den Geschäftsführer aber auch hinsichtlich ihrer Ausführung den Maßstäben einer berechtigten Geschäftsführung ohne Auftrag gemäß

---

[765] Staudinger/*A. Bergmann*, Buch 2 (§§ 677–704 BGB), BGB § 679 Rn. 4, 21; MüKo-BGB Band 6/*F. L. Schäfer*, BGB § 679 Rn. 11.

[766] Staudinger/*A. Bergmann*, Buch 2 (§§ 677–704 BGB), BGB § 679 Rn. 4, 21.

[767] *V. Götz/M.-E. Geis*, Allgemeines Polizei- und Ordnungsrecht, 17. Aufl. 2022, § 13 Rn. 32 m. w. N.

§ 677 BGB entsprechen, wenn die Geschäftsbesorgung in legitimer Weise gegenüber dem Geschäftsherrn erfolgen soll.[768]

1. Hinsichtlich der Art und Weise der Ausführungshandlung ist im Rahmen einer Geschäftsführung ohne Auftrag grundsätzlich das Interesse des Geschäftsherrn maßgeblich, hilfsweise dessen mutmaßlicher Wille.[769] Im betrachteten Fall könnte es also beispielsweise im Interesse des Geschäftsherrn liegen, die von seinem baufälligen Gebäude ausgehenden Gefahren möglichst kostengünstig zu beseitigen, beispielsweise durch Abstützmaßnahmen und nicht durch einen teureren Abriss des Bauwerkes, auch wenn diese Abstützmaßnahmen möglicherweise eine weitaus geringere Gewähr für die Beseitigung der vom Gebäude ausgehenden Gefahren brächten als der von der Verwaltung angeordnete Abriss.

Bei Anwendung von § 679 Alt. 1 BGB soll aber für die Ausführung der Geschäftsführung nicht das Interesse des Geschäftsherrn maßgelblich sein, sondern das Interesse des gefährdeten Dritten bzw. der Allgemeinheit, in deren Interesse nämlich die Pflicht des Geschäftsherrn überhaupt besteht.[770] Wie schon das Interesse und der Wille des Geschäftsherrn gemäß § 679 BGB für die Geschäftsübernahme durch den Geschäftsführer irrelevant werden, verlieren auch dessen Interesse und Wille hinsichtlich der Ausführung der Geschäftsbesorgung ihre Relevanz; als Korrektiv, um die Interessen des Geschäftsherrn weiterhin zumindest zu berücksichtigen und mit den Interessen der durch die Geschäftsbesorgung Begünstigten in Ausgleich zu bringen, muss die vom Geschäftsführer getroffene Maßnahme verhältnismäßig sein.[771] Das durch die Pflicht des Geschäftsherrn geschützte Interesse wird sich regelmäßig wiederum aus der rechtlichen Grundlage der Verpflichtung ergeben, in der betrachteten Fallkonstellation also aus Art. 7 Abs. 2 Nr. 3 LStVG i. V. m. Art. 9 Abs. 1, 2 LStVG.[772] Sinn dieser sicherheitsrechtlichen Regelung ist es, die möglichst effektive Abwehr eine Gefahrenlage im Interesse der konkret Gefährdeten und der Allgemeinheit zu gewährleisten.[773]

---

[768] Für viele: BeckOK BGB/*M. Gehrlein*, BGB § 677 Rn. 19; Jauernig/*H.-P. Mansel*, BGB § 677 Rn. 9; Schulze/*M. Fries*, BGB § 677 Rn. 12.

[769] Hier ist die Reihenfolge im Vergleich zur Übernahme der GoA umgekehrt; primär maßgeblich ist das Interesse, nur hilfsweise wird auf den Willen des Geschäftsherrn abgestellt, vgl. für viele: Grüneberg/*B. Retzlaff*, BGB § 677 Rn. 12; MüKoBGB Band 6/*F. L. Schäfer*, BGB § 677 Rn. 158; Erman/*T. W. Dornis*, BGB § 677 Rn. 54 f.

[770] Staudinger/*A. Bergmann*, Buch 2 (§§ 677–704 BGB), BGB § 677 Rn. 38, § 679 Rn. 2, 4, 21, § 683 Rn. 15 m. w. N.

[771] Staudinger/*A. Bergmann*, Buch 2 (§§ 677–704 BGB), BGB § 677 Rn. 38, § 679 Rn. 2, 4, 21, § 683 Rn. 15 m. w. N.

[772] Vgl. Staudinger/*A. Bergmann*, Buch 2 (§§ 677–704 BGB), BGB § 683 Rn. 15, wenn man den dort genannten Gedanken hinsichtlich der echten Geschäftsführung ohne Auftrag auf die hier vorliegende Sonderkonstellation überträgt.

[773] Für viele: *V. Götz/M.-E. Geis*, Allgemeines Polizei- und Ordnungsrecht, 17. Aufl. 2022, § 10 Rn. 1 ff.; *W.-R. Schenke*, PolR, § 3 Rn. 56; *T. Kingreen/R. Poscher*, Polizei- und Ordnungsrecht, 12. Aufl. 2022, § 5 Rn. 1 ff., § 7 Rn. 2 ff.

2. Grundsätzlich stehen die zur Verfolgung dieses Interesses erforderlichen Mittel im Ermessen des Geschäftsführers.[774] In der vorliegenden Konstellation ist aber zu beachten, dass die Entscheidungsfreiheit des Geschäftsführers durch die an ihn gerichtete sicherheitsrechtliche Verfügung beeinträchtigt ist. Der Geschäftsführer wird sich regelmäßig durch die Abrissverfügung der Behörde gebunden fühlen. Diese Abrissverfügung müsste deshalb eine Verpflichtung enthalten, die es ihrem Adressaten ermöglicht, in verhältnismäßiger Weise auch die dem Geschäftsherrn obliegende gesetzliche Störungsbeseitigungspflicht zu erfüllen, sodass der Geschäftsführer bei der Befolgung der ihm behördlich auferlegten Verpflichtung zugleich eine in ihrer Art und Weise den Maßstäben einer berechtigten Geschäftsführung ohne Auftrag entsprechende Geschäftsbesorgung vornehmen würde.

Die Sicherheitsbehörde hat sich beim Erlass der Abrissverfügung den Grundsätzen ordnungsgemäßen Ermessens entsprechend am Sinn und Zweck der ihr als Ermächtigungsgrundlage dienenden Vorschrift auszurichten, wie sich aus Art. 40 BayVwVfG ergibt.[775] Die Ermächtigungsgrundlage der Sicherheitsbehörde ist in der vorliegend betrachteten Fallkonstellation Art. 7 Abs. 2 Nr. 3 LStVG, der auch zugleich die rechtliche Grundlage der Verpflichtung des Geschäftsherrn darstellt. Die Abrissverfügung muss also ebenfalls dem Ziel der möglichst effektiven Gefahrbeseitigung zu Gunsten der konkret Gefährdeten bzw. der Allgemeinheit dienen. Weiterhin muss die Sicherheitsbehörde gemäß Art. 8 LStVG beim Erlass der Abrissverfügung den Grundsatz der Verhältnismäßigkeit berücksichtigen, also die Interessen der durch die Maßnahme Betroffenen zum Zweck der Maßnahme ins Verhältnis setzen.[776] Damit entspricht die durch die Sicherheitsbehörde gegenüber dem Geschäftsführer ausgesprochene Verpflichtung, wenn sie den vorstehenden gesetzlichen Voraussetzungen gerecht wird, auch den Anforderungen, die an die Ausführungsmaßnahme einer Geschäftsführung ohne Auftrag im Sinne des § 677 BGB gestellt werden. Verhält sich der Geschäftsführer der behördlichen Verpflichtung entsprechend und reißt, wie ihm geheißen, in der betrachten Konstellation das einsturzgefährdete Gebäude ab, so handelt er jedenfalls im Interesse der durch die dem Geschäftsherrn obliegende Pflicht Geschützten und auch verhältnismäßig, also damit auch in pflichtgemäßer Ausführung der dem Geschäftsherrn obliegenden Pflicht und somit nach den Vorgaben einer berechtigten Geschäftsführung ohne Auftrag im Sinne der §§ 677, 679 Alt. 1, 683 S. 2 BGB. Eine Abrissverfügung der

---

[774] Für viele: BGH, Urt. v. 06.03.2008, III ZR 219/07, NJW-RR 2008, 759; Grüneberg/*B. Retzlaff*, BGB § 677 Rn. 12; MüKoBGB Band 6/*F. L. Schäfer*, BGB § 677 Rn. 159 f.

[775] *E. König/J. W. Meins*, Verwaltungsverfahrensgesetz des Freistaates Bayern unter Berücksichtigung des Verwaltungsverfahrensgesetzes des Bundes, 1. Aufl., München 1993 Art. 40 Rn. 11; die landesrechtliche Regelung des Art. 40 BayVwVfG ist mit der bundesrechtlichen Regelung des § 40 VwVfG identisch, vgl. *M. Ludwigs/C. Hainthaler*, in: Huber/Wollenschläger, Landesrecht Bayern, 2019, § 5 Rn. 35 ff.; vgl. zu § 40 VwVfG für viele: Stelkens/Bonk/Sachs/*M. Sachs*, VwVfG § 40 Rn. 62 ff.; BeckOK VwVfG/*M. Aschke*, VwVfG § 40 Rn. 46 f.; Kopp/Ramsauer/*U. Ramsauer*, VwVfG § 40 Rn. 38 f. m. w. N.

[776] Körner/Mehringer/Johannsen/Lerm/*P. Lerm*, LStVG Art. 8, 1.; *V. Götz/M.-E. Geis*, Allgemeines Polizei- und Ordnungsrecht, 17. Aufl. 2022, § 16 Rn. 11 ff.

Sicherheitsbehörde, die von ihrem Adressaten eine Handlung verlangt, die den Voraussetzungen einer Geschäftsführung ohne Auftrag nicht gerecht wird, würde den Adressaten wiederum zu einer Handlung anhalten, die eben nicht aufgrund einer berechtigten Geschäftsführung ohne Auftrag im Sinne der §§ 677, 679 Alt. 1, 683 S. 2 BGB gerechtfertigt ist und damit gegebenenfalls strafrechtlich relevant wäre, was wiederum die Rechtswidrigkeit und Nichtigkeit der Abrissverfügung nach § 44 Abs. 2 Nr. 5 VwVfG zur Folge hätte.[777]

- Zwischenergebnis zur Anwendbarkeit, zu den Voraussetzungen und zur Ausführung der Geschäftsführung ohne Auftrag

Es ist im Ergebnis also durchaus möglich, dass der durch die Abrissverfügung angeordnete und durch deren Adressaten durchgeführte Rückbau eines gefahrträchtigen Gebäudes von dem drittberechtigten Gebäudeeigentümer aufgrund der Regelungen über die Geschäftsführung ohne Auftrag nach den §§ 677, 679 Alt. 1, 683 S. 2 BGB geduldet werden muss, wenn der Rückbau des Gebäudes durch den Verfügungsadressaten als Geschäftsführer zur Wahrnehmung der aus der materiellen Polizeipflicht entspringenden Gefahrbeseitigungspflicht des Gebäudeeigentümers als Geschäftsherrn erfolgt.

Dafür ist aber zunächst notwendig, dass die Regelungen über die Geschäftsführung ohne Auftrag überhaupt anwendbar sind. Dies kann insbesondere dann nicht der Fall sein, wenn beispielsweise zwischen dem Adressaten der Abrissverfügung als Mieter des abzureißenden Gebäudes und dem drittberechtigten Gebäudeeigentümer als Vermieter ein Mietverhältnis besteht. Wenn der Gebrauch des durch die Abrissverfügung betroffenen, vermieteten Gebäudes für die im Mietvertrag vereinbarte Mietgegenstandsnutzung relevant ist, wird man regelmäßig zu einer Vertragspflichtverletzung durch den die Abrissverfügung nach sich ziehenden öffentlich-rechtlichen Normen widersprechenden Zustand des Mietgegenstandes kommen, die zu Gewährleistungs- oder vielmehr Schadensersatzansprüchen des Mieters gegen den Vermieter nach §§ 536, 536a BGB führt. Das Regelungsregime der gesetzlichen, mietvertraglichen Gewährleistungsansprüche ist grundsätzlich abschließend und lässt keinen Raum mehr für die Anwendung der §§ 539, 677 ff. BGB. Der Mieter ist zur Beseitigung dieses mietvertraglichen Mangels dann eben nur unter den Voraussetzungen des mietrechtlichen Selbstvornahmerechts nach § 536a Abs. 2 BGB berechtigt. In Betracht kommt eine Anwendung der Regelungen über die Geschäftsführung ohne Auftrag also grundsätzlich nur in den Konstellationen einer behördlichen Verpflichtung gegenüber einem unbeteiligten Dritten, einem Miteigentümer oder einem solchen Mieter, dessen vertragliche Rechte am abzureißenden Gebäude nicht den Bestand oder die Nutzung des abzureißenden Gebäudes mit umfassen.

Die erste Voraussetzung für eine Geschäftsführung ohne Auftrag wäre sodann, dass durch den Adressaten der Abrissverfügung als Geschäftsführer ein ihm objektiv

---

[777] Siehe Kapitel 2, § 2 A. V. 2. c) aa) (3) (a) (aa).

fremdes Geschäft ohne Auftrag geführt wird. Diese Voraussetzung wird regelmäßig erfüllt sein, da der Adressat der sicherheitsrechtlichen Verfügung bei Erfüllung der ihm behördlich aufgetragenen Pflicht regelmäßig sogleich ein jedenfalls auch-fremdes Geschäft führt, da er die aus der materiellen Polizeipflicht des drittberechtigten Eigentümers erwachsende Pflicht zur Gefahrenabwehr bzw. zur Beseitigung eines baurechtswidrigen Zustandes miterfüllt. Ein Auftrag zu dieser Handlung wird, wie es für das Vorliegen einer berechtigten Geschäftsführung ohne Auftrag notwendig ist, durch den drittberechtigten Eigentümer und (Mit-)Störer regelmäßig nicht erteilt worden sein.

Weiterhin müsste es dem Geschäftsführer bei der Ausführung der Geschäftsbesorgung bewusst sein, dass er, neben seiner eigenen Pflicht, auch die Angelegenheit eines anderen erledigt. Im konkreten Fall einer behördlichen Verfügung zum Abriss eines Gebäudes, die an einen gänzlich Unbeteiligten, den (berechtigten) Besitzer des Gebäudes, beispielsweise dessen Mieter, oder einen Miteigentümer gerichtet ist, liegt es nahe, dass der Verfügungsadressat davon ausgeht, auch eine Angelegenheit für den drittberechtigten (Mit-)Eigentümer zu erledigen, dessen Existenz und Verantwortung sowohl einem Unbeteiligten, einem Mieter, wie auch dem in Anspruch genommenen Miteigentümer regelmäßig bewusst sein sollte.

Um die Voraussetzungen einer Geschäftsführung ohne Auftrag zu erfüllen, müsste der Geschäftsführer ferner mit Fremdgeschäftsführungswillen, also dem Willen, nicht nur ein eigenes, sondern auch ein fremdes Geschäft zu erledigen, gehandelt haben. Das Vorliegen eines solchen Fremdgeschäftsführungswillens wird bei der Erfüllung eines fremden Geschäftes durch den Geschäftsführer vermutet; dies gilt auch für ein sogenanntes auch-fremdes Geschäft. Es ist vom Vorliegen eines Fremdgeschäftsführungswillens bei dem Adressaten der Abrissverfügung auszugehen, wenn dieser bei der Umsetzung der ihm behördlicherseits auferlegten Verpflichtung zugleich die dem Gebäudeeigentümer aufgrund seiner materiellen Polizeipflichtigkeit obliegende Pflicht zur Gefahrenabwehr bzw. zur Beseitigung eines baurechtswidrigen Zustandes miterfüllt.

Letztlich müsste die Geschäftsbesorgung noch im Interesse und bzw. oder mit dem Willen des Geschäftsherrn erfolgen, um den Tatbestand einer berechtigten Geschäftsführung ohne Auftrag zu erfüllen. Der möglicherweise einer durch den Geschäftsführer vorgenommenen Geschäftsbesorgung entgegensehende Wille des Geschäftsherrn, wie auch das Interesse des Geschäftsherrn an der Geschäftsbesorgung sind aber irrelevant, wenn der Fall einer Geschäftsführung zur Erfüllung einer Pflicht im öffentlichen Interesse gegeben ist und die Voraussetzungen des § 679 BGB vorliegen. Die Regelung des § 679 BGB setzt dabei zunächst die nicht rechtzeitige Erfüllung der dem Geschäftsherrn obliegenden Verpflichtung voraus. Nicht rechtzeitig im Sinne des § 679 BGB handelt der Geschäftsherr, wenn er seiner Pflicht zur Gefahrbeseitigung bzw. Herstellung baurechtskonformer Zustände nach Eintritt der sicherheitsrechtlichen Störung nicht nachkommt. Darüber hinaus muss nach § 679 Alt. 1 BGB die Erfüllung der Pflicht des Geschäftsherrn im öffentlichen Interesse liegen. Ein derart gesteigertes öffentliches Interesse ist anzunehmen, wenn die Geschäftsführung ohne Auftrag der Erfüllung einer sich aus der materiellen Polizeipflicht ergebenden Gefahrenabwehrpflicht des Geschäftsherrn zur Beseitigung von Lebens- und Gesundheitsgefahren nach Art. 7 Abs. 2 Nr. 3 LStVG in Verbindung mit Art. 9 Abs. 1, 2 LStVG dient; dann sind die Voraussetzungen des § 679 BGB grundsätzlich erfüllt. Anders ist die Situation jedoch, wenn es um die Pflicht des Geschäftsherrn nach Art. 54 Abs. 2 S. 1, 2 BayBO in Verbindung mit Art. 9 Abs. 1, 2 LStVG geht, den baurechtswidrigen Zustand des in seinem (Mit-)Eigentum stehenden Gebäudes zu beseitigen. Bei einer durch den Geschäftsführer wahrgenommenen Störungsbeseitigungspflicht des Geschäftsherrn hinsichtlich eines bloß baurechtswidrigen Gebäudes wird regelmäßig eine Überwindung des der Geschäftsbesorgung entgegenstehenden Willens des Geschäftsherrn nach § 679 Alt. 1 BGB nicht möglich sein. Damit könnte in der Konsequenz eine solche Geschäftsbesorgung regelmäßig nicht durch eine berechtigte Geschäftsführung ohne Auftrag nach §§ 677, 679 Alt. 1, 683 S. 2 BGB legitimiert werden. In der betrachteten Fallkonstellation kann im Rahmen einer berechtigten Geschäftsführung ohne Auftrag entgegen dem Willen des drittberechtigten Eigentümers als Geschäftsherrn nur eine Beseitigungspflicht wahrgenommen werden, die aus einer durch das Gebäude verursachten Gefahr für Leben- oder Gesundheit von Menschen gemäß der Art. 7 Abs. 2 Nr. 3 LStVG in Verbindung mit Art. 9 Abs. 1, 2 LStVG herrührt.

Wenn der Wille des Geschäftsherrn hinsichtlich der Geschäftsübernahme nach § 679 Alt. 1 BGB irrelevant ist, müsste die nunmehr prinzipiell rechtmäßige Übernahme der Geschäftsbesorgung durch den Geschäftsführer aber auch hinsichtlich ihrer Ausführung den Maßstäben einer berechtigten Geschäftsführung ohne Auftrag gemäß § 677 BGB entsprechen, wenn die Geschäftsbesorgung in legitimer Weise gegenüber dem Geschäftsherrn erfolgen soll. Hinsichtlich der Ausführungshandlung ist im Rahmen einer Geschäftsführung ohne Auftrag grundsätzlich das Interesse des Geschäftsherrn maßgeblich, hilfsweise dessen mutmaßlicher Wille. Bei Anwendung von § 679 Alt. 1 BGB soll jedoch für die Art und Weise der Ausführung der Geschäftsbesorgung nicht das Interesse des Geschäftsherrn maßgeblich sein, sondern das Interesse des gefährdeten Dritten bzw. der Allgemeinheit, in deren Interesse die Pflicht des Geschäftsherrn besteht. Als Korrektiv, um die Interessen des Geschäftsherrn weiterhin zumindest zu berücksichtigen und mit den Interessen der durch die Geschäftsbesorgung Begünstigten in Ausgleich zu bringen, muss die vom Geschäftsführer getroffene Maßnahme verhältnismäßig sein. Der Geschäftsführer ist jedoch an die Vorgaben der ihn verpflichtenden Abrissverfügung gebunden. Die auf Grundlage des Art. 7 Abs. 2 Nr. 3 LStVG erlassene Abrissverfügung muss wiederum dem auch für die Pflicht des Geschäftsherrn bestehenden Ziel der möglichst effektiven Gefahrbeseitigung zu Gunsten der konkret Gefährdeten bzw. der Allgemeinheit dienen und ihrerseits dem Grundsatz der Verhältnismäßigkeit gerecht werden. Damit entspricht die durch die Sicherheitsbehörde gegenüber dem Geschäftsführer ausgesprochene Verpflichtung regelmäßig auch den Anforderungen, die an die Ausführungsmaßnahme einer Geschäftsführung ohne Auftrag im Sinne des § 677 BGB gestellt werden. Verhält sich der Geschäftsführer den behördlichen Vorgaben entsprechend, so erfüllt er die Voraussetzungen einer berechtigten Geschäftsführung ohne Auftrag im Sinne der §§ 677, 679 Alt. 1, 683 S. 2 BGB.

- Das Selbstvornahmerecht des Mieters nach § 536a Abs. 2 BGB

Sofern der durch die behördliche Verfügung in Anspruch genommene Adressat zugleich der Mieter des drittberechtigten Eigentümers ist und deshalb die Anwendbarkeit der Regelungen über die Geschäftsführung ohne Auftrag aufgrund von vertraglichen Spezialvorschriften, etwa aus dem mietvertraglichen Gewährleistungsrecht, ausgeschlossen ist, könnte sich aber – wie bereits angesprochen – ein Selbstvornahmerecht des Verfügungsadressaten aus § 536a Abs. 2 BGB ergeben.[778]

Die erste Voraussetzung für ein etwaiges Selbstvornahmerecht des Mieters ist – neben dem Bestehen des Mietverhältnisses als solchem – ein Mangel im Sinne des § 536 BGB. Ein Mangel im Sinne des § 536 BGB ist jede dem Mieter nachteilige Abweichung der tatsächlichen von der vertraglich vereinbarten Beschaffenheit der Mietsache, die deren Gebrauchstauglichkeit beeinträchtigt.[779] Im vorliegend betrachtete Fall kommen grundsätzlich zwei Anknüpfungspunkte für einen Mangel der Mietsache im Sinne des § 536 BGB in Betracht.

So stellt zunächst die Einschränkung des vertragsgemäßen Gebrauchs der Mietsache durch eine öffentlich-rechtliche Maßnahme einen Sachmangel im Sinne des § 536 BGB dar, sofern diese Beschränkung aus der Sache selbst, also deren Beschaffenheit oder Lage und nicht den persönlichen oder betrieblichen Umständen des Mieters resultiert.[780] Hierzu zählt insbesondere auch ein behördliches Abbruchgebot.[781] Grundlage des behördlichen Einschreitens kann dabei insbesondere die Baurechtswidrigkeit eines Gebäudes, aber auch eine davon ausgehende, sicherheitsrechtliche Gefahr sein.[782] Erforderlich ist, dass der vertragsgemäße Gebrauch auch tatsächlich eingeschränkt ist, also die auf dem rechtswidrigen Zustand des Mietgegenstandes beruhende behördliche Maßnahme nicht nur abstrakt oder unter Umständen in ferner Zukunft möglich, sondern bereits erlassen oder zu erwarten ist.[783] Sofern eine Abrissverfügung bereits ergangen ist, liegt damit jedenfalls

---

[778] Siehe Kapitel 2, § 2 A. V. 2. c) aa) (3) (a) (bb) (δ) (γγ).

[779] BGH, Urt. v. 16.02.2000, XII ZR 279/97 (Naumburg), NJW 2000, 1714; MüKoBGB Band 5/*M. Häublein*, BGB § 536 Rn. 3; BeckOK MietR/*P. Schüller*, BGB § 536 Rn. 5.

[780] LG Potsdam, Urt. v. 27.02.2015, 13 S 46/14, NJOZ 2015, 1563 ff.; MüKoBGB Band 5/*M. Häublein*, BGB § 536 Rn. 31; Schulze/*A. Scheuch*, BGB § 536 Rn. 11.

[781] Schmidt-Futterer/*N. Eisenschmid*, BGB § 536 Rn. 84 f.; BeckOGK/*M. Bieder*, BGB § 536 Rn. 63.

[782] Blank/Börstinghaus/*H. Blank/U. P. Börstinghaus*, 6. Aufl., BGB § 536 Rn. 27; der Vermieter ist verantwortlich, dass die auf das Mietobjekt bezogenen bauplanungs- und bauordnungsrechtlichen Bestimmungen sowie die maßgeblichen Gesundheits- und Sicherheitsvorschriften eingehalten werden, vgl. *P. Günter*, NZM 2016, 569 (570 f.).

[783] MüKoBGB Band 5/*M. Häublein*, BGB § 536 Rn. 31; Schmidt-Futterer/*N. Eisenschmid*, BGB § 536 Rn. 95; Blank/Börstinghaus/*H. Blank/U. P. Börstinghaus*, 6. Aufl., BGB § 536

ein Mangel im Sinne des § 536 BGB vor. Bezogen auf den vorliegend betrachteten Fall würde also die gegenüber dem Mieter erlassene behördliche Verpflichtung zum Abriss oder Rückbau des Mietobjektes, die auf dessen rechtswidrigem Zustand fußt – der sich wiederum aus der Beschaffenheit oder Lage des Mietobjekts ergibt – und dessen vertragsgemäße Nutzung beeinträchtigt, einen Mangel im Sinne des § 536 BGB darstellen.

Daneben handelt es sich aber auch bei Baumängeln, wie etwa Mauerwerksrissen, Fehlern im Bereich der Statik, unzureichend tragfähigen Fundamenten und Zwischendecken, undichten oder sonst schadhaften Dächer, Balkonen, Schornsteinen, Fenstern und Türen um Mängel im Sinne des § 536 BGB, sofern sie sich in optischer, funktionaler oder finanzieller Hinsicht auf den Mietgebrauch auswirken.[784] Verstößt ein Mietobjekt aufgrund seines baulichen Zustandes gegen öffentlich-rechtliche Vorgaben, die aus Gründen des Gesundheitsschutzes oder der Sicherheit an Wohn- oder Geschäftsräume gestellt werden, ist dies ebenfalls als eine für den Vertragszweck unzureichende bauliche Beschaffenheit der Mietsache zu bewerten und stellt damit auch unabhängig von einem – vorstehend beschriebenen – behördlichen Einschreiten bereits für sich genommen einen Mangel der Mietsache nach § 536 BGB dar.[785] Beruht im vorliegend betrachteten Fall die gegenüber dem Mieter erlassene Abrissverfügung auf dem mit bau- oder sicherheitsrechtlich relevanten Baumängeln behafteten Zustand des Mietobjektes, können diese Baumängel – bereits für sich genommen – zugleich einen mietrechtlich relevanten Mangel im Sinne des § 536 BGB darstellen.

Zur Beseitigung eines solchen Mangels nach § 536 BGB ist der Mieter nach § 536a Abs. 2 BGB dann berechtigt, wenn sich der Vermieter mit der Mangelbeseitigung in Verzug befindet oder wenn die umgehende Mangelbeseitigung zur Erhaltung oder Wiederherstellung des Bestands der Mietsache notwendig ist.[786] Die Voraussetzungen für den Verzug des Vermieters im Sinne des § 536a Abs. 2 Nr. 1 BGB richten sich dabei nach § 286 BGB.[787] Demnach gerät der Vermieter in Verzug, wenn seine Pflicht zur Beseitigung des Mangels fällig und nicht nach § 275 BGB wegen Unmöglichkeit ausgeschlossen ist, er das Beschaffenheitsdefizit der Miet-

---

Rn. 28; a. A. BeckOGK/*M. Bieder*, BGB § 536 Rn. 63, der davon ausgeht, dass schon der rechtswidrige Zustand der Mietsache zur Mangelhaftigkeit führt; jedenfalls im Einzelfall genügt wohl auch die bloße (Bau-)Rechtswidrigkeit des Mietobjektes, ohne dass es eines behördlichen Einschreitens bedarf, vgl. KG, Urt. v. 23.05.2016, 8 U 10/15, NJOZ 2016, 1236.

[784] BeckOGK/*M. Bieder*, BGB § 536 Rn. 40 m. w. N.; MüKoBGB Band 5/*M. Häublein*, BGB § 536 Rn. 10 m. w. N.

[785] Blank/Börstinghaus/*H. Blank/U. P. Börstinghaus*, 6. Aufl., BGB § 536 Rn. 27 m. w. N.

[786] BeckOGK/*M. Bieder*, BGB § 536a Rn. 34; Schmidt-Futterer/*N. Eisenschmid*, BGB § 536a Rn. 104; Blank/Börstinghaus/*H. Blank/U. P. Börstinghaus*, 6. Aufl., BGB § 536a Rn. 54.

[787] *B. Gramlich*, Kommentar zum Mietrecht, 15. Aufl. 2019, BGB § 536a Rn. 5; BeckOGK/*M. Bieder*, BGB § 536a Rn. 18, 44; Blank/Börstinghaus/Siegmund/*A. Siegmund*, BGB § 536a Rn. 46.

sache auf eine Mahnung des Mieters hin – sofern diese nicht ausnahmsweise gemäß § 286 Abs. 2 BGB entbehrlich ist – nicht behebt und er sich für die nicht rechtzeitige Leistung auch nicht nach § 286 Abs. 4 BGB entlasten kann.[788] Darüber hinaus ist dem Vermieter, auch wenn seine Beseitigungspflicht mit dem Auftreten des Mangels entsteht und fällig wird, obwohl der Verzug streng genommen bereits mit dem Zugang der Mahnung beim Schuldner eintritt, noch ein angemessener Zeitraum zur Mangelbehebung einzuräumen.[789]

Die umgehend notwendige Mangelbeseitigung zur Erhaltung oder Wiederherstellung des Bestands der Mietsache nach § 536a Abs. 2 Nr. 2 BGB setzt zunächst voraus, dass die Mangelbeseitigung sich als notwendige Verwendung auf die Mietsache darstellen, der Mietsache also unmittelbar zugutekommen und gerade ihrem Erhalt oder ihrer Wiederherstellung dienen muss.[790] Hierbei ist jedoch zu berücksichtigen, dass es sich stets um Aufwendungen zur Mangelbeseitigung zu handeln hat, weshalb etwa die Wiederherstellung einer vollständig zerstörten Mietsache nicht von der Vorschrift erfasst wird. Bei einer vollständigen Zerstörung der Mietsache läge im Hinblick auf die Gebrauchsüberlassungspflicht des Vermieters keine mangelhafte Leistung, sondern Unmöglichkeit vor.[791] Auch Maßnahmen, die die Mietsache lediglich verbessern oder verändern, fallen nicht unter die Vorschrift des § 536a Abs. 2 Nr. 2 BGB.[792] Darüber hinaus muss die umgehende Beseitigung des Mangels für den Bestand der Mietsache objektiv notwendig sein, sodass auch vor dem Hintergrund der Regelung des § 536a Abs. 2 Nr. 1 BGB durch die Vorschrift des § 536a Abs. 2 Nr. 2 BGB nur Notmaßnahmen erfasst sind, die keinen Aufschub dulden, bis der Vermieter selbst Abhilfe schaffen kann.[793]

Liegen die Voraussetzungen des § 536a Abs. 2 BGB vor, hat der Vermieter die Mangelbeseitigungsarbeiten des Mieters oder von ihm beauftragter Handwerker zu dulden, wobei notwendige Eingriffe in die Substanz der Mietsache gerechtfertigt sind.[794] Auch die in Mietverträgen häufig zu findenden Formulierungen, wonach es dem Mieter verboten ist, bauliche Veränderungen an der Mietsache vorzunehmen

---

[788] BeckOGK/*M. Bieder*, BGB § 536a Rn. 18, 44; Schmidt-Futterer/*N. Eisenschmid*, BGB § 536a Rn. 112 ff.; Blank/Börstinghaus/Siegmund/*A. Siegmund*, BGB § 536a Rn. 46.

[789] Blank/Börstinghaus/Siegmund/*A. Siegmund*, BGB § 536a Rn. 46; BeckOK BGB/*J. Wiederhold*, BGB § 536a Rn. 37; BeckOGK/*M. Bieder*, BGB § 536a Rn. 18, 44, der von einer angemessenen Frist zur Mangelbeseitigung spricht.

[790] BeckOGK/*M. Bieder*, BGB § 536a Rn. 45; BeckOK BGB/*J. Wiederhold*, BGB § 536a Rn. 39.

[791] BeckOGK/*M. Bieder*, BGB § 536a Rn. 48; MüKoBGB Band 5/*M. Häublein*, BGB § 536a Rn. 27.

[792] BeckOGK/*M. Bieder*, BGB § 536a Rn. 47; Staudinger/*V. Emmerich*, Buch 2 (§§ 535–556g BGB), BGB § 536a Rn. 39; BeckOK BGB/*J. Wiederhold*, BGB § 536a Rn. 39 m. w. N.

[793] MüKoBGB Band 5/*M. Häublein*, BGB § 536a Rn. 28; BeckOK BGB/*J. Wiederhold*, BGB § 536a Rn. 39; Staudinger/*V. Emmerich*, Buch 2 (§§ 535–556g BGB), BGB § 536a Rn. 39.

[794] BeckOGK/*M. Bieder*, BGB § 536a Rn. 34; MüKoBGB Band 5/*M. Häublein*, BGB § 536a Rn. 32; Staudinger/*V. Emmerich*, Buch 2 (§§ 535–556g BGB), BGB § 536a Rn. 28.

oder wonach der Mieter bauliche Veränderungen an der Mietsache nur mit Zustimmung des Vermieters vornehmen darf, schließen das Recht zur Selbsthilfe nach § 536a Abs. 2 BGB nicht aus. Eine solche Vereinbarung betrifft im Zweifel nur die Veränderung einer mangelfreien Sache.[795] Das Selbstbeseitigungsrecht berechtigt den Mieter dabei nicht nur zu solchen Maßnahmen, die der Beseitigung einer unmittelbar bestehenden Gefahr dienen. Vielmehr ist er berechtigt, die zur dauerhaften Mangelbeseitigung erforderlichen Maßnahmen durchzuführen.[796] Entscheidet sich der Mieter für die Selbstbeseitigung, schuldet er eine fachgerechte Arbeit, die er selbst vornehmen oder durch eine Fachfirma ausführen lassen kann.[797] Stehen mehrere geeignete Maßnahmen zur Mängelbeseitigung zur Wahl, wie etwa die Reparatur oder die Neubeschaffung eines Gegenstandes, so muss der Mieter dem Vermieter zunächst Gelegenheit zur Leistungsbestimmung einräumen; bleibt der Vermieter jedoch untätig, so geht das Leistungsbestimmungsrecht auf den Mieter über.[798] Das Leistungsbestimmungsrecht darf dann durch den Mieter unter Beachtung des Wirtschaftlichkeitsgrundsatzes und unter Berücksichtigung der Interessen des Vermieters ausgeübt werden.[799]

Bezogen auf den vorliegend betrachteten Fall ist jedoch fraglich, ob sich die dem Mietobjekt nach § 536 BGB anhaftenden Mängel, die sich einmal aus der gegenüber dem Mieter erlassenen, den Mietgebrauch beeinträchtigenden behördlichen Abrissverfügung oder – je nach Einzelfall – aus dem der Abrissverfügung zugrundeliegenden, ebenfalls den Mietgebrauch beeinträchtigenden Gebäudezustand selbst ergeben können, mittels des behördlich vom Mieter verlangten Abrisses bzw. Rückbaus des Mietobjektes auch beseitigen lassen bzw. die Handlungen des Mieters dabei aufgrund eines Selbstvornahmerechts nach § 536a Abs. 2 BGB auch gerechtfertigt wären. Hierbei ist zunächst festzustellen, dass ein vollständig zerstörter Mietgegenstand nicht mehr als mangelhaft im Sinne des § 536 BGB gelten kann, sondern die vollständige Zerstörung des Mietgegenstandes vielmehr zur Unmöglichkeit der Mietvertragserfüllung nach § 275 Abs. 1 BGB führen würde.[800] In einem solchen Fall kämen die mietvertraglichen Gewährleistungsrechte nicht mehr zum Tragen.[801] Vielmehr würde bei einer vollständigen und unwiederbringlichen Zer-

---

[795] Schmidt-Futterer/*N. Eisenschmid*, BGB § 536a Rn. 108; MüKoBGB Band 5/*M. Häublein*, BGB § 536a Rn. 33 m.w.N.

[796] Blank/Börstinghaus/*H. Blank/U. P. Börstinghaus*, 6. Aufl., BGB § 536a Rn. 63.

[797] Schmidt-Futterer/*N. Eisenschmid*, BGB § 536a Rn. 136; Blank/Börstinghaus/*H. Blank/U. P. Börstinghaus*, 6. Aufl., BGB § 536a Rn. 63.

[798] Schmidt-Futterer/*N. Eisenschmid*, BGB § 536a Rn. 139; Blank/Börstinghaus/*H. Blank/U. P. Börstinghaus*, 6. Aufl., BGB § 536a Rn. 63.

[799] Schmidt-Futterer/*N. Eisenschmid*, BGB § 536a Rn. 139; Blank/Börstinghaus/*H. Blank/U. P. Börstinghaus*, 6. Aufl., BGB § 536a Rn. 63.

[800] *J. Fritz*, in: Fritz/Geldmacher/Leo, Gewerberaummietrecht, 5. Aufl. 2024, § 4 C. Rn. 133; Blank/Börstinghaus/Siegmund/*A. Siegmund*, BGB § 536a Rn. 10; *J. Hübner*, in: Lindner-Figura/Oprée/Stellmann, Geschäftsraummiete, 5. Aufl. 2023, § 14 Rn. 232 f.

[801] *J. Hübner*, in: Lindner-Figura/Oprée/Stellmann, Geschäftsraummiete, 5. Aufl. 2023, § 14, Rn. 233.

störung des gesamten Mietgegenstandes letztlich das Mietverhältnis kraft Gesetzes erlöschen.[802] Eine vollständige Zerstörung, die zur Unmöglichkeit der Mietvertragserfüllung führen würde, liegt dabei nicht erst dann vor, wenn kein Stein des Gebäudes mehr auf dem anderen steht. Maßgebend soll eine funktionelle Betrachtung sein, bei der es darauf ankommt, ob der erhaltene Teil des Gebäudes eigenständig wirtschaftlich sinnvoll nutzbar ist und die Identität des Mietgegenstandes gewahrt bleibt.[803] Vor diesem Hintergrund kann – im Umkehrschluss – eine komplette Zerstörung des Mietgegenstandes keinesfalls eine Beseitigung von dem Mietgegenstand anhaftenden Mängeln im Sinne des § 536a Abs. 2 BGB darstellen. Besteht keine andere tatsächlich umsetzbare oder wirtschaftlich zumutbare Möglichkeit, die Beeinträchtigungen der vertragsgemäßen Nutzung des Mietgegenstandes zu beheben und diesen dabei zu erhalten, ist eine „Mangelbeseitigung“[804] schlicht unmöglich.[805]

Umgekehrt sind im Einzelfall durchaus Fallkonstellationen denkbar, bei welchen der Umbau eines Gebäudes durch den Mieter im Wege des teilweisen Rück- und gegebenenfalls Wiederaufbau des Gebäudes die Behebung eines mietvertraglich relevanten Mangels darstellen und durch § 536a Abs. 2 BGB gerechtfertigt sein kann. Letztlich hängt die Bewertung vom jeweiligen Sachverhalt und insbesondere den konkreten mietvertraglichen Vereinbarungen sowie der daraus folgenden Betrachtung des Mietgegenstandes ab. Es wäre beispielsweise eine Fallkonstellationen denkbar, in der ein einsturzgefährdeter und damit sowohl bau- wie sicherheitsrechtswidriger und darüber hinaus auch im Sinne des Mietrechts mangelhafter Gebäudeteil die Nutzung des gesamten vermieteten Gebäudes wegen des vom schadhaften Gebäudeteil ausgehenden Gesundheitsrisikos für die Gebäudenutzer und Passanten einschränkt.[806] Stellt man nur auf den schadhaften Gebäudeteil ab, wäre durch dessen Abriss die Beschädigung dieses Gebäudeteils nicht im Sinne einer Mangelbeseitigung ausgeräumt. Es wäre weder die Nutzungsbeeinträchtigung durch eine auf dem rechtswidrigen Zustand des Gebäudeteiles fußende behördlichen Abrissverfügung noch der mietrechtlich relevante Schaden an der Gebäudesubstanz behoben. Ginge man jedoch beispielsweise davon aus, dass der schadhafte Gebäudeteil (wirtschaftlich) alternativlos abzureißen und für den Mietgebrauch nicht relevant ist und nähme das gesamte Gebäude in den Blick, könnte durch die Abrisshandlung des Mieters die Mangelhaftigkeit und Unbrauchbarkeit des gesamten

---

[802] LG Karlsruhe, Urt. v. 07.04.2004, 10 O 683/03, NZM 2005, 221; Blank/Börstinghaus/Siegmund/*A. Siegmund*, BGB § 536a Rn. 10; jeweils m. w. N.

[803] OLG Stuttgart, Urt. v. 11.01.2010, 5 U 119/09, juris.

[804] Es kann in einem solchen Fall konsequenterweise schon gar nicht mehr von einem „Mangel“ die Rede sein, vgl. *J. Hübner*, in: Lindner-Figura/Oprée/Stellmann, Geschäftsraummiete, 5. Aufl. 2023, § 14, Rn. 233.

[805] Vgl. allgemein zur Unmöglichkeit der Mangelbeseitigung im mietvertraglichen Gewährleistungsrecht, BeckOGK/*M. Bieder*, BGB § 536 Rn. 9 f.

[806] Vgl. etwa den dem Urteil des LG Rostock, Urt. v. 08.03.2019, 3 O 377/17 (2), BeckRS 2019, 32604, zugrundeliegenden Sachverhalt.

Mietgegenstandes abgewendet werden, wenn die Nutzung des verbleibenden Gebäudeteiles nach dem Abriss des schadhaften Teiles wieder gefahrlos möglich wäre. Dabei würde einerseits die aus der Bau- und Sicherheitsrechtswidrigkeit folgende Beeinträchtigung des Gebrauchs der verbleibenden Mietsache, die womöglich nicht von der Abrissverfügung selbst, jedenfalls aber mit hoher Wahrscheinlichkeit von einem (akut drohenden) Nutzungsverbot betroffen sein dürfte, ausgeräumt; andererseits wäre auch die aus der sicherheitsrechtlichen Gefahr als solcher bereits folgende Mangelhaftigkeit der Mietsache im Sinne des § 536 BGB im Hinblick auf den Gebäuderest behoben. Bei einer solchen Umbaumaßnahme wäre es jedoch für den Mieter unerlässlich (zu versuchen), den Eigentümer umfassend einzubeziehen.[807]

Im Ergebnis ist es im Einzelfall denkbar, dass der dem Erhalt der Mietsache dienende, nur teilweise Rückbau eines Gebäudes durch den Mieter im Sinne des § 536a Abs. 2 BGB gerechtfertigt ist. Im Vergleich zu den vorstehend erörterten Eingriffsmöglichkeiten im Rahmen einer berechtigten Geschäftsführung ohne Auftrag im öffentlichen Interesse im Sinne der §§ 677, 679 Alt. 1, 683 S. 2 BGB ist der Handlungsspielraum des durch den Mietvertrag gebundenen Verfügungsadressaten aber deutlich kleiner. Es macht für die Frage, inwieweit der Verfügungsadressat bei einer etwaigen Abrisshandlung gerechtfertigt handelt, also durchaus einen Unterschied, ob ein den Anwendungsbereich der Geschäftsführung ohne Auftrag ausschließendes Mietverhältnis zwischen dem Verfügungsadressaten und dem Gebäudeeigentümer besteht oder eben nicht und ob damit die Geschäftsführung ohne Auftrag zur Anwendung kommen kann.

(cc) Zwischenergebnis zur Frage nach der Nichtigkeit der Grundverfügung gemäß § 44 Abs. 2 Nr. 5 VwVfG

Eine Abrissverfügung, die ihren Adressaten zu einem Eingriff in die Eigentumsposition des drittberechtigten (Mit-)Eigentümers verpflichtet, ist grundsätzlich rechtswidrig und zugleich nach § 44 Abs. 2 Nr. 5 VwVfG nichtig, da sie die Begehung einer Straftat in Form einer Sachbeschädigung nach § 303 StGB verlangt, sofern der Eingriff in die Eigentumsposition des drittberechtigten (Mit-)Eigentümers nicht gerechtfertigt werden kann. Der verpflichtende Verwaltungsakt kann die verlangte Abrisshandlung aus sich selbst heraus nicht rechtfertigen, da das Ergebnis im Hinblick auf die Regelung des § 44 Abs. 2 Nr. 5 VwVfG stets zirkulär wäre. Neben der Einwilligung des Drittberechtigten, die den Eingriff in dessen Eigentumsposition legitimieren würde, kann eine Rechtfertigung des Eingriffs in die Eigentumsposition des drittberechtigten (Mit-)Eigentümers nur aus dem Gesetz folgen. Dafür gibt es grundsätzlich zwei Möglichkeiten: Entweder greift ein gesetzlicher Rechtfertigungsgrund nach § 34 StGB oder § 228 BGB, was zum Schutz vor akuten Gefahren für Individualrechtsgüter wie Leben und Gesundheit der Fall sein kann, wenn die Abwendung eines Schadens für diese Individualrechtsgüter bei Abwarten weitere staatlicher Maßnahmen, wie etwa einer Duldungsverfügung gegenüber dem dritt-

[807] AG Stuttgart, Urt. v. 12.03.2021, 35 C 1278/20, juris, Rn. 26.

berechtigten (Mit-)Eigentümer, nicht mehr rechtzeitig erfolgen könnte. Ein solcher Fall könnte beispielsweise bei einem besonders baufälligen Gebäude eintreten. Oder der durch die behördliche Verpflichtung in Anspruch Genommene handelt im Rahmen einer Geschäftsführung ohne Auftrag im öffentlichen Interesse im Sinne der §§ 677, 679 Alt. 1, 683 S. 2 BGB. So kann im Rahmen einer berechtigten Geschäftsführung ohne Auftrag durch den Adressaten der Abrissverfügung als Geschäftsführer entgegen dem Willen des drittberechtigten Gebäudeeigentümers als Geschäftsherrn dessen Pflicht zur Beseitigung einer durch dessen Gebäude verursachten Gefahr für Leben oder Gesundheit von Menschen wahrgenommen werden, die aus der in Art. 7 Abs. 2 Nr. 3 LStVG in Verbindung mit Art. 9 Abs. 1, 2 LStVG normierten materiellen Polizeipflichtigkeit des drittberechtigten Gebäudeeigentümers herrührt. Soll durch den Adressaten der Abrissverfügung lediglich ein baurechtswidriger Zustand beseitigt werden, können diese gesetzlichen Rechtfertigungsgründe für einen Eingriff in die Eigentumsposition des drittberechtigten (Mit-) Eigentümers aber regelmäßig nicht herangezogen werden. Sofern der durch die behördliche Verfügung in Anspruch genommene Adressat zugleich der Mieter des drittberechtigten Eigentümers ist und deshalb die Anwendbarkeit der Regelungen über die Geschäftsführung ohne Auftrag aufgrund von mietvertraglichen Spezialvorschriften ausgeschlossen ist, ist es im Einzelfall denkbar, dass der dem Erhalt der Mietsache dienende, nur teilweise Rückbau eines Gebäudes durch den Mieter im Sinne des § 536a Abs. 2 BGB gerechtfertigt ist. Verlangt die Behörde vom Adressaten der Abrissverfügung also den Abriss eines Gebäudes zur Abwehr einer davon ausgehenden Gefahr für Leben- oder Gesundheit von Menschen, kann es zu einer Rechtfertigung der Handlung des Verfügungsadressaten, insbesondere durch eine Geschäftsführung ohne Auftrag gegenüber dem Gebäudeeigentümer kommen. Dann würde vom Adressaten der Abrissverfügung keine Straftat verlangt werden und die Abrissverfügung wäre weder rechtswidrig noch nach § 44 Abs. 2 Nr. 5 VwVfG nichtig. Verlangt die Sicherheitsbehörde aber den Abriss eines Gebäudes aufgrund von dessen Baurechtswidrigkeit, verlangt sie mangels Rechtfertigung vom Verfügungsadressaten regelmäßig ein strafrechtlich relevantes Verhalten, sodass die Abrissverfügung rechtswidrig und gemäß § 44 Abs. 2 Nr. 5 VwVfG nichtig ist.

(b) Nichtigkeit wegen eines besonders schwerwiegenden Fehlers nach § 44 Abs. 1 VwVfG

Zum Teil wird, mit nicht immer gleicher Begründung, vertreten, dass sich die Nichtigkeit der Grundverfügung im vorliegenden Fall nicht nur aus § 44 Abs. 2 Nr. 5 VwVfG ergeben könne, sondern darüber hinaus auch aus § 44 Abs. 1 VwVfG.[808] Die Regelung des § 44 Abs. 1 VwVfG spielt jedoch für die betrachtete Fallvariante, bei der der Verfügungsadressat zu einer Handlung verpflichtet wird, die in die Eigen-

---

[808] Huck/Müller/*M. Müller*, VwVfG § 44 Rn. 16f.; Mann/Sennekamp/Uechtritz/*A. Leisner-Egensperger*, VwVfG § 44 Rn. 39; Stelkens/Bonk/Sachs/*M. Sachs*, VwVfG § 44 Rn. 150f.

tumsposition eines Drittberechtigten eingreifen würde, aus mehreren Gründen keine Rolle.

(aa) Kein eigener Anwendungsbereich des § 44 Abs. 1 VwVfG neben § 44 Abs. 2 Nr. 5 VwVfG

Zunächst ist festzuhalten, dass § 44 Abs. 2 Nr. 5 VwVfG eine für die vorliegend betrachtete Konstellation einschlägige Regelung enthält, da eine Abrissverfügung, die einen Eingriff ihres Adressaten in die Eigentumsposition eines Drittberechtigten verlangt, den Verfügungsadressaten regelmäßig zu gleich zu einem Verstoß gegen das Strafgesetz – namentlich § 303 StGB – verpflichtet, sofern der vom Verfügungsadressaten geforderte Eingriff in die Eigentumsposition des Drittberechtigten nicht in der bereits ausführlich dargestellten Weise gerechtfertigt ist. Somit ergibt sich entweder die Nichtigkeitsfolge des Verwaltungsaktes bereits aus der Regelung des § 44 Abs. 2 Nr. 5 VwVfG, die der Vorschrift des § 44 Abs. 1 VwVfG vorgeht. Oder es liegt aufgrund der Rechtfertigung des mit der vom Verfügungsadressaten verlangten Abrissmaßnahme einhergehenden Eingriffs in die Eigentumsposition des Drittberechtigten schon keine Verpflichtung zu einer mit der Eigentumsposition des Drittberechtigten in einem rechtlichen Konflikt stehenden – rechtlich unmöglichen – Handlung vor, sodass der Verwaltungsakt bereits an keinem Rechtsfehler leidet, der dessen Nichtigkeit nach § 44 Abs. 1 VwVfG nach sich ziehen könnte.

Dieses Ergebnis setzt jedoch voraus, dass bei einer strafrechtlichen Rechtfertigung der vom Verfügungsadressaten verlangten Abrissmaßnahme das dem Verfügungsadressaten auferlegte Verhalten auch zugleich zivilrechtlich gerechtfertigt ist. Anderenfalls bestünde die Möglichkeit, dass aufgrund eines auf Ebene des Zivilrechts fortbestehenden Konfliktes der vom Adressaten der Abrissverfügung verlangten Handlung mit der Eigentumsposition des Drittberechtigten vom Verfügungsadressaten weiterhin etwas rechtlich Unmögliches verlangt werden würde, was die Rechtswidrigkeit der Abrissverfügung und gegebenenfalls auch deren Nichtigkeit nach § 44 Abs. 1 VwVfG nach sich ziehen könnte.

In diesem Zusammenhang ist zu beachten, dass die strafrechtliche Rechtfertigung eines Verhaltens grundsätzlich nichts über ihre zivilrechtliche Rechtmäßigkeit aussagt.[809] Vielmehr sind in den Teilrechtsordnungen unterschiedliche Begriffe von Rechtmäßigkeit und Rechtswidrigkeit denkbar, um den verschiedenen Regelungszwecken der Teilrechtsordnungen entsprechend Rechnung zu tragen.[810] So ist es das Ziel des Straf- und Ordnungswidrigkeitenrechts, sozialschädliches Verhaltens zu sanktionieren, während das Zivilrecht Ausgleich zwischen privaten Interessen schaffen soll und dabei überwiegend auf Störungen der Güterzuordnung reagiert.[811] Es kann sein, dass ein zivilrechtlich gerechtfertigtes Verhalten weiterhin strafrechtliche Relevanz besitzt. Ein Beispiel hierfür ist der Fall, in dem bei Vorliegen der

---

[809] *J. Braun*, NJW 1998, 941; MüKoBGB Band 1/*H. Grothe*, BGB § 228 Rn. 2.

[810] *J. Braun*, NJW 1998, 941; MüKoBGB Band 1/*H. Grothe*, BGB § 228 Rn. 2.

[811] MüKoBGB Band 1/*H. Grothe*, BGB § 227 Rn. 1.

objektiven Voraussetzungen eines Rechtfertigungsgrundes die handelnde Person ohne den strafrechtlich erforderlichen subjektiven Abwehrwillen handelt. Zivilrechtlich ist das Verhalten gerechtfertigt, es entstehen grundsätzlich unabhängig vom Verteidigungswillen des Handelnden keine Ersatzansprüche.[812] Strafrechtlich ist die vollendete Tat gleichermaßen gerechtfertigt, allerdings verbleibt eine Versuchsstrafbarkeit, wie bereits dargestellt.[813] Dieser Fall hat für die vorliegende Konstellation aber letztlich keine Folgen, da die Versuchsstrafbarkeit für § 44 Abs. 2 Nr. 5 VwVfG schon keine Rolle spielen kann. Bei der Versuchsstrafbarkeit wird maßgeblich an die Gesinnung des Täters angeknüpft, welche wiederum für die Folgen des § 44 Abs. 2 Nr. 5 VwVfG irrelevant ist.[814] Darüber hinaus verbleibt auch kein Anknüpfungspunkt für die Rechtswidrigkeit bzw. darauf aufbauende Nichtigkeit der Abrissverfügung nach § 44 Abs. 1 VwVfG wegen der Unmöglichkeit der durch die Abrissverfügung verlangten Abrissmaßnahme, da im Übrigen sowohl eine strafrechtlich wie auch zivilrechtliche Rechtfertigung der Abrissmaßnahme vorliegen würde. Anders wäre die Situation nur dann, wenn es umgekehrt zu einer strafrechtlichen Rechtfertigung des Verhaltens kommt, aber zivilrechtlich weiterhin ein beispielsweise gegen § 823 Abs. 1 BGB verstoßendes, eine Schadensersatzpflicht auslösendes rechtswidriges Verhalten vorläge.[815] Hier wäre mangels eines strafrechtlich relevanten Verhaltens der Tatbestand des § 44 Abs. 2 Nr. 5 VwVfG nicht erfüllt. Es bestünde aber die Möglichkeit, dass der vom Adressaten der Abrissverfügung verlangte, zivilrechtlich nicht gerechtfertigte Eingriff in die Eigentumsposition des Drittberechtigten weiterhin zur rechtswidrigkeitsbedingten Nichtigkeit der die Abrisshandlung anordnenden Abrissverfügung nach § 44 Abs. 1 VwVfG führen könnte. Die letztgenannte Konstellation ist aber nur schwer vorstellbar.[816] Insbesondere im vorliegend betrachteten Fall ist grundsätzlich von einem Gleichlauf der zivilrechtlichen und der strafrechtlichen Rechtfertigung der Abrisshandlung des Verfügungsadressaten auszugehen, was im Nachfolgenden anhand einiger Beispiele veranschaulicht werden soll.

Der vom Verfügungsadressaten verlangten Abrisshandlung würden neben den strafrechtlichen Verbotsvorschriften auf der Ebene des Zivilrechts insbesondere Abwehr- und Schadensersatzansprüche des drittberechtigten (Mit-)Eigentümers des abzureißenden Gebäudes entgegenstehen. Sofern es sich beim Adressaten der Abrissverfügung um den Mieter des abzureißenden Gebäudes handeln sollte, sähe er

[812] *J. Braun*, NJW 1998, 941; MüKoBGB Band 1/*H. Grothe*, BGB § 227 Rn. 2.

[813] *R. Rengier*, Strafrecht Allgemeiner Teil, 15. Aufl. 2023, § 17 Rn. 18.

[814] Vgl. für viele zur Bedeutung der Gesinnung des Täters bei der Versuchsstrafbarkeit und dem damit im Zusammenhang stehenden Streit, welche (zusätzlichen) objektiven Komponenten den Grund für eine Versuchsstrafbarkeit darstellen, Kindhäuser/Neumann/Paeffgen/Saliger/*A. Engländer*, StGB § 22 Rn. 17 ff.

[815] MüKoBGB Band 1/*H. Grothe*, BGB § 227 Rn. 2 f., wobei der Autor ein Beispiel schuldig bleibt und selbst von nur schwer vorstellbaren Fällen ausgeht.

[816] Vgl. insbesondere im Hinblick auf die gesetzlichen Rechtfertigungsgründe im Straf- und Zivilrecht, MüKoBGB Band 1/*H. Grothe*, BGB § 227 Rn. 3.

sich zunächst einem vertraglichen Abwehranspruch des das Gebäude vermietenden Eigentümers nach § 541 BGB ausgesetzt, da es sich bei der (teilweisen) Beseitigung der Mietsache grundsätzlich um deren vertragswidrigen Gebrauch handeln würde.[817] Daneben stünde dem Eigentümer ein gesetzlicher Abwehranspruch gegen den Verfügungsadressaten nach § 1004 Abs. 1 S. 2 BGB zu, die Beeinträchtigung seines Eigentums zu unterlassen.[818] Würde der durch die Grundverfügung Verpflichtete als Nichtberechtigter den Abriss des Gebäudes durchführen, würde er das Eigentum des Drittberechtigten und damit ein taugliches Schutzgut im Sinne des § 823 Abs. 1 BGB beeinträchtigen, sodass dadurch auch die objektiven Tatbestandsvoraussetzungen dieser deliktsrechtlichen Regelung erfüllt wären.[819] Im Falle eines Mietvertragsverhältnisses zwischen dem Verfügungsadressaten und dem Gebäudeeigentümer wäre auch an einen Schadensersatzanspruch des Letzteren nach § 280 Abs. 1 BGB zu denken.[820]

Allerdings entfällt auch auf Ebene des Zivilrechts die Rechtswidrigkeit der vom Verfügungsadressaten verlangten Handlung im Falle einer Einwilligung des Eigentümers und bei Vorliegen gesetzlicher Rechtfertigungsgründe, beispielsweise nach § 228 BGB. Auch ist das Verhalten des Verfügungsadressaten zivilrechtlich gerechtfertigt, wenn dem Eigentümer eine diesbezügliche Duldungspflicht aufgrund einer Geschäftsführung ohne Auftrag im Sinne der §§ 677, 679 Alt. 1, 683 S. 2 BGB oder eines mietvertraglichen Selbstvornahmerechts nach § 536a Abs. 2 BGB auf erliegt. Es muss allerdings – wie schon im Rahmen der Prüfung der Voraussetzungen des § 44 Abs. 2 Nr. 5 VwVfG erörtert – die Rechtslage ohne die potenziellen Wirkungen der Abrissverfügung auf das Zivilrecht untersucht werden, da es anderenfalls zu einem die Nichtigkeitsregelungen des Verwaltungsrechts ad absurdum führenden Zirkelschluss käme.[821]

Im Hinblick auf etwaige mietvertragliche Bindungen des Verfügungsadressaten entfiele etwa durch eine entsprechende Einigung der Vertragsparteien[822], das Vorliegen der Voraussetzungen des § 228 BGB[823] oder einer Duldungspflicht des vermietenden Eigentümers nach § 536a Abs. 2 BGB[824] die Pflichtwidrigkeit des Ver-

---

817 *F. Michl*, NVwZ 2014, 1206 (1207); zur Vertragswidrigkeit von Beeinträchtigungen an der Bausubstanz der Mietsache durch den Mieter vgl. BeckOK MietR/*P. Bruns*, BGB § 541 Rn. 10.

818 *F. Michl*, NVwZ 2014, 1206 (1207 f.); allgemeine Ausführungen zum *vorbeugenden Unterlassungsanspruch* nach § 1004 Abs. 1 S. 2 BGB finden sich beispielsweise bei BeckOGK/*F. Spohnheimer*, BGB § 1004 Rn. 264 ff.

819 Grüneberg/*H. Sprau*, BGB § 823 Rn. 7 ff., 13.

820 *J. Oechsler*, NZM 2004, 881 (888).

821 Siehe Kapitel 2, § 2 A. V. 2. c) aa) (3) (a) (bb) (β) (γγ).

822 Vgl. insbesondere für den Fall eines teilweisen Rückbaus OLG Brandenburg, Urt. v. 21.01.2014, 6 U 116/12, NJOZ 2015, 445 ff.; *E. Streyl*, NZM 2017, 785 ff.

823 *H. Brox/W.-D. Walker*, Allgemeines Schuldrecht, 47. Aufl. 2023, § 20 Rn. 3.

824 BeckOGK/*M. Bieder*, BGB § 536a Rn. 34; MüKoBGB Band 5/*M. Häublein*, BGB § 536a Rn. 32; Staudinger/*V. Emmerich*, Buch 2 (§§ 535–556g BGB), BGB § 536a Rn. 28.

haltens des Verfügungsadressaten. Bezüglich des gesetzlichen Abwehranspruchs nach § 1004 Abs. 1 S. 2 BGB wäre zu beachten, dass dieser nach § 1004 Abs. 2 BGB ausgeschlossen ist, sofern eine Duldungspflicht des Eigentümers besteht, die sich wiederum aus einem gesetzlichen Rechtfertigungsgrund[825] – wie beispielsweise aus § 228 BGB – der Einwilligung des Eigentümers[826] oder – je nach Anwendbarkeit – aufgrund einer Geschäftsführung ohne Auftrag im Sinne der §§ 677, 679 Alt. 1, 683 S. 2 BGB[827] bzw. eines mietrechtlichen Selbstvornahmerechts nach § 536a Abs. 2 BGB[828] ergeben kann. Auch die angesprochenen Schadensersatzansprüche nach § 823 Abs. 1 BGB und § 280 Abs. 1 BGB würden jeweils die Rechts- bzw. Pflichtwidrigkeit[829] der Handlung des Verfügungsadressaten voraussetzen, sodass sie bei einer Einwilligung[830] bzw. entsprechenden Vereinbarung der Vertragsparteien, einer Duldungspflicht des Eigentümers – je nach Anwendbarkeit – aufgrund einer Geschäftsführung ohne Auftrag im Sinne der §§ 677, 679 Alt. 1, 683 S. 2 BGB[831] bzw. eines mietrechtlichen Selbstvornahmerechts nach § 536a Abs. 2 BGB[832] oder dem Vorliegen eines gesetzlichen Rechtfertigungsgrundes[833] nicht in Frage kämen.

Ob die Voraussetzungen der jeweiligen Rechtfertigungsgründe im Hinblick auf die Straf- wie auch Zivilrechtswidrigkeit der Abrisshandlung vorliegen bzw. welche

---

[825] BeckOK BGB/*J. Fritzsche*, BGB § 1004 Rn. 108; Schulze/*H. Schulte-Nölke*, BGB § 1004 Rn. 7; Jauernig/*C. Berger*, BGB § 1004 Rn. 22.

[826] BGH, Urt. v. 18.12.1970, V ZR 73/68, juris, Rn. 4; BeckOK BGB/*J. Fritzsche*, BGB § 1004 Rn. 108; Grüneberg/*S. Herrler*, BGB § 1004 Rn. 37.

[827] Erman/*F. Ebbing*, BGB § 1004 Rn. 40; Staudinger/*C. Thole*, Buch 3 (§§ 985–1011 BGB), BGB § 1004 Rn. 489; Herberger/Martinek/Rüßmann/Weth/Würdinger/*S. Bayer*, § 1004 BGB Rn. 26.

[828] BeckOGK/*F. Spohnheimer*, BGB § 1004 Rn. 230; MüKoBGB Band 8/*T. Raff*, BGB § 1004 Rn. 207; Erman/*F. Ebbing*, BGB § 1004 Rn. 45.

[829] Vgl. zu § 823 BGB BeckOK BGB/*C. Förster*, BGB § 823 Rn. 16 ff.; zu § 280 BGB BeckOK BGB/*S. Lorenz*, BGB § 280 Rn. 11.

[830] Vgl. zu § 823 BGB *J. Neuner*, JuS 2021, 617 ff.; zu § 280 BGB *H. Brox/W.-D. Walker*, Allgemeines Schuldrecht, 47. Aufl. 2023, § 28 Rn. 4 f.

[831] Zu § 823 BGB Schulze/*A. Staudinger*, BGB § 823 Rn. 77; da regelmäßig nur entweder ein Mietverhältnis oder ein gesetzliches Schuldverhältnis aufgrund einer Geschäftsführung ohne Auftrag vorliegen kann, kommt beim Vorliegen des Letzteren ein vertraglicher Schadensersatzanspruch aus dem Mietverhältnis gemäß § 280 BGB schon nicht in Betracht; in einem solchen Fall käme ein Schadensersatzanspruch gemäß § 280 BGB nur aufgrund einer Pflichtverletzung bei der Durchführung der Geschäftsführung ohne Auftrag durch den Verfügungsadressaten in Frage, vgl. *H. Brox/W.-D. Walker*, Besonderes Schuldrecht, 47. Aufl. 2023, § 52 Rn. 40.

[832] Vgl. zu § 823 BGB BGH, Urt. v. 19.10.2004, X ZR 142/03 (OLG Hamm), NJW-RR 2005, 172 ff.; *H. Brox/W.-D. Walker*, Besonderes Schuldrecht, 47. Aufl. 2023, § 52 Rn. 39, jeweils mit Ausführungen zur rechtfertigenden Wirkung einer vertraglichen Vereinbarung; zu § 280 BGB: die in Wahrnehmung des Selbstvornahmerechts nach § 536a Abs. 2 BGB durchgeführten Maßnahmen des Mieters gelten als rechtmäßig, vgl. Jauernig/*C. Kern*, BGB § 536a Rn. 2 und könnten daher keinen Schadensersatzanspruch nach § 280 BGB auslösen.

[833] Vgl. zu § 823 BGB BeckOK BGB/*C. Förster*, BGB § 823 Rn. 27; zu § 280 BGB *H. Brox/W.-D. Walker*, Allgemeines Schuldrecht, 47. Aufl. 2023, § 20 Rn. 3, § 28 Rn. 4 f.

der Rechtfertigungstatbestände in Betracht kommen, hängt letztlich vom konkreten Einzelfall ab. Neben einer Einwilligung des Gebäudeeigentümers liegen etwa die Voraussetzungen des § 228 BGB – wie schon bei der Erörterung der strafrechtlichen Rechtfertigung der Handlung des Verfügungsadressaten dargestellt – bei einer Verteidigung von Individualrechtsgütern wie beispielsweise Leben, Gesundheit und Eigentum vor, sofern der Schaden am Eingriffsgut nicht außer Verhältnis zu der den Erhaltungsgütern drohenden Gefahr steht und die Abwendung eines Schadens für die Erhaltungsgüter bei Abwarten weitere staatlicher Maßnahmen, wie etwa einer Duldungsverfügung gegenüber dem drittberechtigten (Mit-)Eigentümer, nicht mehr rechtzeitig erfolgen könnte. Zu denken wäre wieder an das Beispiel des baufälligen Gebäudes. Auch besteht für den Eigentümer des abzureißenden Gebäudes unter den oben im Rahmen der strafrechtlichen Rechtfertigung bereits ausführlich behandelten Voraussetzungen aufgrund einer Geschäftsführung ohne Auftrag im Sinne der §§ 677, 679 Alt. 1, 683 S. 2 BGB oder eines mietvertraglichen Selbstvornahmerechts nach § 536a Abs. 2 BGB eine Duldungspflicht im Hinblick auf das Verhalten des Verfügungsadressaten.

Im Ergebnis kommt es also regelmäßig[834] zu einem Gleichlauf der Rechtfertigung der dem Adressaten der Abrissverfügung auferlegten Abrissmaßnahme in strafrechtlicher wie in zivilrechtlicher Hinsicht. Damit kommt es bei der (objektiven) Rechtmäßigkeit der geforderten Abrisshandlung nicht zum Eingreifen des § 44 Abs. 2 Nr. 5 VwVfG. Es verbleibt aber auch kein Raum für eine zivilrechtliche Rechtswidrigkeit der Abrisshandlung, welche die Rechtswidrigkeit der Abrissverfügung nach sich ziehen und damit einen Anknüpfungspunkt für die Regelung des § 44 Abs. 1 VwVfG bieten könnte. Damit hat in der betrachteten Fallkonstellation der Nichtigkeitsgrund nach § 44 Abs. 1 VwVfG grundsätzlich keine eigenständige Bedeutung im Verhältnis zur Spezialvorschrift des § 44 Abs. 2 Nr. 5 VwVfG.

(bb) Nichterfüllung der Voraussetzungen des § 44 Abs. 1 VwVfG

Würde man die strafrechtliche Relevanz der vom Verfügungsadressaten verlangten Handlung und damit das Vorliegen der Voraussetzungen des § 44 Abs. 2 Nr. 5 VwVfG ausblenden, lägen aber darüber hinaus auch die Voraussetzungen des § 44 Abs. 1 VwVfG nicht vor. Als Anknüpfungspunkt für die Nichtigkeit des Verwaltungsaktes bliebe in dieser grundsätzlich hypothetischen Fallkonstellation noch bestehen, dass vom Adressaten der Verfügung eine dessen zivilrechtliche Verfügungsmacht überschreitende Handlung verlangt würde. Zwar würde damit dem Verfügungsadressaten – abhängig von den gegebenenfalls einschlägigen Rechtfertigungsgründen – eine diesem rechtlich unmögliche Handlung abverlangt, was grundsätzlich zur Rechtswidrigkeit der Verfügung führen würde. Dies hätte aber im Ergebnis nicht die Nichtigkeit des Verwaltungsaktes nach § 44 Abs. 1 VwVfG zur

[834] Sollte es in einem Ausnahmefall widererwarten doch zu keinem Gleichlauf kommen und eine strafrechtlich gerechtfertigte Handlung wäre weiterhin mangels einer zivilrechtlichen Berechtigung des Verfügungsadressaten „unmöglich“, wäre jedenfalls kein Nichtigkeitstatbestand nach § 44 VwVfG einschlägig, was im Nachfolgenden dargestellt wird.

Folge, da es – wie bereits dargestellt – schon an einem besonders schwerwiegenden Fehler im Sinne der Vorschrift mangeln würde. So wird vertreten, dass Anordnungen, die ein Verpflichteter mangels ausreichender Verfügungsmacht nicht erfüllen kann, grundsätzlich nicht nichtig seien, da in diesen Fällen die erforderliche Berechtigung nachträglich noch geschaffen werden könne, etwa durch den Erlass einer Duldungsverfügung.[835] Ginge man dennoch von einem besonders schwerwiegenden Fehler aus, wäre wiederum dessen Offensichtlichkeit im Sinne des § 44 Abs. 1 VwVfG abzulehnen, da in der Literatur und Rechtsprechung sowohl zu der Frage, ob in der betrachteten Konstellation überhaupt ein fehlerhafter Verwaltungsakt vorliegt,[836] als auch – sofern man von einem fehlerhaften Verwaltungsakt ausgehen sollte – zu der Problematik, was aus dieser Fehlerhaftigkeit folgt,[837] viele unterschiedliche Meinungen vertreten werden. Wie bereits dargestellt, fehlt es aber an der Offensichtlichkeit eines (besonders schwerwiegenden) Fehlers, solange zum Vorliegen dieses Fehlers oder zu dessen besonderer Schwere (in der Judikatur) unterschiedliche Auffassungen bestehen.[838]

bb) Zwischenergebnis

Im Ergebnis ist die vom Adressaten der Abrissverfügung verlangte Abrissmaßnahme im vorliegend betrachteten Fall im Hinblick auf einen Eingriff in die Eigentumsposition des Dritten entweder aufgrund eines Rechtfertigungsgrundes zivil- und strafrechtlich rechtmäßig und somit nicht rechtlich unmöglich. Dies ist insbesondere dann der Fall, wenn der mit der vom Verfügungsadressaten verlangten Abrissmaßnahme einhergehende Eingriff in die Eigentumsposition des Drittbe-

---

[835] Vgl. OVG Hamburg, Urt. v. 01.12.1992, Bf VI 29/91, NVwZ-RR 1993, 602 f., das für den Fall, dass ein rechtliches Hindernis mittels Duldungsverfügung überwunden werden könnte, grundsätzlich noch nicht einmal von der Rechtswidrigkeit der Verfügung ausgeht – was im Ergebnis falsch ist, wie die vorliegenden Untersuchungen zeigen; *G. Erbel*, Die Unmöglichkeit von Verwaltungsakten, 1972, S. 133 f.; Kopp/Ramsauer/*U. Ramsauer*, VwVfG § 44 Rn. 42a m. w. N., der fälschlicherweise als Beispiel die Verpflichtung eines Miteigentümers zum Abriss eines Hauses ohne Zustimmung der übrigen Miteigentümer anführt, die (grundsätzlich) unter § 44 Abs. 2 Nr. 5 VwVfG fällt und deshalb gerade nichtig ist; PdK VwVfG/*B. Meermagen*, VwVfG § 44 3. Nr. 4 u. BeckOK VwVfG/*F. Schemmer*, VwVfG § 44 Rn. 53, gehen davon aus, dass nur subjektive rechtliche Unmöglichkeit für die Nichtigkeitsfolge des § 44 Abs. 1 VwVfG grundsätzlich nicht ausreicht.

[836] Dem entgegen argumentiert etwa *F. Michl*, NVwZ 2014, 1206 ff.

[837] Wie oben bereits ausgeführt, wird von der Nichtigkeit (vgl. *B. Beckermann/C. Wenzel*, DVBl 2017, 1345 ff.; *M. Burgi/M. Ellenrieder*, BWVPr 1989, 33 ff.; *E. Forsthoff*, Lehrbuch des Verwaltungsrechts I, 11. Aufl. 1973, S. 248) des verpflichtenden Verwaltungsaktes, über seine Rechtswidrigkeit bei bestehender Wirksamkeit (vgl. *G. Erbel*, Die Unmöglichkeit von Verwaltungsakten, 1972, S. 133 f.; *H. v. Kalm*, DÖV 1996, 463, ungeachtet der Unterscheidung zwischen obligatorisch oder dinglich berechtigtem Dritten m. w. N.) bis hin zur eben bloßen Nichtvollstreckbarkeit (vgl. BeckOK BauordnungsR Bayern/*G. Manssen*, BayBO Art. 76 Rn. 42 m. w. N.; *W.-R. Schenke*, PolR, § 4 Rn. 353; *F. Stollmann/G. Beaucamp*, Öffentliches Baurecht, 13. Aufl. 2022, § 19 Rn. 45 m. w. N.) alles vertreten.

[838] Stelkens/Bonk/Sachs/*M. Sachs*, VwVfG § 44 Rn. 125.

rechtigten aufgrund gesetzlicher Rechtfertigungsgründe legitimiert ist oder der Drittberechtigte selbst materiell polizeipflichtiger Störer ist und deshalb unter den Voraussetzungen der §§ 677, 679 Alt. 1, 683 S. 2 BGB den mit der Abrissmaßnahme einhergehenden Eingriff des Verfügungsadressaten in seine Eigentumsposition als Geschäftsführung ohne Auftrag im öffentlichen Interesse dulden muss. Oder aber die vom Verfügungsadressaten verlangte Abrissmaßnahme verletzt in nicht gerechtfertigter, strafrechtlich relevanter Weise das Eigentum des Drittberechtigten, sodass die dazu anhaltende Verfügung von ihrem Adressaten etwas rechtlich Unmögliches, mithin Ungeeignetes verlangt und deshalb nicht nur rechtswidrig, sondern wegen der strafrechtlichen Relevanz des verlangten Verhaltens sogar gemäß § 44 Abs. 2 Nr. 5 VwVfG nichtig ist. Letztlich kommt es bei einer behördlichen Verfügung, die ihren Adressaten zu einem Eingriff in die Eigentumsposition eines Dritten verpflichtet, entweder zur Rechtswidrigkeit der Verfügung mit der besonderen Folge der Nichtigkeit der Verfügung gemäß § 44 Abs. 2 Nr. 5 VwVfG oder die Verfügung verlangt kein rechtswidriges, mithin auch kein rechtlich unmögliches und damit kein ungeeignetes Verhalten von ihrem Adressaten, weshalb sie nicht nur wirksam, sondern auch nicht wegen Unverhältnismäßigkeit rechtswidrig ist.

B. Ergebnis der Rechtmäßigkeitsprüfung

Sofern die Verfügung nicht wegen der Unverhältnismäßigkeit des durch sie Verlangten rechtswidrig bzw. nichtig ist, da die verlangte Handlung in der ausführlich erörterten Weise gerechtfertigt und damit deren Umsetzung für den Adressaten der Verfügung nicht rechtlich unmöglich ist, sowie im Übrigen bei der behördlichen Auswahlentscheidung hinsichtlich des Verfügungsadressaten die oben bereits dargestellten Gebote der Zweck- und Verhältnismäßigkeit eingehalten wurden, kann der durch die Behörde gewählte Verfügungsadressat in rechtmäßiger Weise zum Abriss eines Gebäudes herangezogen werden, selbst wenn er nicht dessen (Allein-)Eigentümer ist bzw. mit der Abrisshandlung in die Eigentumsposition eines Dritten eingreifen muss.

Sollte durch die Verfügung etwas dem jeweiligen Adressaten rechtlich Unmögliches abverlangt werden, da dieser durch die von ihm verlangte Handlung ungerechtfertigterweise in die Eigentumsposition eines Dritten eingreifen müsste, ist die Verfügung unverhältnismäßig, mithin rechtswidrig und gemäß § 44 Abs. 2 Nr. 5 VwVfG sogar nichtig. Eine solche Verfügung kann somit an den jeweiligen Adressaten nicht in rechtmäßiger Weise erlassen werden, sodass es in diesem Fall auf die Beachtung der bei der behördlichen Auswahlentscheidung hinsichtlich des Verfügungsadressaten einzuhaltenden Gebote der Zweck- und Verhältnismäßigkeit nicht mehr ankommt.

Für die übrigen, bereits ausführlich erörterten formellen und materiellen Rechtmäßigkeitsvoraussetzungen, wie etwa die Zuständigkeit der handelnden Behörde, die Einhaltung von Verfahrensvorschriften oder die Erfüllung der Tatbestandsvoraussetzungen der jeweiligen Rechtsgrundlage spielt die Frage, ob der vom Adressaten einer Abrissverfügung abverlangten Handlung die Eigentumsposition eines Dritten entgegensteht, keine weitere Rolle. Im Hinblick auf diese Voraussetzungen ist die jeweilige Verfügung rechtmäßig, sofern die vom konkreten Einzelfall abhängigen, oben ausführlich dargestellten gesetzlichen Anforderungen erfüllt sind.

C. Nichtvollstreckbarkeit der Grundverfügung

Eine in der Literatur und Rechtsprechung vielfach vertretene Ansicht geht davon aus, dass einer Abrissverfügung, die an einen an dem abzureißende Gebäude zivilrechtlich nicht (allein) berechtigten Adressaten gerichtet ist und bei deren Erfüllung ihr Adressat in das Eigentumsrecht eines Dritten an dem abzureißenden Gebäude eingreifen würde, ein Vollstreckungshindernis entgegensteht.[839] Nach allgemeinen vollstreckungsrechtlichen Grundsätzen ist tatsächlich von einem Vollstreckungshindernis auszugehen, sollte dem Vollstreckungsschuldner ein Verhalten abverlangt werden, zu dem er aus rechtlichen Gründen nicht imstande und das ihm beispielsweise nur unter Verletzung von Rechten Dritter möglich ist.[840]

Als weitere und viel grundlegendere Voraussetzung der Vollstreckung müsste aber überhaupt eine wirksame Verfügung vorhanden sein, deren Inhalt im Rahmen der Vollstreckung durchgesetzt werden soll.[841] Wie bereits oben festgestellt, führt die durch die Abrissverfügung von ihrem Adressaten verlangte Verletzung des Eigentums eines Dritten dazu, dass vom Adressaten ein objektiv, strafrechtlich relevantes Verhalten gefordert wird und damit die zu diesem strafrechtlich relevanten Verhalten verpflichtende Verfügung nach § 44 Abs. 2 Nr. 5 VwVfG nichtig ist. Diese nicht vorhandene Verfügung kann dann natürlich auch nicht vollstreckt werden. Eine Ausnahme von dieser Nichtigkeitsfolge läge nur dann vor, wenn das durch die Abrissverfügung geforderte Verhalten straf- und damit auch zivilrechtlich gerechtfertigt wäre.[842] Wenn der vom Adressaten der Abrissverfügung geforderte Eingriff in das Eigentum des Dritten gerechtfertigt wäre und damit dem durch die Abrissverfügung geforderten Verhalten nicht mehr die Rechtsposition des Dritten entgegenstünde, würde der Abrissverfügung aber auch kein Vollstreckungshindernis mehr

[839] BeckOK VwVfG/*A. Deusch/B. Burr*, VwVG § 13 Rn. 4; *J. Hyckel*, LKV 2015, 342 ff.; *W.-R. Schenke*, PolR, § 4 Rn. 353.

[840] Fehling/Kastner/Störmer/*H.-D. Lemke*, VwVG § 15 Rn. 38 m. w. N.; *T. Kingreen/ R. Poscher*, Polizei- und Ordnungsrecht, 12. Aufl. 2022, § 24 Rn. 34; *F. Koehl*, DAR 2016, 669 (670 f.).

[841] Exemplarisch BeckOK VwVfG/*A. Deusch/B. Burr*, VwVG § 6 Rn. 20; Fehling/Kastner/Störmer/*H.-D. Lemke*, VwVG § 6 Rn. 25; Sadler/Tillmanns/*G. Sadler/R. Tillmanns*, § 15 VwVG Rn. 4 ff.; *W.-R. Schenke/R. P. Schenke*, in: Steiner/Brinktrine, Besonderes Verwaltungsrecht, 9. Aufl. 2018, § 2 Rn. 507; Engelhardt/App/Schlatmann/*W. Mosbacher*, VwVG § 6 Rn. 1; zur Nichtvollstreckbarkeit von wegen Unmöglichkeit nichtigen Verwaltungsakten vgl. auch *G. Erbel*, Die Unmöglichkeit von Verwaltungsakten, 1972, S. 154 ff.

[842] Siehe Kapitel 2, § 2 A. V. 2. c) aa) (3) (a) (bb).

entgegenstehen. Damit kommt man auch hinsichtlich der Vollstreckbarkeit einer Abrissverfügung, bei deren Erfüllung ihr Adressaten in das Eigentumsrecht eines Dritten an dem abzureißenden Gebäude eingreifen würde, zu dem gleichen Ergebnis, wie es auch schon im Rahmen der Überprüfung der Rechtmäßigkeit einer solchen Abrissverfügung gefunden wurde. Entweder ist die Abrissverfügung aufgrund des von ihrem Adressaten geforderten Eingriffs in das Eigentum des Dritten rechtswidrig und zugleich nach § 44 Abs. 2 Nr. 5 VwVfG nichtig. Oder der von ihrem Adressaten geforderten Eingriffs in das Eigentum des Dritten ist gerechtfertigt, weshalb die Verfügung dann – jedenfalls unter diesem Aspektes – wirksam, rechtmäßig und auch vollstreckbar ist.

Ist die Abrissverfügung im Übrigen aus einem anderen, nicht zu ihrer Nichtigkeit führenden Grund rechtswidrig, fehlt regelmäßig keine Vollstreckungsvoraussetzung. Entsprechend der herrschenden Meinung in Rechtsprechung und Literatur kommt es bei der Vollstreckung von Verwaltungsakten nicht auf deren Rechtmäßigkeit an, es reicht vielmehr aus, wenn der jeweils vollstreckte Verwaltungsakt wirksam ist.[843] Die Rechtswidrigkeit des Verwaltungsaktes, die zu seiner Angreifbarkeit führt, wird für die Vollstreckung vielmehr erst bei einer Aufhebung des Verwaltungsaktes relevant;[844] dann würde es nämlich erneut gänzlich an einer wirksamen Vollstreckungsgrundlage fehlen. Darüber hinaus könnte die Rechtswidrigkeit des Verwaltungsaktes lediglich auf der Tertiärebene, also bei der Frage, ob dem Adressaten des Verwaltungsaktes die Kostenlast der Maßnahme aufzuerlegen ist, eine Rolle spielen.[845] Letzteres ist aber mit dem Verweis darauf abzulehnen, dass die Rechtswidrigkeit des Verwaltungsaktes im Wege einer Klage geltend gemacht werden kann und muss; nur für den Fall, dass eine derartige Klage nicht möglich ist, etwa beim sofortigen Vollzug oder der unmittelbaren Ausführung einer Maßnahme, ist ein unmittelbares Durchschlagen der Rechtswidrigkeit eines Verwaltungsaktes auf die Kostenebene in überzeugender Weise denkbar.[846]

Die Abrissverfügung ist in der vorgestellten Konstellation damit entweder derart rechtswidrig, dass sie gemäß § 44 Abs. 2 Nr. 5 VwVfG nichtig ist und damit auch

---

[843] BVerfG, Beschl. v. 07.12.1998, 1 BvR 831–89, NVwZ 1999, 290; BVerwG, Urt. v. 25.09.2008, 7 C 5/08 (VGH Mannheim), NVwZ 2009, 122; BVerwG, Urt. v. 13.04.1984, 4 C 31/81 (Berlin), NJW 1984, 2591; BeckOK VwVfG/*A. Deusch/B. Burr*, VwVG § 6 Rn. 20; Fehling/Kastner/Störmer/*H.-D. Lemke*, VwVG § 6 Rn. 25ff.; Sadler/Tillmanns/*G. Sadler/ R. Tillmanns*, § 15 VwVG Rn. 4ff.; *W.-R. Schenke/R. P. Schenke*, in: Steiner/Brinktrine, Besonderes Verwaltungsrecht, 9. Aufl. 2018, § 2 Rn. 507; Engelhardt/App/Schlatmann/*W. Mosbacher*, VwVG § 6 Rn. 1, mit Darstellung der Gegenansicht; kritisch etwa bei einer Vollziehung vor Bestandskraft *C. Enders*, NVwZ 2000, 1232ff.

[844] *V. Götz/M.-E. Geis*, Allgemeines Polizei- und Ordnungsrecht, 17. Aufl. 2022, § 21 Rn. 4; Lisken/Denninger/*F. Rachor/K. Graulich*, Handbuch des Polizeirechts, 6. Aufl. 2018, E. Rn. 836.

[845] *C. Enders*, NVwZ 2000, 1232ff.; *T. Rappenglix*, JA 2019, 521ff.

[846] *A. Voßkuhle/T. Wischmeyer*, JuS 2016, 698ff.; *V. Götz/M.-E. Geis*, Allgemeines Polizei- und Ordnungsrecht, 17. Aufl. 2022, § 21 Rn. 4; *W.-R. Schenke/R. P. Schenke*, in: Steiner/ Brinktrine, Besonderes Verwaltungsrecht, 9. Aufl. 2018, § 2 Rn. 579.

nicht vollstreckt werden kann. Oder aber, sie ist vollstreckbar. Insbesondere kann sie im Übrigen grundsätzlich auch unabhängig von ihrer Rechtmäßigkeit bzw. – nicht zur Nichtigkeit führenden – Rechtswidrigkeit vollstreckt werden.

§ 3 Die Duldungsverfügung

A. Notwendigkeit und Inhalt der Duldungsverfügung

Wie einleitend festgestellt, wird sowohl in der Rechtsprechung als auch im überwiegenden Teil der Literatur davon ausgegangen, dass in der vorliegend untersuchten Fallkonstellation, bei welcher der Adressat einer Abrissverfügung zur Ausführung der Abrisshandlung zivilrechtlich nicht berechtigt ist, da er (ohne Erlaubnis oder Rechtfertigung) in die Eigentumsposition eines Dritten eingreifen müsste, stets ein Vollstreckungshindernis vorliegt, das aber durch den Erlass einer Duldungsverfügung an den bzw. die (übrigen) Eigentümer überwunden werden könne. Die vorstehenden Ausführungen haben bereits gezeigt, dass schon die Annahme, aus der der Abrisshandlung entgegenstehenden Eigentumsposition folge (allein) ein Vollstreckungshindernis für die Abrissverfügung, falsch ist. Vielmehr wird die der vom Verfügungsadressaten verlangten Abrisshandlung entgegenstehende Eigentumsposition eines Dritten bereits bei der Frage relevant, ob die Abrissverfügung in rechtmäßiger Weise ergehen kann. Sollte Letzteres nicht der Fall sein, würde die aus der Kollision der vom Verfügungsadressaten verlangten Abrisshandlung und der Eigentumsposition des Dritten resultierende Rechtswidrigkeit der Abrissverfügung sogleich zu deren Nichtigkeit führen, sodass sich die Frage nach einem etwaigen Vollstreckungshindernis nichtmehr stellt. Andererseits haben die vorstehenden Ausführungen auch gezeigt, dass es nicht zwangsläufig zu einer solchen Kollision von Abrisshandlung und Eigentumsposition kommen muss, sondern der Eingriff des Verfügungsadressaten in die Eigentumsposition des Dritten vielmehr auch gerechtfertigt sein kann. Sollte dies wiederum der Fall sein, wäre die Abrissverfügung weder rechtswidrig noch – darauf aufbauend – nichtig und könnte problemlos vollstreckt werden. Es lässt sich also festhalten, dass die Frage nach der Vollstreckbarkeit der Abrissverfügung in der vorliegenden Fallkonstellation eine absolut untergeordnete Rolle spielt und der Erlass einer Duldungsverfügung zu deren Herstellung grundsätzlich nicht notwendig ist.

Eine Duldungsverfügung kann in der vorliegenden Fallkonstellation aber gegebenenfalls notwendig sein, um die Rechtmäßigkeit der Abrissverfügung zu gewährleisten. Dies ist jedenfalls dann der Fall, wenn aus der Rechtswidrigkeit der Abrissverfügung zugleich deren Nichtigkeit folgen würde, was nach § 44 Abs. 2 Nr. 5 VwVfG insbesondere auf die Verpflichtung des Verfügungsadressaten zu einer strafrechtlich relevanten Handlung zutrifft. Die Frage, ob eine Duldungsverfügung aufgrund der zivil- und strafrechtlichen Folgewirkungen einer wirksamen Abrissverfügung nicht notwendig wäre, sofern aus der Rechtswidrigkeit der Abrissverfügung nicht zugleich deren Nichtigkeit folgen würde, ist in der vorliegenden Fallkonstellation irrelevant.[847] Denn, wie bereits erwähnt, müssen, wenn von der Rechtmäßigkeit des Verwaltungsaktes zugleich dessen Wirksamkeit abhängt, die etwaigen Folgewirkungen eines wirksamen Verwaltungsakts auf die Zivil- und Strafrechtslage bei der Frage, ob der Verwaltungsakt rechtmäßig und zugleich wirksam erlassen werden kann, unberücksichtigt bleiben. So ist es denkbar, dass der vom Verfügungsadressaten geforderte Eingriff in das Eigentum eines Dritten, sollte er nicht durch das Einverständnis des Dritten, eine gesetzliche Notstandsregelung wie nach § 34 StGB, § 228 BGB bzw. § 904 BGB oder eine Duldungspflicht des Dritten, etwa aufgrund einer Geschäftsführung ohne Auftrag nach §§ 677, 679 Alt. 1, 683 S. 2 BGB bzw. eines mietrechtlichen Selbstvornahmerechts des Verfügungsadressaten nach § 536a Abs. 2 BGB, gerechtfertigt sein, durch eine Duldungsverfügung gegenüber dem Dritten möglich gemacht werden muss. Insoweit ist in der vorliegend untersuchten Fallkonstellation Raum für eine Duldungsverfügung.

Bei einer solchen Duldungsverfügung handelt es sich (jedenfalls) um einen Gestaltungsakt, der die zivilrechtlichen Ansprüche des Duldungspflichtigen, die einer Umsetzung der Grundverfügung durch den Verfügungsadressaten entgegenstehen (würden), ausschließt.[848] Sofern die Abwehransprüche des Dritten auf dessen Eigentum an dem von der Verfügung betroffenen Gegenstand fußen, wird durch die behördlich erlassene Duldungsverfügung ein Rechtfertigungsgrund für den Eingriff in die Eigentumsposition geschaffen. Etwaige vertragliche Abwehransprüche, beispielsweise aus einem Mietverhältnis zwischen dem Dritten und dem Verfügungsadressaten, werden durch die Duldungsverfügung aberkannt.[849]

Darüber hinaus ist fraglich, ob es sich bei der Duldungsverfügung lediglich um einen rechtsgestaltenden – und damit grundsätzlich nicht vollstreckungsfähigen[850] – oder um einen auch vollstreckbaren Verwaltungsakt handelt. So wird teilweise davon ausgegangen, dass auch die Duldungsverfügung gegenüber einem Drittberechtigten vollstreckt werden könne.[851] Der Duldungsverfügung käme demnach eine Doppelnatur zu, da sie einerseits ein Gestaltungsakt sei, der die dem Vollzug der Abrissverfügung entgegenstehenden zivilrechtlichen Ansprüche des Duldungspflichtigen

---

[847] Diese Frage wird in Kapitel 3 noch eingehender erörtert werden, siehe unten Kapitel 3, § 1 A. IV. 2. b) bb) (3).

[848] VGH München, Beschl. v. 24.10.2005, 9 CS 05.1840, NVwZ-RR 2006, 389; *J. Sanden*, NuR 2015, 606 (607); Schwarzer/König/*T. Weber*, BayBO Art. 54 Rn. 31.

[849] *F. Michl*, NVwZ 2014, 1206 (1208 f.); dieser geht unter Rückgriff auf *G. Manssen*, Privatrechtsgestaltung durch Hoheitsakt, 1994, S. 32, davon aus, dass eine „Rechtfertigungswirkung" der Duldungsverfügung nur hinsichtlich negatorischer und possessorischer Abwehransprüche eintritt; da hingegen etwaigen vertraglichen Abwehransprüchen des Dritten, beispielsweise aus einem Mietverhältnis, ein „Rechtfertigungselement" nicht bekannt sei, müsse man von deren „Aberkennung" durch die Duldungsverfügung ausgehen.

[850] *T. Barczak*, JuS 2018, 238 (239 f.).

[851] VGH München, Beschl. v. 24.10.2005, 9 CS 05.1840, NVwZ-RR 2006, 389; VGH München, Beschl. v. 13.08.1992, 2 CS 92.1618, NJW 1993, 82; *J. Sanden*, NuR 2015, 606 (607, 610); Sadler/Tillmanns/*G. Sadler*/*R. Tillmanns*, § 15 Rn. 28.

ausschließe, andererseits eine vollstreckungsfähige Anordnung sei, durch die dem Duldungspflichtigen untersagt werde, den Vollzug der Abrissverfügung zu verhindern.[852] Als vollstreckungsfähiges Handlungsgebot käme also die tatsächliche Duldung der Beseitigung des abzureißenden Gebäudes im Sinne einer negativen Handlung in Betracht.[853] Es erscheint jedoch überzeugend, dass einer Duldungsverfügung, deren Ziel es lediglich ist, die einer Abrissverfügung zuwiderlaufenden rechtlichen Hindernisse aus dem Weg zu räumen, nicht auch noch das Gebot der tatsächlichen Duldung zu entnehmen ist.[854] Ein solches Gebot kann durch die Behörde freilich erlassen werden, um den faktischen Widerstand eines Dritten gegen die Vollziehung der Abrissverfügung auch mit den Mitteln der Zwangsvollstreckung überwinden zu können.[855] Dies erscheint insbesondere dann sinnvoll, wenn ex ante mit dem tatsächlichen Widerstand des Dritten zu rechnen ist.[856] Anderenfalls ist es weder erforderlich noch zweckmäßig, präventiv die faktische Duldung der Abrissmaßnahme anzuordnen.[857]

Für den Fall, dass eine Duldungsverfügung nicht zur Überwindung der Rechtsposition eines Dritten notwendig ist, weil diese Rechtsposition bereits aufgrund anderweitiger Rechtfertigungsgründe der Umsetzung der Abrissverfügung nicht entgegensteht, wird insbesondere von Michl die Möglichkeit zum Erlass eines Verwaltungsaktes diskutiert, der die Duldungspflicht des Dritten schlicht feststellen soll.[858] Die Möglichkeit zum Erlass eines solchen Verwaltungsaktes wird dabei im Ergebnis überzeugend abgelehnt. Insbesondere wird darauf verwiesen, dass bereits keine Rechtsgrundlage für den Erlass dieses untypischen Verwaltungsaktes ersichtlich ist, die aber jedenfalls dann, wenn der Drittberechtigte die behördliche Feststellung nicht teilen sollte, notwendig wäre.[859] Darüber hinaus wäre der eine solche Feststellung enthaltende Verwaltungsakt auch nicht erforderlich im Sinne des Verhältnismäßigkeitsprinzips und damit rechtswidrig, da es gerade aufgrund des in diesem Verwaltungsakt aufgeführten anderweitigen Rechtfertigungsgrundes für die Umsetzung der Abrissverfügung keiner weiteren behördlichen Maßnahmen bedürfte.[860] Für den Fall, dass ein bereits aufgrund anderweitiger Rechtfertigungsgründe zur Duldung der Abrissmaßnahmen verpflichteter Dritter sich durch sein faktisches Verhalten der Umsetzung der Abrissverfügung widersetzt, wie etwa durch

---

[852] VGH München, Beschl. v. 24. 10. 2005, 9 CS 05.1840, NVwZ-RR 2006, 389; *J. Sanden*, NuR 2015, 606 (607); Sadler/Tillmanns/*G. Sadler/R. Tillmanns*, § 15 Rn. 28.

[853] *F. Michl*, NVwZ 2014, 1206 (1209).

[854] OVG des Saarlandes, Beschl. v. 25. 06. 1990, 2 W 13/90, juris, Rn. 10; *F. Michl*, NVwZ 2014, 1206 (1209); zum Ziel der Duldungsverfügung vgl. auch *H. v. Kalm*, DÖV 1996, 463 (465), der aber wohl dennoch von einer „Doppelnatur" der Duldungsverfügung ausgeht.

[855] *F. Michl*, NVwZ 2014, 1206 (1209).

[856] *F. Michl*, NVwZ 2014, 1206 (1209).

[857] *F. Michl*, NVwZ 2014, 1206 (1209).

[858] *F. Michl*, NVwZ 2014, 1206 (1209); *H. v. Kalm*, DÖV 1996, 463 (466).

[859] BVerwG, Urt. v. 29. 11. 1985, 8 C 105/83 (Mannheim), NJW 1986, 1120.

[860] *F. Michl*, NVwZ 2014, 1206 (1209).

gewaltsamen Widerstand gegen die Handlungen des zum Abriss Verpflichteten, kann dieser faktische Widerstand wiederum durch weitere behördliche Maßnahmen, wie etwa polizeiliche Schutzmaßnahmen, gebrochen werden.[861] Eine solche Sachlage spielt aber bei der Erörterung der hier im Fokus stehenden Frage, wie mit einer etwaigen, der Umsetzung der Abrissverfügung entgegenstehenden Rechtsposition eines Dritten umzugehen ist, keine weitere Rolle.

Schließlich wird noch vertreten, dass eine Duldungsanordnung auch dann, gewissermaßen vorsorglich, ergehen könne, wenn der Drittberechtigte nur aufgrund seines Einverständnisses die Abrissmaßnahme duldet.[862] So verzichte der Drittberechtigte mit seinem Einverständnis nicht auf seine materielle Rechtsposition und es bestehe weiterhin die Möglichkeit, dass sich dieser nicht mehr an das erklärte Einverständnis gebunden fühlt.[863] Der Widerruf der Einwilligung würde dazu führen, dass durch die Abrissverfügung von ihrem Adressaten eine Sachbeschädigung an einer im (Mit-)Eigentum eines mit der Abrissmaßnahme nicht mehr einverstandenen Dritten stehenden Sache und damit der Verstoß gegen ein Strafgesetz verlangt würde, was zur Nichtigkeit der Abrissverfügung nach § 44 Abs. 2 Nr. 5 VwVfG führen würde. Eine behördlich ausgesprochene Duldungsanordnung wirke hingegen unabhängig vom Willen des Drittberechtigten und diene diesem gegenüber mit dem ihr ebenfalls zukommenden feststellenden Charakter zugleich als Klarstellung.[864] Demgegenüber wird überzeugend vertreten, dass eine Duldungsanordnung dann nicht erforderlich und folglich rechtswidrig ist, wenn der Drittberechtigte – im vorliegenden Fall etwa der (Mit-)Eigentümer des abzureißenden Gebäudes – sein Einverständnis zu dem geforderten Abriss erklärt.[865] Soweit der feststellende Charakter einer solchen, zusätzlichen Duldungsverfügung angeführt wird, ist auf die vorstehenden Ausführungen zur fehlenden Erforderlichkeit einer derartigen Feststellung zu verweisen. Darüber hinaus ist, wie bereits bei der Überprüfung der Verhältnismäßigkeit der Abrissverfügung ausgeführt, eine Maßnahme im Sinne des Verhältnismäßigkeitsgrundsatzes dann nicht erforderlich, wenn ein gleich geeignetes, weniger belastendes behördliches Vorgehen möglich ist.[866] Wenn der Dritte sein Einverständnis zu der Abrissmaßnahme erklärt hat und nicht zu erkennen gibt, dieses zu widerrufen, ist es ohne den zusätzlichen Eingriff der Behörde in die Rechtsstellung des Dritten durch die Verpflichtung zur Duldung einer Abrisshandlung in gleicher Weise möglich, die Abrissverfügung umzusetzen. Somit wäre der Erlass der Duldungsverfügung nicht erforderlich. Der rein vorsorgliche Erlass einer

[861] VG Berlin, Beschl. v. 11.02.2021, VG 1 L 105/21, LKV 2021, 184 (186 ff.).

[862] *H. v. Kalm*, DÖV 1996, 463 (466).

[863] *H. v. Kalm*, DÖV 1996, 463 (466).

[864] *H. v. Kalm*, DÖV 1996, 463 (466).

[865] Busse/Kraus/*A. Decker*, BayBO Art. 76 Rn. 414; auch der BayVGH, Beschl. v. 16.04.2007, 14 CS 07.275, juris, Rn. 16, geht davon aus, dass der Erlass einer Duldungsverfügung das fehlende Einverständnis des Drittberechtigten zur Umsetzung der Abrissverfügung voraussetzt.

[866] Siehe Kapitel 2, § 2 A. V. 1.

Duldungsanordnung ist unzulässig.[867] Die Gefahr, dass durch den Widerruf des Einverständnisses des Dritten hinsichtlich der Abrissmaßnahme nach § 44 Abs. 2 Nr. 5 VwVfG die Nichtigkeit der Abrissverfügung eintritt, könnte gegebenenfalls durch den aufgrund von entsprechenden Nebenbestimmungen nach § 36 Abs. 2 VwVfG ermöglichten, nachgeschobenen Erlass einer Duldungsverfügung gegenüber dem Drittberechtigten ausgeräumt werden.[868]

Es lässt sich also festhalten, dass eine Duldungsverfügung zur Gewährleistung der Rechtmäßigkeit und damit verbunden der Wirksamkeit der Abrissverfügung notwendig sein kann, wenn ohne deren Erlass die vom Adressaten der Abrissverfügung verlangte Handlung den Tatbestand einer Straftat erfüllen würde, da dem Adressaten der Abrissverfügung dann etwas rechtlich Unmögliches auferlegt werden würde, sodass die Abrissverfügung rechtswidrig und aufgrund der Vorgaben des § 44 Abs. 2 Nr. 5 VwVfG in einem solchen Fall sogar nichtig wäre. Bei einer solchen Duldungsverfügung handelt es sich grundsätzlich um einen rechtsgestaltenden Verwaltungsakt, der die zivilrechtlichen Ansprüche des Duldungspflichtigen, die einer Umsetzung der Abrissverfügung durch deren Adressaten entgegenstehen würden, ausschließt. Sollte absehbar sein, dass der Adressat der Duldungsverfügung die Umsetzung der Abrissverfügung faktisch nicht dulden wird, besteht die Möglichkeit, diesen durch eine vollstreckungsfähige Anordnung auch zur faktischen Duldung der Abrissmaßnahmen zu verpflichten, um seinen erwarteten tatsächlichen Widerstand gegen die Vollziehung der Abrissverfügung mit den Mitteln der Zwangsvollstreckung überwinden zu können.

B. Rechtmäßigkeitsvoraussetzungen

I. Rechtsgrundlage der Duldungsverfügung

Sofern eine solche Duldungsverfügung erlassen werden soll, ist zunächst fraglich, auf welcher Rechtsgrundlage dies geschehen kann. Dass eine Rechtsgrundlage für den Erlass der Duldungsverfügung notwendig ist, ergibt sich aufgrund des verfassungsrechtlichen Grundsatzes des „Vorbehalts des Gesetzes"[869] aus dem mit der Duldungsverfügung einhergehenden Eingriff in die Rechtsposition des Dritten, der etwa die Beschädigung oder Zerstörung seines Eigentums durch den Adressaten der

---

[867] Busse/Kraus/*A. Decker*, BayBO Art. 76 Rn. 414, wobei dessen Verweis auf den VGH Kassel, Beschl. v. 15.09.1994, Az. 4 TH 655/94, MDR 1995, 575, insoweit unpassend ist, als dieser Entscheidung ein Fall zugrunde liegt, bei welchem bereits davon auszugehen war, dass dem Adressaten der Duldungsanordnung überhaupt kein der Ausgangsverfügung entgegenstehendes Recht zustand.

[868] Zu den Möglichkeiten, die Abrissverfügung mit einer Bedingung oder Befristung nach § 36 Abs. 2 VwVfG zu versehen, siehe unten Kapitel 2, § 3 B. IV.

[869] Für viele: BeckOK GG/*J. Rux*, GG Art. 20 Rn. 172 ff.; *Sachs/M. Sachs*, GG Art. 20 Rn. 113 ff.; Jarass/Pieroth/*H. D. Jarass*, GG Art. 20 Rn. 73 f.

Abrissverfügung dulden muss.[870] Die jeweilige Rechtsgrundlage ist dabei zunächst davon abhängig, ob die betrachtete Abrissverfügung auf Art. 76 S. 1 BayBO bzw. Art. 54 Abs. 4 BayBO oder Art. 7 Abs. 2 LStVG gestützt werden soll.

Im Hinblick auf das Bauordnungsrecht wird dabei teilweise davon ausgegangen, dass eine Duldungsverfügung nicht auch auf Art. 76 S. 1 BayBO, als die spezielle Befugnisnorm zum Erlass der Abrissverfügung, gestützt werden könne, da es diese Regelung nicht gestatte, in privatrechtsgestaltender Weise der Abrissverfügung entgegenstehende privatrechtliche Hindernisse zu beseitigen. Vielmehr sei eine gegenüber dem Drittberechtigten erlassene Duldungsverfügung auf die allgemeine Eingriffsbefugnis der Bauaufsichtsbehörden, also Art. 54 Abs. 2 S. 2 BayBO, zu stützen, wonach die Bauaufsichtsbehörden die erforderlichen Maßnahmen zur Wahrnehmung ihrer Aufgaben nach Art. 54 Abs. 2 S. 1 BayBO treffen können.[871] Diese allgemeine Eingriffsbefugnis ermögliche dann auch den Erlass einer privatrechtsgestaltenden Duldungsverfügung gegenüber dem Drittberechtigten.

Nach der vorzugswürdigen Gegenmeinung wird jedoch – zumindest für eine im Bauordnungsrecht verortete Fallkonstellation[872] – vertreten, dass als Rechtsgrundlage für die Duldungsverfügung gleichermaßen die Rechtsgrundlage für die Abrissverfügung heranzuziehen ist.[873] Sofern die Behörde durch eine bauordnungsrechtliche Eingriffsbefugnis zum Erlass einer Abrissverfügung ermächtigt ist, ist – als Minus zur Abrissverfügung – von der jeweiligen Befugnisnorm auch die Anordnung an einen Dritten, die Abrisshandlung zu dulden, mit umfasst.[874]

Bezüglich der sicherheitsrechtlichen Generalklausel des Art. 7 Abs. 2 LStVG wird dieser, im Hinblick auf die unterschiedlichen bauordnungsrechtlichen Eingriffsbefugnisse geführte Diskurs nicht virulent. Sofern die Abrissverfügung auf

---

[870] *H. v. Kalm*, DÖV 1996, 463 (464); *J. Sanden*, NuR 2015, 606 (607); Busse/Kraus/*A. Decker*, BayBO Art. 76 Rn. 409.

[871] OVG Thüringen, Beschl. v. 27.02.1997, 1 EO 235/96, juris, Rn. 56 m.w.N.; a.A. aber mit weiteren zahlreichen Quellenverweisen Busse/Kraus/*A. Decker*, BayBO Art. 76 Rn. 410ff.

[872] Vgl. für etwaige Ermächtigungsgrundlagen im Bodenschutz- und Altlastenrecht *J. Sanden*, NuR 2015, 606 (607), der jedoch keine klare Abgrenzung zwischen der eingangs vorgestellten, für diese Untersuchung maßgebenden Verpflichtungskonstellation und einer eigenständigen Handlung der (Bodenschutz-)Behörde vornimmt, siehe Kapitel 1, § 2; diese Problematik besteht auch bei *H. v. Kalm*, DÖV 1996, 463 (464f.), der beispielhaft auf Ermächtigungsgrundlagen aus dem Gewerberecht eingeht; für ein Beispiel aus dem Naturschutzrecht vgl. VGH München, Beschl. v. 24.10.2005, 9 CS 05.1840, NVwZ-RR 2006, 389.

[873] BayVGH, Beschl. v. 16.04.2007, 14 CS 07.275, juris, Rn. 15; BayVGH, Urt. v. 16.02. 2015, 1 B 13.649, juris, Rn. 16; VG München, Urt. v. 25.07.2011, M 8 K 11.160, BeckRS 2011, 31335; Schwarzer/König/*T. Weber*, BayBO Art. 54 Rn. 31; Busse/Kraus/*A. Decker*, BayBO Art. 76 Rn. 412 m.w.N.

[874] BayVGH, Beschl. v. 16.04.2007, 14 CS 07.275, juris, Rn. 15; BayVGH, Urt. v. 16.02. 2015, 1 B 13.649, juris, Rn. 16; VG München, Urt. v. 25.07.2011, M 8 K 11.160, BeckRS 2011, 31335; offenlassend aber m.w.N. OVG Saarlouis, Urt. v. 18.06.2002, 2 R 9/01, NVwZ-RR 2003, 337; mit weiterführender Begründung Busse/Kraus/*A. Decker*, BayBO Art. 76 Rn. 412; kritisch *F. Michl*, NVwZ 2014, 1206 (1210f.).

Art. 7 Abs. 2 LStVG gestützt wird, kann eine etwaige Duldungsverfügung an einen Drittberechtigten auch auf Grundlage dieser sicherheitsrechtlichen Generalklausel erlassen werden.[875] Im Ergebnis können somit in der vorliegend betrachteten Fallkonstellation als Rechtsgrundlage für etwaige Duldungsverfügungen entweder Art. 76 S. 1 BayBO bzw. Art. 54 Abs. 4 BayBO oder Art. 7 Abs. 2 LStVG herangezogen werden.

II. Formelle Rechtmäßigkeitsvoraussetzungen der Duldungsverfügung

1. Zuständigkeit

Für den Erlass der Duldungsverfügung zuständig ist die Behörde, die auch für den Erlass der Abrissverfügung zuständig ist.[876] Zwar verfängt die Argumentation von Harald von Kalm[877], dass die Duldungsverfügung der Überwindung eines der Abrissverfügung entgegenstehenden Vollstreckungshindernisses diene und die für den Erlass der Abrissverfügung zuständige Behörde auch für deren Vollstreckung zuständig sei, schon deshalb nicht, weil – wie festgestellt – die Duldungsverfügung gerade nicht der Überwindung eines Vollstreckungshindernisses dient.

Allerdings ist die allgemeine Sicherheitsbehörde gemäß Art. 6 LStVG für die Aufrechterhaltung der öffentlichen Sicherheit und Ordnung durch Abwehr von Gefahren und durch Unterbindung und Beseitigung von Störungen unter Inanspruchnahme der aus der sicherheitsrechtlichen Generalklausel des Art. 7 Abs. 2 LStVG folgenden Befugnisse zuständig.[878] Wie bereits festgestellt, soll die durch die allgemeine Sicherheitsbehörde auf Art. 7 Abs. 2 LStVG gestützte Duldungsverfügung den zur Beseitigung einer sicherheitsrechtlichen Gefahr erforderlichen Abriss eines Gebäudes ermöglichen, sodass deren Erlass auch in den Zuständigkeitsbereich der allgemeinen Sicherheitsbehörde nach Art. 6 LStVG fällt. Die Bauaufsichtsbehörden sind wiederum gemäß Art. 54 Abs. 2 S. 1 BayBO unter Inanspruchnahme der Befugnisse aus Art. 76 S. 2 BayBO und Art. 54 Abs. 4 BayBO für den Vollzug des Baurechts zuständig.[879] Da eine durch eine Bauaufsichtsbehörde unter Heranziehung der Befugnisse aus Art. 76 S. 2 BayBO und Art. 54 Abs. 4 BayBO erlassene Duldungsverfügung die für den Vollzug des Baurechts erforderliche Beseitigung eines

---

[875] BeckOK PolR Bayern/*T. Holzner*, LStVG Art. 7 Rn. 126.

[876] *H. v. Kalm*, DÖV 1996, 463 (464); in der Rechtsprechung wird hiervon, ohne darauf explizit einzugehen, stets ausgegangen, vgl. VG München, Urt. v. 25.07.2011, M 8 K 11.160, BeckRS 2011, 31335; VG München, Urt. v. 16.02.2009, 8 K 07.4255, BeckRS 2011, 47934; VG Ansbach, Beschl. v. 09.01.2007, AN 18 S 06.03916, BeckRS 2007, 33670; BayVGH, Beschl. v. 16.04.2007, 14 CS 07.275, juris, Rn. 15 ff.

[877] *H. v. Kalm*, DÖV 1996, 463 (464).

[878] Siehe oben Kapitel 2, § 2 A. II. 1.

[879] Siehe oben Kapitel 2, § 2 A. II. 1.

baurechtswidrigen Gebäudes ermöglichen soll, ist die Bauaufsichtsbehörde für deren Erlass auch gemäß Art. 54 Abs. 2 S. 1 BayBO zuständig.

2. Verfahren

a) Am Verwaltungsverfahren Beteiligte

Bevor im Nachfolgenden die Frage, wer am Verwaltungsverfahren zum Erlass der Duldungsverfügung beteiligt ist, beantwortet werden soll, ist zunächst klarzustellen, dass es sich bei den zum Erlass der Abrissverfügung und zum Erlass der Duldungsverfügung führenden Verfahren grundsätzlich um eigenständige, nebeneinanderstehende Verwaltungsverfahren im Sinne des Art. 9 BayVwVfG handelt, da diese jeweils auf den Erlass eines materiellen Verwaltungsaktes gerichtet sind.[880] Vor diesem Hintergrund ist der Drittberechtigte im Falle des auf den Erlass der Duldungsverfügung abzielenden Verwaltungsverfahrens Beteiligter im Sinne des Art. 13 Abs. 1 Nr. 2 BayVwVfG, da die handelnde Behörde den Verwaltungsakt an ihn richtet.[881] Wie bereits oben festgestellt, ist er aber gerade kein Beteiligter an dem zum Erlass der Abrissverfügung führenden Verwaltungsverfahren im Sinne des Art. 13 BayVwVfG.[882]

Umgekehrt ist wiederum der Adressat der Abrissverfügung nach Art. 13 Abs. 1 Nr. 2 BayVwVfG an dem zum Erlass der Abrissverfügung führenden Verwaltungsverfahren Beteiligter.[883] Fraglich ist, ob er darüber hinaus auch Beteiligter an dem auf den Erlass der Duldungsverfügung zielenden Verwaltungsverfahren ist. So ist er zwar nicht Adressat der Duldungsverfügung, sodass für ihn in dem auf den Erlass der Duldungsverfügung zielenden Verwaltungsverfahren Art. 13 Abs. 1 Nr. 2 BayVwVfG nicht zur Anwendung kommt. Allerdings könnte der Adressat der Abrissverfügung gemäß Art. 13 Abs. 2 S. 2 BayVwVfG notwendigerweise von der Behörde zum auf den Erlass der Duldungsverfügung zielenden Verwaltungsverfahren hinzuzuziehen sein, sodass er gemäß Art. 13 Abs. 1 Nr. 4 BayVwVfG an diesem Verwaltungsverfahren Beteiligter wäre. Wie bereits ausführlich erörtert wurde, wäre dies dann der Fall, wenn der Ausgang des auf den Erlass der Duldungsverfügung zielenden Verwaltungsverfahrens rechtsgestaltende Wirkung für den Adressat der Abrissverfügung hätte, also für diesen unmittelbar Rechte begründen, ändern oder aufheben würde.[884] Hierbei ist jedoch zu sehen, dass der Ausgang des auf den Erlass der Duldungsverfügung gerichteten Verwaltungsver-

---

[880] Stelkens/Bonk/Sachs/*H. Schmitz*, VwVfG § 9 Rn. 110; BeckOK VwVfG/*B. Gerstner-Heck*, VwVfG § 9 Rn. 35; *J. Ziekow*, VwVfG § 9 Rn. 24f.

[881] BeckOK VwVfG/*B. Gerstner-Heck*, VwVfG § 13 Rn. 10; Mann/Sennekamp/Uechtritz/*C. Sennekamp*, VwVfG § 13 Rn. 15; Schoch/Schneider/*M.-E. Geis*, VwVfG § 13 Rn. 17.

[882] Siehe oben Kapitel 2, § 2 A. II. 2. a).

[883] Siehe oben Kapitel 2, § 2 A. II. 2. a).

[884] Kopp/Ramsauer/*U. Ramsauer*/*A. Schlatmann*, VwVfG § 13 Rn. 40f.; Stelkens/Bonk/Sachs/*H. Schmitz*, VwVfG § 13 Rn. 40; *J. Ziekow*, VwVfG § 13 Rn. 14.

fahrens grundsätzlich keine unmittelbar rechtsgestaltende Wirkung für den Adressaten der Abrissverfügung hat.[885]

Wie bereits dargestellt, kann der Adressat der Abrissverfügung je nach Fallgestaltung selbst Miteigentümer des abzureißenden Gebäudes, daran obligatorisch oder aber auch nicht berechtigt sein. Sofern der Adressat der Abrissverfügung ein dingliches oder obligatorisches Recht an dem abzureißenden Gebäude innehaben sollte, stellt die auf das Gebäude bezogene Abrissverfügung einen Eingriff in seine gemäß Art. 14 Abs. 1 GG verfassungsrechtlich geschützte Eigentumsposition oder etwa seinen qua Mietvertrag berechtigten Besitz daran dar.[886] Sofern der Adressat der Abrissverfügung kein dingliches oder obligatorisches Recht an dem abzureißenden Gebäude innehaben sollte, würde ihn die behördliche Verpflichtung zu dessen Abriss aber jedenfalls in seiner allgemeinen Handlungsfreiheit nach Art. 2 Abs. 1 GG einschränken.[887] Diese durch die Abrissverfügung betroffenen verfassungsrechtlich geschützten Rechtspositionen des Adressaten der Abrissverfügung werden aber grundsätzlich durch die Duldungsverfügung unberührt bleiben. Die Duldungsverfügung wird regelmäßig in ihrem – dafür maßgebenden – verfügenden Teil lediglich die behördliche Verpflichtung zur Duldung des Abrisses eines Gebäudes gegenüber dem Drittberechtigten enthalten und darüber hinaus keine Aussage zu etwaigen Rechtsposition des Adressaten der Abrissverfügung treffen.[888] Weder wird die Duldungsverfügung eine Regelung enthalten, die unmittelbar ein dingliches oder obligatorisches Recht des Adressaten der Abrissverfügung einschränkt, noch enthält sie eine an diesen gerichtete, seine allgemeine Handlungsfreiheit verkürzende Duldungspflicht.[889]

Auch eine einfache Hinzuziehung des Adressaten der Abrissverfügung im auf den Erlass der Duldungsverfügung gerichteten Verwaltungsverfahren nach Art. 13 Abs. 1 Nr. 4, Abs. 2 S. 1 BayVwVfG scheidet grundsätzlich aus, da seine rechtlichen

---

[885] Sofern man dem Ansatz von Kopp/Ramsauer/*U. Ramsauer*/*A. Schlatmann*, VwVfG § 13 Rn. 30 ff. folgt, wonach die Regelung des § 13 Abs. 2 VwVfG in S. 1 und S. 2 gleichermaßen wie § 65 VwGO zwischen einfacher und notwendiger Hinzuziehung im Verwaltungsverfahren unterscheidet und deshalb in Anlehnung an § 65 VwGO bzw. die dazu erarbeitete Kasuistik auszulegen ist, sei hier unterstützend noch auf das BVerwG, Urt. v. 28.04.1972, IV C 42.69, BVerwGE 40, 101 (noch a. A. BVerwG, Urt. v. 14.01.1966, IV C 111.65, juris, Rn. 4; Schoch/Schneider/*W. Bier*/*C. Steinbeiß-Winkelmann*, VwGO § 65 Rn. 23) verwiesen, das jedoch bei seiner Argumentation davon ausgeht, dass die Duldungsverfügung gegen den Drittberechtigten nur ein vermeintliches Vollstreckungshindernis beseitigen würde und für die Rechtmäßigkeit der Abrissverfügung keine Relevanz habe, sodass diesen Ausführungen nur eingeschränkte Aussagekraft zukommt.

[886] Siehe oben Kapitel 2, § 2 A. II. 2. b).

[887] Siehe oben Kapitel 2, § 2 A. II. 2. b).

[888] Zum Inhalt des Tenors einer Duldungsverfügung beispielhaft VG München, Urt. v. 16.02.2009, 8 K 07.4255, BeckRS 2011, 47934; VG Ansbach, Beschluss vom 09.01.2007, AN 18 S 06.03916, BeckRS 2007, 33670.

[889] Zum Eingriff in den Schutzbereich des Art. 2 Abs. 1 GG vgl. Dürig/Herzog/Scholz/*U. Di Fabio*, GG Art. 2 Abs. 1 Rn. 48 f.; Jarass/Pieroth/*H. Jarass*, GG Art. 2 Rn. 9 f.; Dreier/*T. Barczak*, Band 1, GG Art. 2 Abs. 1 Rn. 55 ff.

Interessen durch den Ausgang dieses Verwaltungsverfahrens grundsätzlich nicht berührt werden. Auch im Fall des Art. 13 Abs. 2 S. 1 BayVwVfG kommt es allein auf den Regelungsinhalt der Duldungsverfügung – also deren verfügenden Teil – an, der sich auf eine Rechtsposition des Adressaten der Abrissverfügung auswirken können müsste.[890] Als beeinträchtigte Rechtsposition des Adressaten der Abrissverfügung käme wiederum, abhängig von der jeweiligen Fallgestaltung, dessen Miteigentum oder ein obligatorisches Recht am abzureißenden Gebäude sowie seine allgemeine Handlungsfreiheit in Betracht. Diese Rechtspositionen werden aber regelmäßig gerade nicht vom Regelungsgehalt der Duldungsverfügung erfasst und damit auch nicht beeinträchtigt.

b) Verbindung von Verwaltungsverfahren

Fraglich bleibt jedoch, inwieweit der Umstand zu berücksichtigen ist, dass die Rechtmäßigkeit der Abrissverfügung vom Erlass der Duldungsverfügung abhängig ist und somit eine rechtliche Verbindung zwischen diesen beiden Verwaltungsakten besteht. Hierbei ist zu beachten, dass eine Behörde, sofern sie für die Entscheidung in mehreren Verwaltungsverfahren zuständig ist, diese Verfahren im Rahmen des ihr nach Art. 10 BayVwVfG zustehenden Verfahrensermessens verbinden kann.[891] Eine solche Verbindung ist insbesondere dann möglich und sinnvoll, wenn sich die verschiedenen Verwaltungsverfahren auf denselben Lebenssachverhalt beziehen und die ‚angedachten' Verfügungen in einem zeitlichen Zusammenhang ergehen sollen.[892] Eine Verbindung von Verwaltungsverfahren ist hingegen selbstverständlich bei Verwaltungsakten, die in einem Abhängigkeitsverhältnis zueinander stehen, wie es etwa bei akzessorischen Verwaltungsakten, die in ihrer Wirksamkeit von der Wirksamkeit eines anderen Verwaltungsaktes abhängig sind, der Fall ist.[893] Ein akzessorischer Verwaltungsakt kann beispielsweise eine Auflage im Verhältnis zu einem damit verbundenen Hauptverwaltungsakt oder eine Zwangsmittelandrohung im Verhältnis zu einem zu vollstreckenden Verwaltungsakt sein.[894]

Im vorliegend betrachteten Fall ist sowohl für den Erlass der Abrissverfügung wie auch für den Erlass der Duldungsverfügung dieselbe Behörde zuständig. Die beiden Verfügungen sollen, wie sogleich noch eingehender erörtert werden wird, in einem engen zeitlichen Zusammenhang ergehen und beziehen sich auf den gleichen Lebenssachverhalt. Letztlich besteht zwischen der Abriss- und der Duldungsverfügung,

---

[890] Kopp/Ramsauer/*U. Ramsauer/A. Schlatmann*, VwVfG § 13 Rn. 36; Mann/Sennekamp/Uechtritz/*C. Sennekamp*, VwVfG § 13 Rn. 24.

[891] Stelkens/Bonk/Sachs/*H. Schmitz*, VwVfG § 9 Rn. 110, 201; *J. Ziekow*, VwVfG § 9 Rn. 25; Huck/Müller/*W. Huck*, VwVfG § 9 Rn. 24.

[892] Stelkens/Bonk/Sachs/*H. Schmitz*, VwVfG § 9 Rn. 110.

[893] Stelkens/Bonk/Sachs/*H. Schmitz*, VwVfG § 9 Rn. 110; Stelkens/Bonk/Sachs/*U. Stelkens*, VwVfG § 35 Rn. 226.

[894] Stelkens/Bonk/Sachs/*U. Stelkens*, VwVfG § 35 Rn. 226; *T. Barczak*, JuS 2018, 238 (245).

ähnlich wie bei den genannten akzessorischen Verwaltungsakten, ein rechtliches Abhängigkeitsverhältnis der Gestalt, dass die Wirksamkeit der Abrissverfügung durch den Erlass der Duldungsverfügung bedingt ist. Vor diesem Hintergrund drängt sich eine Verbindung der beiden, den Verfügungen vorausgehenden Verwaltungsverfahren nach Art. 10 BayVwVfG durch die handelnde Behörde auf.

Bei der einfachen Verbindung von Verwaltungsverfahren gegenüber mehreren Beteiligten bleiben jedoch in der Konsequenz die einzelnen Verfahren rechtlich selbstständig.[895] Die Beteiligten sind an Erklärungen und Verfahrenshandlungen der übrigen Beteiligten nicht gebunden und es ergeben sich für sie daraus weder Rechte noch Pflichten oder verfahrensrechtliche Folgen.[896] Darüber hinaus können die Entscheidungen der Behörde für und gegen jeden Beteiligten unterschiedlich ausfallen.[897]

c) Beachtlichkeit von Abriss- und Duldungsverfügung

Also unabhängig davon, ob es zu einer einfachen Verbindung der Verwaltungsverfahren nach Art. 10 BayVwVfG kommt, sind die zum Erlass der Abrissverfügung und zum Erlass der Duldungsverfügung führenden Verwaltungsverfahren im Ergebnis rechtlich weiterhin getrennt voneinander zu betrachten.

Wie bereits eingangs dargestellt, erfasst die persönliche Bindung an die Regelung eines Verwaltungsaktes im Sinne des § 43 Abs. 1 S. 1 VwVfG nur denjenigen, für den der Verwaltungsakt bestimmt ist oder der von ihm betroffen ist und dem er gemäß § 41 VwVfG bekannt gegeben wurde.[898] Da der Adressat der Abrissverfügung nicht von der Regelung der Duldungsverfügung erfasst wird und diese auch nicht für ihn bestimmt ist, und umgekehrt der Adressat der Duldungsverfügung nicht von der Regelung der Abrissverfügung erfasst wird und diese auch nicht für ihn bestimmt ist, entfaltet die Duldungsverfügung für den Adressaten der Abrissverfügung und die Abrissverfügung für den Adressaten der Duldungsverfügung jeweils auch keine Bindungswirkung im Sinne des § 43 Abs. 1 S. 1 VwVfG.[899]

Wie ebenfalls bereits eingangs dargestellt, ist jedoch für nicht von der Bindungswirkung eines Verwaltungsaktes in persönlicher Hinsicht erfasste Personen, Behörden und Gerichte ein Verwaltungsakt mit Entfaltung seiner Wirksamkeit zumindest beachtlich.[900] Dies bedeutet, dass andere Personen, Behörden oder Gerichte den Verwaltungsakt als gegeben hinzunehmen und ohne eigene Prüfung der

---

[895] Kopp/Ramsauer/*U. Ramsauer*, VwVfG § 9, Rn. 90.

[896] Kopp/Ramsauer/*U. Ramsauer*, VwVfG § 9, Rn. 90.

[897] Kopp/Ramsauer/*U. Ramsauer*, VwVfG § 9, Rn. 90.

[898] Siehe oben Kapitel 2, § 1 A. I. 1. a) u. vgl. *J. Ziekow*, VwVfG § 43 Rn. 3; BeckOK VwVfG/*F. Schemmer*, VwVfG § 43 Rn. 23; Stelkens/Bonk/Sachs/*M. Sachs*, VwVfG § 43 Rn. 90, der anstelle von Bindungswirkung von materieller Bestandskraft spricht.

[899] Stelkens/Bonk/Sachs/*M. Sachs*, VwVfG § 43 Rn. 90.

[900] Siehe oben Kapitel 2, § 1 A. I. 1. a) u. vgl. exemplarisch *J. Ziekow*, VwVfG § 43 Rn. 4.

Rechtmäßigkeit die getroffene Regelung ihren Entscheidungen zugrunde zu legen haben.[901] Somit ist die Duldungsverfügung für den Adressaten der Abrissverfügung und die Abrissverfügung für den Adressaten der Duldungsverfügung jeweils nach ihrem Erlass als wirksamer Rechtsakt beachtlich.

d) Anhörung des Drittberechtigten

Da, wie bereits festgestellt, mit der Duldungsverfügung ein Eingriff in die Rechte des Dritten einhergeht, ist dieser vor dem Erlass der Duldungsverfügung gemäß Art. 28 Abs. 1 BayVwVfG anzuhören.[902] Zutreffend ist dabei auch die Ansicht, dass der teilweise in diesem Zusammenhang angesprochene Ausnahmetatbestand des Art. 28 Abs. 2 Nr. 5 BayVwVfG nicht eingreift.[903]

Allerdings verfängt die dafür insbesondere von Harald von Kalm gegebene Begründung nicht.[904] Dieser geht, wie auch ein großer Teil der Literatur und Rechtsprechung, davon aus, dass eine Duldungsverfügung in der vorliegend betrachteten Fallkonstellation notwendig sei, um ein der Ausführung der Abrissverfügung entgegenstehendes Vollstreckungshindernis zu überwinden, das aus der Rechtsposition des Dritten resultiere.[905] Vor diesem Hintergrund würde die Duldungsverfügung zwar tatsächlich eine Maßnahme im Rahmen der Verwaltungsvollstreckung darstellen.[906] Jedoch greife die Ausnahmeregelung des Art. 28 Abs. 2 Nr. 5 VwVfG aufgrund ihres Sinns und Zwecks beim Erlass einer Duldungsverfügung nicht ein; so sehe die Regelung des Art. 28 Abs. 2 Nr. 5 VwVfG allein deshalb vom Anhörungserfordernis ab, da regelmäßig davon auszugehen sei, dass zwischen der Behörde und dem von der Vollstreckung Betroffenen strittige Punke bereits vor dem Erlass des zu vollstreckenden Grundverwaltungsaktes erörtert worden sind.[907] Dies sei aber bei der vorliegend betrachteten Konstellation anders, da der Dritte regelmäßig erst mit dem Erlass der Duldungsverfügung durch die Behörde mit dem Sachverhalt bekanntgemacht werden würde.[908] Deshalb sei es mit dem Rechtsstaatsprinzip unvereinbar, wenn der Drittberechtigte nicht vor dem Erlass der Duldungsverfügung über den entscheidungserheblichen Sachverhalt informiert und ihm nicht Gelegenheit zur Stellungnahme gegeben werden würde.[909]

---

[901] Siehe oben Kapitel 2, § 1 A. I. 1. a) u. vgl. exemplarisch Kopp/Ramsauer/*U. Ramsauer*, VwVfG § 43 Rn. 39 ff.

[902] Busse/Kraus/*A. Decker*, BayBO Art. 76 Rn. 413; *F. Michl*, NVwZ 2014, 1206 (1210 f.); *H. v. Kalm*, DÖV 1996, 463 (464).

[903] Busse/Kraus/*A. Decker*, BayBO Art. 76 Rn. 413; *H. v. Kalm*, DÖV 1996, 463 (464).

[904] *H. v. Kalm*, DÖV 1996, 463 (464).

[905] *H. v. Kalm*, DÖV 1996, 463 (464).

[906] *H. v. Kalm*, DÖV 1996, 463 (464).

[907] *H. v. Kalm*, DÖV 1996, 463 (464).

[908] *H. v. Kalm*, DÖV 1996, 463 (464).

[909] *H. v. Kalm*, DÖV 1996, 463 (464).

Wie bereits vorstehend festgestellt, ist in der vorliegend betrachteten Fallkonstellation die Duldungsverfügung aber gerade keine Maßnahme im Rahmen der Verwaltungsvollstreckung, die ein Vollstreckungshindernis überwinden soll, sondern – je nach Einzelfall – Rechtmäßigkeitsvoraussetzung für den Grundverwaltungsakt. Deshalb ist bereits der Tatbestand des Art. 28 Abs. 2 Nr. 5 VwVfG im vorliegend betrachteten Fall nicht erfüllt und es bedarf der von Harald von Kalm gegebenen Begründung für das Nichteingreifen des Ausnahmetatbestandes nicht.

III. Materielle Rechtmäßigkeitsvoraussetzungen der Duldungsverfügung

1. Erfüllung der Tatbestandsvoraussetzungen der Eingriffsgrundlage

Die materiellen Rechtmäßigkeitsvoraussetzungen der Duldungsverfügung sind umstritten.[910] So wird teilweise vertreten, dass die Duldungsverfügung nur dann rechtmäßig gegenüber dem Drittberechtigten ergehen könne, wenn die ihr zugrundeliegende Abrissverfügung rechtmäßig ist.[911] Dies begründe sich dadurch, dass der Drittberechtigte durch die der Duldungsverfügung zugrundeliegende Abrissverfügung nicht in seinen eigenen Rechten verletzt werde und die Abrissverfügung deshalb nicht gerichtlich anfechten könne.[912] Eine inzidente Prüfung der Rechtmäßigkeit der Abrissverfügung im Rahmen der Überprüfung der Duldungsverfügung sei nur dann nicht notwendig bzw. nicht möglich, wenn der Adressat der Duldungsanordnung zu einem vom Adressaten der Abrissverfügung über die Rechtmäßigkeit der Abrissverfügung geführten Rechtsstreit beigeladen wurde und dabei die Möglichkeit hatte, Einwände gegen die Rechtmäßigkeit der Abrissverfügung geltend zu machen; dann müsse der Adressat der Duldungsverfügung die bestandskräftige Abrissverfügung auch ohne weitere Prüfung gegen sich gelten lassen.[913] Eine weitere Ausnahme wird teilweise im Falle eines bloßen obligatorischen Rechts des Dritten am abzureißenden Gegenstand gemacht; dann soll es für die Rechtmäßigkeit der Duldungsverfügung ausreichend sein, wenn die Abrissverfü-

---

[910] *F. Michl*, NVwZ 2014, 1206 (1210) m.w.N.

[911] OVG Nordrhein-Westfalen, Beschl. v. 13.02.2014, 2 A 983/13, BeckRS 2014, 50797; BayVGH, Beschl. v. 16.04.2007, 14 CS 07.275, juris, Rn. 17; OVG Saarlouis, Urt. v. 18.06.2002, 2 R 9/01, NVwZ-RR 2003, 337; VGH Baden-Württemberg, Urt. v. 22.05.2000, 8 S 314/00, juris, Rn. 26; Schwarzer/König/*T. Weber*, BayBO Art. 54 Rn. 31; *H. v. Kalm*, DÖV 1996, 463 (465 f.), der eine inzidente Prüfung der Beseitigungsanordnung mit Ausnahme von auf deren Adressaten bezogenen personalen Aspekten verlangt.

[912] BayVGH, Beschl. v. 16.04.2007, 14 CS 07.275, juris, Rn. 17; *H. v. Kalm*, DÖV 1996, 463 (465 f.).

[913] BayVGH, Beschl. v. 16.04.2007, 14 CS 07.275, juris, Rn. 17; *H. v. Kalm*, DÖV 1996, 463 (465 f.).

gung lediglich wirksam bzw. vollstreckbar ist, ohne dass es einer Überprüfung auch ihrer Rechtmäßigkeit bedürfe.[914]

Nach der überzeugenden Gegenmeinung von Decker folgt aber gerade aus dem Umstand, dass der Drittberechtigte durch die Abrissverfügung eben nicht in seinen Rechten beeinträchtigt werde und deshalb die Abrissverfügung mangels Klagebefugnis nach § 42 Abs. 2 VwGO auch nicht anfechten könne, dass für die Rechtmäßigkeit der Duldungsverfügung die Rechtmäßigkeit der Abrissverfügung grundsätzlich keine Rolle spiele.[915] Vielmehr käme es für die materielle Rechtmäßigkeit der Duldungsverfügung darauf an, dass die Voraussetzungen der jeweiligen Eingriffsgrundlage, die für die Abrissverfügung wie für die Duldungsverfügung identisch ist, erfüllt sind.[916] Die Tatbestandsvoraussetzungen der Eingriffsgrundlage müssten schon deshalb beim Erlass der Duldungsverfügung (erneut) geprüft werden, weil durch die Duldungsverfügung erstmals in die Rechtsposition des Drittberechtigten eingegriffen werde.[917]

Dieser (erneuten) Prüfung der Tatbestandsvoraussetzungen der Eingriffsgrundlage könne auch nicht entgegengehalten werden, dass die Ausgangsverfügung bereits gegen den Drittberechtigten wirke.[918] Bei einer solchen Argumentation würde verkannt, dass der zur Duldung Verpflichtete regelmäßig nicht am Verwaltungsverfahren zum Erlass der Beseitigungsanordnung beteiligt ist.[919] Wie bereits oben festgestellt, ist der Drittberechtigte weder nach Art. 13 Abs. 1 Nr. 2 BayVwVfG am Verwaltungsverfahren Beteiligter, noch nach Art. 13 Abs. 1 Nr. 4 BayVwVfG, da er nicht nach Art. 13 Abs. 2 S. 2 BayVwVfG notwendigerweise zum Verwaltungsverfahren hinzuzuziehen ist und auch eine einfache Hinzuziehung des Drittberechtigten nach Art. 13 Abs. 1 Nr. 4, Abs. 2 S. 1 BayVwVfG grundsätzlich ausscheidet.[920] Die allenfalls gegenüber dem Drittberechtigten wirkende Beachtlichkeit der Abrissverfügung beschränkt sich wiederum auf die Tatsache, dass der Verwaltungsakt erlassen wurde, mithin existent ist, und auf dessen Regelungsinhalt, der sich aus seinem verfügenden Teil bzw. Tenor ergibt.[921] Eine gegenüber dem Drittberechtigten wirkende Feststellung, dass die Tatbestandsvoraussetzungen der ihm gegenüber zur Anwendung kommenden Eingriffsbefugnis erfüllt sind, könne daraus keinesfalls folgen.[922]

---

[914] VGH München, Beschl. v. 12.03.2012, 1 CS 12.282, BeckRS 2012, 54360, Rn. 13ff.; OVG Berlin, Beschl. v. 28.02.1997, 2 S 28/96, LKV 1997, 368.

[915] Busse/Kraus/*A. Decker*, BayBO Art. 76 Rn. 416.

[916] Busse/Kraus/*A. Decker*, BayBO Art. 76 Rn. 416.

[917] Busse/Kraus/*A. Decker*, BayBO Art. 76 Rn. 417.

[918] Busse/Kraus/*A. Decker*, BayBO Art. 76 Rn. 417.

[919] Busse/Kraus/*A. Decker*, BayBO Art. 76 Rn. 417.

[920] Siehe oben Kapitel 2, § 2 A. II. 1. a).

[921] Siehe oben Kapitel 2, § 1 A. I. 1. a).

[922] Busse/Kraus/*A. Decker*, BayBO Art. 76 Rn. 417.

Auch könne einer (erneuten) Prüfung der Tatbestandsvoraussetzungen der Eingriffsgrundlage nicht entgegengehalten werden, dass sie das Risiko einer divergierenden Entscheidung in sich berge, etwa wenn die Beseitigungsanordnung bereits (formell) bestandskräftig ist und in einem gegen die Duldungsanordnung gerichteten Verwaltungsgerichtsverfahren durch ein Gericht festgestellt würde, dass die Voraussetzungen der Eingriffsgrundlage nicht vorliegen, und das Gericht die Duldungsanordnung deshalb aufhebt.[923] Zwar ist es zutreffend, dass es aufgrund einer (erneuten) Prüfung der Tatbestandsvoraussetzungen der Eingriffsgrundlage zu einer im Verhältnis zur Beseitigungsanordnung divergierenden (gerichtlichen) Entscheidung über das Vorliegen dieser Voraussetzungen kommen kann, jedoch ergeben sich entsprechend der Ausführungen von Decker daraus keine wirklichen Konflikte.[924] Sofern die Tatbestandsvoraussetzungen für die Abrissverfügung vorliegen, wird dies auch für die Duldungsverfügung gelten und umgekehrt, sodass dieser Fall unproblematisch ist.[925] Ergeht hingegen eine Abrissverfügung in rechtswidriger Weise, weil die Tatbestandsvoraussetzungen der Ermächtigungsgrundlage nicht erfüllt sind, dann wird auch die Duldungsverfügung aus dem gleichen Grund rechtswidrig sein.[926] Hebt nun ein Verwaltungsgericht wegen eines dagegen gerichteten Rechtsbehelfs die Duldungsverfügung auf, so wäre die – gegebenenfalls bereits bestandskräftige – Abrissverfügung nicht nur aufgrund eines Fehlers bei den Tatbestandsvoraussetzungen rechtswidrig, sondern würde mangels Duldungsverfügung etwas von ihrem Adressaten Unmögliches verlangen, sodass sie unverhältnismäßig und auch deshalb rechtswidrig wäre. Die aus der Unmöglichkeit des durch die Abrissverfügung Verlangten folgende Rechtswidrigkeit würde, wie bereits eingehend erörtert, sogar zur deren Nichtigkeit nach § 44 Abs. 2 Nr. 5 VwVfG führen. Hierbei sei angemerkt, dass eine zunächst wegen der wirksamen Duldungsverfügung nicht nichtige Abrissverfügung aufgrund sich im Nachhinein verändernder Umstände – wie etwa dem Wegfall der Duldungsverfügung – nichtig werden kann;[927] dabei wäre auch die Bestandskraft der Abrissverfügung für den Eintritt der Nichtigkeitsfolge unerheblich.[928] Somit wäre bei einem Wegfall der Duldungsverfügung die Abrissverfügung nichtig und müsste ebenfalls nicht befolgt werden, sodass im Ergebnis eine mögliche Divergenz von (gerichtlichen) Entscheidungen über die Abriss- und die Duldungsverfügung keine maßgeblichen Konsequenzen hätte.[929]

---

[923] Busse/Kraus/*A. Decker*, BayBO Art. 76 Rn. 417.

[924] Busse/Kraus/*A. Decker*, BayBO Art. 76 Rn. 418.

[925] Busse/Kraus/*A. Decker*, BayBO Art. 76 Rn. 418.

[926] Busse/Kraus/*A. Decker*, BayBO Art. 76 Rn. 418.

[927] *B. Beckermann/C. Wenzel*, DVBl 2017, 1345 (1349); Kopp/Ramsauer/*U. Ramsauer*, VwVfG § 43 Rn. 97.

[928] Vgl. zum Verhältnis von Nichtigkeit und Bestandskraft VGH München, Beschl. v. 26.01.2017, 6 ZB 16.1519, BeckRS 2017, 102579, Rn. 6f.; Schoch/Schneider/*M. Goldhammer*, VwVfG § 43 Rn. 85ff.

[929] Busse/Kraus/*A. Decker*, BayBO Art. 76 Rn. 418, der jedoch fälschlicherweise annimmt, dass die Abrissverfügung beim Wegfall der Duldungsverfügung lediglich nicht vollstreckbar sei, was vorliegend entsprechend der oben gewonnenen Erkenntnisse korrigiert wurde.

Es wäre also bei einer auf Art. 76 S. 1 BayBO gestützten Abrissverfügung auch für die Duldungsverfügung entscheidend, dass die Tatbestandsvoraussetzungen dieser Eingriffsgrundlage erfüllt sind und deshalb – wie bereits oben ausführlich erörtert – eine Anlage im Sinne des Art. 2 Abs. 1 S. 4 BayBO im Widerspruch zu öffentlich-rechtlichen Vorschriften errichtet oder geändert wird bzw. worden ist.[930] Sollte die behördliche Abrissverfügung auf Art. 54 Abs. 4 BayBO gestützt worden sein, müsste auch für die dazu begleitend erlassene Duldungsverfügung der Tatbestand des Art. 54 Abs. 4 BayBO erfüllt sein, also der Zustand einer bestandsgeschützten baulichen Anlage eine erhebliche Gefahr für Leben oder Gesundheit verursachen.[931] Bei einer etwa auf Art. 7 Abs. 2 Nr. 3 LStVG gestützten Abrissverfügung käme es wiederum auch für die Duldungsverfügung darauf an, dass von einer Anlage oder einem Gebäude eine konkrete Gefahr für die Rechtsgüter Leben, Gesundheit, Freiheit von Menschen oder Sachwerte, deren Erhaltung im öffentlichen Interesse geboten erscheint, ausgeht und damit die Tatbestandsvoraussetzungen des Art. 7 Abs. 2 Nr. 3 LStVG vorliegen.[932]

2. Richtung der Maßnahme – Störereigenschaft

Für die Beantwortung der Frage, ob die Duldungsverfügung in rechtmäßiger Weise gegen ihren jeweiligen Adressaten gerichtet werden durfte, ist entscheidend, dass es sich bei diesem um einen für den der Abriss- und Duldungsverfügung gleichermaßen zugrundeliegenden sicherheitsrechtlich relevanten bzw. baurechtswidrigen Zustand verantwortlichen Störer handelt.[933] Ausgangspunkt dieser Überlegung ist, dass der zur Duldung Verpflichtete entsprechend der allgemeinen Grundsätze des Rechts der öffentlichen Sicherheit und Ordnung, dem auch das Bauordnungsrecht angehört, Störer und damit Verantwortlicher für den sowohl der Abriss- wie auch der Duldungsverfügung zugrundeliegenden sicherheits- bzw. bauordnungsrechtswidrigen Zustand sein muss.[934] Der Adressat der Duldungsverfügung gehört damit grundsätzlich auch zum Kreis der Störer, an den die Abrissverfügung hätte gerichtet werden können.[935]

---

[930] Siehe oben Kapitel 2, § 2 A. III.

[931] Siehe oben Kapitel 2, § 2 A. III.

[932] Siehe oben Kapitel 2, § 2 A. III.

[933] OVG Weimar, Beschl. v. 27.02.1997, 1 EO 235/96, BeckRS 1997, 20941; VG Ansbach, Beschl. v. 09.01.2007, AN 18 S 06.03916, BeckRS 2007, 33670; Busse/Kraus/*A. Decker*, BayBO Art. 76 Rn. 416; wohl a. A. *H. v. Kalm*, DÖV 1996, 463 (465), der davon ausgeht, dass sich die Verantwortlichkeit des Adressaten der Duldungsverfügung aus der durch ihn verursachten Störung der Vollstreckung der Abrissverfügung ergibt und er somit ein „Vollstreckungsstörer" sei.

[934] VG Ansbach, Beschl. v. 09.01.2007, AN 18 S 06.03916, BeckRS 2007, 33670.

[935] OVG Weimar, Beschl. v. 27.02.1997, 1 EO 235/96, BeckRS 1997, 20941; VG Ansbach, Beschl. v. 09.01.2007, AN 18 S 06.03916, BeckRS 2007, 33670; Busse/Kraus/*A. Decker*, BayBO Art. 76 Rn. 416.

Vor diesem Hintergrund ist auch bei der Ermittlung möglicher Adressaten einer Duldungsverfügung, wie bereits im Zusammenhang mit der Überprüfung der Rechtmäßigkeit der Abrissverfügung ausführlich dargestellt, zunächst dahingehend zu unterscheiden, ob es sich um eine auf Art. 76 S. 1 BayBO bzw. Art. 54 Abs. 4 BayBO oder auf Art. 7 Abs. 2 Nr. 3 LStVG gestützte Maßnahme handelt. Im Falle einer auf die allgemeine sicherheitsrechtliche Generalklausel des Art. 7 Abs. 2 Nr. 3 LStVG gestützten Verfügung gibt die Regelung des Art. 9 LStVG vor, wer als möglicher Adressat der Maßnahme in Betracht kommt.[936] Hinsichtlich der denkbaren Adressaten einer sicherheitsrechtlichen Verfügung unterscheidet Art. 9 LStVG zwischen einem Handlungsstörer nach Art. 9 Abs. 1 LStVG, einem Zustandsstörer nach Art. 9 Abs. 2 LStVG und einem Nichtstörer nach Art. 9 Abs. 3 LStVG, was bereits eingehend erörtert wurde.[937] Im Falle einer auf Art. 76 S. 1 BayBO bzw. Art. 54 Abs. 4 BayBO gestützten Abrissverfügung kommen neben den in Art. 9 LStVG genannten Handlungs-, Zustands- und Nichtstörern darüber hinaus auch die für den Bau des Gebäudes nach den Art. 49 ff. BayBO Verantwortlichen, also der Bauherr gemäß Art. 50 BayBO, der Entwurfsverfasser bzw. Fachplaner gemäß Art. 51 Abs. 1, 2 BayBO und der Bauunternehmer gemäß Art. 52 BayBO, als mögliche Adressaten in Betracht.[938] Ausgehend von dieser Differenzierung ergibt sich entsprechend der jeweiligen Regelungslage, wer als Adressat der Duldungsverfügung in Betracht kommt.

In der vorliegend betrachteten Fallkonstellation ist nunmehr entscheidend, ob die Duldungsverfügung an einen Dritten, der Miteigentümer des abzureißenden Gebäudes ist, gerichtet werden kann. Wie ebenfalls bereits im Zusammenhang mit der Überprüfung der Rechtmäßigkeit der Abrissverfügung eingehend erörtert, kommt der Eigentümer des abzureißenden Gebäudes sowohl für eine auf die allgemeine sicherheitsrechtliche Generalklausel des Art. 7 Abs. 2 Nr. 3 LStVG als auch für eine auf die bauordnungsrechtliche Spezialbefugnis des Art. 76 S. 1 BayBO bzw. des Art. 54 Abs. 4 BayBO gestützte Abrissverfügung als Adressat in Frage,[939] was damit auch für die Duldungsverfügung gilt. Dabei ist es unter anderem möglich, dass der Eigentümer eines Gebäudes aufgrund einer durch ihn verletzten Verkehrssicherungspflicht bereits als Handlungsstörer nach Art. 9 Abs. 1 LStVG verantwortlich für den sicherheitsrechtlich relevanten bzw. baurechtswidrigen, gefahrträchtigen Zustand des abzureißenden Gebäudes ist.[940] Es kann aber insbesondere ein an dem abzureißenden Gebäude dinglich Berechtigter, wenn er Eigentum daran hat oder darüber dinglich verfügungsberechtigt ist, sowohl bei einer auf Art. 7 Abs. 2 Nr. 3 LStVG wie auch bei einer auf Art. 76 S. 1 BayBO bzw. Art. 54 Abs. 4 BayBO gestützten Maßnahme jedenfalls als Zustandsstörer gemäß Art. 9 Abs. 2 LStVG in

[936] Siehe oben Kapitel 2, § 2 A. IV. 1. b) aa).

[937] Siehe oben Kapitel 2, § 2 A. IV. 1. b) aa).

[938] Siehe oben Kapitel 2, § 2 A. IV. 1. b) bb).

[939] Siehe oben Kapitel 2, § 2 A. IV. 1. b) u. § 2 A. IV. 1. c).

[940] Siehe oben Kapitel 2, § 2 A. IV. 1. b).

Anspruch genommen werden, selbst wenn er nicht die tatsächliche Sachherrschaft an dem abzureißenden Gebäude besitzt, sofern nicht der Inhaber der tatsächlichen Gewalt diese gegen seinen Willen ausübt.[941] Mithin kann in der vorliegend betrachteten Fallkonstellation die Duldungsverfügung grundsätzlich an den Dritten, der Miteigentümer des abzureißenden Gebäudes ist, gerichtet werden. Sollte sich die aus der Abrissverfügung folgende Verpflichtung anders nicht umsetzen lassen, käme unter den oben bereits ausführlich erörterten Voraussetzungen auch in Betracht, den Drittberechtigten, der beispielsweise Eigentümer des zum abzureißenden Gebäude benachbarten Grundstücks ist, durch die Duldungsverfügung als Nichtstörer nach Art. 9 Abs. 3 LStVG in Anspruch zu nehmen.[942]

3. Verhältnismäßigkeit

Auch die Duldungsverfügung muss den Erfordernissen der Verhältnismäßigkeit entsprechen.[943] Hinsichtlich der allgemeinen Anforderungen an die Verhältnismäßigkeit einer staatlichen Maßnahme ist zunächst auf die dazu bereits erfolgten Ausführungen im Rahmen der Überprüfung der Rechtmäßigkeit der Abrissverfügung zu verweisen.[944] Darüber hinaus wurden einige Aspekte, die auch im Rahmen der Überprüfung der Verhältnismäßigkeit der Duldungsverfügung eine Rolle spielen, bereits bei der eingangs erfolgten Beantwortung der Fragen, wann eine Duldungsverfügung überhaupt notwendig ist und welchen Inhalt sie hat, mit erörtert.[945]

Grundsätzlich ist eine Duldungsverfügung ein geeignetes Mittel zur Förderung oder vielmehr Erreichung ihres Zwecks, die Umsetzung der Abrissverfügung und damit die Beseitigung des vom abzureißenden Gebäude verursachten (bau-)rechtswidrigen bzw. gefahrträchtigen Zustands durch die Überwindung der Rechtsposition des Drittberechtigten zu ermöglichen.[946] Dies setzt aber jedenfalls voraus, dass das mit der Duldungsverfügung zu überwindende Recht dem Drittberechtigten überhaupt zusteht.[947] Anderenfalls ist die Duldungsverfügung schon ungeeignet[948] im Sinne des Verhältnismäßigkeitsprinzips und damit rechtswidrig, da sie weder die

---

[941] Siehe oben Kapitel 2, § 2 A. IV. 1. b).

[942] *H. v. Kalm*, DÖV 1996, 463 (465); siehe oben Kapitel 2, § 2 A. IV. 1. b) cc).

[943] *H. v. Kalm*, DÖV 1996, 463 (466).

[944] Siehe oben Kapitel 2, § 2 A. V. 1.

[945] Siehe oben Kapitel 2, § 3 A.

[946] VG Schleswig, Urt. v. 16.07.2019, 2 A 294/18, BeckRS 2019, 50053, Rn. 22.

[947] BayVGH, Beschl. v. 18.09.2017, 15 CS 17.1675, juris; BayVGH, Urt. v. 16.02.2015, 1 B 13.649, juris; VGH Kassel, Beschl. v. 15.09.1994, 4 TH 655/94, MDR 1995, 575; VGH Mannheim, Urt. v. 19.08.1992, 5 S 247/92, NVwZ 1993, 1215.

[948] M.E. undifferenziert gehen etwa der BayVGH, Beschl. v. 18.09.2017, 15 CS 17.1675, juris; BayVGH, Urt. v. 16.02.2015, 1 B 13.649, juris und der VGH Mannheim, Urt. v. 19.08.1992, 5 S 247/92, NVwZ 1993, 1215, davon aus, dass die Duldungsverfügung in einer solchen Konstellation – statt zur Erreichung des Maßnahmenzwecks nicht geeignet – nicht erforderlich sei.

Förderung noch die Erreichung ihres Zwecks – die Umsetzung der Abrissverfügung durch die Überwindung der Rechtsposition des Drittberechtigten zu ermöglichen – bewirkt. Ob eine Rechtsposition des Dritten wirklich besteht, hat die die Abriss- und Duldungsverfügung erlassende Behörde selbstständig zu ermitteln.[949]

Darüber hinaus ist, wie eingangs bereits ausführlich dargestellt, eine Duldungsverfügung gerade nicht erforderlich, wenn der Drittberechtigte die Abrisshandlung an dem in seinem Miteigentum stehenden Gebäude bereits aufgrund seines Einverständnisses mit der Maßnahme, einer gesetzlichen Notstandsregelung, beispielsweise nach § 34 StGB, § 228 BGB bzw. § 904 BGB oder einer Duldungspflicht, etwa aufgrund einer Geschäftsführung ohne Auftrag nach §§ 677, 679 Alt. 1, 683 S. 2 BGB bzw. eines mietrechtlichen Selbstvornahmerechts nach § 536a Abs. 2 BGB hinnehmen muss. In einem solchen Fall ist es auch im Sinne des Verhältnismäßigkeitsprinzips nicht erforderlich, eine die bereits bestehende Duldungspflicht feststellende Verfügung zu erlassen. Darüber hinaus ist es auch nicht erforderlich im Sinne des Verhältnismäßigkeitsprinzips, eine rein vorsorgliche behördliche Duldungsverfügung zu erlassen, falls ein anderer Duldungsgrund, wie etwa das Einverständnis des Drittberechtigten mit der Abrissmaßnahme, wegfallen könnte. Mit Blick auf den Inhalt der Duldungsverfügung ist es wiederum nicht erforderlich im Sinne des Verhältnismäßigkeitsprinzips, neben einer rechtsgestaltenden Regelung, die die zivilrechtlichen Ansprüche des Duldungspflichtigen, die einer Umsetzung der Abrissverfügung durch deren Adressaten entgegenstehen würden, ausschließt, zugleich präventiv die faktische Duldung der Abrissmaßnahme anzuordnen, sofern nicht ex ante mit dem tatsächlichen Widerstand des Dritten zu rechnen ist.

IV. Zeitpunkt des Erlasses der Duldungsverfügung

Letztlich ist noch fraglich, zu welchem Zeitpunkt eine für die Umsetzung der Abrissverfügung notwendige Duldungsverfügung, insbesondere im Verhältnis zur Abrissverfügung, erlassen werden muss. Es besteht die Möglichkeit, die Duldungsverfügung vor, nach oder gleichzeitig mit der Abrissverfügung zu erlassen. Die hierzu vertretenen Auffassungen, die von der im Vorstehenden als unzutreffend herausgearbeiteten Grundannahme ausgehen, die Duldungsverfügung sei notwendig, um ein der Abrissverfügung entgegenstehendes Vollstreckungshindernis auszuräumen, sind, da sie die durch das Fehlen der Duldungsverfügung eintretende Nichtigkeitsfolge für die Abrissverfügung nicht berücksichtigen, für die Beant-

[949] VGH Kassel, Beschl. v. 15.09.1994, 4 TH 655/94, MDR 1995, 575; VGH München, Urt. v. 10.02.1998, 1 B 95.2338, BeckRS 1998, 18284, Rn. 14; Busse/Kraus/*A. Decker*, BayBO Art. 76 Rn. 414.

wortung dieser Frage von keinem wirklichen Nutzen und sollen deshalb nicht weiter erörtert werden.[950]

Berücksichtigt man die durch das Fehlen der Duldungsverfügung eintretende Nichtigkeitsfolge für die Abrissverfügung, wird etwa von Burgi und Ellenrieder vertreten, dass die Duldungsverfügung (spätestens) gleichzeitig mit der Abrissverfügung erlassen werden müsse.[951] Dies begründe sich schlicht dadurch, dass die isolierte Abrissverfügung ohne den gleichzeitigen Erlass der Duldungsverfügung nicht existent werde und von Anfang an keine Wirkungen entfalten könne.[952] Eine nachträglich an einen Mitberechtigten erlassene Verfügung würde auch nicht dazu führen, dass die von Anfang an nichtige Abrissverfügung wirksam werden würde.[953]

Demgegenüber kommen jedoch Beckermann und Wenzel zu einem anderen Ergebnis. Zwar gehen sie, ebenso wie Burgi und Ellenrieder, grundsätzlich davon aus, dass die Abrissverfügung bei Eingreifen des Nichtigkeitstatbestandes nach § 44 Abs. 2 Nr. 5 VwVfG schon nicht existent sei und deshalb keine Wirkungen entfalten könne.[954] Allerdings gehen erstere, im Gegensatz zu letzteren, davon aus, dass trotz der anfänglichen Nichtigkeit der Abrissverfügung deren Wirksamkeit durch den späteren Erlass einer Duldungsverfügung hergestellt werden könne, in dem der zur anfänglichen Nichtigkeit der Abrissverfügung führende Rechtsfehler durch den späteren Erlass der Duldungsverfügung geheilt wird.[955] Dies würde im Ergebnis dazu führen, dass eine Duldungsverfügung nicht (spätestens) gleichzeitig mit der Abrissverfügung erlassen werden müsste, sondern dies auch noch nach dem Erlass der Abrissverfügung erfolgen könnte. Dabei begründen Beckermann und Wenzel ihren Ansatz damit, dass die Heilung von zur Nichtigkeit von Verwaltungshandlungen führenden Fehlern dem Verwaltungsrecht grundsätzlich nicht fremd sei.[956] Sie verweisen dabei primär auf die Regelung des § 13 Abs. 2 BBG, der vorsieht, dass eine nach § 13 Abs. 1 BBG nichtige Ernennung zur Begründung eines Beamtenverhältnisses, die einen Verwaltungsakt darstellt, unter bestimmten Voraussetzungen als von Anfang an wirksam anzusehen ist.[957] Als weiteres Argument führen Beckermann und Wenzel an, dass die von ihnen identifizierte ständige Rechtsprechung, die

---

[950] Vgl. etwa die Ausführungen bei *H. v. Kalm*, DÖV 1996, 463 (466 f.), der davon ausgeht, dass die Duldungsverfügung zum Zeitpunkt der Androhung einer Zwangsmaßnahme zur Umsetzung der Abrissverfügung ergehen müsse.

[951] *M. Burgi/M. Ellenrieder*, BWVPr 1989, 33 (34).

[952] *M. Burgi/M. Ellenrieder*, BWVPr 1989, 33 (34).

[953] *M. Burgi/M. Ellenrieder*, BWVPr 1989, 33 (35).

[954] *B. Beckermann/C. Wenzel*, DVBl 2017, 1345 (1347); *M. Burgi/M. Ellenrieder*, BWVPr 1989, 33 f.

[955] *B. Beckermann/C. Wenzel*, DVBl 2017, 1345 (1349).

[956] *B. Beckermann/C. Wenzel*, DVBl 2017, 1345 (1350 f.).

[957] *B. Beckermann/C. Wenzel*, DVBl 2017, 1345 (1350); zur Verwaltungsaktqualität einer Ernennung im Sinne des § 10 BBG vgl. BVerwG, Urt. v. 25.05.1965, II C 132/62 (Bremen), NJW 1965, 1978; zur Heilung der Nichtigkeitsfolge nach § 13 BBG vgl. BeckOK BeamtenR Bund/*M. Thomsen*, BBG § 13 Rn. 20 ff.

fälschlich von der Nichtvollstreckbarkeit einer ohne Duldungsverfügung erlassenen Abrissverfügung ausgehe und deshalb annehme, dass eine zunächst ohne die notwendige begleitende Duldungsverfügung erlassene Abrissverfügung wirksam und rechtmäßig sei bzw. mit dem späteren Erlass der Duldungsverfügung auch vollstreckt werden könne, im Ergebnis nur auf der Grundlage ihres Ansatzes aufrecht erhalten werden könne.[958] Vor dem Hintergrund, dass die notwendige, aber fehlende Duldungsverfügung tatsächlich zur Nichtigkeit der Abrissverfügung nach § 44 Abs. 2 Nr. 5 VwVfG führen würde, könnte die Abrissverfügung – entsprechend der von Beckermann und Wenzel identifizierten ständigen Rechtsprechung – trotz mangelnder Duldungsverfügung nur erhalten bleiben bzw. mit dem Erlass der Duldungsverfügung auch umgesetzt werden, wenn man von der Heilbarkeit der Nichtigkeit der zunächst isoliert erlassenen Abrissverfügung durch den späteren Erlass der Duldungsverfügung ausgehe.[959] Letztlich spräche für diesen Ansatz noch, dass die Behörden mit Blick auf den Grundsatz der Effektivität der Gefahrenabwehr nicht dadurch belastet wären, bei einer mangels Duldungsverfügung nichtigen Abrissverfügung das letzterer zugrundeliegende Verwaltungsverfahren wiederholen zu müssen, sondern durch den Erlass der Duldungsverfügung direkt die Wirksamkeit der Abrissverfügung herstellen zu können.[960]

Auch wenn das von Beckermann und Wenzel resümierten Ergebnis insbesondere aus der Perspektive der Behörden attraktiv wirken dürfte, scheint die dogmatische Herleitung dieses Ergebnisses wenig tragfähig zu sein. Zunächst differenzieren Beckermann und Wenzel bei ihren Ausführungen nicht zwischen den Auswirkungen der Nichtigkeit auf die Wirksamkeit und die Existenz eines Verwaltungsaktes. Vielmehr gehen sie davon aus, dass ein nichtiger Verwaltungsakt weder wirksam noch existent ist und haben Mühe zu begründen, wie die Wirkung von etwas Inexistentem hergestellt werden kann.[961] Wie zum Beginn dieser Arbeit bereits dargestellt, ist im Hinblick auf einen Verwaltungsakt jedoch zwischen dessen Existenz und Wirksamkeit zu unterschieden, wobei ein Verwaltungsakt bereits mit seiner erstmaligen Bekanntgabe an einen dadurch Betroffenen existent wird, unabhängig davon, ob er auch Wirksamkeit erlangt hat.[962] Richtigerweise ist ein nichtiger Verwaltungsakt allgemein nach § 43 Abs. 3 VwVfG unwirksam. Unwirksamkeit des nichtigen Verwaltungsaktes bedeutet dabei, dass diesem keine Rechtswirkung zukommt, er also keine Rechtsbindungen erzeugt und keine für den Rechtsverkehr

---

[958] *B. Beckermann/C. Wenzel*, DVBl 2017, 1345 (1350).

[959] *B. Beckermann/C. Wenzel*, DVBl 2017, 1345 (1350 f.).

[960] *B. Beckermann/C. Wenzel*, DVBl 2017, 1345 (1347).

[961] *B. Beckermann/C. Wenzel*, DVBl 2017, 1345 (1347, 1349) u. *M. Burgi/M. Ellenrieder*, BWVPr 1989, 33 f., gehen gleichermaßen von der Wirkungslosigkeit wie auch Nichtexistenz eines nichtigen Verwaltungsaktes aus.

[962] Siehe oben Kapitel 2, § 1 A. IV. 1. e).

beachtliche Regelung setzt.[963] Ein nichtiger Verwaltungsakt erfüllt aber die Voraussetzungen des § 35 VwVfG und wird deshalb auch mit Bekanntgabe rechtlich existent, insbesondere in Abgrenzung zum Nicht-Verwaltungsakt.[964]

Dass die Heilung der Nichtigkeit eines Verwaltungsaktes vor dem Hintergrund der Regelung des § 13 Abs. 2 BBG grundsätzlich als dogmatische Konstruktion denkbar ist, vermag zu überzeugen. Jedoch stellt diese Vorschrift einen einzelfallbezogenen Ausnahmetatbestand dar,[965] der nur schwerlich den Rückschluss zulässt, dass die aufgrund der Erfüllung eines Nichtigkeitstatbestandes ausgelöste Nichtigkeitsfolge für einen Verwaltungsakt grundsätzlich aufgrund des späteren Wegfalls des Nichtigkeitstatbestandes ebenfalls entfallen und es zur Wirksamkeit des zuvor nichtigen Verwaltungsaktes kommen würde. Vielmehr spricht die vereinzelte Ausnahmeregelung in § 13 Abs. 2 BBG gerade dagegen, einen solchen Grundsatz anzunehmen. Selbst Beckermann und Wenzel räumen ein, dass es für die Möglichkeit, Nichtigkeitsfolgen zu heilen, zumindest zur Schaffung von Rechtssicherheit, einer positivrechtlichen Regelung bedürfte.[966] Die Argumentation, dass in der vorliegenden Fallkonstellation zur Stützung der bisher herrschenden Rechtsprechung und zur Erleichterung der Verwaltungspraxis von einer Heilungsmöglichkeit einer rechtswidrigen, den Tatbestand des Art. 44 Abs. 2 Nr. 5 VwVfG erfüllenden Abrissverfügung ausgegangen werden müsse, hat keine dogmatische Überzeugungskraft. Vielmehr wäre ausgehend von der zutreffenden Feststellung von Beckermann und Wenzel, dass in der vorliegend untersuchten Fallkonstellation die der Ausführung der Abrissverfügung entgegenstehende (Mit-)Eigentumsposition des Drittberechtigten nicht nur zu Nichtvollstreckbarkeit, sondern zur Rechtswidrigkeit und Nichtigkeit der Abrissverfügung führt, der richtige und konsequente Schluss, die bisher herrschende Rechtsprechung und darauf aufbauende Verwaltungspraxis schlicht als fehlerhaft einzuordnen. Es ist im Ergebnis also nicht überzeugend, von der nachträglichen Heilbarkeit der Nichtigkeit einer ohne die notwendige Duldungsverfügung erlassenen Abrissverfügung auszugehen und auf dieser Grundlage anzunehmen, dass eine für die Rechtmäßigkeit und Wirksamkeit der Abrissverfügung notwendige Duldungsverfügung auch nach der Abrissverfügung erlassen werden könnte.

---

[963] *G. Beaucamp*, JA 2007, 704; *H. Maurer/C. Waldhoff*, Allgemeines Verwaltungsrecht, 21. Aufl. 2024, § 10 Rn. 91; *S. Detterbeck*, Allgemeines Verwaltungsrecht, 21. Aufl. 2023, § 10 Rn. 620.

[964] *M. Will/C. Rathgeber*, JuS 2012, 1057; Stelkens/Bonk/Sachs/*M. Sachs*, VwVfG § 43 Rn. 222; BeckOK VwVfG/*F. Schemmer*, VwVfG § 43 Rn. 57, § 44 Rn. 3; Kopp/Ramsauer/*U. Ramsauer*, VwVfG § 44 Rn. 2; a. A. OLG Oldenburg, Beschl. v. 28.01.1992, Ss 492/91, NVwZ 1992, 607; Sodan/Ziekow/*H. A. Wolff*, VwGO § 113 Rn. 24; der EuGH spricht von „inexistent", EuGH, Urt. v. 26.02.1987, Rs 15/85, NJW 1987, 3074.

[965] BVerwG, Urt. v. 22.05.1980, 2 C 31/78, juris, Rn. 36, bezogen auf das Niedersächsische Beamtengesetz.

[966] *B. Beckermann/C. Wenzel*, DVBl 2017, 1345 (1351).

Dem gegenüber weisen Beckermann und Wenzel jedoch zutreffend darauf hin, dass die Abrissverfügung mit einer ausdrücklichen aufschiebenden Bedingung oder Befristung im Sinne des § 36 Abs. 2 VwVfG versehen werden kann, die die Wirksamkeit der Verpflichtung zum Abriss eines Gebäudes von der Zustimmung des Drittberechtigten oder dem Erlasszeitpunkt der Duldungsverfügung abhängig macht.[967] Sofern die Verpflichtung zum Abriss des Gebäudes für den Adressaten der Abrissverfügung von der Erklärung des Einverständnisses des am abzureißenden Gebäude berechtigten Dritten abhängig gemacht wird, kommt es zu einer Verknüpfung der belastenden Verpflichtung zum Gebäudeabriss mit dem ungewissen Ereignis der Abgabe einer Einverständniserklärung durch den Drittberechtigten, sodass die Abrissverpflichtung unter eine aufschiebende Bedingung im Sinne des § 36 Abs. 2 Nr. 2 VwVfG gestellt wird.[968] Soll die Verpflichtung zum Abriss des Gebäudes für den Adressaten der Abrissverfügung erst dann eintreten, wenn von der Behörde die bereits sicher beabsichtigte Duldungsverfügung zur Überwindung der Rechtsposition des Drittberechtigten erlassen wurde, so tritt die belastende Verpflichtung zum Gebäudeabriss erst zu einem Zeitpunkt in der Zukunft ein, der sich aufgrund eines sicher eintretenden Ereignisses – dem Erlass der Duldungsverfügung – bestimmen lässt, sodass die Abrissverfügung nach § 36 Abs. 2 Nr. 1 VwVfG aufschiebend befristet ist.[969] Durch eine solche aufschiebende Befristung wird zugleich deutlich, dass es sich bei der damit versehenen Abrissverfügung nur um eine sogenannte Teilregelung handelt, die durch die beabsichtigte Duldungsverfügung noch ergänzt werden soll.[970] Da in den Fällen einer aufschiebenden Bedingung oder Befristung im Sinne des § 36 Abs. 2 VwVfG die Verpflichtung zum Abriss des Gebäudes erst dann eintritt, wenn die der Verpflichtung potenziell entgegenstehende

---

[967] *B. Beckermann/C. Wenzel*, DVBl 2017, 1345 (1346 f.); Kopp/Ramsauer/*U. Ramsauer*, VwVfG § 44 Rn. 46. Es ist davon auszugehen, dass die Duldungsverfügung wiederum zum Zeitpunkt ihres Erlasses sogleich Wirksamkeit entfalten soll.

[968] Zu den Voraussetzungen einer aufschiebenden Bedingung im Sinne des § 36 Abs. 2 Nr. 2 VwVfG vgl. BeckOK VwVfG/*P. Tiedemann*, VwVfG § 36 Rn. 41 ff.; Stelkens/Bonk/Sachs/*U. Stelkens*, VwVfG § 36 Rn. 75 ff.; *J. Ziekow*, VwVfG § 36 Rn. 8 f.

[969] Zu den Voraussetzungen einer aufschiebenden Befristung im Sinne des § 36 Abs. 2 Nr. 1 VwVfG vgl. *J. Ziekow*, VwVfG § 36 Rn. 6; BeckOK VwVfG/*P. Tiedemann*, VwVfG § 36 Rn. 33 ff., der insbesondere davon ausgeht, dass bei der Beurteilung, ob der Eintritt des zukünftigen Ereignisses, das für die Berechnung des „bestimmten Zeitpunktes" im Sinne des § 36 Abs. 2 Nr. 1 VwVfG maßgebend ist, als sicher gilt, die Perspektive der den Verwaltungsakt erlassenden Behörde entscheidend ist; a. A. Stelkens/Bonk/Sachs/*U. Stelkens*, VwVfG § 36 Rn. 71, der hingegen davon ausgeht, dass der Eintritt des Ereignisses objektiv feststehen müsse; im vorliegenden Fall, in dem der Eintritt des Ereignisses – der Erlass der Duldungsverfügung – aber ohnehin vom Willen der Behörde abhängig ist, spielt dieser Diskurs jedoch keine Rolle.

[970] Vgl. *B. Beckermann/C. Wenzel*, DVBl 2017, 1345 (1346 f.); Kopp/Ramsauer/*U. Ramsauer*, VwVfG § 44 Rn. 46, die beide davon ausgehen, dass der Erlass einer den grundsätzlich strafrechtlich relevanten Eingriff in die Rechtsposition eines Dritten fordernden Abrissverfügung unproblematisch ist, wenn erkennbar ist, dass die Abrissverfügung um eine die Duldung des Eingriffs anordnende Verfügung ergänzt werden soll und deshalb nur eine sogenannte „Teilregelung" darstellt.

Rechtsposition des Drittberechtigten aufgrund von dessen Einwilligung oder der zwischenzeitlich erlassenen Duldungsverfügung bereits ausgeräumt ist, würde vom Adressaten der Abrissverfügung kein strafrechtlich relevanter Eingriff in die Rechtsposition des Dritten verlangt werden. Damit würde ein solcher Verwaltungsakt auch nicht den Tatbestand des § 44 Abs. 2 Nr. 5 VwVfG erfüllen und es käme nicht zu dessen Nichtigkeit. Somit könnte die Abrissverfügung jedenfalls dann bereits ohne das Einverständnis des Drittberechtigten bzw. vor einer für ihre Umsetzung notwendigen Duldungsverfügung erlassen werden, wenn die in der Abrissverfügung enthaltene Verpflichtung aufgrund einer aufschiebenden Bedingung bzw. Befristung im Sinne des § 36 Abs. 2 VwVfG erst dann wirksam wird, wenn der Drittberechtigte sein Einverständnis zur Abrisshandlung erklärt hat bzw. eine Duldungsverfügung erlassen wurde.

§ 4 Ergebnis zur ersten Fallvariante: Entgegenstehende Rechte eines dinglich Berechtigten

Die zu Beginn dieses Kapitels aufgeworfenen Fragen, welche Konsequenzen die dem Adressaten der Abrissverfügung bei der Umsetzung der Abrissmaßnahme entgegenstehende Eigentumsposition des Dritten an dem abzureißenden Gebäude für die Abrissverfügung hat, ob für die Rechtmäßigkeit, Wirksamkeit bzw. Vollstreckbarkeit dieser Abrissverfügung eine Duldungsverfügung gegenüber dem (mit-)berechtigten Dritten ergehen muss und welche Anforderungen an eine gegebenenfalls zu erlassende Duldungsverfügung zu stellen sind, konnten im Vorstehenden umfassend beantwortet werden.

Zunächst sind die möglichen Konsequenzen für die Abrissverfügung aus der Kollision der Verpflichtung ihres Adressaten zum Abriss eines Gebäudes mit der Eigentumsposition des Dritten an dem abzureißenden Gebäude zu differenzieren. In Literatur und Rechtsprechung wird als Konsequenz aus dieser Kollision teilweise von der Rechtswidrigkeit der Abrissverfügung ausgegangen, teilweise von deren aus der Rechtswidrigkeit folgenden nichtigkeitsbedingten Unwirksamkeit und teilweise von deren Nichtvollstreckbarkeit. Eine abstrakte Betrachtung der möglichen Konsequenzen aus dieser Kollision ergibt, dass Ausgangspunkt für die Beantwortung der Frage, welche Konsequenzen die Kollision für die Abrissverfügung tatsächlich hat, die Prüfung der Rechtmäßigkeit der Abrissverfügung sein muss.

Bei der Überprüfung der Rechtmäßigkeit der Abrissverfügung ist festzustellen, dass zwischen zwei Typen von Abrissverfügungen mit ihren jeweils eigenen Rechtsgrundlagen unterschieden werden kann. So ist es einerseits möglich, von einer auf die allgemeine sicherheitsrechtliche Generalklausel des Art. 7 Abs. 2 Nr. 3 LStVG gestützten Abrissverfügung auszugehen; dem gegenüber kommt aber auch eine auf die bauordnungsrechtliche Spezialbefugnis des Art. 76 S. 1 BayBO bzw. Art. 54 Abs. 4 BayBO gestützte Abrissverfügung in Betracht.

Neben den formellen Rechtmäßigkeitsvoraussetzungen der Abrissverfügung ist insbesondere zu überprüfen, ob bei einer Abrissverfügung durch die Inanspruchnahme eines Adressaten, dem bei der Ausführung der Abrisshandlung die (Mit-) Eigentumsposition eines Dritten entgegenstünde, ein Fehler bei der Adressatenwahl gemacht wird. Es ist festzustellen, dass grundsätzlich viele verschiedene Adressaten sowohl für eine auf die allgemeine sicherheitsrechtliche Generalklausel des Art. 7 Abs. 2 Nr. 3 LStVG als auch für eine auf die bauordnungsrechtliche Spezialbefugnis des Art. 76 S. 1 BayBO bzw. Art. 54 Abs. 4 BayBO gestützte Abrissverfügung in Betracht kommen. So kann eine Abrissverfügung je nach Fallkonstellationen beispielsweise an den (Allein-)Eigentümer des Gebäudes, aber auch an die nach den Art. 49 ff. BayBO am Bau Beteiligten, also den Bauherren, den Entwurfsverfasser bzw. Fachplaner und den Bauunternehmer oder aber einen straf- oder deliktsrechtlich verantwortlichen Schädiger, sowie den Mieter bzw. Pächter eines Gebäudes oder gar einen Hausbesetzer gerichtet werden. Aber nur wenn mehreren dieser Adressaten gegenüber jeweils für sich genommen eine rechtmäßige und insbesondere verhältnismäßige behördliche Maßnahme ergehen könnte, kann eine wiederum verhältnismäßige Auswahlentscheidung zwischen diesen potenziellen Adressaten getroffen werden. Es ist also zu beachten, dass es zunächst auf die Erfüllung der übrigen Rechtmäßigkeitsvoraussetzungen und insbesondere die Erfüllung der Voraussetzungen der Verhältnismäßigkeit durch die an den nicht (allein) berechtigten Verfügungsadressaten gerichtete Verfügung als solche ankommt, bevor die Frage, ob die Auswahl des konkreten Adressaten der Abrissverfügung auch verhältnismäßig ist, geklärt werden kann.

Bei der Überprüfung der Verhältnismäßigkeit der an den nicht (allein) berechtigten Verfügungsadressaten gerichteten Abrissverfügung ist festzustellen, dass vom Adressaten der Abrissverfügung mit der Aufforderung zur Zerstörung eines im (Mit-)Eigentum eines Dritten stehenden Gebäudes etwas rechtlich Unmögliches, mithin Ungeeignetes im Sinne des Verhältnismäßigkeitsprinzips und damit Rechtswidriges verlangt werden würde, sofern der Eingriff des Adressaten der Abrissverfügung in die (Mit-)Eigentumsposition des Dritten nicht durch die Mitwirkungsbereitschaft des Letzteren oder einen anderen Rechtfertigungsgrund legitimiert werden kann. Die Beantwortung der Frage, welche Rechtfertigungsgründe einen solchen Eingriff legitimieren können, hängt jedoch davon ab, ob die Rechtswidrigkeit der Abrissverfügung auch zu ihrer Nichtigkeit führen würde.

Im Ergebnis ist festzuhalten, dass die Abrissverfügung, sofern kein gesetzlicher Rechtfertigungsgrund oder eine Duldungspflicht des Dritten greift, von ihrem Adressaten ein Verhalten verlangt, dass in nicht gerechtfertigter, strafrechtlich relevanter Weise das Eigentum des Drittberechtigten verletzt. Damit würde die Abrissverfügung von ihrem Adressaten nicht nur etwas rechtlich Unmögliches und damit Ungeeignetes im Sinne des Verhältnismäßigkeitsprinzips verlangen, was bereits die Rechtswidrigkeit der Verfügung nach sich zieht. Wegen der strafrechtlichen Relevanz des vom Adressaten der Abrissverfügung verlangten Verhaltens wäre die Verfügung in einer derart schwerwiegenden Weise rechtswidrig, dass sie gemäß § 44 Abs. 2 Nr. 5 VwVfG sogar nichtig wäre. Letztlich kommt es bei einer Verpflichtung zu einem Eingriff in die Eigentumsposition eines Dritten entweder zur Rechtswidrigkeit der Verfügung mit der besonderen Folge der Nichtigkeit der Verfügung gemäß § 44 Abs. 2 Nr. 5 VwVfG oder die Verfügung verlangt kein rechtswidriges, mithin auch kein rechtlich unmögliches und damit kein ungeeignetes Verhalten von ihrem Adressaten, weshalb sie nicht nur wirksam, sondern auch nicht wegen Unverhältnismäßigkeit rechtswidrig ist.

Vor diesem Hintergrund kommen neben der Einwilligung des Drittberechtigten in die Umsetzung der behördlich angeordneten Abrissmaßnahme als gesetzliche Rechtfertigungsgründe ein Notstand nach § 34 StGB, § 228 BGB oder § 904 BGB in Betracht. Daneben können sich Duldungspflichten des Drittberechtigten hinsichtlich der behördlich angeordneten Abrissmaßnahme aufgrund einer Geschäftsführung ohne Auftrag nach §§ 677, 679 Alt. 1, 683 S. 2 BGB bzw. eines mietrechtlichen Selbstvornahmerechts des Verfügungsadressaten nach § 536a Abs. 2 BGB ergeben. Eine Rechtfertigung des Eingriffs in die Rechtsposition des Dritten durch die Abrissverfügung selbst scheidet hingegen aus. Anderenfalls käme es zu einem Zirkelschluss, wenn man das Nichtvorliegen der Tatbestandsvoraussetzungen des § 44 Abs. 2 Nr. 5 VwVfG mit der Wirksamkeit des den Nichtigkeitstatbestand auslösenden Verwaltungsakts begründen würde. Die seine Wirksamkeit voraussetzende Bindungswirkung eines Verwaltungsaktes kann nicht seine Unwirksamkeit ausschließen. Darüber hinaus könnte die Abrissverfügung, selbst wenn sie wirksam wäre, mangels eines ausreichenden Regelungsgehaltes schon keine Wirkungen auf das Rechtsverhältnis zwischen dem Verfügungsadressaten und dem Drittberechtigten entfalten und damit auch keinen Eingriff in die Rechtsposition des Drittberechtigten rechtfertigen. Schließlich kommt es auch zu keiner Auflösung der Kollision zwischen der Verpflichtung des Adressaten der Abrissverfügung zum Rückbau eines Gebäudes mit der Eigentumsposition des Dritten an dem abzureißenden Gebäude *ipso iure* durch die zivil- und strafrechtlichen Folgewirkungen der Abrissverfügung. Denn diese Überlegungen fußen auf der Prämisse, dass die Abrissverfügung bereits wirksam ist, ihr also Rechtswirkungen zukommen und sie von der Rechtsordnung als gültig angesehen werden muss. Dies ist aber gerade nicht der Fall, sofern der Tatbestand des § 44 Abs. 2 Nr. 5 VwVfG erfüllt ist. Ob dies der Fall ist, muss also geklärt werden, bevor die Folgewirkungen der wirksamen Abrissverfügung auf die Zivil- und Strafrechtslage betrachtet werden. Es muss nach wie vor zunächst die Frage geklärt werden, ob der Verwaltungsakt nach den Vorgaben des § 44 VwVfG Wirksamkeit erlangen kann oder nicht. Zur Beantwortung der Frage, ob die Abrissverfügung nach den Vorgaben des § 44 VwVfG Wirksamkeit erlangen kann oder nicht, kann nicht ihre Wirksamkeit als Prämisse vorausgesetzt werden. Vielmehr muss die Abrissverfügung im Verhältnis zu einer Rechtslage untersucht werden, auf welche sie noch keine Wirkung hat.

Sofern die Abrissverfügung nicht wegen der Unverhältnismäßigkeit des durch sie Verlangten rechtswidrig bzw. nichtig ist, kann der durch die Behörde gewählte Verfügungsadressat in rechtmäßiger Weise zum Abriss eines Gebäudes herangezogen werden, selbst wenn er nicht dessen (Allein-)Eigentümer ist bzw. mit der Abrisshandlung in die Eigentumsposition eines Dritten eingreifen muss. Sollte durch die Verfügung etwas dem jeweiligen Adressaten rechtlich Unmögliches abverlangte werden und die Verfügung deshalb unverhältnismäßig, mithin rechtswidrig und gemäß § 44 Abs. 2 Nr. 5 VwVfG sogar nichtig sein, kann eine solche Verfügung nicht in rechtmäßiger Weise an den jeweiligen Adressaten erlassen werden, sodass es auch auf die Zweck- und Verhältnismäßigkeit der behördlichen Auswahlentscheidung hinsichtlich des Verfügungsadressaten nicht mehr ankommt.

Die in der Literatur und Rechtsprechung verbreitete Meinung, dass einer Abrissverfügung, die ihren Adressaten zu einem Eingriff in die Eigentumsposition eines Dritten verpflichtet, lediglich ein Vollstreckungshindernis entgegensteht, konnte als unzutreffend herausgearbeitet werden. Die Abrissverfügung ist in der vorgestellten Konstellation entweder derart rechtswidrig, dass sie gemäß § 44 Abs. 2 Nr. 5 VwVfG nichtig ist und deshalb auch nicht vollstreckt werden kann. Oder aber sie ist vollstreckbar. Insbesondere kann sie im Übrigen grundsätzlich auch unabhängig von ihrer Rechtmäßigkeit bzw. – nicht zur Nichtigkeit führenden – Rechtswidrigkeit vollstreckt werden.

Zur Frage nach der Notwendigkeit einer Duldungsverfügung lässt sich im Ergebnis festhalten, dass eine solche zur Gewährleistung der Rechtmäßigkeit und damit verbunden der Wirksamkeit der Abrissverfügung notwendig sein kann, wenn ohne deren Erlass die vom Adressaten der Abrissverfügung verlangte Handlung den Tatbestand einer Straftat erfüllen würde, da dem Adressaten der Abrissverfügung dann etwas rechtlich Unmögliches auferlegt werden würde, sodass die Abrissverfügung rechtswidrig und aufgrund der Vorgaben des § 44 Abs. 2 Nr. 5 VwVfG in einem solchen Fall sogar nichtig wäre. Bei einer solchen Duldungsverfügung handelt es sich grundsätzlich um einen rechtsgestaltenden Verwaltungsakt, der die zivilrechtlichen Ansprüche des Duldungspflichtigen, die einer Umsetzung der Abrissverfügung durch deren Adressaten entgegenstehen würden, ausschließt. Sollte absehbar sein, dass der Adressat der Duldungsverfügung die Umsetzung der Abrissverfügung faktisch nicht dulden wird, besteht die Möglichkeit, diesen durch eine vollstreckungsfähige Anordnung auch zur faktischen Duldung der Abrissmaßnahmen zu verpflichten, um seinen erwarteten tatsächlichen Widerstand gegen die Vollziehung der Abrissverfügung mit den Mitteln der Zwangsvollstreckung überwinden zu können.

Als Rechtsgrundlage für eine etwaige Duldungsverfügung können, abhängig von der Rechtsgrundlage der Abrissverfügung, entweder Art. 76 S. 1 BayBO bzw. Art. 54 Abs. 4 BayBO oder Art. 7 Abs. 2 LStVG herangezogen werden, deren jeweilige Tatbestandsvoraussetzungen für den Erlass der Duldungsverfügung erfüllt sein müssen. Die Duldungsverfügung kann grundsätzlich an einen Adressaten gerichtet werden, bei dem es sich um einen für den der Abriss- und Duldungsverfügung gleichermaßen zugrundeliegenden sicherheitsrechtlich relevanten bzw. baurechtswidrigen Zustand verantwortlichen Störer handelt. Unter den Voraussetzungen des

Art. 9 Abs. 3 LStVG ist auch eine Inanspruchnahme eines Nichtstörers möglich. Sofern die Abrissverfügung mit einer ausdrücklichen aufschiebenden Bedingung oder Befristung im Sinne des § 36 Abs. 2 VwVfG versehen wurde, die die Wirksamkeit der Verpflichtung zum Abriss eines Gebäudes von der Zustimmung des Drittberechtigten oder dem Erlasszeitpunkt der Duldungsverfügung abhängig macht, kann eine Duldungsverfügung auch zeitlich nach der Abrissverfügung erlassen werden. Im Übrigen ist die Duldungsverfügung spätestens zeitgleich mit der Abrissverfügung zu erlassen.

Kapitel 3

Die Verpflichtungskonstellation in der zweiten Fallvariante: Der obligatorisch (und besitzrechtlich) berechtigte Dritte

Der zweite zu betrachtende Fall ist diejenige, dass an dem zu zerstörenden Gegenstand ein Dritter obligatorisch berechtigt ist. Gegebenenfalls ist der Dritte (darüber hinaus) auch im Besitz des zu zerstörenden Gegenstandes. Das Paradebeispiel für diese Konstellation ist der zum Abriss seines Gebäudes in Anspruch genommene Eigentümer, der sein Eigentum jedoch vermietet hat, sodass der von ihm verlangten Handlung die Rechtsposition des Mieters, als Vertragspartner und berechtigtem Besitzer, entgegensteht. Auch hier ist wiederum eine Fallvariante denkbar, in der ein gänzlich Unbeteiligter, also nicht aus dem Eigentum an dem abzureißenden Gebäude Berechtigter, oder ein nur unzureichend berechtigter Miteigentümer zum Abriss verpflichtet wird. Dieser würde sich dann sogleich, neben der Rechtsposition des obligatorisch berechtigten Besitzers, auch der des (Mit-)Eigentümers, gegenübergestellt sehen. Eine solche Verfügung an einen gänzlich Unbeteiligten oder nur unzureichend berechtigten Miteigentümer wäre damit schon den in Kapitel zwei behandelten Folgen unterworfen. Es soll deshalb in diesem Kapitel grundsätzlich von der Beziehung zwischen einem zum Abriss seines Gebäudes verpflichteten alleinberechtigten Eigentümer zu einem an dem abzureißenden Gebäude aus einem Mietverhältnis obligatorisch berechtigten, gegebenenfalls im Besitz des abzureißenden Gebäudes befindlichen Dritten ausgegangen werden.

Auch bei der Betrachtung dieser Konstellation gilt es wiederum die Fragen zu beantworten, welche Konsequenzen die dem in Anspruch genommenen Verfügungsadressaten entgegenstehenden obligatorischen und besitzrechtlichen Rechte des Dritten für die Abrissverfügung haben und ob zur Überwindung der gegebenenfalls eintretenden rechtswidrigkeitsbedingten gerichtlichen Angreifbarkeit bzw. Nichtigkeit oder Nichtvollstreckbarkeit der Abrissverfügung eine Duldungsverfügung gegenüber dem obligatorisch berechtigten Dritten ergehen muss, sowie welche Voraussetzungen an diese gegebenenfalls zu erlassende Duldungsverfügung zu stellen sind. Dabei ist erneut zu beachten, dass bei der verwaltungsrechtlichen Bewertung des Sachverhaltes auch straf- und zivilrechtliche Folgewirkungen aus dem Konflikt zwischen der behördlicherseits vom Adressaten der Abrissverfügung verlangten Handlung und der zivilrechtlichen Rechtsposition des Dritten mit einbezogen werden müssen. Ausgangspunkt der nachfolgenden Prüfung soll erneut die sicherheitsrechtliche Verfügung gemessen an der verwaltungsrechtlichen Rechtslage sein, wobei es wiederum zu einer inzidenten Prüfung der strafrechtlichen Relevanz und insbesondere der zivilrechtlichen Folgen der vom Adressaten verlangten Handlung kommen wird, deren Bewertung wiederum von den Rechten und Ansprüchen des Dritten abhängig ist.

§ 1 Prüfung der Konsequenzen für die Abrissverfügung – wegen der entgegenstehenden obligatorischen Rechte eines Dritten

Wie eine abstrakte Betrachtung der möglichen Konsequenzen aus der Kollisionssituation im Zusammenhang mit der ersten Fallvariante bereits ergeben hat, muss Ausgangspunkt für die Beantwortung der Frage, welche Konsequenzen die Kollisionssituation für die Abrissverfügung tatsächlich hat, die Prüfung der Rechtmäßigkeit der Abrissverfügung sein. Wie bereits ausgeführt, stellt der Ansatz, der von der Unwirksamkeit der Abrissverfügung ausgeht, auf die aus der Kollisionssituation folgende Nichtigkeit der Abrissverfügung als Ursache für deren Unwirksamkeit ab. Da es sich bei der Nichtigkeit aber lediglich um eine besondere Folge eines schwerwiegenden Rechtsverstoßes handelt, setzt dieser Ansatz, ebenso wie die die rechtswidrigkeitsbedinge Anfechtbarkeit der Abrissverfügung vertretende Meinung, letztlich die Rechtswidrigkeit der Abrissverfügung voraus. Um über die Nichtigkeit zur Unwirksamkeit eines Verwaltungsaktes zu kommen, muss zunächst geklärt werden, ob ein Rechtsverstoß vorliegt, um dann in einem weiteren Schritt festzustellen, ob an diesen Rechtsverstoß nach den Sondertatbeständen insbesondere des § 44 Abs. 1 bis 3 VwVfG die Nichtigkeit des Verwaltungsaktes geknüpft wird. Auch bei der Prüfung der Wirksamkeit der Abrissverfügung als Vollstreckungsvoraussetzung, wobei die Nichtigkeit der Abrissverfügung die mögliche Ursache für deren Unwirksamkeit darstellen würde, wird wiederum die Frage nach einem (schwerwiegenden) Rechtsverstoß aufgeworfen, sodass die Prüfung der Vollstreckungsvoraussetzungen insoweit mit der Prüfung der Nichtigkeit und damit der Rechtswidrigkeit parallelläuft. Vor diesem Hintergrund soll im weiteren Verlauf also wiederum zunächst geprüft werden, inwieweit der Umstand, dass die Umsetzung der öffentlich-rechtlichen Verpflichtung des Adressaten der Abrissverfügung dessen privatrechtliche Befugnisse übersteigt, die Rechtmäßigkeit der Abrissverfügung berührt.

A. Die Rechtmäßigkeitsvoraussetzungen der Abrissverfügung und die Folgen ihrer Nichterfüllung

I. Die Rechtsgrundlagen der Abrissverfügung und die Erfüllung ihrer Tatbestandsvoraussetzungen

Wie bereits bei der Untersuchung der ersten Fallvariante erörtert, kommen als Rechtsgrundlage für den Erlass der Abrissverfügung grundsätzlich vier verschiedene Ermächtigungsnormen in Betracht. Aus dem Bereich des allgemeinen Sicherheitsrechts käme die Generalklausel des Art. 7 Abs. 2 LStVG in Frage, sofern der Abbruch des Bauwerkes zur Beseitigung einer Gefahr für Leben oder Gesundheit erfolgen soll.[1] Dem Bauordnungsrecht sind als mögliche Rechtsgrundlage hingegen Art. 54 Abs. 2 S. 2 BayBO,[2] Art. 54 Abs. 4 BayBO[3], sowie Art. 76 BayBO[4] zu entnehmen. Welche Rechtsgrundlage für die Abrissverfügung herangezogen werden kann, ist – wie ebenfalls bereits festgestellt – von dem im Einzelfall vorgefundenen Sachverhalt abhängig. Ausgehend davon, welche Behörde mit welcher Intension eine Maßnahme ergreifen möchte, kommt eine jeweils andere Rechtsgrundlage in Betracht. Möchte eine allgemeine Sicherheitsbehörde zur Aufrechterhaltung der öffentlichen Sicherheit und Ordnung durch Abwehr von Gefahren und durch Unterbindung und Beseitigung von Störungen handeln, besteht die Möglichkeit, auf die sicherheitsrechtliche Generalbefugnis nach Art. 7 Abs. 2 LStVG zurückzugreifen. Geht es um eine Bauaufsichtsbehörde, die zum Schutz und zur Durchsetzung der Baurechtsordnung handelt, sind vorrangig die bauaufsichtlichen Eingriffsbefugnisse anzuwenden. Dabei kommen speziell für eine Abrissverfügung Art. 76 BayBO und Art. 54 Abs. 4 BayBO in Betracht. Art. 76 BayBO greift ein, wenn Maßnahmen bezüglich einer im Widerspruch zu öffentlich-rechtlichen Vorschriften stehenden, keinen (formellen) Bestandsschutz genießenden Anlage ergriffen werden sollen. Auf Art. 54 Abs. 4 BayBO kann insbesondere dann zurückgegriffen werden, wenn eine Anwendung des Art. 76 BayBO wegen des für ein Gebäude wirkenden Bestandsschutzes nicht möglich ist, gleichzeitig aber aufgrund von dessen Zustand eine erhebliche Gefahr für Leben und Gesundheit besteht.

Ob die Voraussetzungen der jeweiligen Rechtsgrundlagen vorliegen, hängt – wie ebenfalls bereits erörtert – vom betrachteten Einzelfall ab und muss davon ausgehend geprüft werden. Grundsätzlich lässt sich jedoch sagen, dass eine behördliche Verfügung, die die Beseitigung eines im Widerspruch zu den Vorgaben des Baurechts

---

[1] VGH München, Beschl. v. 04.04.2016, 10 ZB 14.2380, BeckRS 2016, 45084; VG Regensburg, Urt. v. 23.09.2014, RN 4 K 13.1069, BeckRS 2014, 119663; VG Ansbach, Gerichtsbescheid v. 27.05.2021, AN 15 K 19.813, BeckRS 2021, 13607; allgemein zu den Tatbestandsvoraussetzungen BeckOK PolR Bayern/*T. Holzner*, LStVG Art. 7 Rn. 41 ff.

[2] BeckOK BauordnungsR Bayern/*G. Manssen*, BayBO Art. 54 Rn. 13.

[3] BeckOK Bauordnungsrecht Bayern, *W. Spannowsky/G. Manssen*, Art. 54 Rn. 59; Busse/Kraus/*F. Dirnberger*, BayBO Art. 54 Rn. 173.

[4] Schwarzer/König/*T. Weber*, BayBO Art. 76 Rn. 2; Busse/Kraus/*A. Decker*, BayBO Art. 76 Rn. 7 ff.; BeckOK BauordnungsR Bayern/*G. Manssen*, BayBO Art. 76 Vorbemerkung.

errichteten und – hinsichtlich des Rechtsverstoßes – nicht durch eine Baugenehmigung legalisierten Gebäudes anordnet, von der Eingriffsbefugnis des Art. 76 S. 1 BayBO gedeckt ist. Geht von einer Anlage oder einem Gebäude wiederum eine konkrete Gefahr für die Rechtsgüter Leben, Gesundheit, Freiheit von Menschen oder Sachwerte, deren Erhaltung im öffentlichen Interesse geboten erscheint, aus, liegen die Voraussetzungen des Art. 7 Abs. 2 Nr. 3 LStVG grundsätzlich vor, auf die sodann die behördliche Anordnung des Abrisses der Anlage gestützt werden kann. Dies kann beispielsweise der Fall sein, wenn von einem baufälligen Gebäude die Gefahr ausgeht, dass durch einstürzende oder herabfallende Bauteile Menschen verletzten oder gar getötet werden.[5] Auch ist es denkbar, dass es durch die Baufälligkeit eines Gebäudes zu einer Störung eines daran vorbeiführenden, dem öffentlichen (Fußgänger-)Verkehr gewidmeten Weges, dessen Erhaltung im öffentlichen Interesse geboten ist, kommt, da dessen Nutzbarkeit durch das vom Gebäude ausgehende Gesundheitsrisiko für die Passanten eingeschränkt oder die Bausubstanz des Weges durch herabfallende Bauteile des Gebäudes beschädigt wird.[6]

II. Formelle Rechtsmäßigkeit – Zuständigkeit und Verfahren

Beim Erlass einer Abrissverfügung unter Berufung auf die Eingriffsbefugnis des Art. 7 Abs. 2 LStVG zum Schutz von Leben oder Gesundheit wäre gemäß Art. 6 LStVG eine Sicherheitsbehörde auch im Rahmen der Wahrnehmung einer eigenen Aufgabe zuständig.[7] Insbesondere bestünde für die Wahrnehmung dieser Aufgabe keine speziell geregelte Zuständigkeit der Bauaufsichtsbehörden. Umgekehrt sind – sofern keine anderen Fachbehörden zuständig sind – die Bauaufsichtsbehörden gemäß Art. 54 Abs. 2 S. 1 BayBO für den Erlass einer Abrissverfügung zuständig, die unter Inanspruchnahme der Befugnisse aus Art. 76 S. 2 BayBO und Art. 54 Abs. 4 BayBO dem Vollzug des Baurechts dient.[8] Zur Frage der Abgrenzung der Zuständigkeit der allgemeinen Sicherheitsbehörde nach Art. 6 LStVG und der Bauordnungsbehörde gemäß Art. 54 Abs. 2 S. 1 BayBO sei auf die ausführliche Erörterung im Zusammenhang mit der ersten Fallvariante verwiesen.

Da an den Adressaten der Abrissverfügung im Sinne des Art. 13 Abs. 1 Nr. 2 BayVwVfG[9] durch die handelnde Behörde ein Verwaltungsakt gerichtet wird bzw.

[5] VG Regensburg, Urt. v. 23.09.2014, RN 4 K 13.1069, BeckRS 2014, 119663.

[6] VG Regensburg, Urt. v. 23.09.2014, RN 4 K 13.1069, BeckRS 2014, 119663.

[7] Im Ergebnis so angenommen durch VG Regensburg, Urt. v. 23.09.2014, RN 4 K 13.1069, BeckRS 2014, 119663; VGH München, Beschl. v. 04.04.2016, 10 ZB 14.2380, BeckRS 2016, 45084; VG Ansbach, Gerichtsbescheid v. 27.05.2021, AN 15 K 19.00813, juris.

[8] Schwarzer/König/*T. Weber*, BayBO Art. 54 Rn. 7.

[9] Die nachfolgenden Ausführungen gelten gleichermaßen für die im Wortlaut identischen Vorschriften des § 28 VwVfG und Art. 28 BayVwVfG sowie des § 13 VwVfG und Art. 13

werden soll, ist dieser zweifelsfrei am Verwaltungsverfahren Beteiligter.[10] Anders ist die Situation hinsichtlich des Drittberechtigten. Dieser ist gerade nicht Adressat der Abrissverfügung und damit nicht am Verwaltungsverfahren Beteiligter im Sinne des Art. 13 Abs. 1 Nr. 2 BayVwVfG. Der Drittberechtigte könnte allerdings gemäß Art. 13 Abs. 2 S. 2 VwVfG – nach einem entsprechenden Antrag[11] – notwendigerweise von der Behörde zum Verfahren hinzuzuziehen sein und damit gemäß Art. 13 Abs. 1 Nr. 4 BayVwVfG am Verwaltungsverfahren Beteiligter werden.[12] Dabei müsste der Drittberechtigte dann notwendigerweise von der Behörde zum Verwaltungsverfahren hinzugezogen werden, wenn der Ausgang des Verfahrens rechtsgestaltende Wirkung für den Drittberechtigten hätte, also für diesen unmittelbar Rechte begründet, ändert oder aufhebt.[13] Somit ist fraglich, ob die mit Abschluss des Verwaltungsverfahrens erlassene Abrissverfügung rechtsgestaltende Wirkung für den Drittberechtigten hat. Wie weit die Wirkungen eines Verwaltungsaktes auf die Rechtslage gehen, hängt – wie bereits ausgeführt – allgemein von dessen Regelungsinhalt ab. Der Regelungsinhalt eines Verwaltungsaktes wird wiederum grundsätzlich durch seinen verfügenden Teil oder „Tenor" festgelegt, wobei die Begründung des Verwaltungsaktes zur Auslegung des „Tenors" herangezogen werden kann.[14] Die hier betrachtete Abrissverfügung wird regelmäßig in ihrem verfügenden Teil lediglich die behördliche Verpflichtung zum Abriss des Gebäudes enthalten und darüber hinaus keine Aussage zur Rechtsposition des Drittberechtigten treffen.[15] Somit könnte man zu dem Ergebnis kommen, dass die Abrissverfügung mangels entsprechenden Regelungsinhaltes keine rechtsgestaltende Wirkung für den Drittberechtigten hat und dieser nicht gemäß Art. 13 Abs. 2 S. 2 BayVwVfG notwendigerweise von der Behörde zum Verfahren hinzugezogen werden müsste.

Allerdings ist, anders als bei der ersten Fallvariante, bei der vorliegend betrachteten Fallkonstellation zu beachten, dass der wirksame Erlass der Abrissverfügung zu einer Einschränkung von der Umsetzung der Abrissverfügung entge-

---

BayVwVfG, vgl. PdK Bayern BayVwVfG/*H. Jäde*, BayVwVfG Art. 28 1., Art. 13 BayVwVfG 1.; i. Ü. siehe Kapitel 1, § 3.

[10] BeckOK VwVfG/*B. Gerstner-Heck*, VwVfG § 13 Rn. 10; Mann/Sennekamp/Uechtritz/*C. Sennekamp*, VwVfG § 13 Rn. 15; Schoch/Schneider/*M.-E. Geis*, VwVfG § 13 Rn. 17.

[11] Die Behörde kann den Drittberechtigten gegebenenfalls auch von Amts wegen hinzuziehen, vgl. Stelkens/Bonk/Sachs/*H. Schmitz*, VwVfG § 13 Rn. 41; BeckOK VwVfG/*B. Gerstner-Heck*, VwVfG § 13 Rn. 20; *J. Ziekow*, VwVfG § 13 Rn. 15.

[12] Stelkens/Bonk/Sachs/*H. Schmitz*, VwVfG § 13 Rn. 25; BeckOK VwVfG/*B. Gerstner-Heck*, VwVfG § 13 Rn. 12; Mann/Sennekamp/Uechtritz/*C. Sennekamp*, VwVfG § 13 Rn. 20 ff.

[13] Kopp/Ramsauer/*U. Ramsauer/A. Schlatmann*, VwVfG § 13 Rn. 40; Stelkens/Bonk/Sachs/*H. Schmitz*, VwVfG § 13 Rn. 40; *J. Ziekow*, VwVfG § 13 Rn. 14.

[14] BVerwG, Urt. v. 16. 10. 2013, 8 C 21/12 (VGH Mannheim), NVwZ 2014, 889; Kopp/Ramsauer/*U. Ramsauer*, VwVfG § 43 Rn. 36 ff.; Stelkens/Bonk/Sachs/*U. Stelkens*, VwVfG § 35 Rn. 76.

[15] *F. Michl*, NVwZ 2014, 1206 (1208) u. NuR 2015, 830 (831); Kopp/Ramsauer/*U. Ramsauer/A. Schlatmann*, VwVfG § 13 Rn. 42.

genstehenden obligatorischen und besitzrechtlichen Rechten des Dritten führt, wie im weiteren Verlauf noch gezeigt werden wird.[16] So kommt es durch den wirksamen Erlass der Abrissverfügung zu zivilrechtlichen Folgewirkungen, die zum Entfall etwaiger zivilrechtlicher Abwehransprüche des Drittberechtigten gegen die Umsetzung der Abrissverfügung, beispielsweise aus einem Mietverhältnis nach § 535 Abs. 1 S. 2 BGB oder dem (berechtigten) Besitz am abzureißenden Gebäude nach § 862 Abs. 1 S. 2 BGB, führen.[17] Damit kommt es also unmittelbar durch den Erlass des Verwaltungsaktes zu einer Änderung der Rechte des Dritten, auch wenn diese Rechtsänderung nicht im Tenor der Verfügung ausgesprochen wird. Im Falle einer unmittelbaren Änderung der Rechte des Dritten durch deren Begründung, Änderung oder Aufhebung ist dieser – jedenfalls bei einem entsprechenden Antrag – aber gemäß Art. 13 Abs. 2 S. 2 BayVwVfG notwendigerweise von der Behörde zum Verfahren hinzuzuziehen.[18] Sollte der Dritte keinen Antrag auf Hinzuziehung zum Verfahren stellen, kann ihn die Behörde auch von Amts wegen nach pflichtgemäßem Ermessen zum Verwaltungsverfahren hinzuziehen.[19] Dieses Ermessen ist bei einer rechtsgestaltenden Wirkung eines Verwaltungsaktes gegenüber einem Dritten im Sinne des § 13 Abs. 2 S. 2 BayVwVfG regelmäßig nur dann pflichtgemäß ausgeübt, wenn der Dritte auch zum Verwaltungsverfahren hinzugezogen wird.[20] Somit ist der Drittberechtigte in dieser Fallvariante regelmäßig nach Art. 13 Abs. 2 S. 2 VwVfG notwendigerweise zum Verwaltungsverfahren hinzuzuziehen und damit nach Art. 13 Abs. 1 Nr. 4 BayVwVfG am Verwaltungsverfahren beteiligt.

Sowohl im Falle einer auf Art. 76 BayBO[21] bzw. Art. 54 Abs. 4 BayBO[22] als auch im Falle einer auf Art. 7 Abs. 2 LStVG[23] gestützten Abrissverfügung besteht eine Anhörungspflicht gemäß Art. 28 Abs. 1 BayVwVfG gegenüber dem Adressaten der Abrissverfügung, da dieser Beteiligter im Sinne des Art. 13 Abs. 1 Nr. 2 BayVwVfG ist und die Abrissverfügung einen für ihn belastenden Verwaltungsakt darstellt.[24] So wird dem Adressaten der Abrissverfügung eine Handlungspflicht auferlegt, die seinen Status quo in einen Status quo minus verändert.[25] Unabhängig von etwaigen

[16] Siehe unten Kapitel 3, § 1 A. IV. 2. b) bb) (3) (b).

[17] *F. Michl*, NVwZ 2014, 1206 (1207 f.).

[18] BeckOK VwVfG/*B. Gerstner-Heck*, VwVfG § 13 Rn. 20; Stelkens/Bonk/Sachs/*H. Schmitz*, VwVfG § 13 Rn. 40; Schoch/Schneider/*M.-E. Geis*, VwVfG § 13 Rn. 30.

[19] Stelkens/Bonk/Sachs/*H. Schmitz*, VwVfG § 13 Rn. 41; Schoch/Schneider/*M.-E. Geis*, VwVfG § 13 Rn. 31; *J. Ziekow*, VwVfG § 13 Rn. 15.

[20] Kopp/Ramsauer/*U. Ramsauer*, 19. Aufl. 2018, VwVfG § 13 Rn. 47.

[21] Becker/Heckmann/Kempen/Manssen/*G. Manssen*, Öffentliches Recht in Bayern, 4. Teil D. Rn. 556.

[22] VG Bayreuth, Urt. v. 03.05.2012, B 2 K 11.779, BeckRS 2012, 51672.

[23] VG Ansbach, Gerichtsbescheid v. 27.05.2021, AN 15 K 19.00813, juris.

[24] Schoch/Schneider/*J.-P. Schneider*, VwVfG § 28 Rn. 21, 36; Mann/Sennekamp/Uechtritz/*R. Engel*/*M. Pfau*, VwVfG § 28 Rn. 31, 40; Stelkens/Bonk/Sachs/*D. Kallerhoff*/*T. Mayen*, VwVfG § 28 Rn. 30, 33.

[25] BVerwG, Urt. v. 14.10.1982, 3 C 46/81 (Münster), NJW 1983, 2044 (2045).

dinglichen oder vertraglichen Rechten des Adressaten an dem abzureißenden Gebäude wird ihm durch die Abrissverfügung jedenfalls ein staatliches Handlungsgebot auferlegt, das ihn in seiner allgemeinen Handlungsfreiheit nach Art. 2 Abs. 1 GG einschränkt.[26] Sofern der Adressat der Abrissverfügung Eigentümer des abzureißenden Gebäudes ist, ist dieser durch die Verpflichtung zum Abriss des Gebäudes auch in seiner gemäß Art. 14 Abs. 1 GG verfassungsrechtlich geschützten Eigentumsposition betroffen.[27]

Anders als in der ersten Fallvariante besteht in der nunmehr betrachteten Fallkonstellation gemäß Art. 28 Abs. 1 BayVwVfG aber auch eine Pflicht zur Anhörung des obligatorisch berechtigten Dritten. Wie soeben festgestellt, ist der Drittberechtigte in der vorliegend betrachteten Fallkonstellation regelmäßig nach Art. 13 Abs. 2 S. 2 BayVwVfG in Verbindung mit Art. 13 Abs. 1 Nr. 4 BayVwVfG am Verwaltungsverfahren beteiligt. Darüber hinaus werden durch den wirksamen Erlass der Abrissverfügung aufgrund von zivilrechtlichen Folgewirkungen der Umsetzung der Abrissverfügung entgegenstehende Rechte des Dritten, die sich beispielsweise aus einem Mietverhältnis nach § 535 Abs. 1 S. 2 BGB oder dem (berechtigten) Besitz am abzureißenden Gebäude nach § 862 Abs. 1 S. 2 BGB ergeben können, eingeschränkt.[28] Wie bereits im Rahmen der Erörterung der ersten Fallvariante ausgeführt, werden neben dem zivilrechtlichen Eigentum nach § 903 BGB auch andere vermögenswerte Rechtspositionen, wie etwa privatrechtliche Ansprüche und Forderungen, vom Schutzbereich des verfassungsrechtlich geschützten Eigentums nach Art. 14 Abs. 1 GG erfasst.[29] Hierunter fällt beispielsweise auch der qua Mietvertrag berechtigte Besitz eines Mieters an einem Mietgegenstand.[30] Ein Eingriff in das Eigentum im Sinne des Art. 14 Abs. 1 GG liegt damit auch dann vor, wenn eine schutzfähige Position – wie etwa der qua Mietvertrag berechtigte Besitz an einem Gegenstand – entzogen oder die Nutzung, Verfügung oder Verwertung beschränkt wird.[31] Ein solcher Eingriff kann dabei durch Enteignungen, Inhalts- und Schrankenbestimmungen, wie auch behördlich erlassene Verwaltungsakte erfolgen.[32]

---

[26] Jarass/Pieroth/*H. Jarass*, GG Art. 2 Rn. 9; Dürig/Herzog/Scholz/*U. Di Fabio*, GG Art. 2 Abs. 1 Rn. 48; *Sachs/S. Rixen*, GG Art. 2 Rn. 87.

[27] BeckOK BauordnungsR Bayern/*G. Manssen*, BayBO Art. 76 Rn. 23; Busse/Kraus/*A. Decker*, BayBO Art. 76 Rn. 55.

[28] *F. Michl*, NVwZ 2014, 1206 (1207 f.).

[29] BVerfG, Beschl. v. 09.01.1991, 1 BvR 929/89, BVerfGE 83, 201; BeckOK GG/*P. Axer*, GG Art. 14 Rn. 48; Dürig/Herzog/Scholz/*H.-J. Papier/F. Shirvani*, GG Art. 14 Rn. 322.

[30] BVerfG, Beschl. v. 26.05.1993, 1 BvR 208/93, NJW 1993, 2035; Dreier/*S. Kempny*, Band 1, GG Art. 14 Rn. 34 f., 58; BeckOK GG/*P. Axer*, GG Art. 14 Rn. 49; a. A. Huber/Voßkuhle/*O. Depenheuer/J. Froese*, GG Art. 14 Rn. 157.

[31] *G. Manssen*, Staatsrecht II, 19. Aufl. 2022, § 28 Rn. 760.

[32] *H. Sodan/J. Ziekow*, Grundkurs Öffentliches Recht, 10. Aufl. 2023, § 42 Rn. 23.

III. Adressat der Maßnahme

Wie bereits bei der Untersuchung der ersten Fallvariante festgestellt, kommen viele verschiedene Adressaten sowohl für eine auf die allgemeine sicherheitsrechtliche Generalklausel des Art. 7 Abs. 2 Nr. 3 LStVG als auch für eine auf die bauordnungsrechtliche Spezialbefugnis des Art. 76 S. 1 BayBO bzw. Art. 54 Abs. 4 BayBO gestützte Abrissverfügung in Betracht.

So kann eine auf die allgemeine sicherheitsrechtliche Generalklausel gestützte Abrissverfügung je nach Fallkonstellationen an den (Allein-)Eigentümer des Gebäudes, aber auch an die nach den Art. 49 ff. BayBO am Bau Beteiligten, also den Bauherren, den Entwurfsverfasser bzw. Fachplaner und den Bauunternehmer oder aber einen straf- oder deliktsrechtlich verantwortlichen Schädiger, sowie den Mieter bzw. Pächter eines Gebäudes gerichtet werden, da diese allesamt Verhaltensstörer nach Art. 9 Abs. 1 LStVG sein können. Darüber hinaus kommen als Zustandsstörer gemäß Art. 9 Abs. 2 LStVG und damit ebenfalls als potentielle Adressaten einer auf Art. 7 Abs. 2 Nr. 3 LStVG gestützten Abrissverfügung neben dem Eigentümer bzw. dinglich Verfügungsberechtigten auch ein Mieter, Pächter oder gar Hausbesetzer in Betracht, sofern sie jeweils die tatsächliche Sachherrschaft über das abzureißende Gebäude ausüben.

Eine auf den bauordnungsrechtlichen Spezialbefugnissen beruhende Abrissverfügung kann wiederum bei der Errichtung, Änderung, Nutzungsänderung und Beseitigung von Anlagen im Sinne des Art. 2 Abs. 1 BayBO vorrangig an die nach den Art. 49 ff. BayBO am Bau Beteiligten, also den Bauherren, den Entwurfsverfasser bzw. Fachplaner und den Bauunternehmer adressiert werden. Darüber hinaus kommt als Handlungsstörer ein straf- oder deliktsrechtlich verantwortlicher Schädiger – jedenfalls sofern er fahrlässig gehandelt hat – sowie im Rahmen einer Handlungsverantwortlichkeit durch Unterlassen der Gebäude- bzw. Grundstückseigentümer und der Mieter oder Pächter des Grundstücks bzw. Gebäudes in Betracht. Als Zustandsstörer gemäß Art. 9 Abs. 2 LStVG und damit ebenfalls als potentieller Adressat einer auf Art. 76 S. 1 BayBO bzw. Art. 54 Abs. 4 BayBO gestützten Abrissverfügung kommt wiederum neben dem Eigentümer bzw. dinglich Verfügungsberechtigten auch ein Mieter, Pächter oder gar Hausbesetzer in Frage, sofern er jeweils die tatsächliche Sachherrschaft über das abzureißende Gebäude ausübt.

Abgesehen davon kann beim Vorliegen der entsprechenden Voraussetzungen des Art. 9 Abs. 3 LStVG gegebenenfalls auch ein Nichtstörers in Anspruch genommen werden.

Die entscheidende Erkenntnis aus den vorstehend dargestellten Ergebnissen der Untersuchungen der ersten Fallvariante für die zweite Fallvariante ist aber, dass als möglicher Adressat einer Abrissverfügung regelmäßig zumindest auch der über das abzureißende Gebäude Verfügungsberechtigte, also gewöhnlich dessen Eigentümer, in Betracht kommt, der wiederum durch vertragliche Bindungen gegenüber einem Dritten, wie etwa einem Mieter des Gebäudes, an der Umsetzung der von ihm verlangten Abrisshandlung gehindert sein kann. Sofern die Behörde dann einen solchen, durch die obligatorischen Rechte eines Dritten an der Umsetzung der von ihm verlangten Abrisshandlung Gehinderten zum Adressaten der Abrissverfügung macht, ist fraglich, ob sie gegebenenfalls im Rahmen der Adressatenauswahl einen Fehler gemacht hat.

Bei der behördlichen Auswahlentscheidung kommt es, wie ebenfalls bereits bei der Untersuchung der ersten Fallvariante ausgeführt, nach dem Leitgedanken der effektiven grundrechtsgemäßen Gefahrenabwehr insbesondere auf die folgenden zwei Aspekte an: Nach dem Gebot der Effektivität ist einerseits entscheidend, wer die Gefahr am wirkungsvollsten, also am schnellsten, verlässlichsten und gründlichsten, abwehren kann; nach dem Gebot der Grundrechtsmäßigkeit ist andererseits von Bedeutung, wen die Inanspruchnahme zur Gefahrenabwehr am wenigsten beeinträchtigt – es ist also insbesondere die Verhältnismäßigkeit der Auswahlentscheidung relevant.[33] Im Rahmen der Verhältnismäßigkeitsprüfung spielen dann auch die Sach- und Ortsnähe des Störers zur Gefahrenquelle, zivilrechtliche Beziehungen zwischen den Beteiligten und das Maß des jeweiligen Verschuldens eine Rolle.[34] Letztlich kommt es auf die konkreten Umstände des jeweiligen Einzelfalles an.[35] Ausgehend von diesen Erwägungen ist es aber in vielen Fällen und grundsätzlich auch in der vorliegend untersuchten Fallkonstellation denkbar, dass gerade die Wahl des an einem abzureißenden Gebäude dinglich berechtigten Eigentümers den Geboten der Zweck- und Verhältnismäßigkeit am ehesten gerecht wird.

Wie auch bei der Untersuchung der ersten Fallvariante erklärt, müsste aber die Abrissverfügung dem durch die behördliche Verpflichtung in Anspruch Genommenen gegenüber allgemein in rechtmäßiger und insbesondere verhältnismäßiger Weise ergehen können, damit er überhaupt rechtmäßiger Weise in den Kreis der möglichen Adressaten der Maßnahme fallen könnte.[36] Nur wenn mehreren Adressaten gegenüber jeweils für sich genommen verhältnismäßige Maßnahmen ergehen könnten, muss eine wiederum verhältnismäßige Auswahlentscheidung zwischen

[33] *B. J. Hartmann*, JuS 2008, 593, 595; Becker/Heckmann/Kempen/Manssen/*D. Heckmann*, Öffentliches Recht in Bayern, 3. Teil C. Rn. 193 f.; mit Blick auf das Polizeirecht hebt Lisken/Denninger/*M. Bäcker*, Handbuch des Polizeirechts, D. Rn. 206 ff., die besondere Bedeutung des Aspekts der effektiven Gefahrenabwehr hervor.

[34] Becker/Heckmann/Kempen/Manssen/*D. Heckmann*, Öffentliches Recht in Bayern, 3. Teil C. Rn. 193 f.; a. A. BeckOK PolR Bayern/*J. F. Lindner*, PAG Art. 8 Rn. 29, wonach diesen Aspekten neben dem Primat der effektiven Gefahrenabwehr eine untergeordnete Nebenrolle zukommen soll; *H. Sodan/J. Ziekow*, Grundkurs Öffentliches Recht, 10. Aufl. 2023, § 79 Rn. 12 geht davon aus, dass solche Faktoren erst dann Berücksichtigung finden können, wenn mehrere Störer eine Gefahr gleichermaßen gut beseitigen können.

[35] Busse/Kraus/*A. Decker*, BayBO Art. 76 Rn. 179 m. w. N.; Lisken/Denninger/*M. Bäcker*, Handbuch des Polizeirechts, D. Rn. 209.

[36] *T. Kingreen/R. Poscher*, in: Pieroth/Schlink/Kniesel, Polizei- und Ordnungsrecht, 9. Aufl. 2016, § 9 Rn. 89.

diesen getroffen werden.[37] Damit muss also wiederum zunächst überprüft werden, ob die Abrissverfügung als solche den übrigen Rechtmäßigkeitsvoraussetzungen und insbesondere den Voraussetzungen der Verhältnismäßigkeit entspricht; nur wenn die Maßnahme als solche gegenüber dem Verfügungsadressaten hätte ergehen dürfen, ist die Frage nach dessen verhältnismäßiger Auswahl überhaupt noch relevant.[38]

IV. Verhältnismäßigkeit der Maßnahme

Wie bereits im Zusammenhang mit der ersten Fallvariante erörtert, muss sowohl eine auf Art. 76 S. 1 BayBO,[39] als auch eine auf Art. 7 Abs. 2 Nr. 3 LStVG[40] gestützte Abrissverfügung dem Prinzip der Verhältnismäßigkeit entsprechen. Die Verfügung muss also in jedem Fall ein legitimes Ziel verfolgen, zur Erreichung oder zumindest Förderung dieses Ziels geeignet sein, es darf im Sinne der Erforderlichkeit kein ebenso wirksames, aber die von der Maßnahme Betroffenen weniger belastendes Mittel zur Verfügung stehen und die mit der Maßnahme einhergehende Beeinträchtigung darf nicht zum damit erzielten Zweck außer Verhältnis stehen.[41] Im vorliegend betrachteten Fall, in dem eine Abrissverfügung an einen zivilrechtlich gegenüber einem Dritten gebundenen Adressaten gerichtet werden soll, ist im Rahmen der Prüfung der Verhältnismäßigkeit der behördlichen Maßnahme wiederum insbesondere der Prüfungspunkt der Geeignetheit problematisch. Denn vom Adressaten einer Maßnahme etwas diesem rechtlich Unmögliches abzuverlangen, ist als ungeeignet im Sinne des Verhältnismäßigkeitsprinzips anzusehen.[42] Um geeignet zu sein, muss der Zweck einer Maßnahme durch diese zwar nicht gänzlich erreicht werden; vielmehr ist es ausreichend, wenn die Maßnahme den Zweck fördert.[43]

---

[37] *T. Kingreen/R. Poscher*, in: Pieroth/Schlink/Kniesel, Polizei- und Ordnungsrecht, 9. Aufl. 2016, § 9 Rn. 89.

[38] Lisken/Denninger/*M. Bäcker*, D. Rn. 206 ff. bezieht bereits Aspekte der Verhältnismäßigkeit der Maßnahme, die vom konkreten Maßnahmenadressaten abhängen können, in die Prüfung der Auswahlentscheidung ein; so umfasst bei ihm die Überprüfung der Auswahlentscheidung auch die rechtliche Leistungsfähigkeit des potenziellen Adressaten, also die subjektive rechtliche (Un-)Möglichkeit der Umsetzung der Maßnahme (als eine Komponente ihrer Verhältnismäßigkeit); m. E. ist der Prüfungspunkt der subjektiven rechtlichen (Un-)Möglichkeit der Umsetzung der Maßnahme schon aus Gründen der Übersichtlichkeit besser bei der sogleich erfolgenden Prüfung der Verhältnismäßigkeit der Maßnahme unter dem allgemeinen Prüfungspunkt der (Un-)Möglichkeit der Maßnahme zu verorten.

[39] *F. Stollmann/G. Beaucamp*, Öffentliches Baurecht, 13. Aufl. 2022, § 19 Rn. 33.

[40] *T. Kingreen/R. Poscher*, Polizei- und Ordnungsrecht, 12. Aufl. 2022, § 10 Rn. 1, 15.

[41] *L. O. Michaelis*, JA 2021, 573 ff.

[42] BVerwG, Urt. v. 21.07.2010 – 6 C 22/09, BVerwGE 137, 275–318; Becker/Heckmann/Kempen/Manssen/*D. Heckmann*, Öffentliches Recht in Bayern, 3. Teil C. Rn. 154 f., H. Rn. 492; Schmidt-Aßmann/Schoch/*F. Schoch*, Besonderes Verwaltungsrecht, 14. Aufl. 2008, 2. Kap. Rn. 106; *M. Wallerath*, Allgemeines Verwaltungsrecht, 6. Aufl. 2009, § 7 Rn. 27.

[43] VGH München, Beschl. v. 18.02.1999, 24 CS 98.3198, NVwZ 2000, 454; BeckOK VwVfG/*M. Aschke*, VwVfG § 40 Rn. 55; *M. Klatt/M. Meister*, JuS 2014, 193 (195).

Allerdings ist die Maßnahme als ungeeignet anzusehen, wenn eine Förderung des Zwecks ausgeschlossen ist, was wiederum dann der Fall ist, wenn die Maßnahme dem Adressaten unmöglich ist. Dies gilt grundsätzlich sowohl in tatsächlicher wie auch in rechtlicher Hinsicht.[44]

Vor diesem Hintergrund stellt sich die Frage, inwieweit dem im vorliegend betrachteten Fall zivilrechtlich gegenüber einem Dritten gebundenen Adressaten die von ihm verlangte Handlung unmöglich ist. Insbesondere erscheint es denkbar, dass dem behördlich in Anspruch Genommenen die von ihm verlangte Handlung (rechtlich) unmöglich ist, aufgrund des der behördlich verfügten Handlung entgegenstehenden obligatorischen und gegebenenfalls besitzrechtlichen Rechtes des Drittberechtigten. Somit ist im Nachfolgenden zu klären, ob die zivilrechtliche Bindung des Verfügungsadressaten gegenüber einem am abzureißenden Gebäude obligatorisch und gegebenenfalls besitzrechtlich berechtigten Dritten zur „Unmöglichkeit" der Umsetzung der Abrissverfügung im Sinne des Verwaltungsrechts führt. Daran anschließend soll sogleich untersucht werden, was – gegebenenfalls – aus dieser Unmöglichkeit für den vorliegenden Fall folgt.

1. Das Vorliegen von Unmöglichkeit

a) Die Definition von rechtlicher Unmöglichkeit im Verwaltungsrecht

Wie bereits im Zusammenhang mit der ersten Fallvariante ausführlich dargestellt wurde, gibt es verschiedene Ansätze für die Definition des Unmöglichen im Verwaltungsrecht. Dabei wurden die ausführlichen Erörterungen von Carlludwig Franck, der den Begriff des Unmöglichen dem Zivilrecht entlehnt, und von Günter Erbel, der aufbauend auf dem zivilrechtlichen Unmöglichkeitsbegriff eigene, verwaltungsrechtsspezifische Begriffsdifferenzierungen verwendet, eingehend vorgestellt. Für die vorliegende Fallkonstellation sind dabei wiederum insbesondere die Ausführungen der beiden Autoren zur rechtlichen Unmöglichkeit von Bedeutung.

aa) Der Ansatz von Carlludwig Franck – Rückgriff auf das Zivilrecht

Wird dem Ansatz von Franck gefolgt und von einem zivilrechtlichen Unmöglichkeitsbegriff ausgegangen, liegt rechtliche Unmöglichkeit dann vor, wenn einem Schuldner die Leistungserbringung aus rechtlichen Gründen unmöglich oder verboten ist, also der geschuldete Erfolg aus Rechtsgründen nicht herbeigeführt werden kann oder nicht herbeigeführt werden darf.[45]

---

[44] BVerwG, Urt. v. 21.07.2010 – 6 C 22/09, BVerwGE 137, 275–318; Becker/Heckmann/Kempen/Manssen/*D. Heckmann*, Öffentliches Recht in Bayern, 3. Teil C. Rn. 154f., H. Rn. 492; Schmidt-Aßmann/Schoch/*F. Schoch*, Besonderes Verwaltungsrecht, 14. Aufl. 2008, 2. Kap. Rn. 106.

[45] MüKoBGB Band 2/*W. Ernst*, BGB § 275 Rn. 48ff.; *S. Lorenz*, JuS 2022, 394 (395); Schulze/*R. Schulze*, BGB § 275 Rn. 12.

Bei der rechtlichen Unmöglichkeit wären somit, wie bereits ausführlich dargestellt, zwei Fallgruppen zu unterscheiden, wobei zu der ersten Fallgruppe auch Konstellationen gehören, in welchen die Rechtsmacht[46] des Schuldners zur Vornahme der von ihm geschuldeten Leistung endgültig nicht ausreicht, beispielsweise wenn er nicht das Eigentum an einer von ihm zu übereignenden Sache innehat und ausgeschlossen ist, dass er das Eigentum daran zur Erfüllung seiner Leistungspflicht wird erlangen können.[47] Dabei liegt jedoch keine rechtliche Unmöglichkeit im Sinne des § 275 Abs. 1 BGB vor, wenn zwar der Schuldner eine Leistung mangels ausreichender eigener Rechtsmacht nicht erfüllen kann, ihm die Erfüllung aber durch die – nicht ausgeschlossene – Mitwirkung eines Dritten möglich bleibt.[48] Ist die Rechtsmacht des Schuldners zur Erfüllung seiner Leistungspflicht endgültig nicht ausreichend, wobei ein (nicht zur Mitwirkung bereiter) Dritter durchaus in der Lage wäre, die Leistung zu erfüllen, liegt hinsichtlich des Schuldners subjektive rechtliche Unmöglichkeit bzw. rechtliches Unvermögen[49] vor.[50]

Die zweite Fallgruppe der rechtlichen Unmöglichkeit im Zivilrecht bilden Konstellationen, in welchen der Schuldner bei der Erfüllung einer Verpflichtung gegen ein gesetzliches Verbot verstoßen würde.[51] So können der Leistung beispielsweise behördliche Ein- und Ausfuhrverbote, Produktions- und Gewerbeverbote, Arbeitsverbote, die Beschlagnahme des Vertragsgegenstandes oder strafgesetzliche Verbote entgegenstehen.[52] Besonders zu beachten ist dabei die sich in dieser Fallgruppe der rechtlichen Unmöglichkeit potentiell ergebende spezielle Rechtsfolge nach den Vorgaben des § 134 BGB, die im Kontrast zu den rechtlichen Konsequenzen steht, die bei den übrigen Formen der Unmöglichkeit nach § 275 Abs. 1

---

[46] Es ist zu beachten, dass der vielbedeutende Begriff der „Rechtsmacht" hier in einem spezifisch (zivil-)rechtlichen Sinne gebraucht wird; es soll darunter die durch das objektive Recht eingeräumte Möglichkeit, seine Interessen im Rahmen der durch die Rechtsordnung zur Verfügung gestellten Möglichkeiten zu verfolgen und umzusetzen, verstanden werden, vgl. *J. Plate*, Das gesamte examensrelevante Zivilrecht, 3. Aufl. 2006, S. 51.

[47] Herberger/Martinek/Rüßmann/Weth/Würdinger/*D. Seichter*, § 275 BGB Rn. 31; Staudinger/*G. Caspers*, Buch 2 (§§ 255–304 BGB), BGB § 275 Rn. 45; Erman/*D. Ulber*, BGB § 275 Rn. 41.

[48] Staudinger/*G. Caspers*, Buch 2 (§§ 255–304 BGB), BGB § 275 Rn. 71 f.; Grüneberg/*C. Grüneberg*, BGB § 275 Rn. 23; Erman/*D. Ulber*, BGB § 275 Rn. 41 ff.

[49] Zur Verwendung des Begriffs Grüneberg/*C. Grüneberg*, BGB § 275 Rn. 23; kritisch jedoch MüKoBGB Band 2/*W. Ernst*, BGB § 275 Rn. 63; hier soll dieser Begriff schon aus Gründen der Übersichtlichkeit verwandt werden.

[50] Schulze/*R. Schulze*, BGB § 275 Rn. 15; Staudinger/*G. Caspers*, Buch 2 (§§ 255–304 BGB), BGB § 275 Rn. 64 ff., 71; BeckOK BGB/*S. Lorenz*, BGB § 275 Rn. 47.

[51] Staudinger/*G. Caspers*, Buch 2 (§§ 255–304 BGB), BGB § 275 Rn. 40; MüKoBGB Band 2/*W. Ernst*, BGB § 275 Rn. 50; Herberger/Martinek/Rüßmann/Weth/Würdinger/*D. Seichter*, § 275 BGB Rn. 32; eine umfassende Erörterung zum Verhältnis von rechtlicher Unmöglichkeit und gesetzlichen Verboten im Zivilrecht findet sich bei *S. Jäpel*, Rechtliche Unmöglichkeit und gesetzliches Verbot, 2014, S. 57 ff.

[52] Staudinger/*G. Caspers*, Buch 2 (§§ 255–304 BGB), BGB § 275 Rn. 41 ff.; MüKoBGB Band 2/*W. Ernst*, BGB § 275 Rn. 50; Schulze/*R. Schulze*, BGB § 275 Rn. 12.

BGB bzw. § 311a BGB grundsätzlich eintreten, was ebenfalls bereits eingehend erörtert wurde.

Anders als der zivilrechtliche Unmöglichkeitsbegriff kann die im Zivilrecht aus den Formen der Unmöglichkeit grundsätzlich resultierende Rechtsfolge, nämlich die Befreiung von der Leistungspflicht, nach Ansicht Francks jedoch nicht auf das Verwaltungsrecht übertragen werden, da die Eigenarten des Verwaltungs- im Vergleich zum Zivilrecht einer solchen Übertragung entgegenstehen würden. Zwar stünde es auch für das Verwaltungsrecht außer Zweifel, dass eine etwas Unmögliches verlangende öffentlich-rechtliche Verpflichtung keine Rechtsbeständigkeit haben könne.[53] Jedoch sei damit nicht gesagt, dass die öffentlich-rechtliche Verpflichtung entsprechend der Regelungen im Zivilrecht sogleich unwirksam wird bzw. es von vornherein ist.[54] Vielmehr argumentiert Franck dafür, dass insbesondere ein zu einer unmöglichen Leistung verpflichtender Verwaltungsakt zunächst nur rechtswidrig sei, aber weiterhin wirksam bleibe und erst durch eine behördliche oder gerichtliche Aufhebung seine Wirksamkeit verliere.[55] Nur in Ausnahmefällen käme es zur Nichtigkeit und damit zur unmittelbaren Unwirksamkeit.[56]

Vor diesem Hintergrund führt Franck eine weitere verwaltungsrechtsspezifische Begriffsdifferenzierung zwischen dem Unmöglichen und dem sogenannten Undenkbaren ein.[57] Demnach ist bei der Betrachtung eines auf eine unmögliche Leistung gerichteten Verwaltungsaktes danach zu unterscheiden, ob einerseits die Behörde an den Verfügungsadressaten eine Verpflichtung richtet, die niemals und unter keinen Umständen Inhalt eines Verwaltungsaktes sein kann, die außerhalb der allgemeinen Zuständigkeit der Verwaltung liegt und deren Erlass deshalb undenkbar ist (Undenkbarkeit) und andererseits einer solchen Verpflichtung, die an sich im allgemeinen Zuständigkeitsbereich der Verwaltung liegt und deren Durchführung jedoch lediglich wegen der Umstände des konkreten Falls nicht möglich ist (Unmöglichkeit). Undenkbar sind dabei insbesondere solche Verfügungen, bei welchen es bereits an den allgemeinen Voraussetzungen für deren Erlass mangelt, also beispielsweise keine Rechtsgrundlage dafür vorhanden ist. Derartige Verfügungen sind stets nichtig und entfalten damit keine Bindungswirkung. Unmöglich sind hingegen Verfügungen, die in ihrer konkreten Durchführung nicht möglich sind, aber in abstrakter Form durchaus erlassen werden könnten. Diese Verfügungen sind jedoch regelmäßig gerade nicht nichtig, sondern rechtswidrig und können im Rahmen einer gerichtlichen Überprüfung aufgehoben werden.

---

[53] *C. Franck*, Die Unmöglichkeit im Verwaltungsrecht, 1926, S. 4, 12 ff.

[54] *C. Franck*, Die Unmöglichkeit im Verwaltungsrecht, 1926, S. 12 ff.

[55] *C. Franck*, Die Unmöglichkeit im Verwaltungsrecht, 1926, S. 42, 47 f., 55 ff.

[56] *C. Franck*, Die Unmöglichkeit im Verwaltungsrecht, 1926, S. 55 ff., ein Beispielsfall wäre der anderweitige Eintritt der Erfüllung der Verpflichtung – ohne Zutun des Verpflichteten, vgl. dort S. 41.

[57] *C. Franck*, Die Unmöglichkeit im Verwaltungsrecht, 1926, S. 18 ff.

Im Rahmen der Beschreibung der rechtlichen Unmöglichkeit führt Franck noch eine weitere begriffliche Differenzierung ein, indem er zwischen dem Verlangen von etwas unmittelbar und etwas mittelbar Rechtswidrigem unterscheidet.[58] Etwas unmittelbar Rechtswidriges würde verlangt, wenn bereits die behördliche Verfügung eine vom Verfügungsadressaten auszuführende Handlung beschreibt, die rechtswidrig ist. Hierbei sei unerheblich, ob die verlangte Handlung privatrechtlichen oder strafrechtlichen Vorschriften zuwiderläuft.[59] Eine solche Verfügung soll als undenkbar gelten und demnach nichtig sein.[60] Etwas mittelbar Rechtswidriges würde verlangt werden, wenn zwar nicht bereits die behördliche Verfügung eine vom Verfügungsadressaten verlangte Handlung beschreibt, die rechtswidrig ist, aber beispielsweise der vom Verfügungsadressaten verlangte Erfolg im konkreten Fall faktisch nur durch eine rechtswidrige Handlung herbeigeführt werden kann. Sofern durch eine Verfügung lediglich etwas mittelbar Rechtswidriges verlangt würde, soll daraus nicht die Nichtigkeit der entsprechenden Verfügung folgen.

bb) Der Ansatz von Günter Erbel – verwaltungsrechtsspezifische Begriffsdifferenzierungen

Wie bereits im Zusammenhang mit der ersten Fallkonstellation ausführlich erörtert, hält Erbel es für zweckmäßig, zunächst sowohl die Fälle der „tatsächlichen Unmöglichkeit", wie auch die der „rechtlichen Unmöglichkeit im engeren Sinne" unter den Oberbegriff der „rechtlichen Unmöglichkeit im weiteren Sinne" zu fassen, da auch ein aus tatsächlichen Gründen unmöglicher Verwaltungsakt letztlich aus „rechtlichen" oder „rechtslogischen" Gründen unmöglich sei.[61] Unter die für die Betrachtung der aktuellen Fallvariante besonders interessierende „rechtliche Unmöglichkeit im engeren Sinne" fasst Erbel Verwaltungsakte, die nach ihrem „materiellen Inhalt" auf eine rechtlich unmögliche Regelung zielen.[62] Nicht erfasst von der „rechtlichen Unmöglichkeit" sollen bloße Zuständigkeits-, Verfahrens- oder Formfehler sein, die lediglich eine „äußere Rechtswidrigkeit" von Verwaltungsakten zur Folge hätten. Bei der Erörterung dessen, was unter „rechtlicher Unmöglichkeit im engeren Sinne" zu verstehen ist, unterscheidet Erbel wiederum – wie bereits dargestellt – zwischen „rechtlich unausführbaren" Verwaltungsakten und „unmittelbar rechtlich unmöglichen" Verwaltungsakten. Für die weitere Untersuchung ist dabei besonders relevant, was von Erbel unter sogenannten „rechtlich unausführbaren" Verwaltungsakten verstanden wird.

Unter der „rechtlichen Unausführbarkeit" eines Verwaltungsakts sei dabei zu verstehen, dass dem Adressaten des Verwaltungsaktes etwas abverlangt oder erlaubt

---

[58] *C. Franck*, Die Unmöglichkeit im Verwaltungsrecht, 1926, S. 42 f.

[59] *C. Franck*, Die Unmöglichkeit im Verwaltungsrecht, 1926, S. 18.

[60] *C. Franck*, Die Unmöglichkeit im Verwaltungsrecht, 1926, S. 18.

[61] *G. Erbel*, Die Unmöglichkeit von Verwaltungsakten, 1972, S. 21.

[62] *G. Erbel*, Die Unmöglichkeit von Verwaltungsakten, 1972, S. 23 ff.

wird, was dieser rechtlich unmöglich ausführen kann.[63] Abhängig von der Art der rechtlichen Schranken bzw. Hindernisse, die der Ausführungshandlung entgegenstehen, unterscheidet Erbel zwischen „privatrechtlich unausführbaren" Verwaltungsakten, „öffentlich-rechtlich unausführbaren" Verwaltungsakten und „sozialethisch unausführbaren" Verwaltungsakten.

Im Falle von „privatrechtlich unausführbaren" Verwaltungsakten würden die privatrechtlichen Befugnisse des Verfügungsadressaten nicht zur Ausführung des von ihm Verlangten ausreichen, weil ihn beispielsweise vertragliche Abmachungen mit Dritten binden oder dingliche Rechte Dritter eine Sperrwirkung erzeugen.

„Öffentlich-rechtlich unausführbare" Verwaltungsakte seien wiederum solche, die deren Adressat wegen zwingender öffentlich-rechtlicher Beschränkungen seiner Handlungsfreiheit nicht ausführen darf. Dabei differenziert Erbel nochmals zwischen solchen Verwaltungsakten, die auf strafbare Handlungen gerichtet sind und denjenigen, die aufgrund „sonstigen öffentlichen Rechts unausführbar" sind. Dabei seien mit Verwaltungsakten, die auf strafbare Handlungen gerichtet sind, solche Verfügungen gemeint, die ihrem Adressaten eine Handlung abverlangen oder vermeintlich erlauben, welche gegen ein Strafgesetz verstößt. Dies sei abzugrenzen von Verwaltungsakten, die schon selbst unmittelbar mit Strafgesetzen kollidieren. In die Kategorie der aufgrund von „sonstigem öffentlichen Recht unausführbaren" Verwaltungsakte würden vor allem solche Fälle gehören, in denen der Adressat einer Verfügung eine ihm gegenüber angeordnete Maßnahme nicht ausführen darf, weil die dafür notwendige Genehmigung einer anderen Behörde von dieser anderen Behörde nicht erteilt wird. Aber auch eine behördliche Verfügung, deren Ausführung nur um den Preis eines verbotenen Eingriffs in die Sphäre eines Dritten, etwa in Form von verbotener Eigenmacht, möglich wäre, fällt in diese Kategorie.[64]

„Sozialethisch unausführbar" soll nach dem Verständnis von Erbel ein Verwaltungsakt sein, dessen Ausführung dem Adressaten nicht bereits wegen privat- oder öffentlich-rechtlicher Spezialvorschriften unmöglich ist, sondern weil er mit der Ausführung gegen allgemeine sozialethische Normen verstoßen würde, auf die das Recht mit sogenannten „Generalklauseln", etwa durch § 138 BGB mit dem „*sittenwidrigen* Rechtsgeschäft" oder durch § 242 BGB mit der „Leistung nach *Treu und Glauben*", Bezug nimmt. Als – heute insbesondere mit Verweis auf das Prostituiertenschutzgesetz[65] nicht mehr aktuelles – Beispiel führt Erbel die behördliche „Konzessionierung" eines Bordellbetriebes an.

---

[63] *G. Erbel*, Die Unmöglichkeit von Verwaltungsakten, 1972, S. 24 ff.

[64] *G. Erbel*, Die Unmöglichkeit von Verwaltungsakten, 1972, S. 78.

[65] Vgl. insbesondere § 12 ProstSchG zur „Erlaubnispflicht" für das „Prostitutionsgewerbe"; zur Inaktualität dieses Beispiels vgl. auch *M. Wormit*, JuS 2017, 641 (642); *W. Höfling*, JuS 2017, 617 (622 f.).

b) Unmöglichkeit im vorliegend untersuchten Fall

Vor diesem theoretischen Hintergrund bleibt nun wiederum zu klären, ob dem im vorliegend betrachteten Fall zivilrechtlich gegenüber einem Dritten obligatorisch gebundenen Adressaten die von ihm verlangte Handlung unmöglich im Sinne des Verwaltungsrechtes ist.

aa) Dem Eigentümer entgegenstehende Rechte des Mieters

Bevor die Frage, ob nach den vorstehenden Definitionen Unmöglichkeit im vorliegend untersuchten Fall vorliegt, beantwortet werden kann, soll aber zunächst geklärt werden, welchen Ansprüchen und Rechten des obligatorisch an dem abzureißenden Gebäude Berechtigten sich der zum Abriss behördlich Verpflichtete überhaupt gegenübergestellt sieht. Hierbei soll wiederum das auch in der Literatur und Rechtsprechung regelmäßig diskutierte Fallbeispiel herangezogen werden, in dem ein Eigentümer zum Abriss seines Gebäudes verpflichtet wird, das sich im Besitz eines qua Mietvertrag daran berechtigten Dritten befindet.

(1) Vertragliche Abwehr- und Gewährleistungsrechte

Zunächst sollen die Abwehr- und Gewährleistungsrecht des Mieters untersucht werden, die diesem vor bzw. nach einem Abriss des von ihm gemieteten Gebäudes gegenüber dem Eigentümer zustehen. So ist es gemäß § 535 Abs. 1 S. 2 BGB die Pflicht des Vermieters, die Mietsache in einem den vertragsgemäßen Gebrauch ermöglichenden Zustand zu übergeben und in einem solchen zu erhalten.[66] Im vorliegenden Fall kommen zwei voneinander zu unterscheidende, gegebenenfalls durch den Mieter abwehrbare Verletzungen dieser vertraglichen Pflicht durch den vermietenden Eigentümer in Betracht.

(a) Zurverfügungstellung in einem öffentlich-rechtlichen Vorgaben entsprechenden Zustand

Aus § 535 Abs. 1 S. 2 BGB folgt zunächst die Pflicht des Vermieters, die Mietsache dem Mieter in einem solchen Zustand zur Verfügung zu stellen, dass öffentlich-rechtliche Normen und Vorgaben dem vertragsgemäßen Gebrauch der Mietsache nicht entgegenstehen. Auf die Erfüllung dieser Pflicht hat der Mieter einen entsprechenden Anspruch aus § 535 Abs. 1 S. 2 BGB.[67] Führt die Verletzung von öffentlich-rechtlichen Vorgaben zu einer konkreten Beeinträchtigung des tatsächlichen vertragsgemäßen Gebrauchs, löst dies darüber hinaus die mietvertraglichen Ge-

---

[66] Siehe oben Kapitel 2, § 2 A. V. 2. c) aa) (3) (a) (bb) (δ) (γγ).

[67] Siehe oben Kapitel 2, § 2 A. V. 2. c) aa) (3) (a) (bb) (δ) (γγ); vgl. insbesondere *P. Günter*, NZM 2016, 569 m. w. N.

währleistungsrechte nach den §§ 536, 536a BGB aus.[68] Im vorliegenden Fall käme es durch die Umsetzung der aus dem Verstoß gegen öffentlich-rechtliche Vorgaben entspringenden behördlichen Verfügung in Form von Umbau- oder gar Abrissmaßnahmen am Gebäude zu einer erheblichen Beeinträchtigung von dessen vertragsgemäßem Gebrauch, sodass also die mietvertraglichen Gewährleistungsrechte nach den §§ 536, 536a BGB zur Anwendung kämen. Die Pflicht des Vermieters, an deren Verletzung hier angeknüpft würde, wäre aber auf die Erhaltung des Mietgegenstandes in einem öffentlich-rechtlichen Normen entsprechenden Zustand gerichtet. Die Verletzung dieser Pflicht würde durch den Umbau bzw. Abriss des Bauwerks lediglich die für die Aktivierung der Gewährleistungsrechte notwendige Relevanz gewinnen. Der grundsätzliche Mangel der Mietsache und die Vertragsverletzung besteht aber schon vor der Abrisshandlung des Eigentümers.

Ganz grundlegend ist zu beachten, dass diese vertraglichen Ansprüche und insbesondere Gewährleistungsrechte aber nur bestehen können, solange der Mietgegenstand (noch) nicht komplett untergegangen ist. Anderenfalls kommt es zum Eintritt von Unmöglichkeit hinsichtlich der Vertragserfüllung nach § 275 Abs. 1 BGB.[69] In diesem Fall kämen allein Ansprüche und Rechte des Gläubigers wegen eines Ausschlusses der Leistungspflicht entsprechend der Verweisung des § 275 Abs. 4 BGB in Betracht, was insbesondere Schadenersatzansprüche nach den §§ 283 S. 1, 280 Abs. 1 BGB wären.[70] Insbesondere kann der Vermieter seine Vertragsverletzungen nicht durch die Zurverfügungstellung eines gänzlich neuen Mietgegenstandes beheben.[71] Bei einer vollständigen und unwiederbringlichen Zerstörung des gesamten Mietgegenstandes würde vielmehr letztlich das Mietverhältnis gänzlich erlöschen.[72] Die speziellen mietvertraglichen Ansprüche und Gewährleistungsrechte, wie auch die daraus ableitbaren Konsequenzen, greifen im weiteren Verlauf also nur für Fallkonstellationen, in welchen es (noch) nicht zur kompletten Zerstörung des Mietgegenstandes durch den behördlich verpflichteten Eigentümer gekommen ist, bzw. es nicht zur kompletten Zerstörung des Mietgegenstandes kommen soll.[73]

---

[68] Siehe oben Kapitel 2, § 2 A. V. 2. c) aa) (3) (a) (bb) (δ) (γγ); vgl. insbesondere Schmidt-Futterer/*N. Eisenschmid*, BGB § 536 Rn. 95 m. w. N.

[69] *J. Fritz*, in: Fritz/Geldmacher/Leo, Gewerberaummietrecht, 5. Aufl. 2024, § 4 C. Rn. 133; Blank/Börstinghaus/Siegmund/*A. Siegmund*, BGB § 536a Rn. 10; MüKoBGB Band 5/*M. Häublein*, BGB Vorbemerkung vor § 536 Rn. 15.

[70] MüKoBGB Band 5/*M. Häublein*, BGB Vorbemerkung vor § 536 Rn. 15; Jauernig/*A. Stadler*, BGB § 275 Rn. 33; Schulze/*R. Schulze*, BGB § 275 Rn. 25.

[71] BGH, Urt. v. 02.12.1981, VIII ZR 273/80 (Düsseldorf), NJW 1982, 873; MüKoBGB Band 5/*M. Häublein*, BGB Vorbemerkung vor § 536 Rn. 2.

[72] LG Karlsruhe, Urt. v. 07.04.2004, 10 O 683/03, NZM 2005, 221; Blank/Börstinghaus/Siegmund/*A. Siegmund*, BGB § 536a Rn. 10; jeweils m. w. N.

[73] Siehe unten Kapitel 3, § 1 A. IV. 2. b) bb) (1).

(b) Erhaltung der Mietsache in einem gebrauchsfähigen Zustand

Weiterhin kann an die Vermieterpflicht aus § 535 Abs.1 S. 2 BGB, den Mietgegenstand dem Mieter gegenüber in einem tatsächlich gebrauchsfähigen Zustand zur Verfügung zu stellen, angeknüpft werden. Aus dieser Pflicht ergibt sich zunächst ein vertraglicher Abwehranspruch des Mieters gegenüber dem Vermieter, ihn nicht in seinem vertragsgemäßen Gebrauch der Mietsache zu stören.[74] Es wäre denkbar, dass der Mieter einen solchen Anspruch auch im Wege des einstweiligen Rechtsschutzes, insbesondere im Rahmen einer einstweiligen Verfügung nach den §§ 935, 940 ZPO, gegenüber dem Vermieter geltend machen könnte.[75] Dieser Anspruch wäre damit im Vorfeld der durch den Vermieter vorzunehmenden Abrisshandlung zumindest von gewisser faktischer Relevanz, da es durch die willensbeeinträchtigenden Sanktionsandrohungen im Zusammenhang mit den gegebenenfalls erlassenen einstweiligen Maßnahmen zu einer realen Erhöhung der Hürden hinsichtlich einer Verletzung dieses gesicherten schuldrechtlichen Abwehranspruches kommen würde.

Die Verletzung dieses Anspruchs würde wiederum mietvertragliche Gewährleistungsrechte nach den §§ 536, 536a BGB zu Gunsten des Mieters auslösen, denn auch die Umbaumaßnahmen an der Mietsache und insbesondere deren Abriss stellen, wenn dadurch der vertragsgemäße Gebrauch beeinträchtigt oder gar verhindern wird, einen Mangel im Sinne des § 536 Abs. 1 S. 1 BGB dar.[76] In diesem Fall bestünde also die Vertragsverletzung des Vermieters darin, den Mieter durch die Veränderung des Mietgegenstandes in seinem tatsächlichen Gebrauch der Mietsache zu stören.[77] Die eigentliche Vertragsverletzung entsteht, anders als bei dem Anspruch auf Zurverfügungstellung der Sache entsprechend öffentlich-rechtlicher Vorgaben, also nicht schon mit einem Verstoß gegen diese öffentlich-rechtlichen Anforderungen, sondern erst durch die Rückbau- bzw. Abrisshandlung.

So besteht für den Mieter gegebenenfalls die Möglichkeit, unabhängig von einem Verschulden des Vermieters für diese Vertragspflichtverletzung, nach § 536 Abs. 1 S. 1 BGB die Miete zu mindern.[78] Bei einem Hinzutreten von einem Verschulden des Vermieters besteht darüber hinaus für den Mieter die Option, Schadensersatzan-

---

[74] *F. Michl*, NVwZ 2014, 1206 (1207); Staudinger/*V. Emmerich*, Buch 2 (§§ 535–556g BGB), BGB § 535 Rn. 26 m.w.N.

[75] Vgl. zum einstweiligen Rechtsschutz in Mietsachen insbesondere *W. Hinz*, NZM 2005, 841 ff.; *N. Schneider*, MDR 2004, 319 ff.

[76] AG Köln v. 25.05.1976, 54 C 596/74, ZMR 1980, 87; MüKoBGB Band 5/*M. Häublein*, BGB § 536 Rn. 20; *F. Michl*, NVwZ 2014, 1206 (1208); daneben besteht für den Mieter prinzipiell jederzeit auch die Möglichkeit, das Mietverhältnis außerordentlich fristlos aus wichtigem Grund nach § 543 Abs. 2 S. 1 Nr. 1 BGB wegen Entziehung des vertragsgemäßen Gebrauchs der Mietsache zu kündigen, vgl. für viele: Staudinger/*V. Emmerich*, Buch 2 (§§ 535–556g BGB), BGB § 543 Rn. 22; Dauner-Lieb/Langen/*F. Klein-Blenkers*, BGB § 543 Rn. 46 ff.; Erman/*K. Lützenkirchen*/*M. Selk*, BGB § 543 Rn. 12 ff.

[77] *F. Michl*, NVwZ 2014, 1206 (1207) m.w.N.

[78] Für viele: BeckOK BGB/*J. Wiederhold*, BGB § 536 Rn. 1; MüKoBGB Band 5/*M. Häublein*, BGB § 536 Rn. 38.

sprüchen nach § 536a Abs. 1 BGB geltend zu machen.[79] Auch hier ist aber wiederum zu beachten, dass diese Ansprüche nur solange bestehen können, solange der Mietgegenstand noch nicht endgültig untergegangen und es damit noch nicht zur Unmöglichkeit der Leistung nach § 275 Abs. 1 BGB gekommen ist. Andernfalls kämen wiederum nur Rechte und Ansprüche des Mieters wegen eines Ausschlusses der Leistungspflicht des Vermieters nach der Verweisvorschrift des § 275 Abs. 4 BGB, also insbesondere Schadensersatzansprüche nach den §§ 283 S. 1, 280 Abs. 1 BGB in Betracht und das Mietverhältnis würde letztlich erlöschen.[80]

(c) Zwischenergebnis

Es ist in Bezug auf die obligatorischen Abwehr- und Gewährleistungsrechte des mietvertraglich berechtigten Besitzers also zu sehen, dass grundsätzlich zwei Gruppen von vertraglichen Ansprüchen zu unterscheiden sind. Einmal die Ansprüche, die sich aus dem Widerspruch des vermieteten Gebäudes zu öffentlich-rechtlichen Vorgaben ergeben und für welche der Abriss desselben lediglich eine Konsequenz und Verschärfung des bereits vorliegenden vertragswidrigen Schuldnerverhaltens ist. Und jene, die an die tatsächliche Einwirkung des Vermieters auf den Mietgegenstand und daraus resultierende tatsächliche Gebrauchsbeeinträchtigungen anknüpfen. Nur letztere entstehen unmittelbar durch die Abrisshandlung des Vermieters. Diese Unterscheidung wird im weiteren Verlauf insbesondere für eine mögliche vertragliche Rechtfertigung der Abriss- bzw. Rückbauhandlungen des Vermieters relevant werden, worauf an entsprechender Stelle hingewiesen werden wird.[81]

Für den vermietenden Eigentümer ist im Vorfeld der Ausführung der durch ihn vorzunehmenden Maßnahme aber zunächst nur der Anspruch des mietvertraglich berechtigten Besitzers auf Unterlassung der Gebrauchsbeeinträchtigung nach § 535 Abs. 1 S. 2 BGB besonders bedeutend, den dieser im Rahmen des einstweiligen Rechtsschutzes nach den §§ 935, 940 ZPO geltend machen und dem behördlich Verpflichteten dann rein tatsächlich entgegenhalten könnte.[82]

(2) Deliktsrechtliche Vorschriften

Darüber hinaus besteht die Möglichkeit, dass der Verfügungsadressat zu einem Verstoß gegen deliktsrechtliche Vorschriften, insbesondere § 823 Abs. 1 BGB, verpflichtet würde. Damit ein objektiv deliktisches Verhalten vom Handelnden verlangt würde, müsste dieser zunächst zur Verletzung eines von § 823 Abs. 1 BGB erfassten Schutzgutes angehalten werden. In der betrachteten Konstellation kommt

---

[79] Für viele: BeckOK MietR/*P. Schüller*, BGB § 536a Rn. 7; MüKoBGB Band 5/ *M. Häublein*, BGB § 536a Rn. 10; Erman/*K. Lützenkirchen*/*M. Selk*, BGB § 536a Rn. 6.

[80] Siehe oben Kapitel 3, § 1 A. IV. 1. b) aa) (1) (a).

[81] Siehe unten Kapitel 3, § 1 A. IV. 2. b) bb) (1) (b).

[82] So bezieht sich etwa auch *F. Michl*, NVwZ 2014, 1206 (1207) lediglich auf diesen vertraglichen Abwehranspruch des Mieters.

als ein von der Handlung des Verpflichteten betroffenes Schutzgut nur der berechtigte Besitz des Dritten in Betracht.[83] Der bloße faktische Besitz wird durch § 823 Abs. 1 BGB nicht geschützt, auch nicht wenn er redlich und entgeltlich erfolgt.[84] Irrelevant ist hingegen, ob der Dritte unmittelbarer oder nur mittelbarer Besitzer des zu zerstörenden Gegenstandes ist, da beide Besitzformen durch § 823 Abs. 1 BGB grundsätzlich geschützt werden.[85] Dem mittelbaren Besitzer steht im Deliktsrecht nur kein Anspruch gegen den unmittelbaren Besitzer bezüglich des Besitzes zu.[86] Den unmittelbaren Besitz am zu zerstörenden Gegenstand hat aber im vorliegend betrachteten Fall gerade nicht der zur Zerstörung verpflichtete Eigentümer inne, da sonst das aufgeworfene Grundproblem der kollidierenden Rechtspflichten so nicht entstünde.

Die Rechtsstellung des Besitzers ist also in dieser Fallkonstellation durchaus von Bedeutung. Damit es gegenüber dem obligatorisch Berechtigten zu einer deliktischen Schutzgutverletzung kommen kann, müsste ein ganz spezieller Sachverhalt vorliegen. Der Drittberechtigte muss sowohl Besitzer[87] des abzureißenden Gebäudes, als auch zu diesem Besitz berechtigt sein. Der bloß faktische Besitz des abzureißenden Gebäudes durch den Dritten oder ein obligatorisches Recht des Dritten an dem zu zerstörenden Gebäude, ohne dass der Dritte in dessen Besitz ist, reichen nicht aus.

---

[83] BGH, Urt. v. 21.02.1979, VIII ZR 124/78 (Karlsruhe), NJW 1979, 1358; BGH, Urt. v. 14.05.1976, V ZR 157/74 (Frankfurt), NJW 1976, 1630; Grüneberg/*H. Sprau*, BGB § 823 Rn. 7 ff., 13; MüKoBGB Band 7/*G. Wagner*, BGB § 823 Rn. 331 mit einer Übersicht zum Streitstand und w. N.; a. A. beispielsweise Jauernig/*C. Kern*, BGB § 823 Rn. 16, der auch den redlichen, entgeltlichen unberechtigten Besitz als Schutzgut im Sinne des § 823 Abs. 1 BGB anerkennt.

[84] MüKoBGB Band 7/*G. Wagner*, BGB § 823 Rn. 373 mit einer Übersicht zum Streitstand und w. N.; a. A. beispielsweise Jauernig/*C. Kern*, BGB § 823 Rn. 16, der auch den redlichen, entgeltlichen unberechtigten Besitz als Schutzgut im Sinne des § 823 Abs. 1 BGB anerkennt; prinzipiell käme auch ein deliktischer Besitzschutz über § 823 Abs. 2 BGB i. V. m. § 858 Abs. 1 BGB in Betracht, wobei auch in diesem Fall nur der berechtigte Besitzer geschützt sein soll, vgl. BGH, Urt. v. 21.02.1979, VIII ZR 124/78 (Karlsruhe), NJW 1979, 1358 m. w. N.; BeckOK BGB/*J. Fritzsche*, BGB § 858 Rn. 2; anders differenziert etwa *E. Wieser*, JuS 1970, 557 (560), der zwischen dem schutzbedürftigen und nicht schutzbedürftigen Besitzer unterscheidet.

[85] Jauernig/*C. Kern*, BGB § 823 Rn. 16; Schulze/*A. Staudinger*, BGB § 823 Rn. 37; eher kritisch BeckOK BGB/*C. Förster*, BGB § 823 Rn. 157.

[86] BGH, Urt. v. 21.04.1960, II ZR 21/58 (Karlsruhe), NJW 1960, 1201; *S. Omlor/C. Gies*, JuS 2013, 12 ff.; Schulze/*A. Staudinger*, BGB § 823 Rn. 37.

[87] Die Form des Besitzes ist prinzipiell unerheblich, es reicht auch mittelbarer Besitz, sofern der Anspruchsgegner nicht der unmittelbare Besitzer ist, vgl. Grüneberg/*H. Sprau*, BGB § 823 Rn. 13.

(3) Besitzrechtliche Vorschriften

(a) Gesetzlicher Anspruch auf Unterlassung der Besitzstörung

Der Besitzer des abzureißenden Gebäudes könnte weiterhin über einen Anspruch auf Unterlassung der bevorstehenden Beeinträchtigung seines Besitzes gemäß § 862 Abs. 1 S. 2 BGB verfügen.[88] Diesen Anspruch könnte der Mieter dann gegebenenfalls im Wege des einstweiligen Rechtsschutzes, insbesondere im Rahmen einer einstweiligen Verfügung nach den §§ 935, 940 ZPO, gegenüber dem Vermieter geltend machen.[89] Damit ein solcher Anspruch aber bestünde, müsste es durch den vom behördlich verpflichteten Eigentümer vorzunehmenden Abriss des im berechtigten Besitz des Dritten befindlichen Gebäudes zu einer Besitzstörung in Form von verbotener Eigenmacht nach § 858 Abs. 1 BGB kommen.[90]

(aa) Verbotene Eigenmacht

Wird der unmittelbare Besitz entgegen dem Willen des Besitzers und ohne gesetzliche Gestattung beeinträchtigt, liegt grundsätzlich verbotene Eigenmacht vor.[91] Besonders zu beachten ist hierbei, dass die Besitzbeeinträchtigung nur entgegen dem Willen des unmittelbaren Besitzers erfolgen kann. Die Begehung von verbotener Eigenmacht gegenüber einem mittelbaren Besitzer ist hingegen nicht möglich.[92] Weiterhin ist aber irrelevant, ob dem Besitzer überhaupt ein Recht zu seinem Besitz zusteht; Schutzgut ist vielmehr der Besitz als solcher, unabhängig von seiner Rechtsnatur und der ihm zugrundeliegenden Rechtsposition.[93]

Fraglich ist nun, ob es sich bei der Zerstörung des besitzgegenständlichen Gebäudes um einen Besitzentzug im Sinne der §§ 858 Abs. 1 Alt. 1, 861 Abs. 1 BGB oder um eine Besitzstörung im Sinne der §§ 858 Abs. 1 Alt. 2, 862 Abs. 1 BGB handelt.[94] Eine Besitzentziehung würde dabei den totalen Verlust der faktischen Sachherrschaft über den Besitzgegenstand darstellen, während es sich bei einer Besitzstörung um die Verhinderung der Ausübung der Herrschaft über eine Sache

---

[88] *F. Michl*, NVwZ 2014, 1206 (1208).

[89] Vgl. zum einstweiligen Rechtsschutz in Mietsachen insbesondere *W. Hinz*, NZM 2005, 841 ff.; *N. Schneider*, MDR 2004, 319 ff.

[90] Für viele: MüKoBGB Band 8/*F. L. Schäfer*, BGB § 862 Rn. 2; Prütting/Wegen/Weinreich/*H. Prütting*, BGB § 862 Rn. 2; Erman/*O. Elzer*, BGB § 862 Rn. 2 ff.

[91] Staudinger/*M. Gutzeit*, Buch 3 (§§ 854–882 BGB), BGB § 858 Rn. 4 m. w. N.; zum Sonderfall des mittelbaren Besitzes siehe im Nachfolgenden.

[92] BGH, Urt. v. 06.07.1977, VIII ZR 277/75 (KG), NJW 1977, 1818; OLG Düsseldorf, Beschl. v. 26.02.2009, 10 W 14/09, NZM 2009, 818; BeckOK BGB/*J. Fritzsche*, BGB § 858 Rn. 16.

[93] Jauernig/*C. Berger*, BGB § 858 Rn. 1; MüKoBGB Band 8/*F. L. Schäfer*, BGB § 858 Rn. 1; BeckOK BGB/*J. Fritzsche*, BGB § 858 Rn. 2.

[94] Zur Notwendigkeit der Abgrenzung vgl. für viele: MüKoBGB Band 8/*F. L. Schäfer*, BGB § 858 Rn. 5; Grüneberg/*S. Herrler*, BGB § 862 Rn. 2; bei Verwendung einer anderen Terminologie im Ergebnis ebenfalls *S. Lorenz*, JuS 2013, 776 ff.

handelt, die in bloß einzelnen Beziehungen wirkt.[95] Hierbei ist zu beachten, dass eine Besitzentziehung auch zum Zwecke der Zerstörung des Gegenstandes erfolgen kann, es muss also nach der Entziehung nicht notwendig neuer Besitz am Gegenstand entstehen.[96] Die Entziehung muss ferner nicht ausschließlich durch Wegnahme eintreten, sondern kann auch auf vielfältige andere Weise entstehen.[97]

Allerdings ist zu sehen, dass es vorliegend nicht um die Entziehung eines Gegenstandes zum Zwecke der Zerstörung, sondern allenfalls um eine Entziehung mittels der Zerstörung des Gegenstandes geht;[98] die Entziehung würde dabei – wenn überhaupt – wohl aber erst bei Unbrauchbarmachung des Besitzgegenstandes durch die Zerstörung eintreten.[99] Die bloße physische Einwirkung auf den noch existenten Besitzgegenstand, also dessen Beschädigung, stellt hingegen regelmäßig eine bloße Beeinträchtigung der Sachherrschaft im Sinne einer Besitzstörung dar.[100] Weiterhin verhält es sich so, dass die gegebenenfalls eingetretene Entziehung des Besitzes an dem Gebäude durch dessen Zerstörung zugleich eine Beeinträchtigung des Besitzes an dem mit dem Gebäude bebauten Grundstück – also wiederum die Störung von dessen Besitz – bedeuten würde.[101] Außerdem bleibt zu beachten, dass die Androhung einer Besitzentziehung – sollte man in der vollständigen Zerstörung des Besitzgegenstandes eine solche sehen – für sich genommen wiederum eine Besitzstörung darstellt.[102] Damit ist letztlich hinsichtlich des abzureißenden Gebäudes, jedenfalls bis zum Zeitpunkt der Vollendung von dessen Zerstörung, wie auch hinsichtlich des mit dem abzureißenden Gebäude bebauten Grundstücks, davon auszugehen, dass durch die bevorstehende Beschädigung des abzureißenden Ge-

---

[95] Für viele: *S. Omlor/C. Gies*, JuS 2013, 12 (14); MüKoBGB Band 8/*F. L. Schäfer*, BGB § 858 Rn. 6; *S. Lorenz*, JuS 2013, 776ff.

[96] *S. Omlor/C. Gies*, JuS 2013, 12 (14); BeckOK BGB/*J. Fritzsche*, BGB § 858 Rn. 8; Jauernig/*C. Berger*, BGB § 858 Rn. 2.

[97] Für viele: MüKoBGB Band 8/*F. L. Schäfer*, BGB § 858 Rn. 6 m.w.N.; Staudinger/*M. Gutzeit*, Buch 3 (§§ 854–882 BGB), BGB § 858 Rn. 12; insgesamt ist zu beachten, dass die Grenzen zwischen Besitzentziehung und Besitzstörung ohnehin fließend sein können, vgl. *S. Baldringer/R. Jordans*, NZV 2005, 75ff.

[98] Vgl. BeckOK BGB/*J. Fritzsche*, BGB § 858 Rn. 8.1, wonach es durch den Rückbau eines Stellplatzes zu dessen Entziehung kommen soll und der wiederum auf OLG Stuttgart, Beschl. v. 08.11.2006, 10 W 74/06, NJW-RR 2007, 527 verweist, wobei allerdings zu sehen ist, dass durch den möglichen Besitzentzug des Stellplatzes jedenfalls zugleich eine Besitzstörung am damit bebauten Grundstück vorgenommen würde, vgl. hinsichtlich dieser Differenzierung *S. Baldringer/R. Jordans*, NZV 2005, 75ff.; *R. Koch*, NZV 2010, 336ff.

[99] In diesem Fall würde ein Anspruch auf Wiedereinräumung des Besitzes nach §§ 858 Abs. 1 Alt. 1, 861 Abs. 1 BGB wohl wenig Sinn machen und es kämen primär Schadensersatzansprüche nach § 823 Abs. 1 BGB bzw. §§ 823 Abs. 2, 858 BGB in Betracht, vgl. exemplarisch BeckOK BGB/*J. Fritzsche*, BGB § 861 Rn. 15.

[100] *H. Köhler*, JuS 1977, 652 (653); BeckOK BGB/*J. Fritzsche*, BGB § 858 Rn. 11; Erman/*O. Elzer*, BGB § 858 Rn. 3f.

[101] Siehe oben Fn. 98.

[102] AG Schöneberg, Beschl. v. 19.02.2000, 7 C 505/99, ZMR 2000, 230; Staudinger/*M. Gutzeit*, Buch 3 (§§ 854–882 BGB), BGB § 862 Rn. 7.

bäudes eine verbotene Eigenmacht in Form einer Besitzstörung im Sinne der §§ 858 Abs. 1 Alt. 2, 862 Abs. 1 BGB begangen würde.[103]

(bb) Konkrete Gefahr der Wiederholung

Ein Anspruch auf Unterlassung einer Besitzstörung nach § 862 Abs. 1 S. 2 BGB besteht weiterhin regelmäßig nur unter der zusätzlichen Voraussetzung einer konkreten Gefahr der Wiederholung der Besitzstörung.[104] Entgegen dem Wortlaut der Norm kann aber auch die konkrete Gefahr einer erstmaligen Störung einen derartigen Unterlassungsanspruch begründen, wenn im Einzelfall bereits eine nachvollziehbare konkrete Erstbegehungsgefahr besteht.[105] In der betrachteten Konstellation ist davon auszugehen, dass der Adressat der Abrissverfügung entsprechend der Vorgaben der Abrissverfügung handeln und es damit zu einer Störung der Besitzposition des Dritten kommen wird. Grundsätzlich ist also anzunehmen, dass dem drittberechtigten Besitzer des abzureißenden Gebäudes aus den §§ 858 Abs. 1 Alt. 2, 862 Abs. 1 BGB ein Anspruch auf Unterlassung der vom Eigentümer verlangten Besitzstörung zustünde.

(cc) Mittelbarer Besitzer

Zu erwähnen ist noch, dass zwar die Besitzstörung – wie bereits dargestellt – nur gegenüber dem unmittelbaren Besitz erfolgen kann, aber auch dem mittelbaren Besitzer ein Anspruch auf Unterlassung der Beeinträchtigung des Besitzes aus den §§ 858 Abs. 1 Alt. 2, 862 Abs. 1 BGB gemäß § 869 S. 1 BGB zu steht.[106] Insofern wäre also zu differenzieren, ob es sich bei dem Drittberechtigten um den unmittelbaren oder nur mittelbaren Besitzer des zu zerstörenden Gegenstandes handelt. Dabei ist aber zu beachten, dass es neben einem etwaigen mittelbaren Besitzer zwangsläufig auch immer einen unmittelbaren Besitzer gibt, der für den mittelbaren Besitzer den unmittelbaren Besitz ausübt. Die besitzrechtlichen Abwehrrechte des mittelbaren Besitzers leiten sich darüber hinaus stets von einem Eingriff in den unmittelbaren Besitz entgegen dem Verbot des § 858 Abs. 1 BGB ab. Sofern also kein § 858 Abs. 1 BGB zuwiderlaufender Eingriff in die Position des unmittelbaren Besitzers erfolgt, bestehen auch keine besitzrechtlichen Abwehrrechte eines etwaigen mittelbaren Besitzers. Da also sowohl die besitzrechtlichen Abwehransprüche des unmittelbaren Besitzers nach § 862 Abs. 1 BGB wie auch die des mittelbaren Besitzers nach §§ 862 Abs. 1, 869 S. 1 BGB stets verbotene Eigenmacht im Sinne des § 858 Abs. 1 BGB und damit eine Beeinträchtigung des unmittelbaren

---

[103] OLG Stuttgart, Beschl. v. 08.11.2006, 10 W 74/06, NJW-RR 2007, 527; *F. Michl*, NVwZ 2014, 1206 (1208).

[104] Für viele: *S. Omlor/C. Gies*, JuS 2013, 12 (16); MüKoBGB Band 8/*F. L. Schäfer*, BGB § 862 Rn. 4, 9 m. w. N.

[105] Für viele: OLG Stuttgart, Beschl. v. 08.11.2006, 10 W 74/06, NJW-RR 2007, 527; Staudinger/*M. Gutzeit*, Buch 3 (§§ 854–882 BGB), BGB § 862 Rn. 7 m. w. N.

[106] Für viele: Staudinger/*M. Gutzeit*, Buch 3 (§§ 854–882 BGB), BGB § 858 Rn. 4, § 869 Rn. 7; Erman/*O. Elzer*, BGB § 869 Rn. 3; Grüneberg/*S. Herrler*, BGB § 869 Rn. 2.

Besitzes entgegen dem Willen des unmittelbaren Besitzers und ohne gesetzliche Gestattung voraussetzen, soll deshalb im weiteren Verlauf ein im unmittelbaren Besitz des abzureißenden Gebäudes befindlicher Dritter betrachtet werden. Etwaige besitzrechtliche Abwehransprüche eines mittelbaren Besitzers spielen für die nachfolgenden Untersuchungen keine tragende Rolle.

(b) Selbsthilferecht des Besitzers

Im Falle einer Besitzstörung durch verbotene Eigenmacht im Sinne des § 858 Abs. 1 BGB, die noch nicht zum Entzug des Besitzes geführt hat, kann sich der drittberechtigte Besitzer weiterhin im Rahmen eines Selbsthilferechts nach § 859 Abs. 1 BGB der Beeinträchtigung seines Besitzes mit Gewalt erwehren.[107] Im Falle einer Beschädigung des Besitzgegenstandes, die noch nicht zu dessen Zerstörung geführt hat, ist, wie bereits gezeigt, insbesondere auch von einer bloßen Besitzstörung auszugehen, sodass die einschränkenden Voraussetzungen der Absätze zwei und insbesondere drei des § 859 BGB, die für die Verteidigung gegen eine Besitzentziehung, also eine Besitzkehr, relevant wären, unbeachtet bleiben können.[108]

Umstritten ist in diesem Zusammenhang lediglich, ob dieses Selbsthilferecht nach § 859 Abs. 1 BGB auch dem mittelbaren Besitzer gemäß der Vorschrift des § 869 S. 1 BGB zusteht.[109] Hiergegen spricht, dass der Wortlaut des § 869 S. 1 BGB grundsätzlich nur einen Verweis auf die Vorschriften der §§ 861, 862 BGB vorgibt.[110] Allerdings ist es überzeugend, dass das Rechtsgut des mittelbaren Besitzers vom unmittelbaren Besitz des Besitzmittlers abhängig ist, und es damit ersterem zur effektiven Verteidigung seiner mittelbaren Besitzposition möglich sein muss, den unmittelbaren Besitz auch im Rahmen der Selbsthilfe nach § 859 Abs. 1 BGB verteidigen zu können. Es ist jedoch die Einschränkung zu beachten, dass der mittelbare Besitzer den unmittelbaren Besitz des Besitzmittlers nicht gegen dessen Willen und nur zur Wiederherstellung der alten Besitzlage verteidigen darf.[111] Es wäre also mit Blick auf die Wahrnehmung des Selbsthilferechts nach § 859 Abs. 1 BGB prinzipiell erneut zu unterscheiden, ob der Drittberechtigte unmittelbaren oder nur mittelbaren Besitz am abzureißenden Gebäude innehat. Da sich aber, wie vorstehend dargestellt, die besitzrechtlichen Abwehrrechte des mittelbaren Besitzers stets von einem Eingriff in den unmittelbaren Besitz entgegen dem Verbot des § 858

---

[107] Für viele: BeckOK BGB/*J. Fritzsche*, BGB § 859 Rn. 10; MüKoBGB Band 8/ *F. L. Schäfer*, BGB § 859 Rn. 5.

[108] Für viele: MüKoBGB Band 8/*F. L. Schäfer*, BGB § 859 Rn. 12 ff.; BeckOK BGB/ *J. Fritzsche*, BGB § 859 Rn. 10, 13, 16 f.; Schulze/*H. Schulte-Nölke*, BGB § 859 Rn. 2.

[109] Für ein Eingreifen der Vorschrift beispielsweise Staudinger/*M. Gutzeit*, Buch 3 (§§ 854–882 BGB), BGB § 869 Rn. 2 m. w. N.; *E. Lopau*, JuS 1980, 501, 503; *H. Kollhosser*, JuS 1992, 567 (570); Grüneberg/*S. Herrler*, BGB § 869 Rn. 2; Schulze/*H. Schulte-Nölke*, BGB § 869 Rn. 1; Jauernig/*C. Berger*, BGB § 869 Rn. 2; anderer Ansicht sind hingegen Erman/*O. Elzer*, BGB § 869 Rn. 4; MüKoBGB Band 8/*F. L. Schäfer*, BGB § 869 Rn. 6 ff.

[110] Exemplarisch Erman/*A. Lorenz*, 15. Aufl. 2017, BGB § 869 Rn. 4.

[111] Staudinger/*M. Gutzeit*, Buch 3 (§§ 854–882 BGB), BGB § 869 Rn. 2 ff. m. w. N.

Abs. 1 BGB ableiten, soll im weiteren Verlauf auf einen unmittelbar im Besitz des abzureißenden Gebäudes befindlichen Dritten abgestellt werden.

(4) Zwischenergebnis

Dem zum Abriss seines vermieteten Gebäudes verpflichteten Eigentümer stünden also vor der Umsetzung der von ihm verlangten Handlung mietvertragliche Ansprüche auf Unterlassung der Gebrauchsbeeinträchtigung nach § 535 Abs. 1 S. 2 BGB und besitzrechtliche Ansprüche auf Unterlassung der bevorstehenden Besitzbeeinträchtigung gemäß § 862 Abs. 1 S. 2 BGB des im Besitz des Gebäudes befindlichen Mieters entgegen. Auch könnte sich der im Besitz des Gebäudes befindliche Mieter der Beeinträchtigung seines Besitzes nach § 859 Abs. 1 BGB mit Gewalt erwehren. Darüber hinaus stünden dem Mieter vertragliche Gewährleistungsrechte nach den §§ 536, 536a BGB zu. Nach dem Abriss des Gebäudes sähe sich der Eigentümer mit vertraglichen Schadensersatzansprüchen nach den §§ 283 S. 1, 280 Abs. 1 BGB und deliktischen Schadensersatzansprüchen nach § 823 Abs. 1 BGB konfrontiert.

bb) Das Vorliegen von Unmöglichkeit – ausgehend von einer zivilrechtlichen Begriffsdefinition

Folgt man dabei dem Beispiel Francks und legt die zivilrechtlichen Definitionen und Unterscheidungen zur Unmöglichkeit zugrunde, ist nach dessen Ausführungen zunächst zu beachten, dass der von ihm aus dem Zivilrecht übernommene Unmöglichkeitsbegriff (nur) die Unmöglichkeit im Hinblick auf die Erfüllung einer (Leistungs-)Pflicht erfasst.[112] Die Übertragung dieses Verständnisses von Unmöglichkeit auf einen Verwaltungsakt setze deshalb voraus, dass aus dem Verwaltungsakt in irgendeiner Form eine Pflicht hervorgeht.[113] Besonders relevant seien dabei Verwaltungsakte, die dem „*Untertanen*" ein bestimmtes Verhalten zur Pflicht machen, wie etwa der „*Polizeibefehl*".[114] Demnach eignet sich der im Zivilrecht vorgefundene Unmöglichkeitsbegriff grundsätzlich für eine Anwendung auf die im vorliegend betrachteten Fall an einen Bürger gerichtete Abrissverfügung, die ihren Adressaten zur Vornahme von Abrisshandlungen verpflichtet. Bei der Anwendung des zivilrechtlichen Unmöglichkeitsbegriffes auf diesen im Verwaltungsrecht spielenden Fall, entspricht jedoch dem privatrechtlichen Schuldverhältnis, das im Zivilrecht die Grundlage für die Leistungspflicht des Schuldners darstellt, der die Handlungspflicht des Verfügungsadressaten begründende Verwaltungsakt. Äquivalent für die dem zivilrechtlichen Schuldverhältnis entspringende Leistungspflicht ist wiederum die aus dem Verwaltungsakt bzw. der Abrissverfügung folgende Handlungspflicht.

[112] *C. Franck*, Die Unmöglichkeit im Verwaltungsrecht, 1926, S. 15.
[113] *C. Franck*, Die Unmöglichkeit im Verwaltungsrecht, 1926, S. 15.
[114] *C. Franck*, Die Unmöglichkeit im Verwaltungsrecht, 1926, S. 18.

Wie auch in der ersten Fallvariante, scheidet in der vorliegend untersuchten Fallkonstellation eine im Sinne des Zivilrechts tatsächliche Unmöglichkeit der vom Adressaten der Abrissverfügung verlangten Handlung aus. Es ist vielmehr zu untersuchen, ob dem Adressaten der Abrissverfügung etwas im Sinne des Privatrechts rechtlich Unmögliches abverlangt wird. Das ist entsprechend der vorstehend ausgebreiteten zivilrechtlichen Definition der rechtlichen Unmöglichkeit dann der Fall, wenn die vom Verfügungsadressaten verlangte Handlung aus rechtlichen Gründen unmöglich oder verboten ist, also der dem Verfügungsadressaten abverlangte Handlungserfolg aus Rechtsgründen nicht herbeigeführt werden kann oder nicht herbeigeführt werden darf.

(1) Mangelnde Rechtsmacht

Zu der ersten Fallgruppe gehören insbesondere auch Konstellationen, in welchen die Rechtsmacht des Schuldners zur Vornahme der von ihm geschuldeten Leistung endgültig nicht ausreicht. Fraglich ist also, ob die obligatorische Verpflichtung gegenüber einem Dritten dazu führt, dass dem Adressaten der Abrissverfügung die von ihm verlangte Handlung im Sinne einer dem Zivilrecht entnommenen Begriffsbestimmung unmöglich ist.

Zur Beantwortung dieser Frage soll in einem ersten Schritt das Konkurrenzverhältnis von zwei entgegengesetzten Verpflichtungen anhand der Wertungen des § 275 BGB erörtert werden. Um die prinzipielle Wirkweise des § 275 BGB zu ergründen, soll zunächst im direkten Anwendungsbereich des § 275 BGB verblieben und eine zivilrechtliche Pflichtenkollision untersucht werden; eine zivilrechtliche Pflichtenkollision kann dabei im Aufeinandertreffen von zwei vertraglichen Verpflichtungen bestehen. Hierbei ist es so, dass die Existenz bloßer anderweitiger obligatorischer Verpflichtungen gegenüber Dritten grundsätzlich keinen Fall der subjektiven, rechtlichen Unmöglichkeit im Sinne des § 275 Abs. 1 BGB hinsichtlich der ersten zivilrechtlichen Verpflichtung darstellen würde.[115] Kommt es für den Verpflichteten zu einer Konfliktsituation dergestalt, dass er eine erste Verpflichtung nur unter Verletzung einer anderen Rechtspflicht erfüllen kann, liegt allenfalls ein persönliches Leistungshindernis im Sinne des § 275 Abs. 3 BGB vor, woraus eine Einredemöglichkeit des Schuldners folgen kann, die Leistung entsprechend der ersten Verpflichtung zu verweigern, sollte sie ihm nach Abwägung unzumutbar sein.[116] Auch ist dies beispielsweise bei einer doppelten privatrechtlichen Verpflichtung über den gleichen Gegenstand, wie etwa der doppelten Vermietung einer

---

[115] Vgl. auch aus dem Umkehrschluss Schulze/*R. Schulze*, BGB § 275 Rn. 15; BeckOK BGB/*S. Lorenz*, BGB § 275 Rn. 50; Jauernig/*A. Stadler*, BGB § 275 Rn. 19 f.; Dauner-Lieb/Langen/*B. Dauner-Lieb*, BGB § 275 Rn. 34 ff.; Erman/*D. Ulber*, BGB § 275 Rn. 50 ff.; Prütting/Wegen/Weinreich/*M. Kramme*, BGB § 275 Rn. 13.

[116] Staudinger/*G. Caspers*, Buch 2 (§§ 255–304 BGB), BGB § 275 Rn. 47, 109.

Wohnung, nicht anders; die bloße Kollision von obligatorischen Pflichten führt nicht jeweils zur rechtlichen Unmöglichkeit von deren Erfüllung.[117]

Zunächst ist also zu sehen, dass es dem Schuldner grundsätzlich frei steht, sich im Rahmen der ihm zustehenden Privatautonomie beliebig zu binden und die Regelung des § 275 Abs. 1 BGB nicht schon dem multiplen Vertragsschluss entgegensteht; dem mehrfach Verpflichteten verbleibt lediglich das Risiko, sich Folgeansprüchen – also respektive Schadensersatzansprüchen – des nicht bedienten Vertragspartners ausgesetzt zu sehen.[118] Weiterhin liegen, wie bereits in der ersten Fallvariante festgestellt, die Voraussetzungen der rechtlichen Unmöglichkeit nur dann vor, wenn dem Schuldner die Rechtsmacht fehlt, entsprechend seiner Verpflichtung zu handeln.[119] Hierbei ist aber zu beachten, dass ein bloßes zweites vertragliches Schuldverhältnis dem zweiten Gläubiger gerade keine unmittelbare Rechtsmacht[120] über den gegebenenfalls zum Inhalt des Vertragsverhältnisses gemachten dinglichen Gegenstand einräumt und umgekehrt die unmittelbare Rechtsmacht des Schuldners über diesen Vertragsgegenstand auch nicht einschränkt.[121] Die aus dem Eigentum des beispielsweise vermietenden Schuldners herrührenden Befugnisse, nach § 903 S. 1 BGB mit seinem Eigentum nach Belieben zu verfahren, können grundsätzlich nur durch dingliche Rechtspositionen Dritter eingeschränkt werden, nicht aber durch bloße schuldrechtliche Ansprüche.[122] Hier kommen die im Zivilrecht geltenden Prinzipien über die Trennung und Abstraktion von schuldrechtlichem Verpflichtungsgeschäft und sachenrechtlicher Rechtswirkung zum Tragen.[123] Das schuldrechtliche Geschäft und die sachenrechtlichen Rechtsverhältnisse bestehen unabhängig voneinander, sind nicht aneinander gebunden und haben auch keine unmittelbaren Auswirkungen aufeinander.[124] Damit steht es dem Schuldner grundsätzlich frei, trotz seiner vertraglichen Verpflichtung entgegen dem Willen des weiteren

[117] OLG Hamm, Urt. v. 15.10.2003, 30 U 131/03, NJW-RR 2004, 521; Grüneberg/*C. Grüneberg*, BGB § 275 Rn. 25; Grüneberg/*W. Weidenkaff*, BGB § 536 Rn. 30 m.w.N.; Blank/Börstinghaus/Siegmund/*A. Siegmund*, BGB § 536 Rn. 39f.

[118] BGH, Urt. v. 10.05.2006, XII ZR 124/02, NJW 2006, 2323; OLG Düsseldorf, Urt. v. 15.10.1987, 10 U 46/87, ZMR 88, 22; *P. Derleder/M. Pellegrino*, NZM 1998, 550ff.; Grüneberg/*C. Grüneberg*, BGB § 275 Rn. 25; Grüneberg/*W. Weidenkaff*, BGB § 536 Rn. 30 m.w.N.

[119] Siehe oben Kapitel 2, § 2 A. V. 2. a) aa) (1) (a).

[120] Siehe zum Begriff „Rechtsmacht" oben Fn. 46.

[121] *W. Fikentscher*, Schuldrecht, 6. Aufl. 1976, § 7 Abschn. 2, S. 24f.; *K. Larenz*, Lehrbuch des Schuldrechts, Band I Allgemeiner Teil, 14. Aufl. 1987, § 2 II, S. 15ff.

[122] MüKoBGB Band 8/*B. Brückner*, BGB § 903 Rn. 65; Schulze/*A. Staudinger*, BGB § 903 Rn. 11; Grüneberg/*S. Herrler*, BGB § 903 Rn. 27; differenzierte Darstellung der Beschränkungsmöglichkeiten bei Erman/*R. Wilhelmi*, BGB § 903 Rn. 2f.; aber insbesondere im Mietrecht ist die Beschränkung der Eigentümerbefugnisse durch schuldrechtliche Übereinkünfte nicht unumstritten, vgl. BeckOK BGB/*J. Fritzsche*, BGB § 903 Rn. 71 m.w.N.; befürwortet etwa durch OLG Bamberg, Beschl. v. 30.07.2009, 3 U 23/09, NZM 2009, 859.

[123] *J. Petersen*, Jura 2015, 1177ff.

[124] Für viele: MüKoBGB Band 8/*R. Gaier*, BGB Einleitung zum Sachenrecht Rn. 15ff.; *K. Bayerle*, JuS 2009, 1079ff.; *O. Jauernig*, JuS 1994, 721ff.

Gläubigers zu handeln und unabhängig von dessen schuldrechtlicher Rechtsposition über den gegebenenfalls bestehenden dinglichen Gegenstand des Vertrages zu verfügen oder auf diesen einzuwirken.[125] Es lässt sich also die rechtliche Unmöglichkeit der Erfüllung einer Verpflichtung wegen der mangelnden Rechtsmacht des Verpflichteten nicht allein aufgrund einer weiteren, entgegenstehenden obligatorischen Pflicht begründen.

Anders ist die Situation aber dann, wenn bereits ein Vertrag durch Überlassung des Besitzes an der Mietsache erfüllt worden ist. Zwar stellt der Besitz als solcher nicht schon ein die nach § 903 S. 1 BGB bestehenden Befugnisse des Eigentümers beschneidendes beschränkt dingliches Recht dar.[126] Allerdings steht nach der Besitzüberlassung an den ersten Vertragspartner der anderen Vertragserfüllung dennoch ein subjektives, rechtliches Leistungshindernis im Sinne des § 275 Abs. 1 BGB entgegen.[127] Denn es ist dem Schuldner nicht mehr möglich, den berechtigten Besitz des befriedigten Vertragspartners zu brechen und dem nichtbesitzenden zweiten Vertragspartner den Besitz einzuräumen.[128] Selbst wenn der vertragliche Schuldner der Eigentümer der Sache ist, entfiele sein Herausgabeanspruch nach § 985 Abs. 1 BGB gegenüber dem berechtigten Besitzer gemäß § 986 Abs. 1 BGB.[129] Wiederum stünden dem berechtigten Besitzer dann Ansprüche aus dem Deliktsrecht nach §§ 823 ff. BGB sowie besitzrechtliche Abwehrrechte und -ansprüche gegen den Entzug seines Besitzes gemäß §§ 858 ff. BGB gegen den vertraglichen Schuldner zu.[130] Letzterem würde es also dann an der entsprechenden Rechtsmacht mangeln,[131] die ihm obliegende, gegenläufige weitere Vertragspflicht zu erfüllen und es läge nach der Besitzüberlassung tatsächlich ein Fall rechtlicher Unmöglichkeit vor. Umgekehrt stehen die rein obligatorischen Pflichten einer Erfüllung nicht entgegen.

Übertragen auf den vorliegend betrachteten Fall würde dies bedeuten, dass die bloße obligatorische Verpflichtung des Adressaten der Abrissverfügung gegenüber einem Dritten, ihm beispielsweise in der Zukunft das in seinem Eigentum stehende,

---

[125] *K. Larenz*, Lehrbuch des Schuldrechts, Band I Allgemeiner Teil, 14. Aufl. 1987, § 2 II, S. 15 ff.

[126] Jauernig/*C. Berger*, BGB § 854 Rn. 8; Prütting/Wegen/Weinreich/*H. Prütting*, BGB § 854 Rn. 3.

[127] BGH, Urt. v. 10.11.1982, VIII ZR 252/81 (Düsseldorf), NJW 1983, 446; Schulze/*R. Schulze*, BGB § 275 Rn. 15; a. A. ist Blank/Börstinghaus/Siegmund/*A. Siegmund*, BGB § 536 Rn. 40, die davon ausgeht, dass der Vermieter versuchen könnte, mit dem besitzenden Mieter einen Auflösungsvertrag hinsichtlich des Schuldverhältnisses auszuhandeln, was aber wenig überzeugt, da es das Problem des vom Mieter ausgeübten Besitzes nicht löst, siehe dazu unten Kapitel 3 § 1 A. IV. 2. b) aa).

[128] Grüneberg/*C. Grüneberg*, BGB § 275 Rn. 25; Grüneberg/*W. Weidenkaff*, BGB § 536 Rn. 30 m. w. N.; *P. Derleder/M. Pellegrino*, NZM 1998, 550 ff.

[129] Jauernig/*C. Berger*, BGB § 986 Rn. 1 f.; Schulze/*H. Schulte-Nölke*, BGB § 986 Rn. 1 ff.

[130] *P. Derleder/M. Pellegrino*, NZM 1998, 550 (556); *F. Michl*, NVwZ 2014, 1206; Grüneberg/*S. Herrler*, BGB § 858 Rn. 1 ff.; MüKoBGB Band 8/*F. L. Schäfer*, BGB § 854 Rn. 16; Prütting/Wegen/Weinreich/*H. Prütting*, BGB § 858 Rn. 1 ff.

[131] Schulze/*R. Schulze*, BGB § 275 Rn. 15; Jauernig/*A. Stadler*, BGB § 275 Rn. 19 f.

abzureißende Gebäude zu Wohnzwecken zu überlassen, ohne dass dem Dritten daran bereits der Besitz eingeräumt worden wäre, den Adressaten der Abrissverfügung nicht derart in seiner Rechtsmacht über das in seinem Eigentum stehende, abzureißende Gebäude beschränken würde, dass ihm die Befolgung der Abrissverfügung im Sinne des § 275 Abs. 1 BGB unmöglich wäre. Anders wäre dies wiederum dann, wenn der Dritte nicht nur gegenüber dem Adressaten der Abrissverfügung einen auf das in dessen Eigentum stehende Gebäude gerichteten obligatorischen Anspruch hat, sondern bereits den Besitz an dem Gebäude übertragen bekommen hat. Dann nämlich würde es dem Adressaten der Abrissverfügung an der entsprechenden Rechtsmacht mangeln, die ihm obliegende Handlungspflicht zu erfüllen, da es ihm nicht mehr möglich ist, den berechtigten Besitz des Dritten an dem abzureißenden Gebäude ohne dessen Willen zu brechen. Wie dargestellt, entfiele der Herausgabeanspruch des Eigentümers nach § 985 Abs. 1 BGB gegenüber dem berechtigten Besitzer gemäß § 986 Abs. 1 BGB. Umgekehrt stünden dem berechtigten Besitzer Ansprüche aus dem Deliktsrecht nach §§ 823 ff. BGB, sowie besitzrechtliche Abwehrrechte und -ansprüche gegen den Entzug seines Besitzes gemäß §§ 858 ff. BGB zu. Somit läge für den Adressaten der Abrissverfügung nach der Überlassung des Besitzes an dem abzureißenden Gebäude an einen Dritten aufgrund einer entsprechenden vertraglichen Verpflichtung tatsächlich ein Fall der rechtlichen Unmöglichkeit vor.

(2) Verstoß gegen ein Verbotsgesetz

Die zweite Fallgruppe der rechtlichen Unmöglichkeit im Zivilrecht bilden Konstellationen, in welchen der Schuldner bei der Erfüllung einer Verpflichtung gegen ein gesetzliches Verbot verstoßen würde.[132] Übertragen auf die vorliegend untersuchte Fallkonstellation müsste also wiederum eine Norm gefunden werden, die direkt oder auch aus ihrem Zusammenhang bzw. Sinn und Zweck heraus das durch die Verwaltung verlangte Verhalten verbietet.

Deshalb soll wiederum das Rechtsverhältnis zwischen dem behördlich in Anspruch genommenen Eigentümer und seinem Mieter in den Blick genommen werden, um herauszufinden, ob der Eigentümer bei Vornahme der von ihm verlangten Handlung gegen ein Verbotsgesetz im Sinne des § 134 BGB verstoßen müsste. Dabei können dem obligatorisch qua Mietvertrag berechtigten Besitzer – wie bereits ausführlich dargestellt – zweierlei Arten von Ansprüchen und Abwehrmöglichkeiten gegen den ihn in seiner (Rechts-)Position verletzenden Eigentümer zustehen. So stehen dem berechtigten Besitzer einerseits deliktische Schadensersatzansprüche nach § 823 Abs. 1 BGB, wie auch gesetzliche Abwehr- und Verteidigungsmöglichkeiten hinsichtlich einer Besitzstörung nach §§ 858 Abs. 1 Alt. 2, 862 Abs. 1,

[132] Staudinger/*G. Caspers*, Buch 2 (§§ 255–304 BGB), BGB § 275 Rn. 40; MüKoBGB Band 2/*W. Ernst*, BGB § 275 Rn. 50; Herberger/Martinek/Rüßmann/Weth/Würdinger/*D. Seichter*, § 275 BGB Rn. 32; eine umfassende Erörterung zum Verhältnis von rechtlicher Unmöglichkeit und gesetzlichen Verboten im Zivilrecht findet sich bei *S. Jäpel*, Rechtliche Unmöglichkeit und gesetzliches Verbot, 2014, S. 57 ff.

859 Abs. 1 BGB zu; andererseits wären vertragliche Gewährleistungsrechte des Mieters nach den §§ 536, 536a BGB denkbar.

Dabei ist insbesondere der Anspruch des Besitzers des abzureißenden Gebäudes auf Unterlassung der bevorstehenden Beeinträchtigung seines Besitzes gemäß § 862 Abs. 1 S. 2 BGB von Bedeutung.[133] Voraussetzung eines solchen Anspruchs ist, dass es durch den vom behördlich verpflichteten Eigentümer vorzunehmenden Abriss des im berechtigten Besitz des Dritten befindlichen Gebäudes zu einer Besitzstörung in Form von verbotener Eigenmacht nach § 858 Abs. 1 BGB kommt.[134] Bei eine Verpflichtung zum Verstoß gegen diese die Besitzposition des Drittberechtigten schützenden Vorschriften könnte es sich zugleich um eine Verpflichtung zum Verstoß gegen ein Verbotsgesetz handeln. Der die verbotene Eigenmacht regelnde § 858 Abs. 1 BGB dient der Unterbindung der eigenmächtigen Besitzbeeinträchtigung und soll diese letztlich verbieten.[135] Damit stellt insbesondere § 858 Abs. 1 BGB ein Verbotsgesetz im Sinne des § 134 BGB dar.[136] Die Verpflichtung zu einem Verstoß gegen § 858 Abs. 1 BGB stellt damit zugleich eine Verpflichtung zu einem Verstoß gegen ein Verbotsgesetz im Sinne des § 134 BGB dar.

Damit würde eine Verpflichtung zum Abriss eines im Besitz eines Dritten stehenden Gebäudes, wegen des damit zugleich verlangten Verstoßes gegen ein Verbotsgesetz nach § 134 BGB, bei entsprechender Anwendung des zivilrechtlichen Unmöglichkeitsbegriffs etwas rechtlich Unmögliches verlangen.

Ganz besonders augenfällig ist dabei aber, dass für einen solchen Verstoß gegen die Vorschrift des § 858 Abs. 1 BGB zunächst absolut irrelevant ist, ob überhaupt ein Vertragsverhältnis zwischen dem behördlich in Anspruch genommenen Eigentümer und dem Drittberechtigten besteht. Die Berechtigung des Dritten braucht im ersten Zugriff also überhaupt keine Grundlage in einem Vertragsverhältnis zu haben, um die rechtliche Unmöglichkeit der Abrissverpflichtung nach sich zu ziehen. Es ist einzig relevant, ob der Dritte im Besitz des Gegenstandes ist, wobei allerdings nur der unmittelbare Besitz durch verbotene Eigenmacht verletzt werden kann. Dem mittelbaren Besitzer stehen nur aus der Verletzung des unmittelbaren Besitzes abgeleitete Ansprüche und Rechte zu.

Wie bereits festgestellt, wird der mittelbare Besitzer aber wiederum von § 823 Abs. 1 BGB geschützt. So könnte auch die Vorschrift des § 823 Abs. 1 BGB eine Verbotsnorm im Sinne des § 134 BGB darstellen. Dabei ist zunächst die strukturelle Ähnlichkeit der Vorschriften des Deliktsrechts mit solchen des Straf- und Ordnungswidrigkeitenrechts hinsichtlich ihres systematischen Aufbaus und ihrer

---

[133] *F. Michl*, NVwZ 2014, 1206 (1208).

[134] Für viele: MüKoBGB Band 8/*F. L. Schäfer*, BGB § 862 Rn. 2; Prütting/Wegen/Weinreich/*H. Prütting*, BGB § 862 Rn. 2; Erman/*O. Elzer*, BGB § 862 Rn. 2.

[135] MüKoBGB Band 8/*F. L. Schäfer*, BGB § 858 Rn. 1; *M. Wellenhofer*, Sachenrecht, 38. Aufl. 2023, § 5 Rn. 2; Schulze/*H. Schulte-Nölke*, BGB § 858 Rn. 1 f.

[136] *U. Liebheit*, DAR 2014, 516 ff.

Schutzobjekte zu sehen.[137] Wenn es auch durchaus zutrifft, dass der Zweck des Deliktsrechts, in Abgrenzung zum Strafrecht, gerade nicht in der originären Bestrafung des Schädigers besteht, erschöpft sich seine Intention nicht in der bloßen Regulierung des Ausgleichs von Schäden. Vielmehr soll durch das Auferlegen der Schadenslast auf den Schädiger im Sinne der Regelungen des §§ 823 ff. BGB dessen Verhalten im Vorfeld als gesellschaftlich unerwünscht gekennzeichnet und präventiv unterbunden werden.[138] Teilweise wird dem Deliktsrecht darüber hinaus auch eine Genugtuungs- oder Vergeltungsfunktion zugeschrieben; durch die Auferlegung der Schadenslast auf den Schädiger soll dem Geschädigten Genugtuung verschafft werden, was die Regelungen des Deliktsrechts von ihrem Zweck durchaus noch näher an die des Strafrechts heranbringen und die Schädigungshandlung noch weiter stigmatisieren würde.[139] Letztlich scheint die Annahme eines Verbotsgesetzes im Falle des § 823 Abs. 1 BGB aber doch reichlich konstruiert. Einerseits besteht gerade die Funktion des Deliktsrechts primär in der Regelung von Schadensausgleich, allenfalls mittelbar soll es zu einer präventiven Verhaltenssteuerung kommen.[140] Andererseits sind die Anforderungen an ein Verbotsgesetz im Sinne des § 134 BGB insofern hoch, als dessen Sinn gerade und eindeutig im Verbot einer jeweiligen Handlung bestehen muss.[141]

cc) Das Vorliegen von Unmöglichkeit – ausgehend von einer verwaltungsrechtsspezifischen Begriffsdefinition

Wie bereits dargestellt, kann neben einer Adaption des zivilrechtlichen Unmöglichkeitsbegriffs auch auf einen spezifisch verwaltungsrechtlichen Unmöglichkeitsbegriff zurückgegriffen werden, wobei insbesondere fraglich ist, ob die Heranziehung des Letzteren zu einem anderen Ergebnis führen würde als die Verwendung des Ersteren. Bei der nachfolgenden Subsumtion des vorliegend untersuchten Falls unter die verwaltungsspezifische Definition von Unmöglichkeit nach

---

[137] BeckOK BGB/*C. Förster*, BGB § 823 Rn. 12.

[138] BeckOK BGB/*C. Förster*, BGB § 823 Rn. 9 ff.; Grüneberg/*H. Sprau*, BGB Einf. v. § 823 Rn. 1; MüKoBGB Band 7/*G. Wagner*, BGB Vorbemerkung vor § 823 Rn. 45 ff.

[139] Grüneberg/*H. Sprau*, BGB Einf. v. § 823 Rn. 1; kritisch zur allgemeinen Genugtuungsfunktion des Deliktsrechts BeckOK BGB/*C. Förster*, BGB § 823 Rn. 9 ff., der lediglich im Falle des Schmerzensgeldes eine derartige Funktion als Ausnahme anerkennt und daraus gerade nicht einen verallgemeinerbaren Schluss für das Deliktsrecht ziehen möchte; weiterhin wird eine Genugtuungsfunktion mit dem Hinweis auf den Eintritt von Versicherungen zur Schadensdeckung angezweifelt, vgl. MüKoBGB Band 7/*G. Wagner*, BGB Vorbemerkung vor § 823 Rn. 62; zur Präventions- und Vergeltungsfunktion des Strafrechts vgl. *T. Fischer*, StGB § 46 Rn. 2 ff.

[140] BeckOK BGB/*C. Förster*, BGB § 823 Rn. 9 ff.

[141] BeckOK BGB/*H. Wendtland*, BGB § 134 Rn. 9; zu den Anforderungen an ein Verbotsgesetz im Sinne des § 134 BGB vgl. *S. Jäpel*, Rechtliche Unmöglichkeit und gesetzliches Verbot, 2014, S. 22 ff.

Günther Erbel ist insbesondere zu untersuchen, ob im Sinne dieser Definition ein privatrechtlich bzw. öffentlich-rechtlich unausführbarer Verwaltungsakt vorliegen.

(1) Privatrechtlich unausführbarer Verwaltungsakt

Von einem privatrechtlich unausführbaren Verwaltungsakt wäre im vorliegend betrachteten Fall bereits deshalb auszugehen, da die privatrechtlichen Befugnisse des Verfügungsadressaten aufgrund von vertraglichen Bindungen zu einem Dritten zur Ausführung des von ihm Verlangten nicht ausreichen. Anders als beim direkten Rückgriff auf den zivilrechtlichen Unmöglichkeitsbegriff ist es nach Erbels Begriffsdefinition bereits für das Vorliegen eines privatrechtlich unausführbaren Verwaltungsakts ausreichend, wenn dem Verfügungsadressaten bei der Ausführung der von ihm durch den Verwaltungsakt verlangten Handlung eine privatrechtliche vertragliche Verpflichtung gegenüber einem Dritten entgegensteht. Dabei führt Erbel unter anderem als Beispiel explizit den Vermieter eines Hauses an, der behördlich zu einer Handlung verpflichtet wird, die seinen Vertragspflichten zuwiderlaufen würde.[142]

Dabei erscheint auch überzeugend, dass, anders als bei zwei sich widersprechenden vertraglichen Verpflichtungen, eine vertragliche Verpflichtung, die der Umsetzung einer behördlich auferlegten Verpflichtung entgegensteht, zur Unmöglichkeit der letzteren führt. Auch wenn es dem vertraglich wie auch durch den Verwaltungsakt Gebundenen theoretisch möglich ist, sowohl die eine als auch die andere Pflicht zu erfüllen und er sich bei einer Verletzung seiner vertraglichen Verpflichtung durch die Erfüllung der mittels Verwaltungsakt auferlegten Pflicht gegebenenfalls nur schadensersatzpflichtig macht, so ist diese Situation mit einer doppelten vertraglichen Verpflichtung nicht vergleichbar. Geht ein bereits obligatorisch gebundener Schuldner eine weitere, seiner ersten Verpflichtung zuwiderlaufende zweite Verpflichtung ein und macht sich bei der Verletzung der einen Pflicht durch die Erfüllung der anderen Pflicht schadensersatzpflichtig, so macht er, nach entsprechender Kalkulation, Gebrauch von seiner Privatautonomie. Eine behördliche Verpflichtung, die einer bereits vereinbarten vertraglichen Verpflichtung ihres Adressaten zuwiderläuft, greift aber gerade in diese privatautonome Gestaltung des Adressaten ein. Der Verfügungsadressat geht gerade nicht im Wege einer privatautonomen Entscheidung freiwillig eine weitere, mit seiner ursprünglichen Verpflichtung kollidierende vertragliche Bindung ein, sondern wird unabhängig von seinem Willen durch behördliches Handeln verpflichtet. Es erscheint deshalb überzeugend, eine der behördlichen Verpflichtung entgegenstehende privatrechtliche Bindung des Verpflichteten als ein rechtliches Hindernis zu betrachten, das die Unausführbarkeit der behördlichen Verpflichtung nach sich zieht.

Darüber hinaus ist ein Verwaltungsakt im Sinne von Erbels spezifisch verwaltungsrechtlicher Begriffsdefinition nicht nur dann privatrechtlich unausführbar,

[142] *G. Erbel*, Die Unmöglichkeit von Verwaltungsakten, 1972, S. 24, 71 ff.

wenn er zu einer vertraglichen Abmachungen zuwiderlaufenden Handlung verpflichtet, sondern auch wenn dingliche Rechte Dritter eine Sperrwirkung gegen die verlangte Handlung erzeugen.[143] Eine weitergehende Erklärung, was unter einer solchen dinglichen Sperrwirkung genau zu verstehen ist, liefert Erbel dabei nicht. Als Beispiel verweist er auf eine Polizeiverfügung, die von ihrem Adressaten bauliche Sicherungsmaßnahmen an einem Haus verlangt, die mit einem Eingriff in das Nachbargrundstück verbunden wären, den der Eigentümer des Nachbargrundstücks nicht hinzunehmen verpflichtet und bereit ist.[144] Ob auch die besitzschutzrechtlichen Regelungen nach den §§ 858 ff. BGB und insbesondere das aus § 858 Abs. 1 BGB folgende Verbot zur Vornahme verbotener Eigenmacht gegenüber dem Besitzer eine solche dingliche Sperrwirkung erzeugen, dass von einer privatrechtlichen Unausführbarkeit der Abrissverfügung auszugehen ist, bleibt dabei offen. Insbesondere macht Erbel weitergehende Ausführungen zu privatrechtlichen Schranken, die zur rechtlichen Unausführbarkeit einer behördlichen Verfügung führen, nur mit Blick auf vertragliche Schuldverhältnisse oder das Eigentum eines Dritten.[145]

(2) Öffentlich-rechtlich unausführbarer Verwaltungsakt

Wie bereits angesprochen, fällt eine behördliche Verfügung, deren Ausführung nur um den Preis eines verbotenen Eingriffs in die Sphäre eines Dritten, etwa in Form von verbotener Eigenmacht nach § 858 Abs. 1 BGB, möglich wäre, aber jedenfalls in die Kategorie eines öffentlich-rechtlich unausführbaren Verwaltungsaktes. So handelt es sich dabei um einen Verwaltungsakt, der eine Verpflichtung enthält, die vom entsprechenden Adressaten wegen einer zwingenden öffentlich-rechtlichen Beschränkung seiner Handlungsfreiheit in Form eines gesetzlichen Verbotes nicht ausgeführt werden darf.[146] Mithin würde also auch nach der verwaltungsspezifischen Begriffsbestimmung nach Erbel ein Verwaltungsakt, der die Verpflichtung zu einem Verstoß gegen das Verbotsgesetz des § 858 Abs. 1 BGB enthält, etwas rechtlich Unausführbares und damit etwas rechtlich Unmögliches verlangen.

(3) Zwischenergebnis

Sofern der Drittberechtigte also bereits im Besitz des abzureißenden Gebäudes ist, würde der Adressat der Abrissverfügung nicht nur zur Verletzung seiner vertraglichen Verpflichtungen, sondern darüber hinaus auch zum Verstoß gegen besitzschutzrechtliche Verbotsnormen verpflichtet, sodass die vom Adressaten verlangte Handlung nach der Begriffsbestimmung Erbels sowohl privatrechtlich, wie auch öffentlich-rechtlich unausführbar und damit für den Adressaten der Abrissverfügung rechtlich unmöglich umsetzbar wäre.

---

143 *G. Erbel*, Die Unmöglichkeit von Verwaltungsakten, 1972, S. 24.

144 *G. Erbel*, Die Unmöglichkeit von Verwaltungsakten, 1972, S. 24.

145 *G. Erbel*, Die Unmöglichkeit von Verwaltungsakten, 1972, S. 71 ff.

146 *G. Erbel*, Die Unmöglichkeit von Verwaltungsakten, 1972, S. 78.

Bei einem Vergleich von Erbels Begriffsverständnis mit dem auf den zivilrechtlichen Unmöglichkeitsbegriff abstellenden Ansatz, ist festzustellen, dass in beiden Fällen eine behördliche Verfügung, die zu einem Verstoß gegen ein Verbotsgesetz, wie es etwa die Regelung des § 858 Abs. 1 BGB darstellt, verpflichtet, etwas rechtlich Unmögliches verlangt. Ein Unterschied zwischen den beiden Ansätzen besteht nur bei der Beantwortung der Frage, ob bereits eine der Ausführung der behördlichen Verpflichtung entgegenstehende vertragliche Bindung des Verfügungsadressaten ebenfalls zur rechtlichen Unmöglichkeit des Verfügungsinhaltes führt. Wie festgestellt, erscheint der Ansatz vorzugswürdig, auch bei einer bloßen vertraglichen Bindung des Verfügungsadressaten, die der Ausführung der behördlichen Verpflichtung entgegensteht, bereits von rechtlicher Unmöglichkeit auszugehen. Im weiteren Verlauf wird sich jedoch ohnehin zeigen, dass es auf etwaige, der Ausführung der behördlichen Verpflichtung entgegenstehende vertragliche Bindungen nicht ankommt, sodass dieser Unterschied nicht weiter ins Gewicht fallen wird.

2. Verwaltungsrechtliche Konsequenzen der Unmöglichkeit

Wie bereits festgestellt, ist ein Verwaltungsakt im Sinne des Verhältnismäßigkeitsprinzips als ungeeignet anzusehen, wenn er seinem Adressaten eine (diesem) rechtlich unmöglich umsetzbare Handlungspflicht auferlegt. Denn eine dem Adressaten des Verwaltungsaktes abverlangte, diesem jedoch rechtlich unmögliche Handlung ist nicht geeignet, den Zweck des Verwaltungsaktes zu fördern. Damit verstößt ein solcher Verwaltungsakt gegen das Verhältnismäßigkeitsprinzip und ist rechtswidrig. Fraglich ist dabei jedoch, was wiederum aus der Rechtswidrigkeit des Verwaltungsaktes folgt. Wie ebenfalls bereits dargestellt, hat die Rechtswidrigkeit des Verwaltungsaktes grundsätzlich einen Anspruch des Adressaten gegen die Erlassbehörde zur Folge, den rechtswidrigen Verwaltungsakt zurückzunehmen; wenn die Erlassbehörde diesem materiellen Aufhebungsanspruch nicht nachkommt, kann der Verwaltungsakt mit den durch das Verwaltungsprozessrecht vorgesehenen Rechtsbehelfen angegriffen und durch die Verwaltungsgerichte aufgehoben werden.

Sofern jedoch der Rechtsfehler eines Verwaltungsaktes besonders schwerwiegend ist, kann dies die Nichtigkeit des Verwaltungsaktes zur Konsequenz haben, was sich aus den Vorgaben des § 44 Abs. 1 bis 3 VwVfG ergibt. Eine umfangreiche Betrachtung der allgemeinen Voraussetzungen der für den vorliegend untersuchten Fall in Betracht kommenden Nichtigkeitstatbestände des § 44 VwVfG, konkret der absoluten Nichtigkeitsgründe nach § 44 Abs. 2 Nr. 4 und Nr. 5 VwVfG und der Generalklausel nach § 44 Abs. 1 VwVfG, erfolgte bereits im Zusammenhang mit der Untersuchung der ersten Fallvariante, worauf an dieser Stelle verweisen sei. Im Folgenden soll geprüft werden, ob ein Rechtsfehler der vorliegend betrachtete Abrissverfügung die Voraussetzungen der in Betracht kommenden Nichtigkeitstatbestände nach § 44 Abs. 2 Nr. 5 VwVfG und § 44 Abs. 1 VwVfG erfüllt.

a) Nichtigkeit nach § 44 Abs. 2 Nr. 5 VwVfG und § 44 Abs. 1 VwVfG

Anders als in der ersten Fallvariante sind in der vorliegend betrachteten Variante die Voraussetzungen des § 44 Abs 2 Nr. 5 VwVfG nicht erfüllt. Wie bereits dargestellt, folgt aus § 44 Abs. 2 Nr. 5 VwVfG die Nichtigkeit eines Verwaltungsaktes, der den Verstoß gegen ein Strafgesetz verlangt. Eine Abrissverfügung, deren Befolgung die Verletzung vertraglicher Pflichten oder der Besitzposition eines Dritten mit sich bringt, verlangt jedoch gerade nicht die Begehung einer Straftat. Insbesondere schiedet die Verwirklichung des objektiven Tatbestandes einer Sachbeschädigung nach § 303 StGB aus, da das abzureißende Gebäude – anders als in der ersten Fallvariante – nicht im (Mit-)Eigentum einer anderen Person steht und damit für den Adressaten der Abrissverfügung nicht fremd im Sinne des § 303 StGB ist.[147]

Wie ebenfalls bereits im Zusammenhang mit der ersten Fallvariante umfassend erörtert, ist ein Verwaltungsakt nach § 44 Abs. 1 VwVfG nichtig, soweit er an einem besonders schwerwiegenden Fehler leidet und dies bei verständiger Würdigung aller in Betracht kommenden Umstände offensichtlich ist.[148] Es lässt sich jedoch keine klare dogmatische Abgrenzung dahingehend vornehmen, wann eine rechtlich Unmögliches verlangende Verfügung an einem derart schwerwiegenden Rechtsfehler im Sinne des § 44 Abs. 1 VwVfG leidet, dass daraus deren Nichtigkeit folgen würde. Vielmehr ist diese Frage abhängig vom jeweiligen Einzelfall zu beantworten. In der Literatur und Rechtsprechung finden sich zahlreiche Beispiele, die hierbei als Orientierung dienen können[149] – auch wenn die Autoren und Spruchkörper häufig für ihre Bewertungen ungeeignete Musterfälle heranziehen. So wird vertreten, dass Anordnungen, die ein Verpflichteter mangels ausreichender Verfügungsmacht nicht erfüllen kann, grundsätzlich nicht nichtig seien, da in diesen Fällen die erforderliche Berechtigung des Verpflichteten nachträglich noch geschaffen werden könne, etwa durch den Erlass einer Duldungsverfügung.[150] Dies sei beispielsweise bei der Ab-

---

[147] Vgl. zum Tatbestandsmerkmal der „Fremdheit" BeckOK StGB/*M. Weidemann*, StGB § 303 Rn. 7.

[148] *H. Maurer/C. Waldhoff*, Allgemeines Verwaltungsrecht, 21. Aufl. 2024, § 10 Rn. 86; *S. Detterbeck*, Allgemeines Verwaltungsrecht, 21. Aufl. 2023, § 10 Rn. 616; *J. Ziekow*, VwVfG § 44 Rn. 4.

[149] *M. Will/C. Rathgeber*, JuS 2012, 1057 (1061).

[150] OVG Hamburg, Urt. v. 01. 12. 1992, Bf VI 29/91, NVwZ-RR 1993, 602 f. u. *H. v. Kalm*, DÖV 1996, 463, die für den Fall, dass ein rechtliches Hindernis mittels Duldungsverfügung überwunden werden könnte, grundsätzlich noch nicht einmal von der Rechtswidrigkeit der Verfügung ausgehen – was im Ergebnis falsch ist, wie die vorliegenden Untersuchungen zeigen; Kopp/Ramsauer/*U. Ramsauer*, VwVfG § 44 Rn. 42a, der fälschlicherweise als Beispiel die Verpflichtung eines Miteigentümers zum Abriss eines Hauses ohne Zustimmung der übrigen Miteigentümer anführt, die (grundsätzlich) unter § 44 Abs. 2 Nr. 5 VwVfG fällt und deshalb gerade nichtig ist; *G. Erbel*, Die Unmöglichkeit von Verwaltungsakten, 1972, S. 133 f.; *J. Sanden*, NuR 2015, 606 (607); PdK VwVfG/*B. Meermagen*, VwVfG § 44 3. Nr. 4; BeckOK VwVfG/*F. Schemmer*, VwVfG § 44 Rn. 53, gehen davon aus, dass nur subjektive rechtliche Unmöglichkeit für die Nichtigkeitsfolge des § 44 Abs. 1 VwVfG grundsätzlich nicht ausreicht.

bruchverfügung gegenüber dem Eigentümer eines vermieteten Gebäudes der Fall, dem zwar bei der Ausführung der Abbruchverfügung die Rechte der Mieter gegenüberstünden, die aber überwindbar seien.[151] Anders soll es sich wiederum verhalten, wenn eine Handlung durch einen Verpflichteten aus rechtlichen Gründen unter keinen Umständen vorgenommen werden kann, da sich in diesem Fall die rechtliche Unmöglichkeit der Handlung gleich der in § 44 Abs. 2 Nr. 4 VwVfG geregelten tatsächlichen Unmöglichkeit auswirke.[152] Nichtig soll auch ein Verwaltungsakt sein, dessen angestrebte Regelung schlechthin nicht erreicht werden kann,[153] wie etwa die Einbürgerung eines Staatsbürgers[154] oder die Versetzung eines Nichtbeamten in den Ruhestand[155].

Damit ein Verwaltungsakt nach § 44 Abs. 1 VwVfG nichtig ist, muss der schwerwiegende Fehler an dem er leidet aber auch offensichtlich sein. Bezugspunkt der Offensichtlichkeit ist dabei sowohl der Fehler als solcher, wie auch dessen besonders schweres Gewicht.[156] Offensichtlich ist die schwere Fehlerhaftigkeit eines Verwaltungsaktes dann, wenn sie für einen unvoreingenommenen, mit den in Betracht kommenden Umständen vertrauten, verständigen Beobachter ohne Weiteres ersichtlich ist.[157] Die schwerwiegende Fehlerhaftigkeit muss dem Verwaltungsakt gewissermaßen ‚*auf die Stirn geschrieben sein*' und sich dem verständigen Beobachter geradezu aufdrängen.[158] Hinsichtlich des Erkenntnisvermögens des verständigen Beobachters ist weder von dem jeweils konkret Betroffenen, noch von einer juristisch geschulten Person auszugehen, sondern auf einen aufmerksamen und verständigen Durchschnittsbetrachter abzustellen.[159] Die Offensichtlichkeit fehlt wiederum insbesondere dann, wenn das Vorliegen eines Fehlers oder dessen besondere Schwere erst später, beispielsweise nach einer Rechtsprechungsänderung,

---

[151] PdK VwVfG/*B. Meermagen*, VwVfG § 44 3. Nr. 4; a. A. noch vor der Einführung des § 44 VwVfG BayVGH, Urt. v. 21.11.1960, Nr. 2 V 57, VerwRspr 1961, 283 (286 f.), der davon ausging, dass die Verpflichtung des Wohnungseigentümers zu Entfernung eines Mieters aus dessen Wohnung aus polizeilichen Gründen rechtlich unmöglich und damit nichtig sei.

[152] Kopp/Ramsauer/*U. Ramsauer*, VwVfG § 44 Rn. 40, dessen Beispiele schlecht gewählt sind, da hierbei vom Adressaten der Maßnahme regelmäßig keine Handlung gefordert wird (Einbürgerung eines Staatsbürgers, beamtenrechtliche Maßnahme gegen Nichtbeamten).

[153] Stelkens/Bonk/Sachs/*M. Sachs*, VwVfG § 44 Rn. 115, 146; BeckOK VwVfG/*F. Schemmer*, VwVfG § 44 Rn. 37.

[154] BayVGH, Urt. v. 21.11.1960, Nr. 2 V 57, VerwRspr 1961, 283 (286 f.).

[155] BGH, Urt. v. 21.06.1951, III ZR 56/50 (Oberlandesgericht Oldenburg), VerwRspr 1952, 332 (333); BVerwG, Urt. v. 07.10.1964, VI C 59.63, BeckRS 1964, 30423990.

[156] Stelkens/Bonk/Sachs/*M. Sachs*, VwVfG § 44 Rn. 123; Schoch/Schneider/*M. Goldhammer*, VwVfG § 44 Rn. 64; BeckOK VwVfG/*F. Schemmer*, VwVfG § 44 Rn. 14.

[157] OVG Lüneburg, Urt. v. 14.11.1996, 3 L 5961/94, BeckRS 2005, 21658; *G. Beaucamp*, JA 2007, 704 (706); BeckOK VwVfG/*F. Schemmer*, VwVfG § 44 Rn. 17.

[158] OVG Lüneburg, Urt. v. 14.11.1996, 3 L 5961/94, BeckRS 2005, 21658; *M. Will/C. Rathgeber*, JuS 2012, 1057 (1060); Schoch/Schneider/*M. Goldhammer*, VwVfG § 44 Rn. 64.

[159] *M. Will/C. Rathgeber*, JuS 2012, 1057 (1060 f.); *J. Ziekow*, VwVfG § 44 Rn. 6; *H. Maurer/C. Waldhoff*, Allgemeines Verwaltungsrecht, 21. Aufl. 2024, § 10 Rn. 90.

ersichtlich wird,[160] oder so lange zum Vorliegen eines Fehlers oder zu dessen besonderer Schwere (in der Judikatur) unterschiedliche Auffassungen bestehen.[161] Letztlich kommt es auch für die Offensichtlichkeit eines Fehlers auf den Einzelfall an.[162]

Bezogen auf den vorliegend betrachteten Fall würden damit die Voraussetzungen für den Eintritt der Nichtigkeit der Abrissverfügung nach § 44 Abs. 1 VwVfG nicht vorliegen. Anknüpfungspunkt für die Nichtigkeit des Verwaltungsaktes wäre in dieser Fallkonstellation, dass vom Adressaten der Verfügung die Verletzung einer vertraglichen Verpflichtung, sowie – wenn der Dritte auch im Besitz des abzureißenden Gebäudes sein sollte – einer Verbotsvorschrift verlangt wird. Zwar würde damit dem Verfügungsadressaten – abhängig von den gegebenenfalls einschlägigen Rechtfertigungsgründen – eine diesem rechtlich unmögliche Handlung abverlangt, was grundsätzlich zur Rechtswidrigkeit der Verfügung führen würde. Dies hätte aber im Ergebnis nicht die Nichtigkeit des Verwaltungsaktes nach § 44 Abs. 1 VwVfG zur Folge, da es – wie bereits dargestellt – schon an einem besonders schwerwiegenden Fehler im Sinne der Vorschrift mangeln würde. So wird vertreten, dass Anordnungen, die ein Verpflichteter mangels ausreichender Verfügungsmacht nicht erfüllen kann, grundsätzlich nicht nichtig seien, da in diesen Fällen die erforderliche Berechtigung des Verpflichteten nachträglich noch geschaffen werden könne, etwa durch den Erlass einer Duldungsverfügung.[163] Ginge man dennoch von einem besonders schwerwiegenden Fehler aus, wäre wiederum dessen Offensichtlichkeit im Sinne des § 44 Abs. 1 VwVfG abzulehnen, da in der Literatur und Rechtsprechung sowohl zu der Frage, ob in der betrachteten Konstellation überhaupt ein fehlerhafter Verwaltungsakt vorliegt,[164] als auch – sofern man von einem fehlerhaften Verwaltungsakt ausgehen sollte – zu der Problematik, was aus dieser Fehlerhaftigkeit folgt,[165] viele

---

[160] OVG Nordrhein-Westfalen, Urt. v. 19.03.1993, 22 A 2523/92, BeckRS 1993, 10028, Rn. 12.

[161] Stelkens/Bonk/Sachs/*M. Sachs*, VwVfG § 44 Rn. 125.

[162] Stelkens/Bonk/Sachs/*M. Sachs*, VwVfG § 44 Rn. 125; fundierte Kritik am schwer anwendbaren Kriterium der „Offensichtlichkeit" üben etwa *W. G. Leisner*, DÖV 2007, 669 ff.; Mann/Sennekamp/Uechtritz/*A. Leisner-Egensperger*, VwVfG § 44 Rn. 23 f. m. w. N.

[163] OVG Hamburg, Urt. v. 01.12.1992, Bf VI 29/91, NVwZ-RR 1993, 602 f., das für den Fall, dass ein rechtliches Hindernis mittels Duldungsverfügung überwunden werden könnte, grundsätzlich noch nicht einmal von der Rechtswidrigkeit der Verfügung ausgeht – was im Ergebnis falsch ist, wie die vorliegenden Untersuchungen zeigen; *G. Erbel*, Die Unmöglichkeit von Verwaltungsakten, 1972, S. 133 f.; Kopp/Ramsauer/*U. Ramsauer*, VwVfG § 44 Rn. 42a m. w. N., der fälschlicherweise als Beispiel die Verpflichtung eines Miteigentümers zum Abriss eines Hauses ohne Zustimmung der übrigen Miteigentümer anführt, welche (grundsätzlich) unter § 44 Abs. 2 Nr. 5 VwVfG fällt und deshalb gerade nichtig ist; PdK VwVfG/*B. Meermagen*, VwVfG § 44 3. Nr. 4 u. BeckOK VwVfG/*F. Schemmer*, VwVfG § 44 Rn. 53 gehen davon aus, dass nur subjektive rechtliche Unmöglichkeit für die Nichtigkeitsfolge des § 44 Abs. 1 VwVfG grundsätzlich nicht ausreicht.

[164] Dem entgegen argumentiert etwa *F. Michl*, NVwZ 2014, 1206 ff.

[165] Wie oben bereits ausgeführt, wird von der Nichtigkeit (vgl. *B. Beckermann/C. Wenzel*, DVBl 2017, 1345 ff.; *M. Burgi/M. Ellenrieder*, BWVPr 1989, 33 ff.; *E. Forsthoff*, Lehrbuch

Meinungen vertreten werden. Wie bereits dargestellt, fehlt es aber an der Offensichtlichkeit eines (besonders schwerwiegenden) Fehlers, solange zum Vorliegen dieses Fehlers oder zu dessen besonderer Schwere (in der Judikatur) unterschiedliche Auffassungen bestehen.[166]

Im Ergebnis lässt sich also festhalten, dass die vorliegend betrachtete Abrissverfügung die Voraussetzungen der in Betracht kommenden Nichtigkeitstatbestände nach § 44 Abs. 2 Nr. 5 VwVfG und § 44 Abs. 1 VwVfG nicht erfüllt. Zwar wird dem Adressaten einer Abrissverfügung, der bei der Umsetzung des von ihm Verlangten eine ihm anderweitig obliegende vertragliche Verpflichtung oder besitzrechtliche Abwehransprüche verletzen müsste, etwas rechtlich Unmögliches abverlangt. Dies führt grundsätzlich zur Ungeeignetheit, damit Unverhältnismäßigkeit und letztlich Rechtswidrigkeit der Abrissverfügung. Jedoch hat dieser Rechtsfehler nicht die Nichtigkeit der Abrissverfügung zur Folge.

b) Rechtfertigungsmöglichkeiten

Selbst wenn aber der Ausführung der Abrissverfügung die (Rechts-)Position eines qua Mietvertrag berechtigten Besitzers entgegenstehen sollte, bleibt fraglich, ob dem behördlich verpflichteten Eigentümer die von ihm verlangte Handlung wirklich rechtlich unmöglich wäre oder ob ihm durch eigenes Handeln bzw. mittels gesetzlicher Rechtfertigungsgründe eine Überwindung der entgegenstehenden (Rechts-)Position des Dritten möglich ist, sodass ihm die Erfüllung der mittels Abrissverfügung auferlegten Handlungspflicht gerade nicht unmöglich ist.

aa) Kündigung des Vertragsverhältnisses

Zunächst wird vertreten, der Adressat der behördlichen Verfügung solle sich von seinen obligatorischen Pflichten befreien; so solle ein beispielsweise behördlich verpflichteter Vermieter gegenüber dem als Mieter berechtigten Besitzer des abzureißenden Gebäudes den entsprechenden Mietvertrag kündigen; dazu habe der Vermieter, sollte es sich beispielsweise um die Vermietung von Wohnraum auf unbestimmte Zeit handeln, in dieser Situation ein berechtigtes Interesse nach § 573 Abs. 1, 2 BGB.[167] Damit der zum Abriss des Gebäudes verpflichtete Vermieter aber

---

des Verwaltungsrechts I, 11. Aufl. 1973, S. 248) des verpflichtenden Verwaltungsaktes über seine Rechtswidrigkeit bei bestehender Wirksamkeit (vgl. *G. Erbel*, Die Unmöglichkeit von Verwaltungsakten, 1972, S. 133 f.; *H. v. Kalm*, DÖV 1996, 463, ungeachtet der Unterscheidung zwischen obligatorisch oder dinglich berechtigtem Dritten m. w. N.) bis hin zur eben bloßen Nichtvollstreckbarkeit (vgl. BeckOK BauordnungsR Bayern/*G. Manssen*, BayBO Art. 76 Rn. 42 m. w. N.; *W.-R. Schenke*, PolR, § 4 Rn. 353; *F. Stollmann/G. Beaucamp*, Öffentliches Baurecht, 13. Aufl. 2022, § 19 Rn. 45 m. w. N.) alles vertreten.

[166] Stelkens/Bonk/Sachs/*M. Sachs*, VwVfG § 44 Rn. 125.

[167] Vgl. *M. Burgi/M. Ellenrieder*, BWVPr 1989, 33 (34) m. w. N.; BeckOK BGB/*S. Hannappel*, BGB § 573 Rn. 113; die ordentliche Kündigung eines auf unbestimmte Zeit und nicht

so vorgehen könnte, würde dies voraussetzen, dass ihm für die Abrisshandlung eine Zeitspanne eingeräumt wird, die es ihm ermöglicht, vor der Abrisshandlung noch die Kündigungsfrist abzuwarten.[168] Dabei kann die Kündigungsfrist beispielsweise gemäß § 573c Abs. 1 BGB bis zu neun Monate betragen.[169] Wenn das Vertragsverhältnis aufgelöst ist, würde dem Dritten sein Recht zum Besitz am abzureißenden Gebäude nach § 986 Abs. 1 S. 1 BGB fehlen, sodass vom Eigentümer das Grundstück bzw. das Gebäude gemäß § 985 BGB wieder herausverlangt werden kann;[170] darüber hinaus würden dem ehemaligen Mieter auch keine deliktischen Schadensersatzansprüche nach § 823 Abs. 1 BGB[171] wie auch vertraglichen Gewährleistungsansprüche nach den §§ 536, 536a BGB[172] mehr zustehen.

Gegen diesen Ansatz spricht jedoch, dass der gegebenenfalls weiterhin bestehende faktische Besitz des Dritten auch weiterhin durch die Besitzschutzrechte der §§ 858 Abs. 1 Alt. 2, 862 Abs. 1, 859 Abs. 1 BGB gesichert ist, da diese Besitzschutzrechte dem Besitzer unabhängig von einem Recht zum Besitz zustehen.[173] Umgekehrt lässt auch ein Anspruch des Eigentümers auf die Einräumung des Besitzes an der Sache die Voraussetzungen des § 858 Abs. 1 BGB nicht entfallen, wenn sich der Eigentümer eigenmächtig den Besitz beschaffen möchte; vielmehr bleibt diese eigenmächtige Beschaffung des Besitzes verboten.[174] Damit müsste der Eigentümer als Adressat der sicherheitsrechtlichen Verfügung bei einer Auflösung seiner mietvertraglichen Verpflichtungen durch Kündigung nicht nur etwaige Kündigungsfristen abwarten, sondern, bei einer Weigerung des Mieters den Besitz am Mietgegenstand zurückzugewähren, seinen Anspruch auf Rückgewähr des Besitzes am Mietgegenstand gegebenenfalls erst gerichtlich geltend machen und einen entsprechenden Titel nötigenfalls vollstrecken lassen.[175] Dies scheint zwar durchaus

---

über Wohnraum abgeschlossenen Mietverhältnisses ist nach § 542 Abs. 1 BGB – unter Beachtung der weiteren gesetzlichen Voraussetzungen – ohne bestimmten Grund möglich, § 573 BGB kommt nicht zur Anwendung, vgl. für viele: Schulze/*A. Scheuch*, BGB § 573 Rn. 1.

[168] *D. Benrath*, in: Eisentraut, Verwaltungsrecht in der Klausur, 2020, § 2 Rn. 778, 780.

[169] *M. Burgi/M. Ellenrieder*, BWVPr 1989, 33 (34) m.w.N.; MüKoBGB Band 5/*M. Häublein*, BGB § 573c Rn. 6f.

[170] Für viele: Schulze/*H. Schulte-Nölke*, BGB § 985 Rn. 2; Jauernig/*C. Berger*, BGB § 985 Rn. 2f.; Grüneberg/*S. Herrler*, BGB § 985 Rn. 2, 5, 11.

[171] Als Schutzgut nach § 823 Abs. 1 BGB kommt nur der berechtigte Besitz in Betracht, sodass bei einem Wegfall der Berechtigung kein taugliches, deliktisch geschütztes Rechtsgut mehr vorhanden wäre, siehe oben Kapitel 3, § 1 A. IV. 1. b) aa) (2).

[172] Voraussetzung für vertragliche Gewährleistungsansprüche ist der Natur der Sache nach das Bestehen des Vertragsverhältnisses, vgl. exemplarisch Schulze/*A. Scheuch*, BGB § 536 Rn. 7.

[173] MüKoBGB Band 8/*F. L. Schäfer*, BGB § 858 Rn. 17, § 859 Rn. 3, § 862 Rn. 9, § 861 Rn. 5; Erman/*A. Lorenz*, 15. Aufl. 2017, BGB § 859 Rn. 2; § 862 Rn. 2, § 861 Rn. 2f.

[174] MüKoBGB Band 8/*F. L. Schäfer*, BGB § 858 Rn. 17, § 863 Rn. 6; vgl. ausführlich zu den Folgen einer Besitzbeeinträchtigung durch den Eigentümer gegenüber dem gekündigten Mieter *A. Bosch*, NZM 2009, 530ff.

[175] Vgl. zum prinzipiell notwendigen Vorgehen *A. Bosch*, NZM 2009, 530 m.w.N.; im Ergebnis auch PrOVG, Urt. v. 11.04.1893, Rep. IV C. 112/92 in PrOVGE 24, 384ff.

ein theoretisch möglicher Weg zu sein, der aber voraussetzt, dass dem behördlich in Anspruch Genommenen nach den Vorgaben seiner konkreten Verpflichtung ausreichend Zeit eingeräumt worden ist, um diese vorbereitenden Maßnahmen zu treffen; andernfalls würde ihm weiterhin eine mit gegebenenfalls noch bestehenden (Rechts-)Positionen des Dritten kollidierende Handlung abverlangt.[176]

bb) Rechtfertigung der Verletzung von (Rechts-)Positionen des Mieters

Weiterhin ist zu sehen, dass die dem qua Mietvertrag berechtigten Besitzer zustehenden Abwehr- und Verteidigungsrechte gegen Besitzstörungen nach §§ 862 Abs. 1, 859 Abs. 1 BGB das Vorliegen von verbotener Eigenmacht nach § 858 Abs. 1 Alt. 2 BGB – also ein rechtswidriges Verhalten des eigenmächtig Handelnden – voraussetzen; damit würde eine Rechtfertigung des Verhaltens des den Besitz Störenden das Vorliegen von verbotener Eigenmacht und damit sogleich das Vorliegen der Voraussetzungen der besitzrechtlichen Abwehr- und Verteidigungsrechte des Besitzers ausschließen.[177] Gleiches gilt auch für die Rechtsgutsverletzung im Sinne des § 823 Abs. 1 BGB, die widerrechtlich erfolgen muss, um deliktsrechtliche Konsequenzen auszulösen.[178] Letztlich gilt dies grundsätzlich auch hinsichtlich der oben dargestellten, gegebenenfalls vertragliche Abwehr- und Gewährleistungsrechte auslösenden Vertragspflichtverletzungen durch den behördlich verpflichteten Eigentümer. Dessen pflichtwidriges Verhalten ist ebenfalls zunächst rechtswidrig im Sinne des Zivilrechts; diese Rechtswidrigkeit entfällt aber wiederum bei Vorliegen eines Rechtfertigungsgrundes.[179] Damit könnte die Kollision der verwaltungsrechtlichen Verpflichtung des Eigentümers einerseits, mit den besitzrechtlichen Abwehr- und Verteidigungsrechten, den deliktsrechtlichen Folgen, wie auch den gegebenenfalls bestehenden vertraglichen Gewährleistungsrechten des drittberechtigten Besitzers des abzureißenden Gebäudes andererseits, bei einer Rechtfertigung des Verhaltens des behördlich in Anspruch Genommenen aufgelöst werden.

---

[176] PrOVG, Urt. v. 11.04.1893, Rep. IV C. 112/92 in PrOVGE 24, 384 ff.; *M. Burgi/ M. Ellenrieder*, BWVPr 1989, 33 (34 f.).

[177] Für viele: MüKoBGB Band 8/*F. L. Schäfer*, BGB § 858 Rn. 17; Jauernig/*C. Berger*, BGB § 858 Rn. 4 f.

[178] *H. Brox/W.-D. Walker*, Besonderes Schuldrecht, 47. Aufl. 2023, § 45 Rn. 47 ff.; BeckOK BGB/*C. Förster*, BGB § 823 Rn. 16 ff.; *C. Althammer*, JA 2006, 697, 699 f.

[179] *M. Löwisch*, Rechtswidrigkeit und Rechtfertigung von Forderungsverletzungen, Archiv für die civilistische Praxis, Band 165, S. 421 ff.; allgemein für das Leistungsstörungsrecht vgl. insbesondere MüKoBGB Band 2/*S. Grundmann*, BGB § 276 Rn. 12; mit teilweise etwas anderer Differenzierung Dauner-Lieb/Langen/*B. Dauner-Lieb*, BGB § 280 Rn. 37; Staudinger/ *G. Caspers*, Buch 2 (§§ 255–304 BGB), BGB § 276 Rn. 12; Grüneberg/*C. Grüneberg*, BGB § 276 Rn. 8, § 280 Rn. 12; BeckOK BGB/*S. Lorenz*, BGB § 276 Rn. 8 f.; jeweils m. w. N.; weiterführend *S. B. Reichenbach*, Jura 2003, 512 (514).

(1) Rechtfertigung durch spezielle mietrechtliche Duldungspflichten

Es wäre denkbar, speziell den Verstoß des Vermieters gegen seine vertragliche Pflicht aus § 535 Abs. 1 S. 2 BGB, den Mietgegenstand in einem gebrauchsfähigen Zustand zu erhalten,[180] durch eine vertragliche Duldungspflicht des Mieters auszuschließen, wenn man berücksichtigt, dass der Vermieter durch seine Umbauhandlung gegebenenfalls im Interesse des Mieters vorgeht.

(a) Duldung von Erhaltungs- und Modernisierungsmaßnahmen

Im besonderen Falle der Vermietung von Wohnraum durch den behördlich in Anspruch genommenen Eigentümer gegenüber dem Drittberechtigten wäre es denkbar, auf spezielle Duldungspflichten des Mieters insbesondere nach den §§ 555a Abs. 1, 555d Abs. 1 BGB für Erhaltungs- oder Modernisierungsmaßnahmen zurückzugreifen, die dem Mieter hinsichtlich der vorgenommenen Veränderungen am bewohnten Gebäude durch den vermietenden Eigentümer auferliegen könnten.[181] Es ist bei einem Abriss und gegebenenfalls erfolgenden Neubau aber schon von keiner durch den Mieter zu duldenden Erhaltungsmaßnahme hinsichtlich des Gebäudes im Sinne des § 555a Abs. 1 BGB auszugehen, da die Zerstörung des Gebäudes weder eine Instandhaltung, also Vorbeugemaßnahme zur Verhinderung von Schäden, noch eine Instandsetzung, also eine Ausbesserung von Schäden am Gebäude, darstellt.[182]

Theoretisch wäre es möglich, in einem Abriss und anschließenden Neubau – jedenfalls von Teilen des Mietgebäudes – gegebenenfalls eine den Gebrauchswert erhöhende oder die allgemeinen Wohnverhältnisse auf Dauer verbessernde Modernisierungsmaßnahme nach § 555b Nr. 4 oder Nr. 5 BGB zu sehen, sodass es zu einer Duldungspflicht des Mieters hinsichtlich dieses Vorgehens nach § 555d Abs. 1 BGB käme. Es ist davon auszugehen, dass diese Duldungspflicht nur für einen teilweisen Abriss und Neubau bzw. Umbau des Gebäudes greift. Einmal würde bei einem vollständigen Abriss des Gebäudes, also der kompletten Zerstörung des Mietgegenstands, der Mietvertrag als Grundlage der gegebenenfalls eintretenden Duldungspflicht, wie oben festgestellt, kraft Gesetzes schon erlöschen, was mit dieser mietvertraglichen Duldungsregelung wohl kaum bezweckt sein kann.[183] Weiterhin würde ein solcher kompletter Abriss – und gegebenenfalls anschließender Neubau – auch nicht dem Sinn und Zweck der Regelung des § 555b BGB ent-

---

[180] Siehe oben Kapitel 3, § 1 A. IV. 1. b) aa) (1) (b).

[181] Für viele: BeckOK BGB/*A. Schlosser*, BGB § 555a Rn. 15 ff., § 555d Rn. 4 f.; BeckOK MietR/*M. Müller*, BGB § 555a Rn. 31 ff., § 555d Rn. 1 ff.; MüKoBGB Band 5/*M. Artz*, BGB § 555a Rn. 13 ff., § 555d Rn. 2 ff.

[182] Für viele: BeckOK BGB/*A. Schlosser*, BGB § 555a Rn. 14; Blank/Börstinghaus/Siegmund/*U. P. Börstinghaus*, BGB § 555a Rn. 3; obwohl es grundsätzlich denkbar wäre, die Erfüllung von öffentlich-rechtlichen Vorgaben hinsichtlich des Gebäudes als Erhaltungsmaßnahmen zu betrachten, vgl. *Bub/Treier/H.-J. Kraemer/R. Paschke*, Kap. III Rn. 3058, ist dies vom jeweiligen Einzelfall abhängig, vgl. BGH, Versäumnisurteil v. 04.03.2009, VIII ZR 110/08 (LG Darmstadt), NJW 2009, 1736; BeckOK BGB/*A. Schlosser*, BGB § 555a Rn. 9.

[183] Siehe oben Kapitel 3, § 1 A. IV. 1. b) aa) (1) (a) u. § 1 A. IV. 1. b) aa) (1) (b).

sprechen, nach der der Mietgegenstand ja durch Modernisierung verbessert und nicht beseitigt werden soll.[184]

Diese bauliche Veränderung dürfte dann aber nicht nur eine bloße Veränderung der Mietsache darstellen, sondern müsste zu einer objektiv messbaren Verbesserung der Wohnverhältnisse für den Mieter führen.[185] Maßnahmen, die zur bloßen Einhaltung öffentlich-rechtlicher Vorgaben vorgenommen werden, fallen hierunter nicht. Um der Variante des § 555b Nr. 4 BGB zu entsprechen, müsste die bauliche Veränderung der Mietsache zur objektiven Steigerung des Gebrauchs- und Substanzwertes der jeweiligen Mieträume beitragen, also deren Gebrauch erleichtern, verbessern oder vermehren, wie zum Beispiel durch eine angenehmere, bequemere, sicherere, gesündere oder weniger arbeitsintensive Gestaltung der Wohnnutzung.[186] Die Variante des § 555b Nr. 5 BGB würde greifen, wenn derartige Maßnahmen nicht nur an einer konkreten Wohnung, sondern – beispielsweise bei mehreren Miteinheiten – an nicht öffentlichen Gemeinschaftsanlagen vorgenommen werden, aber auch der Nutzung der jeweiligen einzelnen Mieteinheiten, wenn auch nicht zwingend in jeweils gleichem Maße, zu Gute kommen.[187]

Weitere Voraussetzung einer Duldungspflicht nach § 555d Abs. 1 BGB wäre aber eine den Vorgaben des § 555c Abs. 1 BGB entsprechende Ankündigung der Modernisierungsmaßnahmen, die insbesondere nach § 555c Abs. 1 S. 1 BGB mit einer Vorlaufzeit von drei Monaten zum Beginn der Maßnahmen erfolgen müsste.[188] Umgekehrt ist die Duldung einer Modernisierungsmaßnahme nach § 555d Abs. 2 S. 1 BGB ausgeschlossen, wenn das Vorhaben des Vermieters gegenüber dem Mieter eine außergewöhnliche Härte darstellen würde.[189] Eine solche könnte sich bei Rückbaumaßnahmen am Mietobjekt insbesondere daraus ergeben, dass diese einen Zwischenumzug des Mieters in eine andere Unterkunft notwendig machen würden; derart drastische Folgen der Baumaßnahmen muss der Mieter nur hinnehmen, wenn ganz besonders schwerwiegende, zwingende Gründe die Modernisierungsmaßnahmen des Vermieters notwendig machen würden.[190] Rein tatsächlich wird es aber

---

[184] Schmidt-Futterer/*N. Eisenschmid*, BGB § 555b Rn. 80 f. m. w. N.

[185] BeckOK BGB/*A. Schlosser*, BGB § 555b Rn. 4 ff.; Schmidt-Futterer/*N. Eisenschmid*, BGB § 555b Rn. 71 ff., 76; MüKoBGB Band 5/*M. Artz*, BGB § 555b Rn. 17 ff., 24 f.

[186] BGH, Urt. v. 13.02.2008, VIII ZR 105/07 (LG Berlin), NJW 2008, 1218 m. w. N.; BeckOK BGB/*A. Schlosser*, BGB § 555b Rn. 23 ff.; Schmidt-Futterer/*N. Eisenschmid*, BGB § 555b Rn. 71 ff. m. w. N.

[187] MüKoBGB Band 5/*M. Artz*, BGB § 555b Rn. 24 f.; Schmidt-Futterer/*N. Eisenschmid*, BGB § 555b Rn. 76.

[188] Grüneberg/*W. Weidenkaff*, BGB § 555c Rn. 4, 11; Schmidt-Futterer/*N. Eisenschmid*, BGB § 555c Rn. 14, 66.

[189] Für viele: Grüneberg/*W. Weidenkaff*, BGB § 555c Rn. 13; *B. Gramlich*, Kommentar zum Mietrecht, 15. Aufl. 2019, BGB § 555d Rn. 1; BeckOK MietR/*M. Müller*, BGB § 555d Rn. 22.

[190] LG Berlin, Urt. v. 17.05.2018, 64 S 145/17, BeckRS 2018, 21623; Schmidt-Futterer/*N. Eisenschmid*, BGB § 555d Rn. 28; Blank/Börstinghaus/Siegmund/*U. P. Börstinghaus*, BGB § 555d Rn. 15 m. w. N.

ohnehin eher eine seltene Ausnahme sein, dass eine sicherheitsbehördliche Abrissverfügung und ein Modernisierungsplan des Vermieters im Einzelfall zusammentreffen. Es ist ein (zufälliger) Parallellauf theoretisch denkbar, sodass also ein Umbau entsprechend öffentlich-rechtlicher Vorgaben sogleich den Tatbestand einer mietrechtlichen Modernisierung erfüllt; allerdings hängen der Entschluss des Vermieters zur Modernisierung entsprechend den Vorgaben der §§ 555b ff. BGB und eine öffentlich-rechtliche Verpflichtung zum Abriss des Mietgebäudes grundsätzlich nicht zusammen oder voneinander ab.

Sollte es zu einer Pflicht zur Duldung der baulichen Maßnahme nach § 555d Abs. 1 BGB kommen, kann der Mieter aber seine gegebenenfalls im Zusammenhang mit der Modernisierungsmaßnahme gemachten Aufwendungen nach den §§ 555d Abs. 6, 555a Abs. 3 S. 1 BGB geltend machen.[191] Prinzipiell bleiben daneben auch die vertraglichen Gewährleistungsrechte gemäß der §§ 536, 536a BGB anwendbar, sofern deren Voraussetzungen noch erfüllt werden können.[192] Die Geltendmachung von Gewährleistungsrechten jenseits der Minderung nach § 536 Abs. 1 BGB, insbesondere von Schadensersatz nach § 536a BGB ist nicht mehr möglich, sofern auf die Verletzung der Pflicht des Vermieters auf Erhaltung der Mietsache in einem den Gebrauch ermöglichenden Zustand durch die Modernisierungsmaßnahmen abgestellt wird; denn ein Vorgehen des Vermieters nach den Vorgaben der §§ 555b ff. BGB würde eine rechtswidrige Vertragsverletzung, die wiederum Voraussetzung für einen Schadensersatzanspruch wäre, ausschließen.[193] Gehen die Maßnahmen des Vermieters über die nach §§ 555b ff. BGB geltenden Vorgaben hinaus, ist das Eingreifen von Gewährleistungsrechten aber sowohl wegen der mangelhaften Zurverfügungstellung des Mietgegenstanden in einem öffentlich-rechtlichen Vorgaben nicht entsprechenden Zustand, also auch wegen der Nichterhaltung der Mietsache in einem gebrauchsfähigen Zustand weiterhin denkbar.

(b) Duldung von Mangelbeseitigungsmaßnahmen

Vorstellbar wäre es noch, unabhängig von den auf Erhaltungs- oder Modernisierungsmaßnahmen gerichteten Sondertatbeständen, eine vertragliche Duldungspflicht des Mieters aus einer Anwendung des § 242 BGB herzuleiten.[194] Hier wird nun die oben dargestellte Differenzierung zwischen den zwei Vertragspflichtverletzungen relevant, nämlich einerseits dem Nichtgenügen des vermieteten Gebäudes zu öffentlich-rechtlichen Vorgaben und andererseits der tatsächlichen Gebrauchsbeeinträchtigung des Mietgegenstandes, die aus einer tatsächlichen Einwirkung des

[191] Für viele: BeckOK BGB/*A. Schlosser*, BGB § 555d Rn. 25 f.; MüKoBGB Band 5/*M. Artz*, BGB § 555d Rn. 19 f.

[192] Für viele: BeckOK BGB/*A. Schlosser*, BGB § 555a Rn. 26; Schmidt-Futterer/*N. Eisenschmid*, BGB § 555a Rn. 66 f.; Grüneberg/*W. Weidenkaff*, BGB § 555a Rn. 5.

[193] Umstritten; vgl. ausführlich Staudinger/*V. Emmerich*, Buch 2 (§§ 535–556g BGB), BGB § 555d Rn. 20b, § 555a Rn. 14a m. w. N.

[194] BGH, Versäumnisurteil v. 04.03.2009, VIII ZR 110/08 (LG Darmstadt), NJW 2009, 1736; BeckOK BGB/*A. Schlosser*, BGB § 555a Rn. 9.

Vermieters auf den Mietgegenstand resultiert.[195] Denn so ist es dem Vermieter nur durch die vorzunehmenden Rückbaumaßnahmen und die damit verbundenen Einwirkungen auf die Gebrauchstauglichkeit des Mietgegenstands möglich, seine weitere Vertragspflicht gegenüber dem Mieter, den Vertragsgegenstand in einem die Nutzung ermöglichenden, öffentlich-rechtlichen Normen entsprechenden Zustand zur Verfügung zu stellen, erfüllen zu können.

Zwar ist es zutreffend, dass der (Teil-)Abriss des Gebäudes zunächst überhaupt die den Gebrauch der Mietsache tatsächlich beeinträchtigende Konsequenz des Verstoßes gegen öffentlich-rechtliche Vorgaben durch das Gebäude darstellt, und damit beispielsweise die mietrechtlichen Gewährleistungsansprüche erst auslöst.[196] Weiterhin besteht prinzipiell in dem die Gebrauchstauglichkeit des Mietgegenstandes beeinträchtigenden Verhalten des Vermieters ein erneuter Vertragsverstoß.[197] Gleichermaßen ist dieses Verhalten aber ein notwendiger Zwischenschritt, um den Erfüllungsanspruch des Mieters zu befriedigen, der auf die Zurverfügungstellung eines Mietgegenstandes gerichtet ist, dessen Beschaffenheit nicht gegen öffentlich-rechtliche Vorgaben verstößt, deren Verletzung zu einer Einschränkung des Gebrauchs des Mietgegenstandes führen würde. Es würde dem Grundsatz von Treu und Glauben widersprechen, wenn der Mieter einerseits die Behebung eines Mangels – also die Beseitigung des öffentlich-rechtlichen Normen widersprechenden Zustandes, der zu einer Einschränkung des Gebrauchs des Mietgegenstandes führt – verlangen, andererseits die dafür notwendigen Maßnahmen aber verhindern könnte; vielmehr wäre dieses Verhalten im Sinne § 242 BGB widersprüchlich und rechtsmissbräuchlich.[198]

Weiterhin ist zu sehen, dass die Duldung der Maßnahmen des Vermieters zur Beseitigung des Mangels, der aus der Verletzung der mietvertraglichen Pflicht resultiert, einen im Einklang mit öffentlich-rechtlichen Vorgaben stehenden Mietgegenstand zur Verfügung zu stellen, nicht dazu führt, dass der Mieter auf seine weiteren Gewährleistungsrechte wie Minderung und Schadensersatz nach den §§ 536, 536a BGB verzichten müsste; diese weiteren Gewährleistungsrechte stehen dem Mieter solange die mangelbedingte Gebrauchsbeeinträchtigung anhält auch weiterhin zu.[199] Ganz im Gegenteil wäre es vielmehr der Fall, dass der Mieter seine

---

[195] Siehe oben Kapitel 3, § 1 A. IV. 1. b) aa) (1) (a).

[196] Siehe oben Kapitel 3, § 1 A. IV. 1. b) aa) (1) (a).

[197] Siehe oben Kapitel 3, § 1 A. IV. 1. b) aa) (1) (b).

[198] Zum gleichen Ergebnis kommen auch BGH, Versäumnisurteil v. 04.03.2009, VIII ZR 110/08 (LG Darmstadt), NJW 2009, 1736; BeckOK BGB/*A. Schlosser*, BGB § 555a Rn. 9; ähnlich auch *Bub/Treier/H.-J. Kraemer/R. Paschke*, Kap. III Rn. 3058, der grundsätzlich zum gleichen Ergebnis kommt, aber von der alten Gesetzeslage ausgeht und sich auf § 554 BGB a. F. stützt, also bereits von einer Duldungspflicht des Mieters wegen einer Erhaltungsmaßnahme durch den Vermieter ausgeht.

[199] Dies gilt in jedem Fall hinsichtlich der ersten Vertragspflichtverletzung, keinen im Widerspruch zu öffentlich-rechtlichen Vorgaben stehenden Mietgegenstand zur Verfügung zu stellen; ob auch hinsichtlich der zweiten Vertragspflichtverletzung des Vermieters, den tat-

derartigen Ansprüche nach § 242 BGB verlieren würde, wenn er sich den Mangelbeseitigungsmaßnahmen entgegenstellen und es dem Vermieter damit erschweren würde, seine Pflichten zu erfüllen.[200] Es erscheint also auch unter diesem Aspekt nicht unbillig, dem Mieter nach § 242 BGB eine Duldungspflicht hinsichtlich der Eingriffsmaßnahmen des Vermieters aufzuerlegen, die der Beseitigung des Mangels dienen, der aus der Verletzung der mietvertraglichen Pflicht resultiert, einen im Einklang mit öffentlich-rechtlichen Vorgaben stehenden Mietgegenstand zur Verfügung zu stellen. Sofern sich die vom behördlich in Anspruch genommenen Vermieter vorzunehmenden Rückbaumaßnahmen am Mietgegenstand mit den vom Vermieter mietvertraglich geschuldeten Mangelbeseitigungsmaßnahmen decken, muss der Mieter das Vorgehen des Vermieters aufgrund einer vertraglichen Pflicht nach Treu und Glauben hinnehmen.

Zu beachten ist allerdings, dass diese Duldungspflicht nur in Fallkonstellationen greifen kann, in welchen es (noch) nicht zur gänzlichen Zerstörung des Mietgegenstandes gekommen ist, bzw. kommen soll. Anderenfalls wäre, wie oben bereits dargestellt, mit dem Untergang des Mietgegenstandes sogleich die Auflösung des Mietverhältnisses verbunden, sodass sich die Eingriffsmaßnahmen des Vermieters nichtmehr durch eine Erfüllung der Mietvertragspflichten rechtfertigen ließen.[201] Diese Rechtfertigung kann also nur für Umbaumaßnahmen, nicht aber den kompletten Abriss – und gegebenenfalls anschließenden Neubau – des Gebäudes greifen, sofern es sich dabei um den gesamten Mietgegenstand handelt. Außerdem ist das Angebot eines gänzlich neuen Mietgegenstandes als Ersatz für den Mangelbehafteten, auch bei einem nicht behebbaren Mangel am alten Mietgegenstand, insbesondere im Rahmen der Immobilienvermietung ohnehin nicht möglich, weshalb der Abriss und anschließende Neubau des vermieteten Gebäudes schon keine taugliche Mangelbeseitigungsmaßnahme darstellen würde.[202]

---

sächlichen Gebrauch der Mietsache nicht zu beeinträchtigen, die der Mieter nach § 242 BGB ja dulden muss, weiterhin originäre Gewährleistungsrechte nach den §§ 536, 536a BGB bestehen, ist fraglich, kann aber hier schon mangels Relevanz für die im Fokus stehenden Rechtsfragen dahinstehen und wird wohl angesichts der fortbestehenden Gewährleistungsansprüche hinsichtlich der ersten Vertragsverletzung im Ergebnis ohnehin weitestgehend folgenlos sein.

[200] BGH, Urt. v. 13.05.2015, XII ZR 65/14, NJW 2015, 2419; AG Stuttgart-Bad Cannstatt, Urt. v. 01.07.2008, 2 C 876/06, BeckRS 2008, 21940; Blank/Börstinghaus/Siegmund/*A. Siegmund*, BGB § 536 Rn. 156; BeckOK BGB/*J. Wiederhold*, BGB § 536a Rn. 47, § 536 Rn. 145; MüKoBGB Band 5/*M. Häublein*, BGB § 536 Rn. 43, § 536a Rn. 22.

[201] Siehe oben Kapitel 3, § 1 A. IV. 1. b) aa) (1) (a), § 1 A. IV. 1. b) aa) (1) (b) u. § 1 A. IV. 1. b) bb) (1) (a).

[202] MüKoBGB Band 5/*M. Häublein*, BGB Vorbemerkung vor § 536 Rn. 2; dies gilt schon für eine allgemeine Gattungsschuld ab Konkretisierung auf einen bestimmten Leistungsgegenstand, vgl. BGH, Urt. v. 02.12.1981, VIII ZR 273/80 (Düsseldorf), NJW 1982, 873.

(c) Zwischenergebnis

Im Ergebnis bleibt also festzuhalten, dass dem Mieter in Fallkonstellationen, in denen es nicht zum kompletten Abriss des Mietgebäudes kommen soll, eine Duldungspflicht aus § 555d Abs. 1 BGB auf erliegen könnte, wenn es sich bei den vom Vermieter durchzuführenden Maßnahmen um Modernisierungsmaßnahmen im Sinne des Mietrechts handelt; darüber hinaus könnte den Mieter eine Duldungspflicht aus § 242 BGB hinsichtlich der vom Vermieter vorzunehmenden Maßnahmen treffen, sofern diese Maßnahmen der Beseitigung des aus dem Widerspruch des Vertragsgegenstandes zu öffentlich-rechtlichen Vorgaben entspringenden Mangels dienen. Dann stünde dem Mieter auch kein vertraglicher Anspruch auf die Unterlassung der tatsächlichen Gebrauchsbeeinträchtigung nach § 535 Abs. 1 S. 2 BGB zu, den dieser folglich auch nicht im Wege des einstweiligen Rechtsschutzes nach den §§ 935, 940 ZPO geltend machen könnte.[203]

(d) Konsequenzen für die Rechtfertigung der Eingriffshandlung

Fraglich ist, ob diese mietvertraglichen Regelungen auch die deliktsrechtliche Haftung des Vermieters ausschließen können. Hierbei ist zu berücksichtigen, dass eine Überlagerung der deliktsrechtlichen Haftung durch vertragliche Regelungen zwar im Einzelfall umstritten, aber durchaus anzunehmen ist.[204] Berücksichtigt man, dass das Rechtsverhältnis, das zum Besitz berechtigt, schon Voraussetzung dafür ist, dass es überhaupt zu einem deliktsrechtlichen Schutz des berechtigten Besitzers kommt, ist es naheliegend, diesen deliktsrechtlichen Schutz konsequent an das Vertragsverhältnis rückzubinden. Wenn das den deliktsrechtlichen Schutz bedingende Vertragsverhältnis einen Eingriff in die Rechtsposition des Vertragspartners zulässt, soll dieser Eingriff also auch nicht deliktsrechtlich relevant sein. Damit wäre die deliktsrechtliche Haftung durch die speziellen mitrechtlichen Duldungspflichten ausgeschlossen.[205]

Letztlich ist jedoch zu sehen, dass eine derartige Duldungspflicht des Mieters, ob aus § 555d Abs. 1 BGB oder § 242 BGB, dem Vermieter kein Recht einräumt, eigenmächtig den Besitz am Mietgegenstandes zu beeinträchtigen, sondern nur einen mietrechtlichen Anspruch auf eine Hinnahme der für die genannten Veränderungen notwendigen Maßnahmen – falls nötig auch in Form einer vorübergehenden Räumung des Mietgegenstandes[206] – verbürgt,[207] sodass damit die besitzrechtlichen

[203] Siehe oben Kapitel 3, § 1 A. IV. 1. b) aa) (1) (b).

[204] *H. Brox/W.-D. Walker*, Besonderes Schuldrecht, 47. Aufl. 2023, § 52 Rn. 39; Schulze/*A. Staudinger*, BGB, Vorbemerkung zu §§ 823–853 Rn. 13; BeckOK BGB/*C. Förster*, BGB § 823 Rn. 64 ff.

[205] So explizit *H. Brox/W.-D. Walker*, Besonderes Schuldrecht, 47. Aufl. 2023, § 52 Rn. 39.

[206] Vgl. exemplarisch Schmidt-Futterer/*N. Eisenschmid*, BGB § 555d Rn. 10; siehe oben Fn. 190.

[207] Vgl. hinsichtlich der Anspruchsqualität der Duldungspflicht aus § 555d Abs. 1 BGB für viele: Blank/Börstinghaus/Siegmund/*U. P. Börstinghaus*, BGB § 555d Rn. 35; Hannemann/Wiegner/*T. Lutz*, § 20 Rn. 165; Schmidt-Futterer/*N. Eisenschmid*, BGB § 555d Rn. 82.

Abwehransprüche des Mieters nach den §§ 858 Abs. 1 Alt. 2, 862 Abs. 1, 859 Abs. 1 BGB aber weiterhin bestehen.[208]

Dieses Recht des Vermieters auf Vornahme und die Pflicht des Mieters auf Duldung der geplanten Rück- und Umbaumaßnahmen müsste zunächst gerichtlich geltend gemacht und gegebenenfalls im Wege der Zwangsvollstreckung durchgesetzt werden.[209] Nur auf diesem Wege ist es dem Vermieter dann möglich, auch die besitzrechtlichen Rechte und Ansprüche des Mieters zu überwinden. Damit käme man zu einem ähnlichen Ergebnis, wie es bereits im Zusammenhang mit einer möglichen Kündigung des Vertragsverhältnisses gefunden wurde;[210] wenn eine behördliche Verfügung an den vermietenden Eigentümer erginge, die gegebenenfalls notwendige gerichtliche Vorbereitungsmaßnahmen zeitlich zuließe, wäre dieser Weg – auch wenn er äußerst umständlich ist – im Einzelfall theoretisch denkbar. Lässt die behördliche Verpflichtung des Vermieters derartige Maßnahme allerdings – vor allem zeitlich – nicht zu, kommt es weiterhin zu einer Kollision von der dem Verfügungsadressaten abverlangten Handlung mit gegebenenfalls noch bestehenden (Rechts-)Positionen des Dritten, welche vor einer Umsetzung des Verfügungsinhaltes nicht (rechtzeitig) ausgeräumt werden können.[211]

(2) Gesetzliche Rechtfertigungsmöglichkeiten und Duldungspflichten

Es sind aber wiederum gesetzliche Rechtfertigungsgründe für das Verhalten des vermietenden Eigentümers bzw. Duldungspflichten des mietenden Besitzers denkbar. Diese würden dem Verhalten des Eigentümers dessen Rechtswidrigkeit gänzlich nehmen und damit mangels verbotener Eigenmacht des Eigentümers die besitzschutzrechtlichen Rechte und Ansprüche des drittberechtigten Besitzers ausschließen. Mangels einer widerrechtlichen Rechtsgutsverletzung käme es dann auch zu keiner deliktsrechtlichen Haftung des vermietenden Eigentümers.[212] Letztlich würden dem mietenden Besitzers mangels einer rechtswidrigen Vertragsverletzung durch den vermietenden Eigentümer auch keine obligatorischen Abwehransprüche

---

[208] LG Berlin, Urt. v. 20.04.2016, 65 S 424/15, BeckRS 2016, 10367; LG Berlin, Beschl. v. 01.03.2013, 63 T 29/13, NZM 2013, 465; MüKoBGB Band 8/*F. L. Schäfer*, BGB § 858 Rn. 9; BeckOK BGB/*J. Fritzsche*, BGB § 858 Rn. 24; a. A. *A. Lehmann-Richter*, NZM 2013, 451 ff. Die gewährleistungsrechtlichen Ansprüche und Rechte aus den §§ 536, 536a BGB auf Schadensersatz und Minderung bestünden im Übrigen auch weiter, was aber für die vorliegende Untersuchung irrelevant ist.

[209] LG Berlin, Urt. v. 20.04.2016, 65 S 424/15, BeckRS 2016, 10367; Schmidt-Futterer/*N. Eisenschmid*, BGB § 555d Rn. 82; jeweils m. w. N.; ein derartiges Vorgehen scheint bereits das PrOVG nahegelegt zu haben, ohne auf die genauen Hintergründe etwaiger Duldungspflichten des Mieters einzugehen – eine behördliche Duldungsverfügung an den Mieter wäre darüber hinaus dann nicht nötig, aber dennoch sinnvoll und zweckmäßig, vgl. PrOVG, Urt. v. 14.10.1904 – VIII. 1425, PrVerwBl 27, 10.

[210] Siehe oben Kapitel 3, § 1 A. IV. 2. b) aa) (1) (a).

[211] PrOVG, Urt. v. 11.04.1893, Rep. IV C. 112/92, PrOVGE 24, 384 ff.

[212] Für viele: Grüneberg/*H. Sprau*, BGB § 823 Rn. 28 ff.

zustehen.[213] Damit käme es, anders als bei einer bloß vertraglichen Duldungspflicht des Mieters, nichtmehr darauf an, dass der Vermieter einen solchen vertraglichen Duldungsanspruch durchsetzt, bevor er dem Inhalt der sicherheitsrechtlichen Verfügung folgen kann, ohne die entgegenstehenden Rechte und Ansprüche des Mieters fürchten zu müssen, bzw. auszulösen. Vielmehr wären schon die gesetzlichen Voraussetzungen der besitzrechtlichen, deliktsrechtlichen, wie auch vertraglichen Abwehrrechte und -ansprüche nicht erfüllt.

(a) Einwilligung, gesetzlicher Notstand und Geschäftsführung ohne Auftrag im öffentlichen Interesse

Zur Legitimation des Eingriffs des vermietenden Eigentümers in die Rechtsposition des berechtigten Besitzers kommen neben der Einwilligung des Letzteren erneut die bereits im Zusammenhang mit der ersten Fallkonstellation dargestellten Rechtfertigungsgründe aus den gesetzlichen Notstandsregelungen wie § 228 BGB in Betracht; darüber hinaus kann auch eine Duldungspflicht des berechtigten Besitzers aufgrund einer Geschäftsführung des vermietenden Eigentümers ohne Auftrag im öffentlichen Interesse gemäß der §§ 677, 679 Alt. 1, 683 S. 2 BGB zur Wahrnehmung der aus der materiellen Polizeipflicht des berechtigten Besitzers entspringenden Gefahrbeseitigungspflicht bestehen.[214] Sowohl die gesetzliche Notstandsregelung des § 228 BGB, wie auch die Duldungspflicht aus einer Geschäftsführung ohne Auftrag im öffentlichen Interesse gemäß der §§ 677, 679 Alt. 1, 683 S. 2 BGB vermag grundsätzlich zu einer Rechtfertigung des Verhaltens des Eigentümers zu führen, sodass dieser nicht in verbotener Eigenmacht in die Besitzposition seines Mieters eingreifen,[215] kein Rechtsgut im Sinne des Deliktsrechts widerrechtlich schädigen und auch seine vertraglichen Pflichten nicht in rechtswidriger Weise verletzen würde.[216]

Auch in dieser Konstellation greift dabei die Legalisierungswirkung des § 228 BGB in Fällen von Individualrechtgefährdungen, vor allen Dingen Gefährdungen von Leben und körperlicher Unversehrtheit ein, sofern keine weiteren rechtzeitigen staatlichen Hilfsmaßnahmen im Vorfeld einer Gefahrverwirklichung möglich sind; als Beispiel wäre wiederum an ein baufälliges, Bewohner, Nachbarn und Passanten gefährdendes Gebäude zu denken. Zur Verteidigung der Baurechtsordnung kann sich der Handelnde hingegen nicht auf § 228 BGB berufen, wie bereits festgestellt.[217]

---

[213] Zur prinzipiellen Rechtfertigungsmöglichkeit und ihren Folgen siehe oben Kapitel 3, § 1 A. IV. 2. b) bb).

[214] Siehe oben Kapitel 2, § 2 A. V. 2. c) aa) (3) (a) (bb).

[215] Für viele: MüKoBGB Band 8/*F. L. Schäfer*, BGB § 858 Rn. 9; BeckOK BGB/*J. Fritzsche*, BGB § 858 Rn. 21; Grüneberg/*S. Herrler*, BGB § 858 Rn. 6.

[216] Für viele: BeckOK BGB/*S. Lorenz*, BGB § 276 Rn. 9; Schulze/*R. Schulze*, BGB § 276 Rn. 4; Grüneberg/*C. Grüneberg*, BGB § 276 Rn. 8.

[217] Siehe oben Kapitel 2, § 2 A. V. 2. c) aa) (3) (a) (bb) (γ) (ββ).

Bei der Herleitung einer Rechtfertigung der Handlung des behördlich verpflichteten Eigentümers als Geschäftsführer gegenüber dem berechtigten Besitzer als Geschäftsherrn über eine Duldungspflicht aus einer berechtigten Geschäftsführung ohne Auftrag gemäß der §§ 677, 679 Alt. 1, 683 S. 2 BGB ist zu sehen, dass auch der unmittelbare Besitzer einer Sache Zustandsverantwortlicher ist, da er die unmittelbare Gewalt über den Gegenstand innehat, sodass ihn bei Eintritt einer durch den Gegenstand verursachten Gefahr eine aus seiner materiellen Polizeipflicht folgende Gefahrbeseitigungspflicht trifft.[218] Entsteht durch den Gegenstand eine Gefahr für Leben und Gesundheit, kann von einem besonderen öffentlichen Interesse an der Wahrnehmung der dem Besitzer auf Grund seiner materiellen Polizeipflicht obliegenden Gefahrbeseitigungspflicht durch einen Geschäftsführer nach § 679 Alt. 1 BGB ausgegangen werden.[219]

(aa) Anwendbarkeit der Regelungen über die Geschäftsführung ohne Auftrag

Wiederum fraglich ist in diesem Zusammenhang lediglich, ob die Regelungen der Geschäftsführung ohne Auftrag nicht durch die spezielle mietvertragliche Ausgestaltung des Verhältnisses zwischen dem zum Abriss verpflichteten Gebäudeeigentümer und seinem Mieter verdrängt werden. Wie bereits oben dargestellt, schließt nicht jede vertragliche Beziehung zwischen dem Geschäftsführer und dem Geschäftsherrn die Anwendung der Regelungen über die Geschäftsführung ohne Auftrag aus; vielmehr müsste für die in Frage stehende Geschäftsbesorgung eine spezielle vertragliche Regelung bestehen.[220] Im vorliegenden Fall ist es aber so, dass die sicherheitsrechtliche, gesetzliche Beseitigungspflicht des Geschäftsherrn – also des unmittelbar besitzenden Mieters – vollkommen unabhängig von seinen mietvertraglichen Pflichten besteht und die Vertragsregelungen auch keine Aussagen zu dieser Beseitigungspflicht treffen. Insbesondere ist zu beachten, dass die vertragliche Pflicht zur Erhaltung der Mietsache in einem öffentlich-rechtlichen Normen entsprechenden Zustand – wenn überhaupt – unter Anknüpfung an § 535 Abs. 1 S. 2 BGB die Aufgabe des Vermieters sein könnte, also des behördlich in Anspruch genommenen Eigentümers.[221] Es wäre also umgekehrt keinesfalls die vertraglich geschuldete Pflicht des Mieters als Geschäftsherrn, die Mietsache in einem den Vorgaben des öffentlichen Rechts entsprechenden Zustand zu erhalten, sodass es auch zu keiner Verletzung einer solchen Pflicht kommen kann, die Gewährleistungs- oder Schadensersatzansprüche nach sich zöge. Ganz im Gegenteil würde eine

---

[218] Zur Zustandsstörereigenschaft siehe Kapitel 2, § 2 A. IV. 1. b) aa) (3); zur materiellen Polizeipflichtigkeit siehe Kapitel 2, § 2 A. V. 2. c) aa) (3) (a) (bb) (δ) (αα); zur Geschäftsführung ohne Auftrag zur Erfüllung der materiellen Polizeipflicht siehe Kapitel 2, § 2 A. V. 2. c) aa) (3) (a) (bb) (δ) (γγ).

[219] Siehe oben Kapitel 2, § 2 A. V. 2. c) aa) (3) (a) (bb) (δ) (γγ).

[220] MüKoBGB Band 6/*F. L. Schäfer*, BGB § 677 Rn. 97 ff.; Staudinger/*A. Bergmann*, Buch 2 (§§ 677–704 BGB), BGB Vorbem. zu §§ 677 ff., Rn. 188.

[221] Siehe oben Kapitel 2, § 2 A. V. 2. c) aa) (3) (a) (bb) (δ) (γγ); vgl. *P. Günter*, NZM 2016, 569 ff. m. w. N.; im Ansatz LG Potsdam, Urt. v. 27.02.2015, 13 S 46/14, NJOZ 2015, 1563.

substanzielle Veränderung wie etwa die Zerstörung der Mietsache durch den Mieter regelmäßig deren nicht vertragsgemäßen Gebrauch gemäß § 541 BGB darstellen.[222]

Durch die Zerstörung des Mietgegenstandes nimmt der behördlich in Anspruch genommene Eigentümer also neben der aus der materieller Polizeipflicht entspringenden sicherheitsrechtlichen Gefahrbeseitigungspflicht des im Besitz des abzureißenden Gebäudes befindlichen Mieters keine darauf aufbauende vertragliche Pflicht dieses Mieters gegenüber sich selbst als dem Vermieter des abzureißenden Gebäudes wahr, sodass es – anders als in der ersten Fallkonstellation[223] – zu keiner Konkurrenz zwischen speziellen mietvertraglichen Gewährleistungsvorschriften wie den §§ 536, 536a BGB und den Regelungen über die Geschäftsführung ohne Auftrag kommen kann. Damit steht ein etwaiger Mietvertrag zwischen dem behördlich in Anspruch genommenen Eigentümer und dem berechtigten Besitzer des abzureißenden Gebäudes einer Anwendung der Regelungen über die Geschäftsführung ohne Auftrag auch nicht entgegen.

(bb) Voraussetzungen der Geschäftsführung ohne Auftrag

Dieser Rechtfertigungsgrund aus einer berechtigten Geschäftsführung ohne Auftrag im besonderen öffentlichen Interesse nach §§ 677, 679 Alt. 1, 683 S. 2 BGB kann nur in einer Sonderkonstellation nicht greifen, wenn es sich bei dem drittberechtigten Besitzer um einen lediglich mittelbaren Besitzer handelt, also einen Besitzer, der gemäß § 868 BGB keine tatsächliche Gewalt über den Besitzgegenstand hat, sondern diese für ihn durch einen die tatsächliche Gewalt innehabenden Besitzmittler ausgeübt wird.[224] Das könnte beispielsweise dann der Fall sein, wenn der vom Eigentümer Mietende das Gebäude seinerseits wieder untervermietet hat. Dann wäre einmal der Mietvertragspartner des Eigentümers Besitzmittler für den Eigentümer, da der Eigentümer keinen unmittelbaren Besitz mehr am Gegenstand hat und der Mietvertragspartner für ihn besitzt; der Mietvertragspartner selbst wäre aber auch nur mittelbarer Besitzer, dem der Besitz durch den für ihn unmittelbar besitzenden Untermieter gemittelt würde, sodass es zu einem mehrstufigen mittelbaren Besitz im Sinne des § 871 BGB auch hinsichtlich des Hauptmieters käme.[225]

---

[222] Für viele: Hannemann/Wiegner/*J. Weißker*, § 16 Rn. 116; Dauner-Lieb/Langen/*F. Klein-Blenkers*, BGB § 541 Rn. 3; BeckOK BGB/*J. Wiederhold*, BGB § 541 Rn. 5; wird der Mieter behördlich zum Abriss in Anspruch genommen, kommt es unter den Einschränkungen des 2. Kapitels hinsichtlich der sicherheitsrechtlichen Verpflichtung zu den Folgen des § 44 Abs. 2 Nr. 5 VwVfG, da vom Mieter bereits ein strafrechtlich relevantes Verhalten verlangt würde, sodass es auf den Konflikt von vertraglicher Pflicht des Mieters einerseits und sicherheitsrechtlicher Beseitigungspflicht andererseits schon garnichtmehr ankäme, siehe oben Kapitel 2, § 2 A. V. 2. c) bb).

[223] Siehe oben Kapitel 2, § 2 A. V. 2. c) aa) (3) (a) (bb) (δ) (γγ).

[224] Vgl. zum mittelbaren Besitz für viele: Schulze/*H. Schulte-Nölke*, BGB § 868 Rn. 1; Prütting/Wegen/Weinreich/*H. Prütting*, BGB § 868 Rn. 2; BeckOK BGB/*J. Fritzsche*, BGB § 868 Rn. 3.

[225] BGH, Urt. v. 26.09.1985, IX ZR 88/84 (Oldenburg), NJW 1986, 2438; MüKoBGB Band 8/*F. L. Schäfer*, BGB § 871 Rn. 3; Schulze/*H. Schulte-Nölke*, BGB § 871 Rn. 1.

Dieser berechtigte mittelbare Besitz ist wiederum als Schutzgut im Sinne des § 823 Abs. 1 BGB anerkannt, sofern – wie in der betrachteten Konstellation der Fall – der Eingreifende nicht der unmittelbare Besitzer ist, sodass also eine Verletzung dieser (Rechts-)Position deliktsrechtliche Relevanz hätte.[226] Auch stehen dem mietrechtlich berechtigten mittelbaren Besitzer die mietvertraglichen Abwehrrechte nach § 535 Abs. 1 S. 2 BGB und Gewährleistungsrechte nach §§ 536, 536a BGB bzw. Schadensersatzansprüche nach §§ 283 S. 1, 280 Abs. 1 BGB zu.[227]

Umgekehrt ist der mittelbare Besitzer aber nicht schon aufgrund einer etwaigen materiellen Polizeipflichtigkeit zur Gefahrbeseitigung verpflichtet, da er keine unmittelbare Gewalt über den Besitzgegenstand hat und damit kein Zustandsverantwortlicher im Sinne der allgemeinen sicherheitsrechtlichen Regelungen, wie etwa Art. 9 Abs. 2 LStVG ist.[228] Damit besteht für den mittelbaren Besitzer schon keine Gefahrbeseitigungspflicht, die vom behördlich verpflichteten Eigentümer als Geschäftsführer im Rahmen einer berechtigten Geschäftsführung ohne Auftrag wahrgenommen werden könnte, wodurch der deliktische Eingriff in den berechtigten mittelbaren Besitz und die Verletzung mietvertraglicher Ansprüche nicht durch eine berechtigte Geschäftsführung ohne Auftrag gerechtfertigt werden könnte.

Abgesehen von diesem Ausnahmefall ist aber bei einer durch das abzureißende Gebäude verursachten Gefahr für Leben und Gesundheit von einer Gefahrbeseitigungspflicht des berechtigten Besitzers auszugehen; bei der Wahrnehmung dieser Gefahrbeseitigungspflicht durch den behördlich verpflichteten Eigentümer im Rahmen einer berechtigten Geschäftsführung ohne Auftrag im besonderen öffentlichen Interesse nach §§ 677, 679 Alt. 1, 683 S. 2 BGB besteht sodann eine Duldungspflicht des drittberechtigten Besitzers; dabei ist insbesondere die pflichtgemäße Ausführung der Geschäftsführung ohne Auftrag im Sinne des § 677 BGB anzunehmen.[229] Im Übrigen bleibt es bei einer Rückgriffsmöglichkeit auf den Rechtfertigungsgrund des § 228 BGB.

---

[226] Für viele: Grüneberg/*H. Sprau*, BGB § 823 Rn. 13; Jauernig/*C. Kern*, BGB § 823 Rn. 15 f. m. w. N.; Prütting/Wegen/Weinreich/*R. Schaub*, BGB § 823 Rn. 63 m. w. N.

[227] Zum Verhältnis von Eigentümer, Hauptmieter und Untermieter im Falle einer Untervermietung vgl. Schmidt-Futterer/*B. Flatow*, BGB § 540 Rn. 4 ff.; Blank/Börstinghaus/Siegmund/*A. Siegmund*, BGB § 540 Rn. 4 ff.

[228] BeckOK PolR Bayern/*J. F. Lindner*, LStVG Art. 9 Rn. 33; Körner/Mehringer/Johannsen/Lerm/*R. Mehringer*/*J. Johannsen*, LStVG Art. 9, 1.; zur Zustandsstörereigenschaft siehe Kapitel 2, § 2 A. IV. 1. b) aa) (3); zur materiellen Polizeipflichtigkeit siehe Kapitel 2, § 2 A. V. 2. c) aa) (3) (a) (bb) (δ) (αα); die Position des mittelbaren Besitzers am Besitzgegenstand entbehrt jedenfalls der tatsächlichen Gewalt darüber und ist in der ein oder anderen Weise rechtlich konstruiert, was hier im Detail nicht weiter diskutiert werden muss; zum Meinungsstand über die Rechtsnatur des mittelbaren Besitzes vgl. MüKoBGB Band 8/*F. L. Schäfer*, BGB § 868 Rn. 3 ff. m. w. N.; BeckOK BGB/*J. Fritzsche*, BGB § 868 Rn. 1 f. m. w. N.

[229] Siehe oben Kapitel 2, § 2 A. V. 2. c) aa) (3) (a) (bb) (δ) (γγ).

(b) Zwischenergebnis

Der vom Verfügungsadressaten geforderte Eingriff in die Rechtsposition des berechtigten Besitzers ist also stets in den Fällen gerechtfertigt, in denen er zur Beseitigung von durch das abzureißende Gebäude ausgehenden akuten Gesundheits- oder Lebensgefahren notwendig ist, sofern vor dem Eintritt eines Schadens an Gesundheit oder Leben keine weiteren staatlichen Gefahrbeseitigungsmaßnahmen mehr möglich sind. Dabei kann eine Duldungspflicht des berechtigten Besitzers aus einer Geschäftsführung des Eigentümers ohne Auftrag im öffentlichen Interesse nach §§ 677, 679 Alt. 1, 683 S. 2 BGB folgen, sofern es sich bei dem berechtigten Besitzer nicht um einen mittelbaren Besitzer handelt. Im Übrigen greift beim Vorliegen einer akuten Gesundheits- oder Lebensgefahr stets der Rechtsfertigungsgrund des § 228 BGB. Bei einem Eingriff in den berechtigten Besitz zur bloßen Verteidigung der Baurechtsordnung greifen diese Rechtfertigungsgründe wiederum nicht.

Ist das vom Verfügungsadressaten geforderte Verhalten gerechtfertigt, erfolgt der Eingriff in die besitzrechtlichen Positionen des drittberechtigten Besitzers nicht durch verbotene Eigenmacht, er stellt keine widerrechtliche deliktsrechtliche Schädigung und keine rechtswidrige Vertragsverletzung des Vermieters gegenüber seinem Mieter dar. Es scheidet damit ein Konflikt zwischen dem Inhalt der sicherheitsrechtlichen Verfügung und den Rechten und Ansprüchen des berechtigten Besitzers aus.

(3) Rechtfertigung durch den Grundverwaltungsakt selbst

Es wird aber auch hinsichtlich der betrachteten Fallvariante vertreten, dass sich die Kollision der verwaltungsrechtlichen Verpflichtung des Eigentümers einerseits, mit den besitzrechtlichen Abwehr- und Verteidigungsrechten, den deliktsrechtlichen Ansprüchen, wie auch den gegebenenfalls bestehenden vertraglichen Gewährleistungsrechten des drittberechtigten Besitzers andererseits, ohnehin durch die Rechtswirkungen des behördlich erlassenen Verwaltungsaktes selbst auflöse, sodass es einer darüber hinausgehenden Rechtfertigung des Verhaltens des Eigentümers gar nicht mehr bedürfe.

(a) Kein ausreichender Regelungsinhalt des Verwaltungsaktes

Anders als in der ersten Fallvariante scheidet eine Legalisierung des durch die Abrissverfügung verlangten Eingriffs in die Rechtsposition des qua Mietvertrag berechtigten Besitzer des abzureißenden Gebäudes durch den Verwaltungsakt selbst nicht bereits deshalb aus, weil es sonst zu einem Zirkelschluss von der Bindungswirkung zur Wirksamkeit des Verwaltungsaktes käme. Anders als in der ersten Fallvariante erlangt der Verwaltungsakt trotz des durch ihn verlangten Eingriffs in die Rechtsposition des Dritten Wirksamkeit. Zwar wird vom Adressaten der Abrissverfügung weiterhin etwas rechtlich Unmögliches verlangt, wenn die Umsetzung der Abrissverfügung mit einem Eingriff in die Rechtsposition eines Dritten verbunden ist. Jedoch führt diese rechtliche Unmöglichkeit regelmäßig nicht zur Nichtigkeit und damit Unwirksamkeit des Verwaltungsaktes, da die der Umsetzung der Abrissverfügung entgegenstehende Rechtsposition des Dritten noch überwunden werden kann, etwa durch eine Duldungsverfügung. Damit entfaltet ein solcher, möglicherweise (zunächst) rechtswidriger Verwaltungsakt in jedem Fall Rechtswirkungen, weshalb es grundsätzlich auch denkbar ist, dass er aus sich heraus die von ihm verlangten Eingriffe in die Rechtsposition des Dritten legalisiert.

Allerdings wird die Abrissverfügung regelmäßig keinen ausreichenden Regelungsinhalt aufweisen, um eine Rechtswirkung auf das Rechtsverhältnis zwischen dem Verfügungsadressaten und dem obligatorisch berechtigten Dritten entfalten zu können – wie es ebenfalls bereits hinsichtlich der ersten Fallvariante ausführlich dargestellt wurde.[230] Denn die Legalisierungswirkung eines Verwaltungsaktes kann nur soweit gehen, wie dessen Regelungsinhalt reicht. Die hier betrachtete Abrissverfügung wird aber regelmäßig lediglich die behördliche Verpflichtung zum Abriss eines Gebäudes enthalten und darüber hinaus gar keine Aussage zum Rechtsverhältnis zwischen dem Adressaten und dem Drittberechtigten treffen. Damit kann die Abrissverfügung aus ihrem Inhalt heraus, obwohl sie wirksam ist, auch in dieser Fallkonstellation keine Wirkungen auf das Rechtsverhältnis zwischen dem Verfügungsadressaten und dem Drittberechtigten entfalten und damit auch keinen Eingriff in die Rechtsposition des Drittberechtigten rechtfertigen.

(b) Zivilrechtliche Folgewirkungen des Verwaltungsaktes – keine Auflösung der Pflichtenkollision ipso iure

Auch für den Fall einer Kollision der behördlichen Verpflichtung des Verfügungsadressaten zu einer Abrisshandlung mit den Rechten und Ansprüchen des obligatorisch berechtigten Dritten wird insbesondere durch Michl vertreten, dass sich der womöglich nur vermeintliche Konflikt der widerstreitenden Pflichten durch die Folgewirkungen des die behördliche Verpflichtung enthaltenden Verwaltungsaktes im Zivilrecht auflösen würde.[231] So führt Michl auch für diese Fallkonstellation vor, dass die zivilrechtlichen Rechte und Ansprüche des Drittberechtigten gegenüber dem in seine Rechtsposition eingreifenden Verfügungsadressaten ausgeschlossen seien.

(aa) Fabian Michls Ansatz zur Auflösung der Pflichtenkollision

Demnach entfiele der vertragliche Anspruch eines Mieters gegenüber dem zum Abriss verpflichteten Eigentümer und Vermieter eines Gebäudes nach § 535 Abs. 1 S. 2 BGB auf Nichtbeeinträchtigung des Vertragsgegenstandes bzw. auf Erhaltung der Mietsache bei einer an den Vermieter gerichteten behördlichen Beseitigungsanordnung bereits *ipso iure* wegen rechtlicher Unmöglichkeit nach den Vorgaben des

---

[230] Siehe oben Kapitel 2, § 2 A. V. 2. c) aa) (3) (a) (bb) (β) (ββ).

[231] *F. Michl*, NVwZ 2014, 1206 (1207 f.) u. NuR 2015, (830 ff.); diesem folgt auch BeckOK BauordnungsR Bayern/*G. Manssen*, BayBO Art. 76 Rn. 43; a. A. ist *J. Sanden*, NuR 2015, 606 (607), der Michls Ansatz als mit erheblichen Unsicherheiten behaftet ansieht.

§ 275 Abs. 1 BGB.[232] Denn die Erfüllung des vertraglichen Anspruchs des Mieters würde der öffentlich-rechtlichen Pflicht des Vermieters aus der Beseitigungsanordnung zuwiderlaufen. Dabei sei die Untersagung einer Leistung durch Verwaltungsakt als ein Fall der rechtlichen Unmöglichkeit anerkannt, wobei dem Fall einer Untersagung wiederum auch der Fall gleichstehe, in dem der Verwaltungsakt eine Handlung vorscheibe, die das vertraglich geschuldete Verhalten notwendig ausschließe. Da sich im vorliegenden Fall die Beseitigung und der Erhalt des Vertragsgegenstandes notwendig ausschließen würden und der Eigentümer bzw. Vermieter bei der Erfüllung seiner Vertragspflicht aber dem behördlichen Beseitigungsgebot nicht Folge leisten könne, sei der vertragliche Anspruch des Mieters nach § 535 Abs. 1 S. 2 BGB entsprechend den Vorgaben des § 275 Abs. 1 BGB ausgeschlossen.[233]

Der besitzrechtliche Abwehranspruch des Dritten gegen Besitzstörungen durch verbotene Eigenmacht nach § 862 Abs. 1 S. 2 BGB sei im vorliegenden Fall wiederum deshalb ausgeschlossen, weil es dem Beseitigungspflichtigen bereits an der Störereigenschaft fehle.[234] Die Störereigenschaft im Sinne des § 862 Abs. 1 S. 2 BGB sei, ebenso wie im Falle des oben bereits untersuchten § 1004 Abs. 1 BGB,[235] in den Konstellationen ausgeschlossen, in denen dem Handelnden keinerlei Entschlussfreiheit mehr bleibe. Dies sei bei einem behördlich zu einer Abrisshandlung Verpflichteten der Fall, da ihm kein Entscheidungsspielraum zustehe und er dem ihm auferlegten öffentlich-rechtlichen Handlungsgebot Folge leisten müsse.

Darüber hinaus sei der Abwehranspruch aber auch wegen rechtlicher Unmöglichkeit seiner Erfüllung ausgeschlossen, da dem zivilrechtlich geschuldeten Verhalten eine öffentlich-rechtliche Pflicht zuwiderlaufe.[236] Aus den gleichen Gründen sei auch der dem berechtigten Besitzer in analoger Anwendung des § 1004 Abs. 1 S. 2 BGB in Verbindung mit §§ 823 Abs. 2, 858 Abs. 1 BGB zugestandene quasinegatorische Abwehranspruch ausgeschlossen.

Aufgrund des Umstandes, dass in der gegenwärtig betrachteten Fallkonstellation – anders als in der oben bereits eingehend erörterten Fallkonstellation und unabhängig von der Frage, ob dem behördlich in Anspruch Genommenen etwas rechtlich Unmögliches abverlangt wird – der zum Abriss eines Gebäudes ver-

---

[232] *F. Michl*, NVwZ 2014, 1206 (1207); auch *P. Günter*, NZM 2016, 569 (572 f.), geht für die von ihm betrachteten Fälle, in welchen den Mietvertragspflichten bereits vor Übergabe des Mietgegenstandes in unbehebbarer Weise öffentlich-rechtlichen Vorgaben widersprechen, von dieser Rechtsfolge aus.

[233] Umgekehrt entfiele dann ggf. der Mietzinsanspruch des Vermieters bzw. er sähe sich möglichen Schadensersatz- bzw. Gewährleistungsansprüchen des Mieters ausgesetzt, vgl. *P. Günter*, NZM 2016, 569 (572 ff.) m. w. N.; LG Potsdam, Urt. v. 27.02.2015, 13 S 46/14, NJOZ 2015, 1563 (1564) sowie die Darstellungen oben Kapitel 2, § 2 A. V. 2. c) aa) (3) (a) (bb) (β) (γγ).

[234] *F. Michl*, NVwZ 2014, 1206 (1208).

[235] Siehe oben Kapitel 2, § 2 A. V. 2. c) aa) (3) (a) (bb) (β) (γγ).

[236] *F. Michl*, NVwZ 2014, 1206 (1208).

pflichtende Verwaltungsakt nicht nichtig und damit wirksam ist, kann es grundsätzlich tatsächlich zu zivilrechtlichen Folgewirkungen durch die Abrissverfügung kommen. Fraglich bleibt jedoch, ob es auch zu den von Michl beschriebenen Wirkungen der Abrissverfügung im Zivilrecht kommt und ob damit wirklich die Kollision der Verpflichtung des Verfügungsadressaten zum Abriss eines Gebäudes mit den Rechten des daran vertraglich berechtigten Besitzers aus verwaltungsrechtlicher Perspektive aufgelöst ist.[237]

(bb) Bedingte Tauglichkeit von Michls Ansatz zur Auflösung der Konfliktsituation

Sollte man, wie etwa Günter Erbel, annehmen, dass allein der Umsetzung einer behördlichen Abrissverfügung entgegenstehende vertragliche Verpflichtungen bereits zur rechtlichen Unmöglichkeit des durch die Abrissverfügung verlangten Verhaltens führen würden, müsste man sich zunächst mit Michls Ansatz über die Responsivität des Zivilrechts hinsichtlich der Abrissverfügung betreffend die vertraglichen Abwehransprüche des das abzureißende Gebäude mietenden Dritten, etwa auf Erhaltung der Mietsache aus § 535 Abs. 1 S. 2 BGB, auseinandersetzen. Dabei wäre zu sehen, dass Michls Annahme in der zivilrechtlichen Judikatur und Literatur durchaus vertreten wird und diese zivilrechtlichen Folgewirkungen allein von der Wirksamkeit des Verwaltungsaktes abhängen. Es wäre also durchaus vertretbar, sich Michls Argumentation in diesem Punkt anzuschließen und davon auszugehen, dass die rein vertraglichen Abwehransprüche des das abzureißende Gebäude mietenden Dritten aufgrund der ihrer Erfüllung entgegenstehenden behördlichen Verpflichtung entsprechend der Vorgaben des § 275 Abs. 1 BGB ausgeschlossen sind. Darauf wird es im Ergebnis aber nicht ankommen.

Weitaus entscheidender sind Michls Ausführungen zu den besitzrechtlichen Abwehransprüchen des im Besitz des abzureißenden Gebäudes befindlichen Dritten. Hierzu stellt auch Michl fest, dass aus der behördlichen Abrissverpflichtung selbst keine Rechtfertigung für den von ihrem Adressaten verlangten Eingriff in die Rechtsposition des Dritten folgt.[238] Wie bereits im Vorstehenden dargestellt, würde dafür bereits der Regelungsinhalt der Abrissverfügung nicht ausreichen, da die Abrissverfügung regelmäßig keine Aussage zum Rechtsverhältnis zwischen dem Verfügungsadressaten und einem an dem abzureißenden Gebäude berechtigten Dritten trifft. Somit würde die vom Adressaten der Abrissverfügung geforderte Handlung weiterhin einen Verstoß gegen § 858 Abs. 1 BGB und damit verbotene Eigenmacht gegenüber dem Dritten darstellen, da der unmittelbare Besitz des Dritten entgegen seinem Willen und ohne gesetzliche Gestattung beeinträchtigt wird.

Nach Michls Ausführungen könne lediglich ein sich aus der verbotenen Eigenmacht ergebender Abwehranspruch des berechtigten Besitzers nach § 862 Abs. 1 S. 2 BGB nicht gegen den Adressaten der Abrissverfügung gerichtet werden, da

---

[237] Zweifel an Michls Ansatz äußert etwa auch *J. Sanden*, NuR 2015, 606 (607).

[238] *F. Michl*, NVwZ 2014, 1206 (1208).

Letzterem aufgrund der behördlichen Verpflichtung keinerlei Entschlussfreiheit mehr zu seiner Handlung bleibe und dieser somit kein Störer im Sinne des § 862 Abs. 1 S. 1 BGB sei. Im Zweifel sei der Anspruch nach § 862 Abs. 1 S. 2 BGB auch wegen rechtlicher Unmöglichkeit seiner Erfüllung nach § 275 Abs. 1 BGB ausgeschlossen.

(α) Störer im Sinne des § 862 Abs. 1 S. 1 BGB

Hierbei ist zunächst zu sehen, dass der sowohl für § 862 Abs. 1 S. 1 BGB wie auch § 1004 Abs. 1 S. 1 BGB geltende Störerbegriff gesetzlich nicht definiert wurde und deshalb stark umstritten ist, wer als Störer im Sinne der §§ 862 Abs. 1 S. 1, 1004 Abs. 1 S. 1 BGB gilt.[239] Nach der auch von Michl zugrunde gelegten Definition ist Störer derjenige, der einen Störungszustand entweder durch seine eigene Handlung adäquat kausal herbeigeführt hat und damit Handlungsstörer ist oder ihn aufrechterhält und damit Zustandsstörer ist, soweit die Beseitigung des Zustands zumindest mittelbar von seinem Willen abhängt und er zur Abhilfe in der Lage ist.[240] Nach einer starken Gegenmeinung, der sogenannten Usurpationstheorie, ist die nach dem vorstehenden Ansatz vollzogene Unterscheidung zwischen Handlungs- und Zustandsstörer überflüssig und allein entscheidend, wer das Recht des Eigentümers bzw. Besitzers faktisch usurpiert und so dessen Eigentums- bzw. Besitzrecht beeinträchtigt.[241] Der Störer nimmt demnach das geschützte Recht faktisch wahr und hält damit an Ausübungsbefugnissen das, was dem „Gestörten" fehlt.[242] Nach einer besonders überzeugenden Variante dieser Usurpationstheorie ist Störer, wem die Beeinträchtigung des Eigentums bzw. des Besitzes eines Dritten zuzurechnen und wer imstande ist, sie zu beseitigen.[243] Der bestechende Vorteil des letztgenannten Ansatzes besteht neben der Umgehung der für den sachenrechtlichen Störerbegriff überflüssigen Unterscheidung zwischen Handlung- und Zustandsstörer darin, dass mit dem bei diesem Ansatz verwendeten Begriff der „Zurechnung" die hinter der Bestimmung eines Störers liegende Wertung besser hervortritt, als es etwa bei dem vom erstgenannten Ansatz verwendeten Begriff der „Kausalität" der Fall ist.[244] Es ist nämlich zu sehen, dass auch beim erstgenannten Ansatz keine Bestimmung des

[239] BeckOGK/*G. Götz*, BGB § 862 Rn. 10 i. V. m. BeckOGK/*F. Spohnheimer*, BGB § 1004 Rn. 139; eine umfassende Darstellung der verschiedenen Ansätze zur Bestimmung des Störers im Sinne des § 1004 Abs. 1 S. 1 BGB findet sich bei Staudinger/*C. Thole*, Buch 3 (§§ 985–1011 BGB), BGB § 1004 Rn. 254 ff.

[240] *F. Michl*, NVwZ 2014, 1206 (1208) Fn. 18; BeckOK BGB/*J. Fritzsche*, BGB § 1004 Rn. 15 m. w. N.; Schulze/*H. Schulte-Nölke*, BGB § 1004 Rn. 5; Erman/*F. Ebbing*, BGB § 1004 Rn. 106 ff.; Jauernig/*C. Berger*, BGB § 1004 Rn. 15 ff.

[241] BeckOGK/*F. Spohnheimer*, BGB § 1004 Rn. 145 f.

[242] Staudinger/*C. Thole*, Buch 3 (§§ 985–1011 BGB), BGB § 1004, Rn. 27.

[243] MüKoBGB Band 8/*T. Raff*, BGB § 1004 Rn. 94, 154.

[244] MüKoBGB Band 8/*T. Raff*, BGB § 1004 Rn. 151 ff.

Störers anhand naturwissenschaftlicher Kausalitätsabläufe, sondern ebenfalls anhand von Wertungsentscheidungen erfolgt.[245]

Sofern man wie Michl die von ihm angeführte Rechtsprechung so interpretiert, dass bei einem auf Befehl oder aufgrund von Anweisungen in einem arbeitsrechtlichen Weisungsverhältnis Handelnden die für das Vorliegen einer Störereigenschaft notwendige freie Willensbetätigung fehlt und diese Wertungen auf einen behördlich Verpflichteten überträgt, kann man zu dem Ergebnis kommen, dass der Adressat der Abrissverfügung kein Störer im Sinne des § 1004 Abs. 1 S. 1 BGB wie auch des § 862 Abs. 1 S. 1 BGB ist und somit gegen ihn kein Anspruch auf Unterlassen der Besitzstörung des Dritten gemäß § 862 Abs. 1 S. 2 BGB bestehen würde.[246] Speziell für die Handlung einer Person, die aufgrund von einer Anweisung in einem arbeitsrechtlichen Weisungsverhältnis agiert, wird die Frage, ob nur der anweisende Arbeitgeber oder auch der angewiesene Arbeitnehmer Störer im Sinne der §§ 862 Abs. 1 S. 1, 1004 Abs. 1 S. 1 BGB ist, aber durchaus sehr unterschiedlich beantwortet.[247] So wird beispielsweise vertreten, dass zwar ein Anspruch auf Beseitigung der Eigentums- oder Besitzstörung nach § 1004 Abs. 1 S. 1 BGB bzw. § 862 Abs. 1 S. 1 BGB nur gegen den Arbeitgeber, aber ein Anspruch auf Unterlassung der Eigentums- oder Besitzstörung nach § 1004 Abs. 1 S. 2 BGB bzw. § 862 Abs. 1 S. 2 BGB auch gegen den Arbeitnehmer in Betracht kommt.[248] Denn gerade dann, wenn man die Beseitigungspflicht auf die gegenwärtige Inanspruchnahme des Eigentums bzw. Besitzes begrenzt, sei damit auch keine Überforderung des Arbeitnehmers verbunden.[249] Es ließe sich also durchaus auch dafür argumentieren, dass der Adressat eines Verwaltungsaktes, der zum Eingriff in eine Besitzposition verpflichtet wird, Störer im Sinne der §§ 862 Abs. 1 S. 1, 1004 Abs. 1 S. 1 BGB ist.

Darüber hinaus ist zu sehen, dass speziell im Falle der Beeinträchtigungen des Besitzes durch Handlungen von Personen, die aufgrund von Anweisungen in einem arbeitsrechtlichen Weisungsverhältnis agieren, überzeugend vertreten wird, dass – selbst wenn man nicht bereits von der Störereigenschaft der Arbeitnehmer ausgehen sollte – sich der in seinem Besitz Beeinträchtigte gegenüber deren Handlungen jedenfalls mit Gewalt nach § 859 Abs. 1 BGB erwehren darf.[250] So wären diese zwar

---

[245] MüKoBGB Band 8/*T. Raff*, BGB § 1004 Rn. 151 ff.

[246] *F. Michl*, NVwZ 2014, 1206 (1208) Fn. 19 verweist dabei insbesondere auf BGH, Urt. v. 01.07.1955, V ZR 97/54 (Hamm), NJW 1955, 1474; der Verweis von Michl auf die Entscheidung „*BGHZ 73, 99 = 1979, 651*“ zum Beleg der fehlenden Störereigenschaft eines weisungsgebundenen Arbeitnehmers muss fehlerhaft sein; besser wäre der Verweis auf z. B. BGH, Beschl. v. 15.12.1978, V ZR 214/77, BeckRS 1978, 31117550, woraus sich aber ebenfalls klar ergibt, dass die Thematik umstritten ist; in Michls Sinne vgl. auch Erman/*F. Ebbing*, BGB § 1004 Rn. 118.

[247] BeckOGK/*F. Spohnheimer*, BGB § 1004 Rn. 167.1 m. w. N.; Staudinger/*C. Thole*, Buch 3 (§§ 985–1011 BGB), BGB § 1004 Rn. 309 ff. m. w. N.

[248] MüKoBGB Band 6, 4. Aufl. 2004/*D. Medicus*, BGB § 1004 Rn. 43.

[249] Staudinger/*C. Thole*, Buch 3 (§§ 985–1011 BGB), BGB § 1004 Rn. 311.

[250] *K. Ballerstedt*, JZ 1953, 389 (390).

mangels Zurechnung der Besitzbeeinträchtigung nicht Störer und damit Anspruchsgegner eines Unterlassungsanspruchs nach §§ 862 Abs. 1, 1004 Abs. 1 BGB.[251] Allerdings wären sie zu behandeln wie Naturgewalten, die der Störer widerrechtlich auf den Besitz des Dritten einwirken lässt; auch gegen diese könnte sich der Besitzer mit Gewalt nach § 859 Abs. 1 BGB erwehren.[252]

(β) Die rechtliche Unmöglichkeit des besitzrechtlichen Abwehranspruchs nach § 862 Abs. 1 S. 2 BGB gemäß § 275 Abs. 1 BGB

Sofern Michl, wie schon mit Blick auf den vertraglichen Abwehranspruch des Dritten als Mieter des abzureißenden Gebäudes, auch hinsichtlich des besitzrechtlichen Abwehranspruchs des bereits im Besitz des abzureißenden Gebäudes befindlichen Dritten auf die Unmöglichkeit von dessen Erfüllung gemäß § 275 Abs. 1 BGB abstellt, besteht zumindest Anlass zur Vorsicht. So weist Michl bereits selbst darauf hin, dass die Möglichkeit der Anwendung des im allgemeinen Schuldrecht verorteten § 275 Abs. 1 BGB auf die sachenrechtlichen Abwehransprüche nach § 1004 Abs. 1 BGB wie auch § 862 Abs. 1 BGB fraglich ist.[253] Es sei jedoch anerkannt, dass auch die sachenrechtlichen Abwehransprüche nach § 1004 Abs. 1 BGB und § 862 Abs. 1 BGB bei der Unmöglichkeit von deren Erfüllung ausgeschlossen seien.[254] Sodann verweist Michl auf das sogenannte „Froschteich-Urteil" des BGH[255], um zu belegen, dass ein Abwehranspruch nach § 1004 Abs. 1 BGB wie auch § 862 Abs. 1 BGB rechtlich unmöglich sei, wenn das geschuldete Verhalten einer öffentlich-rechtlichen Pflicht zuwiderlaufe. Die Frage nach der rechtlichen Unmöglichkeit der Erfüllung eines sachenrechtlichen Abwehranspruchs wird in der Entscheidungsbegründung nicht weitergehend ausgeführt, sondern allenfalls in einem Satz angedeutet. Dabei wird erklärt, dass ein Beseitigungsanspruch nicht auf ein Verhalten gerichtet werden könne, das wiederum gesetzlich verboten sei.[256] Auch wenn Michls Ausführungen durchaus schlüssig erscheinen, sind sie vor dem Hintergrund der von ihm angeführten Nachweise jedenfalls nicht zwingend. Letztlich kommt es aber auch hierauf im Ergebnis nicht an.

(γ) Der Verstoß gegen das Verbotsgesetz des § 858 Abs. 1 BGB als Voraussetzung der rechtlichen Unmöglichkeit

Unabhängig von der Frage, ob der Dritte gegenüber dem Verfügungsadressaten einen Anspruch auf Unterlassung der Störung seines Besitzes nach § 862 Abs. 1 S. 2 BGB geltend machen kann oder der Dritte sich gegen eine Störung seines Besitzes

[251] *K. Ballerstedt*, JZ 1953, 389 (390).

[252] *K. Ballerstedt*, JZ 1953, 389 (390); vgl. weiterführend zu zurechenbaren Störungen durch Naturkräfte BeckOK BGB/*J. Fritzsche*, BGB § 1004 Rn. 20ff.

[253] *F. Michl*, NVwZ 2014, 1206 (1208).

[254] *F. Michl*, NVwZ 2014, 1206 (1208).

[255] BGH, Urt. v. 20.11.1992, V ZR 82/91 (München), NJW 1993, 925ff.

[256] BGH, Urt. v. 20.11.1992, V ZR 82/91 (München), NJW 1993, 925 (926).

nur mit Gewalt nach § 859 Abs. 1 BGB erwehren dürfte, verlangt die Behörde vom Adressaten der Abrissverfügung aber jedenfalls ein dem Verbot des § 858 Abs. 1 BGB zuwiderlaufendes und damit ein rechtlich unmögliches Verhalten. Michls Ausführungen beziehen sich hingegen lediglich auf die Frage, ob der vom Verfügungsadressaten verlangten Handlung Abwehransprüche eines Dritten entgegenstehen.

Sowohl nach der bereits im Vorstehenden erörterten zivilrechtlichen Definition, wie auch nach dem verwaltungsspezifischen Begriffsverständnis nach Erbel ist ein Verhalten aber nicht nur dann rechtlich unmöglich, wenn die Rechtsmacht des Verpflichteten zur Umsetzung aufgrund von Abwehransprüchen eines Dritten eingeschränkt ist, sondern auch dann, wenn das verlangte Verhalten einem gesetzlichen Verbot zuwiderlaufen würde. Dass dem Verfügungsadressat gegebenenfalls zivilrechtlich nicht das von ihm verlangte Verhalten, das weiterhin zu einer unzulässigen Besitzbeeinträchtigung des Dritten führt, zugerechnet wird, indem nicht er als der für die Rechtsverletzung des Dritten ursächliche Störer gilt, ändert nichts an der Tatsache, dass ihm von Seiten der Behörde ein im Widerspruch zu einem Verbotsgesetz stehendes Verhalten abverlangt wird, gegen welches sich der Dritte jedenfalls mit tatsächlicher Gewalt nach § 859 Abs. 1 BGB erwehren darf. Um die Umsetzung der Abrissverfügung durch ihren Adressaten zu ermöglichen, müsste also der Eingriff in die Rechtsposition des mit dem Abriss nicht einverstandenen unmittelbaren Besitzers des abzureißenden Gebäudes unabhängig von der Abrissverfügung gerechtfertigt sein, sodass dem Adressaten der Abrissverfügung keine gegen das Verbot des § 858 Abs. 1 BGB verstoßende und damit rechtlich unmögliche Handlung abverlangt wird.

(cc) Zwischenergebnis

Sofern man eine Fallkonstellation betrachtet, bei der der Ausführung der vom Adressaten der Abrissverfügung verlangten Handlung nur die vertraglichen Bindungen zu einem nicht im Besitz der abzureißenden Sache befindlichen Dritten entgegenstehen und man entsprechend dem von Erbel vertretenen Begriffsverständnis annimmt, die Ausführung der Abrisshandlung wäre bereits aufgrund der entgegenstehenden vertraglichen Verpflichtungen rechtlich unmöglich, kommt Michls Ansatz durchaus Bedeutung zu. In einer solchen Konstellation würde sich der Konflikt zwischen der behördlichen und der vertraglichen Verpflichtung des Empfängers der Abrissverfügung tatsächlich entsprechend Michls Ausführungen aufgrund der Responsivität des Zivilrechts auflösen, da die Erfüllung der vertraglichen Verpflichtung aufgrund der entgegenstehenden behördlichen Verpflichtung entsprechend den Vorgaben des § 275 Abs. 1 BGB ausgeschlossen und damit wiederum die Umsetzung der behördlichen Verpflichtung nicht rechtlich unmöglich wäre. Michls Ansatz kommt also insoweit Bedeutung zu, als er verdeutlich, dass bloße vertragliche Verpflichtungen aufgrund der Responsivität des Zivilrechts gegenüber dem öffentlichen Recht der Umsetzung einer wirksamen behördlichen Verpflichtung nicht entgegenstehen und damit grundsätzlich nicht zur rechtlichen Unmöglichkeit von deren Umsetzung führen können.

In einer Fallkonstellation, in welcher jedoch der Dritte im Besitz des abzureißenden Gebäudes ist, ist unabhängig von der Frage, ob eine wirksam erlassene Abrissverfügung auf die Zivilrechtslage dergestalt wirkt, dass vertragliche Unterlassungsansprüche oder besitzrechtliche Abwehransprüche ausgeschlossen sind, bereits allein aufgrund des Verstoßes der vom Verfügungsadressaten verlangten Handlung gegen ein Verbotsgesetz von deren rechtlicher Unmöglichkeit auszugehen. Michl macht keine weitergehenden Ausführungen zur Definition des rechtlich Unmöglichen, scheint aber zu übersehen, dass sowohl nach dem zivilrechtlichen, wie auch nach einem spezifisch verwaltungsrechtlichen Begriffsverständnis ein Verhalten rechtlich unmöglich ist, wenn es im Widerspruch zu einem Verbotsgesetz steht. Vor diesem Hintergrund ist Michls Ansatz jedenfalls zur Auflösung der Konfliktsituation zwischen der behördlichen Abrissverpflichtung und dem besitzrechtlichen Verbot von verbotener Eigenmacht untauglich.

c) Zwischenergebnis

Es lässt sich festhalten, dass es einige Handlungsmöglichkeiten und Gründe gibt, die in der vorliegenden Fallkonstellation dazu führen, dass vom Adressaten der Abrissverfügung kein rechtlich unmögliches Verhalten verlangt wird. So hat der Verfügungsadressat zunächst die Möglichkeit, das der Ausführung der Abrisshandlung entgegenstehende Vertragsverhältnis zu einem Dritten, wie etwa dem Mieter des abzureißenden Gebäudes, zu kündigen. Die Kündigung des Mietverhältnisses würde dem Dritten sein Recht zum Besitz nach § 986 Abs. 1 S. 1 BGB nehmen, sodass vom Eigentümer das Grundstück bzw. Gebäude gemäß § 985 BGB wieder herausverlangt werden kann und dem ehemaligen Mieter auch keine deliktischen Schadensersatzansprüche nach § 823 Abs. 1 BGB, wie auch vertraglichen Gewährleistungsansprüche nach den §§ 536, 536a BGB mehr zustünden. Gegen diesen Ansatz spricht jedoch, dass der gegebenenfalls weiterhin bestehende faktische Besitz des Dritten auch weiterhin durch die Besitzschutzrechte der §§ 858 Abs. 1 Alt. 2, 862 Abs. 1, 859 Abs. 1 BGB gesichert ist, da diese dem Besitzer unabhängig von einem Recht zum Besitz zustehen. Umgekehrt lässt ein Anspruch des Eigentümers auf die Einräumung des Besitzes an der Sache die Voraussetzungen des § 858 Abs. 1 BGB bei einer eigenmächtigen Beschaffung des Besitzes nicht entfallen, vielmehr bleibt diese verboten. Damit müsste der Eigentümer als Adressat der sicherheitsrechtlichen Verfügung bei einer Auflösung seiner vertraglichen Verpflichtungen – im Falle eines Mietverhältnisses durch Kündigung – nicht nur etwaige Kündigungsfristen abwarten, sondern bei einer Weigerung des Mieters den Besitz am Mietgegenstand zurückzugewähren, seinen Anspruch auf Rückgewähr gegebenenfalls erst gerichtlich geltend machen und einen entsprechenden Titel nötigenfalls vollstrecken lassen. Dies scheint zwar durchaus ein theoretisch mögliches Vorgehen zu sein, das aber voraussetzt, dass dem behördlich in Anspruch Genommenen nach den Vorgaben seiner konkreten Verpflichtung ausreichend Zeit eingeräumt worden ist, um diese vorbereitenden Maßnahmen zu treffen; andernfalls würde ihm weiterhin eine mit gegebenenfalls noch bestehenden (Rechts-)Positionen des Dritten kollidierende Handlung abverlangt.

Darüber hinaus könnte dem Mieter in den Fallkonstellationen, in denen es nicht zum kompletten Abriss des Mietgebäudes kommen soll, entweder schon eine Duldungspflicht aus § 555d Abs. 1 BGB wegen vom Vermieter vorgenommenen Modernisierungsmaßnahmen obliegen. Darüber hinaus könnte ihn eine Duldungspflicht aus § 242 BGB wegen der vom Vermieter vorzunehmenden Beseitigungsmaßnahmen hinsichtlich des aus dem Widerspruch des Vertragsgegenstandes zu öffentlichrechtlichen Vorgaben entspringenden Mangels treffen. Damit stünde dem Mieter dann kein vertraglicher Anspruch auf die Unterlassung der tatsächlichen Gebrauchsbeeinträchtigung nach § 535 Abs. 1 S. 2 BGB zu, den dieser folglich auch nicht im Wege des einstweiligen Rechtsschutzes nach den §§ 935, 940 ZPO geltend machen könnte. Letztlich ist jedoch zu sehen, dass eine derartige Duldungspflicht, ob aus § 555d Abs. 1 BGB oder § 242 BGB, dem Vermieter kein Recht einräumt, eigenmächtig den Besitz am Mietgegenstandes zu beeinträchtigen, sondern nur einen mietrechtlichen Anspruch auf die Hinnahme der für die genannten Veränderungen notwendigen Maßnahmen – falls nötig auch in Form einer vorübergehenden Räumung des Mietgegenstandes – verbürgt, sodass damit die besitzrechtlichen Abwehransprüche des Mieters nach den §§ 858 Abs. 1 Alt. 2, 862 Abs. 1, 859 Abs. 1 BGB aber weiterhin bestehen. Dieses Recht des Vermieters auf Vornahme und die Pflicht des Mieters auf Duldung der geplanten Rück- und Umbaumaßnahmen müsste zunächst gerichtlich geltend gemacht und gegebenenfalls im Wege der Zwangsvollstreckung durchgesetzt werden. Nur auf diesem Wege ist es dem Vermieter dann möglich, auch die besitzrechtlichen Rechte und Ansprüche des Mieters zu überwinden. Wenn eine behördliche Verfügung an den vermietenden Eigentümer erginge, die gegebenenfalls notwendige gerichtliche Vorbereitungsmaßnahmen zeitlich zuließe, wäre dieses Vorgehen im Einzelfall theoretisch denkbar. Lässt die behördliche Verpflichtung des Vermieters derartige Maßnahme allerdings – vor allem zeitlich – nicht zu, kommt es weiterhin zu einer Kollision von der dem Verfügungsadressaten abverlangten Handlung mit gegebenenfalls noch bestehenden (Rechts-)Positionen des Dritten, welche vor einer Umsetzung des Verfügungsinhaltes nicht (rechtzeitig) ausgeräumt werden können.

Es sind aber auch gesetzliche Rechtfertigungsgründe denkbar, die dem Verhalten des Verfügungsadressaten dessen Rechtswidrigkeit gänzlich nehmen würden und damit sowohl die besitzschutzrechtlichen Rechte und Ansprüche, die deliktsrechtlichen Rechtsfolgen, wie auch die obligatorischen Abwehransprüche des drittberechtigten Besitzers ausschließen würden. Dabei käme es, anders als bei den bloß vertraglichen Duldungspflichten des Mieters, nichtmehr auf die Durchsetzung eines solchen obligatorischen Duldungsanspruches durch den Vermieter an, bevor dieser dem Inhalt der sicherheitsrechtlichen Verfügung folgen kann, ohne die entgegenstehenden Rechte und Ansprüche des Mieters fürchten zu müssen bzw. auszulösen.

Vielmehr wären schon die gesetzlichen Voraussetzungen der besitzrechtlichen, deliktsrechtlichen, wie auch vertraglichen Abwehrrechte und -ansprüche nicht erfüllt. Zur Legitimation des Eingriffs des vermietenden Eigentümers in die Rechtsposition des berechtigten Besitzers kommen neben der Einwilligung des Letzteren Rechtfertigungsgründe aus den gesetzlichen Notstandsregelungen wie § 228 BGB in Betracht. Darüber hinaus kann auch eine Duldungspflicht des berechtigten Besitzers aufgrund einer Geschäftsführung des vermietenden Eigentümers ohne Auftrag im öffentlichen Interesse gemäß der §§ 677, 679 Alt. 1, 683 S. 2 BGB zur Wahrnehmung der aus der materiellen Polizeipflicht des berechtigten Besitzers entspringenden Gefahrbeseitigungspflicht bestehen. Dabei greift die Legalisierungswirkung des § 228 BGB in Fällen von Individualrechtgefährdungen, vor allen Dingen Gefährdungen von Leben und körperlicher Unversehrtheit ein, sofern keine weiteren rechtzeitigen staatlichen Hilfsmaßnahmen im Vorfeld einer Gefahrverwirklichung möglich sind; als Beispiel wäre wiederum an ein baufälliges, Bewohner, Nachbarn und Passanten gefährdendes Gebäude zu denken. Bei der Herleitung einer Rechtfertigung der Handlung des behördlich verpflichteten Eigentümers als Geschäftsführer gegenüber dem berechtigten Besitzer als Geschäftsherrn über eine Duldungspflicht aus einer berechtigten Geschäftsführung ohne Auftrag gemäß der §§ 677, 679 Alt. 1, 683 S. 2 BGB ist zu sehen, dass auch der unmittelbare Besitzer einer Sache Zustandsverantwortlicher ist, da er die unmittelbare Gewalt über den Gegenstand inne hat, sodass ihn bei Eintritt einer durch den Gegenstand verursachten Gefahr eine aus seiner materiellen Polizeipflicht folgende Gefahrbeseitigungspflicht trifft. Entsteht durch den Gegenstand eine Gefahr für Leben und Gesundheit, kann von einem besonderen öffentlichen Interesse an der Wahrnehmung der dem Besitzer auf Grund seiner materiellen Polizeipflicht obliegenden Gefahrbeseitigungspflicht durch einen Geschäftsführer nach § 679 Alt. 1 BGB ausgegangen werden. Nimmt also der durch die Abrissverfügung in Anspruch Genommene bei seiner Abrisshandlung eine Pflicht des unmittelbaren Besitzers zur Beseitigung einer von dem abzureißenden Gebäude ausgehenden Gefahr für Gesundheit und Leben im Rahmen einer berechtigten Geschäftsführung ohne Auftrag gemäß der §§ 677, 679 Alt. 1, 683 S. 2 BGB war, ist er bei seinem Handeln gerechtfertigt. Diese Rechtfertigung seiner Handlung aufgrund einer berechtigten Geschäftsführung ohne Auftrag im besonderen öffentlichen Interesse nach §§ 677, 679 Alt. 1, 683 S. 2 BGB greift allerdings nicht, wenn es sich bei dem drittberechtigten Besitzer um einen lediglich mittelbaren Besitzer handelt.

Eine Rechtfertigung der durch die Abrissverfügung verlangten Handlung durch die Abrissverfügung selbst ist hingegen nicht möglich. So wird die Abrissverfügung regelmäßig keinen ausreichenden Regelungsinhalt aufweisen, um eine Rechtswirkung auf das Rechtsverhältnis zwischen dem Verfügungsadressaten und dem obligatorisch berechtigten Dritten entfalten zu können. Denn die Legalisierungswirkung eines Verwaltungsaktes kann nur soweit gehen, wie dessen Regelungsinhalt reicht. Die hier betrachtete Abrissverfügung wird aber regelmäßig lediglich die behördliche Verpflichtung zum Abriss eines Gebäudes enthalten und darüber hinaus gar keine

Aussage zum Rechtsverhältnis zwischen dem Adressaten und dem Drittberechtigten treffen. Damit kann die Abrissverfügung aus ihrem Inhalt heraus keine Wirkungen auf das Rechtsverhältnis zwischen dem Verfügungsadressaten und dem Drittberechtigten entfalten und damit auch keinen Eingriff in die Rechtsposition des Drittberechtigten rechtfertigen.

Die zivilrechtlichen Folgewirkungen der wirksam erlassenen Abrissverfügung sind wiederum nur von Bedeutung, wenn man dem Begriffsverständnis von Erbel entsprechend bereits dann von rechtlicher Unmöglichkeit ausgeht, wenn der Ausführung der Abrisshandlung allein vertragliche Bindungen des Verfügungsadressaten entgegenstehen. In einer solchen Konstellation würde sich der Konflikt zwischen der behördlichen und der vertraglichen Verpflichtung des Empfängers der Abrissverfügung – wie zuletzt ausführlich dargestellt – auflösen, da die Erfüllung der vertraglichen Verpflichtung aufgrund der entgegenstehenden behördlichen Verpflichtung entsprechend den Vorgaben des § 275 Abs. 1 BGB ausgeschlossen und damit wiederum die Umsetzung der behördlichen Verpflichtung nicht rechtlich unmöglich wäre. Die der Ausführung der Abrissverfügung entgegenstehenden vertraglichen Bindungen des Verfügungsadressaten können damit grundsätzlich nicht die rechtliche Unmöglichkeit der Ausführungshandlungen nach sich ziehen. In einer Fallkonstellation, in der jedoch der Dritte im Besitz des abzureißenden Gebäudes ist, ist unabhängig von der Frage, ob eine wirksam erlassene Abrissverfügung auf die Zivilrechtslage dergestalt wirkt, dass vertragliche Unterlassungsansprüche oder besitzrechtliche Abwehransprüche ausgeschlossen sind, bereits allein aufgrund des Verstoßes der vom Verfügungsadressaten verlangten Handlung gegen das Verbotsgesetz des § 858 Abs. 1 BGB von deren rechtlicher Unmöglichkeit auszugehen, sofern kein anderweitiger Rechtfertigungsgrund für den Eingriff in die Besitzposition des Dritten vorliegt.

Im Ergebnis ist das Verhalten des Verfügungsadressaten also stets in den Fällen gerechtfertigt, in denen es zur Beseitigung von durch das abzureißende Gebäude ausgehenden (akuten) Gesundheits- oder Lebensgefahren notwendig ist, sofern vor dem Eintritt eines Schadens an Gesundheit oder Leben keine weiteren staatlichen Gefahrbeseitigungsmaßnahmen mehr möglich sind. Hierbei ist ein Rückgriff auf eine Duldungspflicht des (berechtigten) Besitzers aufgrund einer Geschäftsführung des Verfügungsadressaten ohne Auftrag im öffentlichen Interesse nach §§ 677, 679 Alt. 1, 683 S. 2 BGB möglich und nur im Falle eines mittelbaren Besitzers ausgeschlossen. Im Übrigen greift bei Vorliegen einer akuten Gesundheits- oder Lebensgefahr stets der Rechtsfertigungsgrund des § 228 BGB. Bei einem Eingriff in den (berechtigten) Besitz, zur bloßen Verteidigung der Baurechtsordnung, greifen diese Rechtfertigungsgründe wiederum nicht.

B. Ergebnis der Rechtmäßigkeitsprüfung

Bei dem oben angestellten Vergleich von Erbels Begriffsverständnis mit dem auf den zivilrechtlichen Unmöglichkeitsbegriff abstellenden Ansatz von Franck war festzustellen, dass in beiden Fällen eine behördliche Verpflichtung zu einem Verstoß gegen ein Verbotsgesetz, wie es etwa § 858 Abs. 1 BGB darstellt, etwas rechtlich Unmögliches verlangt. Ein Unterschied zwischen den beiden Ansätzen besteht nur bei der Beantwortung der Frage, ob bereits eine der Ausführung der behördlichen Verpflichtung entgegenstehende vertragliche Bindung des Verfügungsadressaten ebenfalls zur rechtlichen Unmöglichkeit des Verfügungsinhaltes führt. Wie festgestellt, erscheint zwar der Ansatz vorzugswürdig, auch bei einer bloßen vertraglichen Bindung des Verfügungsadressaten, die der Ausführung der behördlichen Verpflichtung entgegensteht, bereits von der rechtlichen Unmöglichkeit der Ausführungshandlung auszugehen. So hat sich jedoch gezeigt, dass wenn der Ausführung der Abrisshandlung allein vertragliche Bindungen des Verfügungsadressaten entgegenstehen, der Konflikt zwischen der behördlichen und der vertraglichen Verpflichtung des Empfängers der Abrissverfügung qua Gesetz aufgelöst wird, da die Erfüllung der vertraglichen Verpflichtung aufgrund der entgegenstehenden behördlichen Verpflichtung entsprechend den Vorgaben des § 275 Abs. 1 BGB ausgeschlossen wäre. Vor diesem Hintergrund liegt rechtliche Unmöglichkeit in der vorliegenden Fallkonstellation – unabhängig davon, ob man bei der Begriffsbestimmung dem Ansatz von Erbel oder Franck folgt – nur dann vor, wenn sich der Dritte bereits im Besitz des abzureißenden Gebäudes befindet und der Adressat der Abrissverfügung bei der Vornahme der Abrisshandlung unter Verstoß gegen die Verbotsvorschrift des § 858 Abs. 1 BGB in diese Besitzposition des Dritten eingreifen würde. Eine Rechtfertigung für einen solchen Eingriff kann sich dabei regelmäßig nur unter den vorstehend beschriebenen Voraussetzungen aus einer Geschäftsführung ohne Auftrag im öffentlichen Interesse nach §§ 677, 679 Alt. 1, 683 S. 2 BGB oder aufgrund eines Notstandes nach § 228 BGB ergeben.

Wie ebenfalls bereits festgestellt, ist ein Verwaltungsakt im Sinne des Verhältnismäßigkeitsprinzips als ungeeignet anzusehen, wenn er seinem Adressaten eine diesem rechtlich unmöglich umsetzbare Handlungspflicht auferlegt. Denn eine dem Adressaten des Verwaltungsaktes abverlangte, diesem jedoch rechtlich unmögliche Handlung ist nicht geeignet, den Zweck des Verwaltungsaktes zu fördern. Damit verstößt ein solcher Verwaltungsakt gegen das Verhältnismäßigkeitsprinzip und ist rechtswidrig. Sofern aber der vom Adressaten der Abrissverfügung verlangte Eingriff in die (qua Mietvertrag berechtigte) Besitzposition des Dritten durch einen der vorstehenden Rechtfertigungsgründe legitimiert ist, wird Ersterem keine rechtlich unmögliche Handlung abverlangt, weshalb die Abrissverfügung nichts Ungeeignetes im Sinne des Verhältnismäßigkeitsprinzips verlangt und, soweit im Übrigen bei der behördlichen Auswahlentscheidung hinsichtlich des Verfügungsadressaten die oben bereits dargestellten Gebote der Zweck- und Verhältnismäßigkeit eingehalten wurden, rechtmäßig ist. Umgekehrt ist die Abrissverfügung rechtswidrig, sofern eine derartige Rechtfertigung des vom Adressaten verlangten Eingriffs in die Rechtsposition des Dritten nicht gegeben ist. Diese Rechtswidrigkeit führt jedoch, anders als in der ersten Fallvariante, nicht zur Nichtigkeit der Abrissverfügung, da die Voraussetzungen der in Betracht kommenden Nichtigkeitstatbestände nach § 44 Abs. 2 Nr. 5 VwVfG und nach § 44 Abs. 1 VwVfG nicht erfüllt sind. Vielmehr besteht seitens des Adressaten des rechtswidrigen Verwaltungsaktes ein materieller Anspruch auf Aufhebung des rechtswidrigen Verwaltungsaktes gegenüber der Verwaltung, wie bereits dargestellt.[257] Sofern die Erlassbehörde den materiellen Aufhebungsanspruch des Adressaten nicht erfüllt und den rechtswidrigen Verwaltungsakt nicht selbst wieder zurücknimmt, ist Folge der Rechtswidrigkeit, dass der Verwaltungsakt mit den durch das Verwaltungsprozessrecht vorgesehenen Rechtsbehelfen angegriffen und dann durch die Verwaltungsgerichte aufgehoben werden kann.

Für die übrigen, bereits ausführlich erörterten formellen und materiellen Rechtmäßigkeitsvoraussetzungen, wie etwa die Zuständigkeit der handelnden Behörde, die Einhaltung von Verfahrensvorschriften oder die Erfüllung der Tatbestandsvoraussetzungen der jeweiligen Rechtsgrundlage spielt die Frage, ob der vom Adressaten einer Abrissverfügung abverlangten Handlung die Rechtsposition eines Dritten entgegensteht, keine weitere Rolle. Diese übrigen Rechtmäßigkeitsvoraussetzungen sind vom konkreten Einzelfall abhängig; die Details zu diesen Anforderungen an die Rechtmäßigkeit der Abrissverfügung wurden oben bereits ausführlich dargestellt.

C. Nichtvollstreckbarkeit der Grundverfügung

Mit Blick auf die Vollstreckbarkeit der Abrissverfügung in der vorliegend betrachteten Fallvariante ergeben sich im Vergleich zur ersten Fallvariante erhebliche Unterschiede. Elementare Voraussetzung der Vollstreckbarkeit eines Verwaltungsaktes ist dessen Wirksamkeit. In der vorliegend betrachteten Fallvariante ist die Abrissverfügung – anders als in der ersten Fallvariante – grundsätzlich wirksam. Selbst wenn die Abrissverfügung von ihrem Adressaten eine rechtlich unmögliche Handlung verlangen sollte, führt die daraus resultierende Rechtswidrigkeit der Abrissverfügung nicht zugleich zu ihrer Nichtigkeit und damit Unwirksamkeit, da die Voraussetzungen der in Betracht kommenden Nichtigkeitstatbestände nach § 44 Abs. 2 Nr. 5 VwVfG und nach § 44 Abs. 1 VwVfG nicht erfüllt sind. Darüber hinaus ist zu sehen, dass die Rechtmäßigkeit eines Verwaltungsaktes keine Voraussetzung für dessen Vollstreckbarkeit ist. Für die vorliegend betrachtete Fallvariante ist allerdings relevant, dass die Vollstreckung eines Verwaltungsaktes beim Bestehen eines Vollstreckungshindernisses ausgeschlossen ist. Ein solches Vollstreckungshindernis besteht nach wohl herrschender Meinung insbesondere dann, wenn vom

[257] Siehe oben Kapitel 2, § 1 A. II. 1.

Vollstreckungsschuldner etwas rechtlich oder tatsächlich Unmögliches verlangt würde.[258] Hierbei ist jedoch wiederum zu sehen, dass insbesondere das BVerwG und Teile der Literatur davon ausgehen, dass aus der rechtlichen Unmöglichkeit der Erfüllung der vom Adressaten der Abrissverfügung verlangten Handlung wegen entgegenstehender privater Rechte Dritter nicht die Rechtswidrigkeit der Abrissverfügung, sondern stattdessen nur deren Nichtvollstreckbarkeit folgt.[259] Wie dem Gesagten entnommen werden kann, führt aber die Verpflichtung zu einer rechtlich unmöglichen Handlung auch in der vorliegend betrachteten Fallvariante zur Rechtswidrigkeit des anordnenden Verwaltungsaktes. Sollte dieser rechtswidrige Verwaltungsakt nicht vor seiner Vollstreckung bereits erfolgreich gerichtlich angegriffen oder durch die Behörde zurückgenommen worden sein, kann nur neben dessen Rechtswidrigkeit aufgrund der rechtlichen Unmöglichkeit der verlangten Handlung auch zusätzlich ein Vollstreckungshindernis vorliegen.[260] Im Ergebnis würde dies in der vorliegend betrachteten Fallvariante dazu führen, dass die Abrissverfügung, die von ihrem Adressaten etwas rechtlich Unmögliches verlangt, nicht nur rechtswidrig, sondern aufgrund eines Vollstreckungshindernisses auch nicht vollstreckbar ist.

§ 2 Notwendigkeit und Voraussetzungen einer Duldungsverfügung

A. Notwendigkeit einer Duldungsverfügung

Entsprechend der aus dem Vorstehenden gewonnenen Erkenntnisse kann in der vorliegend betrachteten Fallvariante der Erlass einer Duldungsverfügung an einen sich im unmittelbaren Besitz der abzureißenden Gebäudes befindlichen Dritten notwendig sein, um einerseits die Rechtswidrigkeit der Abrissverfügung wegen der Unmöglichkeit des durch sie Verlangten zu verhindern, andererseits ein ebenfalls aus der Unmöglichkeit des durch die Abrissverfügung Verlangten folgendes Vollstreckungshindernis zu überwinden. Dabei ist das dem Adressaten der Abrissverfügung auferlegte Handeln dann unmöglich, wenn der von ihm geforderte Eingriff in die Besitzposition des Dritten nicht etwa durch die Einwilligung des Dritten entfällt,

---

[258] BVerwG, Urt. v. 28.04.1972, IV C 42.69, BVerwGE 40, 101, Rn. 31; Sadler/Tillmanns/*G. Sadler/R. Tillmanns*, § 15 VwVG Rn. 61 ff.; *T. Kingreen/R. Poscher*, Polizei- und Ordnungsrecht, 12. Aufl. 2022, § 24 Rn. 34; *F. Koehl*, DAR 2016, 669 (670 f.); *J. Hyckel*, LKV 2015, 342 (344).

[259] BVerwG, Urt. v. 28.04.1972, IV C 42.69, BVerwGE 40, 101, Rn. 31 m.w.N.; so etwa auch *W.-R. Schenke*, PolR, § 4 Rn. 353; Lisken/Denninger/*K. Graulich*, Handbuch des Polizeirechts, E. Rn. 910; vgl. BeckOK VwVfG/*A. Deusch/B. Burr*, VwVG § 13 Rn. 4.

[260] *G. Erbel*, Die Unmöglichkeit von Verwaltungsakten, 1972, S. 154 ff., der darüber hinaus erörtert, inwieweit ein aufgrund rechtlicher Unmöglichkeit rechtswidriger Verwaltungsakt auch nach Ablauf einer Frist zur gerichtlichen Anfechtung durch die Behörde aufgehoben werden muss und damit einer etwaigen Vollstreckung bereits die Grundlage entzogen würde.

bzw. durch eine Geschäftsführung ohne Auftrag im öffentlichen Interesse nach den §§ 677, 679 Alt. 1, 683 S. 2 BGB oder aufgrund eines Notstandes nach § 228 BGB gerechtfertigt ist. Bei einer dann notwendigen Duldungsverfügung handelt es sich um einen Gestaltungsakt, der einen Rechtfertigungsgrund für den Eingriff des Adressaten der Abrissverfügung in die Besitzposition des Dritten schafft.[261] Sollte absehbar sein, dass der Adressat der Duldungsverfügung die Umsetzung der Abrissverfügung faktisch nicht dulden wird, besteht – wie zur ersten Fallvariante bereits ausgeführt – die Möglichkeit, diesen durch eine vollstreckungsfähige Anordnung auch zur faktischen Duldung der Abrissmaßnahmen zu verpflichten, um seinen erwarteten tatsächlichen Widerstand gegen die Vollziehung der Abrissverfügung mit den Mitteln der Zwangsvollstreckung überwinden zu können.

Wie bereits im Zusammenhang mit der ersten Fallvariante ausgeführt, ist eine Duldungsverfügung, die das Bestehen eines anderweitigen Rechtfertigungsgrundes für den Eingriff des Adressaten der Abrissverfügung in die Rechtsposition des Dritten lediglich feststellt, grundsätzlich nicht erforderlich im Sinne des Verhältnismäßigkeitsprinzips und damit rechtswidrig. Gleiches gilt für eine Duldungsverfügung, die nur rein vorsorglich, falls ein anderweitiger Rechtfertigungsgrund für den Eingriff in die Rechtsposition des Dritten, beispielsweise dessen Einwilligung, wegfallen sollte, erlassen wird. Auch eine solche Duldungsverfügung wäre bis zum Wegfall des anderweitigen Rechtfertigungsgrundes nicht erforderlich im Sinne des Verhältnismäßigkeitsprinzips und damit rechtswidrig.

B. Rechtmäßigkeitsvoraussetzungen der Duldungsverfügung

I. Rechtsgrundlage und formelle Rechtmäßigkeitsvoraussetzungen der Duldungsverfügung

Wie ebenfalls bereits im Zusammenhang mit der ersten Fallvariante erörtert, kann als Rechtgrundlage für die Duldungsverfügung die jeweils für die Abrissverfügung herangezogene Rechtgrundlage, also entweder Art. 76 S. 1 BayBO bzw. Art. 54 Abs. 4 BayBO oder Art. 7 Abs. 2 LStVG herangezogen werden. Dabei ist für den

[261] VGH Mannheim, Urt. v. 14.05.1976, III 741/75, NJW 1977, 861; *F. Michl*, NVwZ 2014, 1206 (1208 f.) m. w. N., der die Pflicht zur Duldung des Eingriffs in die Besitzposition des Dritten aufgrund der Duldungsverfügung über einen Erstrechtschluss ausgehend vom gemäß § 1004 Abs. 2 BGB aufgrund einer Duldungsverfügung einschränkbaren negatorischen Anspruch nach § 1004 Abs. 1 BGB begründet; zum mittels Duldungsverfügung einschränkbaren negatorischen Anspruch nach § 1004 Abs. 1 BGB vgl. VG Gießen, Beschl. v. 11.09. 2012, 8 L 1673/12.GI, BeckRS 2013, 49020; zur grundsätzlichen Möglichkeit, aufgrund einer entsprechenden Rechtsgrundlage einen den Eingriff in die Besitzposition eines Dritten rechtfertigenden Verwaltungsakt zu erlassen, vgl. VGH München, Beschl. v. 13.08.1992, 2 CS 92.1618, NJW 1993, 82; OGHBrZ Köln, Urt. v. 11.02.1949, II ZS 49/48 (Düsseldorf), NJW 1949, 423 ff.; wohl a. A. OLG Brandenburg, Urt. v. 31.08.2016, 4 U 195/11, juris, Rn. 52.

Erlass der Duldungsverfügung die Behörde zuständig, die auch für den Erlass der Abrissverfügung zuständig ist.

Hinsichtlich des Verfahrens beim Erlass der Duldungsverfügung ist abermals auf die Ausführungen im Zusammenhang mit der ersten Fallvariante zu verweisen, wobei jedoch geringfügige Unterschiede zu beachten sind. So handelt es sich bei den zum Erlass der Abrissverfügung und zum Erlass der Duldungsverfügung führenden Verfahren grundsätzlich um eigenständige, nebeneinanderstehende Verwaltungsverfahren im Sinne des Art. 9 BayVwVfG. Dabei ist der Drittberechtigte bei dem auf den Erlass der Duldungsverfügung abzielenden Verwaltungsverfahren Beteiligter im Sinne des Art. 13 Abs. 1 Nr. 2 BayVwVfG. Er ist aber, anders als in der ersten Fallvariante, nach Art. 13 Abs. 2 S. 2 BayVwVfG notwendigerweise zu dem zum Erlass der Abrissverfügung führenden Verwaltungsverfahren hinzuzuziehen und damit nach Art. 13 Abs. 1 Nr. 4 BayVwVfG auch an diesem Verwaltungsverfahren beteiligt, sofern der wirksame Erlass der Abrissverfügung entsprechend dem erörterten Ansatz von Michl zu einer Einschränkung von seinen der Umsetzung der Abrissverfügung entgegenstehenden obligatorischen Rechten führt. Umgekehrt ist wiederum der Adressat der Abrissverfügung nach Art. 13 Abs. 1 Nr. 2 BayVwVfG an dem zum Erlass der Abrissverfügung führenden Verwaltungsverfahren Beteiligter. Er ist aber kein Beteiligter an dem zum Erlass der Duldungsverfügung führenden Verwaltungsverfahren. Unabhängig davon, welche Rechtspositionen des Adressaten der Abrissverfügung durch die Abrissverfügung eingeschränkt werden, berührt der Regelungsinhalt der Duldungsverfügung diese Rechtspositionen regelmäßig nicht, sodass der Adressat der Abrissverfügung weder notwendig nach Art. 13 Abs. 2 S. 2 BayVwVfG noch einfach nach Art. 13 Abs. 2 S. 1 BayVwVfG zu dem zum Erlass der Duldungsverfügung führenden Verwaltungsverfahren hinzugezogen werden muss bzw. kann und damit auch nicht Beteiligter daran gemäß Art. 13 Abs. 1 Nr. 4 BayVwVfG ist.

Auch wenn in der vorliegenden, anders als in der ersten Fallvariante, die Wirksamkeit der Abrissverfügung nicht vom Erlass der Duldungsverfügung abhängig ist, so doch deren Rechtmäßigkeit und Vollstreckbarkeit; darüber hinaus ist sowohl für den Erlass der Abrissverfügung wie auch für den Erlass der Duldungsverfügung dieselbe Behörde zuständig, die beiden Verfügungen sollen, wie sogleich noch eingehender erörtert werden wird, in einem engen zeitlichen Zusammenhang ergehen und beziehen sich auf den gleichen Lebenssachverhalt. Vor diesem Hintergrund drängt sich auch in der vorliegend betrachteten Fallvariante eine Verbindung der beiden, den Verfügungen vorausgehenden Verwaltungsverfahren nach Art. 10 BayVwVfG durch die handelnde Behörde auf. Bei der einfachen Verbindung von Verwaltungsverfahren gegenüber mehreren Beteiligten bleiben jedoch in der Konsequenz die einzelnen Verfahren rechtlich selbstständig. Da im Übrigen der Adressat der Abrissverfügung nicht von der Regelung der Duldungsverfügung erfasst wird und diese auch nicht für ihn bestimmt ist entfaltet die Duldungsverfügung für den Adressaten der Abrissverfügung auch keine Bindungswirkung im Sinne des § 43

Abs. 1 S. 1 VwVfG. Jedoch ist die Duldungsverfügung für den Adressaten der Abrissverfügung nach deren Erlass als wirksamer Rechtsakt beachtlich.

Da, wie bereits festgestellt, mit der Duldungsverfügung ein Eingriff in die Rechte des Dritten einhergeht, ist dieser vor dem Erlass der Duldungsverfügung gemäß Art. 28 Abs. 1 BayVwVfG anzuhören.[262] Da die Duldungsverfügung, wie auch in der ersten Fallvariante, bereits Voraussetzung für die Rechtmäßigkeit der Abrissverfügung ist und nicht bloß eine Maßnahme im Rahmen der Verwaltungsvollstreckung darstellt, würde schon allein deshalb auch in der vorliegend betrachteten Fallvariante der Ausnahmetatbestand des Art. 28 Abs. 2 Nr. 5 BayVwVfG nicht eingreifen. Da die Duldungsverfügung, anders als in der ersten Fallvariante, in der vorliegend betrachteten Fallvariante aber auch notwendig ist, um ein hinsichtlich der Abrissverfügung bestehendes Vollstreckungshindernis auszuräumen, stellt sie gegebenenfalls zusätzlich eine Maßnahme im Rahmen des Verfahrens zur Vollstreckung der Abrissverfügung und damit gegebenenfalls auch eine Maßnahme im Sinne des Art. 28 Abs. 2 Nr. 5 BayVwVfG dar. Entsprechend der bereits im Zusammenhang mit der ersten Fallvariante vorgestellten Argumentation von Harald von Kalm würde aber selbst vor dem Erlass der Duldungsverfügung als Maßnahme im Verwaltungsvollstreckungsverfahren das Erfordernis zur Anhörung des Drittberechtigten nicht nach Art. 28 Abs. 2 Nr. 5 BayVwVfG entfallen.[263] Der Drittberechtigte ist vor dem Erlass der Duldungsverfügung also in jedem Fall gemäß Art. 28 Abs. 1 BayVwVfG anzuhören.

II. Materielle Rechtmäßigkeitsvoraussetzungen der Duldungsverfügung

1. Erfüllung der Tatbestandsvoraussetzungen der Eingriffsgrundlage

Wie bereits im Zusammenhang mit der ersten Fallvariante erörtert, kommt es für die materielle Rechtmäßigkeit der Duldungsverfügung darauf an, dass die Voraussetzungen der jeweiligen Eingriffsgrundlage, die für die Abrissverfügung wie für die Duldungsverfügung identisch ist, erfüllt sind.[264] Es wäre also bei einer auf Art. 76 S. 1 BayBO gestützten Abrissverfügung auch für die Duldungsverfügung entscheidend, dass die Tatbestandsvoraussetzungen dieser Eingriffsgrundlage erfüllt sind und deshalb eine Anlage im Sinne des Art. 2 Abs. 1 S. 4 BayBO im Widerspruch zu öffentlich-rechtlichen Vorschriften errichtet oder geändert wird bzw. worden ist. Sollte die behördliche Abrissverfügung auf Art. 54 Abs. 4 BayBO gestützt worden sein, so müsste auch für die dazu begleitend erlassene Duldungsverfügung der Tatbestand des Art. 54 Abs. 4 BayBO erfüllt sein, also der Zustand einer be-

[262] Busse/Kraus/*A. Decker*, BayBO Art. 76 Rn. 413; *F. Michl*, NVwZ 2014, 1206 (1210 f.); *H. v. Kalm*, DÖV 1996, 463 (464).

[263] *H. v. Kalm*, DÖV 1996, 463 (464); siehe oben Kapitel 2, § 3 B. II. 2. d).

[264] Siehe oben Kapitel 2, § 3 B. III. 1.

standsgeschützten baulichen Anlage eine erhebliche Gefahr für Leben oder Gesundheit verursachen. Bei einer etwa auf Art. 7 Abs. 2 Nr. 3 LStVG gestützten Abrissverfügung käme es wiederum auch für die Duldungsverfügung darauf an, dass von einer Anlage oder einem Gebäude eine konkrete Gefahr für die Rechtsgüter Leben, Gesundheit, Freiheit von Menschen oder Sachwerte, deren Erhaltung im öffentlichen Interesse geboten erscheint, ausgeht und damit die Tatbestandsvoraussetzungen des Art. 7 Abs. 2 Nr. 3 LStVG vorliegen.

Der doppelten Prüfung der Tatbestandsvoraussetzungen der Eingriffsgrundlage beim Erlass der Abriss- wie auch der Duldungsverfügung kann dabei, wie bereits im Zusammenhang mit der ersten Fallvariante erörtert, auch nicht entgegengehalten werden, dass sie das Risiko divergierender (gerichtlicher) Entscheidungen in sich berge.[265] Zwar besteht die Möglichkeit von divergierenden gerichtlichen Entscheidungen, etwa wenn eine die Voraussetzungen der jeweiligen Eingriffsgrundlage nicht erfüllende und deshalb rechtswidrige Beseitigungsanordnung bereits (formell) bestandskräftig ist und in einem Verwaltungsprozess gegen die Duldungsanordnung durch ein Verwaltungsgericht festgestellt würde, dass die Voraussetzungen der Eingriffsgrundlage nicht vorliegen, und das Gericht die Duldungsanordnung deshalb aufhebt.[266] Dies führt aber zu keinem wirklichen Konflikt. Denn hebt das Verwaltungsgericht die Duldungsanordnung auf einen entsprechenden Rechtsbehelf des Dritten hin auf, kann aus der rechtswidrigen, aber bestandskräftigen Beseitigungsanordnung aufgrund der entgegenstehenden privaten Rechte des Dritten nicht vollstreckt werden.[267] Darüber hinaus besteht dem Ansatz von Funke entsprechend aufgrund der Rechtswidrigkeit der Beseitigungsanordnung auch ein von deren Bestandskraft unabhängiger Anspruch des davon Betroffenen gegen die Behörde, den von ihr erlassen Verwaltungsakt wieder aufzuheben.[268] Nach dem Eintritt der Bestandskraft ist dieser Anspruch durch den Betroffenen zwar nichtmehr durchsetzbar, da der Behörde die Einrede der formellen Bestandskraft des Verwaltungsaktes zusteht.[269] Die Behörde kann aber auch nach dem Eintritt der formellen Bestandskraft der rechtswidrigen Beseitigungsanordnung den weiterhin bestehenden Aufhebungsanspruch des davon Betroffenen im Rahmen einer im Ermessen der Behörde stehende Wiederaufnahme des Verwaltungsverfahrens nach § 51 Abs. 5 i. V. m. § 48 Abs. 1 S. 1 VwVfG weiterhin erfüllen.[270] Das dahingehend bestehende Ermessen der Behörde könnte dabei auf Null reduziert sein, sodass auch durch die Aufhebung der

[265] Siehe oben Kapitel 2, § 3 B. III. 1.

[266] Busse/Kraus/*A. Decker*, BayBO Art. 76 Rn. 418.

[267] Busse/Kraus/*A. Decker*, BayBO Art. 76 Rn. 418.

[268] *A. Funke*, Falldenken im Verwaltungsrecht – Ein systematisches Studienbuch, 2020, S. 134 Rn. 233 ff.

[269] *A. Funke*, Falldenken im Verwaltungsrecht – Ein systematisches Studienbuch, 2020, S. 134 Rn. 233 ff.

[270] *A. Funke*, Falldenken im Verwaltungsrecht – Ein systematisches Studienbuch, 2020, S. 134 Rn. 233 ff.

rechtswidrigen Beseitigungsanordnung die Divergenz etwaiger gerichtlicher Entscheidungen beseitigt wäre.[271]

2. Richtung der Maßnahme – Störereigenschaft

Wie bereits im Zusammenhang mit der ersten Fallkonstellation erörtert, ist wiederum für die Beantwortung der Frage, ob die Duldungsverfügung in rechtmäßiger Weise gegen ihren jeweiligen Adressaten gerichtet werden durfte, entscheidend, dass es sich bei diesem um einen für den der Abriss- und Duldungsverfügung gleichermaßen zugrundeliegenden sicherheitsrechtlich relevanten bzw. baurechtswidrigen Zustand verantwortlichen Störer handelt.[272] Ausgangspunkt dieser Überlegung ist, dass der zur Duldung Verpflichtete entsprechend den allgemeinen Grundsätzen des Rechts der öffentlichen Sicherheit und Ordnung Störer und damit Verantwortlicher für den sowohl der Abriss-, wie auch der Duldungsverfügung zugrundeliegenden sicherheits- bzw. bauordnungsrechtswidrigen Zustand sein muss. Der Adressat der Duldungsverfügung gehört damit grundsätzlich auch zum Kreis der Störer, an den die Abrissverfügung hätte gerichtet werden können. Vor diesem Hintergrund ist auch bei der Ermittlung möglicher Adressaten einer Duldungsverfügung zunächst dahingehend zu unterscheiden, ob es sich um eine auf Art. 76 S. 1 BayBO bzw. Art. 54 Abs. 4 BayBO oder auf Art. 7 Abs. 2 Nr. 3 LStVG gestützte Maßnahme handelt. Im Falle einer auf die allgemeine sicherheitsrechtliche Generalklausel des Art. 7 Abs. 2 Nr. 3 LStVG gestützten Verfügung gibt die Regelung des Art. 9 LStVG vor, wer als möglicher Adressat der Maßnahme in Betracht kommt. Im Falle einer auf Art. 76 S. 1 BayBO gestützten Abrissverfügung kommen neben den in Art. 9 LStVG genannten Handlungs-, Zustands- und Nichtstörern darüber hinaus auch die für den Bau des Gebäudes nach den Art. 49 ff. BayBO Verantwortlichen, also der Bauherr, der Entwurfsverfasser bzw. Fachplaner und der Bauunternehmer als mögliche Adressaten in Betracht. Ausgehend von dieser Differenzierung ergibt sich entsprechend der jeweiligen Regelungslage wer als Adressat der Duldungsverfügung in Betracht kommt.

In der vorliegend betrachteten Fallkonstellation ist nunmehr entscheidend, ob die Duldungsverfügung an einen Dritten gerichtet werden kann, der sich im unmittelbaren Besitz des abzureißenden Gebäudes befindet. Wie bereits im Zusammenhang mit der Überprüfung der Rechtmäßigkeit der Abrissverfügung in der ersten Fallvariante umfassend erörtert, kommt der Besitzer des abzureißenden Gebäudes sowohl für eine auf die allgemeine sicherheitsrechtliche Generalklausel des Art. 7 Abs. 2 Nr. 3 LStVG als auch für eine auf die bauordnungsrechtliche Spezialbefugnis des Art. 76 S. 1 BayBO bzw. Art. 54 Abs. 4 BayBO gestützte Abrissverfügung als Adressat in Frage,[273] was damit auch für die Duldungsverfügung in der vorliegenden

---

[271] Busse/Kraus/*A. Decker*, BayBO Art. 76 Rn. 418.

[272] Siehe oben Kapitel 2, § 3 B. III. 2.

[273] Siehe oben Kapitel 2, § 2 A. IV. 1. b).

Fallkonstellation gilt. Dabei ist es unter anderem möglich, dass der Besitzer eines Gebäudes aufgrund einer durch ihn verletzten Verkehrssicherungspflicht bereits als Handlungsstörer nach Art. 9 Abs. 1 LStVG verantwortlich für den sicherheitsrechtlich relevanten bzw. baurechtswidrigen, gefahrträchtigen Zustand des abzureißenden Gebäudes ist.[274] Es kann aber insbesondere der unmittelbare Besitzer des abzureißenden Gebäudes sowohl bei einer auf Art. 7 Abs. 2 Nr. 3 LStVG, wie auch bei einer auf Art. 76 S. 1 BayBO bzw. Art. 54 Abs. 4 BayBO gestützten Maßnahme jedenfalls als Zustandsstörer gemäß Art. 9 Abs. 2 S. 1 LStVG in Anspruch genommen werden, wenn er der Inhaber der tatsächlichen Gewalt über das abzureißende Gebäude im Sinne der Vorschrift ist. Wie bereits angesprochen, deckt sich zwar das Rechtsinstitut des Besitzes nach den §§ 854 ff. BGB nicht mit dem Begriff der tatsächlichen Gewalt nach Art. 9 Abs. 2 S. 1 LStVG. Jedoch setzt § 854 Abs. 1 BGB für den unmittelbaren Besitz eines Gegenstandes, ebenso wie Art. 9 Abs. 2 S. 1 LStVG für den dort normierten Fall der Zustandsverantwortlichkeit, voraus, dass der unmittelbare Besitzer die tatsächliche Gewalt über den in seinem unmittelbaren Besitz befindlichen Gegenstand ausübt. Der unmittelbare Besitzer eines Gegenstandes ist damit regelmäßig auch Verantwortlicher für dessen Zustand gemäß Art. 9 Abs. 2 LStVG.[275] Mithin kann in der vorliegend betrachteten Fallkonstellation die Duldungsverfügung grundsätzlich an den unmittelbaren Besitzer des abzureißenden Gebäudes gerichtet werden. Sollte sich die aus der Abrissverfügung folgende Verpflichtung anders nicht umsetzen lassen, käme unter den oben bereits ausführlich erörterten Voraussetzungen auch in Betracht, den Drittberechtigten, der beispielsweise der Besitzer des zum abzureißenden Gebäude benachbarten Grundstücks ist, durch die Duldungsverfügung als Nichtstörer nach Art. 9 Abs. 3 LStVG in Anspruch zu nehmen.

3. Verhältnismäßigkeit

Wie bereits im Zusammenhang mit der Duldungsverfügung in der ersten Fallvariante erörtert, muss die Duldungsverfügung auch den Erfordernissen der Verhältnismäßigkeit entsprechen.[276] Dabei ist eine Duldungsverfügung grundsätzlich ein geeignetes Mittel zur Förderung oder vielmehr Erreichung ihres Zwecks, die Umsetzung der Abrissverfügung und damit die Beseitigung des vom abzureißenden Gebäude verursachten (bau-)rechtswidrigen bzw. gefahrträchtigen Zustands durch die Überwindung der Rechtsposition des Drittberechtigten zu ermöglichen.[277] Dies setzt aber jedenfalls voraus, dass das mit der Duldungsverfügung zu überwindende

---

[274] Siehe oben Kapitel 2, § 2 A. IV. 1. b) aa) (1) u. § 2 A. IV. 1. b) bb) (2).

[275] BeckOK PolR Bayern/*J. F. Lindner*, LStVG Art. 9 Rn. 33, PAG Art. 8 Rn. 17 ff.; Schmidbauer/Steiner/*U. Steiner*, PAG Art. 8 Rn. 3.

[276] *H. v. Kalm*, DÖV 1996, 463 (466).

[277] VG Schleswig, Urt. v. 16.07.2019, 2 A 294/18, BeckRS 2019, 50053, Rn. 22.

Recht dem Drittberechtigten überhaupt zusteht.[278] Andernfalls ist die Duldungsverfügung schon ungeeignet[279] im Sinne des Verhältnismäßigkeitsprinzips und damit rechtswidrig, da sie weder die Förderung noch die Erreichung ihres Zwecks – die Umsetzung der Abrissverfügung durch die Überwindung der Rechtsposition des Drittberechtigten zu ermöglichen – bewirkt. Ob eine Rechtsposition des Dritten wirklich besteht, hat die die Abriss- und Duldungsverfügung erlassende Behörde selbstständig zu ermitteln.[280]

Wie eingangs bereits dargestellt, ist eine Duldungsverfügung im Übrigen nur dann erforderlich, wenn der vom Adressaten der Abrissverfügung geforderte Eingriff in die Besitzposition des Dritten nicht etwa durch die Einwilligung des Dritten entfällt, bzw. durch eine Geschäftsführung ohne Auftrag im öffentlichen Interesse nach den §§ 677, 679 Alt. 1, 683 S. 2 BGB oder aufgrund eines Notstandes nach § 228 BGB gerechtfertigt ist. Auch ist eine Duldungsverfügung, die das Bestehen eines anderweitigen Rechtfertigungsgrundes für den Eingriff des Adressaten der Abrissverfügung in die Rechtsposition des Dritten lediglich feststellt, grundsätzlich nicht erforderlich im Sinne des Verhältnismäßigkeitsprinzips und damit rechtswidrig. Gleiches gilt für eine Duldungsverfügung, die nur rein vorsorglich, falls ein anderweitiger Rechtfertigungsgrund für den Eingriff in die Rechtsposition des Dritten wegfallen sollte, erlassen wird. Auch eine solche Duldungsverfügung wäre bis zum Wegfall des anderweitigen Rechtfertigungsgrundes nicht erforderlich im Sinne des Verhältnismäßigkeitsprinzips und damit rechtswidrig. Hinsichtlich des Inhalts der Duldungsverfügung ist es wiederum nicht erforderlich im Sinne des Verhältnismäßigkeitsprinzips, neben der die zivilrechtlichen Ansprüche und Abwehrrechte des Duldungspflichtigen ausschließenden rechtsgestaltenden Regelung zugleich präventiv die faktische Duldung der Abrissmaßnahme anzuordnen, sofern nicht ex-ante mit dem tatsächlichen Widerstand des Dritten zu rechnen ist.

4. Zeitpunkt des Erlasses der Duldungsverfügung

Auch in dieser Fallkonstellation ist letztlich noch fraglich, zu welchem Zeitpunkt eine für die Umsetzung der Abrissverfügung notwendige Duldungsverfügung, insbesondere im Verhältnis zur Abrissverfügung, erlassen werden muss. Es besteht

---

[278] BayVGH, Beschl. v. 18.09.2017, 15 CS 17.1675, juris; BayVGH, Urt. v. 16.02.2015, 1 B 13.649, juris; VGH Kassel, Beschl. v. 15.09.1994, Az. 4 TH 655/94, MDR 1995, 575; VGH Mannheim, Urt. v. 19.08.1992, 5 S 247/92, NVwZ 1993, 1215.

[279] M.E. undifferenziert gehen etwa der BayVGH, Beschl. v. 18.09.2017, 15 CS 17.1675, juris; BayVGH, Urt. v. 16.02.2015, 1 B 13.649, juris, und der VGH Mannheim, Urt. v. 19.08.1992, 5 S 247/92, NVwZ 1993, 1215, davon aus, dass die Duldungsverfügung in einer solchen Konstellation – statt zur Erreichung des Maßnahmenzwecks nicht geeignet – nicht erforderlich sei.

[280] VGH Kassel, Beschl. v. 15.09.1994, Az. 4 TH 655/94, MDR 1995, 575; VGH München, Urt. v. 10.02.1998, 1 B 95.2338, BeckRS 1998, 18284, Rn. 14; Busse/Kraus/*A. Decker*, BayBO Art. 76 Rn. 414.

wiederum die Möglichkeit, die Duldungsverfügung vor, nach oder gleichzeitig mit der Abrissverfügung zu erlassen. Bei der Beantwortung dieser Frage ist in der vorliegend betrachteten Fallkonstellation zu beachten, dass die Abrissverfügung ohne den Erlass einer notwendigen Duldungsverfügung entgegen einer häufig vertretenen Meinung, nicht nur nicht vollstreckbar, sondern auch rechtswidrig ist. Der Zeitpunkt für den Erlass der Duldungsverfügung muss also unter Berücksichtigung ihrer Notwendigkeit sowohl für die Vollstreckbarkeit als auch die Rechtmäßigkeit der Abrissverfügung bestimmt werden.

Da durch den Erlass einer Abrissverfügung ohne eine zuvor oder zeitglich erlassene notwendige Duldungsverfügung vom Adressaten der Abrissverfügung etwas rechtlich Unmögliches verlangt werden würde, wäre eine solche Abrissverfügung – wie eingehend erörtert – zunächst rechtswidrig. Es ist also insbesondere mit Blick auf die Rechtmäßigkeit bzw. Rechtswidrigkeit der Abrissverfügung fraglich, ob die Rechtswidrigkeit einer zunächst ohne notwendige Duldungsverfügung erlassenen Abrissverfügung durch den nachträglichen Erlass einer Duldungsverfügung geheilt werden kann, sodass die Duldungsverfügung auch nach dem Erlass der Abrissverfügung noch sinnvollerweise erlassen werden könnte. In diesem Zusammenhang wird vertreten, dass die einen Verwaltungsakt erlassende Behörde einen zunächst rechtswidrig erlassenen Verwaltungsakt bei einer zur Rechtmäßigkeit des Verwaltungsaktes führenden veränderten Sach- oder Rechtslage auf diese veränderte Sach- oder Rechtslage stützen und damit eine „Heilung“ des zunächst rechtswidrigen Verwaltungsaktes herbeiführen kann.[281] Rein technisch handelt es sich dabei allerdings um den Erlass eines neuen Verwaltungsaktes unter gleichzeitig Aufhebung des ursprünglichen Verwaltungsaktes und der Beibehaltung von dessen Tenor.[282] In der vorliegenden Fallkonstellation würde das bedeuten, dass die zunächst mangels Duldungsverfügung rechtswidrige Abrissverfügung bei einer entsprechenden Änderung der Sach- und Rechtslage durch den Erlass der Duldungsverfügung unter Berücksichtigung dieser veränderten Sach- und Rechtslage aufgehoben und nochmals neu erlassen werden müsste. Dies führt dazu, dass sich aus der zunächst ohne die notwendige Duldungsverfügung erlassenen Abrissverfügung kein Mehrwert für die Behörde ergibt; die „Heilung“ der rechtswidrigen Abrissverfügung bedingt, dass diese gleichzeitig mit oder nach dem Erlass der Duldungsverfügung erneut erlassen werden müsste. Vor diesem Hintergrund ist die Duldungsverfügung in Relation zur Abrissverfügung regelmäßig spätestens gleichzeitig mit Letzterer zu erlassen. Etwaige Diskussionen zu der Frage, wann die Duldungsverfügung zur Überwindung eines aus der rechtlichen Unmöglichkeit des vom Adressaten der Abrissverfügung Geforderten folgenden Vollstreckungshindernisses erlassen werden müsste, wie beispielsweise, ob der Erlass im Vollstreckungsverfahren bereits vor oder zeitgleich

---

[281] Vgl. ausführlich und m. w. N. *W.-R. Schenke*, NVwZ 2015, 1341 ff.

[282] *W.-R. Schenke*, NVwZ 2015, 1341 (1343 ff.).

mit der Androhung eines Zwangsmittels oder erst mit dessen Festsetzung erfolgen müsste,[283] besitzen vor diesem Hintergrund keine Relevanz.

Wie bereits im Zusammenhang mit der ersten Fallvariante ausführlich erörtert, besteht die Möglichkeit, die Abrissverfügung mit einer ausdrücklichen aufschiebenden Bedingung oder Befristung im Sinne des § 36 Abs. 2 VwVfG zu versehen, die die Wirksamkeit der Verpflichtung zum Abriss eines Gebäudes von der Zustimmung des Drittberechtigten oder dem Erlasszeitpunkt der Duldungsverfügung abhängig macht.[284] Da in den Fällen einer aufschiebenden Bedingung oder Befristung im Sinne des § 36 Abs. 2 VwVfG die Verpflichtung zum Abriss des Gebäudes erst dann Eintritt, wenn die der Verpflichtung potenziell entgegenstehende Rechtsposition des Drittberechtigten aufgrund von dessen Einwilligung oder der zwischenzeitlich erlassenen Duldungsverfügung bereits ausgeräumt ist, würde vom Adressaten der Abrissverfügung keine rechtlich unmögliche Handlung verlangt werden. Damit wäre der die Abrisshandlung verlangende Verwaltungsakt auch nicht unverhältnismäßig und damit auch nicht rechtswidrig. Auch würde der Verpflichtung zu Vornahme der Abrisshandlung bereits bei ihrem Wirksamwerden kein Vollstreckungshindernis entgegenstehen. Somit könnte die Abrissverfügung jedenfalls dann bereits ohne das Einverständnis des Drittberechtigten bzw. vor einer für ihre Umsetzung notwendigen Duldungsverfügung erlassen werden, wenn die in der Abrissverfügung enthaltene Verpflichtung aufgrund einer aufschiebenden Bedingung bzw. Befristung im Sinne des § 36 Abs. 2 VwVfG erst dann wirksam wird, wenn der Drittberechtigte sein Einverständnis zur Abrisshandlung erklärt hat bzw. eine Duldungsverfügung erlassen wurde.

§ 3 Ergebnis zur zweiten Fallvariante: Entgegenstehende Rechte eines obligatorisch berechtigten Besitzers

Die zu Beginn dieses Kapitels aufgeworfenen Fragen, welche Konsequenzen die dem Adressaten der Abrissverfügung bei der Umsetzung der von ihm verlangten Abrisshandlung entgegenstehenden obligatorischen und besitzrechtlichen Rechte des Dritten an dem abzureißenden Gebäude für die Abrissverfügung haben, ob für die Rechtmäßigkeit, Wirksamkeit bzw. Vollstreckbarkeit dieser Abrissverfügung eine Duldungsverfügung gegenüber dem (mit-)berechtigten Dritten ergehen muss und welche Anforderungen an eine gegebenenfalls zu erlassende Duldungsverfügung zu stellen sind, konnten im Vorstehenden umfassend beantwortet werden.

Wie eine abstrakte Betrachtung der möglichen Konsequenzen aus der Kollisionssituation im Zusammenhang mit der ersten Fallvariante bereits ergeben hat, muss

[283] Vgl. zu dieser Diskussion etwa *H. v. Kalm*, DÖV 1996, 463 (466 f.); BeckOK VwVfG/*A. Deusch/B. Burr*, VwVG § 13 Rn. 4 m. w. N.

[284] *B. Beckermann/C. Wenzel*, DVBl 2017, 1345 (1346 f.); Kopp/Ramsauer/*U. Ramsauer*, VwVfG § 44 Rn. 46.

Ausgangspunkt für die Beantwortung der Frage, welche Konsequenzen die Kollisionssituation für die Abrissverfügung tatsächlich hat, die Prüfung von deren Rechtmäßigkeit sein. Bei der Überprüfung der Rechtmäßigkeit der Abrissverfügung ist wiederum zwischen zwei Typen von Abrissverfügungen mit ihren jeweils eigenen Rechtsgrundlagen zu unterschieden. So ist es einerseits möglich, von einer auf die allgemeine sicherheitsrechtliche Generalklausel des Art. 7 Abs. 2 Nr. 3 LStVG gestützten Abrissverfügung auszugehen; dem gegenüber kommt aber auch eine auf die bauordnungsrechtliche Spezialbefugnis des Art. 76 S. 1 BayBO bzw. Art. 54 Abs. 4 BayBO gestützte Abrissverfügung in Betracht.

Neben den formellen Rechtmäßigkeitsvoraussetzungen der Abrissverfügung ist wiederum insbesondere zu überprüfen, ob bei einer Abrissverfügung durch die Inanspruchnahme eines Adressaten, dem bei der Ausführung der Abrisshandlung die obligatorischen und besitzrechtlichen Rechte eines Dritten entgegenstünden, ein Fehler bei der Adressatenwahl gemacht wird. Es ist festzustellen, dass grundsätzlich viele verschiedene Adressaten sowohl für eine auf die allgemeine sicherheitsrechtliche Generalklausel des Art. 7 Abs. 2 Nr. 3 LStVG als auch für eine auf die bauordnungsrechtliche Spezialbefugnis des Art. 76 S. 1 BayBO bzw. Art. 54 Abs. 4 BayBO gestützte Abrissverfügung in Betracht kommen, darunter regelmäßig auch der über das abzureißende Gebäude Verfügungsberechtigte, also gewöhnlich dessen Eigentümer. Wie aber bereits bei der Untersuchung der ersten Fallvariante erklärt, müsste die Abrissverfügung dem durch die behördliche Verpflichtung in Anspruch Genommenen gegenüber allgemein in rechtmäßiger und insbesondere verhältnismäßiger Weise ergehen können, damit er überhaupt rechtmäßigerweise in den Kreis der möglichen Adressaten der Maßnahme fallen könnte. Nur wenn mehreren Adressaten gegenüber jeweils für sich genommen verhältnismäßige Maßnahmen ergehen könnten, muss eine wiederum verhältnismäßige Auswahlentscheidung zwischen diesen getroffen werden. Damit muss also wiederum zunächst überprüft werden, ob die übrigen Rechtmäßigkeitsvoraussetzungen und insbesondere die Voraussetzungen der Verhältnismäßigkeit der Abrissverfügung als solcher vorliegen; nur wenn die Maßnahme als solche gegenüber dem Verfügungsadressaten hätte ergehen dürfen, ist die Frage nach dessen verhältnismäßiger Auswahl überhaupt noch relevant.

Bei der Überprüfung der Verhältnismäßigkeit der Maßnahme ist wiederum insbesondere zu beachten, dass eine Verfügung, die von ihrem Adressaten etwas Unmögliches verlangt, ungeeignet im Sinne des Verhältnismäßigkeitsprinzips und damit rechtswidrig ist. Bei der vorliegend betrachteten Fallkonstellation, in welcher der Eigentümer eines von ihm vermieteten Gebäudes zu dessen Abriss verpflichtet wird und damit in die Rechtsposition des qua Mietvertrag an dem Gebäude berechtigten Mieters, der sich darüber hinaus auch bereits im Besitz des Gebäudes befindet, eingreifen müsste, würde dem Adressaten der Abrissverfügung etwas rechtlich Unmögliches abverlangt werden, sofern der Eingriff des Verfügungsadressaten insbesondere in die Besitzposition des Dritten nicht durch die Mitwirkungsbereitschaft des Letzteren oder einen anderen Rechtfertigungsgrundes legitimiert werden kann. Im Rahmen der vorstehenden Prüfung hat sich aber insbesondere gezeigt, dass wenn der Ausführung der Abrisshandlung allein vertragliche Bindungen des Verfügungsadressaten entgegenstehen, der Konflikt zwischen der behördlichen und der vertraglichen Verpflichtung des Empfängers der Abrissverfügung qua Gesetz aufgelöst wird, da die Erfüllung der vertraglichen Verpflichtung aufgrund der entgegenstehenden behördlichen Verpflichtung entsprechend den Vorgaben des § 275 Abs. 1 BGB ausgeschlossen wäre. Vor diesem Hintergrund liegt rechtliche Unmöglichkeit in der vorliegenden Fallkonstellation nur dann vor, wenn sich der Dritte bereits im Besitz des abzureißenden Gebäudes befindet und der Adressat der Abrissverfügung bei der Vornahme der Abrisshandlung unter Verstoß gegen die Verbotsvorschrift des § 858 Abs. 1 BGB in diese Besitzposition des Dritten eingreifen würde. Auf die obligatorische Berechtigung des Dritten an dem abzureißenden Gebäude kommt es damit im Ergebnis grundsätzlich nicht an. Eine Rechtfertigung für einen Eingriff in diese Besitzposition des Dritten kann sich dabei regelmäßig nur aus einer Geschäftsführung ohne Auftrag im öffentlichen Interesse nach §§ 677, 679 Alt. 1, 683 S. 2 BGB oder aufgrund eines Notstandes nach § 228 BGB ergeben.

Sofern also der vom Adressaten der Abrissverfügung verlangte Eingriff in die qua Mietvertrag berechtigte Besitzposition des Dritten durch einen der vorstehenden Rechtfertigungsgründe legitimiert ist, wird Ersterem keine rechtlich unmögliche Handlung abverlangt, weshalb die Abrissverfügung nichts Ungeeignetes im Sinne des Verhältnismäßigkeitsprinzips verlangt und, soweit im Übrigen bei der behördlichen Auswahlentscheidung hinsichtlich des Verfügungsadressaten die Gebote der Zweck- und Verhältnismäßigkeit eingehalten wurden, rechtmäßig ist. Umgekehrt ist die Abrissverfügung rechtswidrig, sofern eine derartige Rechtfertigung des vom Adressaten verlangten Eingriffs in die Besitzposition des Dritten nicht gegeben ist. Diese Rechtswidrigkeit führt jedoch, anders als in der ersten Fallvariante, nicht zur Nichtigkeit der Abrissverfügung, da die Voraussetzungen der in Betracht kommenden Nichtigkeitstatbestände nach § 44 Abs. 2 Nr. 5 VwVfG und nach § 44 Abs. 1 VwVfG nicht erfüllt sind. Sofern die Erlassbehörde dem materiellen Anspruch des Adressaten auf Aufhebung des rechtswidrigen Verwaltungsaktes nicht nachkommt und den rechtswidrigen Verwaltungsakt nicht selbst wieder zurücknimmt, ist Folge der Rechtswidrigkeit, dass der Verwaltungsakt mit den durch das Verwaltungsprozessrecht vorgesehenen Rechtsbehelfen angegriffen und dann durch die Verwaltungsgerichte aufgehoben werden kann.

Die in der Literatur und Rechtsprechung vorherrschende Meinung, dass einer an einen nicht (allein) zivilrechtlich berechtigten Adressaten gerichteten Abrissverfügung, deren Erfüllung mit dem obligatorischen Recht eines Dritten kollidiert, lediglich ein Vollstreckungshindernis entgegensteht, konnte als unzutreffend herausgearbeitet werden. Zunächst kommt es im Ergebnis auf die obligatorische Rechtsposition des Dritten an dem abzureißenden Gebäude regelmäßig nicht an, sondern es ist vielmehr entscheidend, ob sich der Dritte im Besitz des abzureißenden Gebäudes befindet. Nur wenn, wie vorstehend dargestellt, die Abrissverfügung zu einem nicht gerechtfertigten Eingriff in diese Besitzposition verpflichtet, wird von deren Adressaten etwas rechtlich Unmögliches verlangt. Dass dann, wenn vom Vollstreckungsschuldner etwas rechtlich oder tatsächlich Unmögliches verlangt würde, ein Vollstreckungshindernis besteht, ist zwar zutreffend. Allerdings verkennt die in Literatur und Rechtsprechung vorherrschende Meinung, dass die Verpflichtung zu einer rechtlich unmöglichen Handlung in der vorliegend betrachteten Fallvariante bereits zur Rechtswidrigkeit des anordnenden Verwaltungsaktes führt. Sollte dieser rechtswidrige Verwaltungsakt nicht vor seiner Vollstreckung bereits erfolgreich gerichtlich angegriffen oder durch die Behörde zurückgenommen worden sein, kann nur neben dessen Rechtswidrigkeit aufgrund der rechtlichen Unmöglichkeit der verlangten Handlung auch zusätzlich ein Vollstreckungshindernis bestehen. Im Ergebnis würde dies in der vorliegend betrachteten Fallvariante dazu führen, dass die Abrissverfügung, die von ihrem Adressaten etwas rechtlich Unmögliches verlangt, nicht nur rechtswidrig, sondern aufgrund eines Vollstreckungshindernisses auch nicht vollstreckbar ist.

In der vorliegend betrachteten Fallvariante kann damit der Erlass einer Duldungsverfügung an einen sich im unmittelbaren Besitz des abzureißenden Gebäudes befindlichen Dritten notwendig sein, um einerseits die Rechtswidrigkeit der Abrissverfügung wegen der Unmöglichkeit des durch sie Verlangten zu verhindern und andererseits ein ebenfalls aus der Unmöglichkeit des durch die Abrissverfügung Verlangten folgendes Vollstreckungshindernis zu überwinden. Bei einer solchen Duldungsverfügung handelt es sich grundsätzlich um einen rechtsgestaltenden Verwaltungsakt, der die zivilrechtlichen Ansprüche und Abwehrrechte des Duldungspflichtigen, die einer Umsetzung der Abrissverfügung durch deren Adressaten entgegenstehen würden, ausschließt. Sollte absehbar sein, dass der Adressat der Duldungsverfügung die Umsetzung der Abrissverfügung faktisch nicht dulden wird, besteht die Möglichkeit, diesen durch eine vollstreckungsfähige Anordnung auch zur faktischen Duldung der Abrissmaßnahmen zu verpflichten, um seinen erwarteten tatsächlichen Widerstand gegen die Vollziehung der Abrissverfügung mit den Mitteln der Zwangsvollstreckung überwinden zu können.

Als Rechtsgrundlage für eine etwaige Duldungsverfügung können, abhängig von der Rechtsgrundlage der Abrissverfügung, entweder Art. 76 S. 1 BayBO bzw. Art. 54 Abs. 4 BayBO oder Art. 7 Abs. 2 LStVG herangezogen werden, deren jeweilige Tatbestandsvoraussetzungen für den Erlass der Duldungsverfügung erfüllt sein müssen. Die Duldungsverfügung kann grundsätzlich an einen Adressaten gerichtet werden, bei dem es sich um einen für den der Abriss- und Duldungsverfügung gleichermaßen zugrundeliegenden sicherheitsrechtlich relevanten bzw. baurechtswidrigen Zustand verantwortlichen Störer handelt. Unter den Voraussetzungen des Art. 9 Abs. 3 LStVG ist auch eine Inanspruchnahme eines Nichtstörers möglich. Sofern die Abrissverfügung mit einer ausdrücklichen aufschiebenden Bedingung oder Befristung im Sinne des § 36 Abs. 2 VwVfG versehen wurde, die die Wirksamkeit der Verpflichtung zum Abriss eines Gebäudes von der Zustimmung des Drittberechtigten oder dem Erlasszeitpunkt der Duldungsverfügung abhängig macht, kann eine Duldungsverfügung auch zeitlich nach der Abrissverfügung erlassen werden. Im Übrigen ist die Duldungsverfügung spätestens zeitgleich mit der Abrissverfügung zu erlassen.

Kapitel 4

Gesamtergebnis

Nach der umfassenden Erörterung der Frage, welche rechtlichen Konsequenzen eine behördliche Verfügung nach sich zieht, die ihren Adressaten dergestalt zum Abriss eines Gebäudes verpflichtet, dass er zur Umsetzung dieser Verpflichtung in die Rechtsposition eines Dritten eingreifen müsste, lassen sich im Ergebnis die folgenden Punkte festhalten:

1. Es ist wichtig, zu unterscheiden, in welche Rechtsposition des Dritten der Adressat der Abrissverfügung durch die von ihm verlangte Handlung konkret eingegriffen würde. Abhängig davon, ob durch den Adressaten der Abrissverfügung in das Eigentum, den Besitz oder eine obligatorische Rechtsposition des Dritten an dem abzureißenden Gebäude eingegriffen werden müsste, ist die vorstehende Frage anders zu beantworten.
2. Eine Verfügung, die von ihrem Adressaten etwas rechtlich Unmögliches verlangt, ist ungeeignet im Sinne des Verhältnismäßigkeitsprinzips und damit rechtswidrig. Nach einer dem Zivilrecht entnommenen Definition liegt rechtlich Unmöglichkeit dabei dann vor, wenn dem Verfügungsadressaten die von ihm verlangte Handlung aus rechtlichen Gründen unmöglich oder verboten ist, also die verlangte Handlung aus Rechtsgründen nicht durchgeführt werden kann oder nicht durchgeführt werden darf. Nach einem spezifisch verwaltungsrechtlichen Begriffsverständnis liegt rechtliche Unmöglichkeit („rechtliche Unausführbarkeit") dann vor, wenn dem Adressaten des Verwaltungsaktes etwas abverlangt oder erlaubt wird, was dieser rechtlich unmöglich ausführen kann.
3. Eine Abrissverfügung, die ihren Adressaten zu einem Eingriff in die Eigentumsposition eines Dritten verpflichtet, verlangt von ihrem Adressaten ein rechtlich unmögliches Verhalten im Sinne dieser Definitionen. So reichen zum einen die zivilrechtlichen Befugnisse des Verfügungsadressaten im Allgemeinen nicht zur Ausführung des von ihm Verlangten aus. Zum anderen wird dem Verfügungsadressaten grundsätzlich die Vornahme einer Handlung abverlangt, die gegen ein Strafgesetz verstößt. Eine solche Abrissverfügung ist deshalb grundsätzlich rechtswidrig und zugleich nach § 44 Abs. 2 Nr. 5 VwVfG nichtig, da sie die Begehung einer Straftat in Form einer Sachbeschädigung nach § 303 StGB verlangt.
4. Wenn sich der Dritte im Besitz des abzureißenden Gebäudes befindet und der Adressat der Abrissverfügung bei der Vornahme der Abrisshandlung unter Verstoß gegen die Verbotsvorschrift des § 858 Abs. 1 BGB in diese Besitzposition

des Dritten eingreifen würde, wird dem Adressaten der Abrissverfügung ebenfalls ein rechtlich unmögliches Verhalten abverlangt. Dieser Rechtsfehler hat jedoch nicht die Nichtigkeit der Abrissverfügung zur Folge, da die in dieser Fallkonstellation betrachtete Abrissverfügung die Voraussetzungen der in Betracht kommenden Nichtigkeitstatbestände nach § 44 Abs. 2 Nr. 5 VwVfG und § 44 Abs. 1 VwVfG nicht erfüllt. Eine solche Abrissverfügung ist rechtswidrig und auch nicht vollstreckbar.

5. Wenn der Adressat der Abrissverfügung hinsichtlich des abzureißenden Gebäudes gegenüber dem Dritten vertraglich gebunden ist und diese vertragliche Bindung des Verfügungsadressaten der Ausführung der Abrisshandlung entgegensteht, wird der Konflikt zwischen der behördlichen und der vertraglichen Verpflichtung des Adressaten der Abrissverfügung qua Gesetz aufgelöst, da die Erfüllung der vertraglichen Verpflichtung aufgrund der entgegenstehenden behördlichen Verpflichtung entsprechend den Vorgaben des § 275 Abs. 1 BGB ausgeschlossen wäre. Deshalb wird dem Adressaten der Abrissverfügung grundsätzlich kein rechtlich unmögliches Verhalten abverlangt, sofern der Dritten gegenüber dem Verfügungsadressaten nur ein obligatorisches Recht an dem abzureißenden Gebäude hat.

Zur Beantwortung der Frage, ob ein vom Adressaten der Abrissverfügung verlangter Eingriff in das Eigentum oder den Besitz des Dritten gerechtfertigt werden kann, sodass vom Adressaten der Abrissverfügung nichts rechtlich Unmögliches verlangt werden würde, lässt sich das Folgende festhalten:

1. Die Abrissverfügung kann die verlangte Abrisshandlung aus sich selbst heraus nicht rechtfertigen. Die Abrissverfügung wird regelmäßig schon keinen ausreichenden Regelungsinhalt aufweisen, um eine Rechtswirkung auf das Rechtsverhältnis zwischen dem Verfügungsadressaten und dem Drittberechtigten entfalten zu können.

2. Eine Legitimation des Eingriffs in die Rechtsposition des Dritten kann sich aus dessen Einwilligung ergeben.

3. Auch aus einem gesetzlichen Rechtfertigungsgrund nach § 34 StGB oder § 228 BGB kann sich eine Legitimation des Eingriffs in die Rechtsposition des Dritten ergeben, wenn der Eingriff zum Schutz vor akuten Gefahren für Individualrechtsgüter wie Leben und Gesundheit notwendig ist und die Abwendung eines Schadens für diese Individualrechtsgüter bei Abwarten weiterer staatlicher Maßnahmen nicht mehr rechtzeitig erfolgen könnte.

4. Der durch die Abrissverfügung in Anspruch Genommene könnte schließlich noch im Rahmen einer Geschäftsführung ohne Auftrag im öffentlichen Interesse im Sinne der §§ 677, 679 Alt. 1, 683 S. 2 BGB handeln. So könnte der Adressat der Abrissverfügung als Geschäftsführer entgegen dem Willen des Drittberechtigten als Geschäftsherrn die Letzterem obliegende Pflicht zur Beseitigung einer durch das in dessen Eigentum bzw. Besitz befindlichem Gebäude verursachten Gefahr

für Leben oder Gesundheit wahrnehmen. Diese Gefahrbeseitigungspflicht des Drittberechtigten würde dabei aus der in Art. 7 Abs. 2 Nr. 3 LStVG in Verbindung mit Art. 9 Abs. 1, 2 LStVG normierten materiellen Polizeipflichtigkeit des Drittberechtigten herrühren.

5. Ein Eingriff des Adressaten der Abrissverfügung in die Besitz- oder Eigentumsposition des Drittberechtigten zur Beseitigung eines baurechtswidrigen Zustandes kann regelmäßig nicht durch einen gesetzlichen Rechtfertigungsgrund nach § 34 StGB oder § 228 BGB bzw. eine Geschäftsführung ohne Auftrag im öffentlichen Interesse im Sinne der §§ 677, 679 Alt. 1, 683 S. 2 BGB legitimiert werden.

Sofern der vom Adressaten der Abrissverfügung verlangte Eingriff in das Eigentum oder den Besitz des Dritten nicht durch einen der vorstehenden Rechtfertigungsgründe legitimiert werden kann, ist es für die Wirksamkeit bzw. Rechtmäßigkeit und Vollstreckbarkeit der Abrissverfügung notwendig, dass eine Duldungsverfügung gegenüber dem Drittberechtigten erlassen wird. Zu dieser Duldungsverfügung lässt sich im Ergebnis festhalten:

1. Bei einer solchen Duldungsverfügung handelt es sich grundsätzlich um einen rechtsgestaltenden Verwaltungsakt, der die zivilrechtlichen Ansprüche und Abwehrrechte des Duldungspflichtigen, die einer Umsetzung der Abrissverfügung durch deren Adressaten entgegenstehen würden, ausschließt.
2. Die Rechtsgrundlage der Duldungsverfügung entspricht der Rechtsgrundlage der Abrissverfügung. Die Duldungsverfügung kann an einen Adressaten gerichtet werden, bei dem es sich um einen für den der Abriss- und Duldungsverfügung gleichermaßen zugrundeliegenden sicherheitsrechtlich relevanten bzw. baurechtswidrigen Zustand verantwortlichen Störer handelt.
3. Nur wenn die Abrissverfügung mit einer ausdrücklichen aufschiebenden Bedingung oder Befristung im Sinne des § 36 Abs. 2 VwVfG versehen wurde, die die Wirksamkeit der Verpflichtung zum Abriss eines Gebäudes von der Zustimmung des Drittberechtigten oder dem Erlasszeitpunkt der Duldungsverfügung abhängig macht, kann eine Duldungsverfügung auch zeitlich nach der Abrissverfügung erlassen werden.

Auch wenn die bisher in Rechtsprechung und Literatur zu der dieser Arbeit zugrunde gelegten Fragestellung vertretenen Lösungsvorschläge teilweise gute Ansatzpunkte enthalten haben, konnte keiner dieser Lösungsvorschläge die Fragestellung zutreffend beantworten. Mit der vorstehenden Arbeit wurde die Komplexität der Fragestellung dargestellt und aufgezeigt, dass keine pauschale Antwort auf die der Arbeit zugrunde gelegte Fragestellung möglich ist, sondern viele Differenzierungen zu beachten sind, die zu jeweils unterschiedlichen Antworten führen.

Literaturverzeichnis

Albrecht, Florian/*Braun*, Frank, Und seid ihr nicht willig, so brauchen wir Gewalt! Die Verwaltungsvollstreckung der Bundespolizei – Teil 1, VR 2018, S. 73–82.

Albrecht, Florian/*Braun*, Frank, Und seid ihr nicht willig, so brauchen wir Gewalt! Die Verwaltungsvollstreckung der Bundespolizei – Teil 2, VR 2018, S. 109–117.

Althammer, Christoph, Die Haftung nach § 823 I und II BGB, JA 2006, S. 697–702.

Baldringer, Sebastian/*Jordans*, Roman, Beurteilung des „Abschleppfalles" nach bürgerlichem Recht, insbesondere Ersatz der Abschleppkosten bei widerrechtlichem Parken, NZV 2005, S. 75–81.

Ballerstedt, Kurt, Arbeitskraft und Handlungsbegriff, JZ 1953, S. 389–391.

Barczak, Tristan, Typologie des Verwaltungsakts, JuS 2018, S. 238–245.

Baumann, Jürgen/*Weber*, Ulrich/*Mitsch*, Wolfgang/*Eisele*, *Jörg*, Strafrecht Allgemeiner Teil, 13. Aufl., Bielefeld 2021 (zitiert als: Baumann/Weber/Mitsch/Eisele/*Bearbeiter*).

Baur, Jürgen F./*Stürner*, Rolf, Sachenrecht, 18. Aufl., München 2009.

Bayerle, Katrin, Trennungs- und Abstraktionsprinzip in der Fallbearbeitung, JuS 2009, S. 1079–1082.

Beaucamp, Guy, Die Nichtigkeit von Verwaltungsakten, JA 2007, S. 704–707.

Beaucamp, Guy, Rechtsfragen der Bekanntgabe nach § 41 VwVfG, JA 2016, S. 436–440.

Becker, Ulrich/*Heckmann*, Dirk/*Kempen*, Bernhard/*Manssen*, Gerrit, Öffentliches Recht in Bayern, 8. Aufl., München 2022 (zitiert als: Becker/Heckmann/Kempen/Manssen/*Bearbeiter*, Öffentliches Recht in Bayern).

Beckermann, Benedikt/*Wenzel*, Christof, Ordnungsverfügungen an einzelne Mitberechtigte – zwischen Nichtigkeit und Heilbarkeit durch Duldungsverfügungen, DVBl 2017, S. 1345–1351.

Beckert, Sandra Maria, Einwilligung und Einverständnis, JA 2013, S. 507–511.

Beck'scher Online-Großkommentar zum Zivilrecht, Bürgerliches Gesetzbuch, hrsg. v. *Gsell*, Beate/*Krüger*, Wolfgang/*Lorenz*, Stephan/*Reymann*, Christoph u. a., München, Stand: 01.02.2024 (zitiert als: BeckOGK/*Bearbeiter*).

Beck'scher Online-Kommentar zum Bauordnungsrecht in Baden-Württemberg, hrsg. v. *Spannowsky*, Willy/*Uechtritz*, Michael, München, 27. Edition, Stand: 15.01.2024 (zitiert als: BeckOK BauordnungsR BW/*Bearbeiter*).

Beck'scher Online-Kommentar zum Bauordnungsrecht in Bayern, hrsg. v. *Spannowsky*, Willy/*Manssen*, Gerrit, München, 28. Edition, Stand: 15.01.2024 (zitiert als: BeckOK BauordnungsR Bayern/*Bearbeiter*).

Beck'scher Online-Kommentar zum Bauordnungsrecht in Hessen, hrsg. v. *Spannowsky*, Willy/*Pützenbacher*, Stefan, München, 25. Edition, Stand: 15.01.2024 (zitiert als: BeckOK BauordnungsR Hessen/*Bearbeiter*).

Beck'scher Online-Kommentar zum Bauordnungsrecht in Nordrhein-Westfalen, hrsg. v. *Spannowsky*, Willy/*Saurenhaus*, Jens, München, 17. Edition, Stand: 01.02.2024 (zitiert als: BeckOK BauordnungsR NRW/*Bearbeiter*).

Beck'scher Online-Kommentar zum Beamtenrecht des Bundes, hrsg. v. *Brinktrine*, Ralf/*Schollendorf*, Kai, München, 33. Edition, Stand: 01.04.2024 (zitiert als: BeckOK BeamtenR Bund/*Bearbeiter*).

Beck'scher Online-Kommentar zum Bürgerlichen Gesetzbuch, hrsg. v. *Hau*, Wolfgang/*Poseck*, Roman, München, 69. Edition, Stand: 01.02.2024 (zitiert als: BeckOK BGB/*Bearbeiter*).

Beck'scher Online-Kommentar zum Grundgesetz, hrsg. v. *Epping*, Volker/*Hillgruber*, Christian, München, 57. Edition, Stand: 15.01.2024 (zitiert als: BeckOK GG/*Bearbeiter*).

Beck'scher Online-Kommentar zum Mietrecht, hrsg. *Schach*, Klaus/*Schultz*, Michael/*Schüller*, Peter, München, 35. Edition, Stand: 15.02.2024 (zitiert als: BeckOK MietR/*Bearbeiter*).

Beck'scher Online-Kommentar zum Polizeirecht in Baden-Württemberg, hrsg. v. *Möstl*, Markus/*Trurnit*, Christoph, München, 31. Edition, Stand: 01.12.2023 (zitiert als: BeckOK PolR BW/*Bearbeiter*).

Beck'scher Online-Kommentar zum Polizei- und Sicherheitsrecht in Bayern, hrsg. v. *Möstl*, Markus/*Schwabenbauer*, Thomas, München, 23. Edition, Stand: 01.10.2023 (zitiert als: BeckOK PolR Bayern/*Bearbeiter*).

Beck'scher Online-Kommentar zum Strafgesetzbuch, hrsg. v. *Kudlich*, Hans/*v. Heintschel-Heinegg*, Bernd, München, 60. Edition, Stand: 01.02.2024 (zitiert als: BeckOK StGB/*Bearbeiter*).

Beck'scher Online-Kommentar zum Verwaltungsverfahrensgesetz, hrsg. v. *Bader*, Johann/*Ronellenfitsch*, Michael, München, 62. Edition, Stand: 01.01.2024 (zitiert als: BeckOK VwVfG/*Bearbeiter*).

Berner, Georg/*Köhler*, Gerd Michael/*Käß*, Robert (Hrsg.), Kommentar zum Polizeiaufgabengesetz, 20. Aufl., Heidelberg/München/Landsberg u. a. 2010.

Blank, Hubert/*Börstinghaus*, Ulf P. (Hrsg.), Kommentar zur Miete, 6. Aufl., München 2020 (zitiert als: Blank/Börstinghaus/*Bearbeiter*, 6. Aufl.).

Blank, Hubert/*Börstinghaus*, Ulf P./*Siegmund*, Astrid (Hrsg.), Kommentar zur Miete, 7. Aufl., München 2023 (zitiert als: Blank/Börstinghaus/Siegmund/*Bearbeiter*).

Böhm, Monika, Recht der Bauleitplanung JA 2013, S. 81–88.

Bosch, Andreas, Räumung des Mieters im Wege der „Selbstjustiz§ – Ein teilweise rechtsfolgenfreier Raum!, NZM 2009, S. 530–535.

Braun, Johann, Subjektive Rechtfertigungselemente im Zivilrecht?, NJW 1998, S. 941–944.

Breuer, Rüdiger, Rechtsprobleme der Altlasten, NVwZ 1987, S. 751–761.

Brox, Hans/*Walker*, Wolf-Dietrich, Allgemeines Schuldrecht, 47. Aufl., München 2023.

Brox, Hans/*Walker*, Wolf-Dietrich, Besonderes Schuldrecht, 47. Aufl., München 2023.

Bub, Wolf-Rüdiger/*Treier*, Gerhard, Handbuch Geschäfts- und Wohnraummiete, 5. Aufl., München 2019 (zitiert als: Bub/Treier/*Bearbeiter*).

Burgi, Martin/*Ellenrieder*, Michael, Abbruchverfügung und Nebenberechtigung, BWVPr 1989, S. 33–35.

Busse, Jürgen/*Kraus*, Stefan (Hrsg.), Kommentar zur Bayerischen Bauordnung, Band 1, Losebl., München, Stand: 152. EL Oktober 2023 (zitiert als: Busse/Kraus/*Bearbeiter*).

Dauner-Lieb, Barbara/*Langen*, Werner, Kommentar zum Bürgerlichen Gesetzbuch, Band 2: §§ 241–853, 4. Aufl., Baden-Baden 2021 (zitiert als: Dauner-Lieb/Langen/*Bearbeiter*).

Derleder, Peter/*Pellegrino*, Mario, Die Anbahnung des Mietverhältnisses, NZM 1998, S. 550–557.

Detterbeck, Steffen, Allgemeines Verwaltungsrecht, 21. Aufl., München 2023.

Dreier, Horst (Hrsg.), Grundgesetz-Kommentar, Band 2, 3. Aufl., Tübingen 2015 (zitiert als: Dreier/*Bearbeiter*, Band 2).

Dreier, Horst (Hrsg.), Grundgesetz-Kommentar, Band 3, 3. Aufl., Tübingen 2018 (zitiert als: Dreier/*Bearbeiter*, Band 3).

Dreier, Horst/*Brosius-Gersdorf*, Frauke (Hrsg.), Grundgesetz-Kommentar, Band 1, 4. Aufl., Tübingen 2023 (zitiert als: Dreier/*Bearbeiter*, Band 1).

Dürig, Günter/*Herzog*, Roman/*Scholz*, Rupert u. a. (Hrsg.), Grundgesetz-Kommentar, Losebl., München, Stand: 102. EL August 2023 (zitiert als: Dürig/Herzog/Scholz/*Bearbeiter*).

Eisele, Jörg, Die verwaltungsrechtliche Genehmigungsfiktion im Straf- und Ordnungswidrigkeitenrecht, NJW 2014, S. 1417–1420.

Eisentraut, Nikolas (Hrsg.), Verwaltungsrecht in der Klausur, Berlin/Boston 2020.

Enders, Christoph, Der vollzogene Grundverwaltungsakt als Gegenstand der Vollstreckungsabwehr neben dem Leistungsbescheid, NVwZ 2000, 1232–1238.

Engelhardt, Hanns/*App*, Michael/*Schlatmann*, Arne (Hrsg.), Kommentar zum Verwaltungsvollstreckungsgesetz und zum Verwaltungszustellungsgesetz, 12. Aufl., München 2021 (zitiert als: Engelhardt/App/Schlatmann/*Bearbeiter*).

Erbel, Günter, Die Unmöglichkeit von Verwaltungsakten, Frankfurt a. M. 1972.

Erichsen, Hans-Uwe/*Knoke*, Ulrich, Bestandskraft von Verwaltungsakten, NVwZ 1983, S. 185–192.

Erman, Walter, Kommentar zum Bürgerlichen Gesetzbuch, 15. Aufl., Köln 2017 (zitiert als: Erman/*Bearbeiter*, 15. Aufl. 2017).

Erman, Walter, Kommentar zum Bürgerlichen Gesetzbuch, 17. Aufl., Köln 2023 (zitiert als: Erman/*Bearbeiter*).

Fahl, Christian, Zum Verhältnis von § 34 StGB zu §§ 228, 904 BGB, JA 2017, S. 674–677.

Fehling, Michael/*Kastner*, Berthold/*Störmer*, Rainer (Hrsg.), Handkommentar zum Verwaltungsrecht, 5. Aufl., München 2021 (zitiert als: Fehling/Kastner/Störmer/*Bearbeiter*).

Fikentscher, Wolfgang, Schuldrecht, 6. Aufl., Berlin 1976.

Finkenauer, Thomas, Noch einmal: Der gesamtschuldnerische Ausgleich zwischen polizeilich Verantwortlichen, NJW 1995, S. 432–434.

Fischer, Thomas, Kommentar zum Strafgesetzbuch, 71. Aufl., München 2024 (zitiert als: *T. Fischer*).

Förster, Christian, Verkehrssicherungspflichten, JA 2017, S. 721–728.

Förster, Christian, Verkehrssicherungspflichten – Ausgewählte Tatbestände, JA 2019, S. 1–8.

Forsthoff, Ernst, Lehrbuch des Verwaltungsrechts I, 11. Aufl., München 1973.

Franck, Carlludwig, Die Unmöglichkeit im Verwaltungsrecht, Würzburg 1926.

Frank, Martin, Rechtsfragen der Nichtigkeit von Verwaltungsakten (§§ 43 Abs. 3, 44 VwVfG) – Neuerliche Durchleuchtung eines überkommenen Rechtsinstituts, Saarbrücken 2014.

Fremuth, Michael Lysander, Formelle Fehler des Verwaltungsakts und ihre Folgen, JA 2012, S. 844–850.

Fritz, Jürgen/*Geldmacher*, Günther/*Leo*, Ulrich, Gewerberaummietrecht, 5. Aufl., München 2024.

Funke, Andreas, Falldenken im Verwaltungsrecht – Ein systematisches Studienbuch, Berlin 2020.

Gassner, Kathi/*Seith*, Sebastian, Kommentar zum Ordnungswidrigkeitengesetz, 2. Aufl., Baden-Baden 2020 (zitiert als: Gassner/Seith/*Bearbeiter*).

Geigel, Reinhart/*Haag*, Kurt (Hrsg.), Der Haftpflichtprozess, 29. Aufl., München 2024 (zitiert als: Geigel Haftpflichtprozess/*Bearbeiter*).

Glaser, Andreas/*Weißenberger*, Christian, Die bauordnungsrechtlichen Eingriffsbefugnisse nach der Novellierung der Bayerischen Bauordnung, BayVBl 2008, S. 460–466.

Götz, Volkmar/*Geis*, Max-Emanuel, Allgemeines Polizei- und Ordnungsrecht, 17. Aufl., München 2022.

Gramlich, Bernhard, Kommentar zum Mietrecht, 15. Aufl., München 2019.

Griesbeck, Michael, Die materielle Polizeipflichtigkeit des Zustandsstörers und die Kostentragungspflicht nach unmittelbarer Ausführung und Ersatzvornahme – dargestellt am Beispiel der Altlasten-Problematik, Berlin 1991 (zitiert als: *M. Griesbeck*, Die materielle Polizeipflichtigkeit des Zustandsstörers und die Kostentragungspflicht nach unmittelbarer Ausführung und Ersatzvornahme, 1991).

Grüneberg, Christian, Kommentar zum Bürgerlichen Gesetzbuch, 83. Aufl., München 2024 (zitiert als: Grüneberg/*Bearbeiter*).

Günter, Peter, Der Einfluss öffentlich-rechtlicher Verpflichtungen auf mietvertragliche Vereinbarungen – Risikoverteilung, Gestaltungsmöglichkeiten der Mietvertragsparteien und Rechtsstellung des Mieters bei Nichterfüllung von Vermieterpflichten, NZM 2016, S. 569–575.

Gusy, Christoph, Polizei- und Ordnungsrecht, 11. Aufl., Tübingen 2023.

Hannemann, Thomas/*Wiegner*, Michael (Hrsg.), Münchener Anwaltshandbuch Mietrecht, 5. Aufl., München 2019 (zitiert als: Hannemann/Wiegner/*Bearbeiter*).

Hartmann, Bernd J., Grundwissen – Öffentliches Recht: Pflichtigkeit im Polizei- und Ordnungsrecht, JuS 2008, S. 593–595.

Heene, Sebastian, Absturzvermeidung in Bestands- und Neubauten, DS 2014, S. 240–245.

Hencke, Astrid, Die Grundpflichten in den Landesverfassungen unter dem Grundgesetz, Baden-Baden 1989.

Herberger, Maximilian/*Martinek*, Michael/*Rüßmann*, Helmut/*Weth*, Stephan/*Würdinger*, Markus (Hrsg.), Kommentar zum Bürgerlichen Gesetzbuch, 10. Aufl., Saarbrücken 2023 (zitiert als: Herberger/Martinek/Rüßmann/Weth/Würdinger/*Bearbeiter*).

Hey, Felix Christopher, Die Geschäftsführung ohne Auftrag, JuS 2009, S. 400–406.

Hinz, Werner, Im Überblick: Einstweiliger Rechtsschutz im Mietprozess, NZM 2005, S. 841–858.

Höfling, Wolfram, „Sittlichkeit" und Freiheit, JuS 2017, S. 617–623.

Horst, Hans Reinold, Sturmschäden – Behandlung und Abwicklung in der anwaltlichen Praxis, MDR 2000, S. 1161–1171.

Huber, Peter M./*Voßkuhle*, Andreas (Hrsg.), Kommentar zum Grundgesetz, Bände 1 u. 3, 8. Aufl., München 2024 (zitiert als: Huber/Voßkuhle/*Bearbeiter*).

Huber, Peter M./*Wollenschläger*, Ferdinand (Hrsg.), Landesrecht Bayern, Baden-Baden 2019.

Huck, Winfried/*Müller*, Martin, Kommentar zum Verwaltungsverfahrensgesetz, 3. Aufl., München 2020 (zitiert als: Huck/Müller/*Bearbeiter*).

Hyckel, Jonas, Grundlagen der Verwaltungsvollstreckung im Polizei- und Ordnungsrecht – Teil 2, LKV 2015, S. 342–349.

Jäde, Henning, Musterbauordnung 2002 – ein Überblick, NVwZ 2003, S. 668–671.

Jäpel, Sebastian, Rechtliche Unmöglichkeit und gesetzliches Verbot, Baden-Baden 2014.

Jarass, Hans D./*Pieroth*, Bodo, bearb. v. *Jarass*, Hans D./*Kment*, Martin, Kommentar zum Grundgesetz für die Bundesrepublik Deutschland, 18. Aufl., München 2024 (zitiert als: Jarass/Pieroth/*Bearbeiter*).

Jauernig, *Othmar*, Trennungsprinzip und Abstraktionsprinzip, JuS 1994, S. 721–727.

Jauernig, Othmar/*Stürner*, Rolf (Hrsg.), Kommentar zum Bürgerlichen Gesetzbuch, 19. Aufl., München 2023 (zitiert als: Jauernig/*Bearbeiter*).

Jochum, Heike, Die polizei- und ordnungsrechtliche Störermehrheit und die beschränkte Kostentragungspflicht des „Nicht-So-Störers" – Warum § 24 II 1 BBodSchG am 16. 02. 2000 obsolet *geworden* ist, NVwZ 2003, S. 526–531.

Kalm, Harald von, Die Duldungsverfügung im Rahmen der Verwaltungsvollstreckung, DÖV 1996, S. 463–467.

Kästner, Karl-Hermann, Unmittelbare Maßnahmen der Gefahrenabwehr, JuS 1994, S. 361–366.

Kindhäuser, Urs/*Neumann*, Ulfrid/*Paeffgen*, Hans-Ullrich/*Saliger*, Frank, Kommentar zum Strafgesetzbuch, 6. Aufl., Baden-Baden 2023 (zitiert als: Kindhäuser/Neumann/Paeffgen/Saliger/*Bearbeiter*).

Kingreen, Thorsten/*Poscher*, Ralf, Polizei- und Ordnungsrecht, 12. Auflage, München 2022.

Kirchhof, Paul, Der bestandskräftige Steuerbescheid im Steuerverfahren und im Steuerstrafverfahren, NJW 1985, S. 2977–2985.

Klatt, Matthias/*Meister*, Moritz, Der Grundsatz der Verhältnismäßigkeit – Ein Strukturelement des globalen Konstitutionalismus, JuS 2014, S. 193–199.

Knack, Hans-Joachim/*Henneke*, Hans-Günter, Kommentar zum Verwaltungsverfahrensgesetz, 11. Aufl., Köln 2020 (zitiert als: Knack/Henneke/*Bearbeiter*).

Koch, Raphael, Abschleppen vom Privatparkplatz: geklärte und ungeklärte Fragen, NZV 2010, S. 336–340.

Koehl, Felix, Aktuelles Sicherheitsrecht in Kurzfällen, VR 2016, S. 95–103.

Koehl, Felix, Die Durchsetzung der Verpflichtung zur Ablieferung des Führerscheins nach Entziehung der Fahrerlaubnis, DAR 2016, S. 669–673.

Köhler, Helmut, Besitzschutz contra Eigentumsschutz bei Sachbeschädigung (Rezension zu LG Köln, NJW 1977, 810), JuS 1977, S. 652–656.

Köhler, Helmut, BGB Allgemeiner Teil, 47. Aufl., München 2023.

Kollhosser, Helmut, Grundfälle zu Besitz und Besitzschutz, JuS 1992, S. 567–572.

König, Eberhard/*Meins*, Jürgen W., Verwaltungsverfahrensgesetz des Freistaates Bayern unter Berücksichtigung des Verwaltungsverfahrensgesetzes des Bundes, 1. Aufl., München 1993.

Kopp, Ferdinand O./*Ramsauer*, Ulrich (Hrsg.), Kommentar zum Verwaltungsverfahrensgesetz, 19. Aufl., München 2018 (zitiert als: Kopp/Ramsauer/*Bearbeiter*, 19. Aufl. 2018).

Kopp, Ferdinand O./*Ramsauer*, Ulrich (Hrsg.), Kommentar zum Verwaltungsverfahrensgesetz, 24. Aufl., München 2023 (zitiert als: Kopp/Ramsauer/*Bearbeiter*).

Körner, Burkhard/*Mehringer*, Rolf/*Johannsen*, Jens/*Lerm*, Patrick, Kommentar zum bayerischen Landesstraf- und Verordnungsgesetz, Losebl., Wiesbaden, Stand: 7. Fssg. 2023 (zitiert als: Körner/Mehringer/Johannsen/Lerm/*Bearbeiter*).

Krüger, Elmar, Die Verwaltungsvollstreckung in der verwaltungsrechtlichen Klausur, VR 2015, S. 217–222.

Kugele, Dieter, Onlinekommentar zum Verwaltungsverfahrensgesetz, Münster, Version 2, Stand: 01.08.2023 (zitiert als: *D. Kugele*, VwVfG).

Kugelmann, Dieter, Polizei- und Ordnungsrecht, 2. Aufl., Berlin 2012.

Kühl, Kristian, Strafrecht Allgemeiner Teil, 8. Aufl., München 2017.

Kühling, Jürgen, Polizeipflicht und privatrechtliche Verfügungsmacht, BauR 1972, S. 264–269.

Kupfer, Tim/*Weiß*, Johannes, Geschäftsführung ohne Auftrag, JA 2018, S. 894–901.

Labrenz, Christoph, Keine Erledigung durch Vollziehung – Eine vollstreckungsrechtliche Entscheidung des BVerwG und ihre Folgen für die Effektivität des Rechtsschutzes, NVwZ 2010, S. 22–26.

Lackner, Karl/*Kühl*, Kristian/*Heger*, Martin, Kommentar zum Strafgesetzbuch, 30. Aufl., München 2023 (zitiert als: Lackner/Kühl/Heger/*Bearbeiter*).

Ladiges, Manuel, Grundfälle zu den Sachbeschädigungsdelikten, §§ 303–305a StGB, JuS 2018, S. 657–661.

Larenz, Karl, Lehrbuch des Schuldrechts, Band I Allgemeiner Teil, 14. Aufl., München 1987.

Lehmann-Richter, Arnold, Possessorischer Besitzschutz bei Erhaltungs- oder Modernisierungsmaßnahmen?, NZM 2013, S. 451–453.

Leipold, Klaus/*Tsambikakis*, Michael/*Zöller*, Mark A., Anwaltkommentar StGB, 3. Aufl., Heidelberg 2020 (zitiert als: Leipold/Tsambikakis/Zöller/*Bearbeiter*).

Leisner, Walter Georg, Nichtigkeit eines Verwaltungsakts (nur) bei Offensichtlichkeit der besonders schweren Fehlerhaftigkeit?, DÖV 2007, S. 669–676.

Lennartz, Jannis, Binnenausgleich zwischen Störern: Gesamtschuld von Verfassungs wegen?, NVwZ 2018, S. 1429–1434.

Liebheit, Uwe, Die Parkzeitüberschreitung eines Kunden begründet kein Selbsthilferecht zum Abschleppen seines Fahrzeugs, DAR 2014, S. 516–520.

Lindner, Josef Franz, Die verfassungsrechtliche Dimension der allgemeinen polizeirechtlichen Adressatenpflicht, München 1996.

Lindner, Josef Franz, Der passive Bestandsschutz im öffentlichen Baurecht, DÖV 2014, S. 313–323.

Lindner, Josef Franz, Formelle und materielle Illegalität bei bauordnungsrechtlichen Eingriffen, JuS 2014, S. 118–123.

Lindner, Josef Franz/*Struzina*, Victor, Die Baugenehmigung, JuS 2016, S. 226–230.

Lindner-Figura, Jan/*Oprée*, Frank/*Stellmann*, Frank, Handbuch Geschäftsraummiete, 5. Aufl., München 2023.

Lisken, Hans/*Denninger*, Erhard u. a. (Hrsg.), Handbuch des Polizeirechts, 6. Aufl., München 2018 (zitiert als: Lisken/Denninger/*Bearbeiter*, Handbuch des Polizeirechts, 6. Aufl. 2018).

Lisken, Hans/*Denninger*, Erhard u. a. (Hrsg.), Handbuch des Polizeirechts, 7. Aufl., München 2021 (zitiert als: Lisken/Denninger/*Bearbeiter*, Handbuch des Polizeirechts).

Lopau, Eberhard, Der Rechtsschutz des Besitzes, JuS 1980, S. 501–506.

Lorenz, Stephan, Grundwissen – Zivilrecht: Besitzschutz, JuS 2013, S. 776–779.

Lorenz, Stephan, Grundwissen – Zivilrecht: Unmöglichkeit – Voraussetzungen und unmittelbare Rechtsfolgen, JuS 2022, S. 394–397.

Löwisch, Manfred, Rechtswidrigkeit und Rechtfertigung von Forderungsverletzungen, in: Archiv für die civilistische Praxis, Band 165, S. 421–452.

Luchterhand, Otto, Grundpflichten als Verfassungsproblem in Deutschland – Geschichtliche Entwicklung und Grundpflichten unter dem Grundgesetz, Berlin 1988.

Lüke, Wolfgang, Sachenrecht, 4. Aufl., München 2018.

Mann, Thomas/*Sennekamp*, Christoph/*Uechtritz*, Michael (Hrsg.), Großkommentar zum Verwaltungsverfahrensgesetz, 2. Aufl., Baden-Baden 2019 (zitiert als: Mann/Sennekamp/Uechtritz/*Bearbeiter*).

Manssen, Gerrit, Privatrechtsgestaltung durch Hoheitsakt, Tübingen 1994.

Manssen, Gerrit, Staatsrecht II, 19. Aufl., München 2022.

Martensen, Jürgen, Materielle Polizeipflicht und polizeiliche Verpflichtbarkeit des Bürgers in Anscheins- und Verdachtslagen, DVBl 1996, S. 286–292.

Maurer, Hartmut/*Schwarz*, Kyrill-A., Staatsrecht I, 7. Aufl., München 2023.

Maurer, Hartmut/*Waldhoff*, Christian, Allgemeines Verwaltungsrecht, 21. Aufl., München 2024.

Medicus, Dieter/*Lorenz*, Stephan, Schuldrecht I Allgemeiner Teil, 22. Aufl., München 2021.

Medicus, Dieter/*Lorenz*, Stephan, Schuldrecht II Besonderer Teil, 18. Aufl., München 2018.

Merten, Detlef, Bestandskraft von Verwaltungsakten, NJW 1983, S. 1993–1998.

Michaelis, Lars Oliver, Der Grundsatz der Verhältnismäßigkeit – Gebrauchsanweisung für die Waage der Justitia, JA 2021, S. 573–579.

Michl, Fabian, Duldungsverfügung, Privatrecht und Rechtsschutz des Drittberechtigten – Zur Entbehrlichkeit der sicherheitsrechtlichen Duldungsverfügung, NVwZ 2014, 1206–1211.

Michl, Fabian, Zur Entbehrlichkeit der privatrechtsgestaltenden Duldungsverfügung – Erwiderung auf Sanden, NuR 2015, 606ff., NuR 2015, S. 830–832.

Münchener Kommentar zum Bürgerlichen Gesetzbuch, hrsg. v. *Rebmann*, Kurt/*Säcker*, Franz Jürgen/*Rixecker*, Roland, Band 6, 4. Aufl., München 2004 (zitiert als: MüKoBGB Band 6, 4. Aufl. 2004/*Bearbeiter*).

Münchener Kommentar zum Bürgerlichen Gesetzbuch, hrsg. v. *Säcker*, Franz Jürgen/*Rixecker*, Roland/*Oetker*, Hartmut/*Limperg*, Bettina, Band 1, 9. Aufl., München 2021 (zitiert als: MüKoBGB Band 1/*Bearbeiter*).

Münchener Kommentar zum Bürgerlichen Gesetzbuch, hrsg. v. *Säcker*, Franz Jürgen/*Rixecker*, Roland/*Oetker*, Hartmut/*Limperg*, Bettina, Band 2, 9. Aufl., München 2022 (zitiert als: MüKoBGB Band 2/*Bearbeiter*).

Münchener Kommentar zum Bürgerlichen Gesetzbuch, hrsg. v. *Säcker*, Franz Jürgen/*Rixecker*, Roland/*Oetker*, Hartmut/*Limperg*, Bettina, Band 3, 9. Aufl., München 2022 (zitiert als: MüKoBGB Band 3/*Bearbeiter*).

Münchener Kommentar zum Bürgerlichen Gesetzbuch, hrsg. v. *Säcker*, Franz Jürgen/*Rixecker*, Roland/*Oetker*, Hartmut/*Limperg*, Bettina, Band 5, 9. Aufl., München 2023 (zitiert als: MüKoBGB Band 5/*Bearbeiter*).

Münchener Kommentar zum Bürgerlichen Gesetzbuch, hrsg. v. *Säcker*, Franz Jürgen/*Rixecker*, Roland/*Oetker*, Hartmut/*Limperg*, Bettina, Band 6, 9. Aufl., München 2023 (zitiert als: MüKoBGB Band 6/*Bearbeiter*).

Münchener Kommentar zum Bürgerlichen Gesetzbuch, hrsg. v. *Säcker*, Franz Jürgen/*Rixecker*, Roland/*Oetker*, Hartmut/*Limperg*, Bettina, Band 7, 9. Aufl., München 2024 (zitiert als: MüKoBGB Band 7/*Bearbeiter*).

Münchener Kommentar zum Bürgerlichen Gesetzbuch, hrsg. v. *Säcker*, Franz Jürgen/*Rixecker*, Roland/*Oetker*, Hartmut/*Limperg*, Bettina, Band 8, 9. Aufl., München 2023 (zitiert als: MüKoBGB Band 8/*Bearbeiter*).

Münchener Kommentar zum Strafgesetzbuch, hrsg. v. *Erb*, Volker/*Schäfer*, Jürgen, Band 1, 4. Aufl., München 2020 (zitiert als: MüKoStGB Band 1/*Bearbeiter*).

Münchener Kommentar zum Strafgesetzbuch, hrsg. v. *Erb*, Volker/*Schäfer*, Jürgen, Band 6, 4. Aufl., München 2022 (zitiert als: MüKoStGB Band 6/*Bearbeiter*).

Münchener Kommentar zum Strafgesetzbuch, hrsg. v. *Erb*, Volker/*Schäfer*, Jürgen, Band 9, 4. Aufl., München 2022 (zitiert als: MüKoStGB Band 9/*Bearbeiter*).

Musielak, Hans-Joachim/*Hau*, Wolfgang, Grundkurs BGB, 18. Aufl., München 2023.

Neuner, Jörg, Die Einwilligung im Deliktsrecht, JuS 2021, S. 617–626.

Neuner, Jörg, Allgemeiner Teil des Bürgerlichen Rechts, 13. Aufl., München 2023.

Nitschke, Andreas, Die materielle Polizeipflicht im Sinne einer Gefahrenabwehrpflicht als verfassungsrechtliche Grundpflicht, Frankfurt a. M. 2014.

Obermayer, Klaus/*Funke-Kaiser*, Michael, Kommentar zum Verwaltungsverfahrensgesetz, 6. Aufl., Hürth 2021 (zitiert als: Obermayer/Funke-Kaiser/*Bearbeiter*).

Oechsler, Jürgen, Schadensersatzansprüche im Mietverhältnis nach §§ 280, 281, 311a II BGB, NZM 2004, S. 881–889.

Oerder, Michael, Ordnungspflichten und Altlasten, NVwZ 1992, S. 1031–1039.

Omlor, Sebastian/*Gies*, Christian, Der Besitz und sein Schutz im System des BGB, JuS 2013, S. 12–17.

Ostendorf, Heribert, Die strafrechtliche Rechtmäßigkeit rechtswidrigen hoheitlichen Handelns, JZ 1981, S. 165–175.

Pape, Kay Artur, Die Bewältigung von Altlasten in der Praxis, NJW 1992, S. 2661–2668.

Papier, Hans-Jürgen, Die Verantwortlichkeit für Altlasten im öffentlichen Recht, NVwZ 1986, S. 256–263.

Pautsch, Arne/*Hoffmann*, Lutz, Kommentar zum Verwaltungsverfahrensgesetz, 2. Aufl., Berlin 2021 (zitiert als: Pautsch/Hoffmann/*Bearbeiter*).

Peine, Franz-Joseph, Die Legalisierungswirkung, JZ 1990, S. 201–212.

Pelz, Christian, Notwehr- und Notstandsrechte und der Vorrang obrigkeitlicher Hilfe, NStZ 1995, S. 305–309.

Pesch, Andreas, Probleme der Geschäftsführung ohne Auftrag im Lichte der gesetzlichen Regelung, Jura 1995, S. 361–368.

Petersen, Jens, Der Dritte im Mobiliarsachenrecht, Jura 2015, S. 1177–1180.

Pewestorf, Adrian/*Söllner*, Sebastian/*Tölle*, Oliver, Polizei- und Ordnungsrecht, 3. Aufl., Hürth 2022.

Pieroth, Bodo/*Schlink*, Bernhard/*Kniesel*, Michael, Polizei- und Ordnungsrecht, 9. Aufl., München 2016.

Plate, Jürgen, Das gesamte examensrelevante Zivilrecht, 3. Aufl., Berlin 2006.

Poscher, Ralf/*Rusteberg*, Benjamin, Die Klausur im Polizeirecht, JuS 2011, S. 1082–1087.

Praxis der Kommunalverwaltung Bayern – Kommentar zum Bayerischen Verwaltungsverfahrensgesetz, hrsg. v. *Dirnberger*, Frank/*Henneke*, Günter/*Meyer*, Hubert u. a., Losebl., München, Stand: 3. Fssg. 2019 (zitiert als: PdK Bayern BayVwVfG/*Bearbeiter*).

Praxis der Kommunalverwaltung – Kommentar zum Verwaltungsverfahrensgesetz, hrsg. v. *Meermagen*, Bettina, Losebl., München, Stand: 6. Fssg. 2020 (zitiert als: PdK VwVfG/*B. Meermagen*).

Praxis der Kommunalverwaltung Bayern – Kommentar zur Bayerischen Bauordnung, hrsg. v. *Dirnberger*, Frank/*Henneke*, Günter/*Meyer*, Hubert u. a., Losebl., München, Stand: 6. Fssg. 2017 (zitiert als: PdK Bayern BayBO/*Bearbeiter*).

Prütting, Hanns/*Wegen*, Gerhard/*Weinreich*, Gerd, Kommentar zum Bürgerlichen Gesetzbuch, 18. Aufl., Hürth 2023 (zitiert als: Prütting/Wegen/Weinreich/*Bearbeiter*).

Randak, Michael, Bindungswirkungen von Verwaltungsakten, JuS 1992, S. 33–39.

Rappenglix, Thomas, „Spiel mir das Lied vom Huhn“, JA 2019, S. 521–531.

Reichenbach, Sandy Bernd, Das Tatbestandsmerkmal der Pflichtverletzung im neuen Leistungsstörungsrecht, Jura 2003, S. 512–520.

Rengier, Rudolf, Strafrecht Allgemeiner Teil, 15. Aufl., München 2023.

Sachs, Michael (Hrsg.), Kommentar zum Grundgesetz, 9. Aufl., München 2021 (zitiert als: Sachs/*Bearbeiter*).

Sadler, Gerhard/*Tillmanns*, Reiner, Verwaltungs-Vollstreckungsgesetz, Verwaltungszustellungsgesetz, Kommentar anhand der Rechtsprechung, 10. Aufl., Heidelberg 2020 (zitiert als: Sadler/Tillmanns/*Bearbeiter*).

Sanden, Joachim, Duldungsverfügungen im Bodenschutz- und Altlastenrecht, insbesondere bei der Altlastenerkundung und -sanierung, NuR 2015, S. 606–614.

Sasse, Thorsten, Anhörung Beteiligter (§ 28 VwVfG), VR 2019, S. 197–202.

Sauerland, Thomas, Allgemeines Verwaltungsrecht, 3. Aufl., München 2022.

Schenke, Wolf-Rüdiger, Geschäftsführung ohne Auftrag zum Zwecke der Gefahrenabwehr, in: Planung – Steuerung – Kontrolle, Festschrift für Richard Bartlsperger zum 70. Geburtstag, hrsg. v. *Geis*, Max-Emanuel/*Umbach*, Dieter C., Berlin 2006, S. 529–572.

Schenke, Wolf-Rüdiger, Rechtmäßigwerden rechtswidrig erlassener Verwaltungsakte, NVwZ 2015, S. 1341–1348.

Schenke, Wolf-Rüdiger, Polizei und Ordnungsrecht, 12. Aufl., Heidelberg 2023 (zitiert als: *W.-R. Schenke*, PolR).

Schmid, Michael J., Verkehrssicherungspflicht in Miet- und Wohnungseigentumsobjekten, S. 906–909.

Schmidbauer, Wilhelm/*Steiner*, Udo, Kommentar zum Polizeiaufgabengesetz und zum Polizeiorganisationsgesetz in Bayern, 6. Auflage, München 2023 (zitiert als: Schmidbauer/Steiner/*Bearbeiter*).

Schmidt, Benjamin, Der Anwendungsbereich der berechtigten Geschäftsführung ohne Auftrag, JuS 2004, S. 862–867.

Schmidt-Aßmann, Eberhard/*Schoch*, Friedrich (Hrsg.), Besonderes Verwaltungsrecht, 14. Aufl., Berlin 2008 (zitiert als: Schmidt-Aßmann/Schoch/*Bearbeiter*, Besonderes Verwaltungsrecht).

Schmidt-Futterer, Wolfgang, Mietrecht, Großkommentar des Wohn- und Gewerberaummietrechts, hrsg. v. *Börstinghaus*, Ulf P., 15. Aufl., München 2022 (zitiert als: Schmidt-Futterer/*Bearbeiter*).

Schneider, Norbert, Einstweiliger Rechtsschutz in Mietsachen, MDR 2004, S. 319–322.

Schoch, Friedrich, Geschäftsführung ohne Auftrag im Öffentlichen Recht, Jura 1994, S. 241–249.

Schoch, Friedrich, Störermehrheit im Polizei und Ordnungsrecht, Jura 2012, S. 685–691.

Schoch, Friedrich/*Schneider*, Jens-Peter, Kommentar zum Verwaltungsrecht, Bände 1 u. 2 (Bände zur VwGO), Losebl., München, Stand: 44. EL März 2023 (zitiert als: Schoch/Schneider/*Bearbeiter*, VwGO).

Schoch, Friedrich/*Schneider*, Jens-Peter, Kommentar zum Verwaltungsrecht, Bände 3 u. 4 (Bände zum VwVfG), Losebl., München, Stand: 4. EL November 2023 (zitiert als: Schoch/Schneider/*Bearbeiter*, VwVfG).

Schönke, Adolf/*Schröder*, Horst, Kommentar zum Strafgesetzbuch, 30. Aufl., München 2019 (zitiert als: Schönke/Schröder/*Bearbeiter*).

Schroeder, Daniela, Zur Dogmatik der Bindungswirkungen von Verwaltungsakten, DÖV 2009, S. 217–225.

Schröer, Thomas, Öffentliches Baurecht: Nachträgliche Anordnungen der Bauaufsicht am Beispiel von Parkhäusern, NJW 2010, S. 209–211.

Schulze, Reiner, Handkommentar zum Bürgerliches Gesetzbuch, 12. Aufl., Baden-Baden 2024 (zitiert als: Schulze/*Bearbeiter*).

Schwarzer, Herbert/*König*, Helmut, Kommentar zur Bayerischen Bauordnung, bearb. v. *Laser*, Hans-Dieter/*Schiebel*, Christian/*Weber*, Tobias, 5. Aufl., München 2022 (zitiert als: Schwarzer/König/*Bearbeiter*).

Siegel, Thorsten, Allgemeines Verwaltungsrecht, 14. Aufl., Heidelberg 2022.

Sodan, Helge/*Ziekow*, Jan, Großkommentar zur Verwaltungsgerichtsordnung, 5. Auflage, Baden-Baden 2018 (zitiert als: Sodan/Ziekow/*Bearbeiter*).

Sodan, Helge/*Ziekow*, Jan, Grundkurs Öffentliches Recht – Staats und Verwaltungsrecht, 10. Auflage, München 2023.

Stadler, Astrid, Allgemeiner Teil des BGB, 21. Aufl., München 2022.

Staudinger, Julius v., Kommentar zum Bürgerlichen Gesetzbuch, Buch 3, §§ 854–882, Neubearbeitung 2018, Berlin 2018 (zitiert als: Staudinger/*Bearbeiter*, Buch 3 (§§ 854–882 BGB)).

Staudinger, Julius v., Kommentar zum Bürgerlichen Gesetzbuch, Buch 3, §§ 164–240, Neubearbeitung 2019, Berlin 2019 (zitiert als: Staudinger/*Bearbeiter*, Buch 1 (§§ 164–240 BGB)).

Staudinger, Julius v., Kommentar zum Bürgerlichen Gesetzbuch, Buch 2, §§ 255–304, Neubearbeitung 2019, Berlin 2019 (zitiert als: Staudinger/*Bearbeiter*, Buch 2 (§§ 255–304 BGB)).

Staudinger, Julius v., Kommentar zum Bürgerlichen Gesetzbuch, Buch 2, §§ 677–704, Neubearbeitung 2020, Berlin 2020 (zitiert als: Staudinger/*Bearbeiter*, Buch 2 (§§ 677–704 BGB)).

Staudinger, Julius v., Kommentar zum Bürgerlichen Gesetzbuch, Buch 1, §§ 134–138 u. ProstG, Neubearbeitung 2021, Berlin 2021 (zitiert als: Staudinger/*Bearbeiter*, Buch 1 (§§ 134–138 BGB u. ProstG)).

Staudinger, Julius v., Kommentar zum Bürgerlichen Gesetzbuch, Buch 2, §§ 535–556g, Neubearbeitung 2021, Berlin 2021 (zitiert als: Staudinger/*Bearbeiter*, Buch 2 (§§ 535–556g BGB)).

Staudinger, Julius v., Kommentar zum Bürgerlichen Gesetzbuch, Buch 2, §§ 823 E–I, 824, 825, Neubearbeitung 2021, Berlin 2021 (zitiert als: Staudinger/*Bearbeiter*, Buch 2 (§§ 823 E–I, 824, 825 BGB)).

Staudinger, Julius v., Kommentar zum Bürgerlichen Gesetzbuch, Buch 2, §§ 830–838, Neubearbeitung 2022, Berlin 2022 (zitiert als: Staudinger/*Bearbeiter*, Buch 2 (§§ 830–838 BGB)).

Staudinger, Julius v., Kommentar zum Bürgerlichen Gesetzbuch, Buch 3, §§ 985–1011, Neubearbeitung 2023, Berlin 2023 (zitiert als: Staudinger/*Bearbeiter*, Buch 3 (§§ 985–1011 BGB)).

Steiner, Udo/*Brinktrine*, Ralf, Besonderes Verwaltungsrecht, 9. Aufl., Heidelberg 2018.

Stelkens, Paul/*Bonk*, Joachim/*Sachs*, Michael u. a. (Hrsg.), Kommentar zum Verwaltungsverfahrensgesetz, 10. Aufl., München 2023 (zitiert als: Stelkens/Bonk/Sachs/*Bearbeiter*).

Stollmann, Frank/*Beaucamp*, Guy, Öffentliches Baurecht, 13. Auflage, München 2022.

Streyl, Elmar, Eingriffe des Mieters in die Bausubstanz des Mietobjekts, NZM 2017, S. 785–794.

Strunden, Stefan, Altlasten – Ansprüche des Grundstückseigentümers im Spannungsfeld zwischen öffentlichem und zivilem Recht, Köln 1991.

Tettinger, Peter J./*Mann*, Thomas, Einführung in die juristische Arbeitstechnik, 5. Aufl., München 2015.

Thiel, Markus, Polizei- und Ordnungsrecht, 5. Aufl., Baden-Baden 2023.

Thole, Christoph, Die Geschäftsführung ohne Auftrag auf dem Rückzug – Das Ende des „auch fremden" Geschäfts?, NJW 2010, S. 1243–1248.

Vießmann, Thomas, „Corona-Entschädigungen" für Unternehmer im Lockdown: Kein Sonderopfer wegen Störereigenschaft?, NVwZ 2021, S. 15–20.

Voßkuhle, Andreas/*Wischmeyer*, Thomas, Grundwissen – Öffentliches Recht: Verwaltungsvollstreckung, JuS 2016, S. 698–701.

Wall, Heinrich de, Die Anwendbarkeit privatrechtlicher Rechtsvorschriften im Verwaltungsrecht, Tübingen 1999.

Wallerath, Maximilian, Allgemeines Verwaltungsrecht, 6. Aufl., Berlin 2009.

Weber, Klaus (Hrsg.), Rechtswörterbuch, München, 32. Edition, Stand: 01.03.2024 (zitiert als: Weber/*Bearbeiter*).

Wehr, Matthias, Examens-Repetitorium Polizeirecht: Allgemeines Gefahrenabwehrrecht, 5. Aufl., Heidelberg 2023.

Weilert, Katarina, „Hinzugezogene“ und „Beigeladene“ als „Dritte“ im Verwaltungsverfahren und im Verwaltungsprozess, DÖV 2022, S. 72–81.

Wellenhofer, Marina, Sachenrecht, 38. Aufl., München 2023.

Wessels, Johannes/*Beulke*, Werner/*Satzger*, Helmut, Strafrecht Allgemeiner Teil, 53. Aufl., Heidelberg 2023.

Wieser, Eberhard, Der Schadensersatzanspruch des Besitzers aus § 823 BGB, JuS 1970, S. 557–561.

Will, Martin/*Rathgeber*, Christian, Die Nichtigkeit von Verwaltungsakten gem. § 44 VwVfG, JuS 2012, S. 1057–1063.

Wolf, Nicole, Drittschutz im Bauplanungsrecht, NVwZ 2013, S. 247–251.

Wormit, Maximilian, Einführung in das allgemeine Gewerberecht, JuS 2017, S. 641–646.

Ziekow, Jan, Kommentar zum Verwaltungsverfahrensgesetz, 4. Auflage, Stuttgart 2020 (zitiert als: *Ziekow*, VwVfG).

Zieschang, Frank, Der Gefahrbegriff im Recht: Einheitlichkeit oder Vielgestaltigkeit?, Goltdammer's Archiv für Strafrecht, 2006, S. 1–10.

Zieschang, Frank, Der rechtfertigende und der entschuldigende Notstand, JA 2007, S. 679–685.

Stichwortverzeichnis